司法権・憲法訴訟論

上

君塚正臣 著
Kimizuka Masaomi

法律文化社

The General Theory of Jurisdiction, Judicial Review,
and Rule of Constitutional Law

は　し　が　き

　本書は、司法権論及び憲法訴訟論についての、著者なりの、網羅的一般的総合的な解答である。この分野の殆どの問題に言及した論文集は、上下巻で1400頁程度となり、大著の範疇に入るものとなった。

　1984年に大学の法学部に入学して、1994年に大学院を単位取得満期退学するまで、憲法訴訟論の隆盛の時期を学生として過ごしたと言ってもよい。問題ある法令や政府行為も多い中、日本の裁判所にいかにして違憲判断をさせるか、その理論的根拠をいかに定立するかが、大きなムーブメントになっていた。これには、単なる技術論であって、思想も哲学もない、真の憲法学の姿ではないかのように論難する声が憲法学界にはあり、これに抗する必要があった。憲法が憲法、つまりは国内最高法規たらしめるためには、最終的な法解釈者である、最高裁判所をはじめとする裁判所に有権解釈をさせる必要があり、そのためには、同じ法律家としての説得、理論構築が必要であることは疑いもなく、それは、民法学や刑法学など、他の実定法学が行ってきたことを当然にすべきように思えた。国法学や統治の学としての憲法学の余韻に触れたことも重要であったが、法律学を幅広く学ぶ中で、やはり国内法の要は憲法であることを確信し、そのような時代の力もあって、いつしか著者は、松井茂記先生のご指導の下、憲法研究者の道を選ぶようになっていった。

　大学院に進むと、阿部照哉先生主宰の関西憲法判例研究会、佐藤幸治先生主宰の関西アメリカ公法研究会に入れて頂き、極めて未熟な研究者の卵として、勉強させて頂いた。良き京都学派の時代であった。修士論文のテーマは性差別事例の司法審査基準としたが、これは、1988年当時、実は憲法学の世界で、性差別問題を真剣に取り扱った研究者が殆どいなかったことと同時に、アメリカ連邦最高裁で、性差別事例の司法審査基準が例外的に中間審査基準であったことから、その例外性はどこに根拠があったのかに興味があったからである（博士論文を纏めたものとして、刊行された。『性差別司法審査基準論』(信山社、1996)）。

i

無論、このことが、本書に至る憲法訴訟論研究の第一歩となっている。佐藤先生には、当時、「進歩派ではないがラディカル」などと評されたが、その拙説が、2011年の教科書では、ご批判を含め、多数引用されたこと、畏れ多い思いと共に感謝の念のみである。そして、就職後の1994年には、芦部信喜先生（後に戸松秀典先生）主宰の憲法訴訟研究会に入れて頂いた。これにより、東大系、京大系の両方の先生方の発想に触れたことは、非常に大きかった。この後、著者のテーマは、憲法学界を揺るがしていた憲法の私人間効力論（第三者効力論）に暫く移行した（その成果は『憲法の私人間効力論』（悠々社、2008）として、刊行された）し、2003年末発足のジェンダー法学会では、多様な法分野の先生方との議論を続けて入るものの、メインの研究テーマは、結局、平等論自体というよりも、どちらかと言えば、憲法訴訟論であったと言ってよい。本書は、その積年の成果を、司法権論、憲法訴訟論と一応分けて刊行するものである。そして、ここにお名前を挙げた諸先生方には、まず、本当に深く感謝したい。

　司法権論と憲法訴訟論の関係については、特に第1章などを参照して頂きたいが、基本的には区別されるが、しかし、リンクした議論であると思われる。だが、この両者はややもすると渾然一体として論じられてきたきらいがないではない。そのことは整理されて然るべきである。強いて言えば、佐藤先生は前者に、芦部先生は後者に力を尽くしてこられたと言えよう。ただ、「司法権」の定義に進むこととなった日本の憲法学が、それならば、憲法訴訟の訴訟としての枠組みを定立したか、となれば、心許ない面が多々あった。事件争訟性の概念を詰めた筈でありながら、憲法訴訟の入口の議論は欠け、あえて言えば、裁判所になんとしてでも憲法判断を多く求めたいが故に、考えないか、深層心理としては政策的配慮として黙殺したか、だったのではなかったのかとの疑いもある。だが、「司法権」の定義の上に乗る付随的違憲審査制、憲法訴訟論が、理論的に緩く、ましてや解釈者の政治的判断に委ねられてよい筈はないのである。この点を理論的に詰めていくことが肝要ではなかったかとの思いが、本書にはある。法解釈は、およそ「認識」や（幾何学を念頭に置いた）正解のある「科学」などではないと思えるが、それでも、憲法なら憲法全体を見通したとき、スムーズな解釈、あるべき道筋というものが、解釈者の主義主張や

「信念」とは別にあるものだと思える。法解釈学も、広義の社会科学の一部である以上、その結論があまりに非常識、非現実的なものであってよいとは思われないが、他方、私的な思いの吐露であったり、単に大勢に迎合したりする結論は避けねばなるまい。その意味で、部分的には著者の「信念」とは異なっても、体系的で理論的な結論を重視すべきであると思えるし、本書の姿勢は基本的にそうである。無論、近代立憲主義的な結論であることを大前提としている。敢えて言えば、近代立憲主義下、通常司法裁判所による憲法裁判の、より一般理論を示すことを希求したものなのである。各論で価値判断を繰り返す以前に、このような原理原則から導き出されるルールや道筋は、意外と決定的なのではなかろうか。それだからこそ、抽象的な法的判断を特定の国家機関に委ねた制度との差異を、そこから検討できるのだと思える。

　また、法解釈学であれば、これまでの判例や通説を踏まえ、その批判を行い、修正を提案するべきところ、憲法学界は、どうもパラダイム転換ないし、比較対象国を総入れ替えが好きである。そのうち、仲間の賛同の大合唱が始まり、議論は飛ばされ、多勢に無勢で学説が変わってしまう。イデオロギー批判も好きである。それらが楽だからであろう。だが、そのようなものに終始することは、法学のあるべき姿ではない。また、通説を意図的にか無意識に誤読して、独自の説が立てられることもあり、しばしば、信念であるとして、批判に耳を傾けず繰り返せばよいと思っているケースもある。法学者は哲学者でも神学者でもない。本書では、芦部説、佐藤説の批判をした部分も多いが、その基本線を認容した上、敬意を持って批判し、修正学説を提示したつもりである。「進歩派ではないがラディカル」な者も、今や意外に正統派でオーソドックスなのかもしれない。この点の評価は、読まれた皆様に委ねることとする。

　なお、関連して、芦部説の引用について、本書はある決断を行ったことを付言する。それは、今なお司法試験受験生の間で基本書とされる『憲法』（岩波書店）の扱いである。芦部先生のご逝去から18年以上が経過したが、同書は、高橋和之先生の補訂により、既に第6版を迎えている。この間、高橋先生は、芦部先生の元の言葉の意味を変えないように慎重に扱われてきたように思えるが、それでも、最早、どこまでが芦部通説というべきものなのかが、一見する

iii

とぼんやりしかかっているのである。そして、ご逝去後に登場した判例や学説の扱いになると、芦部先生がそれにどう反応したかは不明であり、原則として、その重要度を踏まえた選定まで考えれば、加筆できないことにすらなってしまう。このため、まず、芦部説の引用にあたっては、論文集か、居住・移転の自由まで書き進められた『憲法学Ⅰ・Ⅱ・Ⅲ〔増補版〕』（有斐閣）を優先的に用い、やむなく岩波書店版を引用する際も、芦部先生の最後の声であることが確約できる新版補訂版を用い、第6版の記述を確認することとした。これは、ローマ法以来の長き伝統に裏打ちされた民法学で、我妻榮著の教科書が、その逝去後も改訂を続けていけるのとは異なる。せいぜい400年の伝統、世界展開して半世紀の近代的な憲法学は、まだまだ、個々の有力な学者の革新の最中にある。それはそのまま、新たな有力な基本書の登場が待たれることでもある。

　本書では、重要な判例をしっかり引用し、日本の学説状況を説明することに重点を置いている。この種の著書では、どうしても、アメリカやドイツなど、諸外国の判例や憲法学説を多く引用し、中には、その比較法対象国の最高裁や憲法裁判所の判例、或いは特定の憲法研究者の学説をしっかり消化することなく、半ば直輸入し、日本もその通りであるべきだ、と言わんがばかりのものまであったように思える。確かに、ある種のナショナリズムとでもいうか、日本は特殊だというところから始まる、しばしば独善的な主張が、とても近代的な法理論ではないことは言うまでもなく、これを避けるために、憲法学では、比較憲法学の重要性が特に強調され、特定の国に偏らない比較憲法研究がなされてきたのである。だが、日本と当該比較法対象国とでは、歴史や状況、そして、当然に、憲法自体の文言や構造が異なる。このため、まず、比較憲法学は、日本国憲法解釈の参考にはなろうが、主客転倒は論外である。終戦直後、本格的な近代立憲主義の道を歩みだした頃なら兎も角、戦後70年、日本国内でも憲法判例、憲法学説の蓄積があるにも拘らず、相変わらず、その検証を十分に行うことが足りないのではないかとも感じている。ある国の歴史や文化、ある学派の伝統、ある人の思想などに見境なく依拠することは「人文主義的」に過ぎ、少なくとも広義の社会科学に属する法律学においては、方法論的にまず誤りであろう。また、比較憲法的手法に頼る前に、論理的に決着がついたり、

まず、多くの先進国等の常識的結論であると判断できたりすれば、この種の比較は、そこでは不要ということにもなろう。本書では、確かに、ところどころ、アメリカやドイツなどの外国判例を引用することはあるが、それは必要に応じてであり、主としては、日本における判例と学説、もしくは学説相互間の論争を基盤としている。何故、それではいけないのか、何故、日本発の普遍的な理論の提案を視野に入れてはいけないのか、ということも、問題意識として共有して頂きたいと思う。

　こうしているうちに、本書の判例や学説の引用は膨大なものとなった。特に、判例の引用は、調べ得る限りで、その判例の評釈を全て示すことに尽力した。無論、これを毎回行うことは無駄であるので、兎に角、本書で初出の際に引用し、2回目以降は、その章の該当箇所を参照せよ、という表記とした。このため、本書は、仮に本書の主張に反対する法律家、法学者などであっても、司法権論や憲法訴訟論を語る際には、いわば司法権論・憲法訴訟論辞典として、抱えているべき密度を有するに至ったと思われる。法曹にとっても、上告趣意書などで展開できる、憲法論として常識の範囲の主張は本書のどこかにあり、訴訟上、憲法上の主張に進む際には大いなるヒントとなると思われる。「一家に一冊」は嘘でも広範囲の方々や機関必携である。

　本書に纏められた元の論説等は、章の数以上に上るが、最も古いものは、1995年3月、著者が大学教員生活を始めた、東海大学文明研究所専任講師の時代のものであり、その元となった研究会報告は前年の、大学院生時代のものである。これについても、上述のように、しっかり判例や学説の引用をし直した。その後の展開についても、補充を行った。学説のうち、著書については、改訂がなされたものについては、少なくとも主な憲法の基本書と呼ばれるものについては、最新もしくは最盛期のもので打ち直した。このため、本書は、（世の中の論文集というものでは、しばしばそのようなものが多いようであるが）単に、過去の論説を張り合わせたものとはなっていない。そのため、纏めに3カ月以上、地味な作業で一夏を丸々費やした。その分、過去の著作の寄せ集めではない、一体としての論文集になったように思う。元となった論説等は、22年余、この間の、憲法の私人間効力論に没頭していた時代を除いたとしても、相当の

v

量に上る。2017年の夏、当然のことながら、論文相互間の整合性も検討することとなったが、政教分離訴訟について前世紀末に示唆した方向を1点修正した以外は、大きな考えの修正はなかった。一貫性が、自分としてはなのかもしれないが、担保できたことは、大いに安心できたことである。

　なお、著者は、これまで教科書の分担執筆を繰り返し、憲法全体を見ながら、論説や判例研究などを生み、それは、取り敢えずではあるが、本書に結実した。教科書については（何れも初版で示す）、

　榎原猛編『基礎憲法』（法律文化社、1992）
　中谷実編『ハイブリッド憲法』（勁草書房、1995）
　川岸令和ほか『憲法』（青林書院、2002）
　君塚正臣＝藤井樹也＝毛利透『VIRTUAL憲法』（悠々社、2005）
　君塚正臣編『ベーシックテキスト憲法』（法律文化社、2007）
　君塚正臣編『高校から大学への法学』（法律文化社、2009）
　君塚正臣編『高校から大学への憲法』（法律文化社、2009）
　君塚正臣編『比較憲法』（ミネルヴァ書房、2012）
　君塚正臣編『大学生のための憲法』（法律文化社、2018予定）

により、憲法の全分野を網羅したことになると思う。このことにより、本書の主張が憲法の全体構造を歪めないことも確認してきたつもりでもある。ここに、付言しておきたい。

　また、この間、違憲判決を滅多に出さないと言われてきた最高裁も、徐々に変化が生じたように思われる。著者の最初の著書で主張した、民法900条4号但書は全面的に、同733条は、100日を超える再婚禁止期間部分が違憲となった。また、男性が加害者で女性が被害者の場合に限定されてきた強姦罪規定は、性別を不問にするように立法的解決がなされた。その他、著者がある事件で鑑定書を記した、公務員の政治活動の禁止についても、別の事件ではあるが、被告を無罪とする判決が確定し、猿払事件の判例は、事実上、部分的に変更されたとさえ評価できる。最高裁が近くなっている。そして、このことは、憲法訴訟論の成果を踏まえ、日本の憲法学が、普通の法律学化し、「憲法学者」が「法学者」とはまるで異なるかのような感覚が、変わりつつあることを

示している。判例と学説は、憲法学においても、相互に作用仕合い、日本の立憲主義の発展に寄与できる関係になりつつあるのであり、その状況で、日本の憲法学が全面的な転進をする必要はないということでもある。この時期に、本書を刊行する意義は、その意味でも小さくないのである。

　さて、前の論文集を刊行した2008年以降、著者の研究環境には、厳しいものがあった。2004年の法科大学院・国立大学法人化以降、法律学全体の業績は減退したと言われるが、法科大学院の不人気が顕著になると、その環境は厳しくなり、予算も激減した。それに引き摺られるように、法学部の不人気も生じた。これらに所属する研究者は、その対応に時間を割かれた。東日本大震災は、著者の研究室などに多大な被害を与え、復旧に相当の時間が必要であった。生命・身体に何もなかったことは幸いであったかもしれないが、精神的にはかなり参った感がある。2011年度と2012年度は、受験生の減少する中、法律系の入試委員長を務めることとなったし、2013年度は、本務校で、改組された国際社会科学府の初代の学務・広報委員長を務め、2014年度は法曹実務専攻長（法科大学院長）を務めることとなり（この年度には、法学教室の演習も担当した）、その2年間は特に多忙を極めた。そして、2015年にいわゆる安保法案の際には、全国の真っ当な憲法学者は全てこれを違憲と論じたが、特に運動家然としているわけでもない著者なども、何よりも、今や全世界的に真っ当な国の常識である、近代立憲主義崩壊の危機が日本に迫っていることについて、声を上げることとなった。最低限の予算と最低限の研究時間を確保し、研究を進めることは、非常に難しかった。このことは、一般に、理系の先端研究についてばかり言えることでもなく、また、国立大学の文系学部の再編・淘汰が文部科学省の方針であるとまことしやかに言われ出すと、各地方国立大学の「忖度」は妙に素早く、その影響は、哲学や歴史学ばかりでなく、法学・政治学分野にも及んできた。地方国立大学では、総じて、法学・政治学は弱小なのである。憲法の全面改正（つまりは、明治憲法への回帰と近代立憲主義の放棄）を旗印とする政権が比較的長く続いたこともあって、法律学、就中、憲法学受難の時代であり、近代立憲主義や法の支配を支える理論研究が全体に痩せ細っていくのではないかと、危惧すること著しい状況である（2017年度の日本公法学会は東北大学にて、日

本海洋学会が盛大に行っている隣で、「立憲主義と法治主義」をテーマにひっそりと行われたが、行政法の報告者が「立憲主義」を語ることはなかった。立憲主義的でない法律学とは何であろうかと思う）。政治情勢、国際情勢はなお不透明であり、日本の立憲主義に明るくない影を落としている。

　この間、2013年度からは、5年間という長期の条件で、平成25年度—29年度日本学術振興会科学研究費基盤研究（C）一般「司法権・憲法訴訟論の総合構築」（課題番号25380029）を受けることとなった。本書は、その成果の一部（但し、本書刊行の一部は、著者の本務校への寄付金によるもの）である。これにより、法律系において極限まで減少してきていた、研究費の不足は大きく補えることとなった。今更ながら、本研究を選抜して頂いたことに感謝したい。また、2015年春に法曹実務専攻長を最短の1年で退任することとなり、ジェンダー法学会理事も2014年末の任期切れで退任してあったため、その後は、全学の動物実験専門委員会委員を3年間務めているのが目立った学内業務であるという状況になり、本学法律系の運命等について発言する意味がかなり希薄になったのと引き換えに、国の委員を延べ3種引き受けても余るほど、十分な研究時間を得ることとなった。この2年半の間に執筆した元論文は、本書のかなりの部分を占めていることでも、それは証明できそうである（そして、細かい。学生時代、「お前は検事にだけはなるな。そんな感じで細かく調べられたら、被疑者がかわいそうや」と言われたそのままに）。不幸中の幸いとでも言い得ようか。しかし、それでも、科研費の支給には年限があり、成果を出さねばならない。その結果、いかに本書が上下巻合わせて分厚くとも、今後、公表できれば補論として公表したいテーマが少々残った。索引もそれに委ねた。この点は、やむを得ないこととして、ご海容願いたい。なお、本書刊行にあたり、御尽力頂いた、本務校の本部、社会系、法律系の事務職員の皆様に感謝したい。

　併せて、憲法訴訟論が大きく取り残している領域に、憲法31条以下の刑事手続上の問題がある。この研究によっては、司法審査基準の数にも変化が生ずるかもしれない。だが、あまりにも時間とエネルギーが足りない。これは、次の科研費を得た機会に残しておくこととする。

　本書は、単著としては3・4冊目になる。1996年に、母校で学位を頂いた際、

とある老法学者が一緒に論文博士号を授与された。その際に、その方が言われたことは、自分は5冊書いて博士号を頂いたので、君もいずれは5冊以上書いて欲しい、ということであった。一期一会と思っていたものだが、1999年に関西大学に赴任すると再会することになる。国際私法の本浪章一名誉教授である。周囲には、お互いを「同級生」と紹介しあったものである。本書は、本浪先生との約束にリーチをかけたものである。なおの精進をせねばと思う。そして、本書下巻冒頭の章などは、まさに、その関西大学での市民大学講座を端緒にしたものであり、その自由な研究環境が育んだものであることは確かである。3年半の在籍ではあったが、関西大学法学部にも感謝したい。

　これまでの著書ではあまり語らなかったが、母校である大阪大学法学部にも感謝せねばならないであろう。覚道豊治先生の最終年度の講義を聴講できたこと、松井先生や中山勲先生の天才的な部分に触れられたことなどのほか、広範囲の法学・政治学の発想や問題意識、知識と教養を与えてくれたと思える諸先生方には感謝したい。憲法学者なのに、『民法判例百選Ⅲ』(有斐閣、2015)に著者の名前があるのは久貴忠彦先生のお引立てのお蔭であるし、『シネマで法学』(有斐閣、2004)に参加できたのは労働法の野田進先生 (のちに九州大学教授)のお蔭である (因みに、「宇宙と法」を執筆することになったのは、松井先生の陰謀の成果 (？)である)。そして、憲法が国内法最高法規である以上、下位法令の解釈、基礎法的な支え、政治学的な理論、などが一体となって本書に滲み出ている筈である。若い頃のある程度の広い学習は無形の学習は、後に力となると思う。その意味では、この時期に、著者を経済的に支えて頂いた (財)竹中育英会に感謝せねばならない。下宿生活を支えて頂いた、富山真子さんご一家にも感謝したい。そして、それ以前の、家族、幼稚園から高校までにも感謝したい。感謝すべきは多い。

　そして、本書の刊行を強く勧めて頂いた、法律文化社の小西英央さんに感謝せねばなるまい。様々な無理難題をクリアして刊行に至ったことは、小西さんなくしては考えられない。改めて感謝したい。そして、大部な専門書の刊行を決断して頂いた、法律文化社さんに感謝する。加えて、この長い間、暗く (？)机にばかり張り付いている夫の姿に耐えていた、忍耐強い妻に感謝したい。

本書を通じて、多くの人には、近代立憲主義の（あえて言うが）普遍性と、その下での通常司法裁判所による付随的違憲審査制の擁護者になって頂きたいしと思う。「自由と平和を愛し、武器は、アイデアと愛嬌」(https://atarashiichizu.com より）という方々は、本書の味方であると信ずる。ついでに、平等と友愛（現代においては、兵役以上に、勤労と教育により、社会保障を相互に支えることなどが肝要か。なお、フランスの国旗が「自由・平等・博愛」に由来しているというのは全くの俗説である）と「法の支配」も愛して頂きたいというところか。

　なお、本書では、歴史上の大博士から当時学部学生である人まで、原則として敬称は略させて頂いた（当該身分又は職業に意味がある場合には、役職名等を付けた箇所がある）。ご海容願いたい。

　　　　2017年11月23日

　　　　　　　　　　　　　東京の片隅にて　　　　君 塚 正 臣

目　　次

はしがき

第1章　司法権論序説 ……………………………………………………… 1

はじめに　1　　1　憲法訴訟論と区別されるべき司法権
論　7　　2　司法権論及び憲法訴訟論の意義と課題　12
本研究を始める第1章のおわりに　14

第2章　司法権定義及び裁判所の中間領域論 …………… 41
──客観訴訟・非訟事件等再考

はじめに　41　　1　「司法」の定義　42　　2　非訟事件・
人事訴訟論　56　　3　略式起訴・少年審判論　71
4　客観訴訟論　77　　おわりに　95

第3章　特別裁判所論 …………………………………………………… 133

はじめに　133　　1　特別裁判所論　133　　2　憲法裁判
所論　139　　おわりに　149

第4章　司法権と適正手続 …………………………………………… 167
──日本国憲法31条の射程について

はじめに　167　　1　伝統的少数説　168　　2　通説的見
解　173　　3　近時有力説　182　　4　憲法31条の再再検
討　189　　おわりに　193

第5章　司法権と「裁判を受ける権利」………………………… 208
──日本国憲法32条の法意

はじめに　208　　1　「裁判を受ける権利」条項の誕生　209

xi

2 民事・行政事件と刑事事件で異なる「裁判を受ける権利」説の確立——不完全検討？ 216　3 民事・行政「裁判を受ける権利」説の提唱——再検討 221　4 「裁判を受ける権利」の再再構成 233　おわりに 241

第6章　裁判員制度論 ………………………… 256

はじめに 256　1 裁判員制度が争点となった事件 257　2 裁判員制度の合憲性 260　おわりに 266

第7章　成熟性・ムートネスの法理 ………………… 275
——「司法権」要件の動中静的要請

はじめに 275　1 成熟性の法理 276　2 ムートネスの法理 281　3 いわゆる「終局性」——なお、念のため 288　おわりに 290

第8章　統治行為論 ………………………………… 304

はじめに 304　1 裁判例再考 304　2 従来の学説の整理 310　3 近時における通説への疑問の主張及び再構築 321　おわりに 328

第9章　判例の拘束力 ……………………………… 346
——判例変更、特に不遡及的判例変更も含めて

はじめに 346　1 判例の法準則性について 347　2 判例変更に関する理論 354　3 判例変更の裁判例再考 361　4 不遡及的判例変更について 366　おわりに 371

第10章　判決の一般的効力と遡及効 ……………… 396
——時空を超えた救済

はじめに 396　1 国籍法違憲判決 396　2 学生無年金障害者訴訟 412　3 非嫡出子相続分差別規定違憲

目　次

決定・再婚禁止期間一部違憲判決　418　　おわりに　425

第11章　事情判決の法理 …………………………………………… 434
——議員定数不均衡問題を素材に

はじめに　434　　1　事情判決から事情判決の法理へ　435
2　事情判決の法理に基づく判決　439　　3　学説の評価
447　　4　事情判決の法理を超えられるか？　454　　おわ
りに　461

第12章　将来効判決、積極的な司法的救済、可分論 …… 470
——続・議員定数不均衡問題を素材に

はじめに　470　　1　将来効判決　471　　2　司法による
より積極的な解決方法　480　　3　可分性の法理　487
おわりに　493

第13章　憲法の私人間効力論・再論 …………………………… 504

はじめに　504　　1　旧来の「憲法の私人間効力論」とは
何であったか　504　　2　新無効力説の問題点　509
3　ステイト・アクション論及び新直接効力説、混合諸学説
について　517　　4　自説の確認及び国家保護義務論の問
題点　526　　おわりに　536

第14章　特別権力関係論 ………………………………………………… 556

はじめに　556　　1　堀越事件再考　558　　2　特別権力
関係の学説・判例の展開　568　　3　特別権力関係への批
判　577　　4　裁判官の場合　585　　おわりに　589

第15章　司法権論終論 …………………………………………………… 605

xiii

『司法権・憲法訴訟論』下巻目次

第16章　憲法訴訟論序説

第17章　政治過程の中の憲法裁判

第18章　司法審査基準論
　　　　——二重の基準論

第19章　参政権
　　　　——議員定数不均衡問題を三度素材に

第20章　平等権
　　　　——これまでの最高裁による違憲判決の本丸

第21章　経済的自由
　　　　——国家の通貨発行権を素材に

第22章　社会権
　　　　——「教育を受ける権利」の再考

第23章　立法の不作為

第24章　第三者の憲法上の権利の主張

第25章　憲法判断回避の法理

第26章　合憲限定解釈

第27章　適用違憲
　　　　——それは「原則」である

第28章　法令違憲・運用違憲・処分違憲

第29章　LRAの基準

第30章　「明白かつ現在の危険」テストもしくはブランデンバーグ・テスト

第31章　事前抑制の禁止の原則
　　　　——「検閲」の禁止を含む

第32章　明確性の原則
　　　　——曖昧・漠然性ゆえ無効の法理

第33章　過度に広汎性ゆえ無効の法理

第34章　政教分離

第35章　大学の自治
　　　　——国立大学法人化を素材に

第36章　憲法訴訟論終論

第1章

司法権論序説

はじめに

　芦部信喜編『講座憲法訴訟』全3巻[1]の刊行は、憲法施行40年記念の憲法訴訟研究会の事業[2]であるから、早くも30年前のことである。戦前の論説を纏めた高柳賢三『司法権の優位』[3]のはしがきを見ても、1947年の時点の司法審査制は「わが国の現行法の解釈とはほとんど無関係なアメリカの」「制度」[4]であった。高柳が、日本国憲法施行当初に、「国民主権主義と並んで、ある意味でそれとは対蹠的な法優位主義が同時に新憲法の基本原理をなしてゐる」「立憲民主政」[5]だと指摘し、民主主義と法の支配や司法審査との相克を暗示したことはやはり鋭かった。だが、その後、「裁判所の違憲審査権をめぐる諸問題を人権保障の方式という観点から訴訟の理論ないし技術とも結びつけて考察し、そこに存する独自の準則を明らかにする立ち入った研究は、ほとんど行われず、問題によっては皆無にひとしい状態であったこともまた否定しがた」[6]かった。裁判所が個別の裁判において行う憲法判断のルールが憲法学の主要テーマとなったのは、大まかに言って、芦部以降と言ってよい[7]。

　1923年長野県生まれ[8]の芦部は、東京大学の憲法講座を継承し、宮沢俊義亡き後は憲法学における通説の代名詞となって久しく[9]、また、アメリカ留学から帰国後の1961年末頃から日本における憲法訴訟論の開拓者となり、芦部自身が語るように、恵庭事件[10]、朝日訴訟[11]、大阪市屋外広告物条例事件、『悪徳の栄え』[12]

事件[13]、三菱樹脂事件[14]など、「次々と生起した重要な憲法事件との対応関係」のため、「憲法訴訟論が学会で注目を惹くようになった」[15]。1976年5月に憲法訴訟研究会を立ち上げて、定期的なアメリカ憲法判例研究を始めた[16]。『憲法訴訟の理論』[17]、『現代人権論』[18]、『憲法訴訟の現代的展開』[19]、『人権と憲法訴訟』[20]、『人権と議会政』[21]、『宗教・人権・憲法学』[22]などの論文集は、旧司法試験受験者の必読書であった。『講座憲法訴訟』は、同研究会の初期の成果であり、日本の憲法訴訟を語る上で外せない書である[23]。芦部による放送大学教養学部講義を纏めた『憲法』[24]は、1993年に刊行されるや、一躍、司法試験受験者間の基本書となり、その逝去後も補訂が続いた。

また、京都学派では、覚道豊治[25]を先駆者とする違憲審査権研究を発展させた、佐藤幸治[26]の名を忘れるわけにはいかない。1937年新潟県生まれの佐藤の代表作は『憲法訴訟と司法権』[27]、『現代国家と司法権』[28]、『日本国憲法と「法の支配」』[29]、『現代国家と人権』[30]などである。やはりアメリカ留学を経て京都大学の憲法講座の主任教授となり、憲法訴訟の中でも、その入り口の問題、司法権論[31]を特に研究してきた。中でも、司法権を「法原理部門」と捉え、アメリカ流の事件・争訟性の概念から「司法」の定義を行い、その歴史的概念構成を断ち切った辺りが真骨頂であろう[32]。関西アメリカ公法研究会によるアメリカ連邦最高裁判例の公表も、1980年開延期のものから暫く続いた[33]。また、基本書の『憲法』[34]は3版を重ね、1980年代から90年代にかけて、この本を持たざる者は法学部生ではないと言われるほど、旧司法試験受験者を中心に一世を風靡したものである。近年は、『立憲主義について』[35]、『世界史の中の日本国憲法』[36]などで見られるように、2015年には立憲主義の強き擁護者としてインパクトを与えた。

両者が、各々の世代のアメリカ憲法研究者であったことは明らかであるが、同時に、両者が、イデオロギッシュで運動家然とした、マスコミ的な意味での「憲法学者」でも、原理論のための原理論を追求する基礎法学者と見紛うばかりの「憲法哲学者」でもなく、普遍性を伴う立憲主義や人権論に裏打ちされた、中道中庸な或いはリベラルな結論を導く、憲法解釈者であったことも重要である[37]。このことが、通説や有力説と称された所以であろう。

そもそも、戦前においては、「裁判所カ司法権ヲ行フニ当リ適用スヘキ法律

第1章　司法権論序説

命令カ苟モ其形式ニ於テ欠クル所ナキ以上ハ更ニ進テ其実質カ憲法違反ノ法律ニ非サルカ若クハ法律違反ノ命令ニ非サルカヲ審査シ之カ適用ヲ拒ミ得ヘキモノニ非ス」との大審院判決で明らかなように、裁判所が天皇を差し置いて憲法解釈を示すことはあり得なかった。枢密院も、「憲法の番人」の役割に応えられなかった。戦後すぐも、旧来のドイツ公法学的影響からか、憲法は統治の法であり、市井の人々の権利を守るために通常司法裁判所で活用されるものという感覚はなかった。そして、岸信介ら右派「改憲派」による憲法全面改正論が掲げられると、憲法9条を筆頭に、その理想は一字たりとも修正されてはならないとする「護憲派」との衝突の時代となった。だが、1960年安保闘争や三井三池争議が終結して政治の時代が終わると、西側諸国の一員として、吉田茂以来の軽武装と経済成長優先の路線を歩むことが漸く確定的となった。つまり、国鉄解体や東欧革命、湾岸戦争や「グローバル化」を未だ知らないこの時期は、日本国憲法が安定期に入り、レジームの問題を離れ、現行憲法の解釈を詰める議論が平和裡に可能となり、併せて、戦後導入された違憲審査制度がそろそろ実効性を示してもよいのではないかとの気運も高まっていた時期であり、実際、1973年に最高裁による違憲判決が下される尊属殺重罰規定については、早くから違憲論が強まっていたのである。これは、表現の自由の分野の違憲判決はなく、その後、「とりわけ経済的自由についてだけ、気まぐれ的に厳格な審査を行」ってきたことに対して、憲法学が、学問として、二重の基準論に基づく批判がなせる段階になったということである。その時期に、裁判所の憲法判断は理論的にどうあるべきかが説かれたことは、時宜に適ったことのように思われた。そして、初めて憲法学説が裁判理論となったのである。併せて、付随的違憲審査制の母国であることなどから、日本における比較憲法の対象国としてアメリカの存在感が一気に強まったのである。

　他方、こういった憲法学の通常の実定法学化を伴う憲法訴訟論などに対しては、憲法学の本来の役割ではないとする批判が生じた。まず、当初から、それが技術的に過ぎ、価値や理念の「科学」的省察を手薄にしているなどとする多くの批判が憲法学界からはあった。また、憲法訴訟論はアメリカの直輸入である、アメリカでの司法審査基準論も十分内容確定的でないものである、最高裁

3

の司法消極主義的な「実態に正面から対応できていたか」を疑問視する類の批判もあった[50]。それまでの憲法学は、法解釈学の一部というより、やや政治的もしくは歴史・哲学志向的であり過ぎたのであろう。

　憲法学の「幅」をどの辺りまでと考えるかは争いがあろうが、しかしながら、現行憲法の適切な解釈を示そうとすることなく、単に憲法の全面改正を叫ぶ運動家を（逆に、盲目的に現行憲法の一言一句の修正も許さぬ擁護だけをただ叫ぶ者も）「憲法研究者」にカウントすることは疑問であった[51]。著者の世代辺りで、その「幅」を創造する核は西に移動した[52]。民法学者が民法の解釈を生業（なりわい）としているように、憲法研究者の本来の仕事は日本国憲法の解釈を専門家として提示することにある。その周辺に、特定外国憲法に詳しい研究者、哲学的思考に優れた者、大日本帝国憲法（明治憲法）や立憲過程の歴史学者はあっても、それらは憲法学の主目的である現行憲法の解釈のため[53]、或いは、その限界を提示しての部分的な改正論・制度変革論を提示する実践のためのものであろう。公権的最終解釈者は裁判所とされている[54]以上、ここに向けて、あるべき憲法解釈をまずは理論的に指し示すのが法学部や法科大学院における憲法学の役目であろう。憲法訴訟論は、遅ればせながらのその目覚めであった。

　ここに始まった憲法訴訟論及び司法権論はその後の研究者に大きな影響を与え、裁判所における憲法判断の精緻化も進んだ。逆に、憲法研究者による判例研究も進んだ[55]。このことは、ある意味で、他の法分野では通常見られる現象であり、憲法学の一般法学化、もしくは統治の学や神学からの降臨と言ってもよい。それまでの最高裁の憲法判断については、憲法学界から「どんなにか厳しい非難がかけられてきたか」は明らかであり、「画期的な素晴らしい判決であるとか、人権保障の理念をよく反映した判決であるとかの高い評価を受けた判決をみつけだそうとしても、それは困難である[56]」のが常識であった。曰く、「違憲判決の数がきわめて少ない」、「権力を批判する姿勢に欠け、むしろ権力の措置を追認しようとする態度がみられる」、「最高裁の合憲判決のうち相当数は論理が粗雑であ[57]る」、などである。また、その原因として、「日本の精神風土としての和の尊重」、「事件が長期化」すると「争点となる法令が既成事実として定着しがちである」こと、「大半が実質的には民事・刑事事件であり、上

告の理由としてあげられる『違憲』の主張の多くは『立ち入って検討するに値しない』ものである」ために裁判官には「憲法解釈論は法律論的ではないと映りがち」であったこと、大法廷開廷は負担が大きいために小法廷での「憲法判断回避か合憲判断がなされやすい」こと、「ヨーロッパ型の『顔のない裁判官』が理想とされ」るために「憲法裁判で積極的役割を望むことは困難である」ことなども指摘された。[58] 必ずしも先例とは思えない先例の引用も多かった。[59] 当初の最高裁の裁判官は、戦前の大審院、控訴院、行政裁判所などからの横滑りであり、人権感覚が希薄な傾向はあったかもしれない。[60]

　だが、憲法訴訟論の提起後、憲法判例と憲法学説の断絶といった状況は次第に緩和され、1977年頃からは憲法研究者と裁判官による研究会や座談会も開催されるようになり、[61] あれから40年、比較的最近では、郵便法違憲判決、[62] 在外邦人選挙権訴訟、[63] 国籍法違憲判決、[64] 非嫡出子相続分差別規定違憲決定、[65] 再婚禁止期間一部違憲判決[66] などの法令違憲判決や、愛媛玉串料訴訟、[67] 空知太訴訟[68] などの政教分離違反を宣言する違憲判決など、最高裁判所による多くの違憲判断が下されるようになってきた。これ以外にも、明示的ではないが、適用違憲的な判断や、憲法的価値に配慮した司法判断は幾つも見られるようになり、「明らかに憲法訴訟論の成果が反映しているものもみられる[69]」憲法判断が数多いことを暗示している。[70] 元最高裁判事は、最高裁が「本質的なものとそうでないものをしっかり見分けると同時に、小さな正義をしっかり見つけることも司法の基本的な役割であり、他方、もちろん大きな正義を忘れてはならない[71]」と述べ、闇雲に違憲判断を振り回せばよいものではないことを示唆した。[72] 同様に、何れも別の元最高裁判事による、「『合憲限定解釈』の手法によって法令の規定中合憲性の疑わしい部分を解釈上カットして適用するという手法も、最高裁がしばしば採ってきた[73]」、或いは「最高裁は、『法理』を変更することなしに、実質上従来の考え方を変えるようなことを、極めてしばしばやります[74]」という証言や、判例変更はないが、「事実上の大法廷審議」「事実上の連合審査」が多くなったとの証言[75] も、これを裏打ちする。直接的に、特定の理論による明快な法令違憲判決が頻発したわけではないが、訴訟当事者が無理な憲法論を控えたのか、[76] この間の蓄積された学問的成果が総合的に、或いは一般人の法意識の変化を触媒

に、具体的な事案を解決する中で、ときに細やかにときに大胆に司法判断を動かすに至ったことは、憲法訴訟論及び司法権論の大いなる成果であると言ってよいであろう。[77]

　以下に示したいのは、この司法権論及び憲法訴訟論の著者なりの解答である。但し、両者を区分した上で、しかし、両者をリンクさせた解答であることは肝要である。これまでの日本における学術的な議論を踏まえて、[78]その構築物や成果の総合的な纏めである。それはまた、連綿と続く憲法「学」を受け継ぎ、受け渡す仕事である。芦部や佐藤が憲法訴訟論や司法権論を掲げても、それはそれまでの、例えば宮沢通説への修正を求めるものであった。法律学の営みは、代々物語を紡ぐサグラダ・ファミリアか横浜駅の類で、[79]コペルニクス的なパラダイム転換は滅多に起きるものではない。だが、近時の代替理論は、果たして芦部説や佐藤説に修正を求めた上でこれを受け継ぐ、法「学」らしい論理的で総合的で合理的な判断の束となっているのか、やや疑わしい。中には、「通説」とされる芦部のメインの研究テーマを扱いながら、およそそれを黙殺し、つまりは批判することもなく、別次元の議論を展開する論説もあり、方法論として極めて遺憾である。比較憲法研究を踏まえて日本の憲法理論の修正を理論的に提案するのが、王道ではなかったか。以上の動きは、自らの比較対象国の議論の直輸入的な姿勢と、あまり立憲主義的とは言えない、誰かの哲学・思想や歴史、或いはその次元ではない、特定の集団の「思い」に流された憲法上の説の提示を懸念する。ここに自説を構造的に提示する意義があるのである。

　近代立憲主義は、英米仏の歴史的偶然もしくは稀有な事実として矮小化することはできず、西欧・北欧における憲法典制定の一般化を経て、戦後は、西洋世界を超えて、日本に、そして、開発独裁や軍部政権の崩壊の後、アジアや南米にまで広がり、ソ連邦崩壊後は旧東欧圏、一部中東など、地球大に広がったと言えよう。[80]その中では、憲法裁判所か通常司法裁判所かは別としても、裁判所による憲法判断も一般化してきた。憲法訴訟論の精緻化は、大袈裟に言えば、法と統治に関する世界史的な展開の一コマとすら言えるものである。しかし、先進国を自称する日本の最近の政治状況は、有力な憲法学者99％の違憲だとの声を聞かず、現行憲法9条の下でも許容されるとして安保法案を通し、に

も拘らず、憲法尊重擁護義務を第一義的に課されている内閣総理大臣が憲法9条の「加憲」的改正を提案するという、近代立憲主義に背を向けた、或いは法律論として論理が破綻したものとなっている。[81]2020年のオリンピック開催を国家構造変革の理由とし、上記のような世界の大半の属する立憲主義諸国から離脱し、戦前の如く、文明世界の大勢に弓引き、世界的に孤立するのではないかとすら危惧するものとなっている。[82]「東京オリンピック」は高度成長の到達点という共同体の記憶もあるが、ファシズム（つまりは非立憲）と戦争による中止（1940年）という記憶もあろう。本研究は、司法権のテクニカルな定義や、裁判技術としての憲法訴訟論に留まらず、違憲審査権が世界的に当然となった時代の近代立憲主義理論として、前近代的挑戦に対抗する理論の一翼となると思うものである。要は、憲法訴訟論は理論構築であると同時に、極めて実践的な護憲運動（別の観点からすれば、「日本国」を守る愛国的活動）でもあるのである。

1　憲法訴訟論と区別されるべき司法権論

　ところで、「憲法訴訟論或いは司法権論」と言われ、或いは「憲法訴訟論」としてこれに司法権論を内包させる用法が人口に膾炙しているが、冷静に見れば、両者は一応異なるものである。司法権論とは、裁判所が事件として取り上げるものの要件論を主とし、憲法訴訟論とは、その中でも憲法判断を行う要件や判決手法について論じるものである。反実仮想だが、明治憲法やドイツ基本法の下のように、裁判所が憲法判断を止められていても、「司法」の定義、具体的事案において裁判所がそれを取り上げ得るか否かは争点となる。これに対し、憲法訴訟が可能かどうかは、憲法判断が憲法裁判所や憲法院（憲法評議会＝Conseil constitutionnel）の権限である憲法下では、通常は、事件と切り離した抽象的判断が可能であり、「司法」としての要件は第一義的な問題ではなく、それとは別に、一般に濫訴を予防するため、憲法裁判の原告適格を法定するのが普通となる。現在の日本のように、通常司法裁判所が、事件の解決の過程で違憲審査を行う場合、当該事案が「司法」の取り上げる資格を有する中で、その「司法」が憲法判断を行うべき事案であることが問われることになる。だか

ら、日本国憲法下では、両者は区分されるがリンクした議論なのである。

そもそも、明治憲法から日本国憲法への転換により、裁判所は、明治憲法下で有さない権限を加えられたという理解が強かった。まず、行政裁判権については当初、「司法」に含まれないとの理解すらあったが、英米流の「司法」概念が憲法76条の意味するところであるとなっていくと、それは次第に当然に「司法」に含まれるとの理解が定着した。そして、違憲審査権についても、憲法76条の「司法」から生ずるというよりも、憲法81条が付加的に付与したものとする理解が強く、両者の関係を再考すべき認識は薄かったように思われる。加えて、長い間、司法権の問題の多くは、戦前の大津事件の研究のほか、戦後も、浦和事件[84]、吹田黙祷事件[85]や平賀書簡問題[86]、宮本判事補再任問題[87]、寺西判事補事件[88]など、司法権の独立もしくは裁判官の独立の問題なのであった[89]。政治部門による干渉は多く、またこれと一体となった最高裁が下級審に干渉している、内閣が最高裁の裁判官について政治的な人選を行っているなどの批判は強く、法社会学を中心に、こういった状況の批判的研究が進んでいった[90]。司法の健全化は、最終的には、人事及び司法行政の問題なのかもしれない。この状況下で両論が渾然一体となるのも致し方なかった。

こういった空気はこの分野の著書にも長く影響を与えている。例えば、冷戦時代末の樋口陽一＝栗城壽夫『憲法と裁判』は、全体を第1部と第2部に分割し、前者を樋口が「裁判と裁判官」として主に司法権の独立の問題を記し[91]、後者の「違憲審査制」を栗城が記述した[92]。両者の間で司法権論は飛んでおり、かつ、大陸法国を比較対象国とする両大家の司法観が滲み出ていた。

憲法訴訟論が盛んになっても、この「司法」と違憲審査制の関係について、黎明期ゆえの未熟さや混乱が全くなかったなどと言うことはできなかった。『講座憲法訴訟』でも、一面、「周辺的テーマも含めたので、体系性には若干の問題もあ」った[93]。芦部が、その巻頭論文で「今後の課題点描」として真っ先に挙げているのは、「訴訟要件」であり、次いで「司法権」なのである[94]が、これは、通常の裁判として裁判所が取り上げる要件であって、その中で憲法判断を行う要件ではない。同書がその後に個別のテーマとする事件性や訴えの利益の問題は、憲法訴訟に限らず、広く民事・刑事・行政訴訟の問題であって、裁判

第1章　司法権論序説

所が当該事件を取り上げてよいかの問題であった。[95]統治行為論（政治問題の法理）は、そもそも高度に政治的問題であれば司法権は判断すべきでないということであれば、同様に司法、争訟一般の問題である。[96]立法の不作為の違憲審査の問題は、憲法判断だけが不可能なのか、裁判所の法的判断が全く無理なのかが不分明であった。[97]このほか、裁判所が当該法令等をどの程度疑ってかかるかという意味での司法審査基準一般と、人権や場面毎の合憲性判断テストは混在していた。[98]佐藤の『現代国家と司法権』も、本書の核心、司法権、或いは事件・争訟性の議論に始まるが、[99]次の2章は違憲審査性を巡る問題を取り上げ、[100]また、その次は公開裁判や「知る権利」の議論という司法権の議論に戻り、[101]最後は「司法的正義」、つまりは民主的政体の下で非民選の裁判官が何故、違憲審査権を行使できるのかという問題を論じて終わるという構成である。[102]こちらもまた、「司法権」を表題としつつ、順不同な印象もありつつ、半分近くが憲法訴訟論なのであった。つまりは、裁判所が一般に何を権限とするかという「司法」の定義の問題と、その中で、或いはそれを超えてか、裁判所が憲法事案にいかなる処断を行うべきかという問題は未分離であった。これらに続く戸松秀典『憲法訴訟』も、その全体は憲法訴訟論の概説書であるが、[103]概説書という制約もあって、第2章の「司法権と裁判所」と、[104]第4章から第6章にかけての「憲法訴訟の手続き論・総説」、「訴え提起の要件」、「裁判過程における要件」は、[105]司法権論もしくは裁判所法及び民事訴訟法・刑事訴訟法・行政事件訴訟法等の概説の性格が強い。近年の高橋和之『体系憲法訴訟』でも、違憲審査の方法と種類・効力・救済方法を主要部分とするが、[106]その前段に「憲法訴訟の成立要件」の一部として「司法権の内在的限界」、「司法権の外在的限界」、「司法権の限界と訴訟要件」を含んでおり、[107]憲法訴訟論と司法権論の分別はあまり意識されていない。

　中には、表題その他からして、「司法」の問題と違憲審査制の問題とを区分しようとした例もある。藤井俊夫『司法権と憲法訴訟』は文字通り両者の区分を認識しているが、分量的にも後者が主役であり、前者の添え物感は否めない。[108]逆に、新正幸『憲法訴訟論』は、第1部を「司法権と裁判所」、[109]第2部を「憲法訴訟」としており、[110]題名とは裏腹に、両者を区別した。憲法訴訟論に特化

9

し、司法権論を捨象した時國康夫『憲法訴訟とその判断の手法』があるが、そ
れでもStanding 一般についてアメリカの判例を解説する部分を残してしまっ
た[111]。この区分に綺麗に填まるわけではないが、松井茂記は一連の著作で、『裁
判を受ける権利[112]』と『司法審査と民主主義[113]』及び『二重の基準論[114]』で、両者の間
の一線を超えないようにしたように見える。徐々に、両者の区分は憲法学にお
いて明示的に認識されるようになってきたと言ってよい。

　この渾然一体性は、学説が一般に、憲法76条の「司法権」解釈と、裁判所法
３条の中身とを暗黙のうちに一致させてきた点にも表れていた[115]。そもそもま
ず、日本国憲法の解釈を下位法令に委ね、現行実定法制度を所与のものとする
ことは、法理論として倒錯的であった[116]。そして、そのことが、憲法76条の「司
法権」から物事は決まらず、裁判所法を含む日本の立法や運用を踏まえれば足
り、その明治以来の伝統は大陸法系なのであるから、そこを眼中に、裁判とは
何かは歴史的に叙述されればよいとする歴史的概念構成の循環論法を生んでき
たきらいがある。また、憲法と国会法、内閣法、裁判所法などの統治機構を構
成する法律が一体をとして「実質的意味の憲法」となっているというイギリス
的理解も後押ししていたのかもしれない。また、現在、司法権について歴史的
概念構成により認識する説は、行政権の強いフランスを念頭に置いている[117]。だ
が、やはり、理論的に憲法が司法権として裁判所に付与したものを確認し、こ
れを意図的に拡大もしくは縮小することはできない。行政裁判所などの特別裁
判所、そして憲法院や憲法裁判所を抱えるフランスやドイツがどうであって
も、日本国憲法下の裁判所の権能の解釈は、あくまでも日本国憲法76条の「司
法」の定義として確定されねばならなかった。最高法規である日本国憲法とそ
の下位法令である裁判所法は一体ではない。前者と後者が矛盾するならば、後
者は、少なくとも一部、或いはそのある種の解釈、或いはその適用が、無効と
される関係にある。司法権論は、裁判所法の解釈問題ではなく、あくまでも憲
法解釈論なのである。実際問題としてそれは、裁判所が、民事・刑事・行政の
裁判に共通して、そもそも法的な議論を行うべきか、いつ、どう、何故行うべ
きかという司法権に関する議論だと言うことができようか。

　そして、それを踏まえて、憲法訴訟論では、そこで定まった「司法権」を行

使する裁判所が憲法判断をいつ、どう、何故行うべきか、が論じられるべきである。だが、長年、裁判所が違憲審査権を行使できるのは憲法76条とは切り離され、憲法81条を根拠とする説明が多かった。このことは、違憲審査権が「司法権」本来の作用ではないという、つまりは、裁判所とは民事・刑事事件を処理する機関だという明治憲法時代の発想を引き摺っていたのではあるまいか。憲法76条の「司法権」について、「具体的な争訟について、法を適用し、宣言することによって、これを裁定する国家の作用[118]」などとする定義が早々に示されながら、憲法判断という一点に限ってはより多くの役割を裁判所に期待し、或いは裁判所の本来あるべき役割に着目することなく、つまりはその外延が漠然としまう弊害[119]はなかったか、疑問がないでもなかった。

　例えば、芦部は、「司法の近代法的観念といっても、その意味内容は国や時代によって異な[120]」るとし、司法「の法形成・政策形成機能の重要性を解釈・適用という伝統的な観念の中に盛り込んで考え直してみる必要もありはしないか[121]」と述べ、その意図するところとして、「『憲法の番人』と言われる最高裁判所は、違憲審査権を通じて行う憲法保障機能よりも、むしろ最終の法律審として行う法令解釈の統一機能により大きな比重を置いて活動していることなどを考え合わせて、憲法訴訟の特殊性が一般の指摘紛争解決の司法観の中に埋没してしまうおそれもあると危惧したから[122]」だとしていた。ここには、憲法訴訟は通常の司法の作用と異なるのだという要素が含まれ、特に、最高裁にはそれ以外の役割を抱えていることが強調されている[123]。芦部の憲法訴訟観には「穏健な司法積極主義」との評価もあった[124]。憲法81条があることにより、ドイツ流の憲法裁判所の機能の一部が日本国憲法内にも乗り移ったという理解のようである。そして、芦部のこの姿勢は、他の「憲法訴訟論研究者」と呼ばれる中でも、芦部が特に立法事実論の重要性を法形成機能に寄与するものとして強調してきたこと[125]と密接に結び付くように思えるものである。

　このような、憲法訴訟論初期の思い入れを整理する必要があろう。裁判所が「司法権」に基づく権限行使である以上、そこに政策的配慮が大きく存在すると解する方がおかしいであろう。この意味で、まず、「司法」の定義を確定させ、次に、その中で裁判所が付随的違憲審査制として成せる憲法判断とは何か

をしっかりと整理することが求められているように思えるものである。憲法上、できることはできる、できないことはできない、筈である。

2　司法権論及び憲法訴訟論の意義と課題

　このように、憲法訴訟論は、特に芦部や佐藤の影響力の強さから、旧司法試験における「受験界の常識」ともなっていった。だが、2004年に司法制度改革がなされ、法科大学院が設立された後、副次的に槍玉に上げられたのは、旧司法試験の憲法における「司法審査基準機械的当てはめ型答案」などであった。[126] ここで問題となったのは、法学部の通常の授業を無視し、いわゆる司法試験予備校に通い、設問に対して論理的に対応することなく、そこで連想できることを書きとばして合格する者、本来の法曹としての資質を獲得していない者等であった。それは司法研修所でも問題になっていた。加えて、昔の学説に依拠することの多い司法試験予備校の授業内容、およそ通説・判例とかけ離れた自説のみに酔っているかのような大学の講義を行う教員の問題であったが、矛先は何故か憲法訴訟論に集中して向けられたように感じる。この時期、ドイツ憲法研究者の巻き返しが鋭く、特に、「保護領域（Schutzbereich）」「制限（Eingriff）」「正当化（Rechtfertigung）」による三段階審査（Drei-Stufen-Prüfung）論の邦語での紹介がなされ、[127] 概説書も公刊されると、[128] 憲法訴訟論は最早古く、三段階審査論による答案こそが新司法試験のトレンドであるかのような気風も生じた。従来の二重の基準論の「論拠の問題点を指摘する見解や、」それ「とは別の枠組みを模索する見解」が「有力」だと言う。[129] 二重の基準論の核心は表現の自由の優越的地位にあるが、その根拠とされる「自己実現の価値と自己統治の価値は、理論的には必ずしも両立しうるものではないと考えることもできる」[130] とするなどとして、これを批判するのでもあった。

　だが、そもそも民主主義と自由と（実質的平等と）の相克（トリレンマ）は（現代）立憲主義の永遠の課題であり、司法審査基準論に原因があるものではない。状況に応じて司法審査基準を上げ下げしてきた、日本の憲法学一般の未熟さに問題がある。そして、何よりも問題は司法審査基準論自体ではなく、その「機械

的当てはめ答案」にあった。処方箋が「三段階審査論の機械的当てはめ」では、何の解決にもならないのである。[131] 法科大学院の立ち上げと混乱への対応で、憲法訴訟論に詳しい研究者が法科大学院教育に専念せざるを得なかったことなどにより、勢力を削がれた面があったことも否めなかった。この中で、日本の全実定法分野の研究でのドイツ法の影響力が憲法学界でもものを言い始めたように思われる。芦部が、憲法訴訟論の導入をしようと提言したとき、そこで希求したのは憲法判断の理論化であり、国家学的な憲法学の改革であったように思う。これに比して、三段階審査論の導入を提言する論者のそれは、寧ろ、ドイツ公法学の用語の直訳で構成されたものであって、過去の憲法訴訟論の成果を没却して新たな理論を提示しようとする、法学方法論として疑問のある傾向が見られなかったわけでもない。大陸法系が強くなると、我が国の法分野は抽象的議論が強まり、現実の裁判に対応する実践からやや離れる傾向も見える。[132] また、この間の憲法学界の特に非法科大学院部分が哲学・歴史シフトを強めたことや、長期政権が右シフトになり、学界の大半がこれに抗して近代立憲主義の擁護を訴えることにエネルギーを割かねばならなくなり、或いはこれに呼応したかのような「幅」が学界内にも生じ、憲法学全体が、一見すると「政治的」にも見える発言が増えざるを得なくなったことにも理由は求められよう。確かに、憲法学の役割には相当の幅があり、研究者の立場によりその目指すところに大いなる乖離があることはやむを得ないとしても、憲法解釈を理論的に精緻に組み立て、現実の政府のいかなる行為を違憲と判断するかについての研究が手薄になったことも否めない。数多くの、広義の憲法判例がありながら、判例を超える理論の提示は残念ながら目立っていない。穏健保守・中道派或いはリベラル派、福祉国家・社会国家（最も「進歩派」に読んで、社会民主主義）思考、つまりは広い意味で中庸かつ堅実な憲法学が押され気味になっていることは問題であり、それはそのまま事件の解決に結び付くような憲法理論や憲法解釈論、妥当な結論の提示の沈滞に繋がっているのであれば、究極的には国益もしくは国民益を害する大変に遺憾なことと言わねばなるまい。

本研究を始める第 1 章のおわりに

　以上のような認識を前提に、著者は、司法権論及び憲法訴訟論を、区別しながら、これを纏め上げたいと考えた次第である。

　まず、司法権の定義を検討すると共に、これまで「司法」の作用に含まれるか微妙であった、非訟事件や少年事件、略式裁判などを憲法上どのように捉え直すかを論じたい（第2章）。次に、では、憲法上許されない「特別裁判所」が何を指すか、憲法裁判所等の可能性まで含めて論じる（第3章）。そしてこれらを踏まえて、司法権を支える、適正手続とは何かを、憲法31条の法意を再考することで論じたい（第4章）。このことは、隣の条文である憲法32条「裁判を受ける権利」の法意を再考することに繋がる（第5章）。その上で、刑事裁判の一部に裁判員制度を導入したことの合憲性を論じる（第6章）。

　以上で、狭義の司法制度論を終えると、「司法」の定義に従い、何が「司法」足り得るかを論じる。特に、その要件が訴訟の最初から最後まで充足されることを原則とする意味で、成熟性とムートの問題を取り上げる（第7章）。そして、法的判断が及ぶ問題は何かという観点から、裁量[133]や自律[134]の問題は現在ではほぼ自明であるため、いわゆる統治行為論を検討したい（第8章）。また、その判断と後の判断との関係を先例拘束性として論じたい（第9章）。

　続いて、司法による救済の問題を取り上げる。立法の空白をどのように埋めるべきか、ということが第1の難問であろうか。このことを国籍法違憲判決のほか、学生無年金訴訟[135]を視野に検討する（第10章）。第2に、ストレートな救済がかえって混乱を生じさせる問題への解決策としての事情判決の法理を再考する（第11章）。そして第3に、現時点ではなく将来のある時点から効力が発生するような判断手法が許されるかを論じることとする（第12章）。

　そして、司法権の射程に含まれるかという観点から、通常、人権総論の問題に含まれる、憲法の私人間効力論と特別権力関係論を取り上げる（第13・14章）。前者については既に『憲法の私人間効力論』[136]にて分析済であるが、異論が散見されるようであるので、これらへの回答という形で論じることとする。後

第1章　司法権論序説

者では、裁判官特有の問題についても触れる。

　以上を纏めて「司法権」本体に関する議論を終え（第15章）、憲法訴訟論へ向かうこととする。なお、裁判官の独立の問題や、立法論もしくは立憲論となろうが、憲法裁判所や憲法院についての詳細の検討を重ね、制度的・政策論的提案を行うべきかについては検討未了となった。今後の課題とする。

1）　芦部信喜編『講座憲法訴訟第1-3巻』（有斐閣、1987）。
2）　同上第1巻 i 頁［芦部信喜］。
3）　高柳賢三『司法権の優位』（有斐閣、1948）。1958年に増補版あり。序1頁によると、1915-1919年のアメリカ留学の成果である。
4）　同上序2頁。
5）　同上同頁。
6）　芦部信喜「憲法訴訟論の課題」芦部編前掲註1）書第1巻3頁、4頁。
7）　この間の1964年9月26日には日米法学会の設立がある。http://www.kichi.j.u-tokyo.ac.jp/introduction.html　機関誌アメリカ法も1965年11月には創刊され、そこではアメリカ憲法判例の紹介も活発に行われている。
8）　その理論的分析としては、長谷部恭男「芦部信喜教授の憲法訴訟論」法律時報59巻9号33頁（1987）がある。
9）　学界状況については、君塚正臣＝藤井樹也＝毛利透『VIRTUAL憲法』275-277頁（悠々社、2005）［君塚］など参照。
10）　札幌地判昭和42年3月29日下刑集9巻3号359頁。本件評釈には、阿部照哉「判批」法学論叢81巻5号99頁（1967）、黒田了一「判批」ジュリスト増刊『昭和41・42年度重要判例解説』136頁（1968）、石川才顕「判批」團藤重光編『刑法判例百選』〔新版〕16頁（1970）、小林武「判批」法学セミナー増刊『憲法裁判』68頁（1983）、大久保史郎「判批」上田勝美編『ゼミナール憲法判例』〔増補版〕342頁（法律文化社、1994）、中谷実「判批」樋口陽一＝野中俊彦編『憲法の基本判例』〔第2版〕208頁（有斐閣、1996）、今関源成「判批」右崎正博＝浦田一郎編『基本判例1―憲法』184頁（法学書院、1999）、倉持孝司「判批」杉原泰雄＝野中俊彦編『新判例マニュアル憲法Ⅰ』38頁（三省堂、2000）、尾形健「判批」佐藤幸治＝土井真一編『判例講義憲法Ⅱ』304頁（悠々社、2010）、芦部信喜「判批」長谷部恭男ほか編『憲法判例百選Ⅱ』〔第6版〕364頁（2013）などがある。同事件被告弁護人によるものとして、内藤功「『論』より『証拠』」法学セミナー増刊『憲法裁判』242頁（1983）、同「恵庭事件」自由と正義38巻5号25頁（1987）、同「恵庭事件」自由法曹団編『憲法判例をつくる』12頁（1998）、同「恵庭事件―威武に屈せぬ面魂」労働法律旬報1471＝1472号32頁（2000）などがある。このほか、「特集・恵庭裁判」ジュリスト370号（1967）、「特集・恵庭裁判」法律時報39巻5号1頁（1967）、「特集・違憲審査制」同39巻9号（1967）、長谷川正安「恵庭判決」法学セミナー134号49頁（1967）、同「恵庭事件のゆくえ」エコノミスト45巻15号42頁（1967）、有倉遼吉「恵庭判決」法学セミナー135号13頁（1967）、河上和雄「恵庭事件の憲法的意義」法律のひろば20巻6号31頁（1967）、新井隆一「違憲立法審査の現在的問題」同8号23頁（1967）、「自衛隊法第121条」時の法令603号8頁（1967）、

植松正「泰山鳴動して鼠一匹」同11頁、「特集・恵庭事件」自由と正義18巻3号42頁（1967）、「特集・恵庭事件の総合的研究」現代の眼8巻6号44頁（1967）、深瀬忠一『恵庭裁判における平和憲法の弁証』（日本評論社、1967）、同「恵庭裁判の経緯と争点」世界259号46頁（1967）、同「平和憲法はたたかって守られ発展する」杉原泰雄＝樋口陽一編『日本国憲法50年と私』167頁（岩波書店、1997）、渡辺洋三＝松井康浩編『恵庭事件』（労働旬報社、1967）、風早八十二『憲法裁判―恵庭事件と自衛隊』（新日本出版社、1967）、高木武「自衛隊法121条への憲法的視点と実定的解釈―恵庭事件における」東洋大学法学部編『東洋大学創立八十周年記念法学論文集』205頁（東洋大学法学部、1967）、小林直樹「憲法政治の点検―施行20年目の憲法機能の検討」世界259号29頁（1967）、平泉渉ほか「座談会・憲法第9条の現実をどう見るか」同72頁、佐藤功「恵庭判決―政治を避けた『政治的』裁判」朝日ジャーナル9巻16号12頁（1967）、針生誠吉「恵庭判決と憲法裁判の限界」日本の科学者2巻1号2頁（1967）、田畑厳穂「恵庭事件と憲法第9条」日本及日本人1448号32頁（1967）、宮本吉夫「恵庭判決の政治的意義」自由民主党政策月報137号6頁（1967）、佐伯静治「『憲法第9条』の解釈」月刊社会党120号111頁（1967）、星野安三郎「恵庭事件判決と日本の軍事化」同122号59頁（1967）、瀬戸山登一「自衛隊と恵庭判決」八幡大学論集18巻1＝2＝3号109頁（1967）、鈴木安蔵「恵庭事件の示すもの」文化評論68号42頁（1968）、鈴木房太郎「恵庭裁判について」宮城学院女子大学研究論文集31号1頁（1968）、上野裕久「自衛隊の違憲性―恵庭事件」針生誠吉ほか『日本の憲法判例』35頁（敬文堂、1969）、小笠原謙蔵「砂川及び恵庭判決を顧みて」自由民主政策月報166号70頁（1969）、和田英夫「恵庭事件」田中二郎ほか編『戦後政治裁判史録3』409頁（第一法規、1980）、中村睦男＝常本照樹『憲法裁判50年』39頁以下（悠々社、1997）［中村］、中村睦男ほか編『教材憲法判例』〔第4版〕24頁以下（北海道大学図書刊行会、2000）、小林直樹『平和憲法と共生60年―憲法第9条の総合的研究に向けて』249頁以下（慈学社、2006）なども参照。

11) 最大判昭和42年5月24日民集21巻5号1043頁。本件評釈には、中川善之助「判批」法学セミナー136号49頁（1967）、和田英夫「判批」法律のひろば20巻7号6頁（1967）、柳瀬良幹「判批」判例時報485号3頁（1967）、南博方「判批」判例評論104号5頁（1967）、奥平康弘「判批」同10頁、渡部吉隆「判批」法曹時報19巻8号181頁（1967）、同「判批」最高裁判所調査官室編『最高裁判所判例解説民事篇昭和42年度』244頁（法曹会、1968）、塩田庄兵衛「判批」労働法律旬報637号3頁（1967）、茂手木茂夫「判批」社会保障425号12頁（1967）、森順次「判批」ジュリスト398号311頁（1968）、同「判批」ジュリスト増刊『昭和41・42年度重要判例解説』148頁（1968）、芦部信喜「判批」法学協会雑誌85巻7号106頁（1968）、松本昌税「判批」中京法学2巻3号75頁（1968）、永井憲一「判批」立正法学1巻2号99頁（1968）、S・H・E「判批」時の法令681号55頁（1969）、坂本重雄「判批」民商法雑誌68巻6号93頁（1973）、中村睦男「判批」佐藤進＝西原道雄編『社会保障判例百選』8頁（1977）、小川政亮「判批」同12頁、隅野隆徳「判批」小林直樹編『憲法の判例』〔第3版〕154頁（有斐閣、1977）、矢野邦雄「判批」雄川一郎編『行政判例百選Ⅱ』382頁（1979）、古川純「判批」法学セミナー増刊『憲法訴訟』73頁（1983）、渡辺良夫「判批」自由と正義38巻5号29頁（1987）、杉村敏正「判批」芦部信喜＝高橋和之編『憲法判例百選Ⅱ』〔第2版〕280頁（1988）、中川義朗「判批」小林孝輔編『判例教室 憲法』〔新版〕276頁（法学書院、1989）［中川義朗］、佐藤進「判批」同ほか編『社会保障判例百選』〔第2版〕4頁（1991）、田中舘照橘「判批」塩野宏＝小早川光郎編『行政判例百選Ⅰ』〔第3版〕32頁（1993）、鳥居喜代和「判批」上田勝美編『ゼミナール憲法判例』〔増補版〕247頁（1994）、「判批」新堂幸司ほか編『民事訴訟法判例百選Ⅱ』〔新法対応補正版〕447頁（1998）、木下智史「判批」法学教室217号56頁（1998）、同「判批」杉原泰雄＝野中俊彦編『新判例マニュアル憲法Ⅱ』216頁（三

第 1 章　司法権論序説

省堂、2000）、前田雅子「判批」塩野宏ほか編『行政判例百選 I 』〔第 4 版〕32頁（1999）、上田勝美「判批」芦部信喜ほか編『憲法判例百選 II 』〔第 4 版〕290頁（2000）、新井章「判批」法と民主主義366号15頁（2002）、河野正輝「判批」西村健一郎＝岩村正彦編『社会保障判例百選』〔第 4 版〕4 頁（2008）、井上英夫「判批」同170頁、藤井樹也「判批」佐藤幸治＝土井真一編『判例講義憲法 II 』187頁（悠々社、2010）、前田雅子「判批」宇賀克也ほか編『行政判例百選 I 』〔第 6 版〕38頁（2012）、葛西まゆこ「判批」長谷部恭男ほか編『憲法判例百選 II 』〔第 6 版〕292頁（2013）、尾藤廣喜「判批」賃金と社会保障1608号 4 頁（2014）、木下秀雄「判批」岩村正彦編『社会保障判例百選』〔第 5 版〕4頁（2016）などがある。このほか、佐藤進「朝日訴訟上告審をめぐる問題点—生存権保障と生活保護基準をめぐる司法審査の底にあるもの」判例時報454号 3 頁（1966）、池田政章ほか「特集・朝日訴訟と生活保護」ジュリスト374号22頁（1967）、沼田稲次郎ほか「特集・朝日訴訟」労働法律旬報632号 3 頁（1967）、小川政亮ほか「特集・朝日判決と社会保障の論理—朝日事件最高裁判決批判」法律時報39巻 8 号 4 頁（1967）、菊池勇夫ほか「朝日訴訟最高裁判決をめぐって」判例時報481号 3 頁（1967）、「生活保護受給権は承継できない—憲法25条はプログラム規定—朝日訴訟事件最高裁判決（上、下）」時の法令609号44頁、610号49頁（1967）、大須賀明「生存権の性格—朝日訴訟」法学セミナー243号46頁（1975）、新井章（聞き手林治）「私の原点—若手弁護士が聴く 3 —人間裁判・朝日訴訟」法と民主主義433号43頁（2008）、同「憲法25条を武器に」法と民主主義461号22頁（2011）、小中信幸『『朝日訴訟』を顧みて」法学セミナー674号40頁（2011）、尾形健「老齢加算廃止違憲訴訟をめぐって」同志社法学64巻 7 号773頁（2013）、山田隆司『『生活保護』と朝日訴訟」法学セミナー714号66頁（2014）などもある。

12）　最大判昭和43年12月18日刑集22巻13号1549頁。本件評釈には、木梨節夫「判批」ジュリスト420号59頁（1969）、同「判批」法曹時報21巻 4 号172頁（1969）、同「判批」最高裁判所調査官室編『最高裁判所判例解説刑事篇昭和43年度』474頁（法曹会、1969）、阿部照哉「判批」ジュリスト459号87頁（1970）、同「判批」伊藤正己編『マスコミ判例百選』154頁（1971）、夏目文雄「判批」藤木英雄編『続刑法判例百選』116頁（1971）、藤田達朗「判批」上田勝美編『ゼミナール憲法判例』〔増補版〕152頁（法律文化社、1994）、市川正人「判批」法学教室202号70頁（1997）、清水睦「判批」芦部信喜ほか編『憲法判例百選 I 』〔第 4 版〕126頁（2000）、工藤達朗「判批」杉原泰雄＝野中俊彦編『新判例マニュアル憲法 II 』70頁（三省堂、2000）、君塚正臣「判批」佐藤幸治＝土井真一編『判例講義憲法 I 』113頁（悠々社、2010）、西土彰一郎「判批」長谷部恭男ほか編『憲法判例百選 I 』〔第 6 版〕128頁（2013）などがある。

13）　最大判昭和44年10月15日刑集23巻10号1239頁。本件評釈には、奥平康弘「判批」ジュリスト440号66頁（1969）、福田平「判批」法律のひろば22巻12号12頁（1969）、和田英夫「判批」判例評論130号18頁（1969）、石村善治「判批」ジュリスト臨時増刊456号『昭和44年度重要判例解説』18頁（1970）、前田信二郎「判批」團藤重光編『刑法判例百選』〔新版〕174頁（1970）、新井隆一「判批」法学セミナー171号129頁（1970）、平出禾「判批」法律のひろば23巻 2 号24頁（1970）、同「判批」警察研究43巻 2 号100頁（1972）、中山研一「判批」判例タイムズ242号10頁（1970）、坂本武志「判批」法曹時報22巻 5 号159頁（1970）、同「判批」最高裁判所調査官室編『最高裁判所判例解説刑事篇昭和44年度』497頁（法曹会、1970）、田中久智「判批」ジュリスト443号73頁（1970）、同「判批」伊藤正己＝堀部政男編『マスコミ判例百選』〔第 2 版〕32頁（1985）、野阪滋男「判批」慶大法学研究45巻 7 号87頁（1972）、筑間正泰「判批」同122頁、真野英一「判批」平野龍一ほか編『刑事訴訟法判例百選』〔第 3 版〕238頁（1976）、岩井宜子「判批」平野龍一ほか編『刑法判例百選 II 』78頁（1978）、平田友三「判

批」研修362号95頁（1978）、庭山英雄「判批」平野龍一ほか編『刑事訴訟法判例百選』〔第5版〕244頁（1986）、市川正人「判批」法学教室203号52頁（1997）、清水英夫「判批」芦部信喜＝高橋和之編『憲法判例百選Ⅰ』〔第2版〕86頁（1988）、小早川義則「判批」松尾浩也＝井上正仁編『刑事訴訟法判例百選』〔第6版〕208頁（1992）、工藤達朗「判批」杉原泰雄＝野中俊彦編『新判例マニュアル憲法Ⅱ』62頁（三省堂、2000）、佐々木弘通「判批」堀部政男＝長谷部恭男編『メディア判例百選』114頁（2005）、阪口正二郎「判批」高橋和之ほか編『憲法判例百選Ⅰ』〔第5版〕118頁（2007）、君塚正臣「判批」佐藤幸治＝土井真一編『判例講義憲法Ⅰ』106頁（悠々社、2010）、右崎正博「判批」長谷部恭男ほか編『憲法判例百選Ⅰ』〔第6版〕122頁（2013）などがある。このほか、S・H・E「マルキ・ド・サドの『悪徳の栄え』（続）は、やはりわいせつ罪の対象になる文書である（1-3）」時の法令698号52頁、699号51頁（1969）、700＝701号115頁（1970）などもある。

14）　最大判昭和48年12月12日民集27巻11号1536頁。本件評釈には、坂本重雄「判批」ジュリスト臨時増刊565号『昭和48年度重要判例解説』184頁（1974）、萩澤清彦「判批」同編『労働判例百選』〔第3版〕32頁（1974）、小林直樹「判批」法律時報46巻2号72頁（1974）、山口浩一郎「判批」判例タイムズ306号11頁（1974）、「判批」時の法令847号51頁（1974）、遠藤きみ「判批」民事研修203号58頁（1974）、安田叡「判批」法と民主主義85号41頁（1974）、瀬元知男「判批」季刊労働法92号225頁（1974）、塙悟「判批」労働法律旬報849号48頁（1974）、花見忠「判批」日労研資料27巻12号3頁（1974）、同「判批」ジュリスト580号133頁（1975）、稲田陽一「判批」岡山大学法学会雑誌23巻3＝4号65頁（1974）、清水睦「判批」白門26巻3号4頁（1974）、富澤達「判批」法曹時報27巻1号209頁（1975）、同「判批」最高裁判所調査官室編『最高裁判所判例解説民事篇昭和48年度』302頁（法曹会、1977）、阿部照哉「判批」民商法雑誌71巻5号927頁（1975）、同「判批」小林直樹編『憲法の判例』〔第3版〕4頁（有斐閣、1977）、同「判批」樋口陽一編『憲法の基本判例』14頁（有斐閣、1985）、杉原泰雄「判批」法学セミナー240号36頁（1975）、早稲田大学法学部新井研究室「判批」同245号142頁（1975）、東法子「判批」手形研究253号56頁（1977）、安枝英訷「判批」労働判例365号21頁（1981）、野中俊彦「判批」法学セミナー増刊『憲法訴訟』92頁（1983）、萬井隆令「判批」萩澤清彦編『労働判例百選』〔第5版〕22頁（1989）、同「判批」龍谷法学40巻1号72頁（2007）、小林孝輔「判批」同編『判例教室憲法』〔新版〕124頁（法学書院、1989）、林修三「判批」『判例解説　憲法編4』435頁（ぎょうせい、1989）、深瀬忠一「判批」芦部信喜＝高橋和之編『憲法判例百選Ⅰ』〔第3版〕22頁（1994）、澤野義一「判批」上田勝美編『ゼミナール憲法判例』〔増補版〕66頁（法律文化社、1994）、辻秀典「判批」山口浩一郎ほか編『労働判例百選』〔第6版〕20頁（1995）、石橋主税「判批」同24頁、棟居快行「判批」樋口陽一＝野中俊彦『憲法の基本判例』〔第2版〕14頁（有斐閣、1996）、近藤敦「判批」杉原泰雄＝野中俊彦編『新判例マニュアル憲法Ⅰ』160頁（三省堂、2000）、島田陽一「判批」菅野和夫ほか編『労働判例百選』〔第7版〕20頁（2002）、家田愛子「判批」同24頁、野坂泰司「判批」法学教室300号130頁（2005）、大内伸哉「判批」法学教室331号116頁（2008）、同「判批」同335号61頁（2008）、中窪裕也「判批」村中孝史＝荒木尚志編『労働判例百選』〔第8版〕24頁（2009）、井村真己「判批」同28頁、君塚正臣「判批」佐藤幸治＝土井真一編『判例講義憲法Ⅰ』14頁（悠々社、2010）、小山剛「判批」長谷部恭男ほか編『憲法判例百選Ⅰ』〔第6版〕24頁（2013）、名古道功「判批」村中孝史＝荒木尚志編『労働判例百選』〔第9版〕18頁（2016）、阿部未央「判批」同22頁などがある。このほか、有倉遼吉「思想・信条による解雇の不合理性不当性と憲法的視点」労働法律旬報727号3頁（1970）、同「三菱樹脂事件最高裁判決の憲法的評価」法学セミナー220号2頁（1974）、磯田進「経歴詐称を理由とする本採用拒否・解雇の法的問題点」労働法律旬報727号7頁（1970）、安田叡「本採用拒否

第 1 章　司法権論序説

事件をめぐる思想・信条の自由をまもる闘いと課題」同27頁（1970）、松岡三郎「我妻「意見書」と労働法」法律時報43巻 5 号15頁（1971）、同「企業の自由と信条」法学セミナー220号10頁（1974）、同ほか「特別企画・三菱樹脂本採用拒否事件」労働判例190号 3 頁（1974）、奥平康弘「基本的人権としての思想・信条の自由の法的性格と意義」労働法律旬報727号15頁（1970）、「特集・三菱樹脂解雇事件」法律時報43巻 5 号 8 頁（1971）、「特集・三菱樹脂最高裁判決」ジュリスト553号17頁（1974）、片岡曻＝本多淳亮「労働者の政治活動の自由─労働判例理論の再検討」法律時報46巻 3 号35頁（1974）、高野達男「働く者の思想と信条」法学セミナー220号24頁（1974）、「特集・三菱樹脂事件の意義と問題点」法律のひろば27巻 3 号 4 頁（1974）、和田英夫「三菱樹脂訴訟判決についての感想」判例時報724号 3 頁（1974）、阿部照哉「人権規定の私法関係への適用」同 6 頁、田口精一「会社職員の採用と思想、信条による差別」同 9 頁、川井健「憲法における人権保障規定の私法的効力」同12頁、佐藤昭夫「思想・信条の自由と私的自治の限界」同15頁、花見忠「思想の自由と雇用関係」同62頁、同「労働契約と思想・信条の自由」ジュリスト580号（1975）、川添利幸＝横井芳弘「本採用の拒否と思想・信条の自由」判例評論181号 2 頁（1974）、正田彬＝花見忠＝籾井常喜「採用拒否の合理的理由は何か─三菱樹脂判決を徹底検討する」季刊労働法91号62頁（1974）、辻村みよ子＝浦田一郎＝金沢隆樹「思想・信条の自由─三菱樹脂事件最高裁判決をめぐって」一橋研究27号93頁（1974）、森田友喜「基本的人権規定の私人相互間への適用について」沖縄大法学論叢 1 巻 1 号 1 頁（1975）、作間忠雄「私法関係における基本的人権の保障」明学大法学研究29号 3 頁（1983）、棟居快行『人権論の新構成』105頁以下（信山社、1992）、同『憲法学再論』248頁以下（2001）、芹澤斉「法人に人権？─三菱樹脂事件にみる労働者の人権侵害とは」法学セミナー503号38頁（1996）、中村睦男ほか編『教材憲法判例』〔第 4 版〕107頁以下（北海道大学図書刊行会、2000）、播磨信義ほか編著『新・どうなっている!?日本国憲法』56-57頁（法律文化社、2002）、井上典之「私法関係と憲法の効力」法学セミナー628号82頁（2007）、山田隆司「『高度経済成長』と三菱樹脂事件」同721号60頁（2015）、君塚正臣「三菱樹脂事件─復活の日なき無効力論・直接効力論」長谷部恭男編『論究憲法』79頁（有斐閣、2017）などもある。

15）　芦部前掲注 6 ）論文 5 頁。
16）　芦部信喜「憲法訴訟研究会報告の連載にあたって」ジュリスト765号14頁（1982）。同研究会は、1999年の芦部の逝去後は戸松秀典を中心に運営されていたが、主宰後継者がなく、2010年12月18日をもって閉会となった。2011年11月19日から、「合衆国最高裁判例研究会」（紙谷雅子主宰）がほぼ隔月で開かれている。
17）　芦部信喜『憲法訴訟の理論』（有斐閣、1973）。
18）　芦部信喜『現代人権論』（有斐閣、1974）。
19）　芦部信喜『憲法訴訟の現代的展開』（有斐閣、1981）。
20）　芦部信喜『人権と憲法訴訟』（有斐閣、1994）。
21）　芦部信喜『人権と議会政』（有斐閣、1996）。
22）　芦部信喜『宗教・人権・憲法学』（有斐閣、1999）。
23）　憲法訴訟に関する著書だけでも、清水望「違憲審査制について」早稲田政治経済学雑誌162号47頁（1960）、同「違憲審査制─法学カレッジ」綜合法学 5 巻 8 号20頁（1962）、一圓一億「憲法裁判」公法研究24号43頁（1962）、同『憲法と違憲審査』（日新書房、1968）、横田喜三郎『違憲審査』（有斐閣、1968）、宇都宮静男「司法審査制の問題点 (1)」駒沢大政治学論集 3 頁 1 頁（1976）、藤井俊夫『憲法訴訟の基礎理論』（成文堂、1981）、同『憲法訴訟と違憲審査基準』（成文堂、1985）、同『司法

19

権と憲法訴訟』(成文堂、2007)［以下、藤井前掲註23）Ⅲ書、と引用］、芦部信喜還暦記念『憲法訴
訟と人権の理論』(有斐閣、1985)、鵜飼信成『司法審査と人権の法理―その比較憲法史的研究』(有
斐閣、1984)、塚本重頼『アメリカ憲法研究―違憲性の審査基準』(酒井書店、1985)、土居靖美『アメ
リカ憲法と司法審査基準の研究』(嵯峨野書院、1985)、市川正人「違憲審査制と憲法学―『批判的
憲法訴訟論』の構築に向けて」法の科学15号161頁(1987)、小林節『政治問題の法理』(日本評論社、
1988)、渋谷秀樹『憲法訴訟における主張の利益』(大阪府立大学経済学部、1988)、同『憲法訴訟要件
論』(信山社出版、1995)、同『憲法訴訟の軌跡と展望』(勁草書房、2015)、中谷実編『憲法訴訟の
基本問題』(法曹同人、1989)、同『日本における司法消極主義と積極主義Ⅰ』(勁草書房、2015)、
戸松秀典『平等原則と司法審査』(有斐閣、1990)、同『立法裁量論』(有斐閣、1993)、同『憲法訴訟』
〔第2版〕(有斐閣 2008)［以下、戸松前掲註23）Ⅲ書、と引用］、同『プレップ憲法訴訟』(弘文堂、
2011)、同＝野坂泰司編『憲法訴訟の現状分析』(有斐閣 2012)、松井茂記『司法審査と民主主義』
(有斐閣、1991)、井上典之『司法的人権救済論』(信山社、1992)、憲法理論研究会編『違憲審査制
の研究』(敬文堂、1993)、芦部信喜＝安念潤司ほか「特集・違憲審査制の現在」ジュリスト1037号
6頁(1994)、野中俊彦『憲法訴訟の原理と技術』(有斐閣、1995)、佐々木雅寿『現代における違憲
審査権の性格』(有斐閣、1995)［以下、佐々木前掲註23）Ⅰ書、と引用］、同『対話的違憲審査の理論』
(三省堂、2013)［以下、佐々木前掲註23）Ⅱ書、と引用］、高橋和之『憲法判断の方法』(有斐閣、
1995)、同『体系憲法訴訟』(岩波書店、2017)［以下、高橋前掲註23）Ⅱ書、と引用］、時國康夫『憲
法訴訟とその判断の手法』(第一法規出版、1996)、林屋礼二『憲法訴訟の手続理論』(信山社、1999)、
小林武『憲法判例論』(三省堂、2002)、諸橋邦彦『違憲審査制の論点』(国立国会図書館調査及び立
法考査局、2006)、初宿正典ほか『憲法 Cases and Materials―憲法訴訟』(有斐閣、2007)、遠藤比
呂通『市民と憲法訴訟』(信山社出版、2007)、新正幸『憲法訴訟論』〔第2版〕(信山社、2010)、山川
洋一郎『報道の自由』(信山社、2010)、樋口陽一ほか『憲法判例を読みなおす―下級審判決からの
アプローチ』〔新版〕(日本評論社、2011)、山田隆司『最高裁の違憲判決―「伝家の宝刀」をなぜ抜
かないのか』(光文社、2012)、駒村圭吾『憲法訴訟の現代的転回―憲法的論証を求めて』(日本評論
社、2013)、永田秀樹＝松井幸夫編『基礎から学ぶ憲法訴訟』〔第2版〕(法律文化社、2015)、国立国
会図書館調査及び立法考査局編『違憲審査制の論点』〔改訂版〕(国立国会図書館調査及び立法考査
局、2016)、千葉勝美『違憲審査―その焦点の定め方』(有斐閣、2017) など多数ある。

24)　芦部信喜（高橋和之補訂）『憲法』〔第6版〕(岩波書店、2015)。初版は1993年。芦部本人による最
後は、1999年の新版補訂版である。

25)　外国憲法研究を除く司法審査制研究として、覚道豊治「法律の合憲性審査についての一考察」
法学論叢56巻5＝6号52頁(1949)、同「最高裁判所への違憲提訴」阪大法学6号68頁(1953)、同
「憲法裁判の作用とその限界」公法研究12号34頁(1955)、同「条約と違憲立法審査権」季刊法律学
28号167頁(1959)、同「違憲法律の効力」阪大法学72=73号1頁(1970)、同「統治行為」ジュリスト
638号172頁(1977) などがある。

26)　その理論的分析としては、市川正人「佐藤幸治教授の憲法訴訟論」法律時報59巻9号39頁(1987)
がある。

27)　佐藤幸治『憲法訴訟と司法権』(日本評論社、1984)。

28)　佐藤幸治『現代国家と司法権』(有斐閣、1988)。

29)　佐藤幸治『日本国憲法と「法の支配」』(有斐閣、2002)。

30)　佐藤幸治『現代国家と人権』(有斐閣、2008)。

第 1 章　司法権論序説

31）　司法権に関する著書は、戦前から司法権の独立に関するものは多いが、司法権の役割や憲法上
　　の限界を論じたものは、藤井俊夫『事件性と司法権の限界』(成文堂、1992)、佐藤幸治還暦記念
　　『現代立憲主義と司法権』(青林書院、1998)、佐藤幸治古稀記念『国民主権と法の支配』(成文堂、
　　2008)、長谷部恭男『司法権をめぐる論点』(国立国会図書館調査及び立法考査局、2004) などに留
　　まる。

32）　佐藤前掲註28) 書46頁以下など参照。

33）　「アメリカ連邦最高裁公法判例の動向 (1979年～80年開廷期)」判例タイムズ451号 6 頁 (1981) 以
　　降。研究会は「関西アメリカ公法学会」と改名して、現在も継続中。

34）　佐藤幸治『憲法』〔第 3 版〕(青林書院、1995)。初版は1981年、新版は1990年に刊行。この実質的
　　改訂版 (第 4 版) と言えるものが同『日本国憲法論』(成文堂、2011) である。

35）　佐藤幸治『立憲主義について―成立過程と現代』(左右社、2015)。

36）　佐藤幸治『世界史の中の日本国憲法―立憲主義の史的展開を踏まえて』(左右社、2015)。

37）　松井茂記「憲法訴訟論への展望―現代司法権の展開と憲法学 (2)」ジュリスト881号116頁、121
　　頁 (1987) は、佐藤を、「芦部教授が依拠した政治的法学とは異なるが、70年代展開してきたリベ
　　ラルな道徳哲学に基づく司法審査理論を典型的に示し」たと評した。

38）　大判大正 2 年 7 月11日刑録19輯17巻790頁。本件評釈には、美濃部達吉「判批」法学協会雑誌38
　　巻 4 号525頁 (1920) などがある。園部逸夫「違憲審査の法理」法曹時報47巻11号 1 頁、5 頁注 1 に
　　よる。村上一博「明治・大正・昭和戦前期における判決例の研究 (1)」明大法律論叢86巻 2 = 3 号
　　135頁、144頁 (2013) も参照。

39）　行判昭和 2 年12月27日行録38輯12巻1330頁など。専ら、園部同上による。

40）　詳細は、宍戸常寿「日本憲法史における『憲法裁判権』―『憲法裁判権の動態―ドイツ憲法研究
　　ノート』補論」東京都立大法学会雑誌45巻 2 号 1 頁、17頁以下 (2005) などが詳しい。

41）　君塚正臣編『高校から大学への法学』〔第 2 版〕62-63頁 (法律文化社、2016)〔君塚〕など参照。

42）　最大判昭和48年 4 月 4 日刑集27巻 3 号265頁。本件評釈には、大塚仁「判批」ジュリスト532号
　　49頁 (1973)、平野龍一「判批」法律時報45巻 6 号55頁 (1973)、和田英夫「判批」法学セミナー211
　　号 2 頁 (1973)、佐藤勲平「判批」法律のひろば26巻 6 号34頁 (1973)、植松正「判批」同 8 号33頁、香
　　川達夫「判批」判例評論172号34頁 (1973)、同「判批」ジュリスト臨時増刊565号『昭和48年度重要
　　判例解説』132頁 (1974)、金沢文雄「判批」判例タイムズ297号 2 頁 (1973)、田尾勇「判批」法曹時
　　報25巻12号175頁 (1973)、中谷瑾子 = 宮崎好広「判批」慶大法学研究46巻 7 号110頁 (1973)、三原憲
　　三「判批」創価法学 3 巻 1 号37頁 (1973)、久保田きぬ子「判批」ジュリスト臨時増刊565号『昭和48
　　年度重要判例解説』9 頁 (1974)、上田健二 = 大谷実「判批」法学セミナー237号135頁 (1975)、田尾
　　勇「判批」最高裁判所調査官室編『最高裁判所判例解説刑事篇昭和48年度』109頁 (法曹会、1975)、
　　西原春夫「判批」法学セミナー259号50頁、260号32頁 (1976)、畑博行「判批」同259号90頁 (1976)、
　　大須賀明「判批」小林直樹編『憲法の判例』〔第 3 版〕16頁 (有斐閣、1977)、同「判批」樋口陽一 =
　　野中俊彦編『憲法の基本判例』〔第 2 版〕46頁 (有斐閣、1996)、小嶋和司「判批」芦部信喜編『憲法
　　判例百選Ⅰ』32頁 (1980)、棟居快行「判批」法学セミナー増刊『憲法訴訟』86頁 (1983)、渡邉靖子
　　「判批」研修418号103頁 (1983)、井上祐司「判批」平野龍一 = 松尾浩也編『刑法判例百選Ⅱ (各論)』
　　〔第 2 版〕8 頁 (1984)、大貫正一「判批」自由と正義38巻 5 号37頁 (1987)、小嶋和司 = 赤坂正浩「判
　　批」芦部信喜 = 高橋和之編『憲法判例百選Ⅰ』〔第 2 版〕42頁 (1988)、林修三「判批」『判例解説　憲
　　法編 4 』193頁 (ぎょうせい、1989)、澤野義一「判批」上田勝美編『ゼミナール憲法判例』〔増補版〕

21

78頁（法律文化社、1994）、若狭勝「判批」研修577号59頁（1996）、赤坂正浩「判批」芦部信喜ほか編『憲法判例百選Ⅰ』〔第4版〕62頁（2000）、糠塚康江「判批」杉原泰雄＝野中俊彦編『新判例マニュアル憲法Ⅰ』190頁（三省堂、2000）、野坂泰司「判批」法学教室302号71頁（2005）、小林武「判批」高橋和之ほか編『憲法判例百選Ⅰ』〔第5版〕62頁（2007）、岩井宜子「判批」法学教室350号10頁（2009）、髙井裕之「判批」佐藤幸治＝土井真一編『判例講義憲法Ⅱ』38頁（悠々社、2010）、中林暁生「判批」法学セミナー688号50頁（2012）、渡辺康行「判批」長谷部恭男ほか編『憲法判例百選Ⅰ』〔第6版〕60頁（2013）、山田隆司「判批」法学セミナー716号62頁（2014）などがある。このほか、利谷信義「尊属殺違憲判決とその後（日本における家族観の変遷と法1-3）―尊属重罰規定を中心として」法学セミナー213号17頁、214号98頁、215号21頁（1973）、ホセ・ヨンパルト「日本国憲法解釈の問題としての『個人の尊重』と『人間の尊厳』（上、下）―尊属殺違憲判決をめぐって」判例タイムズ377号8頁、378号13頁（1979）、井上典之「ロー・クラス 判例にみる憲法実体論（4）―平等保障と平等審査の方法」法学セミナー76頁（2005）などもある。

43） これについては、亡夫の親殺しの事案で、尊属殺人重罰規定である刑法200条を適用せず、一般殺人罪の刑法199条で処断した例があり、最高裁にも疑問があったことを示唆していた。最大判昭和32年2月20日刑集11巻2号824頁。本件評釈には、鍛冶良堅「判批」明大法律論叢31巻1号119頁（1957）、福田秀策「判批」北海道大学法学会論集8巻3＝4号122頁（1958）、植田重正「判批」関西大学法学論集8巻1号75頁（1958）、中川淳「判批」民商法雑誌38巻5号867頁（1959）、吉川由己夫「判批」最高裁判所調査官室編『最高裁判所判例解説刑事篇昭和32年度』120頁（法曹会、1958）、西原春夫「判批」法学セミナー259号50頁、260号32頁（1976）などがある。このほか、中林暁生「ロー・クラス 憲法ゼミナール（part.2）コンテクストを読む（第13回）―判例のコンテクストを読む」法学セミナー688号50頁（2012）などもある。

44） 松井茂記「最高裁判所が果たすべき役割―憲法訴訟の半世紀を振り返って」自由と正義48巻5号24頁、29頁（1997）。

45） 松井茂記「憲法訴訟論への展望―現代司法権の展開と憲法学（1）」ジュリスト880号119頁（1987）は、「我が国の司法権がアメリカを範にしたものだという認識にも拘わらず、果たして我が国の制度はアメリカのそれと何処まで同じで何処から異なるのかの考察は、これまで必ずしも自覚的に検討されてはこなかった」と指摘していた。

46） 浦部法穂「憲法訴訟論」法律時報58巻6号60頁（1986）など。

47） 芦部前掲註6）論文5頁が取り上げるのは、小林直樹「憲法保障と裁判所」法学セミナー増刊『現代の裁判』31頁（1984）である。芦部論文9頁注4は、このほかに、長谷川正安「憲法判例の研究―方法と課題」法律時報57巻6号23頁（1985）、小林節「憲法訴訟論の意義と限界」同40頁、諸根貞夫「現代司法状況と『裁判を受ける権利』」法の科学14号6頁（1986）、小林武「憲法訴訟の現状」同105頁、大久保史郎「アメリカ憲法理論の現段階・覚書」名古屋大学法政論集109号65頁（1986）を取り上げる。

48） 奥平康弘「憲法訴訟の軌跡と理論」法学セミナー増刊『憲法訴訟』2頁、20頁（1983）。

49） 浦部前掲註46）論文67頁。

50） 大久保史郎「憲法裁判と憲法訴訟論（上）」法律時報70巻1号42頁、43頁（1998）。

51） 関連して、法や政治、経済、社会の問題について「○○大学教授」の肩書きで発言する者が、実は文学研究者であるなど、社会科学分野の専門性を軽んずる、延いては学問を軽んずる者があることを憂慮しておく。2016年、首相の私的諮問機関「天皇の公務の負担軽減等に関する有識者会

第1章　司法権論序説

議」のヒアリングに集結した16名のうち、中庸な考えに立つ解釈学者という意味での「憲法学者」は辛うじて高橋和之のみであり、有識者会議に行政法学者が1名しかいなかったことも含め、日本国憲法が天皇の退位についていかなる立場を取るかについて専門的見識が示されたとは到底言えなかったし、それは意図的に見えた。

52）　君塚正臣「続・私立大学入学試験『政治・経済』における日本国憲法の扱いについて─司法制度改革・法教育の導入以降」横浜国際社会科学研究20巻3号15頁、35頁図（2015）など参照。当時の朝日新聞や中日新聞のアンケートに回答しなかった憲法研究者の立場を更に推理すると、状況はよりリアルになろうか。

53）　比較憲法学について、君塚正臣編『比較憲法』1頁以下（ミネルヴァ書房、2012）[君塚]が論じてきたところである。

54）　この点で、佐々木前掲註23）Ⅱ書3頁が、「従来の議論では、違憲審査と民主主義の緊張関係が過度に強調される傾向がある」と指摘し、同書5頁が指摘するように、「時間の流れの中でダイナミックな相互作用として動態的にとらえ、」「最高裁の憲法判断に対する国会などの対応をも検討す」べきだと述べていることは、佐藤幸治などが裁判所を「法原理機関」と呼んだのと対照的に思える。ただ、この種の議論は、統治機構間の「均衡と抑制」の切り取られた一場面と考えれば済むことである。また、和解や説諭により、憲法裁判ではない通常の民事・刑事・行政訴訟の裁判当事者との間にもこの種の機能は認められる。だが、死刑判決も「対話」である、と言われても、被告人は納得できない。結局、憲法裁判に特化してこの議論が述べたかった点は、抽象的違憲審査制下での消極的立法権までは有さない最高裁が、最終的な法改正、行政の慣行の変更をどのように導くかなのであろう。だが、この議論の「解釈」が進んで、違憲状態が改善されない主犯が、国会の怠慢ではなく、最高裁の交渉力不足に摺り替えられることは危惧する。そうなれば、「民主主義」や国会を優位とする憲法観となってしまうが、日本国憲法の予定したモデルなのかは疑問である。裁判所は、最終的な法的解決を言い放つイメージで悪くないのではないか。

55）　遠藤比呂通「憲法救済法への試み（1）」国家学会雑誌101巻11=12号1頁、2頁（1988）も、「憲法訴訟論の特徴」の第1に「判例理論の分析」を挙げる。

56）　戸松秀典「日本の司法審査」芦部編前掲註1）書第1巻179頁、192頁。

57）　戸波江二「司法権・違憲審査制の50年」法律時報66巻6号85頁、86頁（1994）。特に、初期の頃は、「公共の福祉」による人権制約は認められるとの判示をもって規制を合憲とする論法が目立った。松井前掲註44）論文26頁など参照。

58）　只野雅人「違憲審査立法制」法学セミナー576号91頁、926頁（2002）。

59）　大久保史郎「憲法裁判と憲法訴訟論（中）」法律時報70巻4号43頁、44頁（1998）。君塚正臣「判批」阪大法学41巻4号501頁、513-514頁（1992）も参照。

60）　新井章「憲法裁判50年の軌跡と展望」ジュリスト1076号16頁、17頁（1995）。

61）　例えば、芦部信喜＝大野正男＝香城敏麿＝杉原泰雄＝園部逸夫「研究会・憲法判例の30年─学説と実務との関連において」ジュリスト638号452頁（1977）、芦部信喜＝川添利幸＝香城敏麿＝時国康夫＝戸松秀典＝山川洋一郎「研究会・憲法判断の基準と方法」同789号14頁（1983）、芦部信喜＝香城敏麿＝佐藤幸治＝高橋和之「研究会・憲法裁判の客観性と創造性」同835号6頁（1985）など。

62）　最大判平成14年9月11日民集56巻7号1439頁。本件評釈には、髙佐智美「判批」法学セミナー576号115頁（2002）、井上典之「判批」ジュリスト臨時増刊1246号『平成14年度重要判例解説』19頁（2003）、尾島明「判批」ジュリスト増刊『最高裁時の判例1　公法編』53頁（2003）、同「判批」法

23

曹時報57巻4号223頁（2005）、同「判批」最高裁判所調査官室編『最高裁判所判例解説民事篇平成14年度下』598頁（法曹会、2005）、牛嶋仁「判批」法令解説資料総覧253号92頁（2003）、金村敏彦「判批」行政判例研究会編『行政関係判例解説平成14年』312頁（ぎょうせい、2003）、貝阿彌誠＝高田公輝「判批」判例タイムズ臨時増刊1154号『平成15年度主要民事判例解説』88頁（2004）、野坂泰司「判批」法学教室295号127頁（2005）、中山茂樹「判批」佐藤幸治＝土井真一編『判例講義憲法Ⅱ』182頁（悠々社、2010）、棟居快行「判批」宇賀克也ほか編『行政判例百選Ⅱ』〔第6版〕518頁（2012）、宍戸常寿「判批」長谷部恭男ほか編『憲法判例百選Ⅱ』〔第6版〕286頁（2013）などがある。このほか、安西文雄「郵便法違憲判決―郵便法の責任免除・制限規定の合憲性審査」長谷部恭男編『論究憲法』187頁（有斐閣、2017）などもある。

63）　最大判平成17年9月14日民集59巻7号2087頁。本件評釈には、新井誠「判批」法学セミナー612号74頁（2005）、土本武司「判批」捜査研究54巻10号127頁（2005）、小谷知也「判批」選挙58巻12号9頁（2005）、米沢広一「判批」ジュリスト臨時増刊1313号『平成17年度重要判例解説』7頁（2006）、木村琢麿「判批」同50頁、只野雅人「判批」法学教室306号別冊附録『判例セレクト2005』6頁（2006）、山本隆司「判批」同308号25頁（2006）、野坂泰司「判批」同315号77頁（2006）、同「判批」長谷部恭男ほか編『憲法判例百選Ⅱ』〔第6版〕324頁（2013）、内野正幸「判批」法律時報78巻2号78頁（2006）、浜川清「判批」同84頁、近藤敦「判批」法学セミナー613号118頁（2006）、下山憲治「判批」同614号121頁（2006）、古田啓昌「判批」同615号30頁（2006）、山崎栄一郎「判批」法律のひろば59巻2号63頁（2006）、西村淑子「判批」同5号30頁（2006）、赤坂正浩「判批」判例評論572号9頁（2006）、吉田尚弘「判批」判例タイムズ臨時増刊1215号『平成17年度主要民事判例解説』74頁（2006）、佐久間健吉「判批」同288頁、杉原則彦「判批」法曹時報58巻2号279頁（2006）、同「判批」最高裁判所調査官室編『最高裁判所判例解説民事篇平成17年度』603頁（法曹会、2008）、早坂禧子「判批」法令解説資料総覧289号77頁（2006）、松永那男「判批」自治実務セミナー45巻2号30頁（2006）、小山剛「判批」受験新報659号20頁、660号16頁（2006）、村田尚紀「判批」関西大学法学論集55巻6号135頁（2006）、内藤光博「判批」専修ロージャーナル1号147頁（2006）、飯田稔「判批」亜細亜法学41巻1号13頁（2006）、岡田順太「判批」東北文化学園大総合政策論集5巻1号239頁（2006）、鈴木秀孝「判批」行政判例研究会編『行政関係判例解説平成17年』64頁（ぎょうせい、2007）、木村草太「判批」法学協会雑誌124巻6号234頁（2007）、青木誠弘「判批」筑波法政46号199頁（2009）、毛利透「判批」佐藤幸治＝土井真一編『判例講義憲法Ⅱ』212頁（悠々社、2010）、土井真一「判批」同300頁、越智敏裕「判批」宇賀克也ほか編『行政判例百選Ⅱ』〔第6版〕442頁（2012）などがある。このほか、長谷部恭男ほか「鼎談・在外邦人選挙権大法廷判決をめぐって」ジュリスト1303号2頁（2005）、木村将成「憲法の『行為規範』化か」日本大学大学院法学研究年報36号23頁（2006）、井上典之「立法不作為からの権利救済」法学セミナー631号77頁（2007）、宍戸常寿「憲法理論史―憲法理論60年の軌跡と課題（7）司法審査―『部分無効の法理』をめぐって」法律時報81巻1号76頁（2009）、岩切大地「立法行為に対する国賠法を通じた司法審査―裁判所と立法者との関係」立正法学論集45巻1号31頁（2011）、毛利透「選挙権制約の合憲性審査と立法行為の国家賠償法上の違法性判断」論究ジュリスト1号81頁（2012）、山田洋「在外邦人選挙権事件―実質的当事者訴訟の復権」論究ジュリスト3号109頁（2012）、土井真一「立法行為と国家賠償―2つの最高裁判例を読む」法学教室388号91頁（2013）、喜田村洋一「在外邦人選挙権訴訟最高裁判決」長谷部恭男編『論究憲法』201頁（有斐閣、2017）などもある。

64）　最大判平成20年6月4日民集62巻6号1367頁。本件評釈には、森英明「判批」ジュリスト1366

第 1 章　司法権論序説

号93頁（2008）、同「判批」家庭裁判月報61巻 5 号 1 頁（2009）、同「判批」ジュリスト増刊『最高裁時の判例 6　平成18-20年』5 頁（2010）、同「判批」法曹時報62巻 7 号240頁（2010）、同「判批」最高裁判所調査官室編『最高裁判所判例解説民事篇平成20年度』267頁（法曹会、2011）、奥田安弘「判批」法律時報80巻10号 1 頁（2008）、榎透「判批」法学セミナー645号126頁（2008）、竹下啓介「判批」同647号 6 頁（2008）、佐久間健吉「判批」法律のひろば61巻11号56頁（2008）、同「判批」行政判例研究会編『行政関係判例解説平成20年』168頁（ぎょうせい、2010）、村重慶一「判批」戸籍時報629号80頁（2008）、近藤博徳「判批」法と民主主義430号34頁（2008）、同「判批」同433号19頁（2008）、同「判批」法学セミナー651号26頁（2009）、同「判批」自由と正義62巻 4 号39頁（2011）、山元一「判批」ジュリスト臨時増刊1376号『平成20年度重要判例解説』13頁（2009）、前田雅子「判批」同56頁、立松美也子「判批」同319頁、原田央「判批」法学教室341号 6 頁（2009）、近藤敦「判批」同342号別冊附録『判例セレクト2008』3 頁（2009）、石川健治「判批」同343号35頁（2009）、松本和彦「判批」民商法雑誌140巻 1 号59頁（2009）、佐藤やよひ「判批」法律時報別冊『私法判例リマークス』39号130頁（2009）、浮田徹「判批」速報判例解説 4 号 9 頁（2009）、金亮完「判批」同83頁（2009）、市川正人「判批」判例評論599号 2 頁（2009）、寳金敏明「判批」別冊判例タイムズ25号『平成20年度主要民事判例解説』266頁（2009）、栗田佳泰「判批」九大法政研究75巻 4 号101頁（2009）、青柳幸一「判批」筑波ロー・ジャーナル 5 号 1 頁（2009）、松井直之「判批」横浜国際経済法学17巻 3 号325頁（2009）、百地章＝山田亮介「判批」日本法学75巻 1 号211頁（2009）、甲斐素直「判批」日大法学紀要50号 7 頁（2009）、飯田稔「判批」亜細亜法学44巻 1 号255頁（2009）、大村芳昭「判批」中央学院大学法学論叢22巻 2 号 1 頁（2009）、安藤高行「判批」九州国際大学法学論集15巻 3 号101頁（2009）、木村草太＝大村敦志「判批」法学協会雑誌127巻 2 号147頁（2010）、山田哲史「判批」法学論叢168巻 1 号105頁（2010）、畑尻剛「判批」中央ロー・ジャーナル 7 巻 1 号65頁（2010）、吉田仁美「判批」関東学院法学19巻 3 号161頁（2010）、横尾日出雄「判批」CHUKYO LAWYER 12号21頁（2010）、髙井裕之「判批」佐藤幸治＝土井真一編『判例講義憲法Ⅰ』42頁（悠々社、2010）、毛利透「判批」櫻田嘉章＝道垣内正人編『国際私法判例百選』〔第 2 版〕246頁（2012）、横溝大「判批」戸籍時報684号16頁（2012）、加藤隆之「判批」亜細亜法学46巻 2 号57頁（2012）、井上典之「判批」長谷部恭男ほか編『憲法判例百選Ⅰ』〔第 6 版〕74頁（2013）などがある。このほか、「特集・国籍法違憲訴訟最高裁大法廷判決」ジュリスト1366号44頁（2008）、今井直「国籍法違憲訴訟最高裁判決と国際人権法」季刊教育法159号74頁（2008）、新井信之「わが国の最高裁判所における人権保障のグローバル化の兆候（ 1 、 2 ）―近年の婚外子裁判をめぐって」香川法学30巻 3 ＝ 4 号 1 頁（2011）、34巻 3 ＝ 4 号240頁（2015）、秋葉丈志「法曹の新しい職域と法社会学」法社会学76号259頁（2012）、同「新しい所有権法の理論」同80号243頁（2014）、常本照樹「国籍法違憲判決―平等判例における違憲判断と救済方法の到達点」長谷部恭男編『論究憲法』249頁（有斐閣、2017）などもある。

65）　最大判平成25年 9 月 4 日民集67巻 6 号1320頁。本件評釈には、髙井裕之「判批」長谷部恭男編『憲法判例百選Ⅰ』〔第 6 版〕62頁（2013）、伊藤正晴「判批」ジュリスト1460号88頁（2013）、同「判批」法曹時報68巻 1 号292頁（2016）、同「判批」最高裁判所調査官室編『最高裁判所判例解説民事篇平成25年度』356頁（法曹会、2016）、蟻川恒正「判批」法学教室397号102頁（2013）、同「判批」同399号132頁（2013）、同「判批」同400号132頁（2014）、同「判批」法学77巻 6 号 1 頁（2014）、水野紀子「判批」法律時報85巻12号 1 頁（2013）、同「判批」法学教室401号別冊附録『判例セレクト2013-1』25頁（2014）、同「判批」東北ローレビュー 1 号 9 頁（2014）、斎藤一久「判批」法学セミナー706号108頁（2013）、同「判批」季刊教育法181号114頁（2014）、松尾弘「判批」法学セミナー706号110頁

(2013)、尾島明「判批」法律のひろば66巻12号35頁（2013）、二宮周平「判批」戸籍時報703号２頁（2013）、同「判批」旬刊速報税理32巻33号30頁（2013）、松原正明「判批」戸籍時報703号13頁（2013）、安達敏男＝吉川樹士「判批」同92頁、村重慶一「判批」同104頁、藤原彰吾「判批」金融法務事情1980号４頁（2013）、潮見佳男「判批」金融法務事情1982号１頁（2013）、同「判批」法律時報別冊『私法判例リマークス』49号66頁（2014）、笹川豪介「判批」金融法務事情1983号28頁（2013）、榊原富士子「判批」法と民主主義482号38頁（2013）、佐藤健二「判批」月刊大阪弁護士会713号61頁（2013）、本山敦「判批」金融・商事判例1430号８頁（2013）、同「判批」月報司法書士503号60頁（2014）、同＝奈良輝久「判批」金融・商事判例増刊1436号32頁（2014）、浅井弘章「判批」銀行法務2157巻12号56頁（2013）、依田孝子「判批」税研 JTRI 29巻４号97頁（2013）、林仲宣「判批」税務弘報61巻12号43頁（2013）、市野瀬窅子「判批」税理56巻14号78頁（2013）、大石和彦「判批」筑波ロー・ジャーナル15号111頁（2013）、中里実「判批」ジュリスト1465号８頁（2014）、野坂泰司「判批」ジュリスト臨時増刊1466号『平成25年度重要判例解説』15頁（2014）、前田陽一「判批」同95頁、井上典之＝幡野弘樹「判批」論究ジュリスト８号96頁（2014）、糠塚康江「判批」法学教室400号81頁（2014）、川岸令和「判批」法学教室401号別冊附録『判例セレクト2013-1』３頁（2014）、西希代子「判批」同403号52頁（2014）、渡辺康行「判批」新・判例解説Watch 14号23頁（2014）、渡邉泰彦「判批」同105頁、同「判批」判例評論665号２頁（2014）、德岡由美子「判批」金融法務事情2004号46頁（2014）、田中壮太「判批」NBL 1017号68頁（2014）、棚村政行「判批」自由と正義65巻１号97頁（2014）、橋本昇二「判批」市民と法85号13頁（2014）、寺尾洋「判批」公証法学44号93頁（2014）、田中佑佳「判批」阪大法学64巻２号233頁（2014）、山崎友也「判批」金沢法学56巻２号165頁（2014）、中曽久雄「判批」愛媛法学会雑誌40巻３＝４号87頁（2014）、青柳幸一「判批」明治大学法科大学院論集15号１頁（2014）、16号１頁（2015）、百地章＝小関康平「判批」日本法学80巻１号233頁（2014）、飯田稔「判批」亜細亜法学49巻１号43頁（2014）、横尾日出雄「判批」CHUKYO LAWYER 21号29頁（2014）、幡野弘樹「判批」水野紀子＝大村敦志編『民法判例百選Ⅲ』116頁（2015）、長尾英彦「判批」中京法学49巻３＝４号319頁（2015）、林康弘「判批」月刊税務事例48巻４号56頁（2016）、井上一洋「判批」広島法学39巻４号198頁（2016）などがある。このほか、高山崇彦＝小林貴恵「嫡出でない子の相続分に関する最大決平25.9.4の生命保険実務に与える影響」金融法務事情1981号40頁（2013）、泉德治「婚外子相続分差別規定の違憲決定と『個人の尊厳』」世界849号229頁（2013）、「特集・婚外子相続差別違憲決定の影響と課題」自由と正義65巻３号８頁（2014）、高橋和之ほか「非嫡出子相続分違憲最高裁大法廷決定の多角的検討」法の支配175号５頁（2014）、岡本雅弘「婚外子相続分差別違憲決定についての雑感」金融法務事情1985号５頁（2014）、中光弘ほか「非嫡出子の相続分に関する最高裁決定と銀行の預金および貸金実務―具体的事例に基づく検討」同1997号54頁（2014）、二宮周平「婚外子相続分差別違憲決定が問いかけたものは何か」部落解放687号98頁（2014）、海江田誠「非嫡出子相続分規定の違憲決定による実務的な影響」横浜弁護士会専門実務研究９号171頁（2015）、本山敦「講演・婚外子相続分差別違憲決定と相続法改正問題」東北学院大学法学政治学研究所紀要23号１頁（2015）、中林暁生「婚外子法定相続分規定違憲決定」長谷部恭男編『論究憲法』317頁（有斐閣、2017）などもある。

66）　最大判平成27年12月16日民集69巻８号2427頁。本件評釈には、渡邉泰彦「判批」民商法雑誌152巻３号287頁（2015）、加本牧子「判批」ジュリスト1490号88頁（2016）、前田陽一「判批」法学教室429号15頁（2016）、笹田栄司「判批」同430号125頁（2016）、神橋一彦「判批」同133頁、久保野恵美子「判批」同136頁、作花知志「判批」法学セミナー734号39頁（2016）、堀口悟郎「判批」同108頁、

第 1 章　司法権論序説

朝田とも子「判批」同735号109頁（2016）、戸部真澄「判批」新・判例解説Watch 19号33頁（2016）、犬伏由子「判批」同105頁、尾島明「判批」法律のひろば69巻 4 号66頁（2016）、建石真公子「判批」判例時報2284号53頁（2016）、武田万里子「判批」判例評論694号 2 頁（2016）、安達敏男＝吉川樹士「判批」戸籍時報735号35頁（2016）、村重慶一「判批」同736号47頁（2016）、澤田省三「判批」戸籍925号14頁（2016）、窪田充見「判批」家庭の法と裁判 6 号 7 頁（2016）、本山敦「判批」法の支配183号131頁（2016）、佐々木雅寿「判批」月報司法書士532号75頁（2016）、近江美保「判批」国際人権27号105頁（2016）、二宮周平「判批」部落解放723号94頁（2016）、井上一洋「判批」広島法学39巻 4 号198頁（2016）、中曽久雄「判批」愛媛法学会雑誌42巻 3 ＝ 4 号173頁（2016）、畑尻剛「判批」白門68巻 5 号31頁（2016）、飯田稔「判批」亜細亜法学51巻 1 号87頁（2016）、大竹昭裕「判批」青森法政論叢17号117頁（2016）、木下智史「判批」ジュリスト臨時増刊1505号『平成28年度重要判例解説』18頁（2017）などがある。このほか、巻美矢紀「憲法と家族─家族法に関する 2 つの最高裁大法廷判決を通じて」長谷部恭男編『論究憲法』331頁（有斐閣、2017）などもある。

67）　最大判平成 9 年 4 月 2 日民集51巻 4 号1673頁。本件評釈には、大橋寛明「判批」ジュリスト1119号130頁（1997）、同「判批」法曹時報51巻 4 号120頁（1999）、同「判批」最高裁判所調査官室編『最高裁判所判例解説民事篇平成 9 年度』561頁（法曹会、2000）、同「判批」ジュリスト増刊『最高裁時の判例 1 　公法編』 7 頁（2003）、大久保史朗「判批」法律時報69巻 7 号 2 頁（1997）、笹川紀勝「判批」同11号44頁（1997）、紙谷雅子「判批」判例評論466号15頁（1997）、奥平康弘「判批」時の法令1548号26頁（1997）、俵谷利幸「判批」法令ニュース32巻 6 号16頁（1997）、青山武憲「判批」同 8 号21頁（1997）、同「判批」国会月報44巻584号42頁（1997）、和久井孝太郎＝江原勲「判批」判例地方自治164号 9 頁（1997）、前田徹生「判批」ジュリスト臨時増刊1135号『平成 9 年度重要判例解説』10頁（1998）、伊藤眞「判批」同129頁（1998）、安念潤司「判批」法学教室208号57頁（1998）、安西文雄「判批」同210別冊付録『判例セレクト’97』 7 頁（1998）、平野武「判批」民商法雑誌118巻 1 号87頁（1998）、同「判批」宗教法21号251頁（2002）、徳田和幸「判批」法律時報別冊『私法判例リマークス』17号137頁（1998）、諸根貞夫「判批」法学セミナー521号52頁（1998）、中込秀樹「判批」判例タイムズ臨時増刊978号『平成 9 年度主要民事判例解説』250頁（1998）、棟居快行「判批」判例地方自治174号108頁（1998）、百地章「判批」憲法研究30号75頁（1998）、中林暁生「判批」法学61巻 6 号194頁（1998）、西村枝美「判批」九大法政研究65巻 2 号319頁（1998）、河村好彦「判批」慶大法学研究71巻 8 号116頁（1998）、林知更「判批」法学協会雑誌116巻 8 号1382頁（1999）、瀧澤信彦「判批」芦部信喜ほか編『憲法判例百選Ⅰ』〔第 4 版〕102頁（2000）、中富公一「判批」杉原泰雄＝野中俊彦編『新判例マニュアル憲法Ⅱ』44頁（三省堂、2000）、今関源成「判批」法学教室247号19頁（2001）、野坂泰司「判批」法学教室307号116頁（2006）、戸松秀典「判批」高橋和之ほか編『憲法判例百選Ⅰ』〔第 5 版〕100頁（2007）、駒村圭吾「判批」佐藤幸治＝土井真一編『判例講義憲法Ⅰ』73頁（悠々社、2010）、芝池義一「判批」磯部力ほか編『地方自治判例百選』〔第 4 版〕160頁（2013）、岡田信弘「判批」長谷部恭男ほか編『憲法判例百選Ⅰ』〔第 6 版〕102頁（2013）などがある。このほか、戸松秀典ほか「特集・愛媛玉串料訴訟最高裁大法廷判決」ジュリスト1114号 4 頁（1997）、芦部信喜ほか「特集・愛媛玉串料訴訟最高裁大法廷判決」法学教室203号 4 頁（1997）、土屋英雄「憲法訴訟─最高裁判所と政教分離」法学セミナー512号 7 頁（1997）、百地章「事前報道された最高裁の『違憲判決』」榎原猛古稀記念『現代国家の制度と人権』215頁（法律文化社、1997）、大石和彦「判例による憲法形成の一断面─愛媛玉串料違憲訴訟大法廷判決・再考」菅野喜八郎古稀記念『公法の思想と制度』283頁（信山社、1999）、瀧澤信彦「靖国と憲法─愛媛玉串料訴訟最高裁判決の意義」宗教法27号149

頁（2008）、安西賢誠「愛媛玉串料訴訟を提起して」同163頁、阪口正二郎「愛媛玉串料訴訟判決を振りかえる」長谷部恭男編『論究憲法』165頁（有斐閣、2017）などもある。

68）　最大判平成22年1月20日民集64巻1号1頁。本件評釈としては、清野正彦「判批」ジュリスト1399号83頁（2010）、小泉洋一「判批」民商法雑誌143巻1号44頁（2010）、小泉良幸「判批」法律時報82巻4号1頁（2010）、蟻川恒正「判批」法律時報82巻11号85頁（2010）、榎透「判批」法学セミナー667号118頁（2010）、榎透「判批」専修法学論集114号109頁（2012）、井田洋子「判批」法学セミナー増刊『速報判例解説』7号19頁（2010）、三好一生「判批」法律のひろば63巻8号53頁（2010）、野坂泰司「判批」判例評論622号2頁（2010）、伴義聖＝長谷川浩「判批」判例地方自治327号3頁（2010）、中島光孝「判批」法と民主主義446号75頁（2010）、上代庸平「判批」会計と監査61巻7号35頁（2010）、西嶋淳「判批」季刊不動産研究52巻3号40頁（2010）、大林文敏「判批」愛知大学法学部法経論集185号1頁（2010）、小林武「判批」同187号69頁（2010）、百地章「判批」日本法学76巻2号487頁（2010）、高畑英一郎「判批」日本法学76巻3号169頁（2010）、飯田稔「判批」亜細亜法学45巻1号159頁（2010）、吉崎暢洋「判批」姫路ロー・ジャーナル4号121頁（2010）、常本照樹「判批」ジュリスト臨時増刊1420号『平成22年度重要判例解説』15頁（2011）、山下竜一「判批」同67頁、土井真一「判批」法学教室365号別冊付録『判例セレクト2010-1』3頁（2011）、高橋心平「判批」別冊判例タイムズ32号『平成22年度主要民事判例解説』336頁（2011）、木村草太「判批」自治研究87巻4号133頁（2011）、清野正彦「判批」法曹時報63巻8号131頁（2011）、清野正彦「判批」ジュリスト増刊『最高裁時の判例7平成21年－平成23年』9頁（2014）、同「判批」最高裁判所調査官室編『最高裁判所判例解説民事篇平成22年度上』1頁（法曹会、2014）、寺田友子「判批」判例地方自治339号60頁（2011）、康由美「判批」法と民主主義461号43頁（2011）、塩見佳也「判批」九大法政研究78巻2号51頁（2011）、藤原淳一郎「判批」慶大法学研究84巻2号503頁（2011）、三木浩一「判批」慶大法学研究84巻5号144頁（2011）、山岸敬子「判批」中京法学45巻3＝4号103頁（2011）、安藤高行「判批」九州国際大学法学論集17巻3号1頁（2011）、三好一生「判批」行政判例研究会編『行政関係判例解説平成22年』24頁（ぎょうせい、2012）、井上日出男「判批」神奈川法学学生論文集8号1頁（2012）、土田伸也「判批」磯部力ほか編『地方自治判例百選』〔第4版〕170頁（2013）、長谷部恭男「判批」同ほか編『憲法判例百選Ⅰ』〔第6版〕110頁（2013）、横尾日出雄「判批」CHUKYO LAWYER 19号50頁（2013）、川嶋四郎「判批」法学セミナー711号136頁（2014）、などがある。このほか、安西文雄ほか「特集・砂川政教分離訴訟最高裁大法廷判決」ジュリスト1399号56頁（2010）、林知更「『国家教会法』と『宗教憲法』の間－政教分離に関する若干の整理」同1400号83頁（2010）、井上典之「政教分離規定の憲法判断の枠組み－空知太神社訴訟」論究ジュリスト1号125頁（2011）、石田明義「最高裁判決2010－弁護士が語る（上）－北海道砂川市・空知太神社政教分離住民訴訟」法学セミナー673号30頁（2011）、田近肇「砂川政教分離訴訟とその影響」宗教法31号137頁（2012）、中島宏「空知太神社事件最高裁判決と目的効果基準」同147頁、大石眞「国有境内地処分問題の憲法史的展望」同167頁、矢澤澄道「公有地上の宗教施設に対する行政の対応と問題－砂川政教分離訴訟最高裁判決の過剰な波紋」同191頁、竹内康博「公有境内地と時効取得」同211頁、西山千絵「『信教の自由』への配慮とその評価－砂川政教分離訴訟を受けて」九州法学会会報2013 26頁（2013）、同「信教の自由の保障と国の宗教的中立性との間－空知太神社事件を機縁として」沖縄法政研究15号43頁（2013）、野坂泰司「いわゆる目的効果基準について－政教分離原則違反の判断基準に関する一考察」高橋和之古稀記念『現代立憲主義の諸相下』281頁（有斐閣、2013）、小暮純也「地方公共団体の財産管理と政教分離原則」地方自治806号84頁（2015）などもある。

第 1 章　司法権論序説

69)　小林武「憲法分野における実務と学説」法律時報79巻 1 号33頁、36頁（2007）。

70)　これに対して、阪本昌成「違憲（司法）審査基準論を質す」近大法科大学院論集 9 号63頁、98頁（2013）は、「"わが国の最高裁判例は、憲法学界に浸透してきた違憲審査基準論によってはおらず、最高裁独自の考え方によっている"と憲法研究者も割り切るのが賢明」だとし、未来に向けた裁判所と法学界の対話に虚無的な姿勢を示している。

71)　千葉前掲註23）書197頁。

72)　戸松秀典「違憲・合憲の審査の動向」ジュリスト1414号21頁、21-23頁（2011）は、その時点の最高裁を「穏やかな司法積極主義」と評するが、同論文23-25頁にあるように、表現の自由や情報公開の領域において「存続する司法消極主義」があり、これを「司法国家の理念が未成熟」であると評する。

73)　藤田宙靖『最高裁回顧録—学者判事の 7 年半』119頁（有斐閣、2012）。

74)　藤田宙靖『裁判と法律学—「最高裁回顧録」補遺』39-40頁（有斐閣、2016）。

75)　泉徳治（聞き手渡辺康行ほか）『一歩前へ出る司法』232-233頁（日本評論社、2017）。他方、少数意見を押し潰そうとした調査官がいたとの証言もある。福田博（山田隆司＝嘉多山宗編）『福田博オーラル・ヒストリー—「一票の格差」違憲判断の真意』132頁以下（ミネルヴァ書房、2016）参照。

76)　このような必要性について、戸松秀典は、度々「筋のよい憲法訴訟」との表現で語った。戸松「法解釈論としての憲法訴訟論の現実的成果と課題」法社会学46号148頁、152頁（1994）など。

77)　例えば、君塚正臣『性差別司法審査基準論』167頁（信山社、1996）（初出、「再婚禁止期間の合憲性—民法733条改正の憲法上の許容範囲に関する一考察（1、2・完）」民商法雑誌109巻 2 号260頁、3 号471頁（1993））は民法733条の再婚禁止期間は廃止しない限り違憲であると述べたが、近年、最高裁は100日を超える部分を違憲とした。若干触れた民法731条の婚姻年齢の男女差も、改正に向かう動きがある。同書309頁（初出、「非嫡出子の憲法学—非嫡出子差別事例の審査基準論を中心に」阪大法学44巻 2 ＝ 3 号上263頁（1994）) は、民法900条 4 号但書は違憲であり、廃止しかありえないと述べたが、最高裁はこの判断に至った。同書245頁（初出、「性差別と強姦罪—刑法177条の合憲性」法律時報68巻 4 号67頁（1996）) は刑法177条の合憲性を論じたが、2017年、強姦罪は「強制性交等罪」に変更され、性差別は解消された（但し、構成要件は曖昧になった）。以上、大学院生もしくは専任講師になって直後の者が違憲と指摘したことの修正が実現されることは珍しい。同書はこのほかに、203頁（初出、「国公立男女別学校の合憲性」東海大学文明研究所紀要16号55頁（1996））で国公立学校・大学における男女別学を違憲と述べ、268頁で男系男子天皇制も同様だと述べたが、それは現実のものとなると考えるべきではないか。このほか、国籍法 3 条 1 項に関する「判批」判例評論566号14頁（2006）については最高裁で、公務員の政治活動に関する「鑑定意見書」横浜国際経済法学19巻 1 号89頁（2010）についてはコンパニオン・ケースの東京高裁で、それぞれそのような方向の判断が示されている。

78)　この点も特徴となる。日本の法律学、少なくとも憲法学の議論は、各研究者が諸外国の憲法研究から研究生活をスタートさせるのが不文律であるため、ややもすると、当該比較対象国の最近の議論や判例を紹介し、これらの「進んだ」考え方によって日本の学説や判例、政治部門、最終的には国民の意識を変えさせんとする気風が強かった。このことは、地球大の視点からして日本の法解釈が独善に陥らないようにする意味では有意義ではあるが、文明開化直後ではなく、日本国憲法体制も長くなり、様々な論争の蓄積がある中では、まず見るべきものは日本の憲法学、判例、内閣法制局見解などの実務理論であり、その理論的検討を第一義にすべきなのではないかと

の思いがある。君塚正臣『憲法の私人間効力論』554頁（悠々社、2008）の結論の導き方がそうで
あったように、それにより理論的に決着がつくならば、それでよいのである。それでも答えの出
せない問題の知恵を得る一つの方法として比較憲法という方法があるのであり、外国憲法の紹介
は、そのような確固たる実践的意図を持って行うべきである。君塚編前掲註53）書23頁［君塚］。
本研究が比較憲法的手法をかなり封印した印象を与えるのは、そのような考えの表れだと解され
たい。

79）　横浜駅は、ほぼ常に駅ビルや地下通路が工事中で、いつが完成形なのか不明なため、「東洋の
サグラダ・ファミリア」と揶揄されることがある。そもそも横浜駅は、1872年6月12日に品川・
横浜間開業の現桜木町駅が初代、東海道本線のスイッチバックを解消するため、短絡直通線に
1915年8月15日に開業したのが2代目で、現在の、東海道本線と根岸線との分岐点にある3代目
は1928年10月15日からであり、さらに新幹線の駅として新横浜もあり、流動的なのである。より
遡れば、1858年の日米修好通商条約で開港と決まったのは「神奈川」であったが、実際に幕府は
横浜湊を開港している。そして、現在の横浜駅は当時の東海道の神奈川宿の方に近い。

80）　中谷実編『ハイブリッド憲法』4-11頁（勁草書房、1995）［君塚正臣］、君塚正臣「『18・19世紀的
人権』再考─参政権の獲得過程を題材に」東海大学文明研究所紀要19号51頁（1999）［以下、君塚前
掲註80）文献、と引用］、同「法曹実務にとっての近代立憲主義（第12回）─立憲主義と司法審査─
記憶されていない近現代史も含めて」判例時報2309号3頁（2016）［以下、君塚前掲註80）論文、と
引用］など参照。

81）　安保法案など以外にも、政権と政権周辺、官僚のスキャンダルは多い。2013年以降、閣僚の靖
国神社参詣は続き（首相は2013年12月26日）、アメリカのオバマ大統領が不快感を示したことが
2013年4月25日に判明した。東京ドームでの国民栄誉賞授賞式で首相は背番号「96」のユニフォー
ムで登場した。NHK会長や経営委員に首相に近い者が任命された。逆に、民放テレビ局に放送
法違反があれば業務停止となることを総務相が言及した（2016年2月にも）。内閣法制局長官に、
慣例を破って、政権に近い官僚を指名。5月、参院環境委員長の解任決議案可決。6月、厚生労
働政務官、首相に対する問責決議案が参院で可決。7月、衆議院議院運営委員長が女性問題で辞
任。10月、首相が、消費税率10％への引き上げについて2014年4月の実施を表明したが、実施せ
ず。2014年10月には、公職選挙法違反で法相が、秘書の政治資金規正法違反で経産相が相次いで
辞任した。2015年2月、農相が、補助金を支給されてきた企業から寄付金を受けていたことなど
が判明し、辞任した。6月、若手勉強会（文化芸術懇話会）で、首相に近い作家が「マスコミを懲
らしめるには広告料収入をなくせばいい。文化人が経団連に働き掛けて欲しい」と発言した。7
月、安保法案を巡り、首相補佐官が「法的安定性は関係ない」と発言した。参院選候補者として
いわゆるブラック企業社長が公認され、その後当選した。8月、未公開株を巡る金銭トラブルで自
民党議員が離党した。東京オリンピック・パラリンピック組織委員会（会長は、首相の出身派閥
の元領袖）は混乱し、エンブレム、新国立競技場のデザインがそれぞれ二転した。総議員の4分
の1による臨時国会の開催要求に対し、内閣は、憲法の規定を破って、結局これを開かなかった。
2016年1月、経済再生担当相が金銭スキャンダルで辞任した。別の大臣は、以前に女性の下着を
盗んでいたとの報道がなされた。2月、自民党議員が妻の妊娠中の不倫発覚で議員辞職した。「保
育園落ちた日本死ね」ブログ騒動で、首相は、匿名記事を理由に事実かどうか確認できないと答
弁した。4月には内閣府副大臣に、熊本地震への対応や公金還流の疑惑が生じた。環境相の放射
能に関する失言、財務相の中小企業の廃業に関する失言などがある。2017年、文科省の天下り問

第 1 章　司法権論序説

題に続き、首相に近い理事長の経営する学校法人に便宜が図られたとされる、森友学園問題、加計学園問題が発覚した。3 月、自民党総裁の任期が最長連続 3 期 9 年に延長された。同月には内閣府政務官が失言で、4 月には経産政務官が女性問題で、復興担当大臣が度重なる失言で辞任した。沖縄・普天間基地移転に伴う辺野古沖埋立て初段階の護岸工事が強行された。5 月、首相が衆院委員会で、憲法改正の考え方を問われ、「読売新聞を読んで」と答弁した。首相に近い記者にレイプ揉消し疑惑がかかり、被害者とされる女性が記者会見を開いた。議員が、受動喫煙対策の会合で「ガン患者は働かなくていい」と発言した。文科副大臣は、学校での教育勅語の朗読は「問題のない行為」と答弁し、翌月には、加計学園問題の内部通報者の処分の可能性に言及した。組織犯罪防止法案（いわゆる共謀罪）について衆議院法務委員会で強行採決をし、6 月には参議院で中間報告制度を濫用して可決成立させた。6 月、防衛相が、「東京裁判史観の克服」を趣旨とする右派論客追悼文を雑誌に寄稿したことが判明したほか、失言も多い。7 月、同大臣が廃棄されていたと説明していた、南スーダン派遣自衛隊の日報が実際には保管されており、防衛省関係者が 2 月に同大臣に報告していたことが明らかになった。このほか、財務相、地方創生担当相、法相などの失言が続いた。政策秘書への暴力などで、自民党議員が離党に追い込まれた。衆院当選 2 回のいわゆる「〇〇チルドレン」の不祥事も非常に多い。都議選最後の土曜日に、首相は秋葉原で演説中に群衆に向けて「こんな人たちに負けるわけにはいかない」と発言した。だが、内閣支持率は、安保法案の一時期に不支持率を下回ったが、2017 年 7 月までのそれ以外の時期では不支持率を安定して上回ってきた。35 ％程度の固定的な支持層、25 ％程度の固定的な不支持層があり、断層となっていると言えよう。なぜ、以上のスキャンダルや、「3 本の矢」経済政策の目標未達成にも拘らず内閣が存続できるのかを考えねばならない。北朝鮮情勢の緊迫化、失業率の低下（但し、就業者の非正規雇用率は増大している）、比較対象が小泉内閣ではなく民主党政権であること、対抗軸となる野党の弱体化、首相に近いマスコミとそうでないところの二分化、「日本会議」などの影響力の増大といわゆる右傾化、小選挙区比例代表並立制の効用（対抗派閥の弱体化）、議員定数不均衡の影響など、説明は多々あろうが、決定的なものが何かは不明である。このような政権の長期化は、民主主義と司法審査の関係を考えるにあたっても、多分に官僚支配を破る大衆民主主義（ときに独裁やポピュリズム）への信頼にもたれ掛かれないという学術的な影響を及ぼす可能性があろう。2017 年 9 月、衆議院は解散され、10 月に総選挙が行われた。

82)　この点については、君塚正臣「民主主義という幻想？―『チャップリンの独裁者』」野田進＝松井茂記編『シネマで法学』52 頁（有斐閣、2000）、同「未完の『近代立憲主義』」『高等学校　新現代社会　教授資料』81 頁（帝国書院、2013）、同「2015 年安保法強行採決事件・私の意見（1）―憲政擁護・閥族打破」判例時報 2267 号 130 頁（2015）、同「民主主義の限界―立憲主義の希求」現代社会へのとびら 32 号 1 頁（帝国書院、2016）、同ほか「民主主義のジレンマ」『高等学校　新現代社会』67 頁（帝国書院、2017）、君塚論前掲註 80）文献など参照。

83)　大場茂馬『湖南事件―大浦庇護事件』（東京堂書店、1916）、沼波瓊音『護法の神―児島惟謙』（修文館、1926）、児島惟謙（花井卓藏校）『大津事件顛末録』（春秋社、1931。大空社、1997）、同『大津事件手記』（築地書店、1944）、同（山川雄巳編注）『大津事件手記』（関西大学出版部、2003）、同（家永三郎編注）『大津事件日誌』（平凡社、2003）、尾佐竹猛『湖南事件―露國皇太子大津遭難』（岩波書店、1951）、吉野源三郎ほか「座談会・児島惟謙の功績―大津事件と司法権の独立について」世界 97 号 139 頁（1954）、原田光三郎『児島惟謙傳』〔全訂決定版〕（松菊堂書房、1961）、田畑忍『児島惟謙』（吉川弘文館、1963）、同「裁判に対する政府の干渉と大審院長による干渉排除の峻別―家永

31

三郎教授の『児島惟謙と大津事件』に対する一つの反論として」同志社法學18巻2号28頁（1966）、吉田繁『児島惟謙』〔新編〕（関西大学出版部、1965）、家永三郎「児島惟謙と大津事件―田畑忍教授の叱正に答える」日本歴史218号17頁（1966）、穂積重行「大津事件」エコノミスト45巻15号84頁（1967）、竹澤喜代治「大津事件の現代的意義」産大法学3巻3号55頁（1969）、緒方真澄「児島惟謙の法思想と司法権の独立（1-5・完）―大津事件を中心として」香川大学経済論叢43巻5号1頁（1970）、51巻1＝2号36頁、3＝4号52頁（1978）、53巻2号184頁（1980）、61巻2号1頁（1988）、森長英三郎「大津事件―傷だらけの護法の神様」法学セミナー189号98頁（1971）、植松正「刑事訴訟の話題・番外―司法権の独立と大津事件」時の法令758号28頁（1971）、森順次「大津事件と滋賀県」彦根論叢153号1頁（1971）、高梨公之「法―名言とことわざ大津事件回顧」時の法令843号19頁（1973）、森田友喜「児島惟謙にみる司法権の独立と裁判官選任制度―司法権独立の一考察」沖大法学論叢2巻1号111頁（1976）、栗原隆一「法の尊厳はかくて―大津事件と児島惟謙」日本及日本人1548号140頁（1978）、田岡良一『大津事件の再評価』〔新版〕（有斐閣、1983）、元川房三「大津事件と『司法権の独立』問題」南山法学7巻1号1頁（1983）、早﨑慶三『大津事件の真相』（サンブライト出版、1987）、関西大学法学研究所編『危機としての大津事件』（関西大学法学研究所、1992）、山中敬一「論考大津事件」（成文堂、1994）、鬼塚賢太郎「司法権の独立とその擁護者（1-3・完）」東洋法学37巻1号53頁（1993）、2号89頁（1994）、38巻2号277頁（1995）、新井勉『大津事件の再構成』（御茶の水書房、1994）、同「新史料による大津事件の核心―兼ねて木野主計・須賀博志両氏の所説を評する」日大法学紀要41号7頁（1999）、同『大津事件―司法権独立の虚像』（批評社、2014）、三谷太一郎「講演・大津事件の政治史的意味」司法研修所論集1995年2号39頁（1996）、同ほか「児島惟謙没後100年記念シンポジウム―いま裁判員制度が日本に導入される意義―児島惟謙の思想的源流を探りつつ」ノモス23号77頁（2008）、児島惟謙研究班編『児島惟謙の航跡（正・続）』（関西大学法学研究所、1996、1998）、有谷三樹彦「大津事件にみる対露意識と司法権の独立」久留米大学法学27号1頁（1996）、楠精一郎『児島惟謙―大津事件と明治ナショナリズム』（中央公論社、1997）、須賀博志「大津事件という『神話』（1、2・完）」法学論叢142巻3号41頁（1997）、144巻1号19頁（1998）、竹下賢「児島惟謙と江藤新平」ノモス8号285頁（1997）、市川訓敏「五代友厚と児島惟謙」同301頁（1997）、福山達夫「講演・大津事件（湖南事件）」関東学院法学6巻2号163頁（1997）、水島朝穂「現場からの憲法学（10）―司法権の独立―『大津事件』から考える」法学セミナー518号72頁（1998）、礫川全次『大津事件と明治天皇―封印された17日間』（批評社、1998）、小林茂雄「大津事件余聞」法曹591号10頁（2000）、岡田登「鈴木資料紹介（7）―大津事件犯人津田三蔵の書簡（上、下）」皇學館大史料編纂所史料170号11頁（2000）、172号7頁（2001）、安広文夫「『自歴譜』東西両京の大学」司法権の独立とその擁護者』」法曹626号24頁（2002）、鎌倉利行『大津事件考』（大阪大学出版会、2003）、宮田孝「大津事件に学ぶ」ディフェンス22号1号83頁（2003）、大場義之『大津事件の謎に迫る―消えた「児島大審院長意見書」の行方』（文藝春秋、2006）、横山高治「特別招待席―津田三蔵と大津事件―没落士族の凶行、『司法権の独立』へ」歴史研究48巻10号98頁（2006）、坂井暉「『司法権の独立』と児島惟謙―大津事件を中心にして」九州龍谷短期大学紀要53号a27頁（2007）、岩村等「小考 大津事件」大阪経済法科大法学論集66号3頁（2008）、「児島惟謙歿後百年記念展の記録」関西大学年史紀要18号57頁（2009）、橋本康弘＝藤澤幸則「"歴史事件"を現代の裁判制度で読み解く（12）―『大津事件』を裁く」社会科教育46巻3号110頁（2009）、檜山幸夫総編集（岩壁義光編集・解題・解説）『大津事変』（ゆまに書房、2010）、富岡多惠子『湖の南―大津事件異聞』（岩波書店、2011）、中村稔「人生に関する断章（10）―大津事件と児島惟謙について」ユリイカ44巻

第 1 章　司法権論序説

12号 8 頁（2012）など参照。このほか、島田正吾による一人芝居『司法権―児島大審院長』も印象深い。

84）　浦和地判昭和23年 7 月 2 日判例集未登載。宮沢俊義「議院の国政調査権と司法権の独立」法律時報21巻 3 号35頁（1949）、参議院法務委員会「国会の国政調査権と司法権の独立―最高裁判所の申入に対する参議院法務会の声明」法曹時報 1 巻 5 号16頁（1949）、小池義一「国会の国政調査と司法権の独立に就いて」法曹公論50巻 2 号18頁（1949）、奥野健一「国会の国政調査権と司法権の独立」法律タイムズ 3 巻 6 号32頁（1949）、伊藤修「国政調査権と司法権の独立について」法律新報754号33頁（1949）、同「国政調査権と司法権の独立（上、中、下）」国会 2 巻 8 号19頁、9 号16頁、10号10頁（1949）、有倉遼吉「国会の国政調査権と司法権の独立」早稲田法学25巻 2 号134頁（1949）、宮本百合子「浦和充子の事件に関して」新日本文学4 巻 3 号26頁（1949）、斉藤秀夫『国会と司法権の独立―国政調査権と裁判官弾劾』（岩波書店、1951）、黒田了一「国会と司法権の独立」公法研究11号28頁（1954）、大西芳雄「議院の国政調査権と司法権の独立」季刊法律学18号21頁（1954）、大石義雄「国会の国政調査権と司法権の独立」法学論叢59巻 6 号 1 頁（1954）、山田隆司「戦後史で読む憲法判例（21）―『国政調査権』と浦和事件」法学セミナー728号71頁（2015）など参照。

85）　斎藤秀夫「黙祷事件の調査と司法権の独立」判例時報 7 号122頁（1953）、同「吹田黙祷事件をめぐる問題について」法学18巻 1 号 1 頁（1954）、同「吹田黙祷事件をめぐる司法権の危機」世界114号100頁（1955）、「吹田黙祷事件をめぐつて」同97号110頁（1954）、「吹田黙祷事件と司法権の危機―再び問題の所在を明らかにする」同112号130頁（1955）、佐々木哲蔵「吹田黙祷事件と福島事件―裁判所17年の落差」法律時報43巻 3 号58頁（1971）、同「吹田公判黙祷事件と司法権の独立」法学セミナー増刊総合特集シリーズ 4 『最高裁判所』23頁（1977）、同＝野村二郎「佐々木哲蔵氏に聞く（上、下）―吹田黙とう事件の余波、弁護活動のことなど」法学セミナー342号106頁、343号94頁（1983）など参照。

86）　佐藤功「平賀書簡問題と裁判官の独立」法学セミナー164号 2 頁（1969）、同「平賀・福島裁判官事件と訴追委員会―裁判官の訴追制度はいかにあるべきか」同178号 2 頁（1970）、Bauer F（竹下守夫訳）「司法監督と裁判官の独立（Justizaufsicht und richterliche Unabhangigkeit）」司法研修所論集1969　2 号69頁（1969）、「揺れる司法権の独立」現代の眼10巻11号60頁（1969）、桜田勝義「危機に立つ司法権の独立」同12号24頁（1969）、「平賀書簡事件について」自由と正義 20巻11号43頁（1969）、「いわゆる平賀書簡問題について」時の法令692号16頁（1969）、「ゆらいだ裁判の威信―処分ですまぬ“平賀書簡”問題」朝日ジャーナル11巻40号115頁（1969）、和田英夫「訴追委員会と平賀書簡問題の転回―Quis Custodiet Custodes? 誰が番人の番をするのか」法律時報 42巻14号143頁（1970）、「資料・福島判事忌避申立事件〔国側の忌避申立書・福島裁判長の意見書〕」法学セミナー172号 7 頁（1970）、上田勝美「裁判官の独立（1-3・完）」判例時報576号 8 頁、577号 6 頁、579号11頁（1970）、「特集・権力機構再編成下の司法反動」労働法律旬報743＝744号 2 頁（1970）、「特集・司法反動の背景と司法権の独立」同759号 3 頁（1970）、江藤价泰「軍国主義復活と裁判官の独立」同 8 頁、762号 3 頁（1970）、「特集・揺らぐ司法権の独立―石田発言をこうみる」自由と正義21巻 7 号50頁（1970）、「訴追委の決定・照会と裁判所の処分をめぐる動き」同12号57頁（1970）、潮見俊隆「司法権の独立と裁判官の『中立性』―石田最高裁長官談話をめぐって」世界296号265頁（1970）、同「司法権の独立と長沼判決」労働法律旬報843号10頁（1973）、「特集・危機に立つ司法権の独立」世界298号12頁（1970）、日本科学者会議第 2 回全国幹事会「裁判官の独立に対する不当な圧迫に抗議する声明（1970年11月 1 日）」日本の科学者 5 巻12号46頁（1970）、長谷川正安「『司

33

法権の独立』論」文化評論107号12頁 (1970)、久田栄正「長沼ミサイル基地訴訟と司法権の独立の危機」月刊社会党162号78頁 (1970)、平賀健太「裁判官の独立と良心―平賀書簡問題に寄せて」自由12巻１号106頁 (1970)、井上正治「なぜ急ぐ国の裁判支配―福島裁判長忌避の政治的背景を衝く」朝日ジャーナル 12巻18号19頁 (1970)、三浦隆「司法権の独立―長沼ナイキ基地訴訟の経過から」関東学院大学文学部紀要１号25頁 (1971)、阿部甚吉ほか「司法権の独立に関し国民の皆さんに訴える (声明)」世界304号212頁 (1971)、「特集・平賀書簡問題の再検討」法律時報44巻９号８頁及び194頁 (1972)、「いわゆる“平賀書簡”(自衛隊裁判) ― (資料篇)」同45巻10号333頁 (1973)、家永三郎＝潮見俊隆「長沼判決と司法権の独立」法学セミナー218号118頁 (1973)、「札幌地裁判事＝福島重雄―“政治”の圧力をはね返す」エコノミスト51巻41号60頁 (1973)、福島重雄「春夏秋冬憲法９条の流れ」社会評論155号４頁 (2008)、同ほか編『長沼事件平賀書簡―35年目の証言―自衛隊違憲判決と司法の危機』(日本評論社、2009)、大出良知ほか「小特集・『長沼事件 平賀書簡事件』から司法を考える」法と民主主義440号28頁 (2009) など参照。

87) 潮見俊隆「司法行政と裁判官の独立―長谷川判事再任拒否事件をめぐって」法学セミナー161号２頁 (1969)、同「司法行政の憲法的感覚―裁判官の独立をおびやかすもの」同185号２頁 (1971)、同「司法行政と裁判官の独立」静岡大法経論集９号113頁 (1972)、同『司法の法社会学』(勁草書房、1982)、「青法協問題と最高裁判所 (特集・最高裁判所)」法律時報42巻７号95頁 (1970)、「特集・裁判官の任用と身分保障」法律時報43巻３号８頁 (1971)、「特集・裁判と司法行政」同７号８頁 (1971)、宮本康昭「欠席裁判の要綱点と『裁判の権威』」同12号40頁 (1971)、同「裁判官の身分保障と再任制度―再任を拒否された者から (最高裁を糾弾する)」法学セミナー185号６頁 (1971)、同「裁判官を辞任するにあたって」同210号76頁 (1973)、同「任官拒否問題をどう把えるか」同241号76頁 (1975)、樋口陽一「法の解釈における解釈者の立場と裁判官の思想・良心の自由―裁判官の独立をめぐる問題の一側面」同186号２頁 (1971)、橋本公亘「裁判官の独立と身分保障」時の法令752号23頁 (1971)、弘津恭輔「司法権の独立と『青法協』」警察学論集24巻１号37頁 (1971)、「日弁連臨時総会〔45.12.19〕以後の司法権の独立をめぐる動き」自由と正義22巻４号98頁 (1971)、「憲法記念日前から日弁連臨時・定時総会〔5.29〕までの司法権の独立をめぐる動き」同６号82頁 (1971)、「日弁連定時総会以後の司法権の独立をめぐる動き」同８号53頁 (1971)、「夏から秋にかけての司法権の独立をめぐる動き」同12号72頁 (1971)、「特集・司法権の独立と民主主義」文化評論114号２頁 (1971)、田代喜久雄「裁判官の独立と報道の責任」新聞研究240号14頁 (1971)、「特集・裁判官の再任問題」法律時報44巻３号８頁 (1972)、有倉遼吉「裁判官の再任拒否に対する異議申立てと最高裁判所の却下決定について―宮本裁判官再任拒否事件をめぐる一論点」判例時報653号６頁 (1972)、「〔最高裁〕決定」同９頁、「〔宮本裁判官の〕異議申立書」同頁、和田英夫＝高柳信一編『現代の司法』(日本評論社、1972)、池田政章＝守屋克彦編『裁判官の身分保障』(勁草書房、1972)、「年末・年始の司法権の独立をめぐる動き」自由と正義23巻２号115頁 (1972)、「厳冬から14期再任までの司法権の独立をめぐる動き」同４号94頁 (1972)、「24期新任拒否から日弁連熊本総会までの司法権の独立をめぐる動き〔４月５日―５月20日〕」同７号99頁 (1972)、松浦基之「日弁連熊本総会以後11月初めまでの司法権の独立をめぐる動き」12号40頁 (1972)、「最高裁裁判官国民審査前後から阪口氏修習生に再採用までの司法権の独立をめぐる動き―1972年10月から1973年２月まで」同24巻３号68頁 (1973)、「15期再任と25期任官拒否前後の司法権の独立をめぐる動き―1973年２月から同年４月上旬まで」同４号96頁 (1973)、「最高裁長官交代前後から日弁連司法シンポジウムまでの司法権の独立をめぐる動き―1973年５月から同年11月末まで」同12号82頁 (1973)、宮

本康昭古稀記念『市民の司法をめざして』（日本評論社、2006）、黒本亮＝宮本康昭ほか「座談会・裁判官の自由と正義はどこにあるか」世界864号227頁（2015）など参照。

88）　最大決平成10年12月1日民集52巻9号1761頁。本件評釈には、佐々木高雄「判批」ジュリスト臨時増刊1157号『平成10年度重要判例解説』6頁（1999）、大橋寛明「判批」ジュリスト1158号112頁（1999）、同「判批」最高裁判所調査官室編『最高裁判所判例解説民事篇平成10年度下』937頁（法曹会、2001）、同「判批」ジュリスト増刊『最高裁時の判例1　公法編』119頁（2003）、西原博史「判批」法学教室227号98頁（1999）、奥平康弘「判批」法律時報71巻2号1頁（1999）、高見澤昭治「判批」法学セミナー531号106頁（1999）、只野雅人「判批」同536号98頁（1999）、北村栄一「判批」月刊アーティクル154号80頁（1999）、君塚正臣「判批」法学教室234号別冊附録『判例セレクト'99』11頁（2000）、佐々木くみ「判批」法学65巻6号887頁（2002）、小山剛「判批」佐藤幸治＝土井真一編『判例講義憲法Ⅰ』11頁（2010）、本秀紀「判批」長谷部恭男ほか編『憲法判例百選Ⅱ』〔第6版〕392頁（2013）などがある。このほか、上村卓也「社会と刑事法―裁判官の政治活動の制限―仙台地裁寺西判事補の分限裁判から」警察時報53巻10号89頁（1998）、小田中聰樹ほか「座談会・令状裁判の実態と裁判官の市民的自由―寺西判事補注意処分をめぐって」法と民主主義327号3頁（1998）、川崎英明「市民的自由論の到達点と寺西裁判官懲戒問題」同329号32頁（1998）、「特集・許されない寺西裁判官懲戒処分」同332号2頁（1998）、「裁判官の市民的不自由―寺西判事補"懲戒申立て"が投げかけた問題」金曜日6巻22号26頁（1998）、「裁判官の発言と市民の利益―独占手記第2弾」同27号24頁（1998）、「寺西裁判官問題第3弾」同34号20頁（1998）、棟居快行「裁判官の独立と市民的自由」ジュリスト1150号106頁（1999）、同『憲法学再論』468頁以下（信山社、2001）、矢島基美「積極的な政治活動（裁判官の独立）」法学教室224号36頁（1999）、「裁判と争点―寺西判事補の分限裁判で最高裁、即時抗告を棄却―『裁判官の市民的自由』にもっと広い議論を」法学セミナー530号122頁（1999）、神坂直樹＝寺西和史『裁判官は権力に批判的でなければならない』―"最高裁に目をつけられた男たち"対談（最高裁を問う）」金曜日8巻21号9頁（2000）などもある。

89）　戦後の日本の問題を検討したものとして、以上のほかに、「司法権の独立を賭する新聞仮処分事件」労働法律旬報32号11頁（1950）、平野義太郎「条約改正と司法権の独立」日本及日本人2巻4号20頁（1951）、兼子一「民主主義と司法権の独立」世界97号95頁（1954）、大西芳雄「司法権の独立」公法研究11号1頁（1954）、檜山武夫「国民主権の下の司法権の独立と憲法裁判権」同20頁、清宮四郎ほか「司法権の独立―第1部会討議報告」同56頁、小島和司「権力分立と司法権の独立」季刊法律学18号1頁（1954）、恒藤恭ほか「座談会・裁判官の独立と良心」同84頁、野間繁「司法権の独立と訴追委員会の調査」明大法律論叢28巻2＝3号66頁（1954）、横川敏雄「司法権の独立と司法権のあり方」法哲学年報1956　47頁（1957）、中谷敬寿「司法権の独立について」関西大学法学論集11巻3＝4＝5号181頁（1962）、同「司法権の独立について」綜合法学5巻12号2頁（1963）、家永三郎『司法権の独立の歴史的考察』（1962、日本評論社）、同「司法権の独立を侵すものは何か」法学セミナー159号2頁（1969）、同「司法権の独立」日本の科学者6巻1号19頁（1971）、小林直樹『憲法を読む』176頁以下（岩波書店、1965）、藤本豊嗣「裁判官の独立」関西大学法学論集16巻4＝5＝6号155頁（1967）、長谷川正安『司法権の独立』（新日本出版社、1971）、沼田稲次郎「司法権独立の危機に思う―児島惟謙と石田和外の役割」エコノミスト49巻7号48頁（1971）、上田勝美「司法権の独立と司法反動―最高裁判所の職責と機能を中心として」田畑忍古稀記念『現代における平和と人権』250頁（日本評論社、1972）、野間繁「司法権の独立をめぐる諸問題」創価法学5巻1＝2号229頁（1975）、関誠一追悼『現代の裁判と裁判官』（ぺりかん社、1976）、鴨野幸雄「司法

権の独立」法学セミナー増刊総合特集シリーズ 4 『最高裁判所』220頁（1977）、庄幹正「司法権の独立について」関西外国語大研究論集27号311頁（1977）、小田中聡樹「司法権の独立について—『民主主義司法論序説』の一環として」判例タイムズ399号 6 頁（1980）、宇都宮純一「『法律による裁判』論—司法権の独立に関する一考察」法学46巻 1 号104頁（1982）、諸根貞夫「『司法権の独立』に関する国際的文書の一考察」愛媛大学教養部紀要19巻 1 号 1 頁（1986）、村田光堂「司法権の独立—具体的事例を中心として」國士舘大比較法制研究11号63頁（1988）、「判検人事交流・会同、協議会と裁判官の独立を考える（日弁連シンポジウム）」法律時報62巻 9 号 6 頁（1990）、宮沢節生「新聞で読む法社会学（19、20）—裁判官の独立（1、2）」法学セミナー454号110頁、455号108頁（1992）、松井康浩「最高裁長官の裁判介入—司法行政権と裁判官の独立」自由と正義43巻 3 号236頁（1992）、古城誠「『司法権の独立』の経済分析」北大法学論集44巻 1 号159頁（1993）、Ramseyer J.Mark ほか「ミニ・フォーラム・司法権の独立の『法と経済学』」アメリカ法［1993-2］175頁（1994）、樋口陽一「裁判の独立」同編『講座憲法学 6 —権力の分立【 2 】』41頁（日本評論社、1995）、矢口俊昭「司法権の独立と司法行政権」ジュリスト1089号131頁（1996）、名雪健二「司法権の独立—解釈論を中心として」東洋法学40巻 1 号33頁（1996）、西修「日本国憲法を考える（6）—『司法権の独立』再考」月刊自由民主537号48頁（1997）、デイビス・ロドニー「裁判官の独立と日本の法学教育」高山自動車短期大研究紀要20号59頁（1997）、佐藤岩夫「裁判官の独立と法曹一元」司法改革 1 巻 2 号39頁（1999）、佐々木雅寿「憲法学原論—憲法解釈の基底にあるもの（9）—裁判官の独立とその正当性」法学教室232号65頁（2000）、「司法改革関連基本文献目録（8）裁判官の独立」司法改革 1 巻10号73頁（2000）、植野妙実子「基本に学ぶ憲法（9）—裁判官の独立（1、2）」法学セミナー553号82頁、555号86頁（2001）、小沢隆一「憲法からみた裁判官の独立と自治—司法制度改革審議会『意見書』にもふれて」法と民主主義362号34頁（2001）、平田公夫「司法の独立性外司法権の独立と裁判官の独立」岡山大学教育学部研究集録128号63頁（2005）、馬場健一「裁判官制度改革と裁判官の独立外よりよき司法の実現に向けて」自由と正義57巻10号73頁（2006）、時任兼作「『裁判官の独立』揺るがす『軽率』では済まされない地裁所長の現場介入」週刊朝日112巻36号33頁（2007）、重村博美「わが国における司法権の独立と司法制度改革をめぐる問題」近畿大学工業高等専門学校研究紀要 3 号81頁（2009）、辻雄一郎「日本における司法と裁判官の独立」駿河台法学24巻 3 号34頁（2011）、布川玲子「ワークショップ概要—司法権の独立と司法による自然法の実践—最近明らかになった砂川事件関連米公文書」法哲学年報2013　210頁、寺西和史「自民党憲法改正草案　徹底批判シリーズ（8）—司法権の独立・違憲立法審査権」金曜日21巻21号36頁、26号40頁（2013）、佐藤修一郎「裁判官の独立についての一試論—『外から』見た最高裁判所裁判官」白山法学13号43頁（2017）など参照。

90）　広中俊雄『法と裁判』（東京大学出版会、1971）、和田英夫＝高柳信一編『現代の司法』（日本評論社、1972）、和田英夫「法と政治の中の最高裁判所」八幡大学論集23巻 1 ＝ 2 ＝ 3 号137頁（1972）、田中成明『裁判をめぐる法と政治』（有斐閣、1979）、同『現代社会と裁判』（弘文堂、1996）、荒木伸怡『裁判—その機能的考察』（学陽書房、1988）、宮沢節生「司法行政と裁判官行動—企画の経緯と研究の法社会学的意義」法律時報62巻 9 号46頁（1990）、塚原英治「裁判官経歴と裁判行動」法社会学43号46頁（1991）、棚瀬孝雄『紛争と裁判の法社会学』（法律文化社、1992）、山本祐司『最高裁物語上・下巻』（日本評論社、1994）、田宮裕『日本の裁判』〔第 2 版〕（弘文堂、1995）、馬場健一「裁判官選任過程と司法の民主的正当性—法曹一元構想における市民参加の系譜から」法社会学59号158頁（2003）、萩屋昌志編『日本の裁判所—司法行政の歴史的研究』（晃洋書房、2004）、守屋克

第 1 章　司法権論序説

彦編『日本国憲法と裁判官』（日本評論社、2010）、木佐茂男ほか『テキストブック現代司法』〔第 6
版〕（日本評論社、2015）など多数。

91）　樋口陽一＝栗城壽夫『憲法と裁判』1-126頁（法律文化社、1988）［樋口］。

92）　同上127-360頁［栗城壽夫］。

93）　芦部編前掲註 1 ）書第 1 巻 i 頁［芦部信喜］。

94）　芦部前掲註 6 ）論文20-32頁参照。

95）　芦部編前掲註 1 ）書第 1 巻219頁以下［河野敬、時國康夫］参照。

96）　同上321頁以下［小林節］参照。

97）　同上355頁以下［戸波江二］参照。

98）　同上第 2 巻125頁以下［江橋崇ほか］参照。

99）　佐藤前掲註28) 書 1 頁以下。次は部分社会論である。阪本前掲註70) 論文98頁も同旨であるが、
　　　寧ろ「違憲審査基準」の限定と限界が強調されている。

100）　佐藤同上207頁以下。

101）　同上393頁以下。

102）　同上531頁以下。全体で本文564頁。

103）　戸松前掲註23) Ⅲ書128頁以下。全体で本文464頁。

104）　同上23-41頁。

105）　同上63-127頁。

106）　髙橋前掲註23) Ⅱ書149頁以下。全体で本文395頁。概説書を志向する本書には全体を通じての
　　　参考文献欄がない。

107）　同上31-130頁。この章の131頁以下の第 4 節は「違憲審査の審査対象」として、条約、条例、立
　　　法不作為、判決、国家の私法上の行為、私人間効力論、憲法改正を取り上げているが、これが司
　　　法権論なのか憲法訴訟論（憲法判断の対象かを論じる議論）なのかは曖昧である。

108）　藤井前掲註23) Ⅲ書は、裁判所や司法権に関する部分が106頁まで、違憲審査権に関する議論が
　　　107-379頁を占める。

109）　新前掲註23) 書3-216頁。

110）　同上217-684頁。

111）　時國前掲註23) 書181-202頁。全体で本文307頁。

112）　松井茂記『裁判を受ける権利』（日本評論社、1993）。

113）　松井前掲註23) 書。

114）　松井茂記『二重の基準論』（有斐閣、1994）。

115）　植野妙実子「違憲審査制と司法」中大法学新報 108巻 3 号281頁、288頁（2001）も批判的である。

116）　松井前掲註45) 論文125頁同旨。

117）　君塚編前掲註53) 書146頁［君塚正臣］。

118）　清宮四郎『憲法Ⅰ』〔第 3 版〕335頁（有斐閣、1979）。

119）　長尾一紘「司法権の現代的課題」法学教室253号 7 頁、12頁（2001）は、「裁判作用である。民事
　　　訴訟、刑事訴訟、行政訴訟をとわず、──客観訴訟も含めて──およそ裁判作用なるものは、す
　　　べて『司法作用』、すなわち『司法権』の概念に含まれる」という定義は「あまりにも簡便すぎる」
　　　との本人の感想の通り、外延不明の最たるものである。同様に、植野前掲註115) 論文290頁が、
　　　日本では「『司法』の中で憲法裁判をすることも求められている」として、抽象的違憲審査と付随

37

的違憲審査を不分明にしたまま「司法」の意味を論じ、同論文300頁で「事前審査や抽象的審査は全く必要ないのかといえばそうとはいえない」と述べているのも、日本国憲法の解釈論としては疑問である。

120）　芦部前掲註6）論文24頁。

121）　同上25頁。

122）　同上同頁。

123）　このため、佐藤幸治の司法権理解を「事件性を前提とする私的紛争解決型の司法観に偏しすぎる感を覚える」と評する。芦部同上29頁。

124）　戸波前掲註57）論文87頁。

125）　芦部前掲註6）論文32頁以下参照。但し、このことは、司法審査基準論などに還元できないかとの疑問もある。

126）　「旧司法試験時代には、いわゆる記憶再生型答案がよいという業界内の定説があったそうで、それによると、『試験場で多くを考える破目になっては駄目だ』」ということで、「覚えたことを書いた答案が好ましいということであったらしい。」村田尚紀「憲法訴訟における憲法判断と事実」関大法科大学院ジャーナル7号99頁（2012）。

127）　松本和彦『基本権保障の憲法理論』（大阪大学出版会、2001）。関連して、小山剛「審査基準論と三段階審査」ロー・スクール研究14号122頁（2009）、青井未帆「三段階審査・審査の基準・審査基準論」ジュリスト1400号68頁（2010）、山本龍彦「三段階審査・制度準拠審査の可能性」法律時報82巻10号101頁（2010）、「特集・審査基準論と三段階審査」法律時報83巻5号6頁（2011）、三宅雄彦「論証作法としての三段階審査」法学セミナー674号8頁（2011）、前田徹生「最高裁判所薬事法型判決の検証―違憲審査基準論？　三段階審査？」桃山法学20=21号425頁（2013）、阪口正二郎「比較の中の三段階審査・比例原則」樋口陽一ほか編『国家と自由・再論』235頁（日本評論社、2012）、山岸喜久治「現代ドイツ基本権論の位相(1-3)」宮城学院女子大学研究論文集118号43頁、119号1頁（2014）、120号3頁（2015）、駒村前掲註23）書100-128頁なども参照。

128）　小山剛『「憲法上の権利」の作法』〔第3版〕（尚学社、2016）。初版は2009年。

129）　同上86頁。

130）　同上88頁。

131）　「ともあれ、」機械的当てはめ型答案がよいという、旧司法試験時代から「の都市伝説は根強く残っているように見える。」だが、新司法試験は、旧司法試験とは「まったく異なる事例問題である。したがって、」「『試験は現場で考える』しかない」。村田掲註126）論文99頁。同感である。

132）　ドイツ国法学の直接的な影響ではないであろうが、2017年司法試験論文式公法系第1問は外国人の人権、それも妊娠・出産の権利（幸福追求権）を主題とするものであった。本問の解答を執筆してみると、事実関係ではなく、抽象的な学説論争の整理と峻別に相当のエネルギーを要すること過ぎすぎるであろうか。君塚正臣「新司法試験（憲法）論文式問題解説　2013-2017年―司法試験・法科大学院雑感を含む」横浜国際社会科学研究22巻3号91頁（2017）参照。

133）　覚道豊治「憲法における自由裁量の概念」阪大法学40=41号88頁（1962）、同「立法裁量と行政裁量」公法研究41号171頁（1979）、鍋沢幸雄「ドイツにおける行政裁量観念の成立序説」早稲田法学会誌 法律編12号185頁（1962）、室井力「行政裁量論」法学セミナー171号105頁（1970）、同「行政裁量―行政行為を中心として」同311号24頁（1981）、金子芳麿「行政裁量」公法研究33号167頁（1971）、香城敏麿「憲法解釈と裁量」ジュリスト638号205頁（1977）、「特集・日本の行政裁量―構

第1章　司法権論序説

造と機能」年報行政研究18号1頁（1984）、阿部泰隆『行政裁量と行政救済』（三省堂、1987）、辻村みよ子「選挙活動の自由と立法裁量―選挙権論の射程」法律時報60巻10号97頁（1988）、松井幸夫「立法裁量論と憲法47条および表現の自由」島大法学32巻2号59頁（1988）、高橋滋『現代型訴訟と行政裁量』（弘文堂、1990）、木原正雄「立法裁量論に関する一考察」早稲田法学会誌42巻131頁（1992）、戸松秀典『立法裁量論』（有斐閣、1993）、棟居快行「立法裁量」ジュリスト1037号201頁（1994）、又坂常人「行政裁量論」同206頁、植村栄治「行政裁量について」法学教室194号123頁（1996）、安西文雄「司法審査と立法裁量論」立教法学47号1頁（1997）、木下智史「憲法判例50年（18）プログラム規定説から立法裁量論へ―生存権（1）」法学教室217号56頁（1998）、植野妙実子「基本に学ぶ憲法（4）―選挙権の平等と立法裁量」法学セミナー548号92頁（2000）、亘理格『公益と行政裁量―行政訴訟の日仏比較』（弘文堂、2002）、成嶋隆「憲法解釈と立法裁量・立法政策」公法研究66号118頁（2004）、葛西まゆこ「生存権と立法裁量―アメリカ州憲法における判例展開を手がかりに」慶大法学政治学論究67号199頁（2005）、山村恒年『行政法と合理的行政過程論―行政裁量論の代替規範論』（大学図書、2006）、長尾一紘「立法裁量の法理」比較法雑誌41巻4号41頁（2008）、宍戸常寿「裁量論と人権論」公法研究71号100頁（2009）、人見剛「行政裁量」法学セミナー649号28頁（2009）、松原光宏「立法裁量のセオリー・ピラクシス―ベルリン・カールスルーエの鞘当て」中大法學新報116巻7＝8号1頁（2009）、清水泰幸「司法審査と立法裁量に関する予備的考察」福井大学教育地域科学部紀要　第3部　社会科学65号1頁（2009）、太田健介「憲法学から見た行政裁量とその統制」東京大学法科大学院ローレビュー5号25頁（2010）、深澤龍一郎「行政裁量論に関する覚書」法学論叢166巻6号149頁（2010）、「特集・立法裁量とその統制」法律時報83巻5号41頁（2011）、原島良成＝筑紫圭一『行政裁量論』（放送大学教育振興会、2011）、松原直樹「行政裁量に対する司法的統制」桐生大学紀要22号49頁（2011）、宮田三郎『行政裁量とその統制密度』〔増補版〕（信山社、2012）、高田倫子「ドイツ行政裁量論における憲法の構造理解とその変遷（1-3・完）―行政に対する司法の地位に関する一考察」阪大法学 62巻2号487頁（2012）、5号1443頁、6号1783頁（2013）、小林祐紀「アメリカにおける立法記録審査の展開―立法裁量の統制手法に関する予備的考察」慶大法学政治学論究 法律・政治・社会93号199頁（2012）、「特集・行政裁量統制論の展望」法律時報85巻2号4頁（2013）、野田崇「行政裁量の所在と司法審査―覊束行為と自由裁量行為」法学教室401号4頁（2014）、宮地基「立法裁量統制の意義と限界」公法研究77号184頁（2015）、西原博史ほか「立法裁量領域における憲法上の権利―21世紀段階の最高裁判決における立法裁量の統制方法をめぐって」Law and practice 9号67頁（2015）、石村耕治「租税立法（税法令）違憲訴訟と立法裁量論―法令違憲審査不要論につながりかねない司法府・憲法学者の動きを糾す」税制研究 70号70頁（2016）、髙橋洋「立法裁量に関する一考察」愛知學院大學論叢法學研究57巻3＝4号49頁（2016）、駒村前掲注23）書123頁以下など参照。

134）　佐藤功ほか「裁判権と国会の自律権」ジュリスト204号48頁（1960）、有倉遼吉「裁判権・検察権と国会の自律権」時の法令388号11頁（1961）、清水望「ドイツにおける『議院の自律権』について―とくに立憲主義時代における『議院の自律権』を中心として」早稲田政治経済学雑誌220＝221号205頁（1970）、同「ワイマール共和制のもとにおける『議院の自律権』について―立憲主義時代における『議事規則の自律権』の内容・意義とその継承を中心として」同224＝225号205頁（1970）、同「議院の自律権と司法権」法学セミナー219号97頁（1974）、横田耕一「国会の自律権と議事手続」ジュリスト638号155頁（1977）、石田光義『ドイツ立憲主義と議院の自律権―19世紀における議会主義化の過程』（成文堂、1986）、大石眞『議院自律権の構造』（成文堂、1988）、同「議院の自律性」

39

ジュリスト955号80頁（1990）、同「日本国憲法の誕生（第7回）―自律権思想と議院法伝統との間」法学教室207号40頁（1997）、勝山教子「議院自律権と行政裁判所の不介入―議院事務局職員の身分および議院・第三者間の契約に関するフランスの争訟をめぐって」同志社法学52巻2号288頁（2000）、梶田秀「国会法の制定―GHQの合理的行動と議院自律権の後退」年報政治学60巻1号1頁（2009）、「特集・オートノミー―自律・自治・自立」憲法問題24号7頁（2013）など参照。

135）　最判平成19年9月28日民集61巻6号2345頁。本件評釈には、君塚正臣「判批」ジュリスト臨時増刊1354号『平成19年度重要判例解説』22頁（2008）、工藤達朗「判批」法学教室330号別冊附録『判例セレクト2007』4頁（2008）、新井章「判批」法学セミナー638号30頁（2008）、多田一路「判批」同121頁、加藤智章「判批」西村健一郎＝岩村正彦編『社会保障判例百選』〔第4版〕18頁（2008）、西土彰一郎「判批」法学セミナー増刊『速報判例解説』2号19頁（2008）、北村和生「判批」同57頁、岩崎慎「判批」行政判例研究会編『行政関係判例解説平成19年』136頁（ぎょうせい、2009）、村田尚紀「判批」関西大学法学論集58巻5号121頁（2009）、武田美和子「判批」法曹時報62巻10号103頁（2010）、同「判批」最高裁判所調査官室編『最高裁判所判例解説民事篇平成19年度下』620頁（法曹会、2010）、藤井樹也「判批」佐藤幸治＝土井真一編『判例講義憲法Ⅱ』196頁（悠々社、2010）、内野正幸「判批」長谷部恭男ほか編『憲法判例百選Ⅱ』〔第6版〕298頁（2013）、廣田久美子「判批」岩村正彦編『社会保障判例百選』〔第5版〕22頁（2016）などがある。このほか、君塚正臣「学生無年金障害者問題の憲法学―差別包囲状況における『緩やかな合理性の基準』の想定外の可能性」法律時報77巻8号75頁（2005）、西埜章「学生無年金障害者訴訟における立法不作為の違法性」明治大学法科大学院論集1号131頁（2006）、木村将成「憲法の『行為規範』化か」日本大学大学院法学研究年報36号23頁（2006）、青木誠弘「不平等を解消しない立法不作為」筑波法政43号31頁（2007）、同「立法不作為の違憲問題における立法義務」同47号59頁（2009）、柏崎洋美「学生無年金障害者訴訟に関する一考察」跡見学園女子大学マネジメント学部紀要7号15頁（2009）などもある。関連して、畑中祥子「社会保険における『任意』と『強制』―学生無年金障害者訴訟における国民年金の任意加入制度と立法の不作為について」賃金と社会保障1401号48頁（2005）も参照。

136）　君塚前掲註78）書。1-554頁、ⅰ-ⅻ頁。

〔付記〕　本章は、「司法権論・憲法訴訟論序説――延長としての『特別裁判所』論を含む」横浜法学26巻1号1-94頁（2017年9月25日）の前半を加筆・修正したものである。

第2章

司法権定義及び裁判所の中間領域論
——客観訴訟・非訟事件等再考——

はじめに

　前章では、日本国憲法76条の「司法権」の定義を行い、また、ここから裁判所にできる憲法判断の範囲は決まってくるのであって、前者の議論を固めるのが先であることを示唆した[1]。本章では、まさにその「司法権」の定義に論を進める。方向性を最初に示唆すれば、それは、「すべてを歴史的相対性の"海"に漂わせ[2]」るかのような歴史的概念構成を否定し、清宮四郎の言う「具体的な争訟について、法を適用し、宣言することによって、これを裁定する国家の作用[3]」であるとか、佐藤幸治の言う「法を適用し、宣言することによって、これを解決する国家作用[4]」などであり、これ以外のものは「司法」ではないとする理論的概念構成がその「最大公約数的な定義[5]」であろう。その下での司法的決定には、①対審構造、②一連の手続的ルールにより「客観的」になされる、③勝敗が明確である、④権威的・拘束的であるという特徴があると思われる[6][7]。

　ところが、現在、多数当事者間で政策問題・制度改革と思しきものを争点とし、現行の明文規定を超えて新しい権利の創設を見込み、そして裁判の進行に応じた裁判官の柔軟な訴訟指揮が要請されるという、上述の伝統的な訴訟イメージを超える「現代型訴訟[8]」が増加している[9]。そもそも、法学・法実務に携わる誰もが知るように、裁判所の任務には、司法行政一般があるほか[10]、行政事件訴訟法に定めるいわゆる客観訴訟があり、民事では非訟事件と呼ばれてきた

ものがある。[12] 多くの議員定数不均衡訴訟[13]や地方公共団体による政教分離違反を問う住民訴訟[14]を挙げるまでもなく、憲法裁判の中に占める客観訴訟[15]、とりわけ民衆訴訟の割合は大きい。非訟事件の決定手続も重要性が増している。プライバシー侵害的出版等の差止めのような、事案の迅速な解決が要求される場面での仮処分手続では、民事保全法の改正によって口頭弁論の要否も担当裁判官の裁量に委ねられ、決定は簡略な理由で足りるとされるなど、民事手続諸法の大幅な改正によってそのような傾向は現実のものとなってきている[16]。では、これらが裁判所の任務として付与されてきたことは、憲法上どのように説明されるべきか。このようなものを広く許容することは、憲法学の通説的説明と整合するだろうか[17]。本章では、改めて、憲法上の「司法」の定義を確認した上で、これらの「司法」以外の裁判所の役割と法定されているものの合憲性を評価することを目的とする。

1 「司法」の定義

　従来、日本の憲法学では、憲法76条の定める「司法」の定義について、権力分立が達成される中で行政などと区別して成立したことを強調する歴史的概念構成が主力であった[18]。しかし、これを「行政」の定義を行う関係で説明されることが多く、「司法」の側の理由からから十分に説明されることは少なかった[19]。

　戦後、美濃部達吉は、「司法」について、「新憲法に於いても此の一般に理解せられて居る意義に其の語を用ゐたものと認むべき」だとして、特段の定義を行わなかった[20]。そして、直ちに民事の作用を論じるが、その中で、「民事の作用は又其の手續から見て之を民事訴訟と非訟事件とに分つことができる[21]」としており、非訟事件が「司法」かどうかという問題意識はない。また、「司法権の作用は」「本來は民事及び刑事の裁判を意味するものであるが、新憲法の下に於いては行政裁判所が廢止せられて其の權限は裁判所に併合せらるることとなった[22]」と、旧憲法下の「司法」概念に未練を残しており、主観訴訟と客観訴訟の区別などにはそもそも関心を寄せていなかった。だが、日本国憲法下での裁判所にいかなる権限が付与されるべきかは、まさに日本国憲法の解釈問題であ

り、明治憲法や旧いドイツの憲法の問題や国法学的抽象問題ではない。まして
や、明治憲法時代の民事訴訟法学に従って日本国憲法を解釈すべきものでもな
い。立法や行政について理論的概念構成ができるとすれば、美濃部が司法につ
いてそれを解釈論としてできない理由は希薄であるように思われた。[23]

　対する、佐々木惣一は、「司法及び裁判は概念そのものとしては、決して同
一でない。司法は、」「法を適用して法を維持するために行なうのであるが、裁
判は、或事實について、互に對立して相争う者のあるとき、第三者が對立者の
主張を聴き、正當なる判断を下す、という手續を経て、決定の作用であ
る。故に、必ずしも法の維持を目的とする司法作用において行われるに限らな
い。例えば、國會議員の資格に關する裁判、裁判官の罷免に關する裁判の如き
がある。これらは行政作用である」と述べている。[24] 佐々木は、「裁判」を「司法」
より広く捉え、「司法」ではない「裁判」が行政機関によってなされることを特
段問題としていない。このような点では、佐々木は美濃部と対照的な立場を打
ち出していると言える。[25] また、最高裁の規則制定権や下級裁判所裁判官の指名
は行政であるとするが、佐々木は勿論このことを問題にしていない。[26] そして、
佐々木のこの説明は、「國權の發動による連關及び最高の作用」の章でなされ
ているのであるが、[27] 客観訴訟や非訟事件についてはここで解説をしておらず、
推測するに、佐々木は、これらを「裁判」であって、本来的な「行政」ではない
と理解しているように思われるのである。宮沢俊義もまた、「厳密な意味での
訴訟ではない」非訟事件、家事審判・調停手続、民事調停手続、少年保護処分
手続などについては、憲法76条の「訴訟に関する手続」に含まれると解してお
り、[28] これらを純粋な「司法」からは外す方向で理解していた。

　しかし、少し時代が進み、司法を理論的概念構成する清宮四郎には、客観訴
訟や非訟事件について、主観訴訟や通常の民事訴訟と区別を行う姿勢は特に見
られない。[29] この流れに立つのか、弁護士の河野敬も、「現行の客観的訴訟に関
する限り、それが『法律上の争訟』の実質をそなえているとみることもできる」
とし、[30] 例えば、「落選した候補者の提起する訴訟はその実質において多分に主
観性をもつものと言いうる」[31] としている。戸松秀典も、「事件性の要件は、裁
判所の法形成機能によって、伝統的内容が緩和されることがある」[32] として、民

衆訴訟の一類型としての議員定数不均衡訴訟を説明する。初宿正典も、司法権の定義を避けつつ、「日本国憲法はアメリカ合衆国憲法（第3条2節1項）とは異なって、『事件』(cases) とか『争訟』(controversies) とかいった表現を用いているわけではない」ことなどから、行政事件訴訟法が「個人の具体的な権利・義務関係に直接関係ない《客観訴訟》の類型が特別に認められる」とする[33]。以上の学説は、「司法」にせよ「裁判」にせよ、それを裁判所がこれしか担当できないものだと固く考えるのではなく、その周囲に定義を緩和したものがあり、裁判所がこれらも担当することも容認するものとして纏められそうである。

　野中俊彦は、以上のような学説の傾向を更に進める。野中は、「司法権の観念は近代の権力分立原理とともに生成し、歴史の中でたえるように、その中での司法の意義や範囲も、それを担当する裁判所の制度もさまざまに異なっている。したがって司法権の観念は固定的にはとらえにくいし、論理的に過不足なく定義することは難しい」と言う[34]。大陸法諸国では行政裁判を「司法」とは理解してこなかったほか、ドイツの憲法裁判制度の「機能もまた民事・刑事・行政事件の裁判と基本的には同質の作用に関する権能だととらえる見解がそこでは有力である」とする[35]。そして、「事件性ないし争訟性は、司法権の本質的要素とされ、したがって司法的解決を求める訴訟の具備しなければならない基本要件とされるのであるが、ある紛争がこのような要件を満たしているかどうかの個別的判断の段階では、さらに議論が分かれる余地が十分にある[36]」としつつも、民衆訴訟について、「学説は、民衆訴訟における違憲審査権の行使にとくに異論をはさんでおらず、ただそれをもともと司法作用に含まれると解するか、もともとの司法作用ではないが、裁判所の権限に委ねることは許されると解するかの違いがみられるだけ[37]」だとする。結局、野中は、「現行の客観訴訟はどれも実質的に事件性・争訟性を満たしていると理論構成できる[38]」とはしているが、客観訴訟などが「司法」の定義内か否かの問題を没却させ、現状追認になった面があるように思われた[39]。同様の主張は長尾一紘にも見られる[40]。

　この方向を更に展開し、広範な「司法」と「裁判」の概念を互換的に用いるばかりか、憲法が裁判所に委ねた範囲をグレーゾーンにするのが、高橋和之であると言えよう。高橋は、「従来の議論では、『具体的争訟性』あるいは『事件性』

が司法の本質的要素とされてきた」が、「それが何を指すのかは必ずしも明確でなく、たとえば民衆訴訟、客観訴訟と呼ばれる訴訟形態が、事件性の要件を充たすのか、充たさないとすると司法権の範囲外ということになるが、それを法律で認めうる根拠は何かにつき、十分説得的な説明がなされてこなかった」と言う[41]。これは、日本国憲法下の司法概念が、アメリカ合衆国憲法3条1項の事件争訟性概念の影響を受けてきたが故のことであるが、「この前提はそれほど自明ではない」と断ずる[42]。そして、「司法」の定義は、「三権分立との関連において定義されなければならない」とし、これを「法の『執行』における争い（下位規範が上位規範に反していないかどうかの争い）を裁定することを核心とする作用と捉えるべき」だとする[43]。「司法作用は次のような性質を併せもつと考えなければならない」として、受動性、中立性、判断の終局性を挙げ、これらを纏めて、「司法」を「適法な提訴を待って、法律の解釈・適用に関する争いを、適切な手続の下に、終局的に裁定する作用」だと定義するのである[44]。

　高橋は、具体的事件の解決に司法の定義の力点を置いてきた通説を批判し[45]、「司法の観念自体は、立法・行政との、いわば横の関係における任務分担として決まるべきものであり、国民の裁判を受ける権利との関係という、いわば縦の関係における任務規定とは区別して考察すべきであると思われる。司法権の発動には具体的事件の存在が必要だという意味での『事件性の要件』は、後者に関係するものであり、私の定義では『適法な提訴を待って』という表現で捉え直されている[46]」として、「司法」の定義から、なんと事件性の要件を飛ばしてしまう。勿論、「事件性を欠く、個人の権利義務に関する具体的な争いではない、いわば抽象的な争いの裁定も司法権に属する」ことになるのである[47]。

　高橋は、これを裏付けるように、続けて、「しかし、それは、あくまでも潜在的にそうだというにすぎない点に注意が必要である。司法権への帰属が潜在化するのは、『適法な提訴』があったときである」って、「憲法上も法律上も実体的な権利が与えられていないとき」が問題であると通説は論じてきたが、「私の立場からは、この問題は、憲法上潜在的に司法権に属し、それを顕在化させるかどうかは国会に属する権限を国会が行使するかどうかという、国会の裁量の問題と捉えることになる。国会は、憲法上、行政が法律に従って行われてい

るかどうかチェックする権限を、自ら執行すると同じにならない限度内で、有している」と述べて、客観訴訟も、裁判所法３条１項が憲法上の権限として掲げたうちの「その他法律において特に定める権限」に該当し、「まさに法律によって出訴権を認めたもの」であると結論付けたのである[49]。

　高橋説では、事件性の要素が欠如する、即ち、当事者の権利が欠如するか、既に改めて解決を提示する必要もない場合や、法律上の争訟とは言えない客観訴訟も「司法」の作用と捉えられよう[50]。その背景には、裁判所の役割を法規範の規範力を統制する手段として見る、大陸法的裁判観があるように思える[51]。この説を、「司法権の対象と裁判を受ける権利とを切り離し、前者の範囲を後者による拘束から解放した点で極めて巧みな解釈」だとする論評もある[52]。だが、以上の解決には、民事・行政訴訟を受ける権利を憲法32条の保障から外し、基本的には76条の「司法」の定義の問題として考えれば足りる[53]。しかも、事件性の要素を含む事件を司法権の取り扱う対象から外せるかということと、事件性の要素を含まない事件を立法により裁判所が取り扱う対象に含めることができるかということは、別の問題である[54]。そして、これには、第１に、その定義が日本国憲法の前提とする司法の概念と合致しない虞れがあるばかりか、第２に、司法作用の対象は限りなく縮小も拡大もされてしまうのではないか[56]、第３に、司法権には独自の、国会や内閣の行為を事件に即してチェックする機能が憲法上あると思われる[57]が、それが捨象される危険はないか、第４に、抽象的規範統制のように私人の具体的な法的利益と無関係な抽象的・仮定的な法律問題を裁定する権限を裁判所に与えてしまうことも許容してしまわないか[58]、などの数々の疑問が浴びせられた。また、例えば、内閣法制局などが法案の合憲性を判断することなども「司法」となってしまう、などの欠陥もあろう。

　しかも、この立場では、行政作用に属する事項をなぜ裁判所が取り込めるのかも不明である[59]。何よりも、高橋説によれば、結局のところ、裁判所の役割は大いに国会の裁量によって決められることになるが、そうであれば、憲法が「司法」を定義し、権力分立に配慮してこれを裁判所に付託する意味がほぼ消滅する[60]点が大問題である。この点で、そもそも高橋説はおよそ定義の体を成していない。司法の役割が日本国憲法の解釈上定まらないような解釈は、憲法が

裁判所の有すべき「司法」を何も決めていないのと同じであり[61]、極めて疑問である。法律が裁判所に付与する権限が、現在、法律が創設している客観訴訟の範囲であれば、政治部門と司法機関とのバランスは崩れないであろうが、高橋説の示す広大な司法作用の全てを司法機関に委ねることが違憲にならなくなる筈であり、そのとき、高橋の想定しない事態が起きはしないか、疑問である[62]。勿論、その大半を司法機関から奪うときにも大問題が生ずる。司法権にはその独自の存在意義があり[63]、「少なくとも日本国憲法が裁判所に付与した司法権には憲法的次元のミニマムが存在するはず」である一方[64]、「司法権行使の入口は、広ければ広いほどよいというものでもない[65]」にも拘らず、高橋説はこれらの観点を黙殺しているのである[66]。およそ結局、高橋説のような司法権の説明は、「結果志向的で技巧的な解釈に過ぎる感は否め[67]」ず、論理的にも実践的にも採用できるものではないと言わねばなるまい。また、実体的権利がある、とは、権利侵害時に裁判所による救済が保障されると考えるべきところ、「裁判を受ける権利」によって裁判所による救済が保障されると解するのは、具体的事案の訴訟による救済が蓄積されて実体的権利が承認されていったという権利の生成過程に逆行する発想である[68]とも言わざるを得なかったのである。

　かつ、客観訴訟なども事件争訟性の要件を満たすのであれば、本来の「司法」とそれらの区別が消滅してしまう[69]。もし、客観訴訟が「司法」の作用でないとすれば、客観訴訟に付随して行われる違憲審査とは何であるかという疑問も生じる[70]。逆に、取消訴訟について「客観訴訟」的理解を行い、行政訴訟全体の目的が、行政の法律適合性を保障するための国法上の統制手段であるのであれば、主観訴訟も「司法」の目的でなく、行政訴訟は「司法」ではないという戦前の立場に戻ってしまうであろう。この点の説明は不鮮明である。実際、戸波江二は、「事件性の要件は、例外を許さない絶対的な要件ではな」く、「裁判所が事件性を欠く訴えについて個別的に審理・判断したり、法律が事件性の要件を欠く訴訟を定めたりしたとしても、それらの事件を裁判所が審理・担当すべき十分な理由がある場合には、『司法』権を裁判所に属せしめた憲法76条に反することにはなら」ず、「どのようなものを裁判所の審理の対象とすることができるかは、法を適用して紛争を解決するという司法にふさわしいかどうかに

よって判断され」ると述べているのである[73]。しかし、これでは、「司法」の定義は殆ど意味がなくなり、何が認められ、何が認められないのかを、解釈者もしくは立法府の胸先三寸に委ねてしまった感すらあるのである。日本国憲法が抽象的違憲審査でも許しているという解釈をも導いてしまう危険がある[74]。憲法は、裁判所に「司法」の作用を付与したのであり、明文の規定がない限り、「立法」や「行政」の権能を付与したとは考えにくい[75]。もし、仮に行政控除説に従うならば[76]、客観訴訟などは「行政」の範疇に入れる方が適切なくらいであり、以上の説明はその立場と相容れないことも留意すべきであろう[77]。

　近い立場には、裁判所法３条１項の「その他法律において特に定める権限」の意味を問題とし、「事件」を「法律上の争訟」より広い概念として捉え直し、「憲法上の司法権は、『法律上の争訟』の裁判を中核としながらも、それを越えた射程をもつ（客観訴訟や機関相互の権限争議、非訟事件等がその射程に入ってくる）と同時に、具体的『事件』の法的解決の作用であることを要するという意味では、なお『事件性』によってその範囲を画される」と述べ、この結論は警察予備隊違憲訴訟最高裁判決[78]とも矛盾しないとしている野坂泰司説などがある[79]。

　野坂説では、確かに法律によって裁判所の役割が自由に拡大・縮小してしまう弊害はないが、「法律上の争訟」と「事件」が何を指し、片方しか有さないものを裁判所の役割に含めてよいのか、よいとすれば、「事件」の要件だけが「司法」の定義だということにならないか[80]、違憲・合憲の境界が何であり、例えば機関訴訟は裁判所の当然の権限なのか、法律によって付与してもよいだけなのかなどが明確ではない[81]。そのため、「法律上の争訟」であるが「事件」ではない領域が狭ければ、野坂の批判する佐藤幸治説のようにも読めるし、その逆であれば、「司法」の周辺に「裁判」を擁するモデルのようにも読め、具体的結論が不鮮明である。もし、これらの説と同じであれば、それらに同意すれば十分であったように思われるし、中間的立場（「法律上の争訟」と「事件」を楕円の焦点とする）であれば、定義として境界線がはっきりしないと批判されよう。

　結局、これらの試みはあまり成功しなかった。日本国憲法が裁判所の権限を「司法権」としたのは、それが法律に拘束され、他の権力から独立している作用であることを示す[82]。すべき議論は、「司法」とは何を指すかと、「司法」その

ものではない権限を法律によってどこまで裁判所に付与できるかである。司法権の説明、それに伴う、客観訴訟や非訟事件の説明は、高橋説などとは異なるものにならざるを得まい。多くの学説が「司法」の定義に心血を注いで憲法が画定する司法の外延を明示し、この守備範囲とその独立性を擁護し、これを事件性の要件によって画定しつつ、実体的な権利を設定することが困難な場合でも法律の規定の仕方によっては、客観訴訟なども裁判所が取り扱うことが可能である[83]という議論を進めていったことは、寧ろ当然の流れであった[84]。

　伊藤正己は、「当事者間に具体的な権利義務関係がない場合に、法律がとくに訴訟の提起を認めることがありうる。それは司法権に当然に含まれるものではないが、憲法は、司法権に属しないものを裁判所で争うことをすべて禁止しているのでないから、立法部がその政策的見地から司法部に委ねたものとして憲法上容認される」という説明で客観訴訟を許容した[85]。樋口陽一もまた、憲法32条と82条で使われている「裁判」の語を気に掛け[86]、「司法」概念には入らない客観訴訟が「法律によって特にみとめられる」としている[87]ほか、そこでの憲法判断にも肯定的な姿勢を示している[88]。人民主権論に立つ杉原泰雄も、優越的立場に立つ国会が、裁判所に、「司法」以外でも、「公権力の具体的な執行行為について、法律上の争訟性を欠いている場合にも、裁判権の発動を法律で認めること」「は可能だ」とする[89]。笹田栄司も、「他の権力から独立した中立的な裁判官が、手続的公正に則って審理を行うのであれば、それは司法作用と言うべきであり、その際、手続的公正の核心として、法的聴聞、武器平等が」必要であるのであって[90]、「憲法32条が規定する『裁判』は、公開・対審・判決を、“標準装備”した訴訟＝判決手続に限定されず、右のような司法としての性質を有する『裁判』を含むと考えられ」、「非訟事件および仮の救済が右のような意味の司法作用であるなら、憲法32条の『裁判』に含まれる[91]」とした。芦部信喜も、1982年の講義において、通説的見解に立ち、「日本国憲法にいう司法権は、裁判所法３条にいう『一切の法律上の争訟を裁判〔すること〕』に具体化されている」と述べたという[92]。また、民衆訴訟なども、「法律で例外的に認められた訴訟であるから許される、と一般に説かれてきた[93]」としていた。

　しかし、これらの説にはなお、「司法権の概念についての憲法解釈を放棄し

てしまっているかのよう」だとの酷評も付き纏っていた。つまり、客観訴訟や非訟事件を裁判所が何故扱えるのか、についての憲法上の説明を欠いていた。この点、覚道豊治が、「裁判に準じて行われる非訴事件についての諸行為は行政処分である」としながら、それは「ことの性質上民事裁判に類似するから、独立した司法裁判所の権限とされ、その手続も合理的理由のない限り訴訟手続に準ずるものが要求せられる」と述べていたのは、分類上は「行政」であるが準「司法」的なものは寧ろ裁判所の役割であることが当然であり、その際の手続も準「司法」的でなければならないとの主張をしたものであり、注目できた。

　この方向性を徹底させたと思われるのが佐藤幸治である。佐藤は、何よりも「『法の支配』を実現するうえで司法権が中枢的役割を担う」ものであり、「裁判所は、他の機関から独立してその権能を行使する機関であって、まさに『人ではなく法による統治』の主要な実現者としての役割を期待された法原理機関である」ことを宣言する。裁判所の活動は「国民代表による指揮や監督が排されるが、裁判所が解釈・適用する法は国民代表機関によって定立される」ため、「国民主権と矛盾しない」ばかりか、「法原理によって『政治』のもつ“非情”さを一定の枠に閉じこめようとする個人主義的・自由主義的性格を有する」と述べる。そこで、「司法」と「裁判」は区別されるべきであり、司法権は実質的意味において解さなければならないとして、当然のことながら理論的概念構成を採用し、アメリカ合衆国憲法における「事件および争訟性」、即ち「①対決性、②争われている法的権利に利害関係をもつ当事者、③現実の司法判断適合の争訟の存在、および④裁判所が終局的で拘束力をもつ判断を下すことができること、の４要件を内包する観念」であると主張したのである。佐藤は、「この構造は、近代立憲主義と深くかかわりあっている」と主張し、これは自己決定の原則、デュー・プロセスの思想、裁判所に特有の先例拘束性の原則などと結び付いていると述べる。「日本国憲法76条１項にいう『司法権』は近代司法の延長に立つものとして、公開・対審・判決の訴訟原理を基盤とすべきもの」であるとも言う。よって、「司法権」は憲法76条１項が裁判所に与えたものであって、法律による縮減は許されない「核」だとするのである。裁判所は司法権を独占的に行使することは、裁判所法３条の「一切の法律上の争訟」という文言

50

第 2 章　司法権定義及び裁判所の中間領域論

で法律レベルでも確認されると言うのである[105]。

　佐藤は、これを進めて、その外側に、「立法府が、司法権を行使する裁判所にふさわしい権限として立法政策上付与するもの」があるとする[106]。「裁判による法原理的決定の形態になじみやすいもの」であって、その決定や終局性が保障される限り、このような司法権とは言えない権限を法律で付与することは許されると解し[107]、これらを「中間領域」と呼んだ[108]。これらは、立法府が自由に裁判所に権限を委託できるのではなく、「非訟事件の裁判といえども、『司法権』の担い手たる裁判所が行うものである以上、司法作用と親和性を有するような形と実を備えたものでなければならない」とも主張した[109]。そして、非訟事件について、非訟事件であることを主たる理由とする裁判の非公開にも否定的である[110]。但し、その領域は現行法律の客観訴訟などと一致するものではなく、議員定数不均衡訴訟の実質は主観訴訟と見做されるべきであり、「仮に抗告訴訟などの主観訴訟として争う道を閉ざしたまま」公職選挙法「204条を改廃するようなことがあるとすれば、違憲とさるべき筋合いのものである」とも明言する[111]。ただ、更に外側に「裁判所に付与しえない（裁判所として受けてはならない）ものがある」として[112]、立法による裁判所の役割の肥大化には否定的である。

　佐藤説に対しては、「『司法権』に関する特定の憲法解釈によって解き放とうとする試み」であり[113]、それが正当化されるためには、アメリカでの「事件争訟性」概念を日本の「司法権」理解に取り込む必要はなく、また、取り込んで何が得られるのかは不明であり、現行制度を批判的に検討すべきだとするほか[114]、「『裁判による法原理的決定の形態になじみやすいもの』の裁定（それは、司法作用ではなく、まして立法作用でもないとすれば、行政作用ということになろうか）を裁判所に委ねることが何故『憲法上』許されることになるのかが明確ではない」などという野坂泰司の一連の批判もある[115]。確かに、「憲法76条」の「司法権」「の範疇に属さないような手続を定め、それについての裁判の権限を裁判所に与えること」は、「行政機関の――さらには立法機関の――活動を過度に裁判所の統制に服せしめ、三権分立原理を侵害することになるような極端な場合を除けば、」「原則として許容されると解すべきであろう[116]」という小早川光郎説を見ると、佐藤説が裁判所の役割の過拡大に関する歯止めとして十分に機能するか、

51

という疑問を抱く気持ちがないでもない。

　だが、佐藤の試みは、「事件・争訟性要件を実質的司法権のコアとおく」ことで、「実質的司法権からはずれる権限作用をむやみに裁判所に担わせようとする形式的司法権の拡大を阻止しようとする」ことにあり、この点ではそれまでの説に比べて有用である。また、コアが何であるかを明確にした点で、司法権の独立にとっても最も危険な、裁判所の権限が過剰に削減されることの歯止めにはなっている。駒村圭吾の言葉を借りれば、憲法上の「要請領域」と、憲法が法律による創設を許す「許容領域」を明確にしたことに意義がある。また、「国民が、その代表者を選挙することによって立法過程に参与し、国会によって一般的・抽象的な法規範が定立され、それが内閣によって誠実に執行されるという過程を通じて法形成が形成され」ることと並立して、「国民は、自らの権利義務について、適正な手続的保障を得ながら、自らそのあり方を決定し、また、決定されていく」法形成の過程は、「車の両輪というべき位置にあるもの」と評価でき、そうなれば、「具体的事件・争訟性の要件は、司法権が、その固有の正当性を失わないため」に必要である。補足すれば、その中での「客観訴訟の導入は、自律的個人の集合体である『われわれ国民』が、政府から国家行為の適法性の裁定を奪い返すという、自律性回復の試みと見ることもできる」と言えようか。また、日本国憲法の章立てが、「国会」「内閣」に続いて「裁判所」でなく「司法」であることは、裁判所に憲法が付与した権限の中身が国会や内閣に比べて緊密なものだということも示唆しており、この搦め手的理由からも支持できよう。憲法が裁判所に「司法権」を明文で付託した以上、「司法」には内実があると考えるべきである。そして、国会に立法権以外ではあるが国会に相応しい権限を法律で付与し、内閣に対しても同様のことができるとすれば、裁判所について同様の議論が可能なのは寧ろ自然であった。

　この、「裁判所の役割は」司法権だけ「に限定するべきでもないが、ここから遊離したものは含むべきでない」という立場は、その後も発展・展開されてきているように思える。阪本昌成は、佐々木惣一以来の立場を引継ぎ、憲法上、「司法」と「裁判」は異なるとし、後者を「当事者のある争いについて、第三者がその主張を聴いたうえで正当な判断を下す作用」だと広く捉える。そして、

第 2 章　司法権定義及び裁判所の中間領域論

「司法」作用とは言えない客観訴訟が認められるのは、具体的な国家の行為があること、それを巡って当事者間に「鋭利な見解の対立が存在」すること、裁判所が終局的な解決を図りうるという、「『争訟性』を擬制するだけの実質をも」つからだと述べた。[125]いわば、「裁判」について立法が権限を付与する必要を主張したものと思われる。また、松井茂記は、基本的には佐藤説に従った上で、議員定数不均衡訴訟などは日本では法律上客観訴訟となっているが、平等権侵害として当然提訴できるものであって、アメリカでは当然に司法権の範囲内のものであると述べ、[126]主観訴訟の範囲を著しく狭くする結末を警戒する。[127]松井の裁判所の役割への期待は、法律によって住民訴訟の中央政府版とでも言うべき国民訴訟の可能性を検討している点にもよく表れる。[128]松井はそこで、国民訴訟は納税者訴訟であり、従来の枠組みで言えば客観訴訟であり、[129]憲法89条からして「司法権行使の要件を満たしていない納税者訴訟を憲法上認めていると解釈する方がよい」と主張[130]しながら、「国民訴訟は、行政の範囲内ではなく司法部に行政権の一部を委ねるものであ」り、「許容性を限定すべき」[131]だと述べていることも注意して読むべきである。[132]

　このような議論をするに際して大事な点は、現行法を前提に、憲法の「司法権」を画定しないことであろう。憲法論である以上、憲法の内容は、あくまでも憲法解釈から画定され、それに基づいて、現行法の合憲性が判定されるべきである。その点からすれば、法律上は非訟事件に分類されている事件も、「憲法の観点から訴訟事件として扱うべき事件がありうることはもちろんである」。[133]この意味で、現行法の主観訴訟・客観訴訟、訴訟事件・非訟事件の区分が憲法に適合しないことはあり得ると考えるべきである。[134]「司法権」以外の権限の裁判所への付与が許容されるのは、紛争があり、一方当事者の訴えがあったとき、中立の第三者たる国家機関が「実体法上の権利の実現に関わり、法の宣言と維持の作用を有する」「救済」を行うことが「裁判所にふさわしい事項」であるときであろう。[135]それは、「事件性、救済、適正手続、裁判所の独立性・中立性、裁判官の法への拘束などがある」ものと言ってよかろう。[136]

　この点で、長谷部恭男は「伝統的司法権概念が司法権の限界を枠付けるものであるとすると、」民衆訴訟や機関訴訟など「のような枠外の権限を与えるこ

53

とが憲法76条に違反しないかが問題となるはずである」[137]し、「伝統的な司法権の定義が裁判所の活動の実態に適合していない」[138]と言う。このため、この権限を裁判所に付与する選択を、公選でもなく手厚い身分保障の中にいる裁判官に委ねられるかについて、別の説明が必要だとも主張する。長谷部は、「複数の解釈の前で私人が行動の基準を求める調整問題状況においては、裁判所の判例がこの問題を適切に解決することができる」こと、「公共財の提供は第一次的には政治部門の役割であるが、社会の根底にあり、その時々の政治的多数派の意思によって変更すべきでない基本的公共財については、裁判所がその提供を保障すべきである」こと、「政治部門による政策的決定になじまない、個人の自律にかかわる人権については、政治部門から独立した裁判所がこれを保障すべきである」ことを実質的根拠とするのである[139]。結局、「司法権の限界が『法律上の争訟』という概念から機械的に導かれるものでないとすれば、国会が、行政機関の行為の適法性のコントロールというそれ自体としては公共財の供給にあたる機能を民衆訴訟や機関訴訟の解決権という形で裁判所に授権することも、裁判所の本来の機能の行使を大きく阻害するものでない限り、憲法に違背するとはいえないであろう」[140]と述べ、客観訴訟を違憲ではないとするのである[141]。なお、長谷部は、非訟事件を裁判所が取り扱えるかという論点について、判例の説明はトートロジーであり、非訟事件によって紛争を最終的に解決できないことになる、と批判しており[142]、同感に思うところである。

　ところで、このような中間領域の「裁判」における違憲審査については、若干の議論がある。新正幸は、客観訴訟は法律が認めたものとしてあっさり裁判所の権能とするが、そこで違憲審査を行うことには疑問を示す[143]。藤井俊夫も、「司法権」の定義を厳密に行うと、非訟事件は「それは『裁判』ではないからそこでは違憲審査ができない、ということになりかねない」[144]と指摘する[145]。確かに、「司法」の解釈から、「上位法は下位法を破る」という原則によって当然にそこでは違憲審査権が裁判所に存在するとなれば、「司法」ではない裁判所の作用について、違憲審査の権能が残るかは疑問となる。しかし、法律が付与したこれらの権能も、裁判所という中立の法解釈・適用・宣言機関による法解釈を伴うものであり、その中には「上位法は下位法を破る」という原則に従うこ

54

とが含まれるほか、法律による付与の不備・欠缺は裁判所が宣言できるであろうから、その中には違憲的な判断を回避する（換言すれば、憲法判断をしないという憲法上の判断をする）ことは許容されよう。法律で裁判所に付託する権能には終局性は必要であるから、法令に違憲の状況を発見した場合、裁判所は客観訴訟であることを理由に違憲審査を排除するべきではない。また、多くの事案で問題となっているのは、選挙権や表現の自由の侵害、政教分離原則違反、憲法14条1項後段列挙事由の差別のような、言わば司法積極主義的判断が要求されるものであり、このような場合には、基本的には適用違憲を原則とすべきであるとか、なるべく憲法判断を回避すべきであるという原則は覆されるべきことは、特に近代立憲主義下の裁判所においては、「司法」の枠に留まらず一般的に言えるべきである。このため、「司法」とは言えないタイプの客観訴訟や非訟事件であっても、このような場合には憲法判断は可能であると考えたい。

　同様に、一旦裁判所に付与されたならば、その権限が、「事件性、救済、適正手続、裁判所の独立性・中立性、裁判官の法への拘束」、そして「先例拘束性」などに従って行使されることも憲法上の要請であろう。結果、憲法82条の要求する裁判の公開についても、客観訴訟や非訟事件という法律上の分類ではなく、被害者のプライバシーや法廷における「囚われの聴衆」の保護、情報公開決定までの情報非公開状態の維持など、憲法上許容される理由によって決せられるべきではないかということを、当座の見解としておきたい。

　結局、学説は、挙って現行の客観訴訟や非訟事件に関する法制度をおよそ違憲とはしていない。このため、実践的な観点からすれば、これらに関する憲法論争の必要性は乏しい。しかし、実際の制度が本当に合憲であるのかを検討し、どのような加除が憲法上許容されるのかを理論的に解明することは、実践的にも重要である。また、この議論はどこまで拡張でき、つまりは何が違憲・合憲の境界線であるのかを検討する必要はあろう。再論するが、非訟事件訴訟法や民事訴訟法、行政事件訴訟法などの現行法（下位法令）を所与のものとして憲法解釈を動かすのは、誤りである。例えば、非訟事件の裁判には、後に訴訟において実体的権利義務の存在が終局的に確定することを予定するものと、そうでないものの2種類がある。何れも、事情の変化により、弾力的に裁判の内

容を変更し或いは取消す必要があり、これらを厳格な判決の手続に服させることは合理的ではない。[154] 非訟事件の手続を非公開にしてよいとする理由は明らかではなく、必ずしも個人の私生活上もしくは営業上の秘密の保護が必要な場面にも限っていないが、これらを立法政策の問題と片付けてよいかは疑問が残る。[155] しかし、離婚裁判などの家庭事件をそのまま公開の場で処理すれば、プライバシーの権利を侵害する虞れがあり、猥褻事件を公開の場で処理すれば、まさに公序良俗に反する危険があるときがあり、情報公開裁判を公開すれば情報の非公開を維持することは不可能であるなど、事案の性質によっては公開の原則を排除することが考えられよう。このことは、民事訴訟法学における訴訟か非訟かの問題ではない。[156] 憲法学が憲法の最高法規性を自覚し、行政法学や家族法学、民事訴訟法学の現行法解釈に平伏しないことは、法秩序の観点から肝要であり、これを胸に、より具体的な議論を進めることとしたい。

2 非訟事件・人事訴訟論

個々の類型として、まず、問題にしたいものは、家庭裁判所で取り扱われる家事審判などのいわゆる非訟事件等である。広義の家事審判は、狭義の審判手続と調停手続に分かれる。[157] 従来、非訟事件は「訴訟」ではなく、即ち「裁判」や「司法」ではないため、これらに関する憲法の保障水準を満たす必要がないとの議論が多かったが、そのような議論の是非から論じたいと思う。

非訟事件とは、19世紀初頭において、「争訟的要素を最も少なくもち、性質的には行政に近いものでありながら、私権と直結する度合が強いため他の国家機関特に行政機関では引き受けてもらえぬ故に、やむなく（！）裁判所が担当せざるをえぬという事件であった[158]」。日本でも、1898年に人事訴訟手続法と非訟事件手続法が制定された。[159] 家族紛争は関係者にとって共通の解決が与えられるのが望ましいこと、物質的な次元のみならず、心理的な次元でも解決がなされることが望ましいことがその理由であったが、これは「しょせんは訴訟手続[160]」を定めたに過ぎないものである。[161][162] そして、そもそも家庭事件は訴訟的処理に馴染まないということが強調されたこともあり、「家庭の平和と親族共同生

活の維持」を目的とする1947年公布の家事審判法から始まる戦後の手続法において、家事事件においては心理的な次元の解決は必要であるとの視点は維持され、法律により、訴訟事件と非訟事件は分離されたのである[165]。総じて、既存の権利を確認する裁判は訴訟事件、裁判所が裁量によって一定の法律関係を形成する裁判は非訟事件であるというのが一般的傾向であり[166]、「非訟事件は訴訟手續に依らない民事作用で、形成作用と保護作用の雙方を包含する」との観方[167]も示された。また、世界的にも「ユニークな」裁判所における調停[169]も導入された[168]。

　非訟事件の本質、即ちそれが訴訟事件と異なる点は、①「法律上の争訟」ではない「非紛争」を対象とし、②裁判所が後見的・監督的機能を果たし、形成的・意欲的・裁量的性質の作用、実質的意味においては行政作用を行い、③公開・対審の構造をとらず、資料も職権で探知し、「判決」ではなく「決定」形式の裁判をもって臨み、柔軟かつ実践主義的な特質を有し[170]、④その決定も、状況に応じて取消し・変更が可能であり、全面解決主義の要請から対世的効果をもつこと[171]、などとされる[172]。要は、契約の自由の原則を尊重し、私的自治の原則を反映した手続である「訴訟」に比して[173]、「裁判所が自由な方式をもって行うことができる」性質のものだと言えよう[174]。

　非訟事件手続法は、上述のように明治期に制定されたものであり、戦後、民事関係の手続法が順次整備されると、早急な見直しが求められた。また、「訴訟事件の非訟化」をスローガンに、現代社会の様相の変化、裁判所の役割の変化に対応させるべく、個別的・実質的保障へ進むべきであるとの主張が、主に民事訴訟法学界からなされるようになっていた[175]。そして、家事審判と家事調停は非訟事件であり、家事審判法は非訟事件手続法の規定を広く準用していたため、非訟事件手続法の改正が必要であれば、家事審判法もその影響を受けざるを得ない関係にあった[176]。そこで、2011年に、改正非訟事件手続法、家事事件手続法が成立し、2013年1月1日から施行されるに至った[177]。従来、家事審判では当事者責任の考えが明確でなかった[178]とされるところ、新しい家事事件手続法は、当事者に主体的地位を与えて、当事者の手続上の機能を強化したとされるが、その第2条は、「裁判所は、家事事件の手続が公正かつ迅速に行われるように努め、当事者は、信義に従い誠実に家事事件の手続を追行しなければなら

ない」と定め、裁判所の職権探知主義、公益的、後見的役割を名目上変更して
いない。[179] だが、職権探知主義とはいえ、当事者が主体的な資料収集を行うこと
は否定されるものでもなく、裁判所にもたれれば有利な判断が得られるもので
もない。[180] 訴訟資料収集の主導的な役割は当事者が担っているのであり、こう
いった点は弁論主義の場合と異ならず、[181] それは、中立の第三者たる裁判所に判
断を求める当事者の信義でもあるとも指摘される。[182] この2条を根拠に、家事事
件における手続上の禁反言、手続上の権利の失効、紛争の蒸し返しの禁止、申
立権の濫用の禁止、手続協力義務の違反などの法的効果が及ぶとされるのであ
り、[183] 効果の点では、訴訟事件とはっきりとした乖離があるとも思われず、職権
主義と当事者主義の実質的な違いは思うほどはないのかもしれなかった。

　非訟事件の中でも、特に、夫婦同居義務や共有財産の分割、親権者の変更な
どの12項目は、裁判所型ADRの一種である[184] 調停によっても処理でき、関係者
の協議により自由に定められるか合意を基礎として定めることができる事件と
性格付けられ、[185] 争訟的事件と称されて、乙類審判事件に分類される。これら
は、本質的に紛争性がなく、法律上も相対立する当事者を予定せず、[186] 司法機関
としての家庭裁判所の管轄としなければならない必然性のない甲類審判事件[187]
（46項目）とは異なるものとされている。そして、家事事件手続法33条が明文で
定めるように、非訟事件では、乙類審判事件も含めて、非公開審理が原則であ
る。家事事件は、「公益性の観点から、実体的真実に合致した裁判をすること
が要請されるが、」そ「の性質上、家庭や個人のプライバシー性の高い資料で
あっても収集することが求められ」ることが、その理由とされる。[188] かつ、これ
は単なる訓示規定ではない。非公開を命じるものであり、裁判所が裁量で公開
の尋問に付してなした決定は違法だと解されているのである。[189]

　他方、2003年、「人事訴訟に関する手続について、民事訴訟法（平成8年法律
第109号）の特例等を定めるもの」（1条）として、人事訴訟法が制定された。[190] 具体
的には、「婚姻の無効及び取消しの訴え、離婚の訴え、協議上の離婚の無効及
び取消しの訴え並びに婚姻関係の存否の確認の訴え」、「嫡出否認の訴え、認知
の訴え、認知の無効及び取消しの訴え、民法（明治29年法律第89号）第773条の規
定により父を定めることを目的とする訴え並びに実親子関係の存否の確認の訴

え」、「養子縁組の無効及び取消しの訴え、離縁の訴え、協議上の離縁の無効及び取消しの訴え並びに養親子関係の存否の確認の訴え」がその対象となった（同法2条）。家事審判とは異なり、人事訴訟は特別訴訟手続であり、訴訟の構造を有するものの、法律に特に定められた限度において通常の訴訟手続と規律を異にするものとされており、職権探知主義と全面的解決主義が特殊原理とされて、調停前置主義が採られ、通常の民事訴訟とは異なるものとなった[191]。身分関係は、客観的事実に基づいて対世的に確定し、同一身分関係が反復して訴訟上問題とならないことが要請される[192]。この下では、財産関係の訴訟では殆ど見られない形成の訴えが多く見られること[193]、意思能力を有する限り、行為能力を制限された、被保佐人、被補助人、意思能力を有する未成年者も完全な訴訟能力を有する（同法13条1項）[194]のが特徴だと言えよう。

　そして、これらの事件は、同法3条により、地方裁判所から家庭裁判所の管轄となった[195]。終戦直後、家庭裁判所[196]は憲法の禁じる「特別裁判所」ではないかとの疑問すら存在したが[197]、現在では、「特別裁判所」とは、戦前の「軍法会議」[198]など、性質上、「司法」に属する事件を通常司法裁判所の系列外に置いたものであり、知的財産高等裁判所と併せ、このような特別な管轄を有するものであっても、司法権を有する通常司法裁判所の系列に属する限り、憲法に違反しないとするのが判例・通説である[199]。設立当初は司法機関であることが疑われ、あってもその性格が希薄だとまで言われた家庭裁判所[200]が、この一連の改革により、調停、審判、訴訟という3つの手段を活用できるようになったことで、家裁の士気は上がった[201]。東京家裁は、同法の施行に合わせて、人事訴訟を専門に扱う家事第6部を創設したほどである[202]。他面、訴訟事件を家事審判や少年事件を主に取り扱ってきた家裁に委ね、非公開審理の訴訟としたこと、当事者尋問等の公開停止を行うことができる旨を同法22条1項が厳しい限定付ながら明言したことなど[203]は、裁判の公開の原則の例外であり、「新局面」[204]であった。

　人事訴訟法の下では、離婚訴訟等の手続における監護内容等附帯処分等の手続（同法32条）において、家庭・高等「裁判所は、」「事実の調査をすることができ」（同法33条）[205]、家庭裁判所の福祉的権能の担い手である「家庭裁判所調査官に事実の調査をさせることができる」（同法34条）[206]ことになった[207]。他方、同法9条

からは、和解の際に裁判官の同席が必要とされた[208][209]。同法10条で、参与員に、裁判官の除斥・忌避に関する規定が準用されるほか、人事訴訟規則8条では、参与員は証人、当事者本人、鑑定人の尋問に立会い、裁判官の許可を得て質問もでき、原告対被告の争いを中立の裁判官が裁くという対審構造と異なり、裁判所の裁量が広く[210]、当初から「丸く収める」ことを予定する。参与員とは、本法以前から、国民の司法参加一般、民主化の一面というよりも、家庭事件の特殊性から「淳風美俗」の体現者としての国民を審判に関与させ、これを裁判官に伝達して、審判内容に反映させることが元々の発想である[211]。そして、戦後の運用においても、「国民の司法参加の中心的意義を体現したものというよりは、むしろ裁判所が必要と感ずるときに、良識あるまたは専門的知識を有する国民に裁判所の補助をさせる制度として機能して」[212]きたと評せた。人事手続法の下では、次第に国民の司法参加、「一般国民の感覚を反映させるという趣旨」が前面に出ており、また、ジェンダー・バランスに配慮した選任がなされるようになっている[213]。6条では、調停を経た家庭裁判所による自庁処置の制度を新設し、訴訟上の和解による離婚又は離縁を可能にした。

18条は、「第一審又は控訴審の口頭弁論の終結に至るまで、原告は、請求又は請求の原因を変更することができ、被告は、反訴を提起することができる」として、攻撃・防御のルールを緩和し、19条は処分権主義、弁論主義に制限を加えている。そして、裁判官の職権主義は、この法律の下でも現れている。20条は、「裁判所は、その事実及び証拠調べの結果について当事者の意見を聴かなければならない」としながらも、「裁判所は、当事者が主張しない事実をしん酌し、かつ、職権で証拠調べをすることができる」などとしている。

このように、人事訴訟法には、家事審判かとすら見えるような規定が実は散見され、訴訟事件と非訟事件の区別は、そう明快でもないことが感じられる。ナチス・ドイツが民事訴訟法を全廃して全て非訟化しようとしたのは極端だと[214]しても、「現代における社会生活の複雑化に伴い、私生活関係に国家が後見的に介入して弾力的に紛争を処理する非訟事件の範囲は拡大する傾向にある」[215]とよく言われる。人事訴訟制度を廃止し、その対象事件を家事審判制度に委ねるべしとする議論は、日本でも根強い[216]。確かに、離婚訴訟を提起した当事者が調

第2章　司法権定義及び裁判所の中間領域論

停前置主義のためにまず家庭裁判所に調停申立てを行い、これが不成立になると改めて地方裁判所に訴訟を提起する仕組みは、「訴訟は調停経過とは全く無関係に行われることの徒労感[217]」を与え、かつ、地方裁判所で家裁調査官の専門的知見が活用されない弊害があり[218]、そして何よりも紛争解決の一回性を損ない[219]、法律に必ずしも明るくない一般市民に負担をかけていた[220]。また、離婚訴訟において、対立構造より協働構造が解決に資するとの指摘もある[221]。裁判所間の分担の整理、つまりは家庭裁判所の役割の拡大[222]、「家庭裁判所が、非訟、訴訟を問わず、専門的統一的な家事事件裁判所となる[223]」ことが求められており[224]、こういった議論の流れの中で、家庭裁判所が「らしさ」を失うのではないかとの懸念が示されながらも[225]、人事訴訟の家裁移管がなされたのである。そして、その際に、これを憲法問題だとする議論が巻き起こらなかったことは、ある特定の事件を専門的に扱う裁判所を設けても、最高裁や高裁への上訴の途があり、通常司法裁判所の系列に列せられれば、憲法違反ではないということで決着したことを示すものとも言えた[226]。何より、訴訟と非訟の区別が相対的であるが故に家裁への移管が可能だったことが、確認できよう[227]。

　非訟事件は、就中、憲法82条の裁判の公開原則との関係でよく論じられてきた。判例も、旧くは、憲法32条の「裁判」を82条の「裁判」よりも広義に捉え、82条は全ての裁判の対審手続を定めているのではなく、非訟事件とするか、伝統的な対審・判決の訴訟手続によるかは政策的決定であって、抗告、再抗告、特別抗告の途もあるので合憲だと判示してきた[228]。最高裁は、罹災都市借地借家臨時処理法15条に基づく借地権設定に関する審理が非公開を原則としていても、憲法82条に反するものではないという判断や、訴訟救助却下決定に対する[229]抗告却下決定も対審を必要としないとの判断を行った[230]。また、最高裁には、裁判手続に関する憲法の保障を憲法82条の公開に限定し、これ以外の憲法原則は及ぼそうとしない傾向が顕著であった[231]。同居請求権や婚姻費用分担請求権を巡る争いについて、訴訟事件の側面を有すると考えるべきか、非訟事件と解するべきかについても意見が割れていたが[232]、親権者のいない未成年者に後見人を選任するような古典的非訟事件は、行政的なものとされた[233]。そして、それ以外の裁判上の手続保障を非訟事件にも及ぼそうという発想もなかった[234]。

61

しかし、最高裁も、1960年の強制調停違憲訴訟において立場を変え、「性質上純然たる訴訟事件につき、当事者の意思いかんに拘わらず終局的に、事実を確定し当事者の主張する権利義務の存否を確定するような裁判が、憲法所定の例外の場合を除き、公開の法廷における対審及び判決によつてなされないとするならば、それは憲法82条に違反すると共に、同32条が基本的人権として裁判請求権を認めた趣旨をも没却するもの」だとして、強制調停について違憲としながら、他方で、権利義務の具体的内容の形成を行う非訟事件であればその手続に従えばよく、憲法82条の裁判の公開の要請に応じる必要はないとしたのであった。ここでは、憲法32条の「裁判」と82条のそれは同義に捉えられた。また、非訟手続において権利義務の存否自体を前提問題として判断しても、既判力は生ぜず、民事訴訟の途を閉ざすものではないので違憲ではない、と判断された。破産宣告決定は純然たる訴訟事件についての裁判ではないので、口頭弁論を必要としないとする判断もある。親権者の変更の審判も非訟事件の裁判であり、公開は要求されないとした。過料の裁判も非公開でよいとするのが判例であるし、再審を開始するか否かを定める手続も、憲法82条にいう「裁判の対審及び判決」には含まれないとされた。

このほか、家事審判法9条1項乙類9号は推定相続人の排除を定めているが、純粋な訴訟事件ではなく、同項乙類9号の2所定の寄与分を定める処分に係る審判も本質的に非訟事件であり、何れも公開は要求されないと判断した例、同条2項乙類9号の推定相続人廃除請求の手続も非訟事件であり、家事審判法により審判されるものであって、公開の必要はないとした例、「みなし相続財産」に関する審理手続も、非訟事件の遺産分割手続の一部を構成するに過ぎず、公開法廷は要求されないとした例などもある。

寺西判事補事件も、裁判官に懲戒を課する作用は固有の意味における司法権の作用ではなく、純然たる訴訟事件についての裁判ではなく、公開は不要だとする判断がなされた事件である。しかし、この中で、尾崎行信裁判官は反対意見を述べ、非訟「事件の中にも、その性質や内容に応じて、今日では、手続的保障を加味し公開・対審の原則の適用を考慮すべき場合がある」として、非訟か訴訟かの立法の区分が全てではないことを指摘したことは注目できよう。同

第2章　司法権定義及び裁判所の中間領域論

反対意見が示唆するように、このような不利益処分については司法救済の途が開かれなければ、同事件は「司法」が終局的な判断を下すことができず、実際の最終判断が、特にプライバシーや公序良俗の問題がないにも拘らず、非公開審理であった点に問題を残した。そう考えると、非訟事件について、その区分を、憲法の手の届かない法令の区分、立法裁量に委ね、立法府が当該事件の対審構造を破壊すれ公開の必要がないと説明することはあまり適切ではなく、非訟事件は「行政」であるから、「裁判」や「司法」に関する憲法原則を被せて考える必要はないという旧い説明はやめるべきであろう。もし、非訟事件が「行政」であると言うのならば、その決定自体を「司法」、つまりは訴訟事件で争えることが担保されねばならないが、人事訴訟法等にはそのような発想がない。

　現実問題として、件数も多い離婚事案[249]を例にすれば、原因たる事実は異常な性生活の強要や幼児虐待など、プライバシーに深く関わるものであり、その主張をすれば勝訴できる場合であっても、裁判の公開は憲法による制度的な保障であり、当事者の合意で非公開にできるものでもないので、公開の法廷での主張を躊躇することがしばしばで、結局、泣き寝入りをするか、家事調停で不本意な調停案を呑まざるを得ないことも多い[250]。「自己の家庭に関する事柄」である「人事訴訟の領域では、人が合理的に行動するとは限らない」、「冷静さを欠」く行動に出る危険性もあるとも言われる[251]。他方、安易な非公開を導けば、行政訴訟などの他分野の訴訟にも波及するという虞れからの反対意見も強い[252]。人事訴訟法に関して、「実務の適切な運用が期待される[253]」などの注釈が付くのは、このためである。こういった議論も踏まえて、人事訴訟法22条は、「当事者本人若しくは法定代理人（以下この項及び次項において「当事者等」という。）又は証人が当該人事訴訟の目的である身分関係の形成又は存否の確認の基礎となる事項であって自己の私生活上の重大な秘密に係るものについて尋問を受ける場合においては、裁判所は、裁判官の全員一致により、その当事者等又は証人が公開の法廷で当該事項について陳述をすることにより社会生活を営むのに著しい支障を生ずることが明らかであることから当該事項について十分な陳述をすることができず、かつ、当該陳述を欠くことにより他の証拠のみによっては当該身分関係の形成又は存否の確認のための適正な裁判をすることができないと

63

認めるときは、決定で、当該事項の尋問を公開しないで行うことができる」など、極めて厳重な要件の下で公開停止を認めたのであった。

　学説でも、訴訟事件については対審公開の手続によらねば違憲、非訟事件については対審公開の手続によらなくとも違憲とならないとする考え方も根強かったが[254]、実際には訴訟事件であっても、上述のように非公開を定めている。憲法学者が、この分野の法改正に対する不知を拭って、旧来の学説を鸚鵡返しするのは疑問である[255]。家庭裁判所による不服申立てのみに救済方法を限定し、行政事件訴訟法上の抗告訴訟を認めない運用をなし、公開・対審・判決の構造をとらない非訟事件の救済しか認めていない運用が憲法32条の「裁判を受ける権利」の侵害ではないかとの指摘がある[256]。

　しかし、新しい人事訴訟法の下では、家事審判事項についても人事訴訟手続で審理されるとする人訴説が有力である[257]。その手続が対審構造を必要とするかという点も重要である。学界では、民事訴訟制度の公開主義・双方尋問主義・直接主義・口頭主義・弁論主義・自由心証主義などに基づく判決請求権こそが憲法32条にいう「裁判を受ける権利」ではないか、との批判があったほか[258]、立法による訴訟事件の非訟化によって、裁判公開などの要請が排除されてしまうことの問題点も指摘されていた[259]。法律上の訴訟の分類により、憲法上の要請が減殺されるということは、法律による隠れた憲法改正であり、大いに疑問である。訴訟事件が弁論主義を必要としている理由とされる、訴訟内容の自主的形成（裁判所の中立・当事者の自己責任確立）機能、真実発見機能、不意打ち防止・手続保障機能、公正な裁判所への信頼確保の機能などは、弁論主義を採用しない家事審判の下でも、基本的には必要とされるとの批判もあった[260]。実際、権利内容の具体的形成を目的とする非訟事件でも、共有物分割訴訟などでは訴訟手続によって判断されており、逆に、訴訟事件であっても、権利の性質上対審・公開の手続に親しまないものについては、そうしない判断もなされている[261]。同居請求権や婚姻費用分担請求権などの事案は、その権利の性質上、裁判の対審・公開に馴染まず、非公開が憲法上も許されるという立場も存在した[262]。今でも、公開対審は、裁判の公開を担保する最も本質的な要素であろう[263]。立法による非訟化などにより、このような保障を軽々しく奪うことは許されまい[264]。救済

第2章　司法権定義及び裁判所の中間領域論

ルートが家庭裁判所に限定され、「法律上の争訟」に当たる、確認的・判断的
性質の作用を有する処分性のある事案が非訟事件となっているという指摘もあ
る[265]。確かに、「訴訟」ではない、「必ずしも法律にこだわらず、条理にかない、
紛争の実情にあった円満な解決をねらう[266]」性質の「調停」については、非公開
でも許されるとする下級審判決もあるが[267]、拘束力がなく、これに従うかどうか
が当事者に委ねられているものと、「審判」との間には一線があろう。結局、
非訟事件に対する憲法上の保障はほぼ皆無になってしまっている[268]。そうであれ
ば、そして、民事訴訟法学の動向と併せて考えれば、次々と民事訴訟の非訟化
が進められれば、憲法の素直な解釈から予定されるような裁判上の保障が大き
く崩れても、憲法違反とはならないという事態を招きかねないのである[269]。

　非訟と訴訟が憲法上区別不能であり、その憲法的保障が普（あまね）く十全になされる
べきことからすれば、非訟事件は「司法」ではないが、「『司法権』の担い手た
る裁判所が行うものである以上、司法作用と親和性を有するような形と実を備
えたものでなければならない[270]」であるとか、と「訴訟ではな」いが、「非訟事件
のなかには訴訟に近い性質を有するものも少なくない」ので、「できるだけ裁
判上の手続の原則が適用されることが憲法上の要請[271]」であるいうところからも
踏み込んで、当事者が事実の法的解決を求めている点で、憲法上の語ではこれ
も「司法」であると考え、当該事件の性質に応じ、憲法上許容される憲法原則
の制約が許容される場合があるとするべきではなかろうか。状況証拠的な付言
をすれば、日本国憲法は憲法24条で家族生活における男女平等や個人の尊厳を
謳っており、その解決も、合理性の基準をベースとする財産関係の司法的処理
と同程度超の憲法の関心事でもあるまいか。そもそも、当該事件の性質が憲法
76条1項の「司法権」に含まれ、裁判所法3条の「法律上の争訟」に分類される
ものでありながら、実定手続法が非訟事件と扱っているのであれば、憲法76条
1項違反かもしれない[272]。下位法がどう整理したかを根拠に、憲法解釈を左右す
ることは許されまい。即ち、「訴訟にあらざる手続、すなわち、非訟手続は82
条にいう公開の対象ではない[273]」もしくは、「私人間の権利義務に関する争いを
終局的に確定することを目的と」しない「非訟事件には、公開は必要ではない[274]」
などという簡単な処理はできない。かつ、これらの説明は、何が非訟事件とす

65

るに相応しいかの説明がトートロジーとなっている点でも問題である。

　加えて、憲法82条の裁判の公開の要請は、国民一般の情報受領権や、適正な裁判手続を衆人環視の下に行うため、一般公開、一般の傍聴を保障し、憲法がこれを具体的に保障するものである。その意味で、公開が請求権を伴うものではないものの、非公開を広範に許容する立法や運用には慎重でなければならない。「石に泳ぐ魚」事件などでも問題化した、表現の自由とプライバシーとの究極的衝突はここにも表れよう。公開か非公開かは、単なる立法政策の問題ではない。何れを選択すべきかは、憲法の要請である。原則として、裁判はおよそ公開であるが、裁判に関わる憲法の直截的命令が「公開」であることを排してでも、夫婦間の扶助義務に関する事件など、事件の性質により、非公開にせざるを得ない面がある場合は、その限りにおいて審理は非公開とされ得るもので、それが憲法の別の人権や原則からの要請であれば、そこまでの非公開は寧ろなされなければならないものであろう。逆に、そうでなければ、立法により、訴訟事件だった事項を審判事件にしたり、管轄を地方裁判所から家庭裁判所にしたりすることにより、対審の保障や裁判の公開、通説的理解からすれば「裁判を受ける権利」の侵害だとして違憲ということにはなろう。そして、各事件で適切な公開・非公開、就中公開が定められていなければ、非訟・訴訟という法令上の分類に拘らず、憲法違反であろう。その先、「家事調停」は「人間関係調整機能」を有する一方、「家庭裁判所における司法的手続によって紛争を解決する制度であり、」「調停も広義の司法の概念に含まれる」との指摘もあって、調停の対象となる事案では、審問請求権や証拠申出権などの弁論権、立会権、記録閲覧権などの当事者主義的構成であるべきではないのか、非訟手続である審判により取扱う旨の家事審判法の規定及びそれに基づく審判が憲法32条や82条に反しないか、という議論もある。

　このような主張には、「審判」は、憲法上の固有の意味での「司法」や「裁判」ではないとする反論もなされよう。「裁判を受ける権利」の代表的研究者である片山智彦も、「憲法32条が、法律上非訟事件とされるすべての事件について裁判を受ける権利を保障していると解することはできないであろう。この点では、訴訟事件の非訟化に関しても、『固有の司法権の主たる作用』を法律上の

第2章　司法権定義及び裁判所の中間領域論

実体的権利義務の確定とみて、これが憲法32条にいう裁判であるとする最高裁の見解が、むしろ、首尾一貫している[287]」と述べている。だが、この立場では、立法による「非訟」か「訴訟」かの決定を安易に追認する結果になり、憲法の保障の意味（特に、片山が強調する、憲法32条に含まれるという、民事紛争を裁判所に訴え、適正な手続の下で判断される権利の実）が極めて希薄になること、非訟事件とされているものが、権利義務の確定を求めるものであり、法律上の区分や民事訴訟法学の整理に従い、安易に憲法（上位法）上の「司法」や「裁判」の範疇を動かすべきものでないこと、そして、憲法上の「固有の司法権の主たる作用」が、判例の蓄積を待たねば確定できないことなどから、疑問である。

　片山は、更に、「憲法32条にいう裁判の対象は『事件・争訟』であり、同条は、この『事件・争訟』について、適正な手続による裁判を受ける権利を保障している。非訟事件のうち『事件・争訟』に該当しない事件に関する手続保障は、基本的には、憲法32条ではなく、憲法13条や31条などの問題と考えるべき[288]」だとしているが、裁判所がその審理を行う以上、裁判所が行うに相応しい手続がなされるべきであり[289]、行政手続もしくは手続一般の保障にまで憲法が保障するその手続の水準を落とすことには賛成できない[290]。仮に、民事訴訟法学の解釈がそうであったとしても、少なくとも合憲限定解釈を提示し返すべきである。そもそも、非訟事件は純粋な「行政」ではなく、裁判所が行う終局的な解決である。憲法76条の「司法」及び「裁判」であることが担保できる手続でなければなるまい[291]。婚姻費用の分担に関する抗告審決定について、相手方から抗告状と抗告理由書の副本が送達されていないので、反論の機会を与えられないまま不利益な判断がなされたのだとして特別抗告がなされた事件の2008年決定[292]で、最高裁は、「本質的に非訟事件である」として憲法32条違反の主張を認めなかった。審尋請求権などの手続保障はおよそ裁判所でなされる「裁判」には及ぶと解されるべきところ、非訟事件の手続保障を一般手続保障レベルに下げれば、いかに問題ある結論が導かれるかの例をこの決定はよく示している。

　また、非訟事件について、被治者たる国民の自由・利益に対する侵害的権力行為の側面を有するのであり[293]、非訟事件は「司法」ではないので適正手続、公開原則その他の憲法上の原則が及ばないとの主張にも疑問がある。非訟事件に

ついては、「裁判所は司法権のみを行使すること、換言すれば、裁判所が本来的司法権ならざる権能を行使してはならないこと、を直ちには意味しない。本来的司法権を核として、その周りには法政策的に決定されるべき領域が存在している。非訟事件の裁判権はその典型[294]」などの説明がなされてきた。これは、非訟事件を「司法」ではないとするものであるが、非訟化を「裁判を受ける権利の空洞化[295]」と表現するかどうかは兎も角、「非訟事件を裁判から除外し『裁判』としての内実の保障の範囲外に置くこと[296]」はやはり疑問である。「訴訟手続か非訟手続かという二分思考に固執せず、事件の類型や性質・内容に即した適正な審理方法の可能性が探求されるべき[297]」であり、憲法82条に「対審」や「判決」という語があることを根拠にしながら、下位法である法律が別の語を指定したという理由で、非訟事件を公開対象から自動的に除くというのは本末転倒である[298]。非訟事件と言えども、憲法32条の「裁判」に含まれ、「裁判」としての内実の保障を範囲外に置いてはならない[299]、或いは82条の原則を指導原理として各事件の性質・内容に相応した手続が保障されるなどと言われるようになり[300]、そして、このような範囲で修正された手続による裁判を憲法32条は保障しているとする説[301]も唱えられるに至っている。もしそうであれば、非訟事件でも決定は公開、決定という形式のままでも公示する必要があり、それまでの審理も原則は公開であるが、事件の性質上、非公開が憲法上許容される事案が多いか、そのように類型化されているだけだと解すべきであろう[302]。「政治犯罪、出版に関する犯罪[303]」に関するような事件でも、非訟事件や略式裁判、少年審判などと類型化されても、文字通り「常に」公開されなければ違憲である。

　要は、現在ある非訟事件も、当事者の訴えにより、裁判所が法を適用し、権利義務関係を終局的に確定しているものに変わりがないということではなかろうか。前述のように、「司法」についての、「具体的な争訟について、法を適用し、宣言することによって、これを裁定する国家の作用」(清宮四郎)、「法を適用し、宣言することによって、これを解決する国家作用」(佐藤幸治)などの定義に照らせば、「審判」も、具体的な事件があり、訴えの利益ある当事者の訴えがあり、法を適用して、それを国家機関として終局的に解決するものであるから、「司法」の作用に含まれる筈である。この点、最高裁自身も、「この決定

第2章　司法権定義及び裁判所の中間領域論

（「審判」と言います。）に不服があるときは、2週間以内に不服の申立てをすることにより、高等裁判所に再審理をしてもらうこともでき」るが、「不服の申立てをしないで2週間が過ぎた場合や高等裁判所で不服申立てが認められなかった場合には審判は確定」し、なおかつ、「審判が確定した場合には、」「義務がある人がこれに応じない場合は、地方裁判所で強制執行の手続をとることもできます」と公示しており[304]（強調は著者）、終局性を有し、一般的な憲法上の「司法」や「裁判」の要件を満たすと公言しているものに思えてならない[305]。乙類審判手続は、当事者の合意によって始まるので「司法」や「裁判」ではないとの反論も予想できるが、当事者の同意により始まる少額訴訟も、被告の同意により始まる刑事の略式手続も、「司法」や「裁判」であることを思えば、この種の審判は、「広義において実質上の司法の範囲[306]」であるに留まらず、「司法」や「裁判」ではない理由にはならない。家事審判での非公開が「法律上の要請であって、憲法上の要請ではない[307]」のだとすれば、憲法に立ち返って考え直すべきである。仮に審判は「行政」であると、旧来の説を主張し直すとすれば、審判は終局性がなく、審判そのものを裁判所の「司法」作用として争えるもの（最低でも、高裁への抗告は新たな提訴と見做し、原則公開の裁判が始まると解する）とされていなければならず、家庭裁判所の存在意義を没却しており[309]、訴訟経済的にも無駄が多いばかりか、現行制度は憲法違反とならざるを得ない[310]。2つ以上の解釈が成立する際には合憲的解釈を採用すべきだとする合憲限定解釈に関する法理からしても[311]、審判は「司法」とし、許容できる限り、合憲的理由をもって通常の裁判とは異なる手法が採られている部分があると解するべきであろう[312]。だとすれば、そこには憲法の求める水準が保障されるべきであり、審判であっても、決定は何らかの意味での「公開」がやはり最低限求められるのではなかろうか。憲法上疑義のある不備があれば、法令は改められるべきである。

　この点、裁判の公開原則が、刑事手続について慎重な保障を要求した、憲法31条以下に位置するものではなく、「司法」の章に属することは注目できる。これは即ち、この原則が、刑事事件は勿論、民事・行政事件においても貫かれるべきものであることを示し、その例外は、他の人権及び憲法原則との均衡により慎重に検討されるべきであろう。ここに、非公開を要請するプライバシー

権からの要請との均衡があると思われる[313]。この意味で、民事・行政裁判においては、「性質上訴訟事件には原則として公開・対審・判決をセットで要請するが例外もありうるとする解釈[314]」が適切のように思われる。審問請求権は憲法31条や32条から演繹的に導き出すのが一般的である[315]が、民事裁判については76条をまず根拠とし、相手当事者の不利益な供述に対する審問権は、刑事手続保障の条項から準用されると解されるである[316]。審問請求権の不備は、憲法のみならず、国際人権規約B規約14条1項の「公正な公開審理を受ける権利」を満たさぬ疑いがあるとの指摘もある[317]。その上で、憲法の目から見た非訟と訴訟の区別が、アプリオリにあるわけではないのだとすれば、「非訟事件においても、」「緊張関係が存すること、そしてそれ故に、審問請求権法理が要請されることも見逃してはならない[318]」。実際、遺産分割事件などの乙種審判事件などで、関係人の第一次的な協力義務を認める当事者主義的運用が積極的に採用されていた[319]。特に相手方のある非訟事件や家事審判事件では、攻撃防御を尽くさせるべきであるとして、2010年の「非訟事件手続法及び家事審判法の見直しに関する中間試案」が見直しを求めた[320]。そして、2011年公布の家事事件手続法も、「その立案審議において、旧法である家事審判法に整備されていなかった当事者権及び手続保障に関する規律を整備することを、重要なテーマの一つとして掲げた[321]」のであった。こうした背景には、単なる実際上の不都合ばかりか、憲法の要請があることを忘れるべきではない。

　なお、民事訴訟法134条の証書真否確認の訴え、会社法830条2項の株主総会決議の無効確認の訴えのような、単なる事実や過去の法律関係の確認を求める裁判もある[322]。また、60万円以下の金銭の支払いを求める少額訴訟では、両当事者が裁判官と共にラウンドテーブルに座り、証拠書類や証人を審理の日にその場ですぐに調べ、原則として1回の審理で紛争解決を図る。判決に不服があっても、異議申立てまでで、控訴はできない。対審構造は形から崩れており、上訴可能性がない点で憲法上の疑義もある[323]が、民事紛争では、刑事事件とは異なり、私的自治が貫徹され、両当事者が和解してもよい以上[324]、これと典型的な判決との中間形態が立法されても、違憲であるとまでは言い難かろう。他方、家庭裁判所は、窓口業務の延長として家事相談を行っている[325]。これは「司法」権

として許されざる「勧告的意見」に類するものである印象もあろうが、寧ろこのようなものこそ、「司法権」に法政策的に付与した、「司法」ではない権限の外縁と理解できなくもない[327]。民事関係における紛争処理は必ずしも司法に限られないが、裁判所に委ねられる以上、76条以下の「司法」や「裁判」の要請からそれに相応しい、公開などの適正な手続が求められるが、ある程度の柔軟性がある点で、憲法31条以下の刑事手続における適正の要求水準とは異なろう。

3　略式起訴・少年審判論

　刑事訴訟法は、「一定金額以下の罰金又は科料に処せられることには異議のない被告人にとって、公開の法廷への出頭などの負担がなく、刑事司法を担当する検察庁や裁判所の人的・物的負担の軽減にもな」り[328]、「他方で真に慎重を要する事件に十分の時間をかけられないおそれ等も生じ、司法エネルギーの適正配分という司法政策上の観点からも決して妥当でない」ことから[329]、「手続の迅速処理を目指したもの」として[330]、461条から470条で略式起訴手続を定める。このような制度は、戦前、1913年の刑事略式手続法で創設され[331]、1924年施行の旧刑事訴訟法の中に収められたものが起源である[332]。しかし、第二次世界大戦中、略式手続の対象が自由刑まで広がってしまったことは、禍根を残した。このため、戦後の刑事訴訟法は、略式手続での科刑範囲を再び少額の罰金刑と科料に限り、自由刑を対象から排除した[333]。民事裁判の根本が私的自治への国家による最小限の関与であるのに対し、刑事裁判については、憲法31条以下や憲法76条の要請は刑事裁判の適正さ、適切な対審構造を強く求めており、加えて82条が公開裁判を要請しているが、以上に鑑みて問題ないか。迅速な裁判は被告人の利益でもあるとして、本制度を容易に認める見解もあるが[334]、それが軽微な刑罰であるとしても、略式の手続による刑事処罰が憲法上許されるのかについては、なお検討に値するものであろう。

　刑事訴訟法461条は、「簡易裁判所は、検察官の請求により、その管轄に属する事件について、公判前、略式命令で、100万円以下の罰金又は科料を科することができる。この場合には、刑の執行猶予をし、没収を科し、その他付随の

処分をすることができる」と定め、470条により、それは「確定判決と同一の効力」を有するとされる。但し、1953年に挿入された461条の2は、「検察官は、略式命令の請求に際し、被疑者に対し、あらかじめ、略式手続を理解させるために必要な事項を説明し、通常の規定に従い審判を受けることができる旨を告げた上、略式手続によることについて異議がないかどうかを確め」、「被疑者は、」これに「異議がないときは、書面でその旨を明らかにしなければならない[335]」と定め、465条は、「略式命令を受けた者又は検察官は、その告知を受けた日から14日以内に正式裁判の請求をすることができる」としており、敢えて、略式起訴が被告人本人の意思によるものであることを強調している。現在では、全刑事事件の9割程度がこの手続で処理され、その大半は道路交通法違反、業務上過失致死傷である。口頭主義に基づく交通事件即決裁判手続法（1954年公布）が全く利用されなくなった[336]反面、略式手続はこれらの事案に多用され、交通裁判の感が強くしているものである[337]。

　略式手続は、「非公開の書面審理であ」り[338]、「直接審理主義、公開主義、口頭主義によらない手続であ」るが[339]、刑事訴訟法学説は、「①被告人に異議がない場合に限られるだけではなく、②裁判所は不相当であると判断したときは通常の手続で審判することを要し、③被告人には略式命令が出たのちも正式裁判の請求権が与えられていること等に照らせば、憲法37条違反とまではいえず、合憲性は肯定されてよい[340]」となどとしており、「裁判の能率的処理のメリット」や「簡易迅速な手続きによって被告人の受ける利益[341]」からもこれは補強された。また、「『裁判の対審』ではないから対審の公開に関する憲法82条の問題は生じない[342]」し、「『判決』を言い渡す手続でもない[343]」からでもあるとする見解もある。こういった合憲的説明は、1947年の、「常に正式裁判を請求しうる」点を軸にした、弁護士でもある片山哲首相の答弁から始まる。それは、「捜査官憲の取調を受けた者で、略式命令による裁判を希望する者が極めて多いことにも特に考慮を払う必要がある」、「統計的にいえば、略式命令によって確定する事件は、全刑事事件の7割に達する」中、「軽微な争なき事件については、比較的簡易な手続による裁判を行い、真に争のある事件及び体刑を以て臨むがごとき比較的重要な事件については、慎重な裁判を行うことこそ、実質的に国民の権

第2章　司法権定義及び裁判所の中間領域論

利を尊重し、これを保障する最も妥当な途である」などとするものであった。[344]

　最高裁も、略式命令請求の書面に「待命」と記入されている略式命令に関する事件で、「請求があつた場合において裁判所がその事件につき略式命令をなすことを得ず、又はこれをなすことを相当でないと思料するときは通常の規定に従い審判すべきものであり、その然らざるときに限り公判を開くことなく略式命令をなしその裁判書の謄本を送達するのであつて、」「被告人が略式命令を受けたときは謄本の送達があつた日から7日内に正式裁判の請求をして通常の規定に従い審判を求めることができ、この場合においては裁判所は略式命令に拘束されるものではなく、又正式裁判の請求により判決をしたときは略式命令はその効力を失うものである。それ故略式命令手続は罰金又は科料のごとき財産刑に限りこれを科する公判前の簡易訴訟手続であつて、生命又は自由に対する刑罰を科する場合の手続ではな」く、「右のごとき財産刑を科する公判前の手続についても被告人をして公判に出頭する労力、費用を省き且つ世間に対する被告人のおもわくをも考慮して特別手続を定めても、通常の公判手続に比し訴訟法上必ずしも被告人の利益を害する不当のものと云うことはできない。しかのみならず略式命令の請求は前述のごとく裁判所を拘束するものではなく、又その命令は被告人の迅速な公開裁判を求める権利を何等阻止するものでもないから、毫も憲法に違反するものではない」などと判示したのであった。[345]

　そして、刑訴法461条の2挿入後の事件でも、この判決を引用し、一般的に略式手続は、「被告人が迅速な公開裁判を受ける権利を行使しようと思えば略式命令の告知があつたときから直ちに正式裁判の請求をすれば事足りるのであり、むろん資格を有する弁護人を依頼しようと思えば何時でも附することを妨ぐるものではない」などのため、「対審判決の公開に関する憲法82条の適用を受けるものではなく、また、同法37条所定の被告人の迅速な公開裁判を受ける権利、証人を求め若しくは訊問する権利又は弁護人を依頼する権利等を害するものでもなく、また、もとより被告人の自白に関する同法38条3項に触れるものでもな」く、「罰金又は科料のごとき財産刑に限りこれを科する公判前の命令手続として被告人に対しかかる利益考慮の余地を与えると共に前示のごとき憲法上の権利の行使をも妨げない簡易手続を規定したからといつて毫も憲法に

違反するものではない[346]」とされた。他方、1953年刑事訴訟法改正で導入された同法291条の２は、１年の懲役・禁固より軽い刑について、被告人が冒頭手続で、起訴状に記載した訴因について有罪である旨の陳述をすれば、簡易公判手続によって審判する旨の決定ができるとした。伝聞証拠排除の法則由来の英米の「有罪の答弁」に示唆を得て創設された制度だとされ[347]、判例も、「簡易公判手続は、所論比較的軽微な事件について被告人が有罪である旨陳述したときのみに限り訴訟の合理的運営を図る目的をもつて（伝聞の証拠書類に対し証拠とすることに異議を述べたときにはこれを証拠とすることができないとする）合理的な法律上認められた訴訟手続に過ぎない」として、これを違憲とはしていない[348]。

　そもそも何故、被告人が同意すれば非公開の法廷での刑事裁判の判決が許されるのか。1947年、衆議院議員の林百郎は、片山哲首相に「略式命令の違憲性に関する質問」を送り、「戦時中」のそれ「は体刑をも科して」おり、「純然たる書面審理で在り」、「民は依らしむべく知らしむべからずの裁判」であったが、「今日なお全国多数の簡易裁判所において、依然としてこの暗黒裁判が行われている」などと批判し、前述の片山の答弁を引き出した[349]。大野実雄は、「すべての刑事事件において被告人は、公平な裁判所の迅速な公開裁判を受ける権利を有する[350]」ことを楯に、「自らの手で民主主義を獲得した英米及び仏蘭西」と異なり、「封建社会の残滓の温存された独逸と日本のみが、この制度を民主革命の嵐から護りつづけ」ていると強く非難した[351]。1913年の刑事略式手続法は、1852年のドイツ法系、プロイセン刑事訴訟法の「制度をそのまま白地継受したもの」であり、「いかなる文明国にも、かかる立法例が存しなかつた」ものであると述べる[352]。衆議院でも、野村嘉六議員より、このような制度は違警罪即決例と同じだとする批判がなされた[353]。そして、日本国憲法下でも、「戦争の結果たる行政整理と司法部の従属性によつて無理矢理に過少人員に減らされた裁判所が、永年の惰性により、今や立法當時の事情を全く忘れ果てているのに乗じ、法務廳をして、逆に、この制度なかりせば到底努濤のごとき犯罪を制壓することを得ず、全事件の70パーセントをこれによつて處理するという好成績をおさめていると誇示せしめる悪循還を來さしめている[354]」とし、このことは、被疑者が「裁判所へ出頭する前、どれ位警察や検事局へ足を運ばされるか」と比べ、

第2章　司法権定義及び裁判所の中間領域論

「一度や二度、裁判所へ出頭する『努力』や費用を考慮」しても意味がなく、そもそも憲法上の「基本人権は一片の訴訟行為によつて、簡単に取得されたり、手放されたりするものでない[356]」などとして、略式手続には根本的誤りがあると主張した。結局、現行刑事訴訟法の略式手続は「憲法にいう迅速な『裁判』ではない[357]」ものであって、「母法」「に内在する矛盾をそのまま、無批判に継受したものであって、」これが「給付的裁判として許されるとしたなら、死刑は国家に對して被告人の生命を、體刑はその労働を、夫々給付せしめる裁判となり、全刑罰に付て、略式命令が理論的可能性を持つに至る」と警告し、財産刑であっても前科であるのに、被告人の無知につけ込む制度であると非難した[359]。

　しかし、英米でも、軽微な事件について、法曹資格を有さない治安判事に処理を委ねる制度があり、軽微な事件に簡易な手続を規定することが文明国の水準に達しないとは言い難い。残念ながら小さな犯罪ほど数多発生する中では、全ての処分を最厳格な手続で行え、と主張するのは非現実的である。だが、まず、略式手続でよいという被告人本人の意思が適切に確認されているのか、という疑問はある。正式裁判の請求期間が7日では短いとの疑念は当初からあり、それもあって、1953年の刑訴法改正により、それは14日に改められたのであった。また、手続が正式手続より簡易であるのは許容できるとしても、あまりに簡易であることは、それが「刑罰」である以上、許容限度を超えていないか、との疑問もある。陳述聴取制度を略式手続に織り込むことはできないかとの主張もある[360]。加えて、略式手続がなされる範囲が、本当に軽微なものに限られているかは微妙である。「略式命令における罰金額が無制限であってはならないという考え方は」終戦直後から「すでに支配的」であった[361]のであるところ、現在の罰金100万円という上限額は、貧困な被告人によっては支払いが難しく、自由刑で代替されることもあり得る額であることを考えると、この最高額の設定が妥当であるかはやや疑問である。

　他方、モータリゼーションが進展すると、道路交通法違反者が増加し、年約400万人を「被告人」として「刑」を科すことに疑問が生まれることになった。刑罰法規の謙抑性の見地からすれば、「一億総前科」にすることは避け、特に「刑罰」とせずとも正義が実現できることが望ましい。それは、略式手続によ

75

り「刑罰」を科すことではなく、それ以外の懲戒を加えれば十分であれば、そうすべきものであろう。こういった考えから、1967年に交通反則金制度が発足[362]したという面もある。1969年には道路交通法違反者は144万人に減少した。[363]果たして、略式手続のうち軽微な罰金・科料は、このような手段による代替はできないか。その種の行政、もしくは裁判所による「準司法手続」による懲戒的処分に納得がいかないという場合に、正式な裁判で争うということも、選択できるように思われる。このように考えると、現行の略式手続そのものは違憲ではないとしても、まず、略式手続について被告人に十分説明し、これによらない正式裁判を求める余地は十分に付与されねばならないであろうし、高額な罰金刑については通常の手続とし、ごく低額のものについては「刑罰」とはならない処分とするのが憲法の要請にも思え、[364]一億総犯罪者としないためにも、その範囲の検討は必要だと言えよう。

このほか、少年法22条2項が少年事件の審判手続について、[365]「これを公開しない」としていることにも留意が必要である。少年事件については、1900年の感化法以来、成人処遇との区別がなされ、1922年に少年審判所の管轄となり、1948年から家庭裁判所のそれとなったものである。そして、近時は適正手続の要請からの改善がなされる一方、2000年と2014年の少年法改正などにより厳罰化傾向が見られる。[366]少年審判は、職権主義の下、「審判廷における裁判官と少年の位置には段差はなく、審判の進め方については、」少年法22条1項の概括的定め「以外には」「細かく少年法で定められていない」のであって、「言い換えれば、少年の保護に向けて裁判官が1人1人の少年に合わせた審判を行うことができる」ものである。[367]そして、「少年が話をしやすい雰囲気を実現する」ため、「非公開であること（少年法22条2項）も重要な役割を果たす」のだとされる。[368]そもそも保護処分は「特性において欠陥のある少年を、国家の」「福祉的、後見的な特別な力によって、その欠陥を除去し、精神的に健全な成人になれるためのサーヴィスを与えてやるもの」[369]などとされ、公開は、少年・保護者等のプライバシーへの配慮、可塑性に富んだ少年の情操の保護や健全育成上必ずしも好ましくなく、非公開の方が「懇切を旨として、和やかに」行われるべき審判手続に相応しいものであり、訴訟事件ではないから「裁判の対審」でもない

76

ので、憲法や37条1項や82条の問題は生じないなどとされている[370]。審判不開始の決定について、一事不再理の効力を認められないとの見解もある[371]。この点、国際人権規約B規約14条5項が「少年の場合には、手続は、その年齢及びその更生の促進が望ましいことを考慮したものとする」と謳っているのを配慮したものかは不明であるが、刑事法学界は寧ろ、少年を被告とする刑事裁判を「非公開にすることは、憲法に抵触しかねず難しい[372]」としている。

　ここには、略式手続と同様の問題があろう。しかも、少年保護事件の審判手続が、「性質上は一種の行政手続」であるからだとの説明があるが[373]、当事者にとっては、事実上、犯罪を犯した少年、非行少年との烙印を捺されるのであるから、憲法上は、行政手続一般の適正で十分とする説明では適切ではなかろう。裁判所でなされる以上、「司法」に相応しい手続でなければならず、憲法76条の「司法」の例外などと決して整理すべきではない。言わば準刑事的手続である以上、憲法31条の趣旨から、その手続は厳密でなければなるまい[374]。特に、流山事件最高裁決定が[375]、非行事実認定に関する証拠調べの範囲、限度、方法の決定が家裁の自由裁量というわけではないと述べた点は注目できる。少年側に伝聞証拠の内容を争う機会を与え、証人を尋問する機会を与えるべきではないか[376]。そうであれば、少年審判でも、必要に応じて公開が望ましい事例、対審構造が憲法上も求められる事例もあり、法改正を含め検討の余地があろう。

4　客観訴訟論

　以上の裁判形式等を、憲法の保障の及ばない、単に法律が付加したものだと決めつけることも問題であるが、他方、法令が同じ範疇に区分しているからと言って、憲法上の評価も同じと考えなければならないわけでもない[377]。憲法から下位法を見る際にはやはり注意が必要である。このことは、出訴が「『裁判を受ける権利』の一内容」と理解されながら、「国民の自立支援のために創設された行政制度が違法に運用される（又は運用されない）ことによって国民の権利・利益が侵害される場合[378]」や、「規制的行政活動が十分に行われないことによって規制的行政活動で保護される利益をもつ国民の権利・利益が侵害される場

合」などを予定する行政事件訴訟法（行政法分野）などでも例外とは言えまい。

現行行政事件訴訟法上、民衆訴訟と機関訴訟からなる客観訴訟は、「法秩序を維持するための訴訟」だとも、或いは「憲法32条が保障する『裁判』ではな」いとも言われ、同法42条によれば、法律の定めがある場合においてのみ、提起できる。この点、主観訴訟が、当然に、損害を被った者が出訴できるため、特にこのような規定を有さないことと対照的である。ある意味、「客観訴訟は、争訟としてはフィクションである」。このことが逆に、法律を制定しさえすれば新たな客観訴訟を創設できるという理解を招き、「法律上の争訟には属さず、もっぱら政策的見地から認められた客観的訴訟の性質を有するもので、どのような見地から、どのような形態・構造の訴訟を認めるかは、立法政策によって決まる問題である」とか、「争訟という手続を、立法政策的に客観的な法秩序の維持又は公共の利益の保護のために用いることは、日本国憲法の禁ずるところではない」とか、「訴訟手続の上で、実際に誰に原告としての資格を与えるかは、訴訟政策的考慮の問題」であるとの説明を頻出させた。仮にそうであれば、「訴えの利益は、訴訟提起時に存すれば足り、審理の過程で消滅したとしても、訴訟の帰趨に影響を及ぼさず、本案判決が下される」程度でよいことになろう。かなり自由な立法裁量があるとの理解が普通であった。

明治憲法下の行政訴訟制度も、「主観訴訟とするか、あるいは客観訴訟とするかは、ひとえに立法政策の問題であ」り、その中で、国民の権利救済「を拒否するために行政訴訟を主観訴訟として構成した」との評価もある。この傾向は戦後も続き、「現行の行訴法は、取消訴訟を主観訴訟と性格づけることにより、自己の法律上の利益救済制度として原告適格を絞って、国民の裁判へのアクセスを限定し、当事者の形式的対等性を前提とする民事訴訟法準拠主義を採って、審理手続における行政主体の優位性を放置する」など、やはり主観訴訟を中心とする構成を維持することによって、行政側に有利な行政訴訟を維持してきた、と山岸敬子は述べている。そして、そのような明治憲法下で生じた官僚支配の体質が根強く存在し、国民の行政に対する客体性を特徴として、非法治性が抜き難い日本で、「諸利益の再調整を図るための現代型司法として、」客観訴訟が有用であると指摘する。「客観訴訟は、万人のために提起されるか

78

ら、その判決も万人のものとなる」として、客観的な適法性の確定が得られる
とし、そこでは、「原告・被告の二当事者の対立構造から脱したものでなければならない。客観的法秩序は、当事者の有利・不利に拘らない」とまで述べ、寧ろ、私権保障型の訴訟法構造を離れた客観訴訟の積極的活用を訴える。

　山岸の主張は、行政事件を民事事件とおよそ別のものと見るような、やや先鋭的であるとしても、客観訴訟は「法律上の争訟」である主観訴訟とはおよそ異なるという理解は、公法学界では定着していよう。これは、戦前と一線を画し、戦後の行政訴訟制度が、英米法の影響を受けて、民事裁判制度の基本構造を基盤として構築されたことに起因し、主観訴訟が原則、客観訴訟は例外となったためであろう。例えば、東京地裁が、いわゆる湾岸戦争掃海艇派遣等違憲確認訴訟において、「裁判所が法律上の争訟を離れて法適合性を判断することの全てを憲法が禁止しているものではなく、法律によってそのような訴訟形態を設けることができ（裁判所法３条１項）、民衆訴訟に関する規定（行政事件訴訟法５条、42条）あるいは住民訴訟制度（地方自治法242条の２）等もこの点を前提と」し、「政府の採った行為、措置あるいは国費の支出等について具体的な権利又は法律関係についての紛争を離れて裁判所が憲法及び法律に適合するかどうかを判断することは予定されているとは認められないから、裁判所がこの点に関する判断をすることができるのは、原告の具体的な権利又は法律関係についての紛争解決のために右判断が必要とされる場合に限られる」と判示しているのを典型として、裁判所も、訴訟類型の法律による創設、司法権固有のもの以外の付加が憲法に抵触しないかという問題意識は希薄であり、客観訴訟の創設を比較的自由に、憲法上も容易に許されると理解してきたように思われる。

　以上の可否を検討するため、まず、行政事件訴訟法の規定に従い、現行法を整理する。民衆訴訟は、同法５条によれば、「国又は公共団体の機関に法規の適合ないし行為の是正を求める訴訟で、選挙人たる資格その他自己の法律上の利益にかかわらない資格で提起するもの」である。公職選挙法24条１項の定める選挙人名簿に関する訴訟、同法202条以下の定める、当選の効力に関する訴訟や連座制による当選無効に関する訴訟、地方自治法75条以下の直接請求の投票や署名の効力に関する訴訟、同法242条の２の住民訴訟、最高裁判所裁判官

国民審査法36条による、その審査無効の訴訟、日本国憲法の改正手続に関する法律127条の定める、その無効の訴訟などが代表例である。議員定数不均衡訴訟も、現在では選挙に関する民衆訴訟の形で、一般に公職選挙法203条や204条を根拠に提起されている。客観訴訟であるから、法律の定める場合において、法律の定める者に限り、訴えは提起できるものとされる[402]。地方公共団体の長の選挙に関する期日の告示に関して、村選挙管理委員会に対する異議申立て及び県選挙管理委員会に対する請願の提起がなされ、何れも却下されたため、選挙の告示と裁決の取消しが訴求された事件では、法律の規定がない以上、訴訟提起はできないと判示された[403]。土地改良区による総代選挙において落選した者が町選挙管理委員会に異議申立てを行ったが棄却されたため、県選挙管理委員会に審査請求をしたところ、町選挙管理委員会の異議申立棄却決定を取り消し、総代選挙を無効とする裁決がなされた事案でも、当該土地改良区が裁決取消訴訟を提起したが、当該土地改良区には原告適格を認められないとされている[404]。

　以上列記したように、民衆訴訟の訴訟形式は一様ではないが、代表例は住民訴訟である[405]。これは、1948年の地方自治法改正により加えられたもので、元は南北戦争後に地方団体・地方政府の経済活動が盛んになり、これに伴ってアメリカの諸州で発達してきた納税者訴訟に範をとった訴訟類型である[406]。当初は名称がなく、1968年改正の際に漸く「住民訴訟」という正式名称を与えられた。成田頼明が、その第一次的な目的について、より広く、地方公共団体の機関又は職員の違法な財務会計上の行為に対して、地方自治行政の公正と住民全体の利益を保障することだと述べた例がある[407]。1968年改正前ではあるが、判例も[408]、この訴訟類型の目的について、「普通地方公共団体の公金、財産および営造物が、本来、住民の納付する租税その他の公課等の収入によって形成され、自治行政の経済的基礎をなすものであるところから、役職員によるこれが違法な支出、管理、処分行為を矯正し、もって公共の利益の擁護に遺算なからしめるため、特に、法律によって認められた制度である」としている[409]。

　現行地方自治法242条の2は、1号で差止めの請求、2号で取消または無効確認請求、3号で怠る事実の違法確認請求、4号で損害賠償請求もしくは不当利得返還請求または賠償命令をすることを求める請求（代位請求）を住民訴訟と

第2章　司法権定義及び裁判所の中間領域論

して定めている。その対象は、総じて、公金の支出、財産の取得・管理・処分、契約の締結・履行、債務その他の義務の負担など、広範である。当初は、公金を私的に流用する職員に対する住民の監視手段としての意義が大きかったが、次第に、地方公共団体の財務に対する住民のコントロール手段として重要な意義を有するようになった[411]。情報公開制度と連動して、地方行財政に対する住民監視の有力な手段となっている[412]。2002年の改正により、職員個人が被告となっていたものから、首長などの執行機関が被告となる構造に改められ[413]、弁護士費用の個人負担も当該地方公共団体負担に改められた[414]。抗告訴訟で争うべき違法を住民訴訟で争っていると思える例も多いこともあって、例えば、2007年統計では、行政事件の新受件数の約13%が民衆訴訟であり、行政事件の提起件数が少ない中では、案外と活用されていると言えよう[416]。

　住民訴訟においては、支出原因行為が財政会計行為でない場合でも、その違法性が審査されるようになり、寧ろ一般化した[417]。憲法学の関心から言えば、地方公共団体の行った宗教活動と思しき活動の憲法判断を裁判所に求める途として、住民訴訟はよく活用されてきている[418]ことは強調できる。津地鎮祭訴訟[419]が先導的事例として有名であるが、これは市と神官との間の委託契約の締結を住民訴訟の対象としたものとして分類できる（地方自治法242条の2第1項4号）。また、起工式決定という非財務会計上の行為の違法性が、後行行為である支出負担行為や支出命令に継承されることを前提にしていよう[420]。そして、神官が市に行ったサービスが市にとって無価値だと判断したのか、これを違憲と判断した二審判決[421]は、損益相殺[422]もしていない。また、箕面忠魂碑訴訟[423]、大阪地蔵像事件[424]、空知太訴訟[425]などのように、「怠る事実の違法確認訴訟」（同項3号）の活用も目立ってきている。これは、現行の住民訴訟に、締結された契約やそれに基づく現在の法律関係の違憲性を直接争う訴訟類型がなく、政教分離違反と思われる無償貸与などは、執行機関等が、その相手方に返還請求や登記登録、契約を解除して原状回復請求を行う義務を懈怠しているという不作為状態にあると再構成することで、「怠る事実の違法確認訴訟」の対象としている事情もある[426]。

　なお、具体的な生活利益を巡る争いとの関連をもって主張されない場合に、行政参加の実現を裁判によって確保することが仮に望ましいときには、立法に

81

より民衆訴訟として規定すべきとの主張がある。併せて、国民参加による行政過程の司法判断が望ましいとしても、現行法の乏しい規定を解釈するには限界があり、集団的利害に基づく行政参加の手続については、やはり立法的解決によるべきであるとの主張がなされている。

　他方、機関訴訟は、行政事件訴訟法6条によれば、「国又は公共団体の機関相互間における権限の存否又はその行使に関する紛争についての訴訟」である。国等と地方公共団体の間の訴訟、地方公共団体相互間の訴訟、地方公共団体の機関相互の訴訟に分けられる。西上治は、「国又は公共団体の機関相互間における権限の存否又はその行使に関する紛争」を「行訴法上の機関訴訟」と呼び、「行政主体ないし行政機関が当事者（少なくとも原告）として、自身の権限の存否又はその行使に関して争う紛争」を「理論上の機関訴訟」と呼んだ上で、後者のうち同一の行政主体内の行政機関相互の間の争訟を「典型的機関訴訟」、異なる行政主体ないしその機関の間の争訟を「非典型的機関訴訟」と分類する。従来の判例・学説によって認められてきた法理を殆どそのまま立法化したものと言ってよいようである。法の規定がある場合だけが訴訟が可能なものであり、雄川一郎は、「手続の迅速さ」を求めつつ、「必ずしも慎重な手続は必要でない」し、それを広く認めるのは妥当でないとまで述べている。

　国等と地方公共団体間の訴訟としては、地方自治法250条の13以下の定める、国の関与に関する訴訟、同法251条の8の定める法定受託事務の管理及び執行に関する代執行訴訟、同法251条の7の定める国等による不作為の違法確認訴訟などがある。次に、地方公共団体相互間の訴訟としては、地方自治法251条の2の定める境界確定訴訟、住民基本台帳法33条の定める住所の認定に関する訴訟、地方税法8条が定める課税権の帰属等に関する訴訟などがある。

　そして、地方公共団体の機関相互の訴訟としては、地方自治法118条の定める、地方公共団体の議会における選挙の投票の効力に関する訴訟、同法176条の定める、地方公共団体の長と議会の間の訴訟がある。地方公共団体の長が違法に地方議会を解散した場合、議会自体の出訴は認めず、議員個人の出訴（抗告訴訟）を認めているのは、本事例での機関訴訟は認めないことであるが、問題は単純ではない。市議会議員が議員の資格において、議決の無効または不存

在の確認を求める訴訟について、地方自治法など法律の規定がない以上、出訴を不適法とする最高裁の判断もある。[436] この種の紛争に関して、行政主体内部の訴訟であって、法律上の争訟に当たらないことを明示した最高裁判例もある。[437]

　以上のような客観訴訟は、紛争が生じれば直ちに出訴できるものもあれば、何らかの決定等が前置されるものもあり、[438] 実際に法政策的裁量が広いものとなっている。特に、民衆訴訟の中には、国会議員の当選の効力に関する訴訟であるとか、連座制による当選無効に関する訴訟、最高裁判所裁判官国民審査の罷免無効訴訟のように、利害関係者しか出訴できない、寧ろ主観訴訟と解し得るように思えるものもある。[439] 地方公共団体の議会の議員及び長の選挙及び当選の効力に関する訴訟、国会議員の選挙の効力に関する訴訟、直接請求の投票に関する訴訟、最高裁判所裁判官国民審査の審査無効の訴訟のように、利害関係者が原告の中に含まれているものもある。[440] 以上の場合に、権利侵害を受けた当事者が、客観訴訟の形式でしか訴訟ができないことは憲法違反ではないかという疑問もないではない。[441] 加えて、それ以外の民衆訴訟でも、選挙人や住民のように、何らかの利害関係を有するものが原告とされている場合が殆どであり、結果、参議院比例代表選出議員の選挙訴訟や最高裁判所裁判官国民審査の審査無効の訴訟のような事例では、全国民が当該訴訟を提起できるのである。[442]

　通説・判例共に、以上のような現行の客観訴訟は全て、「司法権」そのものではないからこそ、その創設が当然に、自由に憲法上許される、と解してきたように思われる。[443] だが、個々の客観訴訟を個別に点検してくると、これほどまでに多様な訴訟類型をそのように包括的網羅的に説明して済むか、不安になる。果たして、漫然と主観訴訟、「法律上の争訟」、「司法権」を等値と考え、[444] これらを一括りに、客観訴訟は憲法76条の「司法権」の外であり、裁判所法3条の「法律上の争訟」の外でもあって、客観訴訟を廃しても憲法違反ではない、[445] 改廃は立法府の自由であるなどと簡単に言うことは躊躇せざるを得ない。このような解釈は、「客観訴訟について裁判所が司法権を行使しうることを無理なく正統化することを意図するもののようであるが、それは結果志向的で技巧的な解釈に過ぎる感は否めない[446]」。本来、司法権を行使すべき裁判所に特別な権限を法律によって付与することが許されるのか、[447] 許されれば、どこに限界

線があるのかを自覚的に検討すべきである。佐藤幸治らが、「司法権」の本質を核としつつ、その周辺に、これに準じるものを想定し、これを法律によって裁判所に付与することはできるとし、これをもって客観訴訟を説明したことは前述の通りである。「争訟性」をおよそ欠く訴訟を立法政策で導入できるわけではあるまい。[448]選挙権や納税者の権利の理解次第では、権利救済訴訟として理解できるものが客観訴訟として分類されていることは、注意すべきである。[449]

　また、以上の現行法の訴訟類型を纏めて「客観訴訟」と概念してよいものかも疑問となろう。機関訴訟についても、国等と地方公共団体間の訴訟、地方公共団体相互間の訴訟の２種は「『法律上の争訟』の解釈によっては、そもそも主観訴訟とも解しうる」[450]との指摘がある。「行政主体」と「私人」、行政の「内部関係」と「外部関係」という二元構造を前提とする機関訴訟であるが、実際、当該紛争が生じている法関係が行政の内部関係で行政機関相互の争いであるのか、外部関係であって「行政主体」と「私人」の間の争いなのか、明確でない場合がしばしばある。[451]特に、各種の公共組合、公社、公団等の特殊法人など、国や地方公共団体と別個の法人格をもった法主体でありながら、その行う事業は実質的に行政活動の一環をなす法主体が一方当事者である事件ではそうである。[452]

　このように、法律がなした主観訴訟・客観訴訟の区別を鵜呑みにしない方向の指摘は、近時、行政法学者によってもなされ始めている。曽和俊文は、住民訴訟や選挙訴訟が「むしろ権利救済を目的とする行政訴訟で十分にカバーされない分散的利益の保護をはかり（住民訴訟）あるいは民主主義の前提を保護しようとする（選挙訴訟）ものであること」[453]と、「特定の具体的な行政活動の適法・違法を争う形式で提起され（具体的対立性）、紛争解決のための法的基準も明確であり（法的基準による紛争解決可能性）、判決による紛争の終局的解決が保障されている（終局性）ので、裁判所がその権限を行使するための外延としての『事件性』要件が満たされている」[454]ことから、「これらの訴訟は合憲的に司法部門で処理することができるし、」「裁判所の権限に含められた以上は、これらの権限行使は『司法権』として理解し、司法の独立を保障する形で運営されるべきである」[455]とし、「一定範囲での『客観訴訟』の創設が望ましい」[456]と主張するのである。

　村上裕章は、憲法76条と裁判所法３条との関係を、通説通り、「憲法上の司

第2章　司法権定義及び裁判所の中間領域論

法権は、法律上の争訟については当然に行使できるほか、法律によって付与されたそれ以外の権限も行使でき」、「客観訴訟はそれ以外の権限に属する」とする立場に立つ[457]。憲法は法律上の争訟に当たる場合には司法権の行使を義務付けているが、法律によってそれを拡大することも許容していると解するのである[458]。これに対して、憲法の司法権は「法律上の争訟」または「具体的事件」のみに及ぶとする見解では、行政事件訴訟法42条が、客観訴訟は法律に特別の規定がなければ訴訟が許されないとしているので、この条項が違憲となるか、客観訴訟は司法権の要件を満たさず違憲とならざるを得ないと批判する[459]。また、村上は、司法権を法律上の争訟と無関係に定義する高橋和之説を、日本国憲法が前提とする司法権概念に合致しないし、国や地方公共団体が訴訟を提起する場合でも、判例によれば、法律上の争訟に当たると批判する[460]。地方公共団体が条例に基づく命令違反に対してその行政上の義務の履行を求めて私人に対して提起した、パチンコ店建築中止命令に関するいわゆる宝塚市パチンコ条例事件で、最高裁は、裁判所法3条にいう「法律上の争訟」を「当事者間の具体的な権利義務ないし法律関係の存否に関する紛争であって、かつ、それが法令の適用により終局的に解決することができるもの」として、地方公共団体等が「専ら行政権の主体として国民に対して行政上の義務の履行を求める訴訟は、法規の適用の適正ないし一般公益の保護を目的とするものであ」って、「法律上の争訟」に該当しないとして訴えを却下した[461]。だが、村上は、この点についても、法律の規定がない限りこのような訴訟もできない帰結を招くと批判する[462]。この立場は、裁判所に対し「法律によって付与されたそれ以外の権限」を憲法上の「司法権」に含めてよいのかには微妙な点もあるが、基本的には妥当であろう。

　その上で、村上は、客観訴訟の憲法上の限界について、「法原理機関の権限とするにふさわしい、具体的な事件・争訟性を擬するだけの実質を備えていなければならない」とする佐藤幸治説[463]や、具体的紛争を憲法上の要件とする諸説[464]、出訴には「事実上の損害」を要するという松井茂記説[465]などと一線を画する。司法権の限界を狭く解する諸説については、司法権の対象として民事訴訟を原型と見過ぎており、私的紛争解決型の司法観に偏している[466]ほか、抽象的な行為を争う訴訟を一概に違憲と断じることは適切か、例えば、立法論としての

85

条例の無効確認訴訟は憲法上置けないものであろうかと疑問を呈する[467]。逆に、具体的行為を争えばよいというのであれば、条例制定の議決に関する裁定の取消し等の形式を採ればよいのか、情報公開法による開示請求権のような実定法の権利を創設すれば許容されるのか、と批判する[468]。村上は、司法権の限界を狭く解さず、立法裁量を広く認める立場に立つ[469]。私人の権利保護以外の任務を引き受けることは、権力分立に触れ、行政機関もしくは立法機関の活動を過剰に裁判所の統制に服させることがない限り、また、裁判所の本来の機能を大きく阻害しない限り、憲法上許されると理解する[470]。ただ、「客観訴訟を創設することは、司法権が及ぶ範囲を拡大し、その限りで三権分立の間のバランスに一定の影響を与えることになる」ので、創設には「それなりの十分な理由が必要で」あると述べる[471]。それについては、権力分立のほか、「裁判所がその処理に忙殺され、本来の役割である国民の権利保護という任務を果たせない」ことは許されないとか[472]、「適切な主張・立証を行いうる者を訴訟当事者とすることは必要」であるとか[473]、「判断の対象についても基本的に法的な判断が可能な問題とされるべきである」とか[474]、「裁判所の判断には終局性が認められなければなら」ないなどとして[475]、客観訴訟が創設できる範囲を画定していく。

　村上説は、なるべく多くの客観訴訟を憲法上許容できるものとしたいため、狭義の理解を警戒しているように見える。しかし、現行の客観訴訟を許容しようとするあまり、司法の核心・基本を崩すことは許されまい。憲法が裁判所に付与したものが「司法権」である以上、民事訴訟も行政訴訟も同じである筈である。もし、憲法学の一般的理解では行政訴訟が窮屈であるとすれば、民事訴訟学や刑事訴訟学をも巻き込んで、「司法権」の定義の再考を求めねばなるまい。だが、村上説の到達点は、立法権や行政権を侵害する内容を裁判所に付与できず、また、裁判所が扱う手続に相応しいものでなければならないということに留まる。客観訴訟が「司法権」そのものではないにせよ、「具体的な争訟について、法を適用し、宣言することによって、これを裁定する国家の作用」などの司法の定義から大きく外れるものは許されないであろうから、佐藤幸治説などと実体において大差はない。結局、村上の「司法権」理解は本書の立場との径庭も大きくない。客観訴訟の立法にも憲法上許されない一線があるという

第 2 章　司法権定義及び裁判所の中間領域論

点も首肯できる。憲法の「司法権」定義を軸に行政訴訟が捌（さば）くことへの温度差はあろうが、上位法は憲法であることは指摘しておきたい。

　村上の分析を、言わば機関訴訟に絞って詳細に進めるのが西上治である。西上による、「本稿は、いわゆる機関訴訟のうち『法律上の争訟』（裁判所法 3 条 1 項）に属するものの範囲を画定する基準を定立するための準備作業として、機関訴訟に関する従来の議論を分析し、その問題の構造を明示することを目的とする[476]」という一文に、既に、客観訴訟が全て当然に「法律上の争訟」であるとは限らないという、通説的感覚を鋭く批判する高い意識が示されている。

　西上はまず、仮に通説的見解に従い、客観訴訟が「法律上の争訟」に当たらなければ、「司法権」にも含まれないことになり、「裁判所は憲法上『司法権』の対象ではないはずのものを扱う権限を行使していることになる」上、更に、「『行政』概念について控除説に立つ場合には、この客観訴訟を扱う権限は行政権（憲法65条）に属することになり、憲法は客観訴訟を扱う権限を行政権に配分しているということにな」ると、疑問を呈する[477]。機関訴訟を裁判所の権限とすることは憲法76条違反ではないのか、「法律上の争訟」と行政事件訴訟法 6 条の意味する機関訴訟の範囲を巡る議論は生じないのかと言う[478]。そして、このままでは、行政事件訴訟法42条は、裁判所法 3 条との関係で、確認規定と創設規定の二面性を有することになり、創設規定の側面が許されるかが問題となろうと指摘するのである[479]。このほか、国と普通地方公共団体間、もしくは普通地方公共団体相互間の争訟は、1999年の地方自治法改正で立法的手当てが多くなされたが、なお、地方自治法251条の 5 第 1 項や251条の 7 第 1 項、252条 3 項のように、「法律上の争訟」性が理論上の問題に留まる場合もあると指摘する[480]。

　西上は、主観訴訟、「法律上の争訟」、「司法権」の関係について、学説を整理し、どの有力説においても、裁判所の権限に含まれるものについては、憲法上の要請に基づく「中核」部分と立法政策に基づく「周辺」部分を峻別していると指摘する[481]。行訴法上の機関訴訟は、「裁判所の権限の『中核』部分の意味における『法律上の争訟』に属さない」こと、「『国又は公共団体の機関相互間における権限の存否又はその行使に関する訴訟』という文言に該当」し、「同一行政主体内の機関相互間の争訟であることも必要となる」ということだと言う[482]。

87

そして、「法律上の争訟」性の否定が当然視されてきた、同一の行政主体内の行政機関相互の間の争訟である「典型的機関争訟」と、「法律上の争訟」性の有無が争われてきた、異なる行政主体ないしその機関相互の間の争訟である「非典型的機関争訟」に分け、「前者における理屈をそのまま後者に応用して良いものか否かが問題」となると考える[483]。関連して、当該機関に法人格が認められ得るかの問題でもあると指摘した[485]。

　これに基づいて西上は判例を分析するのであるが、典型的機関争訟については、そ「の『法律上の争訟』性を否定する最高裁判決の論拠には、『権利権限型』(第1款)と『自立尊重型』(第2款)の2つがありうることが明らか」であり、「また、最高裁判決の中には、典型的機関争訟の『法律上の争訟』性を否定するための論拠たり得る『上級下級型』の思考を示したものも存在する」とする[486]。

　権利権限型の典型として、機関訴訟のリーディング・ケースとして解されている、市議会の議決無効確認を求める市及び市長に対する議員の訴えを斥けた最高裁判決を取り上げ[487]、よく言われる、「市議会の議決は法人格を有する市の内部的意思決定に過ぎない」との判示は「被告適格の問題を扱っているに過ぎ」ず、これを「機関争訟に関するものとする理解は適切ではない」と評す[488]。だが、「市長は市議会の議決に拘束される」けれども、このような執行機関と議決機関との関係は市の内部の機関相互間の関係であつて若しその間に紛争があるならば市が内部的に解決すべく、訴訟をもつて争うべき問題ではない」という点、「機関相互間の権限の争は法人格者間の権利義務に関する争とは異り、法律上の争として当然に訴訟の対象となるものではなく、法律が内部的解決に委ねることを不適当として、例えば地方自治法176条5項のように特に訴の提起を許している場合にのみ、訴訟の対象となるものと解すべきである」という点は、被告に市長が含まれているから判示したものであり、ここに、「議員(ないし議会)と市長との間の権限に関する紛争、すなわち機関争訟の問題が初めて生じる」のだと述べる[489]。結果、この判決は、「市の内部の機関相互間の紛争は市が内部的に解決すべきであって訴訟の対象にはならない」という、内部問題型の判断だったと分析するのである[490]。最高裁は、「ある法人格に内部関係はそもそも(少なくとも外部法と同じ意味での)法の領域に属さず、」「『具体的事件

第2章　司法権定義及び裁判所の中間領域論

性』を欠く」としているのであって、これ以外の最高裁判決も、「こうした権利権限型の思考によって整合的に説明することが可能である」と説明する。[491][492]

最高裁判例は、第2に、「紛争の解決に司法権から独立した自律性が制度上要求されている場合には『法律上の争訟』性が否定されるという『自立尊重型』の思考」によっても説明できる可能性がある、と西上は述べる。これについて、[493]「部分社会論」ないし「部分社会の法理」との理解もあるが、これは「多様な中間団体についてそれぞれ司法権の介入が抑制されるべき理由は異なるはずであり、それを一括して部分社会の法理を説くことは、問題の解明にさして資するものとは言えない」とする長谷部恭男説を引用しつつ、問題の本質は自律性の[494]方にあると主張する。西上は、第3に、「下級機関は上級機関の指揮・命令に[495]当然服すべきであるという『上級下級型』」が最高裁の思考にはあるし、この[496]「3型は内部問題型の思考の中で（あるいは無意識的に）併存している」というのである。このうち、権利権限型は「具体的事件性」を否定するものであるが、[497]他の2つは、外在的に「法律上の争訟」性を縮減するものとして理解される。[498]

西上は、非典型的機関争訟についても、第1に、最高裁は、「本来的には異なる行政主体の機関同士であっても、それらを上級審・下級審とする争訟制度が法律によって構築された場合には、下級審としての機関は上級審としての機関の判断を争うことはできない」という、「争訟制度型」とでも言うべき論拠により、「法律上の争訟」性を否定することがある、と述べる。取り上げた事案[499]は、都道府県選挙管理委員会の裁決を市町村選挙管理員会が不服としたもので、両者は異なる行政主体に属するものの筈であるが、最高裁はそこに上[500]級・下級の系列からなる「争訟制度の機構」を観念した。西上は、第2に、宝[501]塚市パチンコ条例事件判決に見られるように、最高裁には、「『法律上の争訟』の一内容たる『具体的事件性』は私権保護を目的とすることを前提としている（私権保護限定ドグマ）から、訴えが『法規の適用の適正ないし一般公益の保護を目的とするもの』である場合には、『具体的事件性』を欠く」とする「公益目的型」の判断があると言う。ここには「司法権」と「法律上の争訟」は等値であ[502]り、しかもそれに関する民事独占的な発想があり、その基礎には「行政主体と私人の二元論」があると述べる。そして、第3に、「国とは独立した法人格を[503][504]

89

有する行政主体であっても、『国の事務』を担当する場合には、その限りにおいて国の行政機関と同視されることがある」という、「国の事務」論があるとする。市による国民健康保険の被保険者証の交付拒否を府国民健康保険審査会が取り消した事件で、最高裁が、市には当該裁決の取消訴訟を提起する適格が欠けるとした事案などがそうである。最高裁は、異なる行政主体（ないしその機関）相互間の関係をあたかも同一の行政主体の内部関係の如く扱ったのである。

この３型にも異同があると西上は述べる。争訟制度型は、「具体的事件性」及び「法令の適用による解決可能性」の存否とは直接の関係はなく、「法律上の争訟」を外在的に縮減するのに対し、公益目的型は「具体的事件性」を否定するものであり、「国の事務」論は、「法律上の争訟」性を否定する論拠にはなっていない。また、争訟制度型は非典型的機関争訟に独自の論拠を提供するものであるが、公益目的型は典型・非典型を問わず妥当するものであり、「国の事務」論は、典型的機関争訟の議論を非典型的機関争訟に架橋するものである。射程においても、争訟制度型は、異なる行政主体の機関を上級審・下級審とする「争訟制度の機構」が法令によって構築されている場合のみが射程であるが、公益目的型は行政主体（ないしその機関）がその権限を巡って訴えを提起する場合を全て射程に含むとする。

西上の分析は学説に及ぶ。彼の分析に従えば、美濃部達吉、田中二郎、雄川一郎の共通点は、「『法律上の争訟』（のうち「具体的事件性」）を基礎付けるために『権利』の侵害を要求している」点、権利権限型が基本線となっていることだと言う。ただ、３者は微妙に異なり、権限の権利性（利益性）を否定する論拠として、美濃部が「利益の他者性」を前面に出すのに対して、田中と雄川は「利益の公益性」を前面に出したこと、雄川が権利権限型を基本線にしつつも、「権利」を実質的かつ相対的に判断すべきとしている点など、違いもあるとする。

塩野宏と藤田宙靖は、従来からの行政主体と私人の二分論を維持した。そして、共に非典型的機関争訟の「法律上の争訟」性に議論の焦点があった。しかし、両者は「自治権は私人の権利と同じ意味での権利であるのか」を軸に「論争を交わした」。塩野においては、「私権保護を目的とするという意味における主観訴訟を越えてこれを拡張することが試みられている」が、藤田には、「『法

第2章　司法権定義及び裁判所の中間領域論

律上の争訟』は『裁判を受ける権利』との裏表で捕らえられ、私権保護限定ドグマがなお維持されている」のである。[521] 以上の学説では、総じて、典型的機関争訟の「法律上の争訟」性が原則として否定されること、その根拠が権利限定型であること、行政主体と私人の二分論が維持されることが共通の枠組みであると言えた。[522] 付言すれば、内部問題型は、独立した論拠としては不十分である。[523] また、西上は、「国の事務」論について、その妥当性は疑わしいと一刀両断する。[524]

　しかし、近年、こういった枠組みを覆す動向があると西上は言う。それは、山本隆司[525]や門脇雄貴[526]によるものであり、機関訴訟の「法律上の争訟」の原則的否定を掘り崩そうとする点で共通し、「典型的機関争訟が裁判所の権限の『中核』部分の意味における『法律上の争訟』に含まれるか否かにまで踏み込んで論じようと」したのである。[527] 但し、山本が、「行政法の基礎をなす諸種の憲法原理に立ち返ることで、従来の二分論によって導かれてきた権利権限型や法人格の有無という基準よりも高次に位置付けられる『独立性・自律性』なる基準を置く」のに対し、門脇は、「権利権限型なる基準をより精緻化する必要性を説く」点で異なると言えた。[528]

　以上の学説整理を踏まえて、西上は、機関訴訟の「法律上の争訟」性を否定する論拠について、次のような整理を行う。学説は、「『法律上の争訟』性との関係では、内在的に『具体的事件性』を否定するもの（権利権限型）と、他の制度上の要請からこれを外在的に縮減するもの（自律尊重型・上級下級型・争訟制度型・救済阻害型）とに分かたれる。これらに対し、内部問題型・人権否定型は、そもそも『司法権』には一定の限界があることを前提に、行政の『内部関係』及び『裁判を受ける権利』を享有しない『固有の資格』としての行政主体は、『司法権』したがって『法律上の争訟』の限界の外側にある」。[529]「機関の権限に関する紛争であれば原則としてこれをその射程に含む論拠、すなわち権限内在類型（権利権限型・内部問題型・人権否定型・公益目的型）と、特別の制度上の要請がある場合にのみをその射程に含む論拠、すなわち権限外在類型（自律尊重型・上級下級型・争訟制度型・救済阻害型）とに分かたれる」などとするのである。[530]

　西上は、結果、「独立して検討に値する論拠は、」権限内在類型である「権利権限型」と権限外在類型である「自律尊重型・上級下級型・救済阻害型に限定

91

される」と断じる。内部問題型については、「他の論拠によってさらに具体化される必要がある」し、「権利権限型・自律尊重型・上級下級型は、内部問題型の具体化としてこれを位置付けることができる」し、「その他の権限内在類型の諸論拠は、差し当たり権利権限型をもってこれらを代表させてよい」と言うのである。また、「権限外在類型の諸根拠については、」「自律尊重型・上級下級型・救済阻害型が独立の論拠として扱われるべきであ」り、その第1の理由は「争訟制度型は上級下級型の一類型としてこれを位置付けることができる」こと、第2の理由は「争訟制度型と救済阻害型は、」後者が「私人の権利救済を目的とする制度ではな」いという点で前者と異なるので、両者の「区別は維持されるべきである」。また、「自律尊重型は、他の論拠と射程に関して重なり合う部分はあるものの、独立した検討を排斥するのに十分なほどの包含関係にない」とするのである。そして、権利権限型は、「法律上の争訟」性の要件のうち「具体的事件性」を否定するものであるが、自律尊重型・上級下級型・救済阻害型は、それとは関係なく、他の制度上の要請により「法律上の争訟」性を否定するものという違いがあると言う。

　そして、「機関訴訟の原則的否定は、権利権限型及び架橋理論の組み合わせによる。これらの妥当性が否定されれば、機関訴訟は原則として否定されるとは言えなくなるはずである」と述べる。だが、「権利権限型及び架橋理論の妥当性は疑わしく、仮に権利権限型ないし架橋理論が成り立たないなら、典型・非典型を問わず機関訴訟は原則として否定されるとはもはや言えなくなるはずである」と言うのである。もし、「少なくとも一定の範囲において権利権限型（及び架橋理論）によっては機関訴訟の『法律上の争訟』性が否定され得ないとすると、問われるべきであるのは、①それは如何なる範囲であるのか、②ある具体的な場合が当該範囲に含まれるとして、その場合に『法律上の争訟』性を否定する特別の論拠（自律尊重型・上級下級型・救済阻害型）があるか否かであることになる」として、国家法人説の分析の必要性を説いていくのである。

　西上は、なお、「国家の法人格の意味内容をドイツ公法学における議論を素材にして明らかにしなければならない」として、機関訴訟のうち何が「法律上の争訟」であるかの結論を示すことは、明言を避ける。だが、少なくとも、

第2章　司法権定義及び裁判所の中間領域論

「法律上の争訟」と主観訴訟を等値とし、行政事件訴訟法上の客観訴訟は当然
に「法律上の争訟」ではないという立場を、西上は採っていない。民衆訴訟に
ついては言及していないが、これは機関の内部関係に留まることはなく、「法
律上の争訟」性を否定する特別の論拠が否定されない限りは、当該民衆訴訟は
「法律上の争訟」であるということになる帰結が推測できるのである。

　これに対して、憲法学界では、特定の客観訴訟が「司法権」の作用であると
か、「法律上の争訟」性を有するということを大きく展開している例は、以前
はあまり目立たなかった。客観訴訟のような「訴訟類型を認めるかどうかは立
法政策に委ねられる[542]」との説明が一般的であった。「抽象的違憲審査権は、そ
こでいう『司法』の埒外におかれ」、「客観訴訟といわれるものも、同様に扱わ
れることになっている[543]」との記述に象徴されるように、当然の如く、一体とし
て客観訴訟は「司法権」の作用ではないと理解されてきていた[544]。だが、そもそ
も、行政事件訴訟法という法律の内容が憲法の要請を当然に満たしていると信
じること（盲目的な憲法具体化法という幻想）は憲法論として楽天的に過ぎよう。
そこに齟齬があり得ると考えるのが当然である。

　客観訴訟に類型化されてきたものでも、「司法権」の要件を満たすものは憲
法の要請によるものであり、同様の訴訟が不可能になるような法改正は違憲で
あることになる筈である[545]。民衆訴訟のうち、選挙に関する訴訟は、別の観方を
すれば、最も基礎的な国家機関である有権者団（選挙民団）が訴えを提起してい
るものであり、機関訴訟としての性格を有する。その意味で、民衆訴訟と機関
訴訟の「区別は、ある意味、において相対的であ[546]」るかもしれない。そして、
議員定数不均衡訴訟のようなものは、実質的には主観訴訟、即ち抗告訴訟と見
るべきとする主張もあり[547]、そうであれば、公職選挙法204条を改正し、この出
訴手段を廃止したときには、違憲と考えるべきであろう[548]。同様に、国や地方公
共団体に対する情報公開請求求権を巡る訴訟は、「知る権利」の実定法的具体化
として、主観訴訟の性格を有すると言えよう[549]。法改正により、例えば、一義的
には独立行政委員会が準司法的機能をこれに及ぼすようなこととしたとしても
も、その判断を最終的に裁判所が扱うことができなければ合憲性は疑わしい。
また、そのような訴訟は、私権の損害の回復を求める形式を採らず、その訴え

93

によって世の中を変えようという性格を強調すれば、憲法の人権規定の中の「裁判を受ける権利」に含むよりも参政権の一部と解する方が納得できる面がないでもない。同様に、実は、ある種の訴訟等がないことが立法の不作為による違憲状態であることも考えられよう。そのように考えると、一部の現行客観訴訟は、「司法権」の範疇に含むことはできなくとも、完全に廃止することはその意味で違憲であるとの評価を加えることもできなくはない。政教分離訴訟のように、仮に住民訴訟ではなくとも、何らかの形の訴訟が可能でなければ違憲状態である疑いの濃いようなものもあろう。他方、このような性格を有さない、純粋な機関訴訟は、紛争を法的に終局的に解決すべく、立法により憲法上許容できる範囲の権限を裁判所に付与できるのみであって、付与しない不作為を違憲であるとは言い難いように思われる。

逆に、裁判所が「法の支配」を具現化する、「司法権」を独占する機関である裁判所に付与できる、「司法権」そのもの以外の権能には限度があり、「全く具体的な事件も訴えの利益もないような」ものを立法によって裁判所に付与でいないと言うべきである。何らかの意味での具体的事件性、法的判断、終局性という要件の緩和は難しく、当事者適格性、訴えの利益という要件を緩和して認容できるものにほぼ限られるように思われる。特定の個人の権利が侵害されてはいないが、これを放置することが究極的には個人の集合体である国民や住民の利益の侵害となる場合、立法府が適切な範囲の原告を選んでこれに出訴する権限を与えることができるということである。この点、機関訴訟もその観点から、特定の独立性のある機関に付与されたと考えられる。客観訴訟であるから、創設に際して立法裁量が広汎であると理解することはできず、適切な当事者、つまり、具体的な事案で権限を争う機関同士が選ばれていなければなるまい。他方、全くの内部問題、裁量に過ぎない争いについて争訟を認めることは、憲法上疑いがある。拡張解釈を進め、いわば「客観訴訟の主観訴訟的理解」を極限まで突き進め、「司法権」の定義を融解させることはやはり許されてはなるまい。法的判断、終局性が要件であることは言うまでもない。客観訴訟の追加には限界があると言うべきである。

おわりに

　複数の訴訟法分野を横断的に考察して言えることは、これまでの「司法権」の議論が、憲法学と各法分野との対話の中で、精神分裂又は空中分解を起こしかねなかったことである。まずは、裁判所が、「法の支配」を具現化する、「司法権」を独占する機関であるということを再確認すべきである。この点で、現行法が「司法権」の作用でないかの如く分類してきた家事審判等を再考すべきである。また、行政事件訴訟法の定める客観訴訟の中にも、個人の権利を守るための制度があり、これらも同様である。この種の事件を取扱う権限を裁判所から廃することは寧ろ違憲であろう。これらは民事・刑事裁判でも観念することができるものであり、行政訴訟を特別視することはできない。

　そして、裁判所に付与できる、「司法権」そのもの以外の権能としては、それを「司法権」を抱える裁判所に相応しいとする要素を吟味すれば、何らかの意味での具体的事件性、法的判断、終局性についての緩和は難しく、当事者適格性、訴えの利益部分を緩和して認容できるものにほぼ限られよう[556]。確かに、「司法権」に属さない権限は、裁判所に相応しいものであれば付与できると思われるが、以上の３点について緩和できる場合は稀有なのではなかろうか。実際、行政法分野の付加的な現行客観訴訟はこれをほぼ守っていると言えよう。また、純粋な意味での勧告的意見を述べる権能を裁判所が有してはならないとする、多くの憲法学説の感覚はこういった点にも合致する。

　このほか、行政訴訟に関する議論には、民事法などに存在した、訴訟かそうでないかで裁判の公開の憲法上の保障があるか否かの議論は殆どない。このことを考えると、訴訟か非訟かを裁判の公開を認めるかどうかに結び付ける必然性はなく、やはり、プライバシーや公序良俗、情報公開を求める事案であるなどを理由に非公開を考えれば十分だったことが確認できるように思われる。このような点でも、訴訟法を横断的に検討する必要性を感じる。

　最後に、いわゆる客観訴訟などとカテゴリーされてきた、即ち「法律上の争訟」や「司法権」の行使から外れる争訟においても憲法判断が行われてい

るが、そのようなことができるのかという議論もある。憲法判断は「司法権」の要件の延長にあり、「司法権の統合された本質的部分として理解されなければならない」以上、憲法判断を求めるだけの事件性や当事者適格性、憲法判断をせねば得られない法的利益、終局性が必要である。

　これについては、客観訴訟を「司法権」の外でこれに準じるものとして裁判所に付与したとの理解では、その下での憲法判断は困難とする批判もあるが、そのような裁判においても、まず、憲法判断なしに同様の判断が可能であるかの検討が求められるものの、裁判所に一旦法律がその機能を付与した以上、この命題に不可能との回答しかないのであれば、憲法判断は可能であることになるものと思われる。しかし、憲法判断は、当該裁判が「司法権」もしくはそれに準じる判断である以上、具体的な事件・争訟性を擬する実質を備える必要があり、憲法判断を行わなければ救済ができない場合に限るというのが原則である筈であり、抽象的違憲審査に匹敵する作用を裁判所が行使することは一般的には認められるべきではない。内閣法制局の行ってきた法令の事前審査についても許されまい。二重の基準論の厳格審査ベースの部分、即ち、思想信条の自由、表現の自由、政教分離、大学の自治、参政権、憲法14条1項後段列挙事由の差別などが問題となっている裁判では、こういった条項の有する特別な力を理由に、寧ろ積極的に憲法判断に踏み出すべきことになろう。この点は、表現の自由に関する特殊法理として文面審査が認められている、つまりは当該訴訟における当事者の法律上の利益を超えて憲法上の主張が認められているとする法理を踏まえるべきである。一般的な国民訴訟論は、政治闘争を裁判所に持ち込むものゆえ、適切ではないが、政教分離や大学の自治が侵害されたケースで何らかの訴訟ができなければ、かえって違憲な状態と言うべきであろう。

　思い返してみれば、客観訴訟や家事審判などにおいて憲法判断が特に求められた事案とは、靖国神社公式参拝（政教分離）、議員定数不均衡（参政権）、非嫡出子差別（憲法14条1項後段列挙事由の差別）などのケースが多いのであって、その観点から積極的な憲法判断を行うことが、憲法上も求められている。場合によっては、原告の訴えを斥けながらも憲法判断が要求されることを意識すべきであろう。他方、一般的網羅的に、事件の解決を超えての憲法判断を必ず求

第 2 章　司法権定義及び裁判所の中間領域論

め、なし崩し的に抽象的違憲審査を求めるべきものでもない。[569]

　以上により、「司法権」の定義を核に周辺に憲法上許容されるものがあるとの理解の下、各種訴訟類型及びそこでの憲法判断を整理できるようになろう。

1 ）　本書第 1 章参照。
2 ）　佐藤幸治『現代国家と司法権』29頁（有斐閣、1988）。
3 ）　清宮四郎『憲法Ⅰ』〔第 3 版〕335頁（有斐閣、1979）。
4 ）　佐藤幸治『日本国憲法論』581頁（成文堂、2011）。
5 ）　安念潤司「司法権の概念」大石眞＝石川健治編『憲法の争点』250頁（有斐閣、2008）。
6 ）　佐藤前掲註 2 ）書84頁より引用。
7 ）　比較憲法的見地から見ると、このような定義は元来、行政裁判所を置かない英米法国のものであるが、これらを置く、台湾や韓国でも、行政裁判を含めて「司法（裁判）」概念が用いられているように見受けられる。君塚正臣編『比較憲法』130-137頁（ミネルヴァ書房、2012）〔上田健介ほか〕参照。また、客観訴訟や非訟事件の位置付けという議論は、特殊日本的な法律問題であるのかもしれない。
8 ）　棟居快行『憲法学再論』456頁以下（信山社、2001）は、違憲国賠訴訟を論ずる。佐藤前掲註 2 ）書85頁以下も参照。
9 ）　宍戸常寿「司法権の概念」小山剛＝駒村圭吾編『論点研究憲法』〔第 2 版〕336頁（弘文堂、2013）。同様のことは、佐藤同上 4 頁が既に言及しており、勿論、それ以前から進行していた問題である。中野貞一郎編『現代民事訴訟法入門』127頁（法律文化社、1985）はもうこの時期に、「現代型訴訟の特殊問題」に 1 章割いている。
10）　憲法77条は規則制定権を最高裁判所に付与しており、司法行政権についても、憲法が明示するところではないものの、「最高裁判所の憲法上の地位から当然に帰結される権限である」とされる。佐藤前掲註 4 ）書613頁。
11）　これについては、山岸敬子『客観訴訟の法理』（勁草書房、2004）など参照。なお、「客観訴訟」という専門用語については、その「言いかたは、それによって表現されるべき何らかの共通の特徴がそこに存在することを想定しているようにもみえる」が、実際には「個人的利益主張を基礎としない、すなわち主観訴訟ではないという、消極的な共通点」があるだけであるから、これらは「非主観的訴訟」と呼ばれるべきだとする、小早川光郎「非主観的訴訟と司法権」法学教室158号97頁、98頁（1993）の主張がある。
12）　訴訟事件と非訟事件の区分については、佐々木雅寿「訴訟と非訟」ジュリスト1400号19頁（2010）、渋谷秀樹「訴訟と非訟」立教法務研究 5 号 1 頁（2012）など参照。
13）　最大判昭和51年 4 月14日民集30巻 3 号223頁、最大判昭和60年 7 月17日民集39巻 5 号1100頁など多数。前者の判決の評釈には、佐藤功「判批」法学セミナー255号 8 頁（1976）、伴喬之輔「判批」法律のひろば29巻 9 号43頁（1976）、矢野邦雄「判批」判例評論210号11頁（1976）、樋口陽一「判批」判例タイムズ337号 2 頁（1976）、S・H・E「判批（上、中、下）」時の法令931号45頁、932号49頁、933号45頁（1976）、野中俊彦「判批」ジュリスト臨時増刊642号『昭和51年度重要判例解説』12頁（1977）、同「判批」雄川一郎編『行政判例百選Ⅱ』418頁（1979）、吉田善明「判批」小林直樹編『憲法の判例』

97

〔第3版〕22頁（有斐閣、1977）、同「判批」樋口陽一＝野中俊彦編『憲法の基本判例』〔第2版〕55頁（有斐閣、1996）、千葉勇夫「判批」民商法雑誌76巻1号97頁（1977）、越山安久「判批」ジュリスト617号62頁（1976）、同「判批」最高裁判所判例解説民事篇昭和51年度』129頁（法曹会、1977）、同「判批」法曹時報31巻8号90頁（1979）、横川博「判批」甲南法学17巻1号83頁（1977）、浜田純一「判批」法学協会雑誌95巻1号219頁（1978）、越路正巳「判批」大東法学6号103頁（1979）、戸松秀典「判批」法律時報52巻6号20頁（1980）、松井茂記「判批」法学セミナー増刊『憲法訴訟』105頁（1983）、竹中勲「判批」樋口陽一ほか『考える憲法』124頁（弘文堂、1988）、山本浩三「判批」芦部信喜＝高橋和之編『憲法判例百選Ⅱ』〔第3版〕322頁（1994）、若狭勝「判批」研修593号3536頁（1997）、常本照樹「判批」法学教室211号81頁（1998）、渋谷秀樹「判批」杉原泰雄＝野中俊彦編『新判例マニュアル憲法Ⅰ』114頁（三省堂、2000）、安西文雄「判批」同214頁、野坂泰司「判批」法学教室303号61頁（2005）、井上典之「判批」法学セミナー609号91頁（2005）、中山茂樹「判批」佐藤幸治＝土井真一編『判例講義憲法Ⅱ』178頁（悠々社、2010）、毛利透「判批」同215頁、畑尻剛「判批」中央ロー・ジャーナル7巻1号65頁（2010）、高作正博「判批」宇賀克也ほか編『行政判例百選Ⅱ』〔第6版〕452頁（2012）、山元一「判批」長谷部恭男ほか編『憲法判例百選Ⅱ』〔第6版〕326頁（2013）、徳永貴志＝砂原庸介「判批」法学セミナー734号60頁（2016）などがある。このほか、伊藤正己ほか「座談会・議員定数違憲判決をめぐって」ジュリスト617号14頁（1976）、和田英夫「衆議院議員定数違憲判決とその問題点」判例時報811号3頁（1976）、鈴木法日児「議員定数不均衡問題についての若干の考察」宮城教育大学紀要13号162頁（1978）、越山康「わが在野法曹グループの論旨―衆院定数訴訟における事情判決の処理と問題解決の実効性について（最大判昭51.4.14、最大判昭60.7.17）」自由と正義38巻5号52頁（1987）、宍戸常寿「一票の較差をめぐる『違憲審査のゲーム』」論究ジュリスト1号41頁（2012）、佐々木雅寿「昭和51年衆議院議員定数不均衡違憲判決の背景」大阪市立大学法学雑誌62巻3＝4号1頁（2016）、同「衆議院議員定数不均衡違憲判決」長谷部恭男編『論究憲法』109頁（有斐閣、2017）などもある。後者の判決の評釈には、濱野惺「判批」ジュリスト850号56頁（1985）、同「判批」法曹時報38巻8号1959頁（1986）、同「判批」最高裁判所調査官室編『最高裁判所判例解説民事篇昭和60年度』277頁（法曹会、1989）、森英樹「判批」法学セミナー370号32頁（1985）、同「判批」ジュリスト臨時増刊862号『昭和60年度重要判例解説』14頁（1986）、はやし・しうぞう「判批（上、中、下）」時の法令1261号44頁、1262号55頁、1263号58頁（1985）、田中舘照橘「判批」法令解説資料総覧49号137頁（1985）、高部正男「判批」選挙38巻9号4頁（1985）、大竹邦実「判批」選挙時報34巻8＝9号28頁（1985）、長尾英彦「判批」京大法院会誌院生論集14号25頁（1985）、小林武「判批」民商法雑誌94巻4号502頁（1986）、中村睦男「判批」法学セミナー375号38頁（1986）、戸松秀典「判批」判例評論326号16頁（1986）、大宮眞郎「判批」法と民主主義204号38頁、206号36頁（1986）、前田寛「判批」徳山大学総合経済研究所紀要8号155頁（1986）、仲地博「判批」小林孝輔編『判例教室　憲法』〔新版〕88頁（法学書院、1989）、井端正幸「判批」上田勝美編『ゼミナール憲法判例』〔増補版〕104頁（法律文化社、1994）、安念潤司「判批」芦部信喜ほか編『憲法判例百選Ⅱ』〔第4版〕328頁（2000）、毛利透「判批」佐藤幸治＝土井真一編『判例講義憲法Ⅱ』217頁（悠々社、2010）、内藤光博「判批」長谷部恭男ほか編『憲法判例百選Ⅱ』〔第6版〕330頁（2013）などがある。このほか、高橋和之ほか「特集・定数是正の課題と方向」ジュリスト844号21頁（1985）、阿部照哉「議員定数違憲判決と選挙の効力」法律時報57巻11号51頁（1985）、武田勝年ほか「特集・衆議院議員定数最高裁判決をめぐって」法律のひろば38巻10号4頁（1985）、高野敏樹「衆議院議員定数不均衡違憲判決の意義と課題」田園調布学園大学紀要19号120頁（1986）、越

第 2 章　司法権定義及び裁判所の中間領域論

山前掲文献などもある。これを民衆訴訟たる公職選挙法204条で解決できることにつき、芦部信喜『憲法訴訟の理論』202頁（有斐閣、1973）、同『憲法訴訟の現代的展開』309頁（有斐閣、1981）など参照。

14)　津地鎮祭訴訟＝最大判昭和52年 7 月13日民集31巻 4 号533頁のほか、岩手靖国訴訟＝仙台高判平成 3 年 1 月10日行集42巻 1 号 1 頁、箕面忠魂碑訴訟＝最判平成 5 年 2 月16日民集47巻 3 号1687頁、愛媛玉串料訴訟＝最大判平成 9 年 4 月 2 日民集51巻 4 号1673頁、鹿児島大嘗祭訴訟＝最判平成14年 7 月11日民集56巻 6 号1204頁、空知太訴訟＝最大判平成22年 1 月20日民集64巻 1 号 1 頁など多数。津地鎮祭訴訟の評釈には、小林孝輔「判批」小林直樹編『憲法の判例』〔第 3 版〕29頁（有斐閣、1977）、小林直樹「判批」法律時報49巻11号89頁（1977）、和田英夫「判批」法学セミナー270号 2 頁（1977）、種谷春洋「判批」判例評論226号10頁（1977）、はやし・しうぞう「判批」時の法令978号51頁、979号53頁（1977）、高橋信行「判批」地方自治358号88頁（1977）、東法子「判批」手形研究308号34頁（1981）、横田耕一「判批」ジュリスト臨時増刊666号『昭和52年度重要判例解説』15頁（1978）、同「判批」樋口陽一＝野中俊彦編『憲法の基本判例』〔第 2 版〕65頁（有斐閣、1996）、平野武「判批」民商法雑誌78巻 6 号818頁（1978）、藤谷正博「判批」法令解説資料総覧 2 号182頁（1978）、中野昌治「判批」愛知学院大学宗教法制研究所紀要25号139頁（1979）、越山安久「判批」法曹時報33巻 2 号227頁（1981）、越山安久「判批」最高裁判所調査官室編『最高裁判所判例解説民事篇昭和52年度』212頁（法曹会、1981）、松井茂記「判批」法学セミナー増刊『憲法訴訟』109頁（1983）、今村嗣夫「判批」自由と正義38巻 5 号56頁（1987）、森省三「判批」芦部信喜＝高橋和之編『憲法判例百選 I 』〔第 2 版〕68頁（1988）、芦部信喜「判批」芦部信喜＝若原茂編『宗教判例百選』42頁（1991）、上田勝美「判批」上田勝美編『ゼミナール憲法判例』〔増補版〕126頁（法律文化社、1994）、若狭勝「判批」研修581号51頁（1996）、土屋英雄「判批」法学セミナー512号 7 頁（1997）、安念潤司「判批」法学教室208号57頁（1998）、中富公一「判批」杉原泰雄＝野中俊彦編『新判例マニュアル憲法 II 』40頁（三省堂、2000）、井上典之「判批」法学セミナー612号88頁（2005）、日比野勤「判批」高橋和之ほか編『憲法判例百選 I 』〔第 5 版〕96頁（2007）、林知更「判批」ジュリスト1400号83頁（2010）、駒村圭吾「判批」佐藤幸治＝土井真一編『判例講義憲法 I 』64頁（悠々社、2010）、大石眞「判批」長谷部恭男ほか編『憲法判例百選 I 』〔第 6 版〕98頁（2013）、田近肇「判批」法学教室388号23頁（2013）などがある。このほか、「特集・津地鎮祭最高裁判決」ジュリスト648号16頁（1977）、「特集・国家と宗教―津地鎮祭最高裁判決を契機に」法律のひろば30巻10号 4 頁（1977）、笹川紀勝「信仰の自由と政教分離の関係」ジュリスト771号31頁（1982）、野坂泰司「いわゆる目的効果基準について」高橋和之古稀記念『現代立憲主義の諸相（下）』281頁（有斐閣、2013）もある。岩手靖国訴訟判決の評釈には、初宿正典「判批」ジュリスト979号39頁（1991）、熊本信夫「判批」法学教室131号102頁（1991）、森英樹「判批」法学セミナー436号118頁（1991）、平野武「判批」同437号16頁（1991）、松井幸夫「判批」島大法学35巻 1 号159頁（1991）、諸根貞夫「判批」愛媛法学会雑誌18巻 2 号61頁（1991）、尾崎利生「判批」中京大社会科学研究12巻 1 号61頁（1991）、栗城壽夫「判批」ジュリスト臨時増刊1002号『平成 3 年度重要判例解説』27頁（1992）、桐ケ谷章「判批」法学教室138号別冊附録『判例セレクト '91』11頁（1992）、石橋俊一「判批」判例タイムズ790号『平成 3 年度主要民事判例解説』278頁（1992）、三好充「判批」成田頼明＝磯部力編『地方自治判例百選』〔第 2 版〕72頁（1993）、瀧澤信彦「判批」芦部信喜＝高橋和之編『憲法判例百選 I 』〔第 3 版〕96頁（1994）、法性祐正「判批」上田勝美編『ゼミナール憲法判例』〔増補版〕464頁（法律文化社、1994）、高田篤「判批」磯部力ほか編『地方自治判例百選』〔第 4 版〕221頁（2013）などがある。箕面忠魂碑訴訟判決の評

99

釈には、長谷部恭男「判批」ジュリスト1026号48頁（1993）、高橋利文「判批」同80頁、同「判批」法曹時報45巻9号2093頁（1993）、同「判批」最高裁判所調査官室編『最高裁判所判例解説民事篇平成5年度』161頁（法曹会、1996）、同「判批」ジュリスト増刊『最高裁時の判例1 公法編』14頁（2003）、浦部法穂「判批」法学教室154号109頁（1993）、小栗実「判批」法学セミナー468号38頁（1993）、孝忠延夫「判批」ジュリスト臨時増刊1046号『平成5年度重要判例解説』26頁（1994）、同「判批」法学教室162号別冊附録『判例セレクト'93』12頁（1994）、平野武「判批」民商法雑誌109巻6号133頁（1994）、大石眞「判批」判例評論422号12頁（1994）、上田勝美「判批」上田勝美編『ゼミナール憲法判例』〔増補版〕455頁（法律文化社、1994）、安念潤司「判批」法学教室208号57頁（1998）、中富公一「判批」杉原泰雄＝野中俊彦編『新判例マニュアル憲法Ⅱ』42頁（三省堂、2000）、野口貴公美「判批」磯部力ほか編『地方自治判例百選』〔第3版〕170頁（2003）、右崎正博「判批」高橋和之ほか編『憲法判例百選Ⅰ』〔第5版〕106頁（2007）、駒村圭吾「判批」佐藤幸治＝土井真一編『判例講義憲法Ⅰ』71頁（悠々社、2010）、松平徳仁「判批」長谷部恭男ほか編『憲法判例百選Ⅰ』〔第6版〕108頁（2013）などがある。また、羽室浩子「軍国右傾化の最前線で対決」月刊自治研25巻11号15頁（1983）も参照。鹿児島大嘗祭訴訟の評釈については、福井章代「判批」法曹時報56巻5号200頁（2002）、同「判批」ジュリスト増刊『最高裁時の判例1 公法編』12頁（2003）、同「判批」最高裁判所調査官室編『最高裁判所判例解説民事篇平成14年度下』551頁（法曹会、2005）、佐々木弘通「判批」長谷部恭男ほか編『憲法判例百選Ⅰ』〔第6版〕106頁（2013）などがある。愛媛玉串料訴訟及び空知太訴訟の評釈については本書第1章参照。

15）　ところで、憲法学は、憲法76条の「司法権」の定義に発し、裁判所が行うべき民事・刑事・行政訴訟の範囲の確定に関する問題と、その訴訟の中で裁判所が、いつ、誰の主張を容れて、どのように憲法判断を行えるかという憲法訴訟の問題を混同してきたように思われる。例えば、戸波江二「司法権・違憲審査制論の50年」樋口陽一ほか編『憲法理論の50年』107頁（日本評論社、1996）は、全編違憲審査制・憲法裁判の議論で覆い尽くされている。また、芦部信喜編『講座憲法訴訟第1巻』（有斐閣、1987）の後半では、その書名に反し、司法権論が議論されている。

16）　笹田栄司『司法の変容と憲法』235-236頁（有斐閣、2008）。

17）　片山智彦『裁判を受ける権利と司法制度』45頁（大阪大学出版会、2007）の問題提起である。

18）　佐藤前掲註2）書10頁もこれを強調する。

19）　同上214頁。

20）　美濃部達吉『日本國憲法原論』449頁（有斐閣、1948）。

21）　同上451頁。

22）　同上454頁。

23）　佐藤前掲註2）書24頁は、手島孝批判として同旨か。

24）　佐々木惣一『改訂日本國憲法論』343頁（有斐閣、1952）。

25）　佐藤前掲註2）書15頁。

26）　佐々木前掲註24）書373頁。

27）　同上370頁以下。

28）　宮沢俊義『法律學体系コンメンタール篇1―日本国憲法』610頁（日本評論新社、1955）。

29）　清宮前掲註3）書335頁以下参照。同様の姿勢は、橋本公亘『日本国憲法』599頁以下（有斐閣、1980）、佐藤功『日本国憲法概説』〔全訂第5版〕461頁以下（学陽書房、1996）にも見られる。

30）　河野敬「事件性」芦部編前掲註15）書219頁、241頁。

31) 雄川一郎「行政訴訟の客観化の傾向と原告適格法」『法学協会百周年記念論文集1巻』633頁、635-636頁（有斐閣、1983）。

32) 戸松秀典『憲法訴訟』〔第2版〕85頁（有斐閣、2008）。

33) 初宿正典『憲法Ⅰ—統治の仕組み (1)』94頁（成文堂、2002）。

34) 野中俊彦ほか『憲法Ⅱ』〔第5版〕226頁（有斐閣、2012）〔野中〕。野中の憲法訴訟論については、同『憲法訴訟の原理と技術』（有斐閣、1995）を参照。

35) 野中ほか同上226-227頁〔野中俊彦〕。

36) 同上230頁〔野中〕。

37) 同上296頁〔野中〕。

38) 野中俊彦「司法の観念についての覚書き」杉原泰雄古稀記念『21世紀の立憲主義—現代憲法の歴史と課題』425頁、438頁（勁草書房、2000）。

39) 山内敏弘編『新現代憲法入門』331頁（法律文化社、2004）〔宍戸常寿〕は、「『事件性』の要件によって当事者間の権利義務を前提とした『法律上の利益』の主張が憲法上の司法権に要求されるものではないとして、客観訴訟による公権力の統制を強化するという実践的志向に裏打ちされていた」と論評する。

40) 長尾一紘『日本国憲法』〔第3版〕432頁（世界思想社、1997）は、「客観訴訟もまた具体的な法律関係の存否に関する争いであり、『具体的争訟』というべきであり、司法作用である」と断ずる。

41) 高橋和之『現代立憲主義の制度構想』136頁（有斐閣、2006）。そもそも、ここでの「民衆訴訟、客観訴訟」という記述が論理的でない。

42) 同上151頁。アメリカの、特に州における「司法」の定義が異なるのではないかとの議論については、本書第3章参照。また、「司法」の定義に関する高橋説は、高橋和之『体系憲法訴訟』32頁以下（岩波書店、2017）でも繰り返される。

43) 高橋和之『立憲主義と日本国憲法』〔第4版〕410頁（有斐閣、2017）。

44) 同上411頁。

45) 山内編前掲註39）書331頁〔宍戸常寿〕は、「ドイツ流の〈争訟裁決〉モデルの文脈でアメリカの『事件・争訟』を取り込んできた従来の理解に対するアンチ・テーゼと理解できる」と論評する。

46) 高橋前掲註43）書411頁。

47) 同上同頁。

48) 同上411-412頁。

49) 同上412頁。

50) 長谷部恭男『憲法の円環』226頁（岩波書店、2013）。

51) 松井茂記「『国民訴訟』の可能性について」高田敏古稀記念『法治国家の展開と現代的構成』351頁、391頁（法律文化社、2007）。

52) 安念前掲註5）論文251頁。

53) 本書第5章参照。

54) 長谷部前掲註50）書227頁同旨か。

55) 野坂泰司『憲法基本判例を読み直す』23頁（有斐閣、2011）。

56) 長谷部前掲註50）書231頁。

57) 君塚正臣＝藤井樹也＝毛利透『VIRTUAL憲法』149頁図（悠々社、2005）〔君塚〕は、権力分立関係を任命の流れ、罷免の流れ、法・政策の流れに分けて説明するが、高橋説などの説明によれば、

国会や内閣に対して裁判所が「法改正・運用変更を促す」機能が担保できるかが心配である。

58）　安念前掲註5）論文251頁。

59）　同上同頁。

60）　片山前掲註17）書31頁も、これを、「司法権の行使の可否を、部分的にであれ、国会が定めると した規定であるという解釈には十分な根拠が認められない」と痛罵する。佐藤前掲註2）書121頁 も、「統治機構上の各種制度の中身が実定法律によらなければ何事も決まらないということ、そ のような中身はほとんどすべて実定法律による形成に委ねられているということ、を意味しな い」と述べる。

61）　渋谷秀樹『憲法』〔第3版〕647頁（有斐閣、2017）も、法律に規定すれば裁判所は訴訟手続を用 いることができるのであれば、「憲法との抵触が問題となる」と指摘する。

62）　長谷部前掲註50）書232頁同旨か。

63）　松井前掲註51）論文393頁。

64）　松井茂記『日本国憲法』〔第3版〕231頁（有斐閣、2007）。

65）　同上同頁。

66）　この点、高橋和之も、「司法」に含まれないものは裁判所で取り上げられないという、「司法権 の限界」を説明している。同前掲註43）書413頁。しかし、その項目として掲げているのは、「憲 法が明文規定で設定した例外」、「立法権・行政権との関係における限界」、「人権その他の憲法規 定との調整からくる限界」という分類である。同書391-393頁。このため、宗教団体内部の紛争も 「政教分離原則に由来する限界」だとされるなど、司法権の定義の内在的限界という意識はない。 このことも、高橋説が「司法」の外延を意識していないことを示す状況証拠として挙げることが できよう。

67）　片山前掲註17）書31頁。著者には、技巧的にも失敗しているように見える。

68）　渋谷前掲註61）書635頁。

69）　佐藤前掲註2）書214頁。関連して、佐々木雅寿「勧告的意見の可能性」高見勝利ほか編『日本 国憲法解釈の再検討』323頁、341頁（有斐閣、2004）は、「十分に司法化され、慎重に運用される ものであれば、勧告的意見は立法政策の観点からも妥当性を持ちうる」と述べる。だが、それが 法的判断ではあろうとは思われるものの、事件の発生、訴訟当事者の存在、対審構造、終局性な どを欠き、裁判所への勧告的意見権限の付与は違憲の疑いが濃いと思われる。同前掲註12）論文 26頁でも、「訴訟と非訟を二分する必要性はなく、」「憲法32条の裁判＝82条の裁判＝『現行法が裁 判所の権限に属せしめている一切の事件につき裁判所が裁判という形式をもってするすべての判 断作用ないし法律行為』（広義の裁判）ととらえ、32条と82条は、広義の裁判のうち、性質上訴訟 事件には原則として公開・対審・判決をセットで要請するが例外もありうるとする解釈も十分成 り立つ」としており、裁判所の役割を「司法権」に限定する解釈への反対姿勢が見える。

70）　佐藤前掲註2）書246頁。

71）　小早川光郎『行政訴訟の構造分析』3頁（東京大学出版会、1983）参照。

72）　同上26頁参照。

73）　戸波江二『憲法』〔新版〕428頁（ぎょうせい、1998）。

74）　実際、同上440頁は、「法律によって」事件争訟性に欠ける筈の「抽象的違憲審査制を導入する ことは憲法上可能」だと述べる。戸波が、「司法」の定義をあまり重視していないことがわかる。 河野前掲註30）論文242頁はこれを懸念しているように読める。本書第3章で示すように、それは

やはりあり得ない。

75) この意味で、司法判断を政治部門との対話と捉える佐々木雅寿『対話的違憲審査の理論』（三省堂、2013）はユニークである。だが、そこでは「司法」と政治部門の営為の区別がなくなり、両者の駆け引きが強調され、結果、司法が「法の支配」の担い手であることが軽視される懸念がある。

76) 但し、高橋和之は、「国民主権を採用した日本国憲法の行政権」定義に相応しくないとして、行政控除説を採用していない。同前掲註43）書380頁。同書同頁は、「行政とは法律の『執行』である」と定義する。しかし、そうすると、司法もまた法律の執行であるから、やはり行政と司法の区別ができないという問題点が再確認されてしまう。このほか、同書同頁は「内閣が国会の決定を受動的に執行するにすぎないということではない」としているが、この定義は、やはり国会主導の統治モデル、「国権の最高機関」という文言を重視する憲法解釈と結び付き、同書357頁の述べる、「迅速果敢な対応を必要とする場面」「によく応えうるのは、国会よりも内閣」であり、「『統治』の中心となるのは内閣である」という理解とも一貫しないように思われる。なお、同前掲註41) 書45頁は、「国会が決定し、行政権が執行するという『決定―執行』図式」を批判するが、「執行」概念への賛否がますます不明である。同書46頁は「統治の担い手の中心たる首相とその統治プログラムを事実上直接に選択する」「議院内閣制」の「運用」即ち「国民内閣制」を提唱するが、第一にそれは衆議院議員選挙で当初から想定されているもので、改めて名付けるものでもないほか、2006年にこれを語る意義も不明である。議院内閣制は議院内閣制であり、内閣への国民のコントロールは制度的に間接的であることは明らかであり、アメリカのような大統領制とは異なることを寧ろ認識すべきものである。

77) 南野森「司法権の概念」安西文雄ほか『憲法学の現代的論点』〔第2版〕169頁、177頁（有斐閣、2009）。

78) 最大判昭和27年10月8日民集6巻9号783頁。本件評釈には、覚道豊治「判批」阪大法学6号68頁（1953）、俵静夫「判批」民商法雑誌35巻6号134頁（1957）、市原昌三郎「判批」芦部信喜編『憲法判例百選』205頁（1963）、池田政章「判批」我妻栄編『判例百選』〔第2版〕12頁（1965）、雄川一郎「判批」東京大学判例研究会編『判例民事法　昭和27年度』（1966）、原龍之助「判批」田中二郎編『行政判例百選』〔新版〕206頁（1970）、樋口陽一「判批」小林直樹編『憲法の判例』〔第2版〕196頁（有斐閣、1971）、種谷春洋「判批」小林直樹編『憲法の判例』〔第3版〕217頁（有斐閣、1977）、同「判批」樋口陽一編『憲法の基本判例』181頁（有斐閣、1985）、川上宏二郎「判批」雄川一郎編『行政判例百選Ⅱ』328頁（1979）、戸波江二「判批」法学セミナー増刊『憲法訴訟』33頁（1983）、尾吹善人『解説憲法基本判例』1頁（有斐閣、1986）、手島孝「判批」塩野宏＝小早川光郎編『行政判例百選Ⅱ』〔第3版〕360頁（1993）、川添利幸「判批」芦部信喜＝高橋和之編『憲法判例百選Ⅱ』〔第3版〕400頁（1994）、大久保史郎「判批」上田勝美編『ゼミナール憲法判例』〔増補版〕337頁（法律文化社、1994）、長谷部恭男「判批」樋口陽一＝野中俊彦編『憲法の基本判例』〔第2版〕194頁（有斐閣、1996）、渋谷秀樹「判批」杉原泰雄＝野中俊彦編『新判例マニュアル憲法Ⅰ』100頁（三省堂、2000）、野坂泰司「判批」法学教室296号109頁（2005）、村松勲「判批」小早川光郎ほか編『行政判例百選Ⅰ』〔第5版〕302頁（2006）、西村裕一「判批」法学教室349号7頁（2009）、尾形健「判批」佐藤幸治＝土井真一編『判例講義憲法Ⅱ』287頁（悠々社、2010）、斎藤千加子「判批」宇賀克也ほか編『行政判例百選Ⅰ』〔第6版〕310頁（2012）、佐々木雅寿「判批」長谷部恭男ほか編『憲法判例百選Ⅱ』〔第6版〕412頁（2013）などがある。このほか、真田秀夫「門前払をくつた予備隊違憲訴訟―鈴木委員長の最高裁提訴却下」時の法令78号48頁（1952）、高根義三郎「具体的事件を離れて最高裁判所は抽象的と法

103

律命令等の合憲性を判断できるか」中大法学新報 60巻 7 号68頁（1953）、井上典之「違憲審査制の樹立」法学セミナー604号103頁（2005）、同「裁判所による司法権の自己理解」法学セミナー633号76頁（2007）、笹田栄司「警察予備隊違憲訴訟─政治との距離を図る『方程式』の誕生」論究ジュリスト 1 号10頁（2012）などもある。

79）　野坂前掲註55）書23頁。

80）　小山剛『「憲法上の権利」の作法』〔第 3 版〕214頁（尚学社、2016）は、現行法の客観訴訟は、「具体的な事件自体は発生しているが、ただ特定の被害者が存在しないというもの」だと指摘しており、野坂の言う「事件」の要件をクリアする。しかし、より広げて、「事件」でさえあればよいのであれば、あらゆる紛争・対立・矛盾は「事件」と捉えられなくもない。「事件」とはやはり法的解決可能で一方当事者が訴えた紛争であるとすれば、議論は「司法権」の定義とその拡大的許容領域という一元的な問題に戻っていかないか。

81）　なお、阿部照哉ほか編『憲法 (4)』〔第 3 版〕169頁（有斐閣、1996）〔野坂泰司〕は、「司法権の対象事項が」「「法律上の争訟」に限定されるとみることには問題がある。裁判所法 3 条 1 項後段は、裁判所が『その他法律において特に定める権限』を有する旨規定しており、実際、「講学上客観訴訟と呼ばれる訴訟類型が設けられている」と述べているが、下位法令によって憲法解釈を行っているもので不適当である。

82）　安西文雄＝巻美矢紀＝宍戸常寿『憲法学読本』306頁（有斐閣、2011）〔宍戸〕。

83）　渋谷前掲註61）書636頁同旨。

84）　なお、有力学説の中に客観訴訟を違憲とするものは見当たらない。その意味では、「事件性の要件」が、現行法を説明するための「たぶんに実際的な考慮の産物」だという、浦部法穂『憲法学教室』〔全訂第 3 版〕345頁（日本評論社、2016）の指摘は的を射ていよう。

85）　伊藤正己『憲法』〔第 3 版〕563-564頁（弘文堂、1995）。

86）　樋口陽一＝栗城壽夫『憲法と裁判』19頁（法律文化社、1988）〔樋口〕。

87）　樋口陽一『憲法』〔第 3 版〕411頁（創文社、2007）。

88）　樋口陽一『憲法 I』473頁（青林書院、1998）。

89）　杉原泰雄『憲法 II』361頁（有斐閣、1989）。杉原説に従うと、裁判所の役割が「司法」を下回る心配はないものの、過大なものが国会によって付与される危険があるが、それがどこまで行っても違憲ではないのかという疑問もないではない。

90）　笹田前掲註16）書252頁。

91）　同上253頁。

92）　高見勝利『芦部憲法学を読む─統治機構論』260頁（有斐閣、2004）。

93）　芦部信喜『憲法』〔新版補訂版〕303頁（岩波書店、2000）。なお、芦部信喜（高橋和之補訂）『憲法』〔第 6 版〕339頁（岩波書店、2015）でも表現は同じである。

94）　南野前掲註77）論文172頁。

95）　覚道豊治『憲法』〔改訂版〕185頁（ミネルヴァ書房、1973）。

96）　こういった学説的系譜を指摘し、石川健治「トポスとしての権利侵害論─司法権の自己同一性論との関連で」法学教室327号48頁、50頁（2007）は、佐藤幸治説が「京都学派立憲主義憲法学の鼻祖佐々木惣一による『客観的概念としての司法権』論の再興という物語（narrative）を伴って登場したために、あたかも新京都派の旗揚げといった様相を呈することとなった」と論評する。

97）　佐藤前掲註 4 ）書575頁。このような宣言は、同前掲註 2 ）書57頁以下に見られる。

98） 佐藤前掲註4）書575-576頁。

99） 佐藤前掲註2）書31頁。

100） 佐藤前掲註4）書581頁。

101） 同上582頁。

102） 同上584頁。

103） 佐藤前掲註2）書436頁。

104） 佐藤前掲註4）書585頁及び588頁。

105） 同上586頁。

106） 同上588頁。

107） 佐藤前掲註2）書126頁及び250-251頁。

108） 佐藤前掲註4）書588頁。

109） 佐藤前掲註2）書128頁。

110） 同上434-435頁。

111） 佐藤前掲註4）書588頁。

112） 同上同頁。

113） 野坂泰司「『司法権の本質』について」杉原泰雄＝樋口陽一編『論争憲法学』289頁、292頁（日本評論社、1994）。

114） 同上293頁。

115） 野坂前掲註55）書23頁。

116） 小早川前掲註11）論文100頁。

117） 駒村圭吾『憲法訴訟の現代的転回』351-352頁（日本評論社、2013）。

118） 同上352頁図参照。

119） 毛利透ほか『Legal Quest憲法Ⅰ』〔第2版〕261頁（有斐閣、2017）〔松本哲治〕。

120） 駒村圭吾「非司法作用と裁判所―『事件性の擬制』というマジノ線」法学教室326号41頁、45頁（2007）。

121） 山内編前掲註39）書324頁〔宍戸常寿〕。

122） 松井前掲註51）論文392頁。

123） 川岸令和ほか『憲法』〔第4版〕340頁（青林書院、2016）〔君塚正臣〕。

124） 阪本昌成『憲法理論Ⅰ』〔補訂第3版〕377頁（成文堂、2000）。

125） 同上409頁。

126） しかし、松井前掲註51）論文357-358頁は、憲法76条でいう「司法権」に当たらない客観訴訟が認められるのは、「裁判所法3条でいう『その他法律において特別に定める権限』として特別の法律によ」るからだと、現行法シフトの説明をしている。

127） 松井茂記『裁判を受ける権利』204頁注29（有斐閣、1993）、同前掲註51）論文394頁、同前掲註64）書235頁。

128） 松井前掲註51）論文351頁以下。

129） 同上397頁。

130） 同上398頁。

131） 同上402頁。但し同論文406頁が述べるように、「その政策的妥当性については慎重な検討を要する」。結果、裁判所が、国政に関する基本方針や論争となっている問題について討論し、判断

を行うアリーナと化してしまうからである。だが、精神的自由の制度的保障に関わる国の政教分離違反については、何らかの主観訴訟を却下する理由中で憲法判断を行うべきである。敗訴当事者の判断のため、上級審の判断がなくなることは、「司法権」であり、その中の付随的違憲審査制である以上、やむを得ない。本書第35章参照。これに対し、精神的自由、選挙権、憲法14条1項後段列挙事由以外の国家予算の支出については、裁判所ではなく、「投票箱と民主政」の過程に委ねるべきではあるまいか。その意味では、自衛隊イラク派遣訴訟二審判決＝名古屋高判平成20年4月17日判時2056号74頁の憲法判断には賛成できない。本件評釈には、小林武「判批」法学セミナー645号4頁（2008）、同「判批」国際人権19号168頁（2008）、永山茂樹「判批」法学セミナー648号116頁（2008）、上脇博之「判批」法学セミナー増刊『速報判例解説』3号35頁（2008）、渋谷秀樹「判批」ジュリスト臨時増刊1376号『平成20年度重要判例解説』9頁（2009）、上中孝文「判批」防衛法研究33号137頁（2009）などがある。このほか、小林武「自衛隊イラク派兵の違憲性および平和的生存権の具体的権利性の弁証—名古屋高裁における証言」愛知大法経論集178号37頁（2008）、同「シリーズ憲法（10）—イラク派兵違憲名古屋高裁判決の今日的意義」日本の科学者44巻4号42頁（2009）、同「平和的生存論の展開状況— 2008年名古屋高裁判決以降の特質」愛知大法経論集197号189頁（2013）、奥野恒久「平和的生存権論の現段階—イラク派遣違憲訴訟、名古屋高裁判決を中心に」日本の科学者44巻4号38頁（2009）、川口創ほか「イラクの実態・イラク派兵違憲判決から学ぶもの—事実を見つめ、事実から考えることを出発点にして」自治と分権34号39頁（2009）なども参照。

132）　「納税者訴訟」については、これもまた具体的・付随的違憲審査であり、「憲法32条が憲法上の権利を認めたことの当然の帰結」との論評もある。渋谷前掲註61）書696頁。だが、機関訴訟なども主観訴訟と観念することは、高橋説の陥ったような、「司法」概念の核心の溶解を招こう。安念前掲註5）論文251頁も、このような見解について、民衆訴訟については一部理解を示し、「もともと主観訴訟だと観念されているらしいアメリカの納税者訴訟の延長上に位置づけることによって、実は主観訴訟なのだと説明できそうである」としている。しかし、同論文同頁は、松井が「機関訴訟を主観訴訟だと観念するのは、いかにも強弁の感を免れない」と批判している。

133）　片山前掲註17）書45頁。

134）　毛利ほか前掲註119）書267頁［松本哲治］同旨。

135）　片山前掲註17）書32-33頁。

136）　同上35頁。但し、片山はこれを「裁判を受ける権利の要素となる憲法上の司法制度の要素」として挙げている。

137）　長谷部恭男『憲法』〔第6版〕407-408頁（新世社、2014）。

138）　同上408頁。

139）　同上同頁。

140）　同上409-410頁。

141）　これは、藤井俊夫『事件性と司法権の限界』456頁（成文堂、1992）が、民衆訴訟を客観訴訟だとして、「国民の個々人の権利に関係なく、また、『行政の行為の適法性』の保障そのものを目的とする訴訟であるというように割り切ること自体についても問題がある」と論じていることにも通じよう。藤井は同様の議論を機関訴訟についても展開し、いかなる訴訟でも法律で付与できるとは考えていない。同書461頁以下。

142）　長谷部前掲註137）書302頁。

第 2 章　司法権定義及び裁判所の中間領域論

143)　新正幸『憲法訴訟論』〔第 2 版〕86頁（信山社、2010）。

144)　同上37頁及び242頁など。

145)　藤井俊夫『司法権と憲法訴訟』50頁（成文堂、2007）。

146)　毛利ほか前掲註119）書267頁［松本哲治］同旨。

147)　本書第17章参照。

148)　本書第28章参照。

149)　本書第26章参照。

150)　土井真一「法の支配と司法権」佐藤幸治ほか編『憲法五十年の展望Ⅱ―自由と秩序』79頁、114頁（有斐閣、1998）はこれを強調する。そうすることで、本書が再度引用した直前の片山智彦の語る裁判の要素と比べ、英米法的司法観が際立っている。

151)　松井前掲註127）書216頁以下参照。

152)　なお、同上161頁以下のように、憲法32条を根拠とするものではない。

153)　長谷部由紀子「民事訴訟手続の基本原則と憲法」長谷部恭男『憲法の境界』131頁、136頁（羽鳥書店、2009）。

154)　同上136頁。

155)　同上137頁。

156)　これに対して、長谷部恭男「憲法から見た民事訴訟法」同前掲註153）書141頁、147頁は、これらが公開の必要がないからだ、と応答している。刑事裁判では、真実に即した公平な判断がなされることを担保し、被告が社会的非難に匹敵する行為に及んだことを公に知らしめるような理由がないとするのである。

157)　山木戸克己『人事訴訟手続法・家事審判法』家事審判法部分15頁（有斐閣、1958）。

158)　三ヶ月章「訴訟事件の非訟化とその限界」鈴木忠一＝三ヶ月章監修『実務民事訴訟講座 7 巻』3頁、16頁（日本評論社、1969）。併せて、家事審判手続の歴史については、岡部喜代子「家事審判手続の歴史と将来」ケース研究300号53頁（2009）も参照。

159)　ドイツ法を範とする方針であったが、ドイツのそれは審議段階であり、草案や法案を入手して作業を進めたらしい。このためか、総則規定ではドイツ法との対応関係が顕著であるが、各則ではそれは薄い。三木浩一「非訟事件手続法・家事審判法改正の課題」ジュリスト1407号 8 頁、9 頁（2010）参照。

160)　大村敦志『家族法』〔第 2 版〕283頁（有斐閣、2002）。

161)　同上60頁。

162)　アメリカの家庭裁判所制度の影響を受けて、1927年には家事審判法案が仮決定したが、未確定のまま戦後を迎えた。梶村太市＝徳田和幸編『家事事件手続法』〔第 2 版〕356-357頁（有斐閣、2007）［大橋眞弓］。1936年には、母性保護連盟を通じて、母子扶助法と共に家事調停法が第69帝国議会に提出された。しかし、次の第70帝国議会には提出できなかった。進藤久美子『市川房枝と「大東亜戦争」』144頁（法政大学出版局、2014）。これが戦前の婦人参政権運動の、軍国主義時代からくる限界とも言えた。1939年に人事調停法が制定されている。山木戸前掲註157）書 2 頁。

163)　山木戸同上家事審判法部分 6 頁など参照。

164)　岡部前掲註158）論文60頁。

165)　ドイツでもそうであるらしい。カール・アウグスト・ベッテルマン（田中恒朗訳）「行政と司法の狭間における非訟裁判権」東海法学12号190頁（1994）。

166) 佐々木前掲註12) 論文20頁。

167) 美濃部前掲註20) 書452頁。

168) 大野正男『社会のなかの裁判』27頁（有斐閣、1998）。

169) ところで、調停には同席調停と別席調停がある。前者は、強者が弱者に圧力をかける、かえって関係が悪化するなどの問題があり、後者が「慣れ親しん」だものであった。しかし、後者にも「相手の悪いことを言いつけあう」欠陥があり、「当事者が主体となり納得の行く解決方法を見つけていく方法としては、不適格」であるため、「少しずつではあるが、」前者が「試みられるようになっ」ている。梶村太市「家事事件手続法の課題と展望」梶村太市＝棚村政行編『新家族法実務大系５─調停・審判・訴訟』50頁、54頁（新日本法規、2008）。日本で調停が好まれる理由などにつき、田宮裕『日本の裁判』196頁以下（弘文堂、1989）なども参照。

170) このことについて、笹田前掲註16) 書249-250頁は、三ヶ月章「決定手続と抗告手続の再編成」同『民事訴訟法研究第８巻』167-168頁及び193頁（有斐閣、1981）を引用しつつ、独立的決定でありながら、「決定」という語が用いられるが故に、そして訴訟非訟二分論の下、非訟事件がそうであるが故に軽んじられている傾向を指摘している。

171) このため、阿部潤「新しい人事訴訟の実情」自由と正義55巻８号26頁、31頁（2004）は、「手続が違法になったり、手続保障が損なわれたりすることがないように、より細かな神経を使う」のであって、「制度の趣旨を十分に理解しなければ適切な訴訟運営ができない」と評する。

172) 渋谷前掲註12) 論文５頁。

173) 吉村徳重「訴訟事件と非訟事件」法学教室（別冊ジュリスト第２期）２号63頁（1973）。

174) 岡部前掲註158) 論文63頁。

175) 三ヶ月前掲註158) 論文３頁。批判的紹介として、松井前掲註127) 書131頁以下も参照。

176) 秋武憲一編『概説家事事件手続法』３頁（青林書院、2012）［秋武］。

177) 家事事件手続法は、家事審判法を廃して新たに制定されたもので、「家事審判法」では「調停」も含まない名称であるため、改められた。また、旧法では「家事審判官」という用語が用いられていたが、「裁判官」に改められた。松川正毅ほか編『新基本法コンメンタール人事訴訟法・家事事件手続法』114頁（日本評論社、2013）［松川］。

178) 佐上善和「家事紛争と家庭裁判所」岩波講座『現代の法５─現代社会と司法システム』267頁、292-293頁（岩波書店、1997）は、加えて、家事審判法時代の家事審判についても、職権探知主義だからといって、当事者の主体性なくしては事実や証拠の提出、争点の具体化は困難だったと評している。

179) 秋武編前掲註176) 書33頁［高橋信幸］。このような規定は、家事審判法にはなく、家事事件手続法で新たに設けたものである。松川ほか編前掲註177) 書127頁［三木浩一］。なお、家事調停については、調停機関の判断・評価を重視する調停裁判説と、当事者の合意形成の援助・促進を重視する調停合意説に大別すれば、徐々に前者から後者に流れていることは確かであり、権威的調停・高圧的調停は危惧されるところである。梶村前掲註169) 論文51頁。子の福祉に関する事案は、当事者主義的運用は控えねばなるまい。大橋眞弓「乙類審判の審理手続をめぐる諸問題」梶村＝棚村編前掲註169) 書258頁、268頁。

180) 松川ほか編前掲註177) 書127頁［三木浩一］。

181) 三木浩一ほか『民事訴訟法』213頁（2013、有斐閣）［三木］。

182) 秋武編前掲註176) 書33頁［高橋信幸］。

第2章　司法権定義及び裁判所の中間領域論

183）　同上35-36頁［高橋信幸］、松川ほか編前掲註177）書128-129頁［三木浩一］。

184）　木佐茂男ほか『現代の司法』〔第5版〕111頁以下（日本評論社、2009）［水谷規男］、梶村＝徳田編前掲註162）書26頁［梶村］。このほか、山田文「ADRとしての家事調停」梶村＝棚村編前掲註169）書75頁以下も参照。

185）　これに対して、甲類事項は、調停による処理に適しない事項、非紛争性のものと性格付けられる。平田厚「乙類審判事件に関する当事者主義的運用の意義と問題点」判例タイムズ1237号5頁（2007）、山木戸前掲註157）書家事審判法部分25頁。

186）　平城恭子「家事調停の対象」梶村＝棚村編前掲註169）書129頁、134頁。

187）　梶村前掲註169）論文58頁。同論文58-59頁は、これを行政機関に移管すべきであると述べる。

188）　秋武編前掲註176）書91頁［高橋信幸］。

189）　大決大正15年8月3日新聞2611号11頁、大決昭和2年10月12日新聞2773号13頁、大決昭和3年5月19日新聞2887号10頁など。松川ほか編前掲註177）書177頁［堤龍弥］。

190）　詳細は、小野瀬厚ほか「人事訴訟法の概要」家庭裁判月報56巻4号101頁（2004）、片山登志子「新人事訴訟法の概要」自由と正義55巻8号14頁（2004）、高田昌宏「人事訴訟法施行と今後の理論的課題」ジュリスト1301号2頁（2005）、松村徹「家庭裁判所における人事訴訟事件の概況について」同25頁、秋武憲一「東京家庭裁判所における人事訴訟の運用状況―移管後、1年経過を踏まえて」同32頁、南方暁「人事訴訟法と家事調停」新潟大法政理論38巻2号186頁（2005）など参照。その制定過程については、青山善充「人事訴訟法の制定過程を振り返って」家庭裁判月報56巻4号53頁（2004）、高橋宏志「人事訴訟法の制定において」同75頁など参照。また、「資料・東京家庭裁判所における人事訴訟時意見実務の運用について」ジュリスト1301号39頁（2005）も参照。ところで、同法は、実務家の研究業績は多いが、家族法学でも民事訴訟法学でも法社会学でも、そして当然のように憲法学・国法学・裁判法学でも主たる研究対象とされていない印象がある。エアポケットに落ちたように、隠れた問題点、学問的興味を引く論点が隠れているように思えてならない。このような改革は司法制度改革の流れの中でなされたものと言えよう。これについては、佐藤幸治『日本国憲法と「法の支配」』282頁以下（有斐閣、2002）も参照。

191）　山木戸前掲註157）書人事訴訟手続法部分2頁。

192）　同上2-3頁。

193）　中野貞一郎ほか編『新民事訴訟法講義』〔第2版補訂2版〕33頁（有斐閣、2008）［徳田和幸］。

194）　同上103頁［本間靖規］。この点、成年被後見人は、本条項が民事訴訟法31条の適用を排除しているため、建前上はその残存能力をできる限り尊重して、訴訟能力を否定していないが、本人保護の観点から、人事訴訟法1条2項以下の定める訴訟代理人の選任が有力な方策と考えられる。松川ほか編前掲註177）書37-38頁［高田昌宏］。

195）　この際、遺産分割の審判は家庭裁判所、遺産範囲確認などの訴訟は地方裁判所という状態についても、後者を家裁に移管する議論もあったが、今回は人事訴訟とその関連訴訟に限定することになったようである。高橋前掲註190）論文78頁参照。なお、訴訟代理人の中には、夫婦間の貸金返還請求や不当利得返還請求も併せて行う者も少なくないという。秋武憲一「東京家庭裁判所における人事訴訟の運用状況」自由と正義58巻2号59頁、61頁（2007）（なお、同一著者による、副題以外は同一名称の論文が前掲190）に存在するが、別物であるので注意）。

196）　その各国の実情については、野田愛子「家庭裁判所制度の世界的展開」梶村＝棚村編前掲註169）書3頁など参照。

197) 三ヶ月章「家庭裁判所への人事訴訟移管の司法政策的意義―特別裁判所概念の再検討と再評価をめぐって」家庭裁判月報56巻4号5頁、6頁 (2004)。ところで、美濃部前掲註20) 書460頁以下の「下級裁判所」の記述には「家庭裁判所」がない。美濃部にはこの制度は想定外だったのかもしれない。

198) 芦部前掲註93) 書311頁が、禁じられる特別裁判所の「典型」として「戦前の軍法会議」を挙げている重みは理解すべきである。芦部 (高橋補訂) 前掲註93) 書347頁でも表現は同じである。

199) 最大判昭和31年5月30日刑集10巻5号756頁。本件評釈には、高田義文「判批」法曹時報8巻7号106頁 (1956)、小野慶二「判批」警察研究31巻7号116頁 (1960)、桜田誉「判批」芦部信喜編『憲法判例百選』198頁 (1963)、新井隆一「判批」法学セミナー173号106頁 (1970)、寿田竜輔「判批」芦部信喜=高橋和之編『憲法判例百選』〔第3版〕230頁 (1974)、田宮裕「判批」別冊判例タイムズ6号『少年法―その実務と裁判例の研究』72頁 (1979) 松尾浩也「判批」田宮裕編『少年法判例百選』4頁 (1998)、矢口俊昭「判批」芦部信喜ほか編『憲法判例百選Ⅱ』〔第4版〕388頁 (2000)、笹田栄司「判批」杉原泰雄=野中俊彦編『新判例マニュアル憲法Ⅰ』88頁 (三省堂、2000)、久保田穣「判批」高橋和之ほか編『憲法判例百選Ⅱ』〔第5版〕400頁 (2007)、佐々木雅寿「判批」佐藤幸治=土井真一編『判例講義憲法Ⅱ』259頁 (悠々社、2010)、西村裕一「判批」長谷部恭男ほか編『憲法判例百選Ⅱ』〔第6版〕363頁 (2013) などがある。清宮前掲註3) 書343-344頁、毛利ほか前掲註119) 書281頁 [松本哲治] なども参照。

200) 佐上前掲註178) 論文268頁。

201) 坂梨喬「調停に代わる審判の問題点」梶村=棚村編前掲註169) 書229頁。

202) 阿部前掲註171) 論文27頁。秋武前掲註190) 論文33頁によれば、2005年9月30日現在、裁判官4名、家庭裁判所調査官5名、書記官8名、事務官2名の構成である。

203) 有名人や著名人、単に私生活を公開したくないというような事情は理由にならない。秋武憲一「人事訴訟の審理手続をめぐる諸問題」梶村=棚村編前掲註169) 書362頁、371頁。

204) 佐藤前掲註4) 書609頁。

205) 但し、不貞行為があったか、暴力があったかなどの離婚原因、有責配偶者からの離婚請求の際に、離婚を認めることで他方配偶者が過酷な状態に置かれないかというような過酷条項については、事実の調査の対象にはならない。これらは、訴訟事項として、厳格な証明、民事訴訟法に定められた証拠調べの結果に基づいて判断される。片山前掲註190) 論文20頁。

206) 野田愛子「人事訴訟の家庭裁判所移管と家庭裁判所の独自性」家庭裁判月報56巻4号36頁 (2004) は調査官をそう表現する。

207) 高等裁判所でもこれは可能である (裁判所法61条の2)。松川ほか編前掲註177) 書91頁 [高見進]。

208) 松村前掲註190) 論文28頁資料3によれば、人事訴訟開始後1年間の終局区分別件数によれば、人事訴訟のうち「和解」で終わるものは32.0%を占め、「判決」に至った45.9%と比べても一定の割合である。「離婚」に限れば、「和解」は36.8%であり、「判決」の41.1%との差は縮まる。

209) 大橋眞弓「運用から見た参与員制度と家事調停制度」ジュリスト1301号17頁、18頁 (2005) はこれを特に指摘する。

210) 竹下守夫「家庭裁判所と国民の司法参加」家庭裁判月報56巻4号13頁、29頁 (2004) 参照。

211) 同上16-17頁参照。

212) 同上23頁。

213) 片山前掲註190) 論文23頁。大阪家裁では、30代、40代からも選任されているという。同論文同

第2章　司法権定義及び裁判所の中間領域論

頁。但し、こういった若い世代、特に男性の参与員の確保は難しいという。小野木等「大阪家庭裁判所での人事訴訟事件の審理状況について」自由と正義58巻2号54頁、57頁（2007）。また、東京家裁では2004年1月には、本庁分の参与員候補を112名選補した。阿部前掲註171）論文27頁。ただ、こういった肯定的な分析がある一方、梶村太市「東京家裁・大阪家裁における新人事訴訟2年の運用状況報告の問題点」自由と正義58巻2号69頁、79頁（2007）は、参与員に「中途半端な関与のさせ方しかできないのならば、参与員は意見を言うべきではな」く、「それ以上に当事者を大事にすべきである」と主張している。

214）　吉村前掲註173）論文63頁。

215）　長谷部前掲註137）書302頁。

216）　山木戸前掲註157）書人事訴訟手続法部分8頁参照。

217）　野田前掲註206）論文33頁など参照。

218）　木内道祥「人事訴訟の家庭裁判所移管を生かすための審理改善」家庭裁判月報56巻4号87頁、88頁（2004）。

219）　片山前掲註190）論文15頁。

220）　高田裕成「家庭裁判所における人事訴訟の課題」梶村＝棚村編前掲註169）書343頁、344頁、南方前掲註190）論文190頁など。但し、木内前掲註218）論文88頁は、当事者が家裁と地裁を（物理的に長距離を）「行ったり来たり」することが問題であるとする論は、多くの地裁と家裁がほぼ同じ場所にあり、支部では殆どそうであることから「ミスリーディングである」と指摘している。なお、離婚調停と離婚訴訟の連続性については、調停における当事者の任意性の確保などが損なわれ、また、調停が訴訟の前哨戦と化し、当事者は離婚を前提に行動し始め、調停の独自性や特色が損なわれるなどとする反対論もある。南方暁「離婚訴訟と調停前知主義」梶村＝棚村編前掲註169）書139頁、146-147頁参照。

221）　南方同上191-192頁。

222）　このほか、人事訴訟法4条では、身分関係の当事者の普通裁判籍を有する地を管轄地とすることとなり、例えば、離婚裁判において、夫婦の共通の住所地に何れかが残っていればそこでしか訴訟を提起できないというルールは消滅した。このため、DVが絡む事件で当事者の訴えにより住所地が判明してしまうという問題もなくなった。同法8条により、離婚に伴う慰謝料請求訴訟がまず地裁に提起され、その後に離婚訴訟が家裁に提起されたとき、相当と認めるときは前者の訴訟も家裁に移送できることとなった。片山前掲註190）論文17-18頁など参照。

223）　水野紀子「人事訴訟法制定と家庭裁判所における離婚紛争の展望」ジュリスト1301号11頁、15頁（2005）。

224）　なお、2004年には「裁判外紛争解決手続の利用の促進に関する法律」（ADR法）の制定があり、2007年の施行後は、法務大臣の認証を受けた民間の解決業者が紛争解決の業務を行えることになった。梶村＝徳田編前掲註162）書11頁［徳田］。関連して、南方前掲註190）論文202頁は、離婚事件において、調停が訴訟の準備段階として期待され、機能しなくなる危惧を指摘する。同論文216頁以下は、調停委員と参与員は同一人物たりうるか、調停で聞き出した資料を訴訟で使えるか、などの具体的な疑問を突きつけている。

225）　三ヶ月前掲註197）論文6-7頁参照。

226）　佐藤前掲註4）書597頁の記述も、「現在の家庭裁判所は、本項にいう『特別裁判所』ではなく」という淡白なものになっている。

111

227) 三ヶ月前掲註197) 論文7-8頁同旨か。

228) 最大決昭和31年10月31日民集10巻10号1355頁。本件評釈としては、中田淳一「判批」民商法雑誌35巻4号133頁 (1957)、村松俊夫「判批」法律時報29巻1号64頁 (1957)、斎藤秀夫「判批」判例評論8号10頁 (1957)、大場茂行「判批」最高裁判所調査官室編『最高裁判所判例解説民事篇昭和31年度』191頁 (法曹会、1957) などがある。このほか、末川博ほか「座談会・『調停に代わる裁判』の合憲性をめぐつて」民商法雑誌35巻4号56頁 (1957) などもある。

229) 最大決昭和33年3月5日民集12巻3号381頁。本件評釈としては、川本権祐「判批」民事研修17号25頁 (1958)、大西芳雄ほか「判批」民商法雑誌38巻4号76頁 (1959)、三宅多大「判批」最高裁判所調査官室編『最高裁判所判例解説民事篇昭和33年度』37頁 (法曹会、1959)、鈴木俊光「判批」明大法律論叢32巻4号113頁 (1959)、山木戸克己「判批」我妻栄＝宮澤俊義編『判例百選』182頁 (1960)、同「判批」中田淳一＝三ヶ月章編『民事訴訟法判例百選』162頁 (1965)、小室直人「判批」芦部信喜編『憲法判例百選』142頁 (1963) などがある。このほか、谷口知平ほか「座談会・罹災都市借地借家臨時処理法による借地権設定に関する裁判」民商法雑誌38巻4号42頁 (1959) も参照。

230) 最決昭和56年7月2日判時1015号54頁。

231) 三木前掲註159) 論文10頁。

232) 石川明「乙類審判事件の非訟性から生じる憲法並びに手続法上の諸問題」家庭裁判月報30巻11号1頁、15頁 (1978) 参照。

233) 佐藤前掲註2) 書8頁注3。

234) 三木前掲註159) 論文10頁。

235) 最大決昭和35年7月6日民集14巻9号1657頁。本件評釈には、新堂幸司「判批」ジュリスト209号44頁 (1960)、長谷部茂吉「判批」法律のひろば13巻10号8頁 (1960)、中村宗雄「判批」判例評論30巻6頁 (1960)、千種達夫「判批」判例時報233号4頁 (1960)、三淵乾太郎「判批」法曹時報12巻9号74頁 (1960)、同「判批」最高裁判所調査官室編『最高裁判所判例解説民事篇昭和35年度』253頁 (法曹会、1961)、田中和夫「判批」時の法令364号20頁、364号40頁 (1960)、谷口安平「判批」法学論叢68巻1号125頁 (1960)、染野義信「判批」日本法学26巻3号107頁 (1960)、斎藤秀夫「判批」民商法雑誌44巻2号96頁 (1961)、江藤价泰「判批」芦部信喜編『憲法判例百選』139頁 (1963)、富樫貞夫 熊本法学2号108頁 (1964)、佐々木吉男「判批」ジュリスト489号42頁 (1971)、同「判批」小林直樹編『憲法の判例』〔第3版〕148頁 (有斐閣、1977)、新正幸「判批」樋口陽一＝野中俊彦編『憲法の基本判例』〔第2版〕152頁 (有斐閣、1996)、住吉博「判批」芦部信喜ほか編『憲法判例百選Ⅱ』〔第4版〕280頁 (2000)、中富公一「判批」杉原泰雄＝野中俊彦編『新判例マニュアル憲法Ⅰ』242頁 (三省堂、2000)、中山茂樹「判批」佐藤幸治＝土井真一編『判例講義憲法Ⅱ』179頁 (悠々社、2010)、宮井清暢「判批」長谷部恭男ほか編『憲法判例百選Ⅱ』〔第6版〕278頁 (2013) などがある。佐々木評釈は、非訟事件に憲法32条などの要請を被せることに反対する。

236) 渋谷前掲註12) 論文7頁。

237) 夫婦同居・協力扶助義務に関する処分の審判についての最大決昭和40年6月30日民集19巻4号1089頁、婚姻費用の分担に関する処分の審判についての最大決昭和40年6月30日民集19巻4号1114頁、遺産分割に関する処分の審判についての最大決昭和41年3月2日民集20巻3号360頁などがある。第1の決定の評釈には、小山昇「判批」判例評論84号3頁 (1965)、鈴木忠一「判批」判例タイムズ179号2頁 (1965)、宮田信夫「判批」法曹時報17巻8号110頁 (1965)、同「判批」最高裁判所調査官室編『最高裁判所判例解説民事篇昭和40年度』201頁 (法曹会、1966)、Ｓ・Ｈ・Ｅ「判

第 2 章　司法権定義及び裁判所の中間領域論

批（上、下）」時の法令550号54頁、551号54頁 (1965)、谷口知平「判批」民商法雑誌54巻 2 号72頁 (1966)、我妻栄「判批」法学協会雑誌83巻 2 号169頁 (1966)、飯倉一郎「判批」国学院法学 3 巻 3 号 89頁 (1966)、林脇トシ子ほか「判批」慶大法学研究40巻 6 号90頁 (1967)、鍛冶良堅「判批」ジュリスト増刊『民法の基本判例』191頁 (1969)、安倍正三「判批」判例タイムズ250号93頁 (1970)、佐々木吉男「判批」ジュリスト489号42頁 (1971)、同「判批」加藤一郎＝太田武男編『家族法判例百選』〔新版増補版〕46頁 (1975)、水本浩「判批」法学セミナー216号47頁 (1973)、中川淳「判批」法学セミナー243号95頁 (1975)、山木戸克己「判批」加藤一郎＝太田武男編『家族法判例百選』〔第 3 版〕38頁 (1980)、鈴木正裕「判批」新堂幸司＝青山善充編『民事訴訟法判例百選』〔第 2 版〕12頁 (1982)、林屋礼二「判批」芦部信喜ほか編『憲法判例百選 II』〔第 4 版〕282頁 (2000)、青山善充「判批」伊藤眞ほか編『民事訴訟法判例百選』〔第 3 版〕4 頁 (2003)、高橋宏志「判批」水野紀子ほか編『家族法判例百選』〔第 7 版〕14頁 (2008)、良永和隆「判批」民事研修624号29頁 (2009)、佐上善和「判批」高橋宏志ほか編『民事訴訟法判例百選』〔第 4 版〕8 頁 (2010)、中山茂樹「判批」佐藤幸治＝土井真一編『判例講義憲法 II』180頁 (悠々社、2010)、畑宏樹「判批」小林秀之編『判例講義民事訴訟法』〔第 2 版〕4 頁 (悠々社、2010)、宇都宮純一「判批」長谷部恭男ほか編『憲法判例百選 II』〔第 6 版〕280頁 (2013)、菱田雄郷「判批」水野紀子＝大村敦志編『民法判例百選 III』〔第 7 版〕14頁 (2015)、本間靖規「判批」高橋宏志ほか編『民事訴訟法判例百選』〔第 5 版〕8 頁 (2015)、赤坂幸一「判批」月報司法書士519号30頁 (2015) などが、第 2 の決定の評釈には、上記と同じもののほか、高津環「判批」法曹時報17巻 8 号116頁 (1965)、同「判批」最高裁判所調査官室編『最高裁判所判例解説民事篇昭和40年度』207頁 (法曹会、1966)、川種一郎「判批」民商法雑誌54巻 2 号84頁 (1966)、我妻栄「判批」法学協会雑誌83巻 2 号177頁 (1966)、泉久雄「判批」専修大法学論集 2 号 94頁 (1966)、三ケ月章「判批」新堂幸司編『続民事訴訟法判例百選』194頁 (1972) などが、最後の決定の評釈には、上記と同じもののほか、中島一郎「判批」判例タイムズ250号98頁 (1970)、高津環「判批」判例タイムズ189号79頁 (1966)、同「判批」法曹時報18巻 5 号95頁 (1966)、同「判批」最高裁判所調査官室編『最高裁判所判例解説民事篇昭和41年度』85頁 (法曹会、1967)、高梨公之「判批」判例評論92号37頁 (1966)、飯倉一郎「判批」国学院法学 4 巻 1 号97頁 (1966)、山木戸克己「判批」ジュリスト373号264頁 (1967)、同「判批」ジュリスト増刊『昭和41・42年度重要判例解説』38頁 (1967)、同「判批」加藤一郎＝太田武男編『家族法判例百選』〔新版増補版〕236頁 (1975)、谷口知平「判批」民商法雑誌55巻 4 号76頁 (1967)、我妻栄「判批」法学協会雑誌84巻 2 号82頁 (1967)、伊東乾「判批」慶大法学研究40巻11号102頁 (1967)、中川淳「判批」法学セミナー175号 183頁 (1970)、佐々木吉男「判批」加藤一郎＝太田武男編『家族法判例百選』〔第 3 版〕208頁 (1980)、橘勝治「判批」久貴忠彦＝米倉明編『家族法判例百選』〔第 5 版〕186頁 (1995)、飯田恭示「判批」判例タイムズ1100号『家事関係裁判例と実務245題』418頁 (2002)、徳田和幸「判批」同582頁などがある。

238)　最大決昭和45年 6 月24日民集24巻 6 号610頁。本件評釈には、小島武司「判批」民商法雑誌64巻 3 号112頁 (1971)、奥村長生「判批」法曹時報23巻 1 号162頁 (1971)、同「判批」最高裁判所調査官室編『最高裁判所判例解説民事篇昭和45年度』229頁 (法曹会、1971)、宗田親彦「判批」慶大法学研究44巻10号117頁 (1971)、佐上善和「判批」大阪市立大法学雑誌18巻 1 号150頁 (1971)、三ケ月章「判批」新堂幸司ほか編『倒産判例百選』8 頁 (1976)、早稲田大学法学部新井研究室「判批」法学セミナー247号167頁 (1976)、霜島甲一「判批」法学志林84巻 2 号156頁 (1987)、中野貞一郎「判批」新堂幸司ほか編『新倒産判例百選』8 頁 (1990)、野田愛子ほか「判批」判例タイムズ1100号

113

『家事関係裁判例と実務245題』418頁（2002）、同ほか「判批」同582頁、青山善充「判批」伊藤眞＝松下淳一編『倒産判例百選』〔第5版〕4頁（2013）などがある。

239) 最大決昭和46年7月8日判時642号21頁。

240) 最大決昭和41年12月27日刑集20巻10号2279頁。本件評釈には、中野次雄「判批」法曹時報19巻8号119頁（1967）、同「判批」最高裁判所調査官室編『最高裁判所判例解説民事篇昭和41年度』576頁（法曹会、1967）、大西芳雄「判批」芦部信喜編『憲法判例百選』〔新版〕134頁（1968）、広岡隆「判批」民商法雑誌57巻1号147頁（1968）、霜島甲一「判批」法学協会雑誌85巻1号109頁（1968）、伊東乾＝饗場元彦「判批」慶大法学研究41巻8号94頁（1968）、新堂幸司「判批」芦部信喜＝高橋和之編『憲法判例百選Ⅱ』〔第3版〕272頁（1994）、石川明「判批」判例評論101号15頁（1967）、同「判批」新堂幸司ほか編『民事訴訟法判例百選Ⅰ』〔新法対応補正版〕12頁（1998）、中山茂樹「判批」佐藤幸治＝土井真一編『判例講義憲法Ⅱ』181頁（悠々社、2010）、時本義昭「判批」長谷部恭男ほか編『憲法判例百選Ⅱ』〔第6版〕282頁（有斐閣、2013）などがある。磯崎辰五郎「非訟事件手続法により科する過料について」龍谷法学3巻3＝4号64頁（1971）は、この判例を特に取り上げ、「被処分者は憲法32条により裁判請求権を保障されていると解すべき」（93頁）であり、同「法207条を解して、同上2項による過料の裁判に対して同上3項の即時抗告を認めるのみで、別訴をもって争うことを認めないものとすれば、その限りにおいて同法は、憲法32条および82条に違反する」（95頁）とする。

241) 最大決昭和42年7月5日刑集21巻6号764頁。本件評釈には、坂本武志「判批」ジュリスト377号97頁（1967）、同「判批」法曹時報19巻10号159頁（1967）、同「判批」最高裁判所調査官室編『最高裁判所判例解説刑事篇昭和42年度』154頁（法曹会、1968）、谷口正孝「判批」ジュリスト増刊『昭和41・42年度重要判例解説』234頁（1967）、森長英三郎「判批」法律時報39巻11号92頁（1967）、羽淵清司「判批」慶大法学研究42巻11号129頁（1969）、松尾浩也「判批」警察研究46巻11号60頁（1975）などがある。

242) 最決昭和59年3月22日判時1112号51頁。本件評釈には、塩崎勤「判批」ジュリスト816号75頁（1984）、浦部法穂「判批」ジュリスト臨時増刊838号『昭和59年度重要判例解説』26頁（1985）、谷口安平「判批」久貴忠彦＝米倉明編『家族法判例百選』〔第5版〕138頁（1995）などがある。このほか、今井威「憲法の概念―S.リアル教授『憲法概念の不確実性』を読んで」西南学院大法学論集18巻4号1頁（1986）などもある。

243) 最決昭和60年7月4日判時1167号32頁。

244) 最決昭和55年7月10日判時981号65頁。本件評釈には、石川明「判批」民商法雑誌84巻3号91頁（1981）、鎌田薫「判批」法学セミナー313号118頁（1981）、中川淳「判批」同314号142頁（1981）、西原諄「判批」判例評論268号27頁（1981）、林屋礼二「判批」判例タイムズ439号『昭和55年度民事主要判例解説』212頁（1981）などがある。

245) 東京地判平成元年10月6日判時1344号149頁。本件評釈には、山崎まさよ「判批」判例タイムズ臨時増刊735号『平成元年度主要民事判例解説』202頁（1990）、伊藤昌司「判批」判例タイムズ743号63頁（1991）などがある。

246) このほか、以下のような例がある。商法245条の3第3項にいう裁判所の株式買取価格の決定は、後見的立場からの裁量権の行使で、具体的内容を形成するに留まるとして非訟事件とした例がある。最決昭和48年3月1日民集27巻2号161頁。会社更生法232条の更生計画認否の裁判を、非訟事件とした例がある。最決昭和60年1月22日判タ550号136頁。国選弁護人の報酬支給額の決

第 2 章　司法権定義及び裁判所の中間領域論

定も非訟事件とした例がある。最決昭和61年 9 月 8 日裁判集民148号425頁。旧民事訴訟法511条
1 項に基づく強制執行停止命令の申立ての却下に際して、口頭弁論は必要ないとした例がある。
最決昭59年 2 月10日判時1109号91頁。民事執行法83条による不動産競売事件における引渡命令
も、純然たる訴訟事件ではないので、公開の法廷における口頭弁論を要しないとする例がある。
最決昭和63年10月 6 日判時1298号118頁。第 1 の決定の評釈として、有紀新「判批」金融・商事判
例385号 2 頁 (1973)、紺谷浩司「判批」民商法雑誌71巻 2 号161頁 (1974)、川口冨男「判批」法曹
時報26巻 3 号188頁 (1974)、同「判批」最高裁判所調査官室編『最高裁判所判例解説民事篇昭和48
年度』60頁 (法曹会、1977)、河野正憲「判批」北九州大学法政論集 2 巻 1 号141頁 (1974)、谷口安
平「判批」法学セミナー237号135頁 (1975)、志村治美「判批」同259号147頁 (1977)、沢昭二「判批」
企業法研究261号38頁 (1977) などがある。最後の決定の評釈として、栂善夫「判批」法学セミナー
417号112頁 (1989)、栗田隆「判批」判例タイムズ691号47頁 (1989)、林屋礼二「判批」竹下守夫＝
伊藤眞編『民事執行法判例百選』100頁 (1994)、東京地方裁判所民事執行センター実務研究会「判
批」判例タイムズ1103号『民事執行判例エッセンス2002』41頁 (2002)、金子宏直「判批」伊藤眞ほ
か編『民事執行・保全判例百選』94頁 (2005) などがある。詳細は、戸松秀典＝今井功編『論点体
系判例憲法 3』211頁以下 (第一法規、2013) [大林啓吾] 参照。

247)　最大決平成10年12月 1 日民集52巻 9 号1761頁。本件評釈ついては序章参照。このほか、棟居前
掲註 8) 書468頁以下も参照。

248)　平賀健太「家庭裁判所」中川善之助ほか編『家族問題と家族法Ⅶ―家事裁判』120頁、129頁 (酒
井書店、1974) など。毛利ほか前掲註119) 書297頁 [松本哲治]、松井前掲註127) 書127頁は、こ
のような説明に疑問を呈する。

249)　松村前掲註190) 論文27-28頁資料 1・2 によれば、人事訴訟開始後 1 年間の種類別新受件数・既
済件数の何れをとっても、「離婚」が 8 割以上を占め、「親子関係存否関係」の3-5％程度などを大
きく引き離して、圧倒的な数である。

250)　青山前掲註190) 論文67-68頁。

251)　高橋前掲註190) 論文80頁。

252)　同上82頁参照。

253)　新堂幸司『新民事訴訟法』〔第 5 版〕510頁 (弘文堂、2011)。

254)　石川前掲註232) 論文15頁参照。

255)　他方、憲法学における司法権論を黙殺する民事訴訟法学説等も問題である。

256)　渋谷前掲註12) 論文 4 頁。

257)　高田前掲註190) 論文 4 頁参照。

258)　中田淳一『民事訴訟判例研究』227頁以下 (有斐閣、1972)。

259)　芦部信喜編『憲法Ⅲ―人権 (2)』302頁以下 (有斐閣、1981) [芦部]。石川前掲註232) 論文37頁も、
「かかる立法万能思想には疑問を感じている」と述べる。

260)　岡部前掲註158) 論文74頁。

261)　石川前掲註232) 論文38頁参照。

262)　同上14頁参照。

263)　同上36頁。

264)　同上44頁。

265)　渋谷前掲註12) 論文13頁。

115

266）　田宮前掲註169）書81頁。

267）　名城大学事件＝東京地判昭和38年11月12日行集14巻11号2024頁。本件評釈としては、大沢勝「判批」小林直樹＝兼子仁編『教育判例百選』〔第2版〕168頁（1979）などがある。

268）　松井前掲註127）書136頁同旨。但し、同書はこれを憲法32条の「裁判を受ける権利」の読み込みから導いている点で立場を異にする。

269）　関連して、戸波前掲註73）書341頁は判例・通説の説明として、「『純然たる訴訟事件』については公開・対審・判決の訴訟手続によらなければならない」としながら、同書342-343頁では、「対審・公開の手続では、プライバシーの侵害など、かえって当事者の権利が保護されないこととなる事態は生じうる。したがって、訴訟事件に関する公開・対審・判決の原則は、裁判を受ける権利の実質化の観点から、十分な理由のある場合には例外を許容すると解することが妥当である」とするのでは、非訟・訴訟の区別なく、広汎に非公開審理を招くことになり、当初の説明の歯止めにあまり意味がない虞れが大である。

270）　佐藤前掲註2）書128頁。同書434-436頁はこの問題を再論する。

271）　覚道前掲註95）書301頁。

272）　渋谷前掲註12）論文3頁。

273）　阪本昌成『憲法1―国制クラシック』〔全訂第3版〕249頁（成文堂、2011）。

274）　樋口前掲註87）書415頁。

275）　長谷部前掲註137）書302頁。

276）　辻村みよ子『憲法』〔第5版〕452頁（日本評論社、2016）、佐藤前掲註4）書606頁、渋谷前掲註61）書673頁以下、毛利ほか前掲註119）書295-296頁〔松本哲治〕など。

277）　最判平成14年9月24日判時1802号60頁。本件評釈には、大石泰彦「判批」ジュリスト臨時増刊1246号『平成14年度重要判例解説』13頁（2003）、大塚直「判批」法学教室270号別冊付録『判例セレクト2002』15頁（2003）、田島泰彦「判批」法律時報75巻3号107頁（2003）、鈴木秀美「判批」月刊民放33巻1号46頁（2003）、奥平康弘「判批」コピライト502号30頁（2003）、棟居快行「判批」法律のひろば57巻5号72頁（2004）、同「判批」堀部政男＝長谷部恭男編『メディア判例百選』150頁（2005）、永井美奈「判批」判例タイムズ臨時増刊1154号『平成15年度主要民事判例解説』98頁（2004）、滝澤孝臣「判批」NBL 814号88頁（2005）、石井智弥「判批」専修法研論集37号1頁（2005）、和田美江「判批」北大法学論集58巻2号514頁（2007）、福島力洋「判批」佐藤幸治＝土井真一編『判例講義憲法I』100頁（悠々社、2010）、曽我部真裕「判批」長谷部恭男ほか編『憲法判例百選I』〔第6版〕142頁（2013）などがある。このほか、岡邦俊「続・著作権の事件簿（49）―名誉権に基づく出版差止請求を認めた『石に泳ぐ魚』事件最高裁判決」JCAジャーナル49巻11号68頁（2002）、「特集2・柳美里『石に泳ぐ魚』最高裁判決の検討（平成14.9.24）」法学セミナー577号38頁（2003）、福島力洋「表現の自由とプライバシー―石に泳ぐ魚」同581号14頁（2003）、切通理作「『石に泳ぐ魚』柳美里」文学界57巻1号270頁（2003）、君塚正臣『憲法の私人間効力論』361頁以下（悠々社、2008）なども参照。

278）　阿部照哉ほか編『憲法（3）』〔第3版〕163頁（有斐閣、1995）〔田口精一〕。

279）　藤井前掲註145）書36頁は、「原則的にはすべての裁判に対して右の手続的保障が及ぶとした上で、一定の類型ごとに個別的な正当化自由が認められる限りにおいて、公開とか対審手続の要求をゆるめることができる、と解すべき」としており、同調できる。藤井前掲註141）書10頁もほぼ同様。

第2章　司法権定義及び裁判所の中間領域論

280）　これに対して、松井前掲註64）書239頁は、最近の訴訟事件の非公開を問題とし、憲法82条の「『公の秩序又は善良な風俗』を従来のように解釈する以上、」プライバシーや営業の秘密、情報公開を求める裁判「で非公開審理を行なうことは困難であ」り、非公開を許容する解釈は「裁判の公開を骨抜きにする危険性をもっている」と批判する。

281）　梶村＝徳田編前掲註162）書32頁［梶村太市］。

282）　同上33頁［梶村太市］。

283）　同上26頁［梶村太市］。

284）　平田前掲註185）論文6-7頁参照。

285）　石川前掲註232）論文2頁。

286）　目立ったところでは、橋本前掲註29）書637頁など。

287）　片山前掲註17）書45頁。

288）　同上50頁。

289）　佐藤幸治編『憲法Ⅱ─基本的人権』440頁（成文堂、1988）［中山勲］。なお、伊藤前掲註85）書402頁は、「32条にいう『裁判』は、公開法廷における対審、判決を保障される純然たる訴訟手続にあたる裁判のみでなく、それぞれの事件に応じた適正な手続の定められた広い意味の裁判（たとえば借地非訟事件の裁判や家事審判法9条1項乙類の審判）を含むものと解される」と述べており、その趣旨の方が理解できる。だが、同書573頁は、「性質上純然たる訴訟事件にあたらない非訟事件の裁判については、公開法廷における対審および判決の必要はない」としている。

290）　片山がこのように主張するからには、行政手続の適正は憲法31条準用とする通説、13条説の何れかであり、31条適用説ではないことになろう。川岸ほか前掲註123）書233-234頁［君塚正臣］参照。しかし、13条説の多くは、訴訟手続の適正を「司法」らしい手続の要求の水準に上げる傾向にあるため、片山説はこの局面で、結局は31条準用説に頼らざるを得まい。だが、この説は疑問である。本書第4章参照。

291）　芦部前掲註93）書232頁は、憲法32条の「裁判を受ける権利」には、「家事審判」についても「国民が紛争のために裁判所で当該事件にふさわしい適正な手続の保障の下で受ける非訟事件に関する裁判をも含む」と述べ、同書337頁は、「82条の公開・対審の原則を指導原理として、それぞれの事件の性質・内容に相応した適正な手続の保障をともなうものでなければならない」としている。芦部（高橋補訂）前掲註93）書258頁でも表現は同じである。やはり、非訟事件の裁判所の審理としての適正の要求は通説だと言える。

292）　最決平成20年5月8日判時2011号116頁。本件評釈には、山田文「判批」法学セミナー増刊『速報判例解説』3号153頁（2008）、塩崎勤「判批」民事法情報267号81頁（2008）、園田賢治「判批」九大法政研究75巻3号115頁（2008）、垣内秀介「判批」ジュリスト臨時増刊1376号『平成20年度重要判例解説』155頁（2009）、宍戸常寿「判批」法学教室342号別冊『判例セレクト'08』11頁（2009）、本間靖規・法律時報別冊『私法判例リマークス』38号126頁（2009）、川嶋四郎「判批」法学セミナー650号126頁（2009）、石田浩二「判批」別冊判例タイムズ25号『平成20年度主要民事判例解説』124頁（2009）、佐瀬裕史「判批」高橋宏志ほか編『民事訴訟法判例百選』［第4版］252頁（有斐閣、2010）、畑宏樹「判批」小林秀之編『判例講義民事訴訟法』［第2版］6頁（悠々社、2010）、三木浩一「判批」慶大法学研究83巻10号84頁（2010）、赤坂幸一「判批」月報司法書士519号30頁（2015）などがある。

293）　山内編前掲註39）書333頁［宍戸常寿］。

294）　佐藤前掲註4）書586-587頁。

117

295) 高橋前掲註43) 書316頁。

296) 同上同頁。

297) 佐藤前掲註4) 書608頁。

298) もしくは、阿部照哉『憲法』〔改訂〕169頁（青林書院、1991）が述べるように、「非公開を原則として審理がなされる非訟事件手続法で権利義務を確定する裁判が行なわれることがあってはならない」かであるが、公開すべきか否かという憲法原則、憲法解釈の問題が、憲法の下位法に委ねられてはなるまい。

299) 高橋前掲註43) 書316頁。

300) 芦部編前掲註259) 書302頁以下〔芦部信喜〕。

301) 林屋礼二「『訴訟事件の非訟化』と裁判を受ける権利」吉川大二郎追悼『手続法の理論と実践上巻』66頁（法律文化社、1980）。

302) 伊藤公一『憲法概要』〔改訂版〕175頁（法律文化社、1983）は、「公開しない方がむしろ人権の保護に適うと考えられる場合」と表現する。阪本前掲註124) 書472頁は、「訴訟か非訟かという違い」ではなく「事件の性質・内容に応じた配慮」だと説明する。

303) 樋口＝栗城前掲註86) 書19頁〔樋口陽一〕は、憲法「82条の定める形式から解放されたものとして扱う非訟事件化を、合目的性の見地から積極的に容認するか、それとも『いかに解決すべきか』という方法を重視する立場から消極的に評価するか、というところ」が争点であり、合憲との結論は同じだと論評する。

304) http://www.courts.go.jp/saiban/syurui_kazi/kazi_02/

305) 旧家事審判法24条1項は、「家庭裁判所は、調停委員会の調停が成立しない場合において相当と認めるときは、当該調停委員会を組織する家事調停委員の意見を聴き、当事者双方のため衡平に考慮し、一切の事情を見て、職権で、当事者双方の申立ての趣旨に反しない限度で、事件の解決のため離婚、離縁その他必要な審判をすることができる。この審判においては、金銭の支払その他財産上の給付を命ずることができる」と定めており、調停の合意がなくても合意成立と同じ効果を有し、「強制調停」などとも呼ばれていた。坂梨前掲註201) 論文230頁。このことからも、審判は強制力を有するものである。同論文239頁は、調停不成立即訴訟よりも、このような審判を定着させるべきだとも主張している。

306) 林田和博「司法権の範囲」清宮四郎＝佐藤功編『憲法講座4―司法・財政・地方自治・最高法規・改正』1頁、4頁（有斐閣、1959）。

307) 榮春彦「家事事件における記録の開示」梶村＝棚村編前掲註169) 書105頁、109頁。

308) 榎原猛『憲法―体系と争点』388頁（法律文化社、1986）。

309) 宮田豊編『憲法講義』140頁（嵯峨野書院、1993）〔高井裕之〕。

310) 畑前掲註237) 評釈5頁。

311) 本書第27章など参照。

312) 長尾前掲註40) 書486頁、浦部前掲註84) 書338-339頁ほぼ同旨。大須賀明ほか『憲法講義2』294頁（有斐閣、1979）〔平松毅〕も、「非訟事件においても、可能な限り、個人の人権を尊重し、公正な解決を導くための訴訟手続を導入することが、憲法で要求されている。非訟だからといってこれを行政の作用と観念し、徒らに行政的後見性を強調すべきではない」と述べており、実質的には近い立場と言えなくもない。

313) 石川前掲註232) 論文39-40頁同旨か。

第2章　司法権定義及び裁判所の中間領域論

314）　佐々木前掲註12）論文26頁。但し、同論文同頁はその前段階として、「憲法32条の裁判＝82条の裁判＝『現行法が裁判所の権限に属せしめている一切の事件につき裁判所が裁判という形式をもってするすべての判断作用ないし法律行為』(広義の裁判)」との理解を示すが、民事裁判を受ける権利は憲法32条の問題とする立場からすると、この問題は憲法82条の要請と現行民事訴訟法令が適合的であるかの問題に集約できると思える。

315）　有紀新「非訟手続における審問請求権」民事訴訟雑誌12号162頁、163頁 (1975) 参照。同論文171頁は、当時の「非訟法上、法の欠缺が存する」と批判した。三木前掲註159) 論文11頁も参照。

316）　本書第5章参照。

317）　三木前掲註159) 論文11頁。

318）　有紀前掲註315) 論文174頁。

319）　三浦毅「非訟事件手続における審尋請求権法理の実定化に関する考察 (1)」名大法政論集242号213頁、225頁 (2011) など参照。同「同 (3・完)」同244号55頁、57頁以下 (2012) は、下級審判例を紹介しつつ、審尋請求権法理の実効性を証明し要とするが、同論文75頁は、「審尋請求権概念に関する立法措置が採られていないわが国において、総じて、手続基本権、或いは法原理としての審尋請求権概念にもその十分な規範性を認めることはできない」と指摘している。

320）　これについては特に、畑瑞穂「相手方がある非訟・家事審判事件における当事者対立構造と手続規律」ジュリスト1407号32頁 (2010) など参照。

321）　三浦前掲註319) 論文 (3・完) 78頁。

322）　内野正幸『憲法解釈の論点』〔第4版〕151頁 (日本評論社、2005) はこれを指摘する。

323）　川岸ほか前掲註123) 書336頁 [君塚正臣]。

324）　裁判上の和解を憲法学の視点から検討した貴重なものに、笹田栄司『裁判制度』214頁以下 (信山社、1997) がある。

325）　山木戸前掲註157) 書家事審判法部分18-22頁など参照。

326）　佐藤前掲註4) 書587頁同旨か。阪本前掲註124) 書397頁は、「他の統治部門に対して見解を提供」するものと定義しており、家庭裁判所の運用は、これには該当しない。しかし、同書398頁は、この「アナロジィ」から、「裁判所が事前に当事者の法的関係について確認する宣言的裁判」が疑問視されてきたことも説明している。この点は、勧告的意見に肯定的な佐々木前掲註69) 論文も参照。

327）　そしてやはり、この種のものはこれが限界と考えるべきである。一般に「司法」ではない権限を「司法権」を担う裁判所に付与することは慎重であるべきであり、特に国家機関が裁判所の権威を利用し、その判断 (の、場合によっては曲解) を根拠に立法や行政を行うことは権力分立を侵すものであると共に、実際に、そのような立法や行政を司法機関が違憲・違法と判断することは困難であろう。百歩譲って、このような勧告的意見が憲法上許されるとの立場に立っても、そのような立法や実務は断じて避けるべきである。

328）　池田修＝前田雅英『刑事訴訟法講義』〔第3版〕206頁 (東京大学出版会、2009)。

329）　田宮裕『刑事訴訟法』〔新版〕408頁 (有斐閣、1996)。

330）　三井誠『刑事手続法II』286頁 (有斐閣、2003)。松尾浩也「略式手続の合憲性 (1)」法学セミナー273号54頁 (1977) も、「厖大な数の事件に対して、重大事件と同様に綿密な手続を用意することは、実際上不可能である」と述べる。

331）　大野実雄「裁判の民主化—略式命令の違憲性と封建性」早稲田法学25巻1号56頁、71頁 (1949)

119

は、「山本権兵衛軍閥内閣の行政整理の副産物以外の何物でもなかった」と評する。

332) 1885年太政官布告による違警罪即決例でが、拘留（10日以内）又は科料という軽微な犯罪であっても、正式の裁判なしに警察署長等により刑罰を科すものとなっており、1908年には警察犯処罰例により、拘留の限度が30日未満まで拡大してしまっていた。略式手続の導入し際しても、違警罪即決例は廃止されず、戦後の軽犯罪法制定までこれが存続したことは禍根を残したと言えよう。松尾前掲註330) 文献54-55頁など参照。

333) 但し、労役場留置の換刑処分を行うことは「もちろんである」。伊藤栄樹ほか『刑事訴訟法』〔新版〕256頁〔立花書房、2000〕〔東條伸一郎〕。

334) 初谷良彦『憲法講義I』〔第2版〕403頁（成文堂、2000）。

335) 略式命令をした裁判所に対して年月日の記載と署名捺印をもって行うのであるが、葉書でもよいとされる。電報やファックスでは許されないとされる。伊藤ほか前掲註333) 書259頁〔東條伸一郎〕。

336) 交通事件即決裁判手続法は、1963年の新受が25万人、1964年が17万人、1965年が5万人、1966年が3万人にまで落ち込み、その代わりに大都市を中心に交通切符制度が発足した。松尾浩也「略式手続の合憲性（3・完）」法学セミナー275号82頁、84頁（1977）参照。

337) 田宮前掲註329) 書412頁参照。横浜国立大学近くの保土ヶ谷簡易裁判所は「交通裁判所」として一般に知られ、相鉄バス「浜5」も一般に「交通裁判所循環」と呼ばれている。

338) 平野龍一『刑事訴訟法』291頁（有斐閣、1958）。

339) 伊藤ほか前掲註333) 書240頁〔東條伸一郎〕。

340) 三井前掲註330) 書347頁。平野前掲註338) 書291頁も、「このような手続を被告人に強制するのは、憲法上疑問」としつつ、この制度を解説しており、「被告人に異議のないことを確かめる慎重な手続をと」れば、合憲と解しているようである。

341) 田宮前掲註329) 書412頁。

342) 三井前掲註330) 書347頁。

343) 伊藤ほか前掲註333) 書241頁〔東條伸一郎〕。

344) 昭和22年10月1日付官報号外、第1回国会衆議院会議録38号。松尾前掲註330) 文献58頁より引用。1947年の略式事件新受55,457件に対し、「略式命令ニ対スル正式裁判事件」の新受4662件なので、その比率は8.5％に過ぎなかった。松尾浩也「略式手続の合憲性（2）」法学セミナー274号88頁、89-90頁（1977）参照。

345) 最大決昭和23年7月29日刑集2巻9号1115頁。本件評釈には、武安将光「判批」警察研究21巻5号66頁（1950）などがある。同評釈69-70頁によると、「待命」付略式命令とは、旧刑事訴訟法時代にしばしば賭博競馬法違反のように軽微な犯罪に用いられた手法で、通常、逮捕され拘置した被疑者について、直ちに略式命令を請求し、24時間以内にそれが下されて送達が終了する手続をいったようである。この判断に対して、松尾前掲註344) 文献89頁も、「完全な説得力をもっていたとは評し難い」と述べる。

346) 最大判昭和24年7月13日刑集3巻8号1290頁。芹沢斉ほか編『新基本法コンメンタール憲法』280頁（日本評論社、2011）〔青井美帆〕同旨。

347) 田宮前掲註329) 書409頁。

348) 最大判昭和37年2月22日刑集16巻2号203頁。本件評釈には、吉川由己夫「判批」最高裁判所調査官室編『最高裁判所判例解説刑事篇昭和37年度』31頁（法曹会、1963）、坂口裕英「判批」平野龍

第2章　司法権定義及び裁判所の中間領域論

一編『刑事訴訟法判例百選』〔第2版〕100頁（1971）などがある。このほか、東京高判昭和32年9月30日高刑集10巻8号666頁も、簡易公判手続は憲法37条1・2項、38条3項と31条に違反しないと判示している。詳細は、戸松秀典＝今井功編『論点体系判例憲法2』315頁（第一法規、2013）〔戸松＝武田真一郎＝川岸令和〕参照。

349）　昭和22年10月1日付官報号外、第1回国会衆議院会議録38号。松尾前掲註330）文献56-57頁より引用。

350）　大野前掲註331）論文57頁。

351）　同上60頁。

352）　同上72頁。

353）　第30議会衆議院記事摘要328頁以下。大野同上73頁より引用。

354）　大野同上73頁。同論文89頁は、この論法は、「金がないから民主主義や文化國家の建設は殆んど不可能に近いというのと同じ」だと非難する。

355）　同上90頁。

356）　同上94頁。

357）　同上94頁。

358）　同上96頁。

359）　同上92頁。

360）　松尾前掲註336）文献87頁。

361）　松尾前掲註344）文献90頁。

362）　松尾前掲註336）文献84頁。

363）　同上86頁参照。

364）　本書第30章参照。

365）　木佐ほか前掲註184）書136頁以下〔水谷規男〕など参照。ここにおける家庭裁判所調査官の役割については、高井一匡「生きている少年法─家庭裁判所調査官の役割」法学セミナー714号25頁（2014）、付添人の役割については、安西敦「生きている少年法─保護事件の付添人」同28頁など参照。

366）　葛野尋之「少年法の歴史と理念」法学セミナー714号12頁（2014）。少年法20条2項は、「原則と例外が逆転した結果、やむを得ず保護処分を選択しなければならないと積極的に言えなければ、逆送される構造となってしまった。」本庄武「刑事司法の中での少年法の理念」同21頁、22頁。

367）　岡田行雄「家庭裁判所の調査・審判と保護処分」法学セミナー714号16頁、17頁（2014）。

368）　同上18頁。

369）　平場安治『少年法』〔新版〕205頁（有斐閣、1987）。

370）　三井前掲註330）書347-348頁。

371）　宮沢俊義『憲法Ⅱ』〔新版〕429頁（有斐閣、1971）。

372）　本庄前掲註366）論文23頁。

373）　新前掲註143）書86頁。

374）　川岸ほか前掲註123）書233頁〔君塚〕。

375）　最決昭和58年10月26日刑集37巻8号1260頁。本件評釈には、木谷明「判批」ジュリスト807号72頁（1984）、同「判批」法曹時報36巻11号274頁（1984）、同「判批」最高裁判所調査官室編『最高裁判所判例解説刑事篇昭和58年度』356頁（法曹会、1987）、斉藤豊治「判批」ジュリスト臨時増刊

121

815号『昭和58年度重要判例解説』190頁（1984）、朝倉京一「判批」判例評論303号16頁（1984）、内園盛久＝西岡清一郎「判批」家庭裁判月報36巻2号143頁（1984）、米澤慶治「判批」研修428号59頁（1984）、木村裕三「判批」名城法学34巻1号191頁（1984）、八束和廣「判批」平野龍一ほか編『刑事訴訟法判例百選』〔第5版〕270頁（有斐閣、1986）、多田周弘「判批」中大法学新報92巻5＝6号251頁（1986）、廣瀬健二「判批」松尾浩也＝井上正仁編『刑事訴訟法判例百選』〔第6版〕220頁（1992）、田宮裕「判批」田宮編『少年法判例百選』6頁（1998）、木谷明＝家令和典「判批」同94頁、浜井一夫「判批」判例タイムズ臨時増刊996号『家庭裁判所制度50周年記念 家庭裁判所家事・少年実務の現状と課題』353頁（1999）などがある。

376）　岡田前掲註367）論文18頁同旨。

377）　宍戸常寿「司法のプラグマティク」法学教室322号24頁、29頁（2007）が、「憲法上の司法権とは、民事・刑事・行政・憲法の各『事件』の『裁判』の総和である」と述べている点は傾聴に値するが、その中身は、各法学の主張をただ受け入れるものではない点、注意すべきであろう。

378）　曽和俊文「行政訴訟制度の憲法的基礎」ジュリスト1219号60頁、61頁（2002）。

379）　同上62頁。

380）　山岸前掲註11）書38頁。

381）　小嶋和司『憲法概説』272頁（良書普及会、1987）。

382）　このため、国民訴訟、環境団体訴訟、消費者団体訴訟、条例の無効確認訴訟など、様々な立法論が唱えられることになる。村上裕章「客観訴訟と憲法」行政法研究4号11頁、21頁以下及び25-26頁（2013）など参照。団体訴訟については、「個別的利益と集団的利益の区別が相対化されつつある現段階では、改正〕行政事件訴訟〔法の運用を通じて集団的利益の救済のあり方を考慮することも重要である」とする、塩野宏『行政法Ⅱ』〔第5版〕270頁（有斐閣、2010）の指摘もある。

383）　山岸前掲註11）書43頁。

384）　田中二郎『新版行政法上巻』〔全訂第2版〕359-360頁（弘文堂、1974）。

385）　塩野前掲註382）書266頁。

386）　山岸前掲註11）書39頁。

387）　同上40頁。

388）　同上58頁。

389）　同上75頁。

390）　同上109頁。

391）　同上4頁。

392）　同上15頁。

393）　同上40頁。

394）　同上263頁。

395）　山岸敬子「『法律上の争訟』を離れる訴訟と司法権」公法研究71号162頁、170頁（2009）は、こういったことは「裁判所に新しい任務を与えることになる可能性がある」とし、その支柱となるものとして「『法の支配』の重要な要素は、裁判所に対する尊敬と信頼である」と述べている。「司法権」を超えて裁判所という国家機関にそのような尊敬と信頼を求めれば、現在、行政機関が有する紛争救済等の機能の一部も当然に裁判所に委譲すべきとの議論が生じるように思われるが、これに憲法上疑義がないか、慎重な検討を要しよう。

396）　山岸前掲註11）書264頁は、「行政事件訴訟法（以下「行訴法」という）は、主観訴訟たる取消訴

第 2 章　司法権定義及び裁判所の中間領域論

訟と客観訴訟たる民衆訴訟を明確に区別して規定する。その立法趣旨を《異なる訴訟手続の必要性》と理解することが有益である」と記している。

397）　藤田宙靖『第 4 版行政法Ⅰ（総論）』〔改訂版〕398頁（青林書院、2005）。

398）　東京地判平成 8 年 5 月10日判時1579号62頁。

399）　渋谷秀樹『憲法訴訟要件論』15頁（信山社、1995）。

400）　山岸前掲註395）論文163頁同旨。

401）　詳細は、田中舘照橘「わが国の行政裁判制度（19）―民衆訴訟・住民訴訟」判例時報1062号19頁（1983）、佐藤英善「住民訴訟の現代的意義と機能」月刊自治研25巻11号 2 頁（1983）、淡路剛久「環境権にかかわる訴訟」同 9 頁、森田明「情報公開を求める訴訟」同20頁、「資料・自治体と住民訴訟」同35頁、成田頼明ほか「特集・住民訴訟」ジュリスト941号16頁（1989）、佐藤英善「住民訴訟の現状」月刊自治研32巻 1 号26頁（1990）、植村栄治「新行政法講義（23）―民衆訴訟等」法学教室209号73頁（1998）、曽和俊文「民衆訴訟」法学教室263号54頁（2002）、野口貴公美「住民訴訟（上、下）」月刊自治フォーラム567号44頁（2006）、568号51号（2007）、金谷重樹「判例にみる住民訴訟（1、1 の補、2）」摂南法学37号81頁（2007）、42=43号251頁（2010）、44号 1 頁（2011）、櫻井敬子「行政法講座69―住民訴訟の現在」自治実務セミナー53巻 2 号 8 頁（2014）、高橋利明「八ッ場ダム住民訴訟」法学セミナー719号16頁（2014）など参照。

402）　例えば、宇賀克也『行政法概説Ⅱ』〔第 2 版〕119頁（有斐閣、2009）。

403）　最判昭和32年 3 月19日民集11巻 3 号527頁。宇賀同上355頁より引用。本件評釈には、村上順「判批」小早川光郎ほか編『行政判例百選Ⅱ』〔第 5 版〕436頁（有斐閣、2006）、門脇雄貴「判批」宇賀克也ほか編『行政判例百選Ⅱ』〔第 6 版〕450頁（有斐閣、2012）などがある。

404）　最判昭和42年 5 月30日民集21巻 4 号1030頁。宇賀同上356頁より引用。本件評釈には、荒秀「判批」ジュリスト増刊『昭和41・42年度重要判例解説』160頁（1967）、同「判批」ジュリスト398号333頁（1968）、村上義弘「判批」民商法雑誌57巻 6 号125頁（1968）、矢野邦雄「判批」最高裁判所調査官室編『最高裁判所判例解説民事篇昭和42年度』271頁（法曹会1968）、奥平康弘「判批」法学協会雑誌85巻 5 号142頁（1968）、桜田誉「判批」雄川一郎編『行政判例百選Ⅱ』340頁（1979）、東條武治「判批」塩野宏＝小早川光郎編『行政判例百選Ⅱ』〔第 3 版〕454頁（1993）、大貫裕之「判批」塩野宏ほか編『行政判例百選Ⅱ』〔第 4 版〕490頁（1999）などがある。

405）　宇賀同上118頁。

406）　園部逸夫『現代行政と行政訴訟』210頁（弘文堂、1987）。

407）　成田頼明「住民訴訟（納税者訴訟）」田中二郎ほか編『行政法講座第 3 巻』201頁、203頁（有斐閣、1965）。のちに成田『地方自治の保障』（第一法規、2011）所収。宮田三郎『行政訴訟法』181頁（信山社、1998）は、地方公共団体の執行機関の財務会計上の非違を是正し、地方公共団体の財務管理の腐敗を防止することを目的として設けられていると説明する。関哲夫『住民訴訟論』 1 頁（勁草書房、1986）も参照。

408）　県有財産不当処分禁止請求事件＝最判昭和38年 3 月12日民集17巻 2 号318頁。本件評釈には、渡部吉隆「判批」法曹時報15巻 5 号72頁（1963）、園部逸夫「判批」民商法雑誌49巻 5 号116頁（1964）、成田頼明「判批」雄川一郎＝金子宏編『租税判例百選』220頁（1968）、佐藤英善「判批」磯部力ほか編『地方自治判例百選』〔第 3 版〕184頁（2003）などがある。

409）　法改正後の桃花台調整交付金住民訴訟＝最判昭和53年 3 月30日民集32巻 2 号485頁も、住民訴訟の目的は「地方財務行政の適正な運営を確保すること」であると述べている。本件評釈には、

123

佐藤繁「判批」ジュリスト667号86頁（1978）、同「判批」法曹時報33巻5号246頁（1981）、同「判批」最高裁判所調査官室編『最高裁判所判例解説民事篇昭和53年度』139頁（法曹会、1982）、松下竜一「判批」法学セミナー279号62頁（1978）、浜崎孝「判批」地方自治369号92頁（1978）、綿貫芳源「判批」ジュリスト臨時増刊693号『昭和53年度重要判例解説』134頁（1979）、濱秀和「判批」雄川一郎編『行政判例百選Ⅱ』424頁（1979）、小島武司「判批」民商法雑誌80巻2号221頁（1979）、石川明「判批」判例タイムズ370号46頁（1979）、塩崎勤「判批」判例タイムズ390号『昭和53年度民事主要判例解説』226頁（1979）、竹下重人「判批」成田頼明＝磯部力編『地方自治判例百選』190頁（1981）、村上敬一「判批」塩野宏＝小早川光郎編『行政判例百選Ⅱ』〔第3版〕458頁（1993）、乙部哲郎「判批」磯部力ほか編『地方自治判例百選』〔第3版〕152頁（2003）、竹田光広「判批」小早川光郎ほか編『行政判例百選Ⅱ』〔第5版〕442頁（2006）、三野靖「判批」宇賀克也ほか編『行政判例百選Ⅱ』〔第6版〕456頁（2012）、藤原静雄「判批」磯部力ほか編『地方自治判例百選』〔第4版〕158頁（2013）などがある。

410）　関前掲註407）書17頁以下参照。

411）　曽和俊文「住民訴訟制度改革論」関学大法と政治51巻2号159頁、169頁（2000）。何時、何処にも、公費を貪り、利権を手放さず、外部の業者等と結託し、ときに立場の弱い職員に圧力をかけて、不正行為を行う者がいるものである。

412）　山岸前掲註11）書126頁。

413）　この背景には、下関市日韓高速船事件＝最判平成17年11月10日判時1921号36頁など、高額の4号訴訟が多発したことなどがあった。本件評釈には、橋本勇「判批」自治実務セミナー44巻12号33頁（2005）、同「判批」同53巻12号66頁（2014）、岸本太樹「判批」ジュリスト臨時増刊1313号『平成17年度重要判例解説』53頁（2006）、佐伯祐二「判批」民商法雑誌134巻4＝5号181頁（2006）、森稔樹「判批」法令解説資料総覧290号97頁（2006）、伴義聖＝大塚康男「判批」判例地方自治280号5頁（2006）、渡辺健司「判批」行政判例研究会編『行政関係判例解説平成17年』31頁（ぎょうせい、2007）、相澤直子「判批」九大法学95号153頁（2007）、桑原勇進「判批」磯部力ほか編『地方自治判例百選』〔第4版〕142頁（2013）などがある。野口前掲註401）論文（上）44頁以下、曽和前掲註411）論文186頁以下など参照。

414）　この経緯について、成田頼明「住民監査請求・住民訴訟制度の見直しについて（上、下）」自治研究44巻5号3頁、6号3頁（2001）など参照。同論文（下）22頁は、「今回の制度の手直しは抜本的なものではなく、新しい制度運用の実情や今後の判例の展開を見定めてさらなる改正が必要かどうか暫くの間見守るべきである」と指摘する。また、阿部泰隆「住民訴訟改正案へのささやかな疑問」同5号19頁、佐々木浩ほか「特集・住民訴訟制度の課題と展望」法律のひろば55巻8号4頁（2002）なども参照。4号訴訟における過度の個人責任追及に伴う問題、裁判費用の公費負担の問題などがあった。新旧制度比較は、人見剛「住民訴訟制度の諸問題」法学教室372号53頁、56頁図（2011）が分かり易い。

415）　曽和前掲註411）論文179頁。

416）　宇賀前掲註402）書120頁より引用。なお、住民監査・住民訴訟の件数の年代別件数については、曽和同上164頁表1参照。また、同論文137頁表3も参照。http://www.soumu.go.jp/main_content/000069658.pdfも参照。

417）　人見前掲註414）論文58頁。「住民訴訟の非財政的行為に対する間接的統制機能」とも表現される。曽和同上170頁同旨。

第2章　司法権定義及び裁判所の中間領域論

418）　この点につき、杉原丈史「政教分離訴訟としての3号住民訴訟の現状と可能性」愛知学院大学宗教法制研究所紀要54号1頁（2014）など参照。

419）　前註14）参照。

420）　関前掲註407）書86頁参照。なお、同書同頁は、「先行行為が行政処分であると否とを問わず前記理論が妥当するものと解されるから、地鎮祭の神式挙行決定という先行行為に重大かつ明白な瑕疵が認められるか否かで、公金支出が違法かどうかが決せられるべきであろう。したがって判旨には賛成できない」と述べている。

421）　名古屋高判昭和46年5月14日行集22巻5号680頁。本件評釈には、佐藤功「判批」ジュリスト484号78頁（1971）、同「判批」小野清一郎編『宗教判例百選』32頁（1972）、勝見嘉美「判批」法律のひろば24巻8号40頁（1971）、熊本信夫「判批」判例評論151号2頁（1971）、「判批」時の法令754号46頁（1971）、河合代悟「判批」地方自治286号52頁（1971）、渡辺久丸「地鎮祭事件名古屋高裁判決について―行政処分取消等請求控訴事件昭和46.5.14」同志社法学23巻2号64頁（1971）、杉本幹夫「判批」龍谷法学4巻3号83頁（1971）、野村敬造「判批」ジュリスト臨時増刊509号『昭和46年度重要判例解説』16頁（1972）、森省三「判批」芦部信喜編『憲法判例百選』〔第3版〕40頁（1974）、小林孝輔「判批」小林直樹編『憲法の判例』〔第3版〕29頁（有斐閣、1977）などがある。このほか、宮田光雄ほか「座談会・精神的自由と政教分離　津地鎮祭違憲判決をめぐって」法学セミナー187号24頁（1971）などもある。

422）　関前掲註407）書143頁参照。

423）　最判平成5年2月16日民集47巻3号1687頁。前註14）参照。

424）　最判平成4年11月16日判時1441号57頁。本件評釈としては、百地章「判批」法学教室151号118頁（1993）、同「判批」民商法雑誌108巻4＝5号753頁（1993）、小栗実「判批」法学セミナー463号29頁（1993）、山口芳子「判批」行政判例研究会編『行政関係判例解説平成4年』151頁（ぎょうせい、1994）、安念潤司「判批」法学教室208号57頁（1998）、山元一「判批」杉原泰雄＝野中俊彦編『新判例マニュアル憲法II』130頁（三省堂、2000）、高橋滋「判批」磯部力ほか編『地方自治判例百選』〔第3版〕188頁（2003）、桐ケ谷章「判批」高橋和之ほか編『憲法判例百選I』〔第5版〕108頁（2007）、駒村圭吾「判批」佐藤幸治＝土井真一編『判例講義憲法I』70頁（悠々社、2010）などがある。

425）　最大判平成22年1月20日民集64巻1号1頁。本件評釈は本書第1章及び前註14）参照。

426）　杉原前掲註418）論文13-14頁。難点としては、原告が作為義務の内容を十分特定できなければ、不適法として客観されることがある。同論文15頁。また、怠る事実の対象とされる「財産の管理」（地方自治法242条1項）の範囲を巡って、金銭給付目的に限定される傾向にあることから、「財産の管理」への該当性が否定されることもある。同論文20頁。

427）　小早川前掲註71）書256頁。

428）　同上256-257頁。

429）　村上前掲註382）論文22頁。ほかに、植村栄治「新行政法講義（22）―当事者訴訟・機関訴訟等」法学教室208号83頁（1998）、大貫裕之「機関訴訟」法学教室263号56頁（2002）も参照。

430）　西上治「機関訴訟の『法律上の争訟』性」行政法研究6号25頁、45頁（2014）。

431）　雄川一郎『行政争訟の理論』431頁（有斐閣、1986）。

432）　同上469頁。

433）　但し、芝池義一『行政救済法講義』〔第3版〕26頁（有斐閣、2006）は、いわば非典型的機関訴訟の一つである、代執行訴訟（地方自治法245条の8第3項以下）を、「国と地方自治体との間の訴

125

訟であるので、」機関訴訟ではないと断言し、異論を唱えている。同様に、都道府県の関与に関する市町村の長その他の執行機関の訴え（地方自治法252条）についても、同様の議論がある。宇賀前掲註402）書117-118頁参照。

434）　鹿児島地判昭和28年11月21日行集1巻10号1423頁など。

435）　雄川前掲註431）書435頁。

436）　布施市公会堂事件＝最判昭和28年6月12日民集7巻6号663頁。本件評釈には、南博方「判批」我妻栄編『続判例百選』〔第2版〕32頁（1965）、成田頼明「判批」雄川一郎編『行政判例百選Ⅱ』338頁（1979）、可部恒雄「判批」成田頼明＝磯部力編『地方自治判例百選』74頁（1981）、東條武治「判批」塩野宏ほか編『行政判例百選Ⅱ』〔第2版〕488頁（1987）、荏原明則「判批」成田頼明＝磯部力編『地方自治判例百選』〔第2版〕84頁（1993）、礒崎初仁「判批」小早川光郎ほか編『行政判例百選Ⅱ』〔第5版〕434頁（2006）、駒林良則「判批」宇賀克也ほか編『行政判例百選Ⅱ』〔第6版〕448頁（2012）などがある。

437）　ほかに、最判昭和42年5月30日民集21巻4号1030頁、最判昭和49年5月30日民集28巻4号594頁などがあるとする。前者については、詳細は前註404）参照。後者の評釈には、山村恒年「判批」民商法雑誌72巻3号515頁（1975）、下元敏晴「判批」民事研修212号28頁（1975）、荒木誠之「判批」九大法政研究41巻3号300頁（1975）、佐藤繁「判批」法曹時報28巻6号103頁（1976）、同「判批」最高裁判所調査官室編『最高裁判所判例解説民事篇昭和49年度』239頁（法曹会、1977）、園部逸夫「判批」成田頼明＝唄孝一編『医事判例百選』180頁（1976）、早坂禧子「判批」別冊判例タイムズ2号『行政訴訟の課題と展望』214頁（1976）、西原道雄「判批」佐藤進＝西原道雄編『社会保障判例百選』50頁（1977）、笛木俊一「判批」日本福祉大学研究紀要38＝39号315頁（1979）、桜田誉「判批」成田頼明＝磯部力編『地方自治判例百選』16頁（1981）、久塚純一「判批」佐藤進ほか編『社会保障判例百選』〔第2版〕28頁（1991）、宮崎良夫「判批」塩野宏＝小早川光郎編『行政判例百選Ⅰ』〔第3版〕82頁（1993）、南博方「判批」成田頼明＝磯部力編『地方自治判例百選』〔第2版〕8頁（1993）、阿部泰隆「判批」佐藤進ほか編『社会保障判例百選』〔第3版〕26頁（2000）、亘理格「判批」西村健一郎＝岩村正彦編『社会保障判例百選』〔第4版〕30頁（2008）、石森久広「判批」宇賀克也ほか編『行政判例百選Ⅰ』〔第6版〕4頁（2012）、山本隆司「判批」磯部力ほか編『地方自治判例百選』〔第4版〕196頁（2013）、金井利之「判批」法律時報89巻6号9頁（2017）、大江裕幸「判批」同19頁などがある。

438）　村上前掲註382）論文30頁。

439）　同上同頁。

440）　同上同頁。

441）　同上同頁。

442）　同上同頁。

443）　例えば、粕谷友介『憲法』258頁（上智大学、2000）は、「客観訴訟は具体的事件を前提としないので厳格な意味で『法律上の争訟』とはいえないが、法律の定める場合において、法律の定める者に限り、訴訟を提起することができる（行政事件訴訟法42条）ことになっているので、法の定めた例外であるといえる」とする。辻村前掲註276）書431頁は、明言は避けているが、非訟事件についてこのニュアンスを醸し出している。

444）　亘理格「『司法』と二元的訴訟目的観」法学教室325号58頁、61頁（2007）は、「二重の等式」と表現する。

445）　内野前掲註322）書162頁。

第2章　司法権定義及び裁判所の中間領域論

446）　片山前掲註17）書31頁。

447）　野坂前掲註55）書22頁。

448）　阪本前掲註124）書409頁。これに対して、戸波前掲註73）書では、「事件性の要件を欠く訴訟の
うちで、どのようなものを裁判所の審理の対象とすることができるかは、法を適用して紛争を解
決するという司法にふさわしいかどうかによって判断されよう」と述べた後に客観訴訟の説明を
始めており、客観訴訟は「事件性の要件を欠く訴訟」であることが示唆されている。

449）　前註107）参照。

450）　村上前掲註382）論文31-32頁。

451）　藤田前掲註397）書402頁。

452）　同上402頁。

453）　曽和前掲註378）論文64頁。

454）　同上64-65頁。

455）　同上65頁。

456）　同上同頁。

457）　村上前掲註382）論文32-33頁及び36頁。

458）　同上37頁。

459）　同上36頁。

460）　同上37頁。

461）　最判平成14年7月9日民集56巻6号1134頁。本件評釈には、阿部泰隆「判批」法学教室267号36
頁（2002）、金子正史「判批」法令解説資料総覧250号88頁（2002）、田倉整「判批」発明99巻9号94
頁（2002）、福井章代「判批」ジュリスト1240号117頁（2003）、福井章代「判批」ジュリスト増刊『最
高裁時の判例1　公法編』215頁（2003）、同「判批」法曹時報57巻4号203頁（2005）、同「判批」最
高裁判所調査官室編『最高裁判所判例解説民事篇平成14年度下』531頁（法曹会、2005）、高木光「判
批」ジュリスト臨時増刊1246号『平成14年度重要判例解説』45頁（2003）、曽和俊文「判批」磯部力
ほか編『地方自治判例百選』〔第3版〕84頁（2003）、村上裕章「判批」民商法雑誌128巻2号32頁
（2003）、横田守弘「判批」法学セミナー577号115頁（2003）、南川諦弘「判批」判例評論534号11頁
（2003）、宇賀克也「判批」判例タイムズ1125号『平成14年度主要民事判例解説』268頁（2003）、江
原勲＝北原昌文「判批」判例地方自治236号4頁（2003）、原島良成「判批」上智法学論集47巻2号
176頁（2003）、田村泰俊「判批」自治研究80巻2号126頁（2004）、高野修「判批」Artes Liberales（岩
手大学人文社会科学部紀要）76号77頁（2005）、人見剛「判批」自治総研331号43頁（2006）、同「判
批」淡路剛久ほか編『環境法判例百選』〔第2版〕230頁（2011）、佐々木雅寿「判批」佐藤幸治＝土
井真一編『判例講義憲法II』276頁（悠々社、2010）、中川丈久「判批」法学教室375号92頁（2011）、
太田照美「判批」宇賀克也ほか編『行政判例百選I』〔第6版〕232頁（2012）、神橋一彦「判批」法学
教室377号69頁（2012）、曽和俊文「判批」磯部力ほか編『地方自治判例百選』〔第4版〕82頁（2013）
などがある。このほかに村上武則「宝塚市パチンコ店規制条例事件と法治主義」高田敏古稀記念
『法治国家の展開と現代的構成』82頁（法律文化社、2007）、中川丈久「行政上の義務の強制執行
は、お嫌いですか？―最高裁判決を支える立法ドグマ―宝塚市パチンコ条例事件（最高裁平成
14.7.9判決）」論究ジュリスト3号56頁（2012）も参照。このほかに、最判平成21年7月10日判時
2058号53頁など参照。本件評釈には、石井昇「判批」法学セミナー659号123頁（2009）、北村喜宣
「判批」法学セミナー増刊『速報判例解説』5号333頁（2009）、羽根一成「判批」地方自治職員研修42

127

巻13号108頁（2009）、石井昇「判批」ジュリスト臨時増刊1398号『平成21年度重要判例解説』52頁（2010）、岸本太樹「判批」法学教室354号別冊附録『判例セレクト2009-2』4頁（2010）、山本隆司「判批」法学教室357号120頁（2010）、比山節男「判批」判例地方自治326号63頁（2010）、阿部満「判批」人間環境問題研究会編『最近の重要環境判例』58頁（有斐閣、2010）、浅野直人「判批」法律時報別冊『私法判例リマークス』42号54頁（2011）、島村健「判批」自治研究87巻5号106頁（2011）、南川和宣「判批」淡路剛久ほか編『環境法判例百選』〔第2版〕158頁（2011）、福士明「判批」宇賀克也ほか編『行政判例百選Ｉ』〔第6版〕198頁（2012）、仲野武志「判批」磯部力ほか編『地方自治判例百選』〔第4版〕76頁（2013）、海道俊明「判批」近畿大学法科大学院論集12号57頁（2016）などがある。

462）　村上前掲註382）論文37頁。

463）　佐藤幸治『憲法訴訟と司法権』19頁（日本評論社、1984）。

464）　渋谷秀樹「司法の概念についての覚書き」立教法務研究3号33頁、51頁以下（2010）、曽和前掲註378）論文64頁、野坂泰司「憲法と司法権」法学教室246号42頁、47頁（2001）、野中前掲註38）論文442頁などを、村上は順に挙げている。

465）　松井前掲註51）論文392頁。

466）　村上前掲註382）論文43頁。

467）　同上44頁。

468）　同上同頁。

469）　同上41-42頁及び43頁。

470）　同上41-42頁における、小早川前掲註11）論文100頁、斎藤誠『現代地方自治の法的基礎』130頁、（有斐閣、2012）参照。長谷部前掲註137）書409-410頁も相対的に広い理解である。

471）　村上同上45頁。

472）　同上46頁。

473）　同上46-47頁。

474）　同上47頁。

475）　同上48頁。

476）　西上前掲註430）論文27頁。その問題意識は、「機関訴訟の『法律上の争訟』性」というタイトルにもよく体現されている。

477）　同上29頁。

478）　同上同頁。

479）　同上30頁。

480）　同上31-32頁。

481）　同上40頁。

482）　同上47-48頁。

483）　同上52頁及び54-55頁。

484）　同上63頁。

485）　同上同頁。

486）　同上65頁。

487）　最判昭和28年5月28日民集7巻5号601頁。本件評釈には、奥平康弘「判批」法学協会雑誌72巻6号743頁（1955）などがある。

488）　西上前掲註430）論文66頁。

第2章 司法権定義及び裁判所の中間領域論

489） 同上同頁。

490） 同上66-67頁。

491） 同上67頁。

492） 同上67-68頁。

493） 同上68頁。

494） 長谷部前掲註137）書404頁。

495） 西上前掲註430）論文69-70頁。

496） 同上70-71頁。

497） 同上71頁。

498） 同上72頁。

499） 同上73頁。

500） 最判昭和24年5月17日民集3巻6号188頁。町議会議員選挙の効力に関して町選挙管理委員会に対する異議申立てを町選管が却下したが、県選管が選挙無効の裁決をしたため、町選管がこれを不服として当時の地方自治法66条4項に基づいて高裁に出訴した事例で、市町村選管にこのような事案での出訴資格を、「争訟の審判に関する審級制においては、下級審は同一事件に関する上級審の判断に羈束せざるべきものである」と判示した。

501） 西上前掲註430）論文74頁。最判昭和42年5月30日民集21巻4号1030頁も同様だとする。詳細は前註404）参照。

502） 西上同上77頁。

503） 高木光「判批」ジュリスト臨時増刊1246号『平成14年度重要判例解説』45頁、46頁（2003）。

504） 西上前掲註430）論文81頁。

505） 同上82頁。

506） 最判昭和49年5月30日民集28巻4号594頁であり、詳細は前註437）参照。

507） 西上前掲註430）論文85-86頁。

508） 同上91-92頁。

509） 同上92頁。

510） 同上同頁。

511） 美濃部達吉「新憲法に於ける行政と司法」法律時報20巻4号147頁（1947）、同「新憲法に於ける行政争訟」法律タイムズ9号11頁（1947）など参照。

512） 田中二郎「行政争訟の法理」同『行政争訟の法理』1頁（有斐閣、1954）、「行政事件に関する司法裁判所の権限」同129頁、同「美濃部先生の行政争訟論」同151頁、同「行政処分の執行停止と内閣総理大臣の異議」同185頁、同「司法権の限界」同『司法権の限界』1頁（弘文堂、1974）など参照。

513） 雄川一郎『行政争訟法』（有斐閣、1957）、雄川前掲註431）書など参照。

514） 西上前掲註430）論文116頁。

515） 同上同頁。

516） 塩野宏「地方公共団体の法的地位論覚書き」同『国と地方公共団体（行政法研究4巻）』1頁（有斐閣、1990）、同「地方公共団体に対する国家関与の法律問題」同44頁、同「特殊法人に関する一考察」同『行政組織法の諸問題（行政法研究5巻）』3頁（有斐閣、1991）、同「国と地方公共団体の関係のあり方再論」同『法治主義の諸相（行政法研究7巻）』426頁（有斐閣、2001）、同「指定法人に関する一考察」同449頁、同「地方公共団体の出訴資格」同『行政法概念の諸相（行政法研究8

129

巻）」361頁（有斐閣、2011）、「行政法学における法人論の変遷」同405頁、同「国立大学法人について」同420頁など参照。

517）　藤田宙靖「行政主体の概念について」同『行政法学の思考形式』65頁（木鐸社、1978）、同「行政と法」同『行政法の基礎理論上巻』3頁（有斐閣、2005）、同「現代の行政と行政法学」同49頁、同「行政組織法論のあり方に関する若干の考察」同『同下巻』3頁（有斐閣、2005）、同「行政主体相互間の法関係」同58頁、「『行政主体』の概念に関する若干の整理」同82頁など参照。

518）　西上前掲註430）論文136頁。

519）　同上同頁。

520）　同上117頁。

521）　同上136頁。

522）　同上137頁。

523）　同上149頁。

524）　同上同頁。

525）　山本隆司「行政組織における法人」塩野宏古稀記念『行政法の発展と変革上巻』847頁（有斐閣、2001）、同「日本における公私協働」藤田宙靖東北大学退職記念『行政法の思考様式』171頁（青林書院、2008）、同「日本における公私協働の動向と課題」新世代法政策学研究2号277頁（2009）、同「行政法の主体」磯部勉ほか編『行政法の新構想Ⅰ』89頁（有斐閣、2011）など参照。

526）　門脇雄貴「国家法人と機関人格（1-3・完）」首都大東京法学会雑誌48巻2号269頁（2007）、49巻1号233頁（2008）、50巻1号141頁（2009）など参照。

527）　西上前掲註430）論文148頁。

528）　同上同頁。

529）　同上149頁。

530）　同上149-150頁。

531）　同上150頁。

532）　同上151頁。

533）　同上同頁。

534）　同上152頁。

535）　同上同頁。

536）　同上153頁。

537）　同上154頁。

538）　同上同頁。

539）　同上155頁。

540）　同上156頁以下。

541）　同上162頁。

542）　佐藤前掲註4）書587頁。実は、佐藤幸治『憲法』〔第3版〕299頁（青林書院、1995）の記述も、「客観訴訟は、司法権の当然の内容をなすものではなく、法政策的見地から立法府によってとくに認められたものであるとされる。が、かかる訴訟類型を認めるにあたって、本来的司法権でないことを理由に、関係行政機関の審査権を留保するようなことは許されない」というものであった。粕谷友介＝向井久了編『憲法』269頁（青林書院、1995）〔前田徹生〕、笹田前掲註324）書60頁、小嶋前掲註381）書272頁同旨。

第 2 章　司法権定義及び裁判所の中間領域論

543）　樋口＝栗城前掲註86）書16頁［樋口陽一］。

544）　これに対し、安西ほか前掲註82）書315頁［宍戸常寿］は、この問題は、「裁判所という『機関』が政治的プロセス全体でどのような機能・役割を果たすべきかという観点から、検討すべき問題である」と述べ、司法権の定義一辺倒の説明手法を批判する。しかし、この方向性は、「司法権」を政治部門と相対化してしまう危険性はないだろうか。立法、行政に属する政治作用を「司法権」を担う裁判所に付与することは慎重さを要しまいか。

545）　松井前掲註127）書204頁注29同旨。

546）　小早川光郎『行政法講義下Ⅲ』345頁（弘文堂、2007）。

547）　同上346頁参照。

548）　佐藤前掲註4）書588頁。

549）　佐藤前掲註2）書398頁。

550）　人見前掲註414）論文53頁は、「住民訴訟は、住民自治の原則を端的に体現した制度といえる」と述べる。

551）　石川健治「『法律上の争訟』と機関訴訟」法学教室376号87頁、93頁（2012）が、「国家の人格が分裂しないよう」、「国家法人の定款たる憲法典に、そうした最高法規の定めをおくのは、法人格としての同一性を維持するための、ほとんど論理必然的な要請によるものである」と述べていることは首肯できる。憲法上、国会が「国権の最高機関」であり、内部諸機関の紛争については、立法に委ねられる側面が大きいとも言えよう。

552）　松井前掲註64）書245頁。

553）　駒村前掲註117）書357頁も、佐藤幸治説を前提に、客観訴訟の許容性のうちの「事件・争訟性が擬制できること」について、「特定の選挙手続や公金支出行為を対象に、行政の行った特定の法的判断に対する異議として提起されるのであれば充足する」と判断する。

554）　渋谷秀樹『日本国憲法の論じ方』〔第2版〕404頁（有斐閣、2010）参照。

555）　小山前掲註80）書211-212頁も、日本「の客観訴訟は、いずれも、具体的な事件自体は発生しているが、ただ特定の被害者が存在しないというものであり、ドイツにおける抽象的規範統制のような純然たる抽象的客観訴訟とは、性質を異にする。この前提を欠く客観訴訟の法定には、消極説が強い」としている。井上典之『司法的人権救済論』75頁（信山社、1992）も参照。

556）　例えば、新前掲註143）書132頁など。

557）　愛媛玉串料訴訟＝最大判平成9年4月2日民集51巻4号1673頁、空知太訴訟＝最大判平成22年1月20日民集64巻1号1頁など。詳細は前註14）参照。

558）　例えば、新前掲註143）書132頁など。

559）　宍戸前掲註377）論文28頁。

560）　本書第26章、第28章、第29章、川岸ほか前掲註123）書352頁以下［君塚正臣］など参照。

561）　野坂前掲註55）書25頁。

562）　この点、山岸前掲註395）論文167頁は、「法律によって当該訴訟を司法権の範囲に属させる以上、憲法が定める裁判所の権限を縮減するような留保は、憲法に反し許されない」と述べるが、客観訴訟が始まれば、憲法判断は全く自由にできるという意味ではなかろう。当該事件の解決のために憲法判断が必要でないのにこれを行うことは、抽象的違憲審査であり、憲法76条が想定し得ないものであると考えたい。特に、「法律上の争訟」性を一部欠く訴訟においては、訴訟が抽象化するため、かえって抽象的違憲審査の誘惑が噴出しようが、前述のように、客観訴訟等が憲法上許

131

されるのは、裁判所に付与されるに相応しい権能の範囲であることからしても、あくまでも当該事件の解決に必要な限りで憲法判断を行うことを基本とすべきものである。

563) 佐藤前掲註4）書623-624頁同旨。また、阪本前掲註273）書232頁は、「客観訴訟における81条権限行使の入り口は、76条権限の立法政策的拡大の場合とは違って、主観的権益に関する法的紛争という76条の本来的実質をもっていなければならない」と指摘する。

564) 実際に、網中政機『憲法』438頁（嵯峨野書院、2006）は、客観訴訟における違憲審査を「司法権の行使に付随しない」抽象的違憲審査と理解している。

565) 市川正人『憲法』315頁（新世社、2014）、佐藤前掲註463）書4頁など同旨。これに対し、樋口＝栗城前掲註86）書246頁［栗城壽夫］は、「具体的事件性について、法令を具体化する行為という要素さえ存在しておれば、特定主体の権利あるいは法的利益に対する具体的影響という要素は存在していなくても、具体的事件性の要件がみたされている」とする「説明は無理があ」るとする。そして、同書同頁は、「違憲審査の要件として具体的事件性は必要ではない」との説明があると指摘し、憲法上の「裁判」や「司法」の説明・限定不足から、この場合でも、「法令の違憲・合憲性の審査をおこなうこと」は「一般的に可能」ではないかと述べる。同書247頁。同書248頁は更に、「違憲審査の要件としての具体的事件性の弾力的な運用の試みを積み重ねてゆくことが必要だ」とも主張する。しかし、違憲審査が及ぶ範囲は政策的な問題ではなく、あくまでも「司法権」の憲法解釈からリジッドに決められるべきであり、疑問がある。

566) 内野正幸「『法律上の争訟』とその周辺概念」高見勝利古稀記念『憲法の基底と憲法論』689頁、690頁（信山社、2015）も、「具体的事件性」と「裁判解決適性」が要件であると述べており、本書の立場と大差ないかもしれない。

567) 前註131）参照。

568) もし、そのような訴訟手段が皆無であるとすれば、棟居快行『人権論の新構成』285頁以下（信山社、1992）、同「『基本権訴訟』としての確認訴訟」公法研究71号127頁（2009）、同『憲法学の可能性』153頁以下（信山社、2012）などの言う「基本権訴訟」が登場しよう。しかし、まずは、現行訴訟制度の解釈を広げて可能であれば、司法による手続法の立法という事態は最後の手段とすべきものではあるまいか。

569) これに対して、なお、念のためであるが、経済的自由が制約される事案や、安保・防衛問題の事件などで、裁判所が遮二無二憲法判断に突き進むことは控えるべきである。仮に違憲判断が必要なときでも、まずは適用違憲や合憲限定解釈の手法が模索されるべきであり、法令違憲はごく稀なケースと意識すべきであろう。

〔付記〕　本章は、「司法権定義に伴う裁判所の中間領域論──客観訴訟・非訟事件等再考（1-3・完）」横浜法学22巻3号143-169頁（2014年3月25日）、23巻1号1-40頁（9月25日）、3号111-146頁（2015年3月25日）を加筆・修正したものである。

第3章

特別裁判所論

はじめに

これまで、特別裁判所[1]とは何かについて、憲法学界は十分には検討してこなかったように思える。そこで、「司法権」を検討するに当たり、ここで特に検討しておく。日本国憲法と国会法などの国家法を一体として「実質的意味での憲法」と考える憲法観も根強いが、憲法が各種法令の上位法であることは公理である。裁判所法自身の合憲性はなお問題にされるべきであり、その設立する裁判所やその手続が常に合憲である保証はない[2]ため、以下、議論が必要となる。なお、憲法明文の例外である弾劾裁判所[3]については論じない[4]。

1 特別裁判所論

「司法権」の定義を行えば、その定義に反する「裁判所」を設立することは、少なくとも日本国憲法76条2項の「特別裁判所」の禁止に抵触する。特別裁判所禁止の実質的な理由としては、「裁判における平等」、「司法の民主化」、「法解釈の統一」があるとされる[5]。また、それは、通常司法裁判所に対する政治部門の干渉の排除、司法権の独立や裁判官の独立、或いは「法定の裁判官の裁判を受ける権利の保障と、いわば表裏をなすもの[6]」と言えよう。戦後すぐの美濃部達吉による、「司法」に行政裁判権を含まない、「民事又は刑事に関して特殊

133

の人に対し又は特殊の事件に付き裁判を為さしむる為に裁判所以外に特に設けらるる特別の機関[7]」との定義はさて措けば、最も広い定義は、「通常の裁判所の権限とされる通常の事件からは切り離された特別のカテゴリーに属する事件のみを専管する裁判所」ということであろうが、そうなると、人事訴訟の移管で家事事件を広く扱うこととなった現在の家庭裁判所などはこれに該当するのではないかとの疑念も生じないではない[8]。

　これに関しては、1956年に、このような大幅な制度改革以前の家庭裁判所も憲法の禁じる「特別裁判所」ではないとする最高裁判決がある[9]。事案は、被告人が児童福祉法34条1項6号と60条1項の罪に問われた刑事事件であったが、このことは特に問題ではない。本件で論点となったのは、弁護人がその上告趣意書で、「憲法76条2項」の「特別裁判所とは特別の身分を有する者又は特別な種類の事件だけに対して裁判権を行う裁判所をいうのであるが、家庭裁判所はこのような意味で特別裁判所である」と主張し、本件事案の「家庭裁判所の専属裁判権を定めた少年法37条1項4号の規定は憲法76条2項後段に違背し無効である」と主張したためである。これに対し、最高裁は、「すべて司法権は最高裁判所及び法律の定めるところにより設置する下級裁判所に属するところであり、家庭裁判所はこの一般的に司法権を行う通常裁判所の系列に属する下級裁判所として裁判所法により設置されたものに外ならない。尤も裁判所法31条の3によれば、家庭裁判所は、家庭に関する事件の審判及び調停並びに保護事件の審判の外、少年法37条1項に掲げる罪に係る訴訟の第一審の裁判を所管する旨明記するに止まり、そしてその少年法37条1項では同条項所定の成人の刑事事件についての公訴は家庭裁判所にこれを提起しなければならない旨規定されているけれど、それはただ単に第一審の通常裁判所相互間においてその事物管轄として所管事務の分配を定めたに過ぎないものであることは、裁判所法における下級裁判所に関する規定、殊にその種類を定めた2条、及びその事物管轄を定めた16条、17条、24条、25条、31条の3、33条、34条等の規定に徴して明らかである。現に家庭裁判所は同裁判所で成立した調停等に対する請求異議の訴訟についても、家事審判法21条、15条、民訴560条、545条に基ずき第一審の受訴裁判所として専属の管轄権あるものと解されているのであつて、この事

134

は家庭裁判所がもともと司法裁判権を行うべき第一審の通常裁判所として設置されたものであることに由来するのである。それ故右と反対の見地に立つ論旨は採るを得ない」と判示し、全員一致で上告を棄却した。その後、家庭裁判所の合憲性を根底から争った例は聞かない。

　要約すると、判例は、最高裁を頂点とする裁判機関でないものが「特別裁判所」であるとしたようであるが、さて、これで十分であろうか。歴史的に見ると、刑事裁判権が独立の司法裁判所に属するのは、専制君主など国家権力者の干渉のため、一般に民事裁判権より遅れた。これを排除するため、罪刑法定主義の原則こそが、近代国家において私権の保護よりも重要なことだと言える。刑事裁判権の政治権力からの独立こそが肝要である。「例外裁判所 (die Ausnahmegerichre)」の禁止を最初に定めたのは1628年のイギリスの権利請願であり、「法律上の裁判官」による裁判の保障は1791年フランス憲法だと言われる。だが、フランス1814年憲法は、88条で関税裁判所、商業裁判所、労資協商審判院などの「特殊裁判所」を「現行の通り」とし、63条で「非常委員会及び非常裁判所」を禁じながら「憲兵裁判所 (jurisdiction prévôtale)」を例外とした。1919年のドイツ・ワイマール憲法でも、105条は例外裁判所を禁じながら、「法律の定める軍事裁判所はこの限りではない」としたのである。同憲法下では、このほか、管轄権が抽象的に定められている「特別裁判所」が許容された。実際、1919年の政令で設置された、密輸入、価格釣上げ、生活必需品の輸出、価格統制違反などの経済犯罪を裁く die Wuchergerichte、1920年に大統領が設置を認めた非常軍事裁判所、ラーテナウ暗殺事件を動機として1922年に設置された「共和国保護のための国事裁判所」がある。このように長く、主に大陸法諸国では、行政裁判、権限争議裁判、大臣弾劾裁判などが司法裁判所ではない別個の裁判所の権限となっており、これを範とした明治憲法もこの類型に属したのである。

　こういった特別裁判所の許容は、ナチスによって悪用された。司法部に特設された人民裁判所 (Volksgerichtshof＝人民法廷、民族裁判所、民族法廷) を頂点に、法の解釈基準を、ナチスの人種主義の教義である「健全な民族感情」に置いた運用が行われた。大逆罪を中心に、政治犯を裁いた人民裁判所により1934年の設立から1944年度までに死刑判決を下された者は5214人にも上るのであ

る。にも拘わらず、この法廷は、ドイツでは「特別裁判所」とは解されなくなっていったのである。基準が近代的な法でない法廷の恐怖である。

こうした歴史を経て、日本国憲法では、法の支配が専ら及ぶべき領域に、政治部門である行政機関が入り込み、あるいは、政治的判断が横行することを排除し、「司法」の領域を確定しつつ、これへの政治的影響も予防すべく、司法権の独立が謳われたのである。だからこそ、「司法」の定義は、歴史的概念構成ではなく、歴史的経緯を踏まえつつも、厳格に理論的になされるべきである。戦前の皇室裁判所も含め、この種の、最高裁に連なることのない裁判所は、まず、日本国憲法上、「特別裁判所」である。通常司法裁判所から独立した行政裁判所は当然に違憲である。

加えて、日本国憲法の司法権理解は英米流のものであるから、現在の英米での「特別裁判所」の定義は一応の参考にはなろう。アメリカでは憲法裁判所は否定されているが、1980年には合衆国関税裁判所が改組され、連邦通商裁判所となっており、憲法 1 編 8 節14項の連邦議会の陸海軍規律に関する立法権限を根拠に、軍人の犯罪や軍規違反に関する管轄権を有する軍事裁判所が設立されている。無論、上訴ができなくてはならない。しかも、いかなる管轄権を与えてもよいものではなく、司法権の本質的属性を担う裁判所や治安判事については、通常裁判所に付随するものでなければならないとされているほか、破産裁判所について、1986年に裁判官が14年の任期制である限り違憲であるとする判決が下されている。ただ、通常裁判所の上訴審での原判断尊重の度合いが低いものであれば、そういった特別裁判所は合憲となるほか、終身制の裁判官の配置があれば違憲ではないとされる。軍法会議などのいくつかの機関について、伝統的に広範な管轄権を与えられているという最高裁相対多数意見もある。また、イギリスでは、「特別裁判所」とは、当該「法律に関する紛争を迅速、かつ簡便に処理するために」設置されるものであって、社会保障関係、医療関係、住宅問題、土地不動産など数百種類ある。特別裁判所評議会 (The Council on Tribunals) は、特別裁判所が適正に職務を行い、通常裁判所の仕組みにうまく組み込まれるよう、監督・助言を行っている。特別裁判所の特徴は、首席裁判官以外は「素人」、非法律家であることにある。

以上の英米における事実は、単に、究極的に最高裁に上告でき、最高裁を頂点とする系列にある機関というだけでは合憲の要件が足りないことを示唆する。それだけでは憲法76条2項の存在意義が薄れよう。[27] 1956年の判例にも問題がある。戦前の枢軸国における特殊な裁判所が人権保障と民主化の阻害要因であったことは明らかであり、その反省の上に成り立つ日本国憲法としては、以上のような、明らかに疑問のある裁判機関を違憲とするような「特別裁判所」解釈が望ましい。そこでまず、日本国憲法76条2項後段の行政機関の終審の禁止は、戦前「裁判所」と名乗っていたが行政権の作用であるとされていた「行政裁判所」を真っ向から否定したものだが、前段の「特別裁判所」とは、「性質上は通常裁判所の権限に属すべき事件（主に刑事事件）でありながら、憲法上（一つには統帥権の独立の要請）ないし特殊司法政策上の要請（一つには軍隊秩序の維持の要請）から、旧憲法下の司法権の系列外に置くのがよいという考慮から、別建の裁判制度として設立されていた『軍法会議』」を主な狙いとしたものと言うべきである。[28] 即ち、仮に最終的には最高裁に上告可能な制度設計でも、一般的な法によらない中世イギリスの「星室庁裁判所」類似のものも許されまい。[29] 前述の人民裁判所は論外である。当該事件に対して法的に正当な管轄権を有する裁判所が、法を適用する必要があることは当然である。[30]

　次に、ヨーロッパでの沿革を見通しても、裁判を受ける権利の平等を保障することが重要であり、人種や信条、門地などにより管轄裁判所が異なることは憲法の禁じる「特別裁判所」と言うべきである。[31] このため、特殊の事件や特殊の人を対象にする裁判所も日本国憲法の定める「特別裁判所」であり、禁じられるべき例外裁判所である。[32][33] 仮に上訴可能でも、特定公務員やその元職を対象とするような軍法会議相当の機関は更に違憲の疑いが濃い。

　加えて、裁判官の任命が、他の裁判所の裁判官と同等に行われていることや、最高裁の司法行政上の監督に服することも、裁判所が裁判所である理由として挙げられることもある。[34] また、英米の例では非法律家の判断を主体とするものは「特別裁判所」とされている。日本国憲法76条の解釈上、こういった機関は司法機関とは呼べず、「行政機関」として終審が禁じられているものであろう。まして、刑事処罰を通常司法裁判所以外のこういった機関が行うこと

は、憲法32条以下の構造から見ても疑問である。裁判所による事前の「裁判」を受ける権利を拭った刑事処分であり[35]、手続が「司法」らしい攻撃・防御が保障されない中で刑事処分が予定されていることもあり[36]、ますます違憲の疑いが[37]濃い。軍法会議のような「この種の特殊な人的管轄権を伴う裁判機構を今更復活せしめようなどという人間は、現在の日本の法律家の中には、まずない」[38]との指摘に抗うように、「自衛隊に『軍法会議』をもうけるとしても、通常裁判所への上訴の途が開かれていれば、76条2項違反の問題は生じない」[39]との主張も僅かながらあるが、仮に判決に不服な当事者が高裁に控訴できても、「軍法会議」や「皇室裁判所」は複数の理由で違憲であると断じてよかろう。

　以上で特別裁判所の議論に付き纏いがちな曖昧さは払拭でき、逆に、裁判官により通常の司法作用を営みながら、特定の事項を専門的に所管する裁判所を創設することは違憲ではないとされよう[40]。家庭裁判所の合憲性について、殆ど疑義はない。「行政裁判所」もこの条件を満たせば設置できるとの説明も多い[41]。進んで、知的財産権分野など「地方裁判所と同じ数を揃える必要は更々ない」として、「控訴審段階まで当該領域専門の裁判官や専門委員を配置する」ことなどの提言もあるが[42]、以上の検討を踏まえれば、家庭裁判所であれ、行政裁判所であれ、他であれ、裁判官や審判官が特別な試験により採用され、一般的な法とは異なる、児童心理学や行政実務の蓄積などを第一義的な根拠として判決や審決を下すものは、許されざる「特別裁判所」と言うべきであろう。裁判員制度が、仮に、一般市民の常識を刑事法に優先させるものにすれば、それは「特別裁判所」であり、違憲となることにもなる。これらは、一面で「民主的」に見えても、「法の支配」の逸脱であり、権力分立上留意されている司法権の独立を害するものと言わねばならないからである。

　補足すれば、公正取引委員会の審決の取消しについて、裁判所の事実に関する審査権が制限されるという独禁法81条規定が疑問視されることはあったが、「準立法的・準司法的機能」を有するとされる独立行政機関（委員会）が、高等裁判所や地方裁判所の前審として判断を行うことは問題にされていない[43]。実際、都道府県労働委員会の救済命令に不服があれば、当事者は中央労働委員会の再審査を求めずに管轄の地方裁判所に行政訴訟を提起することができ、中央

労働委員会の再審査に不服があれば、東京地裁に行政訴訟を提起できる（労組法27条の19など）。独立行政委員会ではないが、海難審判庁が行う海難審判も有名である。これらは、各専門分野の判断はその道の専門家にある程度委ねようという姿勢である。法的に疑問がある当事者は行政機関の判断を裁判所で争えばよいということである。ただ、このことと、特別裁判所が「裁判官」主導の一般「法」による判断を担保せねばならないこととの間には一線があろう。それが、行政機関の準司法と司法機関の司法との違いである。

2 憲法裁判所論

　以上の議論から、当然のことながら、専属的に憲法判断を行う、ドイツ型の憲法裁判所は、これが最高裁を頂点とする通常司法裁判所の系列にないことは明らかであるから、その設立は日本国憲法に直ちに反しよう。

　まず、現行の付随的違憲審査制、即ち、通常司法裁判所における違憲審査制度[44]はアメリカに始まる。憲法と法律が矛盾するとき、これを糺す機関が何かは建国当時争いがあったところであるが、1803年の連邦最高裁による Marbury v. Madison 判決[45]により決着が着いたものと考えられている。合衆国憲法はこれについて明文の規定を有していたわけではないが、そもそも上位法は下位法を破るという法理があり、法の最終的解釈権は司法権にあるため、最高裁は憲法に反する法令を無効とする最終的な判断ができるとした。アメリカにおける違憲審査制は判例法として確立したのである。これは、「司法権」が確立されれば、付随的違憲審査制は解釈上導けることを示している。

　これに対し、ドイツやオーストリアにおける憲法裁判所[46]は、「ゲルマンの伝統的な法治自由主義精神を基盤に発達する国家機関の間の憲法の効力適用及び解釈に関する憲法争議（Verfassungsstreitigkeiten）を訴訟手続に於て解決する制度、憲法争議裁判制度のコロラリーとして発展するものであ」り、「本来政府と議会、連邦政府と支邦政府、支邦政府と支邦政府との関係を調停し、国家意思の統一と客観化を計らんとする裁判であつて、機関争議たる点に特異性をもつものであ」[47]った。神聖ローマ帝国時代に、等族は大審院において、領主を、

自らの憲法上の等族特権の侵害を理由に訴えることができたが、このような制度は神聖ローマ帝国の崩壊などにより冬眠状態となった[48]。その後、1830年の七月革命により、憲法争議に関する政治的決断が独立の裁判所の手に委ねられることとなり、1832年のザクセン、1848年のフランクフルトの憲法にこれは規定された[50]。だが、ドイツ帝政への荒波の中で死文化し、実質的に始まりは、1919年のドイツ・ワイマール憲法と翌年のオーストリア憲法であると言われる。後者において、個人が直接訴える民衆訴訟（actio popularis）は認められなかったし、裁判所も憲法裁判所に対して法律の合憲性審査を求められなかった[51]。

　現在のドイツの憲法裁判所は、無論、ナチス独裁への反省から設立されたものだが、ナチス時代の人民裁判所の例がありながらも、以上のような特別裁判所の伝統もあって、その一つとして設置されたものである。法令の無効宣言を独占するが、何れの裁判所も、法規範の審査権限をもち、適用法令について、合憲限定解釈などの形で審査する権限は広く承認されている[52]。憲法裁判所は、抽象的規範統制のほか、通常の裁判手続の中で法令に違憲の疑いが生じた場合に、当該裁判所からこれを移送して行う具体的規範統制の権限を有する。また、自己の基本権などの侵害があったとしてなされる憲法異議（憲法訴願）、連邦機関争訟、連邦国家的争訟、「闘う民主主義」の表れとしての基本権喪失、政党の違憲確認なども権限として認められている[53]。

　ドイツ型の憲法裁判所については、付随的違憲審査制が「司法」の解釈から展開して生まれるのとも異なり、憲法に明文規定があって初めて設立されるべきものと解される。また、違憲審査制についてのドイツ型はそのまま司法についての考え方の違いにも見え、特別な「裁判所」を設置するということは、事件の解決という「司法」を超える役割を求めることであって、その意味でも日本国憲法の予定するものとは思えない[54]。最高裁も、設立の翌年の1948年に、刑訴応急措置法17条中の「処分」に裁判が当然に含まれるとして、再上告を認めたが、その際、憲法81条以上に「一層根本的な考方からすれば、よしやかかる規定がなくとも、第98条の最高法規の規定又は第76条若しくは第99条の裁判官の憲法遵守義務の規定から、違憲審査権は十分に抽出され得る」とし、「日本国憲法第81条は、米国憲法の解釈として樹立せられた違憲審査権を、明文をも

140

つて規定した」に過ぎないとして、いわば憲法全体の趣旨・構造から付随的違憲審査制を認めたのである[55]。本判決は、「裁判は一般的抽象的規範を制定するものではなく、個々の事件について具体的処置をつけるものであるから、その本質は一種の処分であることは言うをまたぬ」とも判示している。

そして、最高裁は、1952年の警察予備隊違憲訴訟[56]でも、「わが裁判所が現行の制度上与えられているのは司法権を行う権限であり、そして司法権が発動するためには具体的な争訟事件が提起されることを必要とする。我が裁判所は具体的な争訟事件が提起されないのに将来を予想して憲法及びその他の法律命令等の解釈に対し存在する疑義論争に関し抽象的な判断を下すごとき権限を行い得るものではない。けだし最高裁判所は法律命令等に関し違憲審査権を有するが、この権限は司法権の範囲内において行使されるものであり、この点においては最高裁判所と下級裁判所との間に異るところはない」と判示し、1953年の「もう一つの苫米地事件[57]」においても改めて、「いわゆる違憲審査権なるものも、下級審たると上級審たるとを問わず、司法裁判所が当事者間に存する具体的な法律上の争訟について審判をなすため必要な範囲において行使せられるに過ぎない。すなわち憲法81条は単に違憲審査を固有の権限とする始審にして終審である憲法裁判所たる性格をも併有すべきことを規定したものと解すべきではない」と判示している。直接最高裁に出訴に認めるなどは、最高裁から見れば、当初から想定外の発想であった。だからこそ、最高裁は当然のように、自身も含めた裁判所が憲法裁判所を兼務する途を断ったのである。

そこで逆に、憲法76条の「司法」の定義から、全ての司法裁判所において憲法判断が可能となる。これは、前述のように、早くから判例としての決着を見ている。これで一件落着の筈であった。だが、元最高裁判事からも、米独仏の違憲審査機関が「いずれも、法原理機関であ」り、「多くの場合、憲法の理念を守りつつ時代とともに歩み、柔軟かつ毅然として憲法判断を行い、国民の信頼を勝ち得てきた」とし[58]、これらの「憲法裁判制度は、正に各国固有の歴史的、政治的産物[59]」であるとする評価が出されている。こういった柔軟な「司法権」理解、多分に歴史的概念構成のエビゴーネン的な解釈は、日本の特殊事情を強調することと相俟って、現行憲法下でも、現在とは異なるの憲法裁判制度の設

立が可能であるかのような空気を煽ってきたように思われる。

　現行制度や判例・通説と対立する最右翼の主張としては、多くの説が客観訴訟を合憲と認めている以上、抽象的違憲審査ができないという結論は再検討を要するとの主張や、付随的違憲審査制の前提となる「事件性の要件は必ずしも例外を許さない絶対的な要件ではない」として、「法律によって抽象的違憲審査制を導入することは憲法上可能である」とする主張であろう。だが、客観訴訟が具体的な事件の解決のためにあるのと異なり、抽象的違憲審査ではそれがない。「司法」の周辺に法律による追加は可能でも、「司法」ではない機能を裁判所に付与することはできない。また、この説では逆に、「司法」の定義を歴史の坩堝の中で融解してしまい、その定義が不能になり、独立を守るべき「司法」の範囲が曖昧になるという本末転倒を引き起こし、是認できない。日本国憲法が、第四権とも呼ばれる強い権力を設立するに際し、明文の規定、出訴資格などの規定もなく、或いは法律に委ねたとは信じ難いのである。

　これよりは穏健ながら、最高裁判所の中に憲法問題を専門的に扱う「憲法審判部」を設置するとの提案もある。しかし、それが判例の統一を任務とする大法廷ではない終審だとすれば、最高裁を頂点とする裁判所制度の終点前の途中下車であり、当該事件では民事・刑事・行政事件としての判例の統一ができないという意味で制度設計ミスである。また、憲法判断のみを抽象的に行う、具体的事案抜きの抽象的違憲審査は、「司法」の権能に該当せず、通常司法裁判所の機能として、できない。これがために「司法」の定義を歴史的概念構成に先祖返りさせることは疑問であり、81条の「終審」に独特の意味が生じてしまうなど、憲法全体の解釈を歪めそうである。可能であるとすれば、当該憲法専門部が第三審として憲法判断を含む判断を行い、不服があるとすれば大法廷に上訴できる仕組みであろうが、そうなると「憲法審判部」の裁判官は再び事案を審理できないので、これと大法廷を同じ裁判官が兼任できない以上、憲法判断についてのみ「超高等裁判所」が新設される構造になる。そうだとすると、憲法上の争点を挙げれば四審制にできることになり、無駄な憲法上の主張を煽動するばかりであって、制度的にもバランスを欠く。これを高裁に吸収して、その憲法事件専門部として三審制を維持するのが合理的となろう。かくして、

憲法裁判所的なものを設ける試みは、現行憲法下では挫折するものと思われる。

　このほか、抽象的規範統制は現行憲法上無理でも、具体的規範統制なら可能だとする見解がある。「ドイツ流の連邦憲法裁判所の権限の特色」として「《抽象的違憲審査権限》のみがいたずらに強調されるきらいがある」と指摘した上で、ドイツ「基本法100条１項の定めるいわゆる具体的規範統制手続においては、憲法裁判所以外の種々の裁判所（通常裁判所、行政裁判所等々）が、裁判に際してある法律の効力が問題となっている場合に、その法律が違憲であると考えるときは、その裁判手続を中止し、」ドイツの憲法である「基本法に対する違反が問題となっているときは連邦憲法裁判所の決定を、求める」制度があり、裏返せば、「裁判所は、適用すべき法令が憲法に違反しないと判断したときは、自ら合憲を前提として裁判をすることができる」と説明するのである。その上で、「この《具体的規範統制》と呼ばれる裁判手続は、」「日本国憲法の制定過程においても実際に構想されていた経緯があ」り、「現行憲法下において、具体的事件を前提とした付随的審査制を維持しつつ、その枠内で最高裁判所にこうした権限を付与することは（裁判のその段階で、またどういう形で最高裁判所に移送するのかなど、いくつか解決すべき問題はあるが）、制度の作り方しだいによっては、必ずしもまったく不可能というわけではない」と主張するのである。別の説は、これにより裁判の長期化に伴う問題が解消され、最高裁の姿勢も明快に国民の前に示されると言う。審級に拘らず移送ができるので、迅速な判断ができ、事件の発生を待たねば憲法判断が生じない、という問題も解消できると言う。この方法により、これを争う市民が違憲の主張を十分にでき、また、下級審の憲法感覚も生かされ、そこでは「上級審で覆されることによる当事者の不利益を考えることなく、違憲判断ができ」るとも述べるのである。

　しかし、このような制度であっても、最高裁は、一旦、事件と切り離された抽象的な憲法判断を求められるものであるから、「司法権」の範囲を超えた、一種の勧告的意見となり許されない。また、事案本体を担当している下級裁判所から見れば、事案を検討する前に上級審の判断に拘束されることであり、裁判官の独立を害する。以上のことは、仮に、憲法判断を行う裁判所が最高裁ではなく、同級の別の法廷であっても同じことである。更に、もし、具体的規範

統制の主体が最高裁であるときには、この事案が上告された場合、最高裁自身が重ねて法的判断可能なのかも大いに疑問である。加えて、現行憲法解釈を離れた立憲論としても、このような事案では憲法判断が下級審から重ねられ、多元的検討がなされる現行制度の利点が失われ、かつ、最高裁に移送することで節約できる時間も少なく、上告して最高裁の判断を仰ぐ現行制度を変更すべき理由があまりない。憲法裁判所制度と付随的違憲審査制度は合一化傾向にあるという主張もあるが、両者では権力分立の捉え方が異なり、前者が立法府優位の考え方があり、後者には英米流の法の支配、司法権の独立性という思想の違いがあり、安易に両者のいいとこ取りを狙えば、かえって思わぬ弊害を生みかねない。このように考えると、具体的規範統制と言えども日本国憲法上の裁判所の権能として認め難く、制度論としても賛成し難いように思われる。

　以上のような検討から、日本国憲法上、憲法裁判所の設置はおろか、最高裁判所であれ下級裁判所であれ、通常司法裁判所は全て、抽象的違憲審査の権能を一部であれ抱えることはできないと思われる。憲法判断を離れても、通常司法裁判所が、架空の事項や担当外の事件に法的判断を示す、いわゆる勧告的意見などは述べることはできない。現行憲法上は、裁判所が行使できるのは付随的違憲審査制であるから、事件の憲法判例的要素が強い場合に、事実判断、法律レベルの判断も含め、事案の法的解決を行い、その判決や決定を不服とする当事者が上訴できる下級審の憲法専門部のようなものしか設立できない。およそ裁判所は具体的事件の法的解決のための判断を行うこと、憲法の許容しない抽象的違憲審査は行えないことの再確認が肝要である。

　これに対し、アメリカ合衆国「憲法典の基本権保障のカタログは限定的であり、権力分立構造は硬直しており、しかも、司法審査権に関する明文規定に欠ける」として、アメリカ型の司法審査は寧ろ異形のものであるとの指摘もある。アメリカでも、連邦控訴裁判所が合衆国裁判所規則19に規定されている意見確認手続（Certification）により、最高裁に法律上の争点について判断を求めることができるとする紹介がある。意見確認手続は、それにより最高裁の回答を得られた例は稀であるが、求めるか否かは事件当事者の意思とは関係なく、連邦控訴裁の意思に委ねられている。1869年法の下、巡回区裁判所では2人合

第3章 特別裁判所論

議が可能であったので、対立がある法律上の争点について、最高裁に意見を仰ぐことができた。[75] 1891年に連邦控訴巡回区裁判所 (federal circuit courts of appeals) が導入されたが、当初は、新しい、難しい、重要な法律上の争点を解消する手段であり、また、異なる連邦控訴巡回区裁間で判断が割れたときの手段として期待されていた模様である。[76] こういった制度の存在は、「英米流の司法権概念」が流動的であり、抽象的審査の否定が絶対ではないことを示唆しよう。だが、そうであれば逆に、明文規定を有する日本国憲法では「司法権」が付随的違憲審査を行う基盤が強化されていることの決め球となろうし、少なくとも、抽象的違憲審査制が妥当となる根拠にはならない。実際、アメリカの最高裁も、意見確認手続に対して1930年代からは否定的になってきている。[77] このほか、「ドイツと同様に軍部独裁の結果としての敗戦によって手痛い打撃を体験した日本」でも、憲法保障の機能は強調されてもよいとする主張にも一理はあるが、[78] ナチスの独裁が男女普通選挙の下での民主的選択を端緒としたと考え、行き過ぎた直接民主主義の抑制、全体主義思想の根絶をテーマとするドイツ基本法と、思想統制とクーデター未遂などを経ての全体主義・軍国主義化を踏まえ、自由と民主主義と平和主義の、今日では楽観的とも取れるほどの保障を前面に打ち出した日本国憲法とでは何事も同じというわけではなく、比較憲法の手法としても適切ではない。条文構造も無視できない。「司法権」規定を有する憲法の下では、裁判所が違憲審査権を有することは解釈によって導き出せるものであり、併せて、行政事件などを含む一切の事件でも通常の司法裁判所が管轄権を有する。また、先に確認した通り、「司法」ではない、事件の解決を離れた権限、抽象的違憲審査権を司法裁判所が抱えることも違憲である。ある裁判所が事案の解決に必要であるとき、最高裁やその他の裁判所、もしくは裁判所の一部である別の部に憲法判断のみを仰ぐ制度も同様であろう。これらを覆すには、憲法改正により、憲法に明示的な例外規定を設ける必要がある。現行日本国憲法上、通常司法裁判所が行えるのは付随的違憲審査であり、また、76条の「司法権」の解釈から、それが行使すべきときは行使せねばならないし、すべきでなければすべきでないということも動かないものと思われる。

しかしながら、日本の裁判所の不活発さ、特に違憲判決の少なさの原因を付[79]

145

随的違憲審査制や司法消極主義的な最高裁の姿勢に求め、憲法裁判所の設立を求める見解も多い[81]。戦後の「憲法運用の中で一貫して不活発であった違憲審査を活性化するためには、もはや制度改革の大鉈を振るう以外に道はないという思いつめた気持ちは、否定し去るには重たすぎる[82]」ということであろうか。特に、1993年に、最高裁判事であった伊藤正己が、現在の最高裁が、民事訴訟法が1998年に上訴制限を加えるまでは典型的であったのだが、憲法上の争点のない事案を小法廷で多く扱っているため、最高裁の裁判官自身が最高裁を「憲法の裁判所」だと思わなくなっているなどと指摘したことは大きかった[83]。伊藤は、憲法裁判所制度こそが世界の趨勢であるとも言う[84]。根本原因は、戦後改革が不十分で、戦前の司法制度からの接木となったことなのかもしれない[85]。裁判の長期化も大きな問題であり、改革が必要であるとも指摘された[86]。更に、付随的違憲審査制のほか、法曹一元を欠き、統一的なヒエラルキーを擁する職業裁判官システムであること、状況の変化を好まない裁判官の姿勢、裁判官に定年制があること、制定法主義のため、裁判所が違憲判断といえば法令違憲と思い込み、これに躊躇して合憲判断を積み重ねていること、議院内閣制の下で政治部門が強い上、一党支配が長年続く政治状況にあること、憲法が政治・社会の共通の基礎であるというコンセンサスのない政治風土があること、日本社会がなかなか司法の解決をよしとしない法文化があること、アメリカのような「豊かな憲法訴訟のチャンネル」がなく、また「エクイティ（衡平法）の伝統」もないことなども原因として主張された[87]。1994年11月に読売新聞社は「読売新聞社憲法改正試案」第1次試案を発表し、ドイツの憲法裁判所制度に似た制度の導入を提唱したこともあり[88]、憲法裁判所導入は憲法改正論者頻出の提案事項になってきたようにも思われる。

　だが、問題状況を要因の全部ではないが制度的なものがその一つであるなどとして、憲法を改正して憲法裁判所を設置する立憲論、憲法改正論[89]にも賛成できない。憲法裁判所により一旦出された合憲判決を客観視してしまい、後に実際に生じた事案において不条理な結論が見えても、変更は難しいと考え易い、「和の尊重」[90]が変わらぬ法文化の下では、制定された法令に早々に合憲のお墨付きを未来永劫与える機関として運用される危険がある[91]。実際、終戦直後に尊

146

属傷害致死重罰規定について合憲判決を下してしまったため、尊属殺・尊属傷
重罰規定の是正にどれほどの時間がかかったかを想起したい。具体的な事件に
おいて、人権を侵害され、その回復を真剣に訴える当事者があり、「具体的事
実と格闘する下級裁判所の裁判官の営み[94]」があって、憲法判断の変更があるこ
とが重要ではないか[95]。もしも、全体主義的な政権が誕生し、それが崩壊した後
には、ドイツの憲法裁判所が当然のように抱えている、全体主義政党の解散を
も権限とする裁判所の設置を真剣に議論する必要があるのかもしれないが、そ
れは、最早、日本国憲法96条の予定する憲法改正を超えた議論である。また、
一般論として、反対党の全く影響力のないところで憲法裁判機関の構成員が選
ばれてしまえば、その機関は政府・与党に追随する傾向が生じてしまう[96]。況
や、一党支配構造の下でをや、である[97]。憲法裁判所が設立されれば、そこには
適切な憲法研究者が多く送り込まれるだろうという楽観的 (あるサイドからすれ
ば悲観的な) 予測は多分に外れるであろう。憲法裁判所の裁判官の人選は、最
高裁のそれと比べても、政治的であることが正当化され易そうである。司法権
の独立があり、行政裁判も含め憲法判断を最高裁以下の通常司法裁判所に委
ね、政治部門が介入しないことが定められていた[98]ところ、それではそれも揺ら
ぎかねない。通常の司法裁判所の判断と極めて違和感のある判決が積み重ねら
れる危険すらある。戦後改革の成果の重要な点に、これを「『法と政治』の融合
は憲法裁判所において、構造化され深化すると割り切ることも、重要な視点[99]」
だとして割り切れるのか。割り切れない日本の法文化と政治文化に鑑みて、大
いに疑問が残らないか。

　問題の解決には憲法裁判所の設立が必要、と決めてかかる必要はない。前述
のように、現在の裁判所制度の下でも、近年の最高裁は広い意味での憲法判断
を活性化しつつある。憲法判断を伴う以上、最高裁や下級審の憲法事件専門部
に憲法研究者を送り込む、もしくは憲法に詳しい裁判官を配置すべきことにす
れば、現状よりは有益になろう。司法機関に対して政治部門への敬譲を求める
あらゆる圧力の排除無くして、憲法裁判所導入論は正当化できまい[100]。それが先
である。最高裁による憲法判例の貧困を嘆く多くの主張が、裁判機構の官僚化
批判と共通項を多く持つとすれば、問題の解決には、憲法裁判所の導入ではな

く、裁判官人事の透明化、法曹一元の実現、裁判員制度の定着、法曹人口の増加と共に、法教育の充実などによって国民の法意識が進化することが早道ではあるまいか。芦部信喜も、ドイツで憲法裁判所制度がうまくいっているのは、憲法訴願が多いこと、人権擁護の府として国民の信頼が厚いこと、憲法裁判所と学界の繋がりが強いことなど、ドイツの特殊事情抜きには語れないと述べる。[102]日本で、創設された憲法裁判所が逆に前衛的に過ぎ、「草の根保守」の反発ばかりを喰らっても運用はうまくいかない。日本人の法感覚・憲法感覚が変わらなければ、憲法裁判所の設立で物事が飛躍的によくなることはない。状況うまくいかないのは制度のせいだ、全面改正が必要だと言いたがるのは、社会科学分野の研究者の悪癖でもあることを（法科大学院熱病後の今、憲法改正の旗振り役の顔を見返して）よく認識すべきである。[103]

　ところで、ドイツなどとは異なる独自の違憲審査の手法を採用してきたのがフランスである。フランスでは、1958年の第5共和制憲法制定以来、憲法院（憲法評議会）[104]が事前の憲法判断を担う。組織法律、議院規則、普通法律及び国際取極に対する合憲性の統制が第1の権限であるが、これ以外にも、立法事項と命令事項の確定なども行なってきた。これは、第5共和制憲法がそれまでとは異なり、行政権の拡大・強化という一般的精神を有し、1799年ナポレオン憲法の護憲元老院や1852年第2帝政憲法の憲法委員会の失敗から、違憲審査制の設置を抑制した結果なのである。[105]しかし、その司法不信の伝統に基づく意図に逆らうかのように、憲法院は、1971年7月16日審決により、[106]第5共和制憲法が「愛執を厳粛に宣言」する1789年の「人及び市民の権利宣言」と1946年の第4共和制憲法前文、そしてその前文が確認した「共和国の諸法律によって承認された基本原理」のうちに結社の自由が含まれると解され、結果、「人及び市民の権利宣言」、第4共和制憲法前文、第5共和制憲法前文に実定的・憲法的価値を承認した。これにより、憲法院は人権保障機能を果たすようになった。そして、1974年の憲法改正により、それぞれ60名の国民議会議員の元老院議員に拡大された。これにより、合憲性の統制に関する審決が、普通法律に関するものについては、それ以前の20倍となり、以前は例外的なものであった普通法律の違憲審査が憲法院の中核機能になったのであった。[107]2008年には憲法改正により、係

争中の裁判において法令に違憲の疑いが生じた場合、国務院や破棄院から移送を受け、憲法院は合憲性の優先問題（question prioritaire de constitutionnalité）として違憲審査を行うことができるようになっている[108]。

　日本でも、独立行政委員会（機関）合憲[109]の議論から類推して、憲法改正を特に必要としない、内閣法制局の改組[110]などによる（日本型）憲法院[111]の設立は、具体的事案の解決を伴わなければ「司法権」でもなく、その機能を一部で有したとしても終審でなければ許容されよう。つまり、制度によっては、設立は違憲ではない可能性がある。実際、立法過程が強行採決などによって踏み躙られ、内閣法制局が所期の機能を発揮できなくなり、違憲の法令が数多く制定され、一連の安保・防衛立法を典型に、事件発生前に有効な法的審査の機会がなく、精神的自由に萎縮的効果を与える法令を事前に差止める手段を欠き、なおかつ白地委任など、法律と命令の関係に裁判所が十分に踏み込めない裁判所頼りの弊害を是正する意味では、検討に値するかもしれない[112]。ただ、その機関は、最終的な憲法判断を下し、後の裁判所の判断を拘束することになれば、「司法」でもない機関である特別裁判所の設置、もしくは行政機関の終審となってしまうため、具体的事案の解決が必要となるまでの一旦の法的判断というのが限界であろう。役割が裁判所に近い行政機関を設置することは、「司法権」を裁判所が独占するとする憲法の趣旨に反する。地方公共団体の違法な公金支出を伴う事案での住民訴訟相当、つまりは、通常、裁判所が担っている役割を行政機関が担えるのか、という疑問がないでもない。そう考えると、いかにせよ、その機関は事後審査まではできまい。また、この機関の審決は一つの「処分」であるため、これを裁判所で争うことで、裁判所による迅速な憲法判断の途も開けるかもしれない。より具体的な分析と提言は今後の課題とする。

おわりに

　本稿が後半で述べてきた特別裁判所論は、やはり英米流の「司法」の型とされる事件性の要件に拘束された憲法判断の理論の応用・発展・展開である。そして、このことが、憲法判断を行うための事件性の要件の要請を呼ぶものであ

ることを示唆して、本章を終えたい。またこの話は、論点が一巡して「司法」の定義に戻り、一貫した憲法解釈がどうあるべきかを解釈者の前に突き付けよう。日本国憲法の改正により憲法裁判所が設立されると、「裁判」概念が新たに創設され、その概念は政治的判断を含むものとなり、その機関がどのような事案を取り上げ、どのような判断枠組みで審決や判決をなすのかは、通常司法裁判所の憲法判断とは一般理論が異なってこようが、「司法」の概念が曖昧となり、多くの裁判が政治的であることを是認することを導きかねず、少数者の人権が軽視され、民主主義の暴走を助長しそうであり、賛同できない。結局、我々は堅実な日本国憲法解釈に回帰すべきだということであろう。

1） 諸外国の例の紹介として、浅香吉幹「アメリカの特別裁判所─通常裁判所の優位性と裁判官専門化への消極性」法の支配138号27頁 (2005)、木川統一郎「ドイツの裁判所体系の特徴─ドイツの特別裁判所など」同139号 5 頁 (2005)、同「オーストリアの特別裁判所」同141号22頁 (2006)、田島裕「イギリスの特別裁判所─The Council on Tribunals の重要性について」同139号13頁 (2005)、滝沢正「フランスの特別裁判所」同20頁など参照。
2） 小野慶二「判批」警察研究31巻 7 号116頁、117頁 (1960)。
3） 奥野健一「裁判官訴追委員会と弾劾裁判所」ジュリスト44号22頁 (1953)、佐々木高雄「弾劾裁判所判決と弾劾制度の本質─谷合裁判官に対する罷免判決を素材にして」同757号78頁 (1982)、高仲東麿「弾劾制度論」昭和大学教養部紀要17号 7 頁 (1986)、国会法規研究会「国会にかんする法規（第 2 編本論89、90・完）─第 6 章 弾劾裁判所」時の法令1685号72頁、1689号48頁 (2003) など参照。
4） 弾劾裁判所は、特別裁判所だが憲法の定める例外という記述が多い中、清宮四郎『憲法 I』〔第 3 版〕344頁 (有斐閣、1979) は、「ここにいう特別裁判所ではない」としている。
5） 特に、渋谷秀樹『日本国憲法の論じ方』〔第 2 版〕396頁以下 (有斐閣、2010) 参照。杉原泰雄『憲法 II』363頁 (有斐閣、1989)、樋口陽一ほか『注解法律学全集 4 ─憲法IV』24頁 (青林書院、2004)〔浦部法穂〕、清宮同上343-344頁同旨。なお、渋谷は、「司法の民主化」という理由付けにやや懐疑的である。
6） 樋口ほか同上25頁〔浦部法穂〕。
7） 美濃部達吉『日本国憲法原論』457頁 (有斐閣、1948)。戸松秀典『憲法訴訟』〔第 2 版〕24頁 (有斐閣、2008) はこの立場をはっきりと否定する。
8） 三ヶ章「家庭裁判所への人事訴訟移管の司法政策的意義─特別裁判所概念の再検討と再評価をめぐって」家庭裁判月報56巻 4 号 5 頁、6 頁 (2004) 参照。
9） 最大判昭和31年 5 月30日刑集10巻 5 号756頁。本件評釈は本書第 2 章参照。
10） 林田和博「司法権の範囲」清宮四郎＝佐藤功編『憲法講座 4』1 頁、7 頁 (有斐閣、1959)。
11） 同上7-8頁。筆者も、憲法32条の核心は刑事裁判を受ける権利ではないかと考える。本書第 5 章参照。
12） 河原畯一郎「裁判を受ける権利・特別裁判所及び行政的最終性の問題」ジュリスト76号 6 頁

第 3 章　特別裁判所論

(1955) 参照。

13）　同上 7 頁参照。

14）　同上 8 頁参照。

15）　同上 9 頁参照。

16）　同上 9 -10頁参照。

17）　林田前掲註10）論文 8 頁。

18）　山口定『ファシズム』212頁（有斐閣、1979）。

19）　同上215-216頁。

20）　小嶋和司『憲法概説』463頁（良書普及会、1987）、佐藤功『日本国憲法概説』〔全訂第 5 版〕469頁（学陽書房、1996）、樋口陽一『憲法Ⅰ』484頁（青林書院、1998）、吉田善明『日本国憲法論』〔第 3 版〕245頁（三省堂、2003）、君塚正臣＝藤井樹也＝毛利透『VIRTUAL憲法』149頁（悠々社、2005）〔君塚〕、川又伸彦『マスター憲法』282頁（立花書房、2009）、佐藤幸治『日本国憲法論』597頁（成文堂、2011）、岩間昭道『憲法綱要』288頁（尚学社、2011）、市川正人『基本講義憲法』323頁（新世社、2014）、安西文雄ほか『憲法学読本』〔第 2 版〕309頁（有斐閣、2014）〔宍戸常寿〕、大日方信春『憲法Ⅰ』273頁（有信堂、2015）、川岸令和ほか『憲法』〔第 4 版〕326頁（青林書院、2016）〔君塚正臣〕、高橋和之『立憲主義と日本国憲法』〔第 4 版〕416頁（有斐閣、2017）、渋谷秀樹『憲法』〔第 3 版〕670頁（有斐閣、2017）、君塚正臣編『ベーシックテキスト憲法』〔第 3 版〕264頁（法律文化社、2017）〔片山智彦〕など。

21）　浅香前掲註 1 ）論文31頁など参照。

22）　軍法会議の判決は最終であるものの、軍法会議が権限内の活動をしたか否かは人身保護法に基づいて通常裁判所が審査できる。See, In re Grimley, 137 U.S. 147 (1890). 河原前掲註12）論文13頁注参照。

23）　Commodity Futures Trading Commission v. Schor, 478 U.S. 833 (1986). 浅香前掲註 1 ）論文32頁参照。

24）　Northen Pipeline Construction Co. v. Marathon Pipe Line Co., 458 U.S. 50 (1982). 浅香同上同頁参照。

25）　田島前掲註 1 ）論文13頁参照。

26）　同上17-18頁。

27）　小野前掲註 2 ）評釈118頁。

28）　三ヶ月前掲註 8 ）論文 7 頁。

29）　君塚正臣編『高校から大学への憲法』〔第 2 版〕110頁（法律文化社、2016）〔平地秀哉〕。

30）　河原前掲註12）論文11頁。但し、同論文12頁は、「権限を有する裁判官により裁判されることまで保障している」わけではないとしている。このことは、裁判員制度の合憲性を考える上で、示唆的である。

31）　小野前掲註 2 ）評釈119頁。

32）　佐々木惣一『改訂日本国憲法論』349頁（有斐閣、1952）、覚道豊治『憲法』〔改訂版〕168-169頁（ミネルヴァ書房、1973）、橋本公亘『日本国憲法』582頁（有斐閣、1980）、伊藤公一『憲法概要』〔改訂版〕173-174頁（法律文化社、1983）、榎原猛『憲法─体系と争点』347-348頁（法律文化社、1986）、阿部照哉ほか編『憲法 (4)』〔第 3 版〕171頁（有斐閣、1996）〔野坂泰司〕、戸波江二『憲法』〔新版〕411頁（ぎょうせい、1998）、榎原猛＝伊藤公一＝中山勲編『新版基礎憲法』223頁（法律文化社、

151

1999)〔井上典之〕、阪本昌成『憲法理論 I 』〔第 3 版〕389頁（成文堂、2000）、大沢秀介『憲法入門』〔第 3 版〕317頁（成文堂、2003）、野中俊彦ほか『憲法 II 』〔第 5 版〕235-236頁（有斐閣、2012）〔野中〕、長谷部恭男『憲法』〔第 6 版〕410頁（新世社、2014）、浦部法穂『憲法学教室』〔第 3 版〕358-359頁（日本評論社、2016）、辻村みよ子『憲法』〔第 5 版〕446頁（日本評論社、2016）、毛利透ほか『Legal Quest憲法 I 』〔第 2 版〕281頁（有斐閣、2017）〔松本哲治〕、杉原前掲註 5 ）書362頁、樋口ほか前掲註 5 ）書24頁〔浦部法穂〕など。ところが、伊藤正己『憲法』〔第 3 版〕568頁（弘文堂、1995）は、必ずしも最高裁を頂点とする機構ではなくとも、「常設の裁判所以外で特別の裁判が行われることは考えられ、それは、戦争や内乱に関連して特定の政治目的のために行われるものである。第二次大戦後のニュールンベルグ裁判や極東国際軍事裁判がその例である」と、安易に例外を認めてしまっている。

33）　渋谷前掲註 5 ）書398-399頁。

34）　佐々木雅寿「判批」佐藤幸治＝土井真一編『判例講義憲法 II 』259頁（悠々社、2010）参照。

35）　軍法会議による刑の宣告は憲法32条違反ともなろう。本書第 5 章参照。

36）　小野前掲註 2 ）評釈120頁は、その手続法が刑事訴訟法であることも合憲の理由に挙げている。そうだとすると、今日の家庭裁判所が人事訴訟となっていることを直ちに合憲と断じることはできない。民事訴訟法や刑事訴訟法を盲目的に基準と考えることは危険であるが、憲法がそれらの訴訟に要求する手続的適正の要求が満たされなければならないという意味で理解できよう。

37）　念のために付記すれば、仮に設置合憲論が公定解釈となっても、軍法会議相当の機関が憲法上は行政機関に過ぎない。そして、「自由権に関する事件においては、行政機関の決定が最終とされる場合に於いても、独自の審査判断を加うべきである。これも適法手続の要件である。」河原前掲註12）論文13頁。

38）　三ヶ月前掲註 8 ）論文 7 頁。

39）　長尾一紘『日本国憲法』〔第 3 版〕416頁（世界思想社、1997）。このため、「特別裁判所」の定義も、「終審として」の裁判であることが強調されている。同書414頁。

40）　三ヶ月前掲註 8 ）論文 7 頁。

41）　新井誠ほか『憲法 I 』155頁（日本評論社、2016）〔佐々木くみ〕、榎原前掲註32）書348頁、橋本前掲註32）書583頁、阿部ほか編前掲註32）書171頁〔野坂泰司〕、野中ほか前掲註32）書236頁〔野中〕など。樋口ほか前掲註 5 ）書25頁〔浦部法穂〕、戸波前掲註32）書411頁、浦部前掲註32）書359頁などは労働裁判所にも言及する。伊藤前掲註32）書568頁はこの指摘を労働裁判所、租税裁判所にも広げる。これに対して、松井茂記『日本国憲法』〔第 3 版〕229頁（有斐閣、2007）は、「憲法が行政事件の裁判を司法裁判所に委ねた趣旨を重くみれば、たとえ司法裁判所の系列の中であっても、行政事件専門の裁判所を設置することは許されない」と述べる。長く家庭裁判所を認めてきたことに鑑みると、「行政裁判所」のみを違憲と断ずることには躊躇があるが、仮に設置されるにせよ、「司法権の独立」が何よりも行政権に対するものであったことを斟酌すると、従来の司法裁判所の裁判官などによって構成され、行政庁出身者は排除するなどの最大限の注意が必要であるところまでは賛同できよう。

42）　三ヶ月前掲註 8 ）論文10頁。

43）　佐藤幸前掲註20）書597頁以下など。

44）　一般的な外国憲法研究としては、川﨑由雄「各国における憲法裁判について─訴訟要件及び違憲判決の効力に関する学説判例」レファレンス14号 1 頁（1952）、憲法調査会事務局編『憲法裁判

に関する各国憲法の立法例』(1957)、樋口陽一「違憲審査制の近代型と現代型」法律時報 39巻9号8頁 (1967)、マウロ・カペレッティ（谷口安平＝佐藤幸治訳）『現代憲法裁判論』(有斐閣、1974)、尾崎利生「違憲審査制の史的素描」中京大学大学院生法学研究論集2号94頁 (1981)、鵜飼信成『司法審査と人権の法理—その比較憲法史的研究』(有斐閣、1984)、宇都宮純一『憲法裁判権の理論』(信山社出版、1996)、参議院憲法調査会事務局『憲法裁判と司法審査に関する主要国の制度』(2002)、エドゥアルド・フェレル・マック＝グレゴル（北原仁訳）『憲法訴訟法—ヨーロッパとラテン・アメリカにおける学問としての起源と発展』(成文堂、2010) などがある。

　アメリカについては、覚道豊治「アメリカにおける違憲立法審査制の史的考察 (1-5・完)」阪大法学8号10頁 (1953)、10号113頁 (1954)、15号60頁 (1955)、18号8頁 (1956)、24号23頁 (1957)、早川武夫「アメリカ司法審査権の制約」神戸法學雑誌4巻1号33頁 (1954)、田島茂「アメリカにおける違憲立法審査制の成立」英米法学5号21頁 (1954)、檜山武夫「アメリカの違憲裁判について」公法研究12号58頁 (1955)、大野盛直「アメリカ司法審査制度論」ソーシァル・サイエンス4号23頁 (1955)、下山瑛二「アメリカ司法審査制と社会の矛盾」法律時報28巻1号32頁 (1956)、和田英夫ほか「米国司法審査権発展史の一齣—とくにニュー・ディール期を中心としての覚書」明治大学法制研究所紀要3号1頁 (1960)、清岡雅雄「アメリカ憲法と違憲立法審査」福岡学芸大学紀要11（第2部）号93頁 (1962)、同「アメリカ憲法と違憲立法審査」法政論叢2巻3＝4＝5＝6＝7号21頁 (1963)、田中和夫『司法に関するアメリカの各州憲法の規定』(早大比較法研究所、1961)、佐藤幸治「司法審査とデモクラシー—アメリカにおける理解を中心として (1、2)」法学論叢74巻3号1頁 (1963)、5＝6号35頁 (1964)、アーチバルド・コックス（吉川精一＝山川洋一郎訳）『ウォレン・コート—憲法裁判と社会改革』(日本評論社、1970)、関誠一『アメリカ革命と司法審査制の成立』(ぺりかん社、1970)、青山武憲「アメリカの違憲審査制の起源」日大法学紀要17号7頁 (1975)、田中英夫「合衆国最高裁判所による違憲立法審査権の行使をめぐる論議について」公法研究38号1頁 (1976)、一倉重美津「アメリカの最高裁判所と司法審査権 (1、2)」国士舘大学政経論叢22号133頁 (1975)、25号177頁 (1976)、サミュエル・マーミン（釜田泰介訳）「アメリカにおける司法審査制度—その正当性と限界」同志社法學28巻5号52頁 (1977)、下山瑛二ほか編『統治構造』(東京大学出版会、1978)、西村裕三「アメリカの司法審査制に関する一考察 (1、2) —その歴史的発展過程と機能的分析」廣島法學3巻1号79頁、3号25頁 (1979)、野坂泰司「司法審査と民主制」の一考察 (1-4)」國家學會雑誌95巻7＝8号391頁 (1982)、96巻9＝10号816頁 (1983)、97巻5＝6号410頁、9＝10号656頁 (1984)、Glennon Robert Jerome（大久保史郎＝藤田達朗訳）「司法審査とアメリカ憲法」立命館法學171号694頁 (1983)、大久保史郎「アメリカ司法審査制の現段階—現状分析の基礎視角をめぐって」法律時報 57巻6号47頁 (1985)、土居靖美『アメリカ憲法と司法審査基準の研究』(嵯峨野書院、1985)、M.J.ペリィ（芦部信喜監訳）『憲法・裁判所・人権』(東京大学出版会、1987)、中谷実『アメリカにおける司法積極主義と消極主義—司法審査制と民主主義の相克』(法律文化社、1987)、酒井吉栄『司法審査制の起源から成立まで』(評論社、1988)、同「司法審査制の歩み—コークとマーシャルのあいだ」アメリカ法 [1988-2] 252頁、ジョン・H.イリィ（佐藤幸治＝松井茂記訳）『民主主義と司法審査』(成文堂、1990)、澤登文治「合衆国連邦司法審査の源泉 (1、2・完)」新潟大法政理論23巻1号53頁 (1990)、2号48頁 (1991)、松井茂記『司法審査と民主主義』(有斐閣、1991)、梅山香代子「アメリカ社会と司法審査制度」立教女学院短大紀要27号29頁 (1995)、三宅裕一郎『国会議員による憲法訴訟の可能性—アメリカ合衆国における連邦議会議員の原告適格法理の地平から』(専修大学出版局、2006)、見平典『違憲審査制をめぐるポリティク

ス―現代アメリカ連邦最高裁判所の積極化の背景』(成文堂、2012)、甲斐素直『米国憲法訴訟史』(デザインエッグ、2015)、スティーブン・ブライヤー(木下智史ほか訳)『アメリカ最高裁判所―民主主義を活かす』(岩波書店、2016)、大沢秀介＝大林啓吾編『アメリカの憲法問題と司法審査』(成文堂、2016)、原口佳誠「アメリカ憲法史における司法審査制の立憲的意義とその社会的影響」ジュリスコンサルタス24号81頁(2016)、籾岡宏成「アメリカ社会における司法審査制度の機能論(1)」北海道教育大学紀要人文科学・社会科学編67巻1号65頁(2016)などがある。カナダについては、野上修市「司法審査とカナダ最高裁判所」明治大学社会科学研究所紀要4号115頁(1966)、佐々木雅寿「カナダにおける違憲審査制度の特徴(上、中、下)」北大法学論集39巻2号331頁、3号613頁(1988)、4号1113頁(1989)、富井幸雄「憲法保障機関としてのカナダ法務長官―付随的違憲審査制の補完？」首都大学東京法学会雑誌46巻2号133頁(2006)、髙木康一「カナダ憲法学における『対話』理論―司法審査をめぐる議会と裁判所の関係」専修法学論集101号51頁(2007)、手塚崇聡「カナダにおける違憲審査制度の特徴と司法積極主義」比較憲法学研究28号77頁(2016)などがある。

　スイスについては、覚道豊治「スイス聯邦裁判所に於ける憲法裁判」法学論叢57巻2号95頁(1950)、小林武「違憲審査制の諸類型における『スイス型』(1-4・完)」南山法学2巻4号83頁、3巻1号1頁、3号53頁(1979)、4巻3号21頁(1980)、同「日本における違憲審査制の展開と特質―スイス公法学界への紹介のための一資料」同9巻4号35頁(1986)、同「スイス違憲審査制成立史・序説」南山法学20巻2号1頁(1996)などがある。フィンランドについては、田中舘照橘「フィンランドの違憲立法審査制(上、下)」時の法令536号51頁、537号47頁(1965)などがある。ブラジルについては、Rodrigues Vieira Paulo(下井康史訳)「ブラジルの違憲審査制度」北大法学論集42巻6号1413頁(1992)、佐藤美由紀『ブラジルにおける違憲審査制の展開』(東京大学出版会、2006)、同「2007年以降のブラジルの違憲審査制」杏林社会科学研究26巻2＝3号109頁(2010)などがある。アルゼンチンについて、同「アルゼンチンにおける違憲審査制の論点」同27巻3号77頁(2011)、同「アルゼンチンの諸州の集中型違憲審査制」同30巻2号25頁(2014)などがある。ウルグアイについて、同「ウルグアイの違憲審査制」同28巻4号45頁(2012)などがある。パラグアイについて、同「パラグアイの違憲審査制」同29巻3号81頁(2013)などがある。インドネシアについて、Azhar「インドネシア憲法裁判」札幌学院法学21巻2号689頁(2005)などがある。中国について、冷羅生『中国違憲審査制度の研究』(星雲社、2007)、鹿嶋瑛「中国における憲法保障―違憲審査制の制度改革をめぐる議論を中心に」明大法学研究論集28号1頁(2007)、額尔敦華力格「社会主義憲法の動向―中国における違憲審査制に関する議論について」一橋法学8巻2号317頁(2009)、林来梵「中国の違憲審査制の特徴及び展開の実態―3つの術語の変換という視点から」静岡法務雑誌3号303頁(2010)、牟憲魁『中国における違憲審査制の歴史と課題―大法官憲法解釈制度を中心として』(成文堂、2009)、同「中国大陸と台湾における違憲審査制の比較と展望」比較法学45巻3号99頁(2012)などがある。台湾について、李仁淼「台湾における違憲審査制」北大法学論集47巻5号1527頁(1997)、同「台湾における違憲審査制の近時動向―日本憲法裁判の経験を通じて、台湾司法院の位置づけを考える」札幌学院法学21巻1号135頁(2004)、同「台湾における近時の司法改革と違憲審査制」日本台湾法律家協会雑誌5号1頁(2005)、湯德宗「台湾違憲審査制度之改革」同6号9頁(2006)、張嘉尹＝楊遠寧(松田恵美子訳)「台湾における違憲審査制度の発展―歴史的回顧と未来への展望」名城法学64巻3号66頁(2015)などがある。

45)　5 U.S. 137 (1803). 本件評釈としては、田中英夫「米判批」伊藤正己ほか編『英米判例百選Ⅰ』〔第

2 版〕50頁（1978）、畑博行「米判批」藤倉皓一郎ほか編『英米判例百選』〔第 3 版〕4 頁（1996）、紙谷雅子「米判批」樋口範雄ほか編『アメリカ法判例百選』4 頁（2012）などがある。このほか、「違憲立法審査権」ジュリスト338号21頁（1966）、酒井吉栄「マーブリー対マディスン事件の研究（1、2・完）―アメリカ型司法審査制成立の微視的考察」愛知大学法経論集法律編55号 1 頁（1967）、56号 1 頁（1968）、畑博行「裁判官のステーツマンシップ」判例タイムズ465号 2 頁（1982）、同「アメリカ合衆国司法部の軌跡（1）―違憲立法審査制の成立―マーベリー対マディスン事件の検討を中心に」同601号 2 頁（1986）、齊藤愛「Marbury v. Madison事件の尽きせぬ魅力―Mark Tushnet (ed.), Arguing Marbury v. Madison」アメリカ法［2006-2］311頁（2007）、勝田卓也「マーベリ判決の神話」中大法學新報119巻 9 ＝10号149頁（2013）などもある。

46)　一般的に、林田和博「憲法裁判所論」九大法政研究17巻 1 ＝ 2 ＝ 3 ＝ 4 号205頁（1950）〔以下、林田前掲註（46）Ⅰ論文、と引用〕、同「憲法裁判所論」公法研究12号 1 頁（1955）、同『憲法保障制度論』（九州大学出版会、1985）、鈴木重武「憲法裁判所の組織・権限に関する立法例」レファレンス53号35頁（1955）、鮫島真男「違憲立法審査―憲法裁判所の問題」ジュリスト131号31頁（1957）、和田英夫「西ドイツ・イタリア・フランスの憲法裁判管見―大陸型違憲審査制の国々をたずねて（1-5・完）」判例時報869号12頁、870号 3 頁、872号15頁、873号 3 頁、875号 3 頁（1978）、同「西ドイツ連邦憲法裁判に関するバドゥラ教授の所見―『西ドイツ・イタリア・フランスの憲法裁判管見』の補遺として」同881号 3 頁（1978）、同『大陸型違憲審査制』〔増補版〕（有斐閣、1994）、千葉勝美ほか『欧米諸国の憲法裁判制度について―米国、西ドイツ及びフランスにおける憲法裁判制度の機能と歴史的、政治的背景』（法曹会、1990）、浜田豊「大陸型違憲審査制における憲法裁判の観念」工学院大学共通課程研究論叢29号85頁（1991）、永田秀樹「ヨーロッパの憲法裁判所と日本の憲法裁判所構想」法律時報70巻 1 号36頁（1998）、L・ファヴォル―（山元一訳）『憲法裁判所』（敬文堂、1999）、畑尻剛「憲法裁判所設置問題も含めた機構改革の問題―選択肢の一つとしての憲法裁判所」公法研究63号110頁（2001）、中谷実「最近の憲法裁判所導入論議について――一つの整理」南山法学25巻 3 号31頁（2001）、大沢秀介「ファーストステップ憲法（4）統治（21）―違憲審査制の改革の在り方を考えてみよう―憲法訴訟と憲法裁判所」法学教室262号24頁（2002）、濱田邦夫「中欧 3 か国憲法裁判所訪問記」法曹634号 2 頁（2003）、西原博史「憲法裁判所制度の導入？（特集・憲法改正論議の現在）」ジュリスト1289号42頁（2005）、市川正人「憲法裁判所（特集・憲法調査会報告書を検証する）」法律時報77巻10号75頁（2005）、山元一「今、憲法裁判所が熱い!? ―欧流と韓流と『日流』と？」自由人権協会編『憲法の現在』63頁（信山社、2005）、阪本昌成「違憲審査制のなかの司法審査制」同ほか「憲法裁判所―シンポジウム、2007年（第112回）学術大会」九州法学会会報2007 111頁（2008）、憲法調査研究会「衆議院憲法調査会報告書を読み解く（13）―憲法裁判所による違憲審査権行使の活性化をめぐる議論―司法制度に関する諸議論の整理」時の法令1831号49頁（2009）、建石真公子ほか「ミニ・シンポジウム・人権保障における憲法裁判所とヨーロッパ人権裁判所」比較法研究73号166頁（2011）、小梁吉章「憲法裁判所と欧州司法裁判所」広島法学34巻 3 号234頁（2011）、曽我部真裕＝田近肇編『憲法裁判所の比較研究―フランス・イタリア・スペイン・ベルギーの憲法裁判』（信山社出版、2016）などがある。

　ドイツについては、川崎由雄「西ドイツの『連邦憲法裁判所法』」レファレンス18号78頁（1952）、覚道豊治「西ドイツ連邦憲法裁判所」阪大法学 5 号105頁（1952）、比較法研究室訳「連邦憲法裁判所法―西独」明大法律叢誌26号 2 号72頁（1953）、小島和司訳注「西独憲法裁判所法」法律時報26巻 2 号188頁（1954）、G. ライプホルツ「ボン基本法における民主法治国の憲法裁判権」名城法学 5

巻 1 号104頁 (1955)、小木貞一「連邦憲法裁判所に関する法律の改正法訳」自由と正義 9 巻 2 号巻末 3 頁 (1958)、清水望「西ドイツの連邦憲法裁判所―その権限と組織について」早稲田政治経済学雑誌168号149頁 (1961)、田中舘照橘「西独の連邦憲法裁判所の制度的側面」時の法令499号39頁 (1964)、G.ヴィルムス (最高裁判所事務総局仮訳)「ドイツ連邦共和国憲法裁判所10年の歩み」法曹時報16巻 5 号655頁 (1964)、A.ヴァグナー (同仮訳)「ドイツ連邦共和国憲法裁判所の成立、組織、権限」同662頁、H.エングラー (同仮訳)「ドイツ連邦共和国憲法裁判所の裁判官」同687頁、山田作之助「ドイツ (西独) 最高裁判所、憲法裁判所訪問記」ジュリスト341号72頁 (1966)、野中俊彦「西ドイツ連邦憲法裁判所の人的構成」金沢大学法文学部論集法学編17号33頁 (1970)、E.フリーゼンハーン (廣田健次訳)『西ドイツ憲法裁判論』(有信堂、1972)、永田秀樹「西ドイツ連邦憲法裁判所成立過程の研究」法学論叢104巻 2 号56頁 (1978)、同「連邦憲法裁判所の地位、組織および裁判官の選任」大分大学経済論集33巻 5 号383頁 (1982)、同「資料・〔ドイツ〕連邦憲法裁判所法および連邦憲法裁判所規則 (1、2)」同40巻 1 号78頁、2 号88頁 (1988)、同「資料・西ドイツ連邦憲法裁判所の政治的機能」法と民主主義261号37頁 (1991)、広田健次「西ドイツ連邦憲法裁判所の権限」日大法学紀要23号179頁 (1981)、藤田晴子「西独の連邦憲法裁判所の特徴」レファレンス32巻 3 号56頁 (1982)、畑尻剛「西ドイツの具体的規範統制における連邦憲法裁判所の手続」比較法雑誌16巻 1 号69頁 (1982)、同「批判にさらされるドイツの連邦憲法裁判所 (上、下)」ジュリスト1106号74頁、1107号79頁 (1997)、有沢知子「西ドイツ連邦憲法裁判所における具体的規範統制と新しい判決形式―西ドイツおよびオーストリアにおける憲法裁判制度の比較法的研究」比較法雑誌16巻 4 号71頁 (1983)、大越康夫「西ドイツ連邦憲法裁判所裁判官の選任」早大社会科学討究30巻 3 号571頁 (1985)、Simon Helmut (永田秀樹訳)「憲法裁判 (上、下)」大分大学経済論集39巻 3 号68頁 (1987)、4 号117頁 (1988)、田上穣治『西ドイツの憲法裁判』〔改訂版〕(信山社出版、1988)、Wohrmann Gotthartd (畑尻剛ほか訳)「連邦憲法裁判所手続の諸改革」比較法雑誌 22巻 2 号153頁 (1988)、名雪健二「西ドイツ連邦憲法裁判所の権限としての具体的規範審査」東洋法学 31巻 1 = 2 号249頁 (1988)、同「西ドイツ連邦憲法裁判所の地位および組織」同32巻 1 号143頁 (1988)、同「西ドイツ連邦憲法裁判所の訴訟手続における諸原則」同 2 号249頁 (1989)、「西ドイツ連邦憲法裁判所の規範審査における決定のヴァリエイション」比較法25号63頁 (1988)、同「ドイツ連邦憲法裁判所の抽象的規範審査手続」東洋法学37巻 1 号157頁 (1993)、同「ドイツ連邦憲法裁判所の権限―憲法擁護手続と選挙審査手続」日本法学72巻 2 号459頁 (2006)、同「ドイツ連邦憲法裁判所の権限―機関争訟手続」東洋法学51巻 1 号 1 頁 (2007)、同「ドイツ連邦憲法裁判所の権限―連邦争訟」同52巻 1 号 1 頁 (2008)、同「ドイツ連邦憲法裁判所の権限―基本法第100条第 2 項による手続」同53巻 2 号47頁 (2009)、同「ドイツ連邦憲法裁判所の決定の言渡し」比較法制研究33号25頁 (2010)、クラウス・シュライヒ (名雪健二訳)「西ドイツ連邦憲法裁判所 (1、2)」比較法27号96頁、東洋法学34巻 1 号101頁 (1990)、同 (同訳)「ドイツ連邦憲法裁判所論 (3-10)」比較法30号67頁 (1993)、東洋法学37巻 2 号237頁、比較法31号135頁、東洋法学38巻 1 号309頁 (1994)、39巻 1 号135頁 (1995)、2 号189頁、比較法34号147頁 (1996)、東洋法学 40巻 2 号83頁 (1997)、ユルゲン・キューリンク (岡田俊幸訳)「ドイツ連邦憲法裁判所」法と民主主義264号 4 頁 (1992)、岡田俊幸「ドイツ連邦憲法裁判所調査官の制度と実務」同277号36頁 (1993)、ペーター・レルヒェ (鈴木秀美訳)「連邦憲法裁判所の最近の基本判決における主要傾向―とりわけ議会の地位に関して」自治研究71巻 3 号12頁 (1995)、栗城壽夫「ドイツの政治と憲法裁判所」ドイツ研究21号54頁 (1995)、田代雅彦「ドイツの連邦憲法裁判所」海外司法ジャーナル 1 号88頁 (1995)、阿部照哉「ドイツ憲法裁判の限界」覚道豊治古稀記

念『現代違憲審査論』171頁（法律文化社、1996）、川又伸彦「憲法裁判における法律審の事実審査─ドイツ連邦憲法裁判所の判例を中心に」中大法學新報103巻2＝3号547頁（1997）、憲法裁判研究会訳「ドイツ連邦憲法裁判所規則（試訳）」比較法雑誌33号3号195頁（1999）、ヨーゼフ・イーゼンゼー（名雪健二訳）「連邦憲法裁判所よ、いずこへ（1，2）」東洋法学43巻1号139頁（1999）、44巻1号207頁（2000）、Limbach Jutta（青柳幸一訳）「ドイツ連邦憲法裁判所の50年」ジュリスト1212号56頁（2001）、高澤弘明「ドイツ連邦憲法裁判所の具体的規範審査について」東洋大学大学院紀要38号184頁（2001）、岡田俊幸「ドイツ連邦憲法裁判所裁判官の選出手続の改革をめぐる議論について（1、2・完）」和光経済33巻2＝3号55頁（2001）、日本大学法科大学院法務研究14号1頁（2017）、ホルスト・ゼッカー著（生天目忠夫訳）『概観ドイツ連邦憲法裁判所』（信山社出版、2002）、工藤達朗編『ドイツの憲法裁判─連邦憲法裁判所の組織・手続・権限』（中央大学出版部、2002）、豊秀一「ドイツの司法積極主義─憲法裁判所導入論の矛盾を問う」世界730号119頁（2004）、初宿正典「ドイツの連邦憲法裁判所」比較憲法学研究17号29頁（2005）、宍戸常寿『憲法裁判権の動態』（弘文堂、2005）、秋田智子「世界の司法─その実像を見つめて（82）─ドイツ連邦憲法裁判所・裁判（抽象的規範統制）傍聴記」判例タイムズ1198号86頁（2006）、アルブレヒト・ヴェーバー（杉原周治訳）「連邦憲法裁判所─その基礎と最近の発展」比較法学 41巻3号57頁（2008）、高澤弘明「ドイツ連邦憲法裁判所の抽象的規範審査手続」憲法研究40号35頁（2008）、ヴァール・ライナー（鈴木秀美訳）「ヨーロッパおよび世界におけるドイツ連邦憲法裁判所」ノモス22号1頁（2008）、山岸喜久治「憲法擁護の中核＝ドイツ連邦憲法裁判所の法律審査─国家機関による審査請求に応じて」宮城学院女子大学研究論文集107号61頁（2008）、Starck Christian（廣田健次＝名雪健二訳）「憲法裁判所による憲法および憲法訴訟法の解釈と形成」日本法学75巻2号415頁（2009）、光田督良「ここ数年における連邦憲法裁判所法の改正とその注目点」比較法雑誌44巻2号77頁（2010）、トーマス・オッパーマン（赤坂正浩訳）「連邦憲法裁判所と国法学」立教法学87号166頁（2013）、マティアス・イェシュテットほか（鈴木秀美ほか監訳）『越境する司法─ドイツ連邦憲法裁判所の光と影』（風行社、2014）、高橋和也「ドイツ連邦憲法裁判所が活用する首尾一貫性の要請の機能について─司法審査の民主主義的正当性という問題を中心に」一橋法学13巻3号1065頁（2014）、山本真敬「ドイツ連邦憲法裁判所における主張可能性の統制（Vertretbarkeitskontrolle）に関する一考察（1-2・完）─共同決定法判決における定式化まで」早稲田大学大学院法研論集151号383頁（2014）、155号301頁（2015）、櫻井智章「バイエルン憲法裁判所について（1-3・完）─職業裁判官・民衆訴訟・占領米軍」甲南法学55巻1＝2号29頁（2014）、3号29頁、4号69頁（2015）、笹田栄司「ドイツ連邦憲法裁判所における調査官の役割」北大法学論集66巻2号389頁（2015）、畑尻剛「憲法の規範力と憲法裁判─ドイツの連邦憲法裁判所に対する世論調査を素材として」中大法学新報123巻5＝6号731頁（2016）などがある。オーストリアについて、清水望「オーストリアの憲法裁判所」早稲田政治経済学雑誌187号1頁（1964）、藤田晴子「オーストリアの憲法裁判所」レファレンス32巻12号44頁（1982）、古野豊秋「オーストリアの具体的規範統制における憲法裁判所の手続」比較法雑誌16巻1号25頁（1982）、同ほか訳「資料・オーストリア憲法裁判所法（2-4）」同3号74頁（1982）、4号103頁（1983）、19巻4号105頁（1986）、山本悦夫「オーストリアにおける具体的規範統制の現実的機能〔含　資料・オーストリア憲法裁判所法（1）〕」同2号115頁（1982）、ブリタ・ヴァグナー（古野豊秋訳）「オーストリア憲法裁判所の判例の最近の傾向」比較法学33巻2号143頁（2000）、クリストフ・ベツェメク＝戸波江二ほか「オーストリア憲法裁判所─その制度と手続」同45巻3号85頁（2012）、北村貴「オーストリア憲法裁判所の権限はどのように変遷しているか─主観訴訟に関

する権限の拡大」憲法研究47号113頁（2015）などがある。

イタリアについては、野村敬造『イタリヤの憲法裁判所』（憲法調査会事務局、1961）、渡辺中「イタリア憲法裁判所制度（1、2）」明治大学大学院紀要法学篇16号165頁（1978）、田園調布学園大紀要13号53ａ頁（1980）、永田秀樹「イタリアの憲法裁判」覚道豊治古稀記念『現代違憲審査論』214頁（法律文化社、1996）、北川弘治「イタリア憲法裁判所訪問記」法曹614号２頁（2001）、田近肇「イタリア憲法裁判所関係法令集」岡山大学法学会雑誌62巻２号366頁（2012）、同「イタリア憲法裁判所の制度と運用」同４号890頁（2013）、同「イタリアにおける憲法裁判所と国会」同63巻４号508頁（2014）、大越康夫「イタリア憲法裁判所の50年」東京国際大学論叢国際関係学部編18号53頁（2012）、芦田淳「イタリア憲法裁判所の特質と近年における変化」比較法研究75号309頁（2013）などがある。ベルギーについて、奥村公輔「ベルギー憲法裁判所の制度の概要」駒澤法学14巻１号128頁（2014）、同「ベルギー憲法裁判所関係法令集」駒澤大學法學部研究紀要72号97頁（2014）、同「ベルギーにおけるコンセイユ・デタ立法部による―事前統制と憲法裁判所による事後統制」駒澤法学14巻４号80頁（2015）、武居一正「ベルギー憲法裁判所の新権限―"連邦への忠誠"統制について」福岡大学法学論叢61巻４号1071頁（2017）などがある。スペインついて、池田実「スペイン憲法裁判所の構成と権限」山梨大学教育学部紀要７号１頁（1993）、佐藤修一郎「スペイン憲法裁判所研究序説―その構成・構造・権限」工学院大学共通課程研究論叢36-2号45頁（1998）、亀野邁夫「スペインの憲法裁判所」レファレンス53巻８号９頁（2003）、ペドリサ・ルイス「スペイン憲法裁判所における憲法訴訟の位置づけ」比較憲法学研究28号23頁（2016）などがある。ポルトガルについて、佐藤美由紀「ポルトガルにおける憲法統制（1-4・完）憲法統制の沿革と憲法裁判所の組織」杏林社会科学研究23巻４号15頁（2007）、25巻３号41頁、４号35頁（2009）、26巻４号17頁（2010）がある。ハンガリーについて、「ハンガリーの憲法裁判所」外国の立法234号185頁（2007）、ディアナ・メッシ（河合正雄訳）「ハンガリー憲法裁判所の制度と作用」比較法学46巻２号181頁（2012）、小野義典「ハンガリーの憲法保障」城西現代政策研究７巻１号39頁（2013）などがある。ロシアについて、杉浦一孝「ロシアにおける民事監督審制度と憲法裁判所」名古屋大学法政論集225号395頁（2008）などがある。旧ユーゴスラビアについて、野上修市「ユーゴスラビアの憲法裁判所制度（1、2）」明大法律論叢50巻５号１頁、６号33頁（1978）、同「ユーゴスラビアの憲法裁判所」明治大学社会科学研究所年報19号44頁（1978）などがある。ウズベキスタンについて、杉浦一孝「ウズベキスタン共和国憲法裁判所と立憲主義」名古屋大學法政論集224号157頁（2008）などがある。関連して、小森田秋夫「旧ソ連・東欧諸国における違憲審査制の制度設計」レファレンス55巻７号79頁（2005）もある。

韓国について、申平「韓国の憲法裁判所」ジュリスト954号107頁（1990）、「特集・韓国の憲法裁判」法律時報63巻７号27頁（1991）、宋台植「韓国の憲法裁判所」白鴎大学論集８巻１号69頁（1993）、同「韓国憲法裁判法」白鴎法学１号241頁（1994）、三満照敏「海外法律情報・韓国―大法院と憲法裁判所の確執」ジュリスト1093号83頁（1996）、金道昶（尹龍澤訳）「韓国における新行政争訟制度10年と憲法裁判所制度７年の回顧」創価法学27巻１号145頁（1997）、丁信煥「韓国憲法における違憲審査制論序説（1、2・完）」早稲田大学大学院法研論集88号155頁（1998）、89号131頁（1999）、韓国憲法裁判所（徐元宇訳者代表）『韓国憲法裁判所10年史』（信山社出版、2000）、白井京「海外法律情報・韓国―限定違憲決定をめぐる大法院と憲法裁判所の対立」ジュリスト1206号264頁（2001）、同「海外法律情報・韓国―憲法裁判所の現在―政治的アクターとしての憲法裁判所」論究ジュリスト13号186頁（2015）、吉垣実訳「韓国憲法裁判所」東海法学28号91頁（2002）、朴鍾普（青木清訳）「韓

国憲法裁判所の成果と課題」南山法学28巻2号63頁 (2004)、朝堂院大覚「法律の違憲性を問う―急務の憲法裁判所の創設―国会では間に合わぬ危急の安全保障対策」月刊タイムス29巻3号22頁 (2005)、宮崎礼壹「韓国法制処・法務部・憲法裁判所訪問記」ジュリスト1322号144頁 (2006)、金哲沫「韓国の憲法裁判制度」日本學士院紀要61巻3号42頁 (2007)、「長期共同研究プロジェクト『韓国統治機構の研究』―韓国司法制度の研究」ジュリスコンサルタス16号357頁 (2007)、鄭柱白「韓国の憲法裁判の現況と展望」駿河台大比較法文化18号1頁 (2009)、船橋俊司「韓国憲法裁判所」租税訴訟4号108頁 (2010)、孟觀燮「憲法裁判所の登場による民法の変化―韓国の憲法裁判所と民法を素材として」秋田法学51号27頁 (2010)、李東治「韓国民主主義の発展における憲法裁判所の貢献」法律時報82巻5号72頁 (2011)、岡田正則＝河明鎬「韓国における憲法裁判所および行政法院の機能と役割」比較法学45巻2号1頁 (2011)、「特集・韓国憲法事情からみえるもの」法と民主主義470号2頁 (2012)、李範俊著 (在日コリアン弁護士協会訳)『憲法裁判所―韓国現代史を語る』(日本加除出版、2012)、柳智盛「韓国における憲法裁判所と大法院の権限紛争に関する研究」筑波法政53号73頁 (2012)、金炳学「大韓民国憲法裁判所法邦語試訳」福島大行政社会論集26巻3号91頁 (2014)、同「大韓民国憲法裁判所審判規則邦語試訳」同4号55頁 (2014)、國分典子「韓国憲法裁判所の組織機構と憲法研究官の役割」北大法学論集66巻2号107頁 (2015)、同「韓国憲法裁判所の権限範囲とその課題」比較憲法学研究28号47頁 (2016)、藤原夏人「立法情報・韓国―憲法裁判所が統合進歩党の解散を決定」外国の立法262号20頁 (2015)、安天「genron column 韓国で現代思想は生きていた!? (15)―政党を解散させた憲法裁判所」ゲンロン通信16＝17号196頁 (2015)、前田純一「韓国憲法裁判所による統合進歩党解散決定」科学的社会主義202号92頁 (2015) などがある。タイについて、飯田順三「海外法律情報・タイ―憲法裁判所の動向」ジュリスト1184号118頁 (2000)、加藤和英「資料 1997年タイ王国憲法の制定と憲法裁判所」九州国際大学国際商学論集13巻1号113頁 (2001)、今泉慎也「タイ憲法裁判所の与党解散命令―『政治の司法化』と『政治化する司法』」アジ研ワールド・トレンド15巻5号22頁 (2009)、同「タイの司法を読み解く (2)―憲法裁判所」タイ国情報44巻6号11頁 (2010)、同「エコノミストリポート―タイでクーデター―反タクシン色強める憲法裁判所―政治混乱収拾の見通し立たず」エコノミスト92巻25号99頁 (2014)、石村修「タイ王国憲法における憲法裁判所による民主化」専修法学論集114号225頁 (2012)、下條芳明「タイ憲法裁判所の成立と展開 (1998-2008)―『新アジア立憲主義』の視点から」比較憲法学研究28号155頁 (2016)、王田芳史「新憲法起草で注目を集める憲法裁判所」タイ国情報50巻2号1頁 (2016) などがある。

47) 林田前掲註46) Ⅰ論文209頁。
48) 等族には七選帝侯を筆頭とする諸侯 (ほぼ公爵)、高位聖職者、帝国都市 (自由都市) があり、「身分制議会のドイツ版」である帝国議会に議席を占めた。特に特権を有していたのがハプスブルグ家で、元はルドルフ4世の偽書とされながら15世紀に合法とされた「大特許状」により、オーストリアを皇帝の介入できない永遠の封土としていた。菊池良生『神聖ローマ帝国』174-176頁 (講談社、2003)。
49) 林田前掲註46) Ⅰ論文210頁。
50) 同上211頁。
51) 同上220頁。
52) 君塚正臣編『比較憲法』148頁［川又伸彦］(ミネルヴァ書房、2012) 参照。
53) 同上156-157頁［川又伸彦］参照。

54) 同上164頁〔君塚正臣〕。イタリアもそうである。初宿正典編『レクチャー比較憲法』144頁以下（法律文化社、2014）〔田近肇〕など参照。但し、憲法裁判所を設置しながら、最高裁判所に当たる裁判所が行政事件など一切の通常事件の終審である国もある。韓国はそうである。君塚編同上135頁〔國分典子〕。また、スペインもそうである。初宿編書171頁〔ペドリサ・ルイス〕。逆に、最高裁判所と対等な行政裁判所等を設けながら、憲法裁判所を設けない場合、憲法判例の統一を行う機関がないことになり、このような制度設計は難しい。

55) 最大判昭和23年7月8日刑集2巻8号801頁。本件評釈には、兼子一「判批」判例研究2巻5号22頁（1948）、團藤重光「判批」警察研究21巻4号53頁（1950）、吉田常次郎「判批」中大法学新報57巻8号62頁（1950）、黒田了一「判批」芦部信喜編『憲法判例百選』211頁（1963）、戸波江二「判批」法学セミナー増刊『憲法訴訟』26頁（1983）、桜田誉「判批」芦部信喜＝高橋和之編『憲法判例百選』〔第2版〕384頁（1988）、中島徹「判批」高橋和之ほか編『憲法判例百選Ⅱ』〔第5版〕432頁（2007）、武田芳樹「判批」長谷部恭男ほか編『憲法判例百選Ⅱ』〔第6版〕416頁（2013）などがある。関連して、高田卓爾「刑訴応急措置法17条にもとづく上告の提起期間」判例研究2巻5号37頁（1948）も参照。

56) 最大判昭和27年10月8日民集6巻9号783頁。本件評釈は本書第2章参照。

57) 最大判昭和28年4月15日民集7巻4号305頁。本件評釈には、黒田了一「判批」民商法雑誌29巻3号166頁（1954）、宮澤俊義「判批」法学協会雑誌73巻1号62頁（1956）、水木惣太郎「判批」日本法学26巻3号406頁（1960）などがある。このほか、大石眞「苫米地事件」法学教室349号18頁（2009）などもある。

58) 千葉勝美『違憲審査―その焦点の定め方』195頁（有斐閣、2017）。

59) 同上167頁。

60) 畑尻前掲註46）論文116頁。

61) 戸波前掲註32）書440頁。戸波説は、多くの憲法学説と共に多数説を形成することが多いが、この点だけはごく少数説に回っている。君塚正臣「書評」関西大学法学論集50巻1号214頁、259頁以下別表（2000）参照。

62) 戸波江二「ドイツ連邦憲法裁判所の現況とその後」ジュリスト1037号53頁、56頁以下（1994）、戸波前掲註32）書440-441頁など。

63) 初宿正典『憲法1―統治の仕組み(1)』111頁（成文堂、2002）。

64) 同上111-112頁。

65) 同上112頁。

66) 畑尻剛「具体的規範統制再論―最近の憲法裁判所論との関連で」中大法学新報103巻2＝3号495頁、518-519頁（1997）。

67) 同上518頁。

68) 同上519頁。

69) 大沢前掲註46）論文28-29頁など参照。

70) これに対して、園部逸夫「最高裁判所か憲法裁判所か」法曹531号2頁、9頁（1995）は、「抽象的規範統制は、現行憲法の下でも解釈上全く不可能な制度ではない」とする。榎原猛編『基礎法学』106頁（法律文化社、1984）〔澤田嘉貞〕、佐々木雅寿『現代における違憲審査権の性格』276頁以下（有斐閣、1995）、笹田栄司『裁判制度』145頁（信山社、1997）、畑尻前掲註46）論文、戸波前掲註62）論文53頁以下なども同様。

第 3 章　特別裁判所論

71）　広く抽象的違憲審査ができるという立場の中には、勧告的意見も可能と示唆するものがある。佐々木雅寿「勧告的意見の可能性」高見勝利ほか編『日本国憲法解釈の再検討』323頁（有斐閣、2004）。

72）　阪本前掲註46）論文111頁。

73）　紙谷雅子「意見確認Certificationについて」同志社法学64巻7号29頁（2013）。特に紹介している事案は、United States v. Seale, 577 F. 3d 566 (5th Cir. 2009) という、制定法による時効の変更が変更前の犯罪に適用されるかどうかという法律上の争点を最高裁に問うたものである。最高裁は、特に理由もなく、これを斥けている。United States v. Seale, 558 U.S. 985 (2009). 同論文31頁。

74）　同上32-33頁。

75）　Act of June 1, 1872, 17 Stat. 196. 同上37-38頁。

76）　Act of Mar. 3, 1891, ch. 517, §6, 26 Stat. 826, 828. 同上40頁。

77）　同上42頁。しかし、連邦最高裁は、こういった手続の廃止を促してもいない。同論文42-43頁。実際に、回答した例もある。United States v. Rice, 327 U.S. 742 (1946); American Stevedores, Inc. v. Porello, 330 U.S. 446 (1947); United States v. Barnett, 376 U.S. 681 (1964); Iran National Airlines Corp. v. Marschalk Co., Inc., 453 U.S. 919 (1981). 同論文43頁以下参照。

78）　林屋礼二『憲法訴訟の手続理論』110頁（信山社、1999）。

79）　1954年から1990年までの間、最高裁大法廷の処理件数は743件であったが、その大半が憲法判断であったとすると、最高裁の違憲判決率は1％にも満たないものと推測できる。新井章「憲法裁判50年の軌跡と展望」ジュリスト1076号16頁、18頁（1995）。

80）　例えば、戸波江二「統治過程における『裁判』―司法権の活性化の課題」ジュリスト884号134頁（1987）、市川正人「違憲審査制の活性化」土井真一ほか編『岩波講座・憲法4―変貌する統治システム』287頁（岩波書店、2007）など参照。

81）　詳細は、中谷実『日本における司法消極主義と積極主義Ⅰ』21頁以下（勁草書房、2015）参照。

82）　西原前掲註46）論文42-43頁。

83）　伊藤正己『裁判官と学者の間』124頁（有斐閣、1993）。

84）　同上136頁。

85）　笹田栄司「憲法裁判の在り方」ジュリスト1133号143頁（1998）。

86）　伊藤前掲註83）書20頁。

87）　市川前掲註80）論文289-294頁、中谷前掲註81）書26-32頁など参照。

88）　読売新聞1994年11月3日朝刊。これについては、「読売新聞『憲法改正試案』大論争」文藝春秋72巻16号110頁（1994）、和泉重行「『軍事大国化』への衝動と策謀―読売新聞社の『憲法改正試案』を批判する」前衛655号64頁（1995）、稲正樹「『読売新聞社憲法改正試案』批判（その1）」岩手大学教育学部附属教育実践研究指導センター研究紀要5号203頁（1995）、浜地馨「読売新聞の日本国憲法改正試案を批判する―とくに国会と内閣を中心にして」早稲田大学教育学部学術研究地理学・歴史学・社会科学編44号1頁（1995）なども参照。

89）　畑尻前掲註46）論文111頁。

90）　市川正人「日本における違憲審査制の軌跡と特徴」立命館法学294号104頁、115頁（2004）はこの点を懸念する。

91）　西原前掲註46）論文43頁もこれを懸念する。

92）　最大判昭和25年10月25日刑集4巻10号2126頁。本件評釈には、伊達秋雄「判批」法律時報22巻

161

12号66頁（1950）、牧野英一「判批」法律のひろば3巻12号8頁（1950）、小野清一郎「判批」警察研究23巻12号57頁（1952）、覚道豊治「判批」芦部信喜編『憲法判例百選』21頁（1963）、滝川春雄「判批」我妻栄編『判例百選』〔第2版〕164頁（1965）、小林直樹「判批」同編『憲法の判例』14頁（有斐閣、1966）、小嶋和司「判批」芦部信喜編『憲法判例百選』〔新版〕18頁（1968）、岡部泰昌「判批」團藤重光編『刑法判例百選』〔新版〕178頁（1970）、大須賀明「判批」小林直樹編『憲法の判例』〔第2版〕16頁（有斐閣、1971）、西原春夫「判批」法学セミナー259号50頁、260号32頁（1976）、戸波江二「判批」法学セミナー増刊『憲法訴訟』31頁（1983）などがある。

93) 松井前掲註45) 論文34頁同旨。

94) 市川正人「違憲審査制の活性化—アメリカとの比較から」憲法理論研究会編『法の支配の現代的課題』21頁、33頁（敬文堂、2002）。

95) このほかに、木下智史「違憲審査制の意義とその活性化の方向性」法学セミナー597号32頁、35頁（2004）、小林節『政治問題の法理』15頁（日本評論社、1988）なども同旨か。

96) 栗城壽夫「憲法裁判の機能」ジュリスト1076号10頁、11頁（1995）。

97) 樋口陽一ほか『憲法判例を読みなおす』8頁（日本評論社、1994）〔樋口〕同旨か。

98) 園部前掲註70) 論文7頁。

99) 阪本前掲註46) 論文115頁。

100) 西原前掲註46) 論文50頁同旨。

101) 佐藤幸治「わが国の違憲審査制の特徴と課題」園部逸夫古稀記念『憲法裁判と行政訴訟』2頁、17頁（有斐閣、1999）など。

102) 芦部信喜「憲法学における憲法裁判論」法学協会雑誌113巻8号1頁、34頁（1996）。

103) 奥平康弘『憲法裁判の可能性』3頁（岩波書店、1996）同旨か。

104) これについては、中川剛「フランス第5共和国憲法における憲法評議会」大阪府立大学紀要人文・社会科学10号89頁（1962）、和田英夫「フランス憲法院の改革—とくに〈新機関〉の創設議論と比較最高裁判所論を中心に（1-3・完）」法律時報48巻9号92頁、10号43頁、11号163頁（1976）、同「フランス憲法院と違憲無効判決の分析—ファヴォルーの違憲判決無効事由の統計的分析を中心に」明大法律論叢 61巻6号145頁（1989）、矢口俊昭「フランス憲法院の構成」香川大学経済論叢51巻6号16頁（1979）、同「憲法院の議院規則に対する違憲審査」同53巻3号375頁（1981）、同「フランス憲法院と通常裁判所」芦部信喜古稀『現代立憲主義の展開下』279頁（有斐閣、1993）、同「フランスにおける憲法裁判の現況」ジュリスト1037号59頁（1994）、同「フランス憲法院と組織法律」香川法学14巻3＝4号81頁（1995）、同「欧州統合に関わる諸条約と憲法院」中村睦男ほか編『欧州統合とフランス憲法の変容』104頁（有斐閣、2003）、同「フランスの憲法裁判」芦部信喜編『講座憲法訴訟第1巻』143頁（有斐閣、1987）〔以下、矢口前掲註104）Ⅶ論文、と引用〕、中村睦男「フランス憲法院の憲法裁判機関への進展」北大法学論集27巻3＝4号619頁（1977）、アイゼンマン・シャルル＝ハマン・レオ（三好充訳）「フランスにおける憲法裁判権（1875-1961）（1-3・完）」産業経済研究19巻1号49頁（1978）、20巻2号319頁（1979）、21巻1号81頁（1980）、武居一正「フランス憲法院の性格」関学大法と政治32巻2号235頁（1981）、同「フランスにおける人権保障と憲法院の寄与」日本法政学会法政論叢20号75頁（1984）、坂本茂樹「フランス憲法院における違憲審査制の機能変化について」明大法律論叢 54巻5号39頁（1982）、北川善英「フランス憲法院と人権保障」長谷川正安編『現代人権論』175頁（法律文化社、1982）、同「フランスにおける『憲法裁判』—憲法院の機能の『転換』をめぐって」法の科学15号106頁（1987）、藤田晴子「フランス憲法院の特徴」田

中二郎追悼『公法の課題』(有斐閣、1985)、今関源成「フランスにおける“違憲審査制”の問題点─政権交代と憲法院」法律時報57巻6号61頁 (1985)、同「最近の憲法院をめぐる論義」法の科学16号172頁 (1988)、同「フランス憲法院への事後審査制導入─優先的憲法問題question prioritaire de constitutionnalite」早稲田法学85巻3号21頁 (2010)、野村敬造『憲法訴訟と裁判の拒絶─多元的裁判機構の下のフランス憲法訴訟の研究』(成文堂、1987)、大河原良夫「フランス憲法院と法律事項 (1-4・完)」東京都立大学法学会雑誌 29巻1号403頁、2号229頁 (1988)、30巻2号263頁 (1989)、31巻1号235頁 (1990)、磯部力ほか「憲法訴訟・行政訴訟における政策決定問題 (第2回日仏法学共同研究集会 (2) 憲法・行政法部門)」ジュリスト932号84頁 (1989)、樋口陽一「人権の宣言から裁判的保障へ─『遅れてやって来たフランス』からの比較違憲審査制論への発信」同937号15頁 (1989)、植野妙実子「憲法院と行政権」フランス行政法研究会編『現代行政の統制』226頁 (成文堂、1990)、同『フランスにおける憲法裁判』(中央大学出版部、2015)、同＝兼頭ゆみ子「憲法院とコンセイユ・デタの関係」比較法雑誌 48巻1号33頁 (2014)、大隈義和「フランス憲法院の新動向─『ニューカレドニアにおける緊急事態』判決 (1985年) を素材として」北九州大学法政論集17巻3号255頁 (1990)、清田雄治「フランス憲法院による『法律』の合憲性統制の『立法的性格』─D.Rousseauの所論をめぐって」法の科学20号221頁 (1992)、今田浩之「フランス憲法院の性格論の性格」阪大法学41巻4号425頁 (1992)、同「フランス憲法院と『共和国の諸法律により承認された基本的諸原理』」同43巻4号245頁 (1994)、森保憲「フランス憲法院に対する積極的評価の問題点─『法治国家の実現』という観点から」駒沢女子大研究紀要 27号9頁 (1994)、同「フランスにおける憲法裁判官による憲法解釈とその限界づけ─Yann AGUILAの所説をもとに」中大法学新報 103巻2＝3号571頁 (1997)、辻村みよ子「憲法学の『法律学化』と憲法院の課題─政治と法・人権をめぐるフランスの理論展開」ジュリスト1089号70頁 (1996)、山元一「書評・ジャック・ムニエ『憲法院の権力─戦略的分析試論』」法政理論 30巻1号45頁 (1997)、蛯原健介「法律による憲法の具体化と合憲性審査 (1-4・完) ─フランスにおける憲法院と政治部門の相互作用」立命館法学252号294頁、253号533頁、254号751頁 (1997)、255号1083頁 (1998)、同「憲法院判例における合憲解釈と政治部門の対応 (1、2・完) ─憲法院と政治部門の相互作用の視点から」同259号142頁、260号585頁 (1998)、同「フランス行政裁判における憲法院判例の影響 (1、2・完)」同263号148頁、264号370頁 (1999)、同「フランス憲法院による審署後の法律の『事後審査』─その可能性と限界」同265号563頁 (1999)、同「フランスにおける憲法裁判と公権力」明治学院大学法律科学研究所年報17号93頁 (2001)、同「ニューカレドニアにおける自治権拡大とフランス憲法院─『地方法律』(loi du pays) の立法過程および憲法適合性審査をめぐって」明治学院論叢685号77頁 (2002)、ロベール・ジャック (山元一訳)「少し距離をおいて見た憲法院の9年間」日仏法学22号106頁 (1999)、飯野賢一「フランスの憲法院と違憲審査を行う裁判官の正当性」早稲田法学会誌49号1頁 (1999)、小林真紀「『憲法的価値を有する原理』と『憲法的価値を有する目的』の機能─フランス憲法院による合憲性審査に関する一考察」比較法研究63号141頁 (2001)、同「フランスにおける合憲性審査基準の変容─憲法院判例に見る新たな準拠規範の果たす役割」上智法学論集45巻3号75頁 (2002)、江藤英樹「フランスの違憲審査制をめぐる憲法規範論の再検討」明大法律論叢74巻2＝3号235頁 (2001)、江原勝行「憲法秩序体の保障における《抽象》と《具象》の狭間─フランスの違憲審査制度に関する改革のベクトルを巡る」早稲田法学77巻2号29頁、324頁 (2002)、アレクサンドル・ヴィアラ (馬場里美訳)「憲法裁判の正当性─フランスの視点」法政理論34巻3号83頁 (2002)、勝山教子「フランス憲法院と議院規則」比較法研究65号187頁 (2003)、山岸喜久治「フランス憲法院とは何か」宮城

学院女子大学研究論文集100号39頁（2004）、辻信幸「フランス憲法院による法律の憲法適合的解釈に関する一考察（1-5）」北大法学論集 58巻 2 号 1 頁、3 号127頁（2007）、6 号93頁、59巻 1 号65頁（2008）、60巻 6 号155頁（2010）、池田晴奈「フランス憲法院の人権保障機能の再検討（上、下）―市民への提訴権拡大の可能性」同志社法学60巻 4 号47頁、5 号105頁（2008）、同「フランス憲法院の事後審査に関する憲法61条の 1 の創設―2008年憲法改正による市民への提訴権拡大の動向」同62巻 3 号207頁（2010）、同「1958年憲法におけるフランス違憲審査制の制定経緯―2008年憲法改正による事後審査制導入から見る」同63巻 5 号2565頁（2011）、同「フランス事後的違憲審査制の手続的諸問題―憲法61条の 1 の適用に関する組織法律の制定過程を通して」同64巻 7 号2915頁（2013）、建石真公子「人権保障におけるフランス憲法院とヨーロッパ人権裁判所」比較法研究73号181頁（2011）、同「フランス憲法院における比例原則による基本権保護―フランス的憲法伝統とヨーロッパ法の交錯」同75号237頁（2013）、オットー・プフェルスマン（池田晴奈訳）「フランスにおける事後的違憲審査制の導入について―比較の観点から」同志社法學63巻 2 号1375頁（2011）、横尾日出雄「フランスにおける事後的違憲審査制の導入と『合憲性の優先問題』―憲法第61-1条ならびに2009年12月10日組織法律に基づく憲法院の違憲審査について」CHUKYO LAWYER 14号43頁（2011）、ジュアンジャン・オリヴィエ（實原隆志訳）「講演・フランスにおける憲法裁判権」比較法学45巻 3 号73頁（2012）、井上武史「フランス憲法院への事後審査導入の影響―通常裁判所の法解釈に対する違憲審査」岡山大学法学会雑誌62巻 1 号164頁（2012）、同「憲法院とコンセイユ・デタ―フランスの 2 つの憲法解釈機関」法律時報86巻 8 号31頁（2014）、同「憲法院への事後審査制の導入とその統治機構への影響―憲法院と破毀院との解釈権論争を例として」日仏法学28号 1 頁（2015）、中村義孝「フランス憲法院の改革」立命館法学342号807頁（2012）、曽我部真裕「フランスにおける違憲審査制度改革」比較憲法学研究25号31頁（2013）、ベルトラン・マチュー（植野妙実子＝兼頭ゆみ子訳）『フランスの事後的違憲審査制』（日本評論社、2015）、ルイ・ファヴォルー『法にとらわれる政治―政権交代、コアビタシオン、そして憲法院』（中央大学出版部、2016）、フレス・レジ（植野妙実子＝石川裕一郎訳）「憲法院とコンセイユ・デタ」比較法雑誌50巻 1 号101頁（2016）など参照。

105) 矢口前掲註104）Ⅶ論文154-155頁参照。

106) Décision n° 71-44 DC du 16 juillet 1971.

107) 矢口前掲註104）Ⅶ論文157頁参照。

108) 君塚編前掲註52）書46頁及び157頁［佐藤修一郎］など参照。

109) 川上勝己「独立行政委員会の今日的検討」法学セミナー増刊・総合特集シリーズ 9『内閣と官僚』204頁（1979）、相川貴文「行政権の内閣帰属と独立行政委員会」帝塚山大学論集31号64頁（1980）、小林康一「アメリカ合衆国におけるニューディール期以後の独立行政機関と規制をめぐる考察―C. サンシュタインの見解を中心にして」明治大学大学院紀要法学篇29号121頁（1992）、放送制度国際比較プロジェクト「主要国における放送に対する独立行政機関の概要」放送研究と調査48巻 2 号 2 頁（1998）、駒村圭吾「アメリカにおける独立行政機関と権力分立―中央銀行の独立性の理論的基礎に向けて」白鴎法学16号31頁（2000）、松田浩「電波行政は誰が受け持つべきか―あらためて独立行政委員会制度を考える」月刊民放37巻 4 号32頁（2007）、水野清「回想『行革会議』（第 3 章 3）―通信・放送委員会は三条機関（独立行政委員会）として独立する」時評50巻 2 号158頁（2008）、清田雄治「フランスにおける「独立行政機関（les autorites administratives independantes）」の憲法上の位置―CNILの法的性格論への覚書」立命館法学2008年 5 ＝ 6 号1471頁（2008）、平林英勝「独占禁止法の起草過程にみる公正取引委員会―独立行政委員会の誕生」神

奈川法学41巻1号21頁（2008）、半田恭明「フランスにおける独立行政機関（AAI）の創設―CRE
を例に」東大ヨーロッパ研究12号45頁（2013）など参照。

110)　これについては、荒井勇「〔内閣〕法制局の思い出」時の法令772＝773号75頁（1972）、高辻正巳
「内閣法制局のあらまし―再建20周年に寄せて」同793号34頁（1972）、内閣法制局史編集委員会編
『内閣法制局史』（大蔵省印刷局、1974）、内閣法制局百年史編集委員会編『内閣法制局百年史』（大
蔵省印刷局、1985）、同編『証言近代法制の軌跡―内閣法制局の回想』（大蔵省印刷局、1985）、平
岡秀夫「政府における内閣法制局の役割」北大法学論集46巻6号1833頁（1996）、佐藤晋一「国立
国会図書館法・議院法制局法・内閣法制局設置法―『立法』の理論（1-4、5の1、2）」茨城大学教
育学部紀要 教育科学 教育科学45号307頁（1996）、46号291頁（1997）、47号227頁、247頁（1998）、
48号317頁、339頁（1999）、笠原英彦「内閣法制局前史小考―法制官僚と行政立法」慶大法學研究
71巻1号177頁（1998）、西川伸一『知られざる官庁・内閣法制局―立法の中枢』（五月書房、2000）、
「内閣法制局による法案審査過程―『政策形成過程の機能不全』の一断面として」明大政経論叢72
巻6号259頁（2004）、同「いくら首相がやる気でも内閣法制局の憲法解釈は不変―集団的自衛権
は認められない」金曜日20巻27号17頁（2012）、同「内閣法制局長官人事への懸念 表明するのは引
退議員ばかり 自民の現職議員は皆だんまり」同21巻32号13頁（2013）、桜井よしこ「憲法とは何か
（16）―官僚支配の権化＝内閣法制局が"諸悪の根源"だ」サピオ12巻3号32頁（2000）、同「憲法
とは何か（17）―憲法・法律をコントロールする内閣法制局長官は総理より上に立つ？」同4号
38頁（2000）、同＝竹中平蔵「連載対談―目を覚ませ、日本人（5）―内閣法制局こそ違憲である」
Voice 281号38頁（2001）、大森政輔「私の職務報告（1-4）―内閣法制局時代（その1-4）、内閣法制
局長官時代（その1、2）」法の苑37号1頁、38号1頁（2001）、39号1頁、40号1頁（2002）、42号
1頁（2004）、43号6頁（2005）、西修「日本と世界の安全保障―内閣法制局の憲法解釈は『非論理』
の積み重ね」世界週報82巻47号36頁（2002）、「政治家が歪んだ使い方をして 今や護憲派の守り神
『内閣法制局』の内幕―字句に拘る憲法解釈に終始し世間は失笑」月刊テーミス11巻3号23頁
（2002）、中曽根康弘＝大島信三「編集長インタビュー―『集団的自衛権』を認めない内閣法制局は
法匪である―国難に対処する『国家安全保障基本法』を提案する」正論358号98頁（2002）、「特集・
"憲法の番人"内閣法制局を解剖する」中央公論118巻9号108頁（2003）、金子仁洋「内閣法制局の
未解決問題―官僚支配的構造からの脱却は可能か」都市問題96巻5号4頁（2005）、佐藤岩夫「違
憲審査制と内閣法制局」東大社會科學研究56巻5＝6号8頁（2005）、大石眞「内閣法制局の国政
秩序形成機能」公共政策研究6号7頁（2006）、「ミニ・シンポジウム・内閣法制局と立憲主義」法
の科学38号29頁（2007）、間柴泰治「内閣法制局による憲法解釈小論」レファレンス58巻2号75頁
（2008）、長谷部恭男「比較の中の内閣法制局」ジュリスト1403号2頁（2010）、中村明「内閣法制
局の憲法9条解釈のなし崩し的解体が狙い―内閣法制局長官の国会答弁を禁止する国会法改正問
題」法と民主主義446号22頁（2010）、青井未帆「世界の潮―内閣法制局長官の答弁排除の問題性」
世界800号33頁（2010）、上脇博之「鳩山連立政権における憲法問題―衆院比例定数削減と内閣法
制局長官答弁禁止の策動の問題点」人権と部落問題62巻6号40頁（2010）、相沢英之「時流―内閣
法制局とは」財界人23巻9号28頁（2010）、阪田雅裕「内閣法制局と憲法解釈」憲法問題22号102頁
（2011）、同『政府の憲法解釈』（有斐閣、2013）、同「解釈で『集団的自衛権行使』を認めることは
できない」金曜日21巻36号26頁（2013）、同「内閣法制局の機能」論究ジュリスト9号47頁（2014）、
同（川口創聞き手）『『法の番人』内閣法制局の矜持―解釈改憲が許されない理由』（大月書店、
2014）、同ほか「元内閣法制局長官が安保国会に一喝!!」金曜日23巻22号10頁（2015）、仲野武志「講

演・内閣法制局の印象と公法学の課題」北大法学論集61巻6号2067頁（2011）、横大道聡「執行府の憲法解釈機関としてのOLCと内閣法制局─動態的憲法秩序の一断面〔補訂版〕」研究論文集─教育系・文系の九州地区国立大学間連携論文集5巻1号1頁（2011）、浦田一郎「事前の違憲審査と事後の違憲審査の関係─内閣法制局と最高裁を中心に」明大法律論叢85巻2＝3号467頁（2012）、浦田一郎編『政府の憲法9条解釈─内閣法制局資料と解説』（信山社、2013）、中川律「改めて憲法を考える（4）─内閣法制局長官人事と立憲主義」時の法令1940号65頁（2013）、牧原出「内閣法制局の憲法解釈」季刊行政管理研究143号1頁（2013）、南野森「集団的自衛権と内閣法制局─禁じ手を用いすぎではないか」世界848号20頁（2013）、大村アスカ「小松氏内閣法制局長官就任を読売と産経にリークした政権─マスコミの扱いで見える本質」金曜日21巻31号14頁（2013）、「『集団的自衛権』反対に縋る 騒れる内閣法制局 小松新長官を牽制へ─異例の人事にエリート意識まる出しの歴代長官が〝戦後の呪縛〟を撒き散らす」Themis 22巻9号30頁（2013）、「集団的自衛権行使を阻止へ─内閣法制局は『保身と慣例』に驕っている─護憲勢力の利用にも気づかず元長官らは現実を直視しない主張を繰り返すが」同23巻5号32頁（2014）、宮崎礼壹「宮崎礼壹元内閣法制局長官に聞く─集団的自衛権行使に歯止めはない」金曜日22巻48号16頁（2014）、青柳武彦「内閣法制局の体質改善を！」Will：マンスリーウイル116号104頁（2014）、「内閣法制局の役割について」法令解説資料総覧400号2頁（2015）、濱田邦夫ほか「特集・特別対談─立憲主義の回復のためすべきこと─元最高裁判事、元内閣法制局長官が語る新安保法制採決1年」Niben frontier 157号2頁（2016）、「小特集・閣法制局と最高裁判所─近年の『変化』をどうとらえるか」法律時報88巻12号74頁（2016）、塩田潮「『集団的自衛権』論争って何だっけ─内閣法制局変節す『9条解釈集』の中身─安倍政権下で存在意義をなくした『法の番人』が生き延びる道を模索するが」Themis 26巻1号12頁（2017）など参照。この並びを見ると、近年、敵味方の入替えが明らかである。市川前掲註46）論文77頁が指摘するように、「憲法調査会における憲法裁判所設置論からは、内閣法制局の権限を実質的に限定したいという意向が窺われる。」

111）　西原前掲註46）論文43-44頁が述べるように、憲法裁判所導入論者の多くが内閣法制局に対する苛立ちを有していることは注意すべきである。近年、しばしばその独立性は侵された。他方、いわゆるリベラル派が内閣法制局に長年苛立ってきたのも事実で、自らに好ましい判断が多ければ擁護するが、そうでなければ非難するということのようである。結果、強権的・反動（もしくは、反実仮想ながら、急進）的内閣が続くと、内閣法制局の人事は内閣に左右され、慣行が破られることになり、その制度的正当性の脆弱さが浮き彫りにされたのである。

112）　君塚正臣「憲法学者に聞いた─安保法制に関するアンケート調査」コメント　テレビ朝日　報道ステーションweb（2015年6月15日）http://www.tv-asahi.co.jp/hst/info/enquete/80.html、同「安全保障関連法案に関するアンケート」コメント　朝日新聞2015年7月11日朝刊35面　http://www.asahi.com/articles/ASH7B0H5ZH79UTIL06L.html

〔付記〕　本章は、「司法権論・憲法訴訟論序説──延長としての『特別裁判所』論を含む」横浜法学26巻1号1-94頁（2017年9月25日）の後半に、「演習　憲法（第6回）」法学教室408号148-149頁（2014年9月1日）の一部を加え、加筆・修正したものである。

第4章

司法権と適正手続
——日本国憲法31条の射程について——

はじめに

　日本国憲法31条[1]は、「何人も、法律の定める手続によらなければ、その生命若しくは自由を奪はれ、又はその他の刑罰を科せられない」と定める。この条文を頑なに文言通りに読めば、手続を定める法律さえあるならば、生命などの重要な人権を国は如何様にも剥奪できるかのように読める。また、「生命」や「その他の刑罰」という文言、それに続く多くの刑事手続に関する憲法条項の存在から、憲法31条は刑事手続の法定のみを定めたように読むのが素直なようにも思われる。しかし、多くの学説は相当の拡張解釈を重ねて、憲法31条の保護の射程を広げた。その結果、条文の文言を離れた解釈が定着してきたと言っても過言ではない[2]。

　果たして、この条文の意味するべきところは何か。憲法31条の解釈について、憲法学は日本国憲法制定直後の課題からあまり進歩していないとの指摘[3]もあるが、実際のところはどうなのであろうか。学説が多様化する中、その相互の激しい論争はなかったのであろうか。誕生した圧倒的通説は、批判もできないほど盤石で、近時有力とされる説は黙殺するべきなのであろうか。結局、我々は憲法の手続保障について、どのような解釈をなすべきなのであろうか。憲法31条の解釈が行政法学や刑事法学などに大きな影響を及ぼすことも踏まえ、その解釈を再考し、その方向性を提示することが本章の目的である。

167

1　伝統的少数説

（1）手続法定説

　まず、憲法31条を全く文字通りに捉える説として、美濃部達吉説がある。美濃部説は、「刑罰を科する為には必ず法律の定むる成規の手続 (due process of law) を経て之を為さねばならぬことは、多くの諸国の憲法の定むる所」であるとして、憲法31条は刑事手続の法定を保障するに過ぎないという立場を示した。実体の法定については、「新憲法が唯一の命令として認めて居る政令にも法律の特別の委任ある場合の外罰則を設くるを得ないものとして居ることに依っても明瞭であるから、それは言を俟たない当然の事理」であるとしており、この点は憲法73条6号などで十分とし、手続・実体の適正については視野にない。そこから、行政手続の適正も眼中にないことも、推測できる。

　ほぼ同様の立場を示したのが田中英夫である。田中は、多くの論者が「漫然と、」憲法31条「はアメリカ憲法の流れを汲むものであるからその線で解釈すべしとしていることには、賛成できない」とし、アメリカの「"due process clause"の解釈は、歴史的に変遷しているのであり、」「憲法第31条の文言が、日本国憲法成立の強いアメリカ的背景にもかかわらず、"due process clause"とは明白に異なった文言で表現されていること」には注意すべきであるとする。そして、似たような文言を持つインド憲法についての同国最高裁判例が、その条文が立法権を制約しないとしていることなどからすれば、日本国憲法31条はアメリカの"due process clause"とは別物と考えるのが自然であると述べた。

　そして、罪刑法定主義が憲法31条に含まれているかについて、憲法39条の事後法の禁止、73条6号の委任命令の制限を根拠にそれを肯定する説が強いが、しかしそれは論理的におかしく、寧ろ罪刑法定主義は憲法39条と73条6号から承認されていると考えるべきであるとする。また、手続の適正を憲法31条は要求するかについても、まず、憲法33条以下の個別条項が取り上げる問題については憲法31条が保護していると考える必要はなく、例えば、告知・聴聞については、司法手続については32条で保障されていると考える方が「エレガントな

解釈だ」とする[9]。まして、実体の適正については、憲法21条、29条、14条の問題であるとして、31条の問題とはしないのである[10]。行政手続に全面的に告知・聴聞を要求されるかは疑問であり、場合によっては事後的な司法的・準司法的手続で保障すれば足りるのであって、そのような権利を憲法31条や憲法13条から引き出すことには反対であると述べたのである[11][12]。

（2）手続適正説

長谷川正安説はよく、憲法31条が手続の法定と適正を求めつつ、実体の法定や適正は求めていない説の殆ど唯一の例のように紹介されてきている[13]。しかし、よく知られたその後の長谷川説は、「日本国憲法の長所は」大陸法と英米法の「2つの立場を相互に補完し合うように作られている」ことだとした上で、「『法律の定める手続』とは刑事手続を指しているといってよいでしょう。第31条が罪刑法定主義の原則をのべていると解釈されるのはその限りでは正当といえます[14]」としており、手続・実体法定説もしくは手続適正・実体法定説に見える。その後、憲法「31条は、罪刑法定主義の原則を宣言する。それは、法律によらなければ刑罰を科せられないというだけではなく、法律の定める正当な手続によるのでなければ、生命や自由を奪われないという、手続的に厳格な意味に解釈される[15]」との表現もあり、これは、手続適正・実体法定説もしくは通説と読める。結局、手続適正説を有力に唱え続けた伝統的学説は確認できない。

（3）手続・実体法定説

佐々木惣一は、憲法31条にいう「法律の定める手続により刑罰を科するとは、法律の定める方法と解すべきである。即ち、(1) 如何なる行為に如何なる刑罰を科するかが、法律で定められること、及び (2) 或る行為に或る刑罰を科することを決するまでの取扱方が、法律で定められることをいう。法律で手続を定めるという、の手続を解して、刑事訴訟手続などというの手続と解すべきではない」と述べ、このうち「(1) を罪刑法定主義という」と説明を加えた[16]。

覚道豊治はよりはっきりとこの立場に立つ。覚道は、「日本国憲法は」憲法31条「以外に他の人権保障の規定が数多くあるから、この条文に『正当な』と

いう文言がなくとも、上にのべたように、法律の形式によりさえすれば、いかなる内容の法律でも憲法上は差支えないというような結論を引出しうるものではない」として、まず、手続等の適正を憲法31条は保障しているという立場を否定する。その上で、「実体法の適用も一つの手続であると見られるから、実体法も含まれると解すべきであろう[18]」と述べている[19]。

渡辺宗太郎は、手続の法定を当然の憲法31条の内容とした上で[20]、「法律の委任がなければ、法律以外のものを以て罰則を設け得ないことは、日本国憲法の明示するところであって（第73条6号）、従って、ひとり手続のみでなく、処罰の実体についても、国民は、法律の定めるものでなければ、これを科せられないことを保障せらるものといはねばならない[21]」とする。果たして、実体法の法定を憲法31条の要請か、憲法73条6号の要求かは微妙なところではあるが、基本的にはここに分類するのが適当と思われる。

（4）手続適正・実体法定説

宮沢俊義は、「アメリカ合衆国憲法にいうdue process of lawは、公正な（fair）手続、あるいは『公正と賢明の最低限度の水準』を満足させる手続を意味すると解されているが、日本国憲法の『法律の定める手続』もそれと同じ意味と解するのが良識の命ずるところである[22]」と述べ、手続については単なる法定だけではなくその適正も保障しているとする。その上で同説は、「刑罰を定めるには法律によるべきだという意味の罪刑法定主義（Nulla poena sine lege）をも定めたかどうかは、やや明確を欠くが、その英米法的起源からみて、積極に解される[23]」と述べ、実体については法定のみを定めたと解したように思える。

宮沢は更に、「刑罰としてでなくとも、公権力によって自由を制限する場合、たとえば、行政上の許可・認可ないしその取消等の場合などにも、やはりそれぞれの性質に応じた公正な法定の手続を要求する趣旨と解されている[24]」と述べ、明示的に行政手続への憲法31条の適用ないし準用を認めた。

田上穣治は、法定手続保障を憲法31条の当然の中身とした上で、「法定手続の保障は罪刑法定主義を意味することになる」と述べ、「刑罰の実体法規は、刑罰に関する事後立法の禁止（憲法39条）および政令による罰則規定の禁止（憲

法73条6号）によって、国会の制定法を要し、罪刑法定主義が認められるから、法定手続の31条が実体の規定を含むかは、結論において一致する[25]」として、微妙な表現ながら、罪刑法定主義は憲法31条で保障されていると解することもできるとした。そして、「科刑の手続には歴史的に発展した訴訟手続の原則があり、ことに被告事件の内容を被告人に知らせ（notice）弁明の機会を与える（hearing）べきことは、憲法33条・34条および37条により明らかである」ので、不適正な手続が違憲になる場合があると述べた[26]。この言明は、憲法31条が刑事手続の適正を一般に保障した条項とであると、田上が解しているか、微妙なものであるが、犯罪を理由にしない人身の自由の制約は、同条の問題であると述べており[27]、そのような場合にも適正手続保障が及ぶことを示すと同時に、同説が憲法31条に適正手続保障を読み込んでいることを暗示している。なお、田上は、一般的な行政手続の適正保障については憲法13条を根拠条文にしている[28]。

　以上の説では、英米法的な適正手続の保障と、大陸法的な罪刑法定主義、即ち実体法の法定の保障が、日本国憲法31条で合算されているように思われる。特に、大野盛直は、以下に述べる手続・実体適正説はアメリカでの長い歴史的伝統を根拠とするが、日本では「こうした歴史的背景と内容を欠くから、大陸法的罪刑法定主義を導入することによって」理解されるべきものであり[29]、「日本国憲法31条は、もとより適法手続条項または罪刑法定主義のいずれかを単独に規定したものではないが、それかといって、両者の機械的結合でもなく、その両者の原理を止揚した立場において有機的一体化を図り、それによって人権の保障に万全を期した点に、日本国憲法独自の制度を理解しなければならない[30]」としており、こういった事情をよく説明している[31]。そして、これらの説は、罪刑法定主義の内容によっては、実体法の適正を憲法31条が保障しているようにも読め、そのことが通説の形成の端緒となったように思われた。

（5）小　　括

　だが、これらの説は多くの支持を得られなかった。端的には、刑事における保護はなるべく広く手厚い方がよいという流れが学界にあったからであろう。

　まず、第1の手続法定説のように憲法31条を捉えるのであれば、その内容は

憲法41条の一般的解釈から当然であり、憲法31条がわざわざある意味が減殺されるとの批判に晒された。また、田中英夫説の示した起草者の意図は、憲法31条を刑事手続についても「適正」を読み込んではならないという根拠にはならないであろう。インド憲法の解釈も初期の判例であり、社会背景の変化により、制憲者の意思から解釈が動くこともあり得よう。罪刑法定主義は近代法の基本原則であるという主張も強く、手続法定説は極少数に留まった。

　第2以下の説は、このような文言通りの解釈は狭すぎると考え、その文言を起点として、その保護をいろいろな理由により拡張させてきたものであった。このためか、これらの説はほぼ共通して、「その他の刑罰」という文言を有する憲法31条を一般的な適正手続条項と読むのではなく、これを専ら刑事手続に関する条文として読む傾向が強かった。これらの説は、もともと手続の適正の要請は司法手続についての要請であると理解しており、行政手続の適正の憲法保障を特に主張することは、ごく一部を除いて、あまりなかったのである。

　これらの立場に対しても、通説の側から批判も多かった。これらの解釈では、人権保障がなお不十分だということであろう。「人権保障のために刑罰権発動について厳格な解釈がなされるべきであるという刑罰権の本質をふまえた観点からすれば」通説が妥当であるとか、「罪刑法定主義も適正手続主義も、ともに、元来、人権保障のための原理である。だから、これを形式的にとらえ」「たのでは、それぞれの本来の意義がまったく殺されてしまう」とか、日本は「基本権の保障の根本的な要件がまだ成立しているとはいい難い」ので、「法律が違憲と判決されなさ過ぎる危険の方が、アメリカのように違憲と判決され過ぎる危険より、はるかに大きい」などと言う。このような重要な原則が日本国憲法にないわけはなく、根拠条文は31条以外に見出せないという主張もなされた。そして、日本の第二次世界大戦以前の事情や近代法では当然であることなども補足的に説明された。条文に関わりなく、アメリカでも実体と手続の保障は充足されている、との指摘もなされた。加えて、抽象的な文言にならざるを得ない憲法条文の守備範囲から透き間が生じぬよう、複数の条項の競合を恐れず、なるべく人権条項は広く解する方がよいという心理も色濃く反映していたと言えよう。そのような空気からか、十分な説明がないまま憲法31条は最大

第4章　司法権と適正手続

限の保障を認める説が強くなり、以上の学説は少数説に留まったのである。即ち、以上の学説は、事実の誤りや矛盾を指摘されたり、激しい論戦の末に論破されたりしたというよりは、人権保護は広げるべきとする学説が多数になったため、気がつけば少数派になったと表現した方が適切だと思われる。

2　通説的見解

　以上の少数説に対して、通説的見解[45]は、憲法31条が手続・実体の法定と適正を全て保障していると解している。そして、このように理解された罪刑法定主義を憲法31条が保障していることも刑法学の通説となった[46]と思われ、学界相互間にも論争はない[47]。また、そして相当数の憲法学説は、同条が行政手続の適正も要求していることも指摘するようになっていったのである。

（1）現在の通説
　清宮四郎は、早くから現在の通説の内容を示唆していた。憲法31条にいう『法律の定める手続』とは、単に文字通りの手続のみならず、手続の前提となる実体も、法律を必要とする[48]」としつつ、「ここにいう『法律の定める手続』とは、英米法にいわゆる『法律の適正な手続』(due process of law) の流れを汲むものであって、人権の侵害を必要・最小限度にとどめる、公正・妥当な内容のものでなければならない[49]」としていた。両者を掛け合わせれば、憲法31条は刑事において、実体と手続の両面について、法定と適正を要求していよう。
　続いて、佐藤功も、日本国憲法が「第33条以下にまさに詳細すぎる」条項を有するのに、大原則たる罪刑法定主義を置いていないのはおかしい、などとして、憲法31条は「罪刑法定主義と刑事手続法定主義の2つの原則が含まれている[50]」と述べるが、その中身は手続・実体法定説とは一線を画している。即ち、前者についても犯罪構成要件の明確性の要求や、犯罪と刑罰との均衡は、より具体的な憲法条文ではないが、憲法の罪刑法定主義の要請であることを指摘しており[52]、佐藤功説はこの内容を憲法31条が保障したと考えたと解さざるを得ない。また、憲法31「条には『適正な』の文字はないとしても、それは法律によ

りさえすればどのような手続を定めてもよいという趣旨ではない[53]」としており、同条が適正手続を保障していることを肯定した。

そして、佐藤功は、刑罰以外の行政処分・行政手続にも「31条は適用されると解すべき[54]」とした。憲法31条が行政手続をも視野に入れていることを明示した。だが、「すべての行政手続に一律的・機械的に、刑事手続と同様の保障がなされなければ、すべて違憲であるということではない。すなわち、行政作用は行政目的に応じて多種多様であり、一律に刑事手続と同じ手続を要するとするのでは行政目的を達成し得ない場合が」り、例えば、令状主義については、「どの程度まで合理的な例外が許されるかを、具体的・個別的に検討することが必要である[55]」として、行政手続には憲法31条は準用されると述べた[56]。

更に伊藤正己も、「合衆国のデュー・プロセス・オブ・ローの原則から31条の規定の意味を直接導き出したり、同じ働きを求めることは正当ではない[57]」などとしながらも、結局、「人権制約の内容が手続と実体の両面にわたって適正でなければならない[58]」として、手続・実体適正説の立場を明らかにした。そして、「31条が、刑事裁判上の規定としての役割だけでなく、人身の自由全体、さらに人権保障全体にかかわる原則を定めたものととらえること[59]」ができるとするが、「現代の行政は、国民生活に利益をもたらす多種の給付行政の存在に特色がある」ことを指摘し、「法理の具体的内容は、判例の積み重ねによって形成されることになる[60]」とするに留めるものの、やはり、「行政手続の場合に、その内容として、刑事手続のままで妥当しないことも少なくな[61]」いとして、行政手続準用説に立ったのであった。

そして、芦部信喜である。芦部は、憲法31条は「人身の自由についての基本原則を定めた規定であり、」それは「アメリカ合衆国憲法の人権宣言の一つの柱とも言われる『法の適正な手続』(due process of law) を定める条項に由来する[62]」とする。ところが、同説は同条を手続の法定を保障しただけと解するには留めない。直後に、「①法律で定められた手続が適正でなければならないこと（たとえば、次に述べる告知と聴聞の手続）、②実体もまた法律で定められなければならないこと（罪刑法定主義）、③法律で定められた実体規定も適正でなければならないことを意味する、と解するのが通説であ」り、これが「人権の手続的

保障の強化という見地からは、ほぼ妥当なものと評されよう」とするのである[63]。即ち、芦部説も憲法31条は手続だけでなく実体についても法定と適正を保障する、最も保護範囲の広い通説的見解に立ったのである。

　ところで、芦部は「罪刑法定主義」を憲法31条の内容であるとしており、同条を刑事手続に関する一般原則と理解しているかのように見える。確かに芦部説は憲法31条が「直接には刑事手続についての規定である[64]」ことを承認する。だが、芦部は続けて、「しかし、その趣旨は、行政手続（たとえば、税務調査などの行政調査のための事務所等への立入り、少年法による保護処分、伝染病予防法による強制収容など広く行政強制と言われる手続）にも準用されると一般に解されている[65]」との解説を加え、このことに異論を差し挟んでいない。芦部の立場は実はこれだけでは明確ではないが、未刊に終わった体系書の中で、憲法13条の解説としてこのことに触れていないこと[66]などに考えれば、芦部説も、憲法31条の行政手続への準用を求める立場であると言ってよいように思われる。

　これに数多の学説が続いている。例えば、戸波江二もほぼこれらと同じ理由で通説に立つ。行政手続については、「刑事手続と行政手続とを同視することは実情に適さず、また、実際の行政過程では迅速で弾力的な手続が必要となる場合も少なくない」ことなどから、「31条以下の規定が原則として適用される」という立場である[67]。浦部法穂も、憲法31条は「適正手続」と「罪刑法定主義」を保障するものだとしつつ[68]、行政手続への「適用」に関しては、「33条以下については、『適用』といっても『類推適用』ということにならざるをえないであろう[69]」としている。これらは、行政手続について「準用」という文言は用いていないが、基本的に同じ立場であろう。更に、赤坂正浩も、「憲法の体系的理解という観点からは、他の個別人権規定との部分的な重複をいとわず、31条を刑事手続法・刑事実体法の基本原則を定めた総則的規定と位置づける解釈が適切[70]」だとしつつ、「学説は」「刑事手続と類似する行政手続には適正手続の保障が及ぶと解する点では一致している」として３説を紹介していること[71]などから、通説支持と理解できよう。この説は現在でも最も有力である。

　判例も、以上の点で通説とほぼ同じ立場に立ったと考えられる。最高裁判所はまず、第三者所有物没収事件で[72]、「第三者所有物の没収は、被告人に対する

附加刑として言い渡され、その刑事処分の効果が第三者に及ぶものであるから、所有物を没収せられる第三者についても、告知、弁護、防禦の機会を与えることが必要であって、これなくして第三者の所有物を没収することは、適正な法律手続によらないで、財産権を侵害する制裁を科するに外なら」ず、「憲法31条、29条に違反するものと断ぜざるをえない」として、手続の適正が憲法31条の要請であることを認めた。そして、徳島市公安条例事件で、違憲判決ではないものの、「刑罰法規の定める犯罪構成要件があいまい不明確のゆえに憲法31条に違反し無効であるとされる」場合があることを認め、結局、判例は、憲法31条が実体と手続の両面で適正さを要求するとしたのである[74]。

そして、成田新法事件[75]で最高裁は、「憲法31条の定める法定手続の保障は、直接には刑事手続に関するものであるが、行政手続については、それが刑事手続ではないとの理由のみで、そのすべてが当然に同条による保障の枠外にあると判断することは相当ではない」としつつ、「一般に、行政手続は、刑事手続とその性質においておのずから差異があり、また、行政目的に応じて多種多様であるから、行政処分の相手方に事前の告知、弁解、防御の機会を与えるかどうかは、行政処分により制限を受ける権利利益の内容、性質、制限の程度、行政処分により達成しようとする公益の内容、程度、緊急性等を総合較量して決定されるべきものであって、常に必ずそのような機会を与えることを必要とするものではない」と判示し、憲法31条を行政手続にも準用したのである[76]。

この結果、通説・判例共に、憲法31条は非常に大きな保護範囲を有するように解釈されるようになり、素朴な文言解釈や条文の位置からは考えられないような意味を持たされるに至ったのである。

（2）通説に近い説

一般に通説に従うものとされる学説の中にも、それとは微妙に異なるものもある。憲法31条が全ての行政手続に準用されるのかという点について、学説の中には微妙な言い回しをする有力説が相当あるのである。

鵜飼信成は、憲法31条は「手続法と実体法とが、法律で定められていることを要求するだけではなくて、それらがすべて、より高い正義の法、自然法に適

合した、正当なものであることを要求する」とし、更に、「たんに、刑罰規定だけでなく、その他の方法で、人の生命や自由を奪う場合の根拠となる法についても、そのようなことを要求している」と考えている[77]。これは、結論的には通説と大差ないと思われるが、憲法31条を身体・生命の自由を剥奪する場合の手続の一般原則と捉え、その重大さゆえに刑事実体法の適正もここで保障すると考えたように思われ、発想の点では大きな違いがあるようにも見える。

早川武夫は、憲法31条に「『正当な』とか『合理的な』という言葉はなくても、正当な、合理的な手続法・実体法、合理的な立法と解すべきである[78]」として、刑事についての手続・実体の適正を保障したとする。だが、「厳密な意味の刑罰のみならず、刑罰に準ずるもので、生命や自由に関するものについても適用あり、と解することは、沿革上当然に許される」として、行政罰や予防拘禁、精神異常者の保護処分などへは同条の適用ありとする[79]。

また、小林直樹は、「憲法の諸規定と基本精神に照して、」「人身の保障をより後汎かつ強固ならしめる[80]」ことなどから、憲法31条が手続・実体の法定と適正を保障していると解している。しかし、行政手続に適用があるとしながら、「厳格な意味での刑罰にかぎらず、それに準ずる身体の自由の拘束、したがって行政手続をもふくむと解した方が、本条の趣旨に適合するであろう」、「特殊な法律関係にともなう合理的理由に基づく制裁（学生の懲戒・議員の懲罰など）は、一定の社会組織の自律的な内部規律に属するものとして、いちおうその範囲外にあると解される[81]」として、あらゆる行政手続に憲法31条が及ぶという立場は採らない。同様に、橋本公亘も、「憲法の人権保障の精神に照らして、できるだけ31条の意味を広く解釈する方が正しい[82]」として、手続・実体適正説をとるのである。しかし、橋本は、「刑罰に限らず、自由を拘束するその他の場合についても、性質の許す限り、31条の前記の要請が及ぶものと解する方が、基本的人権を尊重する憲法の精神に適合する[83]」としながらも、「事柄の性質」からして、「自由を制限するすべての場合に手続的保障を要求すると解することはできない[84]」として躊躇するのである。

逆に、この点をより明快に「適用」と言いきっていたのが、戸松秀典である。戸松は、憲法31条が実体と手続の適正であるという点で、通説と同様の立

場に立っていた。戸松は、「憲法31条が人身の自由の保障規定であり、特に刑事手続に関する保障規定である。また、刑罰法規が『法律』に限定されるべきことや事後法の禁止といった罪刑法定主義から派生して導かれる諸原則が、それぞれ憲法に規定されていることに鑑み、その基本となる原則を憲法31条に求めるのが適当である」とするのである。しかし、これが行政手続に準用されるか、という点で、「自由の制限、剥奪という場合、人身の自由についてでなく、財産権をはじめ、たとえば、少年法による保護処分、伝染病予防法による強制収容なども含めた、現代国家における多様な自由への侵害を対象とし、それに本条の適用がある。したがって、」「本条の原則は、刑事手続だけでなく行政手続に対しても適用される」として、通説のような憲法31条準用ではなく、同条の適用を主張するのである。このような立場は、当然に憲法33条以下の条項の行政手続への適用も導くことが予見できるが、これを令状主義や黙秘権などを例に、明示的にそれを述べる説もある。

（3）小　　括

通説及びそれに準ずる見解は、以上のようなものである。通説は、憲法31条を大きく拡張解釈し、刑事に関する手続と実体の法定と適正を保障しただけではなく、その趣旨を行政手続にまで及ぼそうとしたのである。憲法学は適正手続を一般的に保障するのが憲法31条なのか憲法13条なのかという論争をしてきたとよく言われるが、まず、圧倒的な多数は、憲法31条の問題と考えていたことは確認しておくべきであろう。ただ、よく見ると、憲法31条が行政手続に一般的に「準用」されることを明言した学説は意外と多くない。憲法31条を行政手続に単純に準用または適用せず、刑事手続に準じるものについては準用するものとする記述も多い。前述の宮沢説でも、刑罰から類推できる公権力による権利制限の場合を想定しており、叙勲や給付行政等にまで憲法31条を準用する意図があったかは疑わしいのである。多くの説が問題にしているのは、刑法にいう「刑罰」に拘泥せず、人身の自由の制限と捉えられる限りで憲法31条の問題であるというのであり、全ての行政手続に憲法31条を及ぼすことに本気であった学説がどれだけあったかは再考すべきであった。

第4章　司法権と適正手続

　とは言え、通説のいう「適正」手続には何を含むのかという疑問については、近時、その内容がほぼ確定してきた。その核心は、具体的には告知・弁解・防禦の機会の保障である[91]。その意味では、「適正」という語に期待をかける意味はないという批判も言い過ぎとなってきている[92]。また、「実体の法定」とは罪刑法定主義を指し、慣習刑法の排除、刑罰法規の類推解釈の禁止、絶対的不定期刑の禁止などが含まれ、「実体の適正」の内容には、罪刑の均衡、刑罰の謙抑性、法益保護の原則、責任主義などが挙げられている[93]。但し、実体法の法定は、あくまでも、刑法なければ刑罰なし、ということを指すのであって、その刑法が適切な内容であるかという問題は全て「適正」の内容に含まれるのではなかったのか、との疑問がある。このため、少数説の中には「罪刑法定主義」を掲げながら、その内容が「実体の適正」まで含むのか微妙な説も多かったのである。実際、「罪刑法定主義」は刑法の法定だけではなく、遡及処罰の禁止、構成要件の明確性など、実体法の適正というべき内容が多く含まれおり、他方、日本国憲法は罪刑法定主義の派生原理の一部には言及してはいるが、罪刑法定主義自体の明確な規定を置いているわけではなく、保障が不十分な恐れが生じていた[94]。そこで、通説は、こういった内容の全てが憲法31条の保障範囲であることになってきたのである。

　しかし、この通説的見解には批判がないではない。このような過剰な権利の拡張は、何よりもまず、あまりにも憲法31条の文言から乖離しているという批判を浴びよう。憲法31条には「デュー・プロセス」という文言もなければ[95]、「適正」の文字も「実体」を示す文字はなく、「手続」という文字だけがあることは、通説の立場を苦しくしよう。また、一切の実体の適正を保障する必要があるからといって、その憲法上の根拠が憲法31条となる理由は必然的にはないとも考えられる[96]。日本国憲法は詳細な人権条項を有しているのであるから、特段、憲法31条を拡張解釈する必要性に乏しいという指摘もある[97]。

　そして、通説の解釈は憲法制定者の意思に合致しないという指摘もなされている。起草者の具体的意図は不明であり[98]、アメリカのデュー・プロセス条項は、その歴史的背景があって現在のような解釈が与えられていることは注意すべきであるとの批判がある[99]。別の批判は、デュー・プロセス条項と言っても、

179

連邦政府との関係でこれを定める修正5条と、州政府との関係でそれを定める修正14条とでは、内包が異なっているのであり、「アメリカ憲法、特に"due process clause"のような一般条項を、文言に即し過ぎた態度で眺めることの愚かさ」が、通説などにはあると言うのである。実体的デュー・プロセス理論が立法府による社会経済規制を妨げたことからみて、日本においてその二の舞が懸念され、GHQ民政局の法律家たちが"due process"の語を避けたものと推測できるという指摘もなされた。

　しかし、憲法制定者意思とは起草者意思ではない。日本国憲法においては、憲法制定者意思とは第一義的には帝国議会の意思を指すべきであろう。だが、帝国議会の審議をみても、その意思は確かにあまり鮮明ではない。牧野英一貴族院議員に対する木村篤太郎司法大臣の答弁は、「生命身体の自由を奪うと云うような内容に関することは無論法律で決めるのであります。その他の刑罰を科するような手続も、これは法律で共に定めると云うことになる訳であります」などというもので、手続の法定は確実だが、実体の法定を意図していたかどうかは微妙なものであった。他方、同日の佐々木惣一貴族院議員の「実体的の、斯う云う場合に斯う云う程度の罰を科すると云うようなことも手続きの中に含めての御言葉でしょうね」との質問に、木村司法相は「左様でございます」と答えており、手続・実体の法定を保障したとする佐々木説を裏打ちするような政府見解が見られる。少なくとも、実体の適正までは立憲者の意思には含み得ないように思われる。但し、この論争は、立憲者意思が憲法解釈において絶対的、もしくは極めて重要な役割を果たすと考える立場に立つときに有効であって、そうでなければあるいは特段に問題とすべきでないのかもしれない。

　問題は、立憲者の意思がどうであれ、このような憲法の文言を拡張した解釈が、憲法解釈として妥当かであろう。しかし、憲法31条が実体の適正を要求していると解するとき、憲法33条以下の具体的条項に触れないもの以外で同条違反となる場合とは、適正処罰の要請や刑法の謙抑性に違反するなど、著しく不合理な刑罰法規であるときだけであろうが、果たしてそのようなケースは結局のところ、憲法33条以下の何れかに違反するのであって、わざわざ憲法31条をそこに拡張的に解釈する必要はない、との批判もあった。拡張解釈の必要性等

についての理由付けは不足していた。

　更に通説的見解は、行政手続の適正を憲法31条の問題としている。しかし、憲法31条の文言が「その他の刑罰」であることからも、当初は同条の射程は専ら刑罰の問題だと考えられていた点は再確認されるべきであろう。[109]帝国議会の審議を見ても、佐々木議員に対する木村司法相の答弁は、刑罰以外で生命・自由が剥奪されることはないとして、憲法31条の行政手続への適用等は検討していなかった。[110]しかし、通説はこのような事情は省みず、刑罰以外の場面でも自由が制限されることがあり得るとして、憲法31条の守備範囲を広げたのである。しかしこのことによって、かえって、身体の自由の剥奪が憲法31条の重大な焦点であることをぼやけさせてしまった。また、刑事手続以外の手続の問題について、憲法31条を及ぼせるか否かでしか捉えない視野の狭さを抱えてしまった。[111]民事手続の適正は憲法32条の問題だとして切り離し、日本国憲法は区別していない筈の「民事」と「行政」の手続を区分し、その一方だけに憲法31条を準用させるという議論を行うのは、論理の飛躍であった。[112]刑事と異なり、行政手続の適正と行政訴訟手続の適正の根拠条文が同じなのか異なるのかも、不鮮明となったように思われる。おまけに、同条の「自由」の中に「財産」を読み込むのは、日本国憲法が財産権規定である29条を別途有することなどからして、無理があったのである。[113]

　加えて、憲法31条の位置からして、これを刑事・行政に拘らずに、手続に関する一般原則とみることには、無理があろう。[114]それは明らかに、刑事手続や裁判手続に関する条項の先頭に置かれているからである。[115]そのような一般原則を体現するものは、現行憲法においては憲法13条など、包括的基本権条項の方が妥当ではなかろうか。立憲当初の、憲法13条に権利性を認めない解釈が通っていた時代の31条解釈に拘泥する必要はないのではなかろうか。もし、そうであるならば、憲法31条を過剰に読み込まなくても、憲法的効果は同じなのかもしれなかった。[116]この点、憲法31条はあくまでも刑事手続に関する条文で、行政手続に準用しているに過ぎないのだ、との反論もあろう。しかし、そうだとすると、憲法31条が一方では刑事実体法の適正を保障するものでありながら、他方では行政手続の適正を、それを適用というか準用というかは別として、保障す

る、そして行政規制の実体面は保障しない、というのであれば、憲法31条の性格は不整合的ではないか、との疑問が生じる。憲法31条が刑事実体法の適正までをも保障しているならば、同条を行政手続に準用する際にも、行政実体法の適正も憲法31条の問題になり得ると考えるべきではなかったか。だが、そのような学説は見当たらない。[117]「その他の刑罰」の文言から行政への一般適用を否定しながら、実体的デュー・プロセス論を目的的に引き出す解釈手法には批判[118]があって然るべきではなかろうか。憲法31条に鵺的な役割を負わせるのは限界[119]であろう。刑事手続に関する特別法であると理解するのであれば、行政手続については憲法31条の埒外であると考えるべきであろうし、逆に同条を適正手続の基本原則を定めたものと理解するのであれば、刑事実体法の法定や適正は別の条文の問題であると考える方がよく、憲法31条の解釈は最大限見積もっても、少なくとも何れか一方ではなかろうか。

　結局のところ、通説は、行政手続の適正と刑事実体法の適正の両方がなぜ憲法31条から引き出されるのか、そしてその結果、憲法の人権体系はどうなるのかに十分答えていないように思える。通説は「統合的な理論を提示しえなかった[120]」のである。通説は、反対説を論破したものではなく、その積極的な理由付けはあまり聞かれなかった[121]。通説は、権利の拡張を是とする空気により成立した弱さを示しているように思われてならない。そもそも、保護は広い方がよいというのは法解釈における根拠たり得るのか、疑問でもある。このため、通説的見解を丸ごと是認することは難しかった。別の憲法31条解釈が成り立たないのかどうかは、検討する余地があると思われる。

3　近時有力説

　従来、憲法31条に関する以上の通説的立場は「圧倒的通説」と表現されることが多かったとも感じられるが、以上のような問題点のためか、これを批判する見解が近時多くなってきている。通説のような幅広い保障は無理があるとする立場は、さすがに元の手続法定説に戻ることはないもの、刑事実体法もしくは行政手続について、あるいはその両方について、憲法31条の射程を通説より

第4章　司法権と適正手続

も限定的に捉え、同条の再解釈を試みようとしているのである。

（1）手続・実体適正、行政手続13条説

　その第1のものは、憲法31条を刑事法の大原則と読み、その代わりに、同条から手続に関する一般原則という性格を消し去ろうとする立場である。この学説は、一般的な適正手続の保障は、寧ろ憲法13条を根拠条文と考える。[122]

　佐藤幸治は、「特に刑事手続に関しては33条以下に詳細な定めがあり、また実体についても豊富な規定があ」[123]ることなどから、憲法31条を広く解釈することに一応の疑問は示している。しかし、「罪刑法定主義のような立憲主義憲法の重要原則が日本国憲法上黙示的にしか定められていないのかを疑問視すれば、31条こそこの重要原則を表現していると解される」などとして、「科刑の手続や実体要件の適正性の問題が31条によってカバーされる」とするのである。[124]この点まで、佐藤幸治説は通説とほぼ同じである。

　ところが、行政手続の適正について、佐藤幸治は、原則としてこれを憲法13条の問題であると解する。「公権力の行使は適正な手続に寄らなければならないが、」それは「公権力の行使につき国民には適正な手続的処遇を受ける権利が保障されている」ことを示すとし、行政手続については「31条の表現および憲法体系上の位置に照らし、基本的には13条の問題と解される」[125]として、幸福追求権から直接これを導くのである。但し、同説は、全ての行政手続に憲法31条は無関係とは考えてはおらず、「行政法規の中には、種々の目的のために報告義務・答弁義務・記帳義務などを課し、それに応じない者に一定の刑罰を科す例が少なくな」く、こういった問題に関しては「手続のいかんを問わず、刑事責任に関する不利益な供述強要を禁止するものであることから出発する」ものであるとして、このことを「刑事裁判手続上の保障」の一部として説明している[126]この説には、個人の尊厳にとって適正手続保障が不可欠であるとの認識がある[127]ことは確かであろう。

　これと同様の立場に立つものと見える説として、内野正幸のものがある。内野は、憲法31条が刑事手続と実体の法定と適正を保障するものであることを示している[128]が、他方で、「31条は刑事事件に関する規定だとする立場からは、13

183

条説が成立しうる[129]」と述べ、佐藤幸治にやや近そうである[130]。

（2）手続適正、行政手続31条適用説

　これとは逆に、憲法31条を手続に関する一般則を定めたと捉え直す立場がある。この立場では、刑事実体法の適正は憲法31条の保護範囲ではなくなり、その内容は憲法の別の条項が保障するということになろう。

　前述の鵜飼説は、捉えようによってはここに分類されるべきようにも思えるが、この立場を鮮明にしているのが手島孝である。手島は、憲法「32条以下は」「31条の手続的一般保障を各則的に展開したものと理解されるべき」だとする[131]。まず、憲法32条が全ての訴訟手続において妥当するのであるから、憲法31条を専ら刑事手続の総則と見ることには「赤信号が灯る」と言う[132]。そこで、32条と33条以下「とのスムーズな連結は、かくて、31条を広く一般的な手続基本権の保障規定と見直すことを措いて他に可能とは思われない[133]」と述べる。そして、このことを広げて、17条、21条2項、29条2・3項、30条を、受動的手続基本権総則である31条の特則と捉え直す[134]。そのことを補強するように、憲法31条を文理解釈し直し、「生命・自由の剥奪一般を禁ずる趣旨が第一義的であり、科刑の禁止は、基本的には前段に包括され、それに包摂されず後段で独自に取り扱われる場合にも第二義的にとどまる、という文理構造[135]」であると述べるのである。手島の人権分類には、これ以外に「実体的基本権」と「能動的手続基本権」があることから考えると、手島説は憲法31条を行政手続に適用することは当然としながら、実体的基本権は憲法31条に含まないようである[136]。

　大隈義和もまた、憲法29条が財産権制限の適正手続を定めていると考え[137]、32条の裁判を受ける権利が対審構造、公開の手続を内容として含むことを指摘し[138]、29条から32条を整合的に読もうとする。そして、一般的な適正手続の要請は、憲法13条ではなく31条から導かれるとする[139]。やはり、憲法31条を適正手続の一般法と考える学説のようである[140]。

（3）手続適正、行政手続13条説

　以上第1・第2の抑制を掛け合わせ、憲法31条の守備範囲を、現在のところ

最も限定的に考えようとする立場も有力に唱えられている。つまり、憲法31条は刑事手続の法定と適正を定めたものに過ぎず、刑事実体法の法定と適正や行政手続の法定と適正は同条の保障するところでない、とする説である。

高橋和之は、憲法31「条は適正手続の一般規定なのである」、「刑罰を科すには、予めいかなる行為が処罰されるかを法律で定めおかねばならないという『罪刑法定主義』も、処罰するために当然必要な適正手続の一環をなすものとして、本条により要求されている[141]」と述べる。同説は「法文の解釈としては、適正手続説が、最も無難ではなかろうか。ただし、従来の適正手続説とは異なり、罪刑法定主義は、手続の適正さの一部として要求されていると解する[142]」とも述べており、純粋な手続適正説よりは実質的には手続・実体適正説に近いかのような理解を示している。

高橋は、行政手続の適正さについては、「本条は刑事手続に関する規定であり、行政手続の適正さを直接要求した規定は憲法にはない。そこで、」「適正な行政手続は」「憲法13条を根拠に構成すべきである[143]」として、通説的見解とは異なり、行政手続への憲法31条の準用を否定する。そして、憲法13条の保障する中身としては「事前に告知を受けることと聴聞の機会を与えられることは、自己の利益を弁護するための最低限の要求であろう[144]」とするのである。高橋は、行政手続の適正手続保障の根拠条文を憲法13条としているが、同条は一般に「幸福追求権」を保障するものとしており、その一部である適正手続保障を行政手続の場面に限定する記述もなく[145]、他方で、「国民は自己に不利益な処分を受ける場合には、適正な手続を保障されなければならない[146]」と述べ、より一般的な保障がここでなされていることを示唆している。

同様に、松井茂記は、「身体の自由自体は13条によって保護されており、」憲法31条以下の「規定はあくまで手続についての規定であることに留意すべきであろう[147]」として、通説が実体の適正をも憲法31条に読み込むことに非常に厳しく批判を繰り広げ、自説を展開する。松井は、「確かに31条が合衆国憲法のデュー・プロセス条項に由来する規定であること、たとえ手続の法定のみを要求しても、その手続の中身が『適正』でなければ、その要求は意味をなくすであろう」ことを通説的見解がその理由としている[148]が、「これらの学説は、アメ

リカの実体的デュー・プロセス理論を誤解しているうえに、アメリカでそのような理論が形成された背景に存在した特殊な事情を十分理解していないようである[149]」と批判する。そして、「それを超えて、31条の要求の中に、実体の法定、すなわち罪刑法定主義の要求を読み込むべき必要性があるとは思われない。そもそも刑罰に限らず、およそ憲法上の基本的人権の制限が（そしてすべての政府の行為は）『法律』によらねばならないことは、41条の当然の要求である[150]」として、「あえて罪刑法定主義の条文上の根拠を求めるのであれば、31条より41条の方がふさわしい[151]」し、「明文根拠を欠く基本的人権に対する処罰の相当性は13条の問題として、犯罪と刑の均衡は14条の平等権（あるいは36条）の問題とすれば足り[152]」るなどとするのである。では、文言に従い、松井説は法定手続説に舞い戻るのか、との批判を先回りしてか、松井説は、「アメリカ的な特殊な事情から形成されたと考えられる実体的デュー・プロセス理論とは異なり、手続的デュー・プロセスの方ははるかにしっかり確立している。従って、憲法31条が合衆国憲法の修正第5条・修正第14条のデュー・プロセス条項に由来する規定だと言えるのであれば、この手続的デュー・プロセスこそが本来憲法31条の意図したものだと言ってもよいのではなかろうか[153]」として、手続適正説に立つことを明らかにするのである。

　松井説はまた、行政手続の適正についても、「31条のみに着目して手続的デュー・プロセスの全体構造を把握しようとすることには無理がある。考え方としては、13条の幸福追求権に一般的な手続的デュー・プロセスの権利が含まれ、個々の国民に関わるすべての政府の手続に（それが刑事手続か否かにかかわらず、またそれが基本的人権を侵害するかどうかにかかわらず）『公正』さが要求されると考えるべきであろう[154]」として、一般的には13条を根拠とすべきであるという通説とは異なる理解を示す。それは、憲法31条をはじめとする個別的基本権条項を根拠とすることが無理であれば、「明文根拠を欠く憲法的権利の条文根拠規定として、憲法13条の『幸福追求権』しかない」からである[155]。このような権利を憲法13条から引き出してよいのか。この点については、それは「明文根拠のある憲法的権利と結び付いた権利か、あるいは憲法の構造から導かれるものとして、日本国憲法の立脚する国民主権＝民主主義原理から導かれる国民の政

治参加に不可欠な権利ないし憲法の樹立する政府のプロセスに不可欠の権利として承認されるものに限られるべき」とし、「このような視点から考えると、手続的デュー・プロセスの権利は、『幸福追求権』として認めてもよい」とするのである[156]。そして、結論として、「憲法的意味での『刑事』手続には31条が（そして当然33条以下の諸規定が適用される）、そして非刑事裁判手続には32条が、そしてそれ以外の政府のすべての手続には13条が、手続的デュー・プロセスの権利を保障していると考えるべきであろう[157]」とする。言い換えれば、「憲法13条の手続的デュー・プロセスの権利を前提とすれば、憲法は憲法31条以下に刑事手続や裁判手続を念頭において、特に手続的デュー・プロセスを明記したと考えられ[158]」るからなのであった。

（4）小　　括

では、これら、近時の有力説に問題点はないのだろうか。以上のうち、松井説が最も大胆な学説の転換を求めたように見えるので、ここから検討する。

松井は、「実体的利益にかかわらず、適正な手続によって政府が国民を扱うこと自体が一つの価値なのだ[159]」という指摘を行い、これを軸に議論を展開した。このような考え方は、実体より手続を重視するという方向への人権観の転換を伴う[160]。確かに、「100％真実を実現しうる完璧な手続の設営がそもそも不可能[161]」であり、適正な手続を経たことをもって実体的権利が擁護されることからすれば、手続の適正さ自体に価値があることも認めざるを得ない。しかし、これには、「手続に神（正当性）が宿るわけではない[162]」、「手続自体の持つ固有の価値ないし機能」の強調が「なぜ」言えるのかは不明であり、松井の同調するアメリカの学説とも整合的でない[163]、などの批判がある。行政手続が権利保護手続と参加手続に分けられ、前者は当事者の権利保護、後者は民主主義の要請からくるものであるとする考えなどを踏まえれば[164]、両者を一様に考えることは難しい。また、日本国憲法がプロセス法学観に彩られていると解釈することは、実体的権利から始まる日本国憲法の第3章の構成に適わない印象が強い[165]。憲法13条の保障する個人の尊重のために身体的自由を奪う際には厳重な手続を求めたのが憲法31条なのであって[166]、その逆ではないであろう。また、高橋説も含めた

第3の有力説では、刑事実体法の法定と適正を憲法31条の保障としないという問題点がある。確かに、これには、そのような内容は憲法41条など他の条項で保障されているとの反論もなされよう。しかし、例えば、刑罰法規は、権利を制限する法令が一般に明確でなければならない以上に、刑罰であるが故に高度の明確性が憲法上も要求されるもののように思われる。通常の人権制限の場合と同程度の保障でよいかは疑問であろう。憲法21条から情報公開請求権を引き出す[167]ように、身体的自由について包括性を有する憲法31条から刑事実体法の適正を引き出す姿勢の方が自然に思えるのである。

　もし、松井説の考え方の方に忠実であれば、寧ろ手続を前面に出した憲法31条を手続の一般原則を定めたものと解した方がよいのではないかという疑問も生じる。これは、手島など、第2有力説に傾く解釈でもある。しかし、もしこのような理解が妥当なのだとすれば、何故そのように重要な原則が人権条項の末尾に近く、刑事関係の個別条項の直前にあるのかを説明し難い。これは、第2の有力説への批判ともなろう。これらの立場が妥当だとしたら、何故、日本国憲法は手続関連の条文と実体権規定と明示的に分割するような条文構成になっていないのか、という疑問も生じる。この点について、手島は、「派生条項のいわば衛星的な散在が右の基本的把握を揺るがすまでのことは、よもやあるまい」[168]と述べるが、この点は同説の本質に関わる疑問点ではなかろうか。寧ろ、刑事法の原則の先頭に憲法31条があると日本国憲法を読む方が体系的ではなかろうか。松井説などはそう解せず、明文の根拠を欠く権利については憲法13条論として議論すべきだとして、手続の一般原則を憲法13条を根拠に説明[169]している。しかし今度は、その第一原則が、「手続」という文言を有しない憲法13条の中に暗示的に埋没してしまうのは何故かが、疑問として残るのである。

　また、通説や第2有力説のような幅広い解釈は、手続保障について、裁判所に準立法権を付与することとなろう[170]。これは、刑事手続や刑法の中身について裁判所が厳格に判断する点では、司法の役割として首肯できる。しかし、行政手続について違憲審査を広く及ぼすことは、結局、あらゆる憲法問題に裁判所が厳格度の高い審査を及ぼす結果になり、通説的な二重の基準論などと整合的[171]か、究極的には、国民主権を第一原理とする日本国憲法の解釈として妥当か

188

が、疑問になる。この点が気にならなかったのは、財産権規制が重大な争点となった判例が日本では長くなかったからであるが、果たして、このような理解が今日でもなお維持できるかは疑わしいのである。[172)]

　以上のように考えると、第2・第3の有力説の立場への賛同は躊躇される。第1の説に同調するか、別の説を模索すべきように思われる。

4　憲法31条の再再検討

　もはや今日、刑事手続の適正を憲法31条が保障することは争うべきではない。刑事手続の法定だけでは憲法31条の条文としての存在価値がないばかりか、刑事手続においてすら不適正な刑事手続を一般に許容したとなれば、憲法33条以下とはおろか、それ以外の人権条項との整合性も欠き、あえてこれを否定することは実践的な害も大きい。争点は、憲法31条が刑事実体法の法定・適正及び行政手続等の法定と適正について保障しているか、保障していないとすれば、憲法が何れかの条項でそれを保障していないのかに絞られよう。

（1）刑事実体法の法定・適正について

　憲法31条は刑事実体法の適正の要請は含まないのであろうか。国家刑罰権の濫用が、近代立憲主義の最も恐れる人権侵害であることを考えれば、刑事法規[173)]による人権制限は最も慎重であり、近代立憲主義の下にある日本国憲法もこのことを理念として含む筈である。刑事手続が最も慎重で、最も適正でなければ[174)]ならないことは確かであるが、刑事実体法が不適正ではその意義は没却される[175)]ことを考えれば、その要請は刑事実体法についても及ぶであろう。前述のように、刑事実体法については、刑罰を含むがゆえに高度の明確性を要求されるもののように思われる。もし、憲法31条以下が刑事に関する特別規定であるとするであれば、その要であるように読める31条が刑事実体法の適正を保障しておらず、憲法33条以下の個別条項に求められるのみとしたのでは、体系的一体性を失う。それは、憲法13条に、何らかの意味で包括的基本権の性格を求める解釈手法とも相容れないように思われる。憲法13条や14条などの解釈をかき集め

てそのことを補うのも、逆の意味で無理があろう。

憲法31条以下は、憲法18条と並んで、「人身の自由」「身体の自由」と言われる。その重要な自由については、「政府のプロセスに関わる諸権利」として整理する理解もある。[176]絶対的保障である、奴隷的拘束の禁止が手続的意味を有さないことと、それは対照的である。実体的デュー・プロセス論が実際にそれほど出番があるわけではないとしても、[177]憲法31条を身体的自由を剥奪する場合や刑罰に焦点を絞り、これに反する法規定や政府の行為を厳しく違憲とすることは、理論的一貫性のためにも、なお実践的にも肝要である。身体的自由の重要性と、その剥奪が基本的に刑罰に限定されることに鑑み、手続面から権利を保障したと考えられる。また、日本国憲法前史及びその制定過程などからも、そう読むことができよう。[178]第1の有力説の立場に立てば、実定的適正要求は、アメリカの判例理論の直輸入ではなく、[179]日本の法制度、社会・政治的条件の下での要請なのであるとの反論ができよう。[180]戦前の日本で刑罰権の濫用が著しかったことは人口に膾炙している。[181]憲法31条が刑事実体法の適正を保障し、刑事法に関する特別則と理解するという点で、第1の有力説の立場を妥当としたい。[182]

ここで注意すべきなのは、憲法31条が「刑罰」という文言を含んでいるが、それは法律レベルの刑法や刑事訴訟法に法定された刑罰のみを指すと考えるべきではなく、憲法解釈上、憲法が「刑罰」と考えるものと考えるべきことであろう。[183]行政手続か刑事手続かの違いは、法律が定めたものに過ぎず、問題は憲法が「刑罰」と考えたかどうかである。[184]刑事実体法と手続法の中身の適正を求めるのに、何が「刑罰」であるかを立法府の判断に完全に委ねるのは矛盾であろう。そこで、少年法の保護処分と収容、精神保健及び精神障害者福祉に関する法律による措置入院や医療保護入院、伝染病患者の隔離など、身体の自由を奪う行政的措置については憲法31条が適用されると考えてよい。[185]このことは行政罰にも準用できよう。このことは、実は通説的見解でもかなり多くの説が主張してきた点であって、いつの間にか、憲法31条を行政手続一般に広げて解釈してきたことが問題だったのである。

第4章　司法権と適正手続

（2）行政手続等の法定と適正について

　もし、憲法31条が刑事特別則として、刑事実体法・手続法の法定と適正を要求するのであるとすれば、一般的な手続保障の根拠規定は、「手続」という文言は明示されておらず[186]、その内容・輪郭の定まらないものとも批判される[187]包括的人権規定、憲法13条が該当するかどうかとなろう。いかなる実体的権利もその制約には、それに相当の手続が必要であるということは、人権一般原則として言えるであろうから、その根拠は憲法13条に求められてよいであろう。もしも、実体的権利の包括的基本権であるかのように解されてきた憲法13条の「公共の福祉」や内在的制約論を引用して手続的保障を導き出す[188]のであれば、ましてやである。ここでは最低限、国が国民の権利を制限する際に、いきなりはできないという意味で、告知・聴聞の機会が保障されよう[189]。行政手続法の施行により、憲法13条などの包括的基本権規定をこの場面で持ち出す意義は減少した[190]。しかし、「行政手続法は適正手続の理念の実現を意図したもの」だが、「憲法の適正手続の要請に満たないもの、がありうる」という指摘[191]は重要である。同法の射程にない手続についても告知・聴聞の機会を及ぼすため、憲法論を展開する意義はなおあるように思われる。

　もし、実体的権利にはその制約の際の適正手続保障が保障されているのだとすれば、人権毎にそれはあると解せよう。確かに、当該人権の実現過程に相応しくない手続は、手続として不適正であると同時に、当該人権侵害と言えばよいのである[192]。例えば、表現の自由を制約する際には、「検閲」と呼ばれる方法は絶対的に禁止されていると思われるし、事前抑制も原則的に禁じられると考えられる[193]。事前抑制が許されるとしても、厳しい条件をクリアした上で、ほぼ司法手続に限られると解されよう[194]。これらは、実体権としての表現の自由の制限ゆえに導かれたことである[195]。同様に、財産権規制にも、労働基本権規制にも、その権利を制限する際に憲法上求められる適正な手続があると言うべきであろう。そして、憲法「31条は21条などによって列挙された人権価値を手続的に実現するうえでの総則規定ということになる」という見解[197]もあったが、これは憲法13条の役割と言うべきであろう。憲法13条は、包括的実体権規定であると同時に、手続的権利規定なのである。そうであるならば、なおさら、憲法31

191

条の役割は、身体の自由を保護するための、科刑手続や刑事実体要件の適正性の保障に限定されるべきであろう。[198]

　このような理解については、そうすることで保障が強固になるだろうか、との批判があろう。[199]また、手続保障が実体的自由権を確保するための従属的なもの、あるいは制度的保障に過ぎなくなり、当該自由権が保障さえされれば、手続的保障は限定的に捉えてもよいという考えに流れがちになるのではないかとの批判もある。[200]しかし、「31条準用説は、その前提として、31条は刑事手続のみに適用されるという理解を示しながら、法の支配の精神という抽象的原理を理由に行政手続まで適正さ要求を拡大するところに、一貫性のなさを感じさせる」[201]などの批判があった。保障の強化以前に、憲法解釈として無理があれば、拡張解釈は踏みとどまるべきであろう。また、通説は、憲法31条を刑事手続における実体の適正まで含めて読みながら、行政手続についてはこれを準用しない。これは多分に、実体的権利は様々な条文で十分保障されていると解せたからであろうが、[202]解釈としての一貫性に欠ける感が強かった。憲法31条に多様な役割を負わせることには、やはり無理があるのである。

　国家機関の手続という点からすれば、裁判所が権利制限を行う際には、裁判所に相応しい、対審構造の下での当事者主義手続などは原則として維持されることになろう。裁判所の手続であるということからくる憲法上の制約があると言うべきであろう。[203]また、国会の行う立法等の手続は憲法に定められ、抽象的規範の定立を任務とする国会の役割から、直接人権を制限する国家行為は原則としてないと考えられる。これに対して、行政手続については一般に、このような制約は特段ない。即ち、憲法13条の手続保障は基盤としては妥当するのだと思われる。「行政手続の適正を保障した憲法条文は13条か31条か」という問題設定は、この点を意識したものであったと思われる。ただ、純粋に統治原理から求められる討論や評決などの手続は、憲法13条の問題ではない。憲法13条は事実上、人権制限を行う行政手続において、当事者に基礎的な手続としての告知・聴聞を保障したものであって、かつそれは合理性の基準で制約されるのであるから、憲法13条を根拠とする際の限界も知るべきであろう。

第4章　司法権と適正手続

おわりに

　憲法学説は、既に、刑事実体法の適正や行政手続の適正を憲法が保障しているか否かではなく、どの条項が保障しているかに議論を移している。何れにせよ憲法上の保障は及ぶのであるから、適正手続保障は31条か13条かという議論をする必要はなく[204]、以上の議論は無駄であるという批判もあるのかもしれない。また、実定法律はそういった憲法上の要請を既に充たしており、憲法論を進める意味はあまりない、という非難もあるのかもしれない。

　しかし、憲法が少数の、多分に抽象度の高い条文の集合体であるのならば、これを体系的に解釈する必要性はより高い。将来、新しい問題を解決する際にも、それは大いに役立つ。また、憲法が要請する適正手続と、刑事法や行政法のそれに乖離があるとき、法令は実際に違憲とされる。行政手続であっても、制約する人権の種類によっては、憲法は厳密な手続的要請をしていると考えられる。その最たるものとして、身体的自由を制限する場合には、憲法31条以下の条項が厳しい手続的要請をしていると読み直すべきである。これらの点は、非常に重要だと思われる。憲法解釈論の意義は、消滅していない。

　本章は、憲法31条は刑事手続・実体の法定・適正を定めたものであり、人権制約の際の一般的な手続保障は憲法13条に委ねる解釈を提示した。このような解釈論は、憲法31条の大枠についてのものに過ぎず、行政法学や刑事法学の成果を十分には反映したものでもない。が、他方では、刑事法学や行政法学にも、幅広い手続を視野に入れた憲法論を展開することを求めたい。本章は、現時点では、憲法学サイドからの憲法31条及び13条解釈の提言に留まる。その内容を具体化し、法令の合憲性を個別に検討する作業は今後のこととしたい[205]。

1)　本条の解釈に関わるものとして、以下に取り上げるもののほか、中村弥三次「聴聞制度の比較法学的考察」公法研究23号105頁 (1961)、沢田嘉貞「日本国憲法第三十一条について」関西大学法学論集12巻2=3号341頁 (1963)、輔老淳三「日本国憲法第31条に関する一考察」名城法学論集2集1頁 (1975)、奥平康弘「行政における適正手続要件の形成」判例評論201号2頁 (1975)、熊本信夫「手続的正義の要請ある課題」北海学園大学法学研究11巻1号1頁 (1975)、梅木崇「適正手続に

193

における諸条件と利益較量原則（1-3）」駒大政治学論集 4 号53頁（1976）、駒大法学論集15号133頁（1977）、駒大政治学論集 6 号86頁（1977）、村瀬正典「日本国憲法第31条」駒大院公法学研究 8 号27頁（1981）、萩原滋「実体的デュー・プロセスの理論と法益保護の原則（1-4・完）」警察研究57巻 6 号37頁、7 号41頁、9 号42頁、12号48頁（1986）、杉村敏正「行政処分と適正手続」民商法雑誌93巻臨増 1 号328頁（1986）、金子宏「行政手続と自己負罪の特権」国家学会百年記念『国家と市民第 1 巻』105頁（有斐閣、1987）、杉村昇「日本国憲法第31条についての一考察」駒大院公法学研究14号 1 頁（1987）、木村弘之亮「行政手続及び行政訴訟法における手続基本権の保障」慶大法学研究62号12号81頁（1987）、高田敏「法治主義観と行政手続観（1）」阪大法学144号 1 頁（1987）、同「日本における行政手続観の展開—法治主義観と行政手続観その 2 」同39巻 3 ＝ 4 号 1 頁（1990）、輔老英淳「日本国憲法31条の行政手続への適用についての一考察」憲法研究22号55頁（1990）、宮田三郎「行政手続についての覚書」千葉大学法学論集 8 巻 4 号 1 頁（1994）、臼井滋夫「『適正な法の手続』の保障の発展」東海法学11号37頁（1993）、田中舘照橘「わが国の行政手続とアメリカの適正手続」明治大学社会科学研究所紀要34巻 1 号107頁（1995）、五十嵐二葉「憲法上の権利としての刑事手続」法学セミナー494号58頁（1996）、川崎英明「適正手続その課題」法学セミナー502号66頁（1996）、遠藤比呂通「刑事裁判と適正手続—死刑について考える」ジュリスト1089号267頁（1996）、岡田勉「憲法における適正手続の保障の意味と構造について」税関研修所論集26号167頁（1997）、小早川義則「デュー・プロセス論の再構築」ジュリスト1148号80頁（1999）、河野通弘「令状主義と適正手続」高松工業高等専門学校研究紀要36号133頁（2001）、同「令状主義と刑事手続」同37号77頁（2002）、同「令状主義と適正手続」法政論叢39巻 1 号106頁（2002）、髙井裕之「適正手続（31条）」法学教室260号28頁（2002）、田口守一「適正手続」法学教室268号 9 頁（2003）などがある。

2 ） 従来の学説・判例の解説としては、熊本信夫「憲法31条と行政手続をめぐる問題（1-4）」北海学園大学法学研究 8 巻 1 号151頁（1972）、2 号157頁、9 巻 1 号31頁（1973）、10巻 2 号73頁（1975）が詳しい。

3 ） 安念潤司「憲法問題としての『手続上の権利』」ジュリスト884号246頁（1984）。

4 ） 美濃部達吉『日本国憲法原論』202頁（有斐閣、1948）。

5 ） 同上同頁。

6 ） 田中英夫「憲法第31条（いわゆる適法手続条項）について」同『デュー・プロセス』281頁 ［以下、田中前掲註 6 ） I 論文、と引用］、283頁（東京大学出版会、1987）。同論文は、宮沢俊義還暦記念『日本国憲法体系第 8 巻』165頁（有斐閣、1965）が初出。また、英米における Due Process Clause の歴史については、同「私有財産権保障規定としての Due Process Clause の成立」同『デュー・プロセス』3 頁参照。

7 ） 田中前掲註 6 ） I 論文298頁。

8 ） 同上301頁。

9 ） 同上302-303頁。また、裁判所の公平性、被告人の既得権の侵害など、論点となる何れもが憲法31条の問題ではないとする。同論文303-304頁。

10） 同上305-307頁。

11） 同上302-303頁注 a）。

12） このほか、この立場に立つと思われる学説には、杉村敏正『法の支配と行政法』144頁（有斐閣、1970）、相川貴文「憲法第31条に関する、いわゆる適正手続論について」帝塚山大学論集24号27頁（1979）、園部逸夫「憲法31条と適正手続」Law School 54号 4 頁（1983）などがある。但し近年、初

第4章 司法権と適正手続

宿正典『憲法2』〔第3版〕383頁（成文堂、2010）のように、「日本国憲法の構造からすれば、第31条の適用範囲を広く解することの実益は少なく、」この立場「のように解しても刑事手続における人身の自由の保障が不当に手薄になるとは言えない」と指摘するものがある。

13) 長谷川正安『憲法入門』108頁（中教出版、1952）が根拠のようである。このほか、久保田きぬ子「憲法31条の『法律の定める手続』とアメリカ憲法の『適法手続』(due process of law）との関係」芦部信喜ほか編『法律学の基礎知識』36頁、38頁（有斐閣、1969）などがこの立場として取り上げられることもある。樋口陽一ほか編『注釈法律学全集2―憲法Ⅱ』260頁（青林書院、1997）〔佐藤幸治〕など参照。

14) 長谷川正安『憲法講話 (2)』209頁（法律文化社、1984）。

15) 長谷川正安『日本の憲法』〔第3版〕180頁（岩波書店、1994）。

16) 佐々木惣一『改訂日本国憲法論』439頁（有斐閣、1954）。

17) 覚道豊治『憲法』〔改訂版〕243頁（ミネルヴァ書房、1973）。

18) 同上同頁。

19) このほか、この立場に立つと思われる学説には、大石義雄『日本国憲法逐条講義』136頁以下（有信堂、1953）、土井多賀子「判例にあらわれた憲法第31条違反の問題点」公法研究22号147頁、148頁（1960）、大西芳雄『憲法要論』100頁（有斐閣、1964）などがある。田畑忍『改訂憲法学原論全』428頁（有斐閣、1957）もこの立場であるように見える。加えて、憲法31条はまず罪刑法定主義を保障し、その展開から手続の法定も保障したと解する松浦寛『憲法Ⅰ』91-92頁（嵯峨野書院、1996）も、ここに含めておきたい。

20) 渡辺宗太郎『全訂日本国憲法要論』118頁（有斐閣、1957）。

21) 同上119頁。

22) 宮沢俊義『憲法Ⅱ』〔新版〕415-416頁（有斐閣、1971）。

23) 同上416頁。

24) 同上同頁。

25) 田上穣治『新版日本国憲法原論』146頁（青林書院、1980）。

26) 同上147頁。

27) 同上同頁。

28) 同上147-148頁参照。

29) 大野盛直「刑事手続に関する憲法上の原則」清宮四郎＝佐藤功編『憲法講座2―国民の権利及び義務』238頁、245頁（有斐閣、1963）。

30) 同上246頁。

31) なお、大野説は、「自由の剥奪は、」「行政手続の場合（たとえば、伝染病予防法による患者の隔離、少年法による非行少年の少年院への収容など）も多く存在するから、これらの場合にも、憲法31条の適法手続条項は当然に及ぶべき」であるとする。同上245頁。このほか、この立場に立つと思われる学説には、中谷敬寿「法定手続について」公法研究25号1頁、5-7頁（1963）などがある。

32) 一般に、憲法41条の「立法」とは、「国民の権利を直接に制限し、義務を課する法規範」を含む、「一般的・抽象的な法規範」「の定立」を指すとされる。芦部信喜『憲法』〔新版補訂版〕264頁（岩波書店、2000）。芦部（高橋和之補訂）〔第6版〕296頁も同じ表現である。

33) 阪本昌成『憲法2―基本権クラシック』〔第2版〕243頁（有信堂高文社、2002）。なお、2011年に第4版が刊行されている。

34）　赤坂正浩『憲法講義（人権）』170頁（信山社、2011）。

35）　伊藤正己「適法手続」公法研究25号23頁、35-36頁（弘文堂、1963）。

36）　橋本公亘『日本国憲法』292頁（有斐閣、1980）。

37）　高柳信一「行政手続と人権保障」清宮＝佐藤編前掲註29）書260頁、278頁。学説状況については、中村弥三次「日本国憲法における適法手続条項」公法研究25号85頁、92-93頁（1963）参照。また例えば、田中二郎『新版行政法上巻』〔全訂第2版〕（弘文堂、1974）でも、行政手続の適正は特段、項目を設けられていない。

38）　辻村みよ子『憲法』〔第5版〕258頁（日本評論社、2016）。

39）　浦部法穂『憲法学教室』〔第3版〕292頁（日本評論社、2016）。

40）　鵜飼信成『新版憲法』102頁（弘文堂、1968）。

41）　常本照樹「法定手続の保障」法学教室220号65頁、66頁（1999）。

42）　長尾一紘『日本国憲法』〔第3版〕241頁（世界思想社、1997）は、その中でも、「憲法31条は」アメリカ憲法修正5・14条」に由来する」ことを強調する。

43）　佐藤功「憲法第31条の諸問題」柳瀬良幹退官記念『行政行為と憲法』1頁、14-15頁（有斐閣、1972）。

44）　佐藤功『日本国憲法概説』〔全訂第5版〕252頁（学陽書房、1996）は、「『法律の定める手続』には近代憲法における刑事手続法の基本原則が当然に前提とされているものと解される。また。このことは第13条からも導き出される」などと述べる。また、橋本前掲註36）書293頁は、「ある法律の規定が憲法のどの条文に違反するといいきれないが憲法の人権保障の精神に反するという場合がある。このような場合に憲法31条を前述のように解釈することによって救済することが可能になる。また、憲法の人権保障の規定はすべて排他的独占的守備範囲をもつものではなく、しばしば、ある事項について競合していることがあるのであるから、前述のように解釈したとしても別段何の不都合も存しない」と述べている。

45）　この立場に立つと思われる学説には、以下に取り上げるもののほか、稲田正次『憲法提要』〔改訂版〕128-129頁（有斐閣、1954）、覚道豊治＝榎原猛編『憲法要説』84-85頁（法律文化社、1979）〔平野武〕、芦部信喜編『憲法Ⅲ』95頁及び113頁（有斐閣、1981）〔杉原泰雄〕、和田英夫『新版憲法体系』（勁草書房、1982）、榎原猛『憲法―体系と争点』205-208頁（法律文化社、1986）、圓谷勝男『日本国憲法概説』167頁（高文堂、1990）、阿部照哉『憲法』〔改訂〕141-143頁（青林書院、1991）、栗城寿夫＝戸波江二編『憲法』220-222頁（青林書院、1995）〔牧野忠則〕、山内敏弘編『新現代憲法入門』220-225頁（法律文化社、2004）〔只野雅人〕、池田修＝前田雅英『刑事訴訟法講義』17頁（東京大学出版会、2004）、中村前掲註37）論文91頁以下、辻村前掲註38）書294-295頁、長尾前掲註42）書241-243頁などがある。ほかに、法学協会編『註解日本国憲法上巻』588頁（有斐閣、1953）、小林孝輔『憲法学要論』〔3訂版〕155頁（勁草書房、1981）、阿部照哉ほか編『憲法（3）』〔第3版〕104-109頁（有斐閣、1995）〔野中俊彦〕、堀内健志『憲法』〔改訂新版〕150-151頁（信山社、2000）、古野豊秋編『新・スタンダード憲法』131-133頁（尚学社、2003）〔根森健〕も、この立場であるように見える。阿部照哉＝松井幸夫編『HAND BOOK憲法』173-183頁（有信堂高文社、1990）〔長岡徹〕、奥平康弘『憲法Ⅲ』290頁以下（有斐閣、1993、小針司『憲法講義（全）』〔改訂新版〕305頁（信山社、1998）、藤井俊夫『行政法総論』〔第3版〕213-215頁（成文堂、2001）、樋口陽一『憲法』〔第3版〕261-264頁（創文社、2007）、長谷部恭男『憲法』〔第6版〕254-258頁（新世社、2014）などは基本的に通説・判例の説明を行い、これを否定する記述がない。

第4章　司法権と適正手続

46）　藤木英雄『新版刑法』16頁（弘文堂、1978）、中山研一『刑法総論』63頁（成文堂、1982）、團藤重光『刑法綱要総論』〔第3版〕46頁（創文社、1990）、大谷実『刑法講義総論』〔第4版〕61頁（成文堂、1994）、福田平『全訂刑法総論』〔第3版〕25頁（有斐閣、1996）、町野朔『刑法総論講義案Ⅰ』〔第2版〕32-33頁（信山社、1995）、大塚仁『刑法概説（総論）』〔第3版〕55頁（有斐閣、1997）、前田雅英『刑法総論講義』〔第3版〕70頁（東京大学出版会、1998）など。

47）　松井茂記「実体的デュー・プロセス理論の再検討」阪大法学141＝142号297頁、300頁（1987）は、「憲法学に於ける実体的デュー・プロセス理論の受容は、むしろ刑法学に於ける展開に大きく影響されているように見受けられる」と指摘する。

48）　清宮四郎『全訂憲法要論』126頁（法文社、1961）。

49）　同上127頁。

50）　佐藤前掲註43）論文6-7頁。

51）　佐藤前掲註44）書251頁。

52）　同上同頁。

53）　同上252頁。

54）　同上254頁。

55）　同上256-257頁。

56）　但し、佐藤前掲註43）論文38-39頁は、行政手続へ憲法31条適用説ととれる。

57）　伊藤正己『憲法』〔第3版〕333頁（弘文堂、1995）。

58）　同上同頁。

59）　同上同頁。

60）　同上334-335頁。

61）　伊藤前掲註35）論文38頁。

62）　芦部前掲註32）書222頁。

63）　同上222-223頁。

64）　同上224頁。

65）　同上同頁。

66）　芦部信喜『憲法学Ⅱ』329頁以下（有斐閣、1994）参照。

67）　戸波江二『憲法』〔新版〕325頁（ぎょうせい、1998）。

68）　浦部前掲註39）書278-280頁。その際に、アメリカにおける実体的デュー・プロセス論の判例の展開をも、その根拠としている。同書265-266頁。

69）　同上285頁。

70）　赤坂前掲註34）書172頁。

71）　同上同頁。

72）　第三者所有物没収事件＝最大判昭和37年11月28日刑集16巻11号1593頁。本件評釈には、板倉宏「判批」シュトイエル9号1頁（1962）、平野龍一「判批」芦部信喜編『憲法判例百選』76頁（1963）、谷口正孝「判批」ジュリスト266号48頁（1963）、同「判批」判例評論54号1頁（1963）、伊藤正己「判批」法律時報35巻2号36頁（1963）、同「判批」芦部信喜編『憲法判例百選Ⅰ』144頁（1980）、脇田忠「判批」法曹時報15巻1号132頁（1963）、同「判批」最高裁判所調査官室編『最高裁判所判例解説刑事篇昭和37年度』223頁（法曹会、1963）、藤木英雄「判批」法律のひろば16巻2号4頁（1963）、Ｓ・Ｈ・Ｅ「判批（上、下）」時の法令447＝448号108頁、449号30頁（1963）、角谷三千夫「判批」同9頁、

197

植松正「判批」一橋論叢50巻2号55頁（1963）、河井信太郎「判批」中大法学新報70巻12号55頁（1963）、奥平康弘「判批」雄川一郎＝金子宏編『租税判例百選』242頁（1968）、香川達夫「判批」小林直樹編『憲法の判例』〔第3版〕114頁（有斐閣、1977）、田宮裕編「判批」平野龍一＝松尾浩也編『刑法判例百選Ⅰ』〔第2版〕216頁（1984）、元山健「判批」上田勝美編『ゼミナール憲法判例』〔増補版〕205頁（法律文化社、1994）、戸波江二「判批」樋口陽一＝野中俊彦編『憲法の基本判例』〔第2版〕156頁（有斐閣、1996）、市川正人「判批」芦部信喜ほか編『憲法判例百選Ⅱ』〔第4版〕418頁（2000）、今関源成「判批」杉原泰雄＝野中俊彦編『新判例マニュアル憲法Ⅱ』156頁（三省堂、2000）、松井茂記「判批」高橋和之ほか編『憲法判例百選Ⅱ』〔第5版〕250頁（2007）、永田憲史「判批」佐藤幸治＝土井真一編『判例講義憲法Ⅱ』158頁（悠々社、2010）、尾形健「判批」同294頁、野坂泰司「判批」『憲法基本判例を読み直す』33頁（有斐閣、2011）、笹田栄司「判批」長谷部恭男ほか編『憲法判例百選Ⅱ』〔第6版〕244頁（2013）、矢口俊昭「判批」同414頁などがある。このほか、鈴木義男「第三者没収の手続(1)」警察研究34巻10号17頁（1963）、清宮四郎ほか「座談会・無差別没収の違憲判決をめぐって」ジュリスト268号10頁、12頁（1963）もある。

73）最大判昭和50年9月10日刑集29巻8号489頁。本件評釈には、古川純「判批」法学セミナー245号4頁（1975）、早稲田大学法学部新井研究室「判批」同246号140頁（1975）、江橋崇「判批」ジュリスト605号14頁（1976）、小田健司「判批」同31号（1976）、同「判批」法曹時報28巻5号132頁（1976）、同「判批」最高裁判所調査官室編『最高裁判所判例解説刑事篇昭和50年度』156頁（法曹会、1979）、石村善治「判批」ジュリスト臨時増刊615号『昭和50年度重要判例解説』9頁（1976）、竹内正「判批」同144頁、曽根威彦「判批」判例タイムズ330号2頁（1976）、長谷川正安「判批」小林直樹編『憲法の判例』〔第3版〕70頁（有斐閣、1977）、武田誠「判批」同志社法学28巻6号107頁（1977）、同志社大学刑法研究室「判批」法学セミナー284号152頁（1978）、高田敏「判批」雄川一郎編『行政判例百選Ⅰ』116頁（1979）、京藤哲久「判批」警察研究52巻8号53頁（1981）、松井茂記「判批」法学セミナー増刊『憲法訴訟』102頁（1983）、三井誠「判批」平野龍一＝松尾浩也編『刑法判例百選Ⅰ』〔第2版〕14頁（1984）、茂田忠良「判批」別冊判例タイムズ9号『警察関係基本判例解説100』238頁（1985）、杉本昌純「判批」自由と正義38巻5号45頁（1987）、榎原猛「判批」芦部信喜＝高橋和之編『憲法判例百選Ⅰ』〔第2版〕134頁（1988）、佐藤幸治「判批」樋口陽一ほか『考える憲法』42頁（弘文堂、1988）、小林博志「判批」小林孝輔編『判例教室　憲法』〔新版〕443頁（法学書院、1989）、井上祐司「判批」名古屋経済大企業法研究6号71頁（1994）、藤田達朗「判批」上田勝美編『ゼミナール憲法判例』〔増補版〕166頁（法律文化社、1994）、浦田一郎「判批」樋口陽一＝野中俊彦編『憲法の基本判例』〔第2版〕220頁（有斐閣、1996）、市川正人「判批」法学教室206号34頁（1997）、畑博行「判批」芦部信喜ほか編『憲法判例百選Ⅰ』〔第4版〕178頁（2000）、廣澤民生「判批」芦部信喜ほか編『憲法判例百選Ⅱ』〔第4版〕466頁（2000）、小沢隆一「判批」杉原泰雄＝野中俊彦編『新判例マニュアル憲法Ⅰ』128頁（三省堂、2000）、今関源成「判批」杉原泰雄＝野中俊彦編『新判例マニュアル憲法Ⅱ』158頁（三省堂、2000）、野坂泰司「判批」法学教室310号56頁（2006）、村山健太郎「判批」高橋和之ほか編『憲法判例百選Ⅱ』〔第5版〕182頁（2007）、北村喜宣「判批」自治実務セミナー48巻5号73頁（2009）、阿久津正好「判批」別冊判例タイムズ26号『警察基本判例・実務200』488頁（2010）、木村草太「判批」長谷部恭男ほか編『憲法判例百選Ⅱ』〔第6版〕186頁（2013）、小泉良幸「判批」佐藤幸治＝土井真一編『判例講義憲法Ⅰ』126頁（悠々社、2010）、上田健介「判批」佐藤幸治＝土井真一編『判例講義憲法Ⅱ』320頁（悠々社、2010）、山下淳「判批」磯部力ほか編『地方自治判例百選』〔第4版〕54頁（2013）、山本龍彦「判批」法学セミナー732号46頁（2013）などがある。

第 4 章　司法権と適正手続

74)　近年の判決としては、酒税法の規定は、自己消費目的の酒類製造を処罰する場合においても、憲法31条・13条に違反しないとするどぶろく裁判判決＝最判平成元年12月14日刑集43巻13号841頁、連座の対象者として公職の候補者等の秘書を加えた公職選挙法251条の２第１項５号は、憲法15条・31条に違反しないとした衆議院議員選挙候補者連座訴訟＝最判平成10年11月17日判時1662号74頁などがある。前者の判例の評釈には、出田孝一「判批」ジュリスト954号98頁（1990）、同「判批」法曹時報43巻１号284頁（1991）、同「判批」最高裁判所調査官室編『最高裁判所判例解説刑事篇平成元年度』360頁（法曹会、1991）、同「判批」ジュリスト増刊『最高裁時の判例１　公法編』２頁（2003）、高野敏樹「判批」法学教室118号96頁（1990）、小林武「判批」法学セミナー425号125頁（1990）、高野幸大「判批」ジュリスト971号313頁（1991）、髙井裕之「判批」ジュリスト臨時増刊980号『平成２年度重要判例解説』11頁（1991）、釜田泰介「判批」法学教室126号別冊附録『判例セレクト’90』７頁（1991）、板倉宏「判批」警察研究62巻５号40頁（1991）、大江正昭「判批」九大法政研究58巻１号149頁（1991）、首藤重幸「判批」金子宏ほか編『租税判例百選』〔第３版〕128頁（1992）、三枝有「判批」中京法学27巻２号86頁（1992）、中喜昭「判批」租税判例セミナー編『判例からみた租税法の諸問題』335頁（日本税務研究センター、1994）、佐藤淳子「判批」中大法学新報103巻10号221頁（1997）、土井真一「判批」高橋和之ほか編『憲法判例百選Ⅰ』〔第５版〕52頁（2007）、松本哲治「判批」佐藤幸治＝土井真一編『判例講義憲法Ⅰ』23頁（悠々社、2010）、押久保倫夫「判批」長谷部恭男ほか編『憲法判例百選Ⅰ』〔第６版〕52頁（2013）、税法基本判例研究会「判批」税72巻４号258頁（2017）などがある。後者の判例の評釈には、吉田栄司「判批」ジュリスト臨時増刊1157号『平成10年度重要判例解説』20頁（1999）、小針司「判批」民商法雑誌121巻２号107頁１（1999）、青山武子「判批」国会月報46巻601号38頁（1999）、滝沢正「判批」判例評論487号23頁（1999）、成川洋司「判批」判例タイムズ臨時増刊1036号『平成11年度主要民事判例解説』356頁（2000）などがある。

75)　最大判平成４年７月１日民集46巻５号437頁。本件評釈には、野中俊彦「判批」ジュリスト1009号27頁（1992）、千葉勝美「判批」同33頁（1992）、同「判批」法曹時報45巻３号187頁（1993）、同「判批」最高裁判所調査官室編『最高裁判所判例解説民事篇平成４年度』220頁（法曹会、1995）、同「判批」ジュリスト増刊『最高裁時の判例１　公法編』148頁（2003）、北野弘久「判批」法律時報64巻８号２頁（1992）、永田秀樹「判批」法学セミナー455号122頁（1992）、飯村敏明「判批」法律のひろば45巻12号32頁（1992）、田中舘照橘「判批」法令解説資料総覧128号94頁（1992）、熊本信夫「判批」ジュリスト臨時増刊1024号『平成４年度重要判例解説』51頁（1993）、渋谷秀樹「判批」法学教室148号108頁（1993）、中谷実「判批」法学教室150別冊附録『判例セレクト’92』16頁（1993）、渡辺久丸「判批」民商法雑誌108巻４＝５号712頁（1993）、田村和之「判批」判例評論411号２頁（1993）、今井廣明「判批」訟務月報39巻５号117頁（1993）、太田幸夫「判批」判例タイムズ821号『平成４年度主要民事判例解説』290頁（1993）、芳野勝「判批」摂南法学10号143頁（1993）、市川正人「判批」法学教室206号34頁、207号42頁（1997）、手島孝「判批」芦部信喜ほか編『憲法判例百選Ⅱ』〔第４版〕252頁（2000）、今関源成「判批」杉原泰雄＝野中俊彦編『新判例マニュアル憲法Ⅱ』166頁（三省堂、2000）、井上典之「判批」法学セミナー639号62頁（2007）、上田健介「判批」佐藤幸治＝土井真一編『判例講義憲法Ⅰ』34頁（悠々社、2010）、木佐茂男「判批」宇賀克也ほか編『行政判例百選Ⅰ』〔第６版〕250頁（2012）、宮地基「判批」長谷部恭男ほか編『憲法判例百選Ⅱ』〔第６版〕250頁（2013）などがある。

76)　近年の判決としては、原子炉設置許可処分をするに際して行政処分の相手方等に事前の告知、弁解、防禦の機会を与えずとも憲法31条に反しないとする福島第２原発訴訟上告審判決＝最判平

199

成 4 年10月29日判時1441号50頁、その許可手続に際して周辺住民に告知、聴聞の機会を与えなくても憲法31条違反ではないとした伊方原発訴訟上告審判決＝最判平成 4 年10月29日民集46巻 7 号1174頁や、米軍楚辺通信所（象のオリ）用地等暫定使用を認める駐留軍用地特措法一部改正法の規定は憲法31条の法意に反しないとした最判平成15年11月27日民集57巻10号1665頁などがある。第 1 の判例の評釈として、佐治輝好「判批」訟務月報39巻 8 号158頁 (1993)、保木本一郎「判批」法学教室150号66頁 (1993)、山村恒年「判批」民商法雑誌108巻 6 号945頁 (1993)、高木光「判批」判例評論414号28頁 (1993)、太田幸夫「判批」判例タイムズ臨時増刊852号『平成 5 年度主要民事判例解説』308頁 (1994)、高橋利文「判批」ジュリスト増刊『最高裁時の判例 3　私法編 2』426頁 (2004)、交告尚史「判批」淡路剛久ほか編『環境法判例百選』〔第 2 版〕206頁 (2011)、櫻井敬子「判批」自治実務セミナー50巻 6 号 4 頁 (2011)、伊東良徳「判批」自由と正義63巻 7 号15頁 (2012) などがある。第 2 の判例の評釈で第 1 の判例のそれと重ならないものとして、山田洋「判批」ジュリスト臨時増刊1024号『平成 4 年度重要判例解説』45頁 (1993)、山村恒年「判批」民商法雑誌108巻 6 号884頁 (1993)、新山一雄「判批」法学セミナー463号67頁 (1993)、高橋利文「判批」法曹時報45巻 3 号277頁 (1993)、同「判批」最高裁判所調査官室編『最高裁判所判例解説民事篇平成 4 年度』399頁 (法曹会、1995)、同「判批」ジュリスト増刊『最高裁時の判例 3　私法編 2』414頁 (2004)、田中舘照橘「判批」法令解説資料総覧132号64頁、133号80頁 (1993)、原田尚彦「判批」森島昭夫＝淡路剛久編『公害・環境判例百選』188頁 (1994)、石田秀博「判批」新堂幸司ほか編『民事訴訟法判例百選 II』〔新法対応補正版〕441頁 (1998)、高田昌宏「判批」法学教室221号31頁 (1999)、宮田三郎「判批」塩野宏ほか編『行政判例百選 I』〔第 4 版〕168頁 (1999)、上原敏夫「判批」伊藤眞ほか編『民事訴訟法判例百選』〔第 3 版〕154頁 (2003)、春日偉知郎「判批」ジュリスト増刊『判例から学ぶ民事事実認定』96頁 (2006)、山本克己「判批」法学教室311号86頁 (2006)、高木光「判批」淡路剛久ほか編『環境法判例百選』〔第 2 版〕202頁 (2011)、山下義昭「判批」宇賀克也編『行政判例百選 I』〔第 6 版〕164頁 (2012)、垣内秀介「判批」高橋宏志ほか編『民事訴訟法判例百選』〔第 5 版〕132頁 (2015) などがある。このほか、交告尚史「研究会を終えて（環境法の要件事実）」法科大学院要件事実教育研究所報 7 号127頁 (2009)、熊野勝之「福島原発事故と伊方原発最高裁判決—三たび『天災と国防』を想う」法学セミナー678号46頁 (2011)、亘理格「伊方原発事件—原子炉安全審査の裁量統制論—福島第 1 原発事故から顧みて」論究ジュリスト 3 号26頁 (2012) どもある。第 3 の判例の評釈として、中村也寸志「判批」ジュリスト1268号205頁 (2004)、同「判批」法曹時報57巻 3 号302頁 (2005)、同「判批」最高裁判所調査官室編『最高裁判所判例解説民事篇平成15年度下』719頁 (法曹会、2006)、同「判批」ジュリスト増刊『最高裁時の判例 5　平成15-17年』22頁 (2007)、中島茂樹「判批」ジュリスト臨時増刊1269号『平成15年度重要判例解説』20頁 (2004)、松田浩「判批」法学セミナー596号110頁 (2004)、杉浦徳宏「判批」みんけん〔民事研修〕564号41頁 (2004)、釜田泰介「判批」判例評論547号 2 頁 (2004)、山田洋「判批」法令解説資料総覧268号83頁 (2004)、新田和憲「判批」行政判例研究会編『行政関係判例解説15年』208頁 (ぎょうせい、2004)、渡辺康行「判批」法学教室294号別冊附録『判例セレクト2004』8 頁 (2005) などがある。

77)　鵜飼前掲註40) 書101頁。

78)　早川武夫「日本国憲法と適法手続」別冊ジュリスト法学教室 3 巻20頁、22頁 (1962)。

79)　同上同頁。

80)　小林直樹『新版憲法講義上』468頁 (東京大学出版会、1980)。

81)　同上469頁。

第4章　司法権と適正手続

82）　橋本前掲註36）書288頁。

83）　同上296頁。

84）　同上297頁。

85）　大須賀明ほか『憲法講義2』160頁（有斐閣、1979）〔戸松秀典〕。戸松秀典『憲法』256頁以下（弘文堂、2015）は、主に判例の解説となっており、かえって自説は明らかでない。ただ、判例の紹介が肯定的であるので、特にこれに異論を唱えたものではないと推察できる。

86）　大須賀ほか同上159頁〔戸松秀典〕。

87）　このほか、この立場に立つと思われる学説には、伊藤公一『憲法概要』〔改訂版〕82頁（法律文化社、1983）、杉原泰雄『新版憲法読本』157頁及び163頁（岩波書店、1993）、小倉正恒『憲法』91頁（法律文化社、1997）、吉田善明『日本国憲法論』〔第3版〕392-394頁（三省堂、2003）などがある。

88）　高柳信一「判批」芦部信喜編『憲法判例百選』86頁、87頁（1963）。

89）　例えば、棟居快行「適正手続と憲法」樋口陽一編『講座憲法学4─権利の保障【2】』229頁、231頁（日本評論社、1994）。

90）　大沢秀介『憲法入門』〔第3版〕184頁（成文堂、2003）も、「適用説も行政手続のすべてに憲法31条以下の規定が適用されると解しているわけではなく、準用説との相違はそれほど大きくはない」とする。

91）　市川正人「刑事手続と憲法31条」樋口編前掲註89）書197頁、198頁など参照。このほか、田宮裕『刑事訴訟法』〔新版〕300-301頁（有斐閣、1996）は、「疑わしきは被告人の利益に」という利益原則を憲法31条に含めている。三井誠『刑事手続法III』62頁（有斐閣、2004）同旨。田宮同書402頁は、違法収集排除の原則が、憲法31条をも援用して主張されていることを解説する。三井『刑事手続法II』408頁（有斐閣、2003）は必要的弁護制度を、同『同III』22頁は余罪の実質的処罰などを憲法31条違反とする。

92）　井戸田侃「刑事訴訟におけるデュー・プロセス論の限界」中山研一古稀記念第5巻『刑法の展開』1頁（成文堂、1997）。

93）　市川前掲註91）論文199頁参照。

94）　赤坂前掲註34）書171頁。

95）　松井茂記『裁判を受ける権利』46頁（有斐閣、1993）。

96）　実際、杉村敏正編『行政法概説（総論）』〔3訂版〕53頁（有斐閣、1988）〔高田敏〕のように、行政手続の適正手続の根拠を法治主義に求めるものもある。塩野宏『行政法I』〔第2版〕228頁（有斐閣、1994）、原田尚彦『行政法要論』〔全訂第5版〕148-149頁（学陽書房、2004）も同旨か。

97）　田中前掲註6）I論文282頁。覚道前掲註17）書同旨。

98）　松井前掲註95）書73頁。

99）　同上74頁。

100）　田中前掲註6）I論文283頁。田宮裕「刑事訴訟におけるデュー・プロセスについて」法学セミナー312号10頁、18頁（1981）も、これが連邦制ゆえの理論であることを指摘する。

101）　田中同上296頁。

102）　同上297頁。

103）　松井前掲註95）書73頁はそう評価する。

104）　貴族院委員会1946年9月19日。清水伸編『逐条日本国憲法審議録第2巻』724頁（有斐閣、1962）より引用。

201

105）　同委員会同日。清水編同上725頁より引用。

106）　常本前掲註41）論文66頁は、これをもって「刑事手続以外にも31条の保障が及びうることをも否定していない」とするが、質疑はより限定的に見える。

107）　松井前掲註95）書47頁は、「どうやら学説は、憲法制定者の意図よりも、『人権保障』の必要性の方を重視しているようである」と指摘している。

108）　市川前掲註91）論文206-207頁。

109）　早川前掲註78）論文22頁。

110）　貴族院委員会1946年9月19日。清水編前掲註104）書725頁参照。

111）　松井茂記「憲法と行政手続」公法研究56号186頁、188頁（1994）。

112）　松井前掲註95）書80頁。なお、最決平成10年7月13日判時1651号54頁は、抗告許可申立ての対象とされる裁判に法令の解釈に関する重要な事項が含まれるか否かの判断を高等裁判所にさせている民事訴訟法337条の規定は、憲法31条、32条に違反しないとしており、区別的でない。

113）　松井同上91頁。早川前掲註78）論文22頁同旨。

114）　阪本前掲註33）書243頁。

115）　早川前掲註78）論文22頁。

116）　榎原前掲註45）書207頁。覚道前掲註17）243頁同旨。

117）　この点につき、伊藤前掲註35）論文40頁は、このような理論のアメリカでの後退を示し、いわゆる二重の基準論によるべきことを述べている。しかし、「わが国においてもそのように解してよいと私は考えている」以上の説明はない。同論文同頁。

118）　高田敏『社会的法治国の構成』466頁以下（1993）も、実質的法治主義の説明にあたり、適正手続原則の根拠として憲法31条を挙げる説もあると説明するが、実体の適正に該当する比例原則、平等原則についてはそれぞれ憲法13条と14条を根拠としている。

119）　手島孝「公正手続条項（日本国憲法第三十一条）再論」九大法政研究51巻3＝4号155頁、169頁（1985）。

120）　松井前掲註95）書79頁。

121）　相川前掲註12）論文36頁同旨。

122）　刑事訴訟法学でも、適正手続を要請する憲法条文について、31条のみならず13条を挙げる学説もある。鈴木茂嗣『刑事訴訟法』16-17頁（青林書院、1980）。

123）　佐藤幸治『日本国憲法論』331頁（成文堂、2011）。

124）　同上同頁。

125）　同上192頁。

126）　同上347頁。

127）　棟居前掲註89）論文232頁。この点、同論文は、佐藤幸治説が「個人の自律に適正手続保障を取り込んだ場合、実は個人の自律それ自体の捉え方の本質的な変化が伴っているのではないか」とも指摘している。同論文233頁。

128）　内野正幸『憲法解釈の論点』〔第4版〕96-97頁（日本評論社、2005）。

129）　同上58頁。

130）　このほか、この立場に立つと思われる学説には、佐藤幸治編『憲法Ⅱ』335-338頁（成文堂、1988）［高橋正俊］、宮田豊編『憲法講義』298-299頁（嵯峨野書院、1993）［竹中勲］、初谷良彦『憲法講義Ⅰ』〔第2版〕371-373頁（成文堂、2000）、芝池義一『行政法総論講義』〔第4版〕282-283頁（有斐閣、

第4章　司法権と適正手続

2001）などがある。川岸令和ほか『憲法』〔第4版〕223頁以下（青林書院、2016）［君塚正臣］、阪本前掲註33）書240-245頁もこの立場を示唆する。藤田宙靖『第4版行政法 I（総論）』143頁（青林書院、2003）も、このような立場は「注目される」とする。

131）　手島前掲註119）論文160頁。

132）　同上162頁。

133）　同上163頁。

134）　同上165頁。

135）　同上171-172頁。

136）　憲法33条以下の規定も、刑事手続に限定して読まない。関連して、大石真「憲法35条解釈の再構成」法学論叢136巻4＝5＝6号165頁（1995）は、「住居の不可侵」保障する憲法35条を刑事手続に限定して理解すべきではなく、実体的権利と理解すべきとし、行政手続にも適用があるとする。

137）　大隅義和「憲法31条解釈の一齣」北九州大学論集10巻1＝2号53頁、58頁（1982）。

138）　同上70頁。

139）　同上74頁。

140）　大隅説は一応ここに分類したが、手島孝監修・安藤高行編『基本憲法学』100-102頁（法律文化社、1992）［大隈義和］では、罪刑法定主義も憲法31条の内容だとしており、或いは通説に近い説として分類する方が適当なのかもしれない。

141）　高橋和之『立憲主義と日本国憲法』〔第4版〕285-286頁（有斐閣、2017）。

142）　野中俊彦ほか『憲法 I』〔第4版〕412頁（有斐閣、2012）［高橋和之］。

143）　高橋前掲註141）書286頁。

144）　同上78頁。

145）　同上71-73頁。

146）　同上77頁。

147）　松井茂記『日本国憲法』〔第3版〕517頁（有斐閣、2007）。

148）　同上519頁。

149）　同上520頁。詳細は、松井前掲註47）論文312-313頁参照。

150）　松井前掲註147）書519頁。市川前掲註91）論文207頁同旨か。

151）　松井同上520頁。

152）　同上同頁。

153）　松井前掲註95）書74頁。

154）　松井前掲註147）書544頁。

155）　松井前掲註95）書93頁。

156）　同上95頁。なお、松井説は、「憲法13条の手続的デュー・プロセスの権利は、『生命』、『自由』、『財産』が問題になっている場合に限らず妥当する」としている。同書97頁。

157）　松井前掲註147）書544頁。

158）　松井前掲註95）書98頁。

159）　同上91頁。

160）　棟居快行「憲法と行政手続法」ジュリスト1039号37頁、39頁（1994）。

161）　長谷部前掲註45）書260頁。

162）　棟居前掲註89）論文256頁。

203

163) 同上237頁。

164) 芝池前掲註130）書278-279頁。

165) 詳細は、君塚正臣「書評」関西大学法学論集50巻1号214頁、223頁以下（2000）参照。この点について、土井真一「司法審査の民主主義的正当性と『憲法』の概念」佐藤幸治還暦記念『現代立憲主義と司法権』113頁、137頁（青林書院、1998）も同旨。

166) このような理解は、河野通弘「令状主義と事後的司法審査」関学大法と政治53巻1号276頁、263頁（2002）などにも見られる。

167) 松井前掲註147）書477頁もそうである。

168) 手島前掲註119）論文163頁。

169) 松井前掲註47）論文320頁。

170) 伊藤前掲註35）論文41頁。

171) 松井前掲註47）論文319頁も、実体的デュー・プロセス論に対して同様の疑問を投げかける。

172) 佐藤前掲註43）論文16頁。

173) 奥平前掲註45）書291頁も、近代初期では、司法警察。検察、治安警吏を含む裁判所が市民の前に直接現れる国家権力であったことなどを強調する。

174) 市川前掲註91）論文207-208頁同旨か。

175) 同上210頁。

176) 松井前掲註147）書313頁参照。

177) 田宮裕「刑事訴訟におけるデュー・プロセスについて・続」法学セミナー313号20頁、22頁（1981）。

178) 樋口ほか編前掲註13）書261頁［佐藤幸治］。

179) 市川前掲註91）論文201頁。

180) 鵜飼前掲註40）書102頁など。

181) 奥平前掲註45）書292頁など参照。

182) ところで、もし、憲法31条を刑事法に関する特別則と解すれば、憲法33条以下が刑事法に関する個別規定であることは明白であるが、憲法32条の性格付けには疑問が残る。松井説は、憲法32条を非刑事裁判手続についての手続的デュー・プロセスの総則規定だと解する。松井前掲註95）書100頁。しかし、なぜこの条文が刑事手続に関する条項の間に埋没しているのかは、立憲過程の歴史的理由以外では説明できない。手島説のように考えれば、憲法32条は手続の中でも裁判手続について述べたものと解せるが、佐藤幸治説のような理解では、依然として同条は民事・行政訴訟と刑事裁判とで二面性を維持することになりかねない。課題として残る点である。憲法32条を刑事手続の特則と読み、民事・行政訴訟における原告の裁判を受ける権利は、憲法76条の解釈から導くことは不可能であろうか。君塚正臣『憲法の私人間効力論』492頁注15（悠々社、2008）。君塚正臣＝藤井樹也＝毛利透『VIRTUAL憲法』155頁以下（悠々社、2005）［君塚］、本書第16章なども参照。逆に、松井説などの示唆するように、憲法32条はあくまでも民事・行政裁判を訴え出て裁判を受けられる権利だと解し、刑事裁判はその射程外とすべきであろうか。笹田栄司「裁判を受ける権利の"本来的射程"」手島孝古稀記念『新世紀の公法学』171頁、187頁（法律文化社、2003）も、憲法32条の「裁判」は、憲法82条の「裁判」より広く、公開・対審・判決が規定されていないものも含むことに注意を喚起する。同「公正手続請求権についての憲法的考察（上、下）」九大法学56号1頁（1988）、58号91頁（1989）、同「『裁判を受ける権利』の再生と行政裁判手続」長谷部恭男編『リーディングズ現代の憲法』171頁（日本評論社、1995）、同『裁判制度』（信山社、1997）も参照。

第4章 司法権と適正手続

また、片山智彦「憲法と上訴制度」阪大法学45巻1号107頁（1995）、同「裁判を受ける権利と上訴制度」同47巻6号133頁（1998）、同「憲法と許可抗告制度の関係についての一考察」阪大国際公共政策研究4巻1号113頁（1999）、同「『法律上の裁判官』の裁判を受ける権利」大阪大学法学部創立50周年記念『二十一世紀の法と政治』61頁（有斐閣、2002）などの一連の論説は、主として憲法32条を「民事裁判を受ける権利」の観点から検討する。関連して、竹中勲「実効的人権救済権論」佐藤幸治ほか編『憲法五十年の展望』345頁（有斐閣、1998）、阿部泰隆「行政訴訟における裁判を受ける権利」ジュリスト1192号141頁（2001）なども参照。

183）　松井前掲註95）書80頁。

184）　安念前掲註3）論文254頁同旨。

185）　樋口ほか編前掲註13）書279頁［佐藤幸治］。

186）　芝池前掲註130）書283頁。

187）　手島前掲註119）論文168頁。

188）　植野妙実子「人身の自由と適正手続保障」法学セミナー552号88頁、90頁（2000）。

189）　これについては、「特集・行政手続法の立法課題」法律時報65巻6号40頁（1993）、兼子仁『行政手続法』（1994）、「特集・行政手続法の制定」ジュリスト1039号8頁（1994）、紙野健二「行政手続法の運用課題」法律時報66巻4号2頁（1994）、熊木利行「行政手続法のあらまし」法律のひろば47巻3号49頁（1994）、「特集・行政手続法施行と今後の課題」同9号4頁（1994）、「特集・行政手続法は期待に応えるか」法学セミナー479号35頁（1994）、海老沢俊郎「行政手続法の諸問題」公法研究56号214頁（1994）、仲正「行政手続法の成立とその意義（1-10）」自治研究70巻2号46頁、3号58頁、4号50頁、5号86頁、6号51頁、7号82頁、8号79頁、9号69頁、10号42頁、11号44頁（1994）、宇賀克也「行政手続法について」季刊行政管理研究65号41頁（1994）、同「行政手続法の施行状況と今後の課題」自治研究74巻10号29頁（1998）、同『行政手続法の解説』〔第3次改訂版〕（学陽書房、2001）、「特集・行政手続法の施行と行政法」法学教室180号6頁（1995）、大塚幸寛「行政手続法の施行状況について」ジュリスト1079号75頁（1995）、高橋滋『行政手続法』（ぎょうせい、1996）、滝口弘光『行政手続法の解説』〔新訂版〕（一橋出版、1996）、宮田三郎『行政手続法』（信山社、1999）、塩野宏＝高木光『条解行政手続法』（弘文堂、2000）、南博方＝高橋滋編『注釈行政手続法』（第一法規、2000）、宮崎良夫「手続的権利と訴えの利益」塩野宏古稀記念『行政法の発展と変革上巻』669頁（有斐閣、2001）、総務省行政管理局編『逐条解説行政手続法』〔増補新訂版〕（ぎょうせい、2002）など参照。このほか、ジュリスト1049号44頁（1994）に始まる「研究会・行政手続法」もある。

190）　原田尚彦「行政手続の意味」法学教室138号26頁、28頁（1992）も、実際に「憲法上聴聞が必須とされる範囲や要件、そこで必要とされる具体的な手続のあり方などを、法解釈のかたちで画定し、実務の過程で実際に実践していくことは、必ずしも容易なことではない」とする。

191）　宇賀克也「適正手続と行政」ジュリスト1192号136頁（2001）。松井茂記「行政手続におけるデュー・プロセス」ジュリスト1089号273頁（1996）、同前掲註111）論文194頁以下、常本前掲註41）論文72頁なども参照。

192）　棟居前掲註160）論文39頁。関連して、西村枝美「実体的権利と手続の相補性」九大法学75号1頁（1998）も参照。

193）　本書第31章参照。

194）　君塚正臣『憲法の私人間効力論』366頁（悠々社、2008）。

195）　実際に、棟居前掲註89）論文235-236頁はそのように読み替え可能であることを示している。表

205

現の自由を制限する刑罰法規を憲法31条違反と解する必要はない。この意味で、前註73）判決
や、猥褻物の輸入に関する税関検査事件＝最大判昭和59年12月12日民集38巻12号1308頁、最判平
成元年4月13日裁判集民156号549頁や、岐阜県青少年保護育成条例事件＝最判平成元年9月19日
刑集43巻8号785頁、渋谷暴動事件判決＝最判平成2年9月28日刑集44巻6号463頁、京都市屋外
広告物条例に関する最判平成8年3月8日判自155号89頁などは、憲法31条違反ではなく憲法21
条違反が問題にされるべきであろう。税関検査事件の評釈には、山内一夫「判批」ジュリスト830
号6頁（1985）、奥平康弘「判批」同12頁（1985）、奥平康弘「判批」樋口陽一編『憲法の基本判例』
96頁（有斐閣、1985）、同「判批」金子宏ほか編『租税判例百選』〔第3版〕130頁（1992）、阪本昌成
「判批」ジュリスト臨時増刊838号『昭和59年度重要判例解説』18頁（1985）、同「判批」樋口陽一ほ
か『考える憲法』214頁（弘文堂、1988）、同「判批」長谷部恭男ほか編『憲法判例百選Ⅰ』〔第6版〕
156頁（2013）、横田耕一「判批」法律時報57巻4号61頁（1985）、石村善治「判批」伊藤正己＝堀部
政男編『マスコミ判例百選』〔第2版〕26頁（1985）、同「判批」法学教室55号144頁（1985）、江橋崇
「判批」法学セミナー362号20頁（1985）、野崎弥純「判批」法律のひろば38巻3号4頁（1985）、同
「判批」警察学論集38巻2号24頁（1985）、高橋和之「判批」判例評論321号28頁（1985）、清水英夫
＝堀部政男＝板倉宏「判批」判例タイムズ545号17頁（1985）、はやし・しうぞう「判批（上、中、下）」
時の法令1246号54頁、1247号51頁、1248号47頁（1985）、土本武司「判批」警察研究56巻2号17頁、
3号32頁、4号27頁（1985）、同「判批」警察公論40巻3号38頁、4号54頁（1985）、村田光堂「判批」
国士館法学会誌17号17頁（1985）、常本照樹「判批」法学セミナー375号41頁（1986）、新村正人「判
批」最高裁判所調査官室編『最高裁判所判例解説民事篇昭和59年度』469頁（法曹会、1988）、同「判
批」法曹時報41巻2号248頁（1989）、木村正俊「判批」上田勝美編『ゼミナール憲法判例』〔増補版〕
140頁（法律文化社、1994）、市川正人「判批」法学教室206号34頁（1997）、若狭勝「判批」研修585
号69頁（1997）、隅野隆徳「判批」芦部信喜ほか編『憲法判例百選Ⅰ』〔第4版〕150頁（2000）、長岡
徹「判批」杉原泰雄＝野中俊彦編『新判例マニュアル憲法Ⅱ』100頁（三省堂、2000）、井上典之「判
批」法学セミナー614号74頁（2006）、大沢秀介「判批」堀部政男＝長谷部恭男編『メディア判例百
選』124頁（2005）、君塚正臣「判批」佐藤幸治＝土井真一編『判例講義憲法Ⅰ』79頁（悠々社、
2010）、川内劦「判批」宇賀克也ほか編『行政判例百選Ⅱ』〔第6版〕344頁（2012）などがある。こ
のほかに、「特集・ポルノ税関検閲大法廷判決」ジュリスト830号6頁（1985）、「特集・わいせつ
物に対する税関規制訴訟をめぐって」法律のひろば38巻3号4頁（1985）などもある。岐阜県青少
年保護条例事件の評釈には、横田耕一「判批」ジュリスト947号89頁（1989）、森英樹「判批」法学
セミナー420号92頁（1989）、芹澤斉「判批」法学教室114号84頁（1990）、自治関係判例検討会「判
批」地方自治職員研修23巻12号19頁（1990）、馬場俊行「判批」警察学論集42巻12号22頁（1989）、
小林節「判批」ジュリスト臨時増刊957号『平成元年度重要判例解説』25頁（1990）、山口和秀「判批」
法学教室113号別冊附録『判例セレクト'89』12頁（1990）、藤田昇三「判批」法律のひろば43巻1号
66頁（1990）、同「判批」警察公論45巻1号58頁（1990）、手島孝「判批」判例評論376号49頁（1990）、
戸松秀典「判批」判例タイムズ717号40頁（1990）、「判批」時の法令1373号85頁（1990）、原田國男
「判批」法曹時報42巻9号331頁（1990）、矢田誠「判批」Article 46号10頁、47号22頁（1990）、法性
祐正「判批」永世中立166号13頁（1990）、工藤達朗「判批」杉原泰雄＝野中俊彦編『新判例マニュ
アル憲法Ⅱ』72頁（三省堂、2000）、田宮裕「判批」警察研究62巻6号42頁（1991）、原田國男「判批」
最高裁判所調査官室編『最高裁判所判例解説刑事篇平成元年度』288頁（法曹会、1991）、井端正幸
「判批」上田勝美編『ゼミナール憲法判例』〔増補版〕473頁（法律文化社、1994）、市川正人「判批」法

206

第4章　司法権と適正手続

学教室206号34頁（1997）、若狭勝「判批」研修584号63頁（1997）、橋本基弘「判批」堀部政男＝長谷部恭男編『メディア判例百選』128頁（2005）、高見勝利「判批」高橋和之ほか編『憲法判例百選Ⅰ』〔第5版〕114頁（2007）、君塚正臣「判批」佐藤幸治＝土井真一編『判例講義憲法Ⅰ』108頁（悠々社、2010）、松井茂記「判批」長谷部恭男ほか編『憲法判例百選Ⅰ』〔第6版〕118頁（2013）などがある。渋谷暴動事件の評釈には、右崎正博「判批」ジュリスト増刊980号『平成2年度重要判例解説』22頁（1991）、山下威士「判批」法学教室126号別冊附録『判例セレクト'90』12頁（1991）、松井幸夫「判批」法学セミナー438号126頁（1991）、毛利晴光「判批」法律のひろば44巻3号56頁（1991）、曽根威彦「判批」判例評論391号56頁（1991）、酒井安行「判批」判例タイムズ806号40頁（1991）、吉本徹也「判批」法曹時報44巻11号265頁（1992）、同「判批」最高裁判所調査官室編『最高裁判所判例解説刑事篇平成2年度』132頁（法曹会、1992）、平川宗信「判批」警察研究63巻5号42頁（1992）、君塚正臣「判批」阪大法学41巻4号501頁（1992）、同「判批」佐藤幸治＝土井真一編『判例講義憲法Ⅰ』87頁（悠々社、2010）、宇都宮純一「判批」法学56巻6号65頁（1992）、中野目善則「判批」中大法学新報99巻5＝6号339頁（1993）、工藤達朗「判批」杉原泰雄＝野中俊彦編『新判例マニュアル憲法Ⅱ』58頁（三省堂、2000）、木下智史「判批」高橋和之ほか編『憲法判例百選Ⅰ』〔第6版〕112頁（有斐閣、2007）、市川正人「判批」長谷部恭男ほか編『憲法判例百選Ⅰ』〔第6版〕116頁（有斐閣、2013）などがある。このほか、小泉敬太「最高裁破防法・扇動罪で合憲判決」新聞研究473号90頁（1990）などもある。

196）　この点、渡辺賢「適正手続保障としての労働基本権（2・完）」帝塚山法学6号61頁、98頁（2002）は、労働条件決定過程と民主主義決定プロセスへの参加を分けて考え、参加的契機を強調する立場から、労働基本権に適正手続保障の側面があるとする。但し、憲法27・28条に、当事者としての手続参加以上の意味を読み込めるかは微妙である。

197）　棟居前掲註160）論文39頁。

198）　樋口ほか編前掲註13）書262頁［佐藤幸治］。

199）　植野前掲註188）論文92頁。

200）　棟居前掲註89）論文235頁。

201）　阪本前掲註33）書243頁。

202）　だが、内野前掲註128）書59頁は、「行政実体の適正は、原則として憲法上の要請とはいえない」と述べている。

203）　佐藤前掲註123）書575-576頁、川岸ほか前掲註130）書338頁［君塚正臣］、松井前掲註147）書240頁など参照。

204）　棟居前掲註89）論文231頁。

205）　若干については、川岸ほか前掲註130）書227-233頁［君塚正臣］参照。

〔付記〕　本章は、「日本国憲法31条の射程について——行政の適正手続保障の憲法上の根拠の議論を中心に」横浜国際経済法学13巻2号31-71頁（2005年1月8日）を加筆・修正したものである。

第**5**章

司法権と「裁判を受ける権利」
——日本国憲法32条の法意——

はじめに

　日本国憲法32条は、「何人も、裁判所において裁判を受ける権利を奪はれない」と規定しており、一般に「裁判を受ける権利」として解説されてきた。そして、主として想定されているのは、国民等が、他の市民や国、公共団体などを被告として、損害賠償請求などを行う訴えを裁判所に提起する権利であるように思われる。「自己の利益のために裁判官を動かすことができることこそが『人格の本質的要素』(G・イェリネック) だとする考え方は、古い歴史を持っている[1]」のかもしれない。また、そうでなければ、「日本国憲法は、」31条と33条以下「の刑事手続以外の領域での憲法的な手続保障についても、明確な姿勢を示してはいない[2]」とも言えなくはない。民事訴訟法の標準的教科書でも、「憲法32条の『裁判を受ける権利』は、単なる法定の裁判官による裁判の保障や審尋請求権の保障にとどまらず、より包括的な受給権として構成されており、訴えを受けて判決をしなければならない国家 (裁判所) の法的拘束の根拠も、ここに求めるべきである[3]」との記述が見られるところである。

　ところで、その前条は「何人も、法律の定める手続きによらなければ、その生命若しくは自由を奪はれ、又はその他の刑罰を科せられない」とする憲法31条であることは言うまでもなく、「生命」があることから、同条の基本的な射程は刑事手続にあると考えられている。また、本条の後には、逮捕に関する33

第5章 司法権と「裁判を受ける権利」

条以下、刑事手続に関する特則が続く。その間の32条だけを、寧ろ民事・行政訴訟を念頭に置いた規定だと読むことに、違和感が残りはしないか。[4]

　他方、憲法76条は司法権を「最高裁判所及び法律の定めるところにより設置する下級裁判所」に付与し、多くの学説は、「司法」の枠内にある訴えを裁判所が拒絶することはできないと暗黙裡に解しているように思われる。そうであれば、民事・行政「裁判を受ける権利」は憲法76条が十分に保障しているのではないか。また、片言隻句ながら、32条が「裁判を起こす権利」や「権利侵害をしたと思われる者を訴える権利」などではなく、文言上、「裁判を受ける権利」(受動的) である点も無視できないのではなかろうか。

　このような疑問から、本章では憲法32条の意味を再考する。本条の成り立ちと学説史から始め、次に主な主張を整理して、自説を展開したい。

1 「裁判を受ける権利」条項の誕生

　大日本帝国憲法 (明治憲法) にも24条に、「日本臣民ハ法律ニ定メタル裁判官ノ裁判ヲ受クルノ権ヲ奪ハルヽコトナシ」として、裁判を受ける権利が規定されていた。1889年6月1日に公刊された、伊藤博文『大日本帝国憲法義解』には、同条の解説として、「法律に依り構成設置する所の裁判官は、威権の牽制を受けずして両造の間に衡平を持し、臣民は其の孤弱貧賤に拘らす勢家権門と曲直を訟廷に争ひ、檢断の官吏に對し情状を弁護することを得へし」[5]などがある。これは、行政裁判が「司法」と観念されなかった明治憲法下で、同条が民事裁判を受ける権利として理解されていたことを物語り、またこれはワイマール憲法105条に繋がる、大陸法的な「法律上の裁判官」の保障だと言われている[6]。そして、これを日本国憲法32条の起点とする解釈も多い。[7]

　これに対して、終戦直後の民間の憲法案において、裁判を受ける権利を挿入したものは極少数であった。それまでの日本の国法学の伝統からすれば、基本的人権の問題への考察が少なく、発想の転換が難しかったためであろう。[8]例えば、日本自由党が1946年1月22日に「新聞発表」として公示した「憲法改正要綱」でも、「国民ノ権利」は3点のみで、「裁判を受ける権利」はなかった。[9]衆

議院調査課が1945年11月に纏めた「新聞紙上ニ現ハレタル憲法改正論点調」においても、関心は天皇や帝国議会に集まり、「第二章　臣民権利義務」については、「国民ノ権利ニ関スル第二章ノ各規定ハ何レモ法律ノ定メル所ニ従ヒソノ範囲内ニ於テ保証サレルコトトナツテヰルガ、原則トシテ人民ノ自由ハ法律ヲ以テスルモ制限スベカラザルコトトシ之ヲ各条項ニ於テ規定シ、国民ノ自由ヲ制限スル場合ハ之ヲ各規定中ニ具体的ニ列挙スルコトトスベシトノ意見アル（読売、東京）」との指摘があるのみであった[10]。「第五章　司法」についても、行政裁判所の活性化を求める東京の意見が紹介されるに留まっていた[11]。

　その中では、1946年2月14日に正式決定された日本進歩党案が、「臣民ノ権利義務」の中に「十、日本臣民不法ニ逮捕、監禁セラレタリトスルトキハ裁判所ニ対シ呼出ヲ求メ弁明ヲ聴取セラレンコトヲ請願スルコトヲ得」などの3点があり、その何れもが不当に刑罰を加えられない権利であることは注目される[12]。同月23日に発表された日本社会党の新憲法要綱も、「国民の権利義務」には刑事裁判を受ける権利についての言及はないが、「司法」の単元において、「三、無罪の判決を受けたる者に対しては、国家補償の途を確立す」、「四、死刑は之を廃止す、人権尊重の裁判制度を確立すべし」との文があり、適正な刑事手続への言及が見られる[13]。更に、日本共産党が同年6月29日に発表した「日本人民共和国憲法（草案）」案は刑事裁判に関する権利に深く言及していた。その13条は、「人民は身体の不可侵を保障され、何人も裁判所の決定または検事の同意なしに逮捕拘禁されることはない。公務員による拷問および残虐な行為は絶対に禁止される」、14条は、「何人も裁判を受ける権利を奪はれず、裁判は迅速公平でなければならない」とする[14]。この後の条項が22条まで延々と刑事手続に関するものであること、13条が刑事裁判権に触れていないことなどから、14条は主に、刑事被告人にとって裁判なくして刑罰なしという旨を定めたものと推察できる。何れにも、民事裁判を受ける権利という発想はないのである。

　このような規定を含む案では、そして、その後の影響という点では、何と言っても、高野岩三郎らによる憲法研究会案を見逃すことはできない。同案は、1945年12月26日に発表されたものであったが、多くの知識人によって構成されていたこと、要綱として具体的に整っていたこと、民間案として最初のも

第5章　司法権と「裁判を受ける権利」

のであったこと、その内容が当時としては革新的であったことなどから、大い
に注目され、新聞でも大きく報道されたからである。その中でも、12月11日に
鈴木安蔵が纏めた「第三案」は「国民ノ権利義務」規定が詳細であった。最終的
に発表された要綱にはないものとして、「五、国民ハ法律ニヨルノ外逮捕監禁
処罰サルルコトナシ」などのほかに、「三、官吏国民ノ自由ヲ抑圧シ権利ヲ毀
損スルトキハ国民之ヲ変更スルヲ得」という項目もあったのである。[17]

　これには総司令部も大いに関心をもち、立ち入って検討した。[18]1946年1月11
日に民政局関係官マイロ・E・ラウレル起草、民政局長コートニー・ホイット
ニー名による幕僚長に対する覚書が作成された。[19]ここでは、「言論、出版、教
育、芸術および宗教の自由」に言及していることに評価があったほか、拷問さ
れない権利が、連合翻訳局の訳において「国民は不当に圧迫を加えられてはな
らない（can not be oppressed）」となっていたため、「刑事被告人の権利、ならび
に法執行機関の取調を行なうについての制限に関するすべての条項を包含す
る」[20]ものとして高く評価された。「日本では、個人の権利の最も重要な侵害
は、種々の警察機関、とくに特別高等警察および憲兵隊の何ら制限されない行
動、ならびに検察官（Kenji）の行為を通じて行なわれた」[21]、「日本の警察は、市
民の家庭において、果てしない捜索および押収を行なったことで悪名が高い」[22]
などの認識があったからである。そして、覚書は、残りの「国民の権利および
義務」に関する全部分を使って刑事手続上の人権に関する並々ならぬ姿勢を示
し、「執行機関がこのサード・ディグリーの手段を用いることを少なくするた
め、刑事被告人は自己に不利益な証言を強要されないことを定める規定、およ
び逮捕された場合ただちに弁護人を依頼する権利を認める規定を憲法に設ける
ことが必要であることを勧告する」[23]などとして、憲法研究会案を超えて、詳細
な刑事手続に関する規定を新憲法に盛り込むことを意欲したのである。

　また、後に「新憲法の産婆役」とも呼ばれることになる金森徳次郎は1946年[24]
2月20日刊行の『日本憲法民主化の焦点』において、「而して又手続的な意味か
ら司法権又は検察権に対する調節の手段が無ければ此等の自由の保障が結局画
餅に帰することを附記して置く。つまり如何に実態規定の保障があっても、疑
の理由で適法に又は適法の口実の下に監禁が自由であっては何にもならないの

211

である。此の意味からは英に発達した人身携来法の如く当該の人物が自ら法廷に呼び出されて監禁の当否に付裁判を迅速に受け得る様な工夫が望ましいのではあるまいか」[25]と早くも述べていたのである。[26]

　日本政府は「裁判を受ける権利」におよそ無関心であった。終戦直後から外務省周辺に明治憲法の改正を察知する動きがあり、田付景一名で1945年10月11日に出された帝国憲法改正問題試案でも、およそ裁判手続に関する論点は見当たらない。[27]当時の多くの日本人の統治に関する最大の関心事は天皇、まさに昭和天皇その人の今後であって、裁判手続一般などにはなかった。近衛文麿らによる内大臣府による憲法調査[28]が成案を得るが、1945年11月23日付の佐々木（惣一）草案では、それでも、明治憲法下での民事裁判を受ける権利を拡張するかのように、第2章の4に「行政裁判を受ける権利を保障する」[29]とあった。しかし、内大臣府案の運命は、近衛の自殺と共に尽きた。

　幣原喜重郎首相は1945年の10月11日、マッカーサー総司令官から「憲法ノ自由主義化ヲ包含スヘシ」との「意見」を受けた。そこには、「四、國民ヲ秘密ノ審問ノ濫用ニ依リ絶エス恐怖ヲ與フル組織ヲ撤廃スルコト——故ニ専制的恣意的且不正ナル手段ヨリ國民ヲ守ル正義ノ制度ヲ以テ之ニ代フ」との内容もあった。[30]そこで、同月13日、内閣は、国務大臣松本烝治を委員長に、憲法問題調査委員会（いわゆる松本委員会）を組織する。同月30日の第1回調査会の「第二章臣民権利義務」の記録にも裁判手続に関わる権利が議論された形跡はない。[31]「第五章　司法」で「特別裁判所の存廃」や「行政裁判所の存廃」が論点にされている程度である。[32]11月19日の第4回調査会においても、後者が「特別裁判所とは何か・という問題がある」、「行政訴訟については、英米系と大陸系と考え方に相違がある」となっているのみである。[33]24日の第4回総会では、「行政裁判所の存廃については議論が高潮した[34]」ようである。だが、明治憲法24条は特に議題に上らず、12月22日の第5回総会でも、これまでに「表明せられたる諸意見」が示されたが、同条は「別段の意見なし」と纏められた。[35]結果、同委員会が1946年1月23日の第14回調査会・小委員会で纏めた甲案でも、明治憲法24条は「現状」とされた。[36]2月2日の第7回総会配布の乙案でも同様であり、[37]「なんらの変更も計画していな」かった。[38]

第 5 章　司法権と「裁判を受ける権利」

　だが、日本政府案の非常に保守的な内容が察知され、総司令部は前述のように独自の草案作成を始めた。総司令部、即ちアメリカ主導となれば、人権条項の中に適正手続条項が入ることは必然であろう[39]。憲法研究会から民政局という線が表に出ることになった。そして民政局案では、「また、何人も、裁判所に訴える権利を奪われない」という「逮捕」第 3 項後段も起草された[40]。

　これに基づく 2 月13日の総司令部民政局起草の日本国憲法案では、訴追、逮捕、弁護人依頼権を保障する31条と、捜索・押収にあたっては「司法逮捕状」を要するとする33条の間の32条に、「何人モ国会ノ定ムル手続ニ依ルニアラサレハ其ノ生命若ハ自由ヲ奪ハレ又ハ刑罰ヲ科セラルルコト無カルヘシ又何人モ裁判所ニ上訴ヲ提起スル権利ヲ奪ハルルコト無カルヘシ」との規定が入った[41]。出訴ではなく上訴としている点、これと併せて、これが刑事被告人の権利と読めることが注目できよう。総司令部案では助動詞がshallであったし、成立した日本国憲法31条・32条の英文でもそうであるのに対し、日本語成文では広く現在・未来時制が選ばれており、本条もその例外ではない[42]。しかし、現行日本国憲法31条の文言を合衆国憲法修正14条と比べると、propertyの語が省略され、without due process of lawがaccording to procedure established by lawと変わっていることは注目できよう[43]。「およそアメリカで法学教育を受けた者なら、"due process clause" の正文は、語呂合せのようにすらすらと口をついて出て来るのであり、ハーヴァードをはじめ一流のロー・スクール出身者を含んでいた総司令部の法律家達が、この重要な文言の違いを意識しなかったということは考えられない[44]」のであって、この条項により社会経済立法の進展が立ち後れたアメリカでの苦い経験から、上記のような修正を加えたのだと推察できるかもしれない[45]。政府がこれらの権利を守るというより、訴訟上の権利は否認されないと述べるに過ぎないことにも注目すべきである[46]。

　日本政府は、これに即して政府案を作成し、3 月 4 日に総司令部に日本国憲法（いわゆる 4 月 2 日案の）初案を提出した。刑事手続に関するものは法律に譲った方がよいものも少なくなく、ここまで詳細な憲法例をあまり見たことがないという日本側の感想もある[47]。ここでは、総司令部案32条は 2 つの条項に分割され、後文が先行したほか、居住移転の自由や国籍離脱の自由の直後の、裁判手

213

続に関する条項の冒頭に位置することとなった。多分に、日本側が総司令部案の上訴権と法定手続保障の共通項を見出し損ねたことや、これらを別条項で取り扱っていた明治憲法的発想から二分し、馴染みある表現に改めたものと思われる。そしてまた、「裁判を要求する権利」などではなく、受動的表現が採られたのである。具体的には、27条が、「凡テノ国民ハ法律ノ定ムル裁判官ノ裁判ヲ受クルノ権利ヲ奪ハルルコトナシ」と定め、28条が、「凡テノ国民ハ法律ニ依ルニ非ズシテ其ノ生命若ハ身体ノ自由ヲ奪ハレ又ハ処罰セラルルコトナシ」と定めることとなった。以下には刑事手続に関する規定が続き、その後に財産権（36条）、婚姻の自由（37条）が続くことなどは興味深い。3月4日にケーディス、ハッシーらと松本烝治らの間で日本案の逐条審議がなされたが、法定手続条項の英文記述の修正があったものの、「裁判を受ける権利」についての議論はなく、これがあれば刑事被告人の迅速な裁判を受ける権利は不要という日本側の主張が拒絶されたことなどが目立っている。

　この後、日本政府当局者と総司令部民政局との間で作業が進められ、3月6日に憲法改正草案要綱が閣議決定、公表された。その「第三十」は、3月5日案段階では後半が「何人モ裁判所ニ出訴スル権利ヲ奪ハルルコト無カルヘシ」であったが、6日には、「何人ト雖モ国会ノ定ムル手続ニ依ルニ非ザレバ其ノ生命若ハ自由ヲ奪ハレ又ハ刑罰ヲ科セラルルコトナカルベク何人モ裁判所ニ於テ裁判ヲ受クルノ権利ヲ奪ハルルコトナカルベキコト」と微妙に変わった。刑事における法定手続の保障と裁判を受ける権利は再び一体化されたのである。

　しかし、日本政府は、この条項を前半と後半に分けることをなお主張した。法制局は、「国会ノ定ムル」との形式は何か、「刑罰」以外に生命・自由が剥奪されることがあるのか、後段が民事・刑事の裁判双方を含むのかを疑問視し続けた。3月30日の要綱訂正の交渉の際のメモによれば、「この規定は基本的事項と認められるから、この条文を第27条の次に移し、且つ、the right of access to the courts に関する部分を独立の条文にしたい」と総司令部に申し入れているのである。そして、交渉の結果、「ついでに『国会ノ定ムル手続』を『法律（law）ノ定ムル手続』と改めることを問題に出してみたが、先方はlawとは国会で制定されるものに限られることになるか・ということをしきりに念を

押した上、これに同意した[56]」ため、2条に分断された。4月13日草案では、両条項とも冒頭が「すべて国民は、」となり、また口語化されて28条と29条となると共に、初めて「裁判を受ける権利」が法定手続条項の後に回り、ほぼ現行日本国憲法の形となったのである（28条の「奪われ」が現行憲法31条では「奪はれ」となったのみで、29条は現32条と同じである[58]）。更に、4月16日閣議決定、翌日に枢密院諮問[59]、5月24日に閣議がその訂正を決定、その翌日に枢密院諮問、6月8日に訂正箇所が公表され、第90回帝国議会に帝国憲法改正草案が提案されたが、これらの条項については変更がなかった[60]。

帝国議会審議でも特段、政府原案29条（現行憲法32条）の意味について格段の議論はなかった[61]。簡易裁判所の創設を巡り、1946年8月27日の貴族院本会議で牧野英一議員が、「司法的テロリズム或は裁判的ファッショの一つの現われは違警罪即決と云うことになって、そうしてその制度が濫用される」ことだと述べ、これを「警察が拘留、科料の裁判を言い渡す」ことだと説明しつつ、これ「に代えて、今度は簡易裁判所と云うものが出来なければなりません」と質問したが[62]、木村篤太郎司法大臣が「この簡易裁判所の運営に付て多大の考慮を払って居る」と答弁した程度の論戦しかなかった[63]。

特別委員会の質疑が一応終わった7月23日には、金森徳次郎とケーディスの第2回会談が設けられ、個別の条項についても話題に上るようになったが、31条以下の規定では、36条の次に無罪の場合の刑事補償権を規定が話題になったものの、「結局同意」がなされただけであり、他の条項は議論されなかった[64]。

政府原案72条、現行憲法76条の議論は、「下級裁判所」及び「特別裁判所」の意味のほか、行政裁判所の廃止と行政機関による前審としての裁判の意味、それに裁判官の地位や資格の問題に集中した[65]。「司法」の範囲に行政裁判が含まれるかは議論されたが、9月23日の貴族院委員会における木村司法大臣の答弁の如く、「民事事件、刑事事件は勿論」のことであった[66]。

以上のように、現行憲法32条は、もともと憲法研究会案を発見した総司令部の主導の下で組み入れられたものであり、日本側は政府も議会も民間も、総じて特に議論を深めることもなく[67]、その受動的な日本語正文も、能動的印象の強い英文共に文言が確定したものであった[68]。総司令部案と異なり、憲法31条と32

条が二分され、後者が受動的文言となった「理由は定かではない」。ただ、本条原案を起草した側（総司令部、或いは遡って鈴木安蔵）の意図は、両条一体として、同僚裁判か国法によることを求めるもので、専ら刑事被告人の裁判抜きの処罰を恐れるところにあったということは比較的明らかであった。

2　民事・行政事件と刑事事件で異なる「裁判を受ける権利」説の確立
　　──不完全検討？

　特に議論もなく文言の確定した憲法32条であったが、その解釈は早々に固まることとなる。美濃部達吉は憲法制定直後に、「裁判を受くるの権利には其の積極的効果と消極的効果とを分つことを要し、其の消極的の効果は裁判所に非ざる他の機關に依り裁判を受けないことに在り、それは後に述ぶべき自由権に属するものであるが、其の積極的の効果は裁判を請求することに在り、それは専ら民事裁判に付いてのみ存するもので、所謂訴権がそれであり、受益権中の最も重要なものであ」り、本条は「行政訴訟即ち行政機關の違法な處分に依り権利を毀損せられたとする」「行政裁判をも包含するものである」と述べた。そして、これを受けて、「訴権即ち積極的に裁判を請求する権利に付いては受益権の一種として既に述べたが、裁判を受くる権利は其の消極的効果としては法律の定むる正式の裁判所の裁判に依るのでなければ刑を科せられないことの権利を包含して居り、而してそれは自由権の一種として見られ」るとしており、早々に民事・行政裁判と刑事裁判の場面で権利の二面性を記していた。

　佐々木惣一も、憲法32条の解説の中で、「民事について裁判を受ける権利とは、國民が、私法上の法律關係に關して争ある場合に、裁判により決定されることを求め得ることである。刑事について裁判を受ける権利とは、國民が、犯罪に對する制裁として處罰せられるには、裁判により決定される、ということを求め得ることである。換言すれば、裁判によらずしては、犯罪に對する制裁として處罰を科せられないことを、求め得ることである」と述べ、民刑事で性質の異なる権利を本条が保障したことを早々に述べている。1953年の『註解日本国憲法上巻』も、「裁判を受ける権利とは、刑事においては、訴追に基いて、被告人として裁判所の審判を受けること」であり、「民事事件において

216

は、自ら裁判所へ起訴する自由を有することを意味し、」「いわゆる司法拒絶の禁止」を含むと記され、[74] この理解は急速に定着しつつあった。宮沢俊義も、明治憲法では「もっぱら私権の争いに関する民事訴訟を提起する権利だけが考えられて」いたが、日本国憲法では76条で「司法権は行政事件に関する争訟の裁判を含む」ので、「『裁判を受ける権利』は、行政事件に関する訴権をも含むと解される」という。[75] そして、「この規定は、なお刑事裁判に関しては、裁判所の裁判によるのでなければ、刑罰を科せられないことを意味すると解される」が、「このことは、別に第31条や、第37条で保障されるところである」と述べ、[76] 32条を「能動的関係における権利」の中の「積極的公権」[77] に分類していることからも判断できるように、第一義的に民事裁判を受ける権利であるとしつつ、性格の異なる刑事裁判での被告人の権利まで広く保障するものと解していた。[78]

　実は多分に、美濃部や佐々木は、明治憲法24条をベースラインに行政裁判を受ける権利を足していると思える節がある。例えば、美濃部は、1927年の逐条解説において、明治憲法24「條はプロイセン舊憲法第７條」や「ベルジック憲法第８條」に「相當する規定」で、「司法権独立の原則から生ずる結果を定めて居る」[79] として、「民事及び刑事の裁判は原則としては通常裁判所、例外として法律に定めた特別裁判所のみが之を行ふもの」[80] であると解説していた。更に、同条の「裁判官といふは専ら民事及び刑事の裁判所」[81] を指すと述べた上、民事裁判では「積極的の内容」即ち「何人でもその私権の保護を求むる爲に國家に對し裁判を要求する權利を有する」[82] のに対し、刑事裁判では「消極的の方面」に意義があり、裁判官以外の「他の者から裁判を受けないことが、その權利たるのである」[83] としていた。佐々木も、「民事ニ就テ云ヘバ、臣民ハ私法上ノ法律關係ニ關スル爭アルトキ、裁判官ノ裁判ニ依テ之ヲ決定セラルヽノ權利ヲ有ス。其ノ裁判ヲ為サヾルハ臣民ノ權利ノ侵害ナリ。刑事ニ就テ云ヘバ、臣民ハ、其ノ行爲ニ對スル制裁トシテ處罰セラルベキ場合ニハ裁判官ノ裁判ニ依テ之ヲ決定セラルヽノ權利ヲ有ス。刑事ニ付テ裁判ヲ受クルノ權利トハ固ヨリ處罰セラルヽノ權利ニ非ズ、處罰ヲ裁判ニ依テ定メラルヽノ權利ナリ。裁判ニ依ラズシテ處罰ヲ科スルハ臣民ノ權利ノ侵害ナリ」としていた。[84] 以上の点は学説上殆ど異論がなかった。[85] 宮沢らはこれを引き継いだと解せられる。

新憲法32条が表立って議論されぬまま登場したのだから、明治憲法に親しんできた初期の大家たちが、以上のように、明治憲法理解の上に解釈を行うことも、ごく自然なことであった。また、このような歴史的概念構成によれば、行政裁判を受ける権利が日本国憲法で加わったのは論理必然ではないことになり、日本国憲法における「司法権」の定義も、憲法裁判をそれが含むかも、同様に保障が危うい点は見過ごすことはできないであろう。[86]

　これらに対して芦部信喜は、憲法32条に関する「憲法概説書の説明は一般にきわめて不十分であるように思われる[87]」と指摘した。同条は、鵜飼信成のいう「基本権を確保するための基本権[88]」であるとして、[89]その編集する教科書では「人身の自由[90]」の中に置いた。そして、大陸法的な「法律上の裁判官」(gesetzlicher Richter) の意味は、例外裁判所（Ausnahmegericht）の禁止と表裏をなして発達した原則であり、裁判所の構成、管轄、事務分配に関する法規に従って当該事件を処理する権限のある裁判官の意味に捉えるべきだと示唆した。[91]そして、「日本国憲法32条の文言が」明治憲法24条「とは異なるものとなったのは憲法成立の由来によるところが大きく、最初の草案ではアメリカ的な考え方に基づきデュー・プロセス条項と合わせて『裁判所に出訴する権利』を保障するという形で定められていたものが、日本側の主張もあり、別の条文に分けて規定されることになった[92]」ものであることを指摘した。

　しかし、芦部は続けて、「明治憲法24条と意味を違える立法者意思はない」ことや国際人権規約B規約14条の精神に合致することもあって、「憲法上の裁判官」の保障と同義とみるべきであるとの解釈を導き、[93]紛争解決に相応しい手続的保障を伴うべきことを強調する。[94]金銭の工面のできない者にとって、この権利が紙の上の存在に過ぎなくなることを憂い、「裁判への国民のアクセスを実効的なものにする必要があ[95]」るとも主張しているが、結局のところ、本条が「積極的内容（民事裁判における裁判請求権）と消極的内容（刑事裁判において、裁判所の裁判によるのでなければ刑罰を科せられない権利）の2つを含む点は、明治憲法24条の場合と全く同様である[96]」とあっさり、それまでの通説と同じ結論に達し、この立場は単著でも変わっていない。[97]そして、芦部は、憲法82条で公開が保障される純然たる訴訟事件以外の非訟事件などでも憲法32条でいう「裁判」

に該当するとし、「『純然たる訴訟事件』の裁判だけでなく、それをあくまでも原則としつつ、より広く国民が紛争解決のために裁判所で当該事件にふさわしい適正な手続の保障を伴った裁判を受ける権利を保障したものと解される」とも述べた。また、「裁判を受ける権利を『国民の権利の実効的保障という観点から有効に活用』するための新しい解釈論ないし立法論への要請が、行政訴訟の分野では特に強い」とも述べている。

　以上の立場は、広く共有され、憲法学における圧倒的通説となったと言えよう。だが、「裁判を受ける権利」について、憲法学界での濃密な議論の展開は長く存在しなかったように思われる。このことは、ややもすれば、民事裁判では裁判さえ受けさせれば足りるとする理解を導きかねなかった。

　その中で、若干異なるアプローチを行ったのが、フランス憲法の専門家である樋口陽一である。樋口は、「司法」と「裁判」は同じかという疑問提起を行い、「司法」概念を巡る争いは、戦後日本ではまず、行政裁判を裁判作用の中に含むかの争いであったと説く。そして、大陸法諸国を念頭に、司法の「歴史的概念構成」と「理論的概念構成」が必要になり、「裁判＞司法」型と「裁判≒司法」型が存在するとする。そして、「32条の守備範囲をせまくとるかわりに、同条で保障された権利を厳格に82条によって裏付けようとする考え方と、それに対し、32条の『裁判』にひろく非訟事件を含め、それに対しても、82条そのものではないにしてもその『指導原理』を及ぼしてゆくという考え方が分かれている」と述べ、ドイツ型の抽象的違憲審査までも視野に入れて議論すべく、「裁判」を定義していく。そして、以上の理解に立ちつつ、民事・行政事件と刑事事件とで異なる意味の「裁判を受ける権利」を憲法32条が保障したものだとしたのである。非訟事件のような「司法」ではない「裁判」を受けることを裁判所に求める権利の余地を示唆したものと解せよう。

　また、英米法学者の田中英夫は、憲法33条以下の詳細な規定からして、31条を拡張的に解釈することに反対し、32条を「手続面一般」の規定と解した。そして、32条が「当事者に目隠しをしないということ、『裁判』というに値するような手続をすること——告知と聴聞の要件は、その最低条件である——を要求するものと解」せると主張する。刑事についての裁判所の公平性は37条1項が

規定するが、民事についても32条が保障するほか、裁判所に裁判権があり、その定めが不合理なものでないことも同条の保障するものだと述べる。[114]憲法学の通説とは起点は異なろうが、結論的にはやはり、32条が適正な裁判を受ける権利であり、特に以下に規定のない民事裁判についてはその一般則と解しているものと解しているように思われた。

　判例も通説と同じ姿勢である。最高裁大法廷は1949年の控訴審管轄違法訴訟判決で、憲法32条の「趣旨は凡て国民は憲法又は法律に定められた裁判所においてのみ裁判を受ける権利を有し、裁判所以外の機関によつて裁判をされることはないことを保障したものであつて、訴訟法で定める管轄権を有する具体的裁判所において裁判を受ける権利を保障したものではない」としていたが、[115]1960年の碧南市議会議員除名処分取消訴訟判決において、「憲法32条は、訴訟の当事者が訴訟の目的たる権利関係につき裁判所の判断を求める法律上の利益を有することを前提として、かかる訴訟につき本案の裁判を受ける権利を保障したものであって、右利益の有無にかかわらず常に本案につき裁判を受ける権利を保障したものではない」[116]との判断を下し、これでほぼ立場を確定させている。実際、本条を巡る判決の多くは、非訟事件事件についてのもので、[117]訴訟事件に関しては、戦時民事特別法19条2項、金銭債務臨時調停法7条1項によってなされた純然たる訴訟事件についてなされた「調停に代わる裁判」を違憲とした、いわゆる強制調停違憲決定[118]が目立つ程度であった。[119]

　政府答弁でもこの傾向は確認できる。国税不服審判所の設置と共に審判前置主義が採られた際、1969年6月17日の衆議院大蔵委員会において、これが憲法32条に違反するのではないかという田中昭二議員の質問に対し、吉国二郎大蔵省主計局長が、「行政段階におきまして行政不服処理というものを前置させましても、その前置によって司法権の救済が受けられなくなれば、それは憲法の精神に反すると思います、しかし、その行政不服の手段を経て最終的に司法の処理を受けられるということであれば、憲法に違反するものではないし、憲法の精神に反するものでもないと思います」と答弁しており、その後に「裁判」を提起できるのであれば違憲ではないという立場に立っていた。[120]

　憲法学が憲法32条の解釈を詰める努力を怠る中、また、「憲法と憲法論が、[121]

司法制度にとって異質なものであるという法学者と法曹の感覚が、未だ完全には失われていない」[122]中、冒頭で挙げたように、民事訴訟法学界でも憲法32条が民事裁判を受ける権利の大本であるとの理解が定着し、訴訟と非訟の相対化を進めるようになった。[123]そして、刑事訴訟法学においても、憲法32条は「実質的な手続保障をもその内容として含んだものでなければなら」ず、「刑事裁判だけでなく、民事および行政の裁判を含めてであるが、広く裁判制度における除斥、忌避等の手続は本条に由来するといってよい」[124]との記述もあり、[125]行政法学者が行政裁判を起こす権利を憲法32条から説き起こす例があまり目立たないこと[126]はさておき、以上の憲法32条の理解は法学界・司法界・行政実務で定着してきたと解してよいものである。言い換えれば、「昭和35 (1960) 年頃あたりを境にほとんど進展がみられない」[127]のであった。[128]

3 民事・行政「裁判を受ける権利」説の提唱——再検討

以上のように、民事訴訟法や行政事件訴訟法の定める訴訟類型は憲法32条上保障されたものであり、これを「司法権」である「裁判所」が受け入れるのは当然とする各法分野主導の理解が一般的になったように思われる。

しかし、通説・判例の定着の結果、裁判所を窓口とする民事訴訟制度があれば憲法上は十分となり、相当に不合理な裁判手続を擁する訴訟法しか憲法32条違反とはなるまい。実際、民事裁判制度が憲法違反であるという主張はせいぜい、「手続の公開」と「非訟化の限界」に関するものに留まってきた。[129]まさに、「判例・通説の解釈では、裁判を受ける権利はほとんどなんの意味も持たない『空文』であるにすぎない」[130]のであり、「このような理解にとどまるかぎり、32条はもっぱら裁判所に向けられた規定であって立法者に直接関係がないものとなってしまうか、」「立法指針にすぎないということになろう」。[131]憲法訴訟論を隆盛にしながら、「手続 (法)」そのものを取り上げることが憲法学界には少なかったこと、[132]「裁判を受ける権利」が「実体的基本権侵害との関係でとらえられてはこなかった」[133]ことも、その遠因であろう。また、そもそも、「司法」が何であるかは憲法、特にその76条の定義から生ずるものであり、下位法令である訴

訟法によって決まるものではない。「『司法権』の要件があまりにも狭く理解されているうえに、実定訴訟制度が裁判所の権限行使を著しく困難にしていること[134]」こそ考え直されるべきであった。

その中で、佐藤幸治は憲法76条の「司法権」に新たな理解を示した。佐藤は、橋本公亘や伊藤正己[135]の司法権の定義を引きつつ[136]、何れの理解もその「概念の歴史性ないし論理的構成不可能性が強調されていること[137]」を指摘した。戦前の宮沢俊義らの理解や、スウェーデンの例を引きつつ、司法と行政の性質上の違いを否定し、その違いが国や時代により変化することはやむを得なかったとした[138]。しかし、「もし行政について制度的概念構成をこえた理論的概念構成が可能であるとすれば、司法についても同様のことが可能ではないか[139]」と指摘し、「司法は近代立憲主義固有のもので、その意味で制度的・歴史的な概念であるとしても、」「より普遍的な裁判を基盤としている[140]」と述べ、「一般に、司法とは、具体的な争訟について、法を適用し、宣言することによって、これらを裁定する国家の作用[141]」とする清宮四郎や、佐藤功の類似の司法権定義に与し[142]、「理論的概念構成は不可能であるとして、すべてを歴史的相対性の"海"に漂わせるというわけにがいくまい[143]」と断じた[144]。

そして、「『司法』と『裁判』とは区別して考えらるべきもの[145]」だとして、また、「統治機構上の各種制度の中身が実定法律によらなければ何事も決まらないということ、そのような中身はほとんどすべて実定法律による形成に委ねられているということ、を意味しない[146]」として、日本国憲法76条が、裁判所に「司法権」を専属させながら、行政機関による「裁判」を否定していないことを指摘する。そして、前者が「国家が、具体的の事実について、法を宣言して、法を維持するの作用[147]」であるとして、事実認定操作、法認識操作、法宣言操作の３つの段階操作性を有するものだとする戦後の佐々木惣一説に賛同するのである[148]。そして、「司法権」を政治権力から独立させ、裁判官の恣意的活動を排除する意義を重視し[149]、裁判所を「法原理部門[150]」として語るのである[151]。司法権の発動のためには「法律上の争訟」であることが必要だとして、「事件・争訟性」を重視するのである[152]。非訟事件や客観訴訟については、一旦「司法」の外に出すこととなろうが、「非訟事件の裁判といえども、『司法権』の担い手たる裁判

222

第5章　司法権と「裁判を受ける権利」

所が行うものである以上、司法作用と親和性を有するような形と実を備えたものでなければならない」[153]とし、「裁判所がこの『救済』の領域で柔軟で創造的な活動を行うことは、『法原理部門』としての裁判所の性格に決して矛盾するものではない」[154]と説明するのである[155]。

　ただ、佐藤幸治は、憲法32条について、「より直接的に権利・自由の救済にかかわる」「手続的請求権」と捉える[156]一方、従来の説のように、自由権・国務請求権の二面性についての解説を繰り返している[157]。そして、近著でも、「自己の権利の実現」の見地から、二面性のうち、「本条のより大きな意義」を民事・行政事件で「訴訟を提起し裁判を求める権利」の方に認める[158]ほか、本条の英訳を根拠に、能動的・積極的権利として捉えようとしている[159]。また、議員定数不均衡問題の解決に際し、憲法13条「は、国会が立法を通じて国民の権利・自由の実現のための基盤の整備に務めるべきことを要請しているのみならず、国民が裁判を受ける権利 (32条) の行使として権利・自由の実現を求めた場合に、裁判所としても司法権の性質と矛盾しない範囲でできるだけ実効的な救済を与えるべきことを要請する趣旨を含んでいると解すべきではないか[160]」とも述べ、司法権の範囲を超えた「裁判」を求めることに含みを残している。

　この佐藤幸治説を超えて、憲法32条の主軸を民事・行政裁判を受ける権利に置く学説が提唱されていく。嚆矢は、憲法32条にデュー・プロセスの要請を読み込もうとした大西芳雄[161]であろうが、具体的な展開には至らず[162]、それはほぼ1990年以降に始まると言ってよい。

　アメリカ憲法研究者の藤井俊夫は、まず、「裁判を受ける権利」はマグナ・カルタに始まるという[163]。英米独仏での展開、明治憲法24条も踏まえつつ、そこから発展した現憲法32条の「『裁判を受ける権利』の保障の中には、『公開』・『対審』の訴訟手続による裁判を受ける権利の保障が含まれる」とし、当事者主義、口頭弁論主義、そして「中立的な第三者たる裁判官が結論を下すのが最も『公正』な裁定方法であるという考え方」があると言うのである[164]。

　他方で藤井は、憲法76条1項により、「わが国の裁判所は基本的に『一切の法律上の争訟』を『裁判』するという形で司法権の行使をすることになる[165]」とする。しかし、「『法律上の争訟』いいかえれば『司法権』の概念を広く解し、例

223

えば、民衆訴訟とか機関訴訟などは、もともとこの『法律上の争訟』の中に含まれるとする」と広く解する[166]。そして、憲法「32条との関係でも『司法権』とか『裁判』などの定義をあまり限定しない方がよい[167]」として、「裁判を受ける権利」を、広く国民が他の国民や行政を訴える権利と解した上で、これを狭くしないように憲法76条を解する姿勢を示す。実際、藤井は、非訟事件を「行政」と観念する判例に疑問を呈し、これにも手続保障を及ぼそうとした[168]。そして、「裁判を受ける権利」「の保障には何よりも、何らかの形で国民の権利・利益が侵害された場合それに対する救済を受ける権利を保障しているという意味があることに注意する必要がある[169]」とし、「本来はむしろ下の段階にあるはずの『処分性』、『訴えの利益』とか『法律上の争訟』などの概念が一人歩きして憲法よりも上に立つような議論のしかたがされてきた」ことを批判し[170]、「やはり『裁判を受ける権利』は」「単なる手続保障的な権利にとどまるものではなく、国民に対して何らかの意味での『訴権』そのものを保障しているのだというとらえ方が強調される必要がある[171]」と述べ、基本的人権としての「裁判を受ける権利」を民事・行政裁判の基盤とする姿勢が強い。藤井は、「裁判を受ける権利」の節に刑事裁判に関する記述がなく[172]、「刑事手続保障」の節では憲法32条への言及がほぼ皆無である[173]点でも、「裁判を受ける権利」を主として民事・行政裁判を受ける権利と捉えていると言ってよいであろう。

更に進んで、憲法32条の「裁判を受ける権利」を主として民事もしくは行政裁判を受ける権利と明示的に解するのが松井茂記である。松井は、「『裁判所』において『裁判』を受ける権利は、憲法に従って設置・構成された『裁判所』による、憲法に従って行われる『裁判』を受ける権利である[174]」として、上位法である憲法の解釈を下位法である法律によって行えない点を強調し、これらの概念があくまでも憲法解釈の産物でなければならないことを主張する[175]。

松井は続けて、「憲法13条に根拠を持つ憲法的なデュー・プロセスの権利の保障の構造のなかに憲法32条を位置づけることによって、裁判を受ける権利を手続的デュー・プロセスの権利として捉え直す」べきだとして[176]、実際に「手続的デュー・プロセスの権利は、憲法13条の『幸福追求権』として認められるべきだ[177]」とし、併せて、「憲法76条による司法権の裁判所への付与の憲法的意義

を強調」した。そして、「統合的な手続的デュー・プロセス理論を構築しえな
かった[179)]」上、「憲法31条の民事裁判手続への適用可能性の問題を曖昧にしたま
ま、非刑事裁判手続における手続的デュー・プロセスについては憲法32条の問
題とされ、しかもほとんど見るべき展開も示さ」ない通説を批判する[180)]。そし
て、憲法31条以下の規定「『刑罰』や『刑事』」は「あくまでも憲法上の概念であ
り、刑法や刑事訴訟法の手続だけがそれに該当するわけではない[181)]」として、
「下位実定法の概念枠組に捕われずに、憲法レベルで手続的デュー・プロセス
理論を構築することが必要である[182)]」、「統合的な手続的デュー・プロセス理論
は、憲法31条だけではなく憲法32条や憲法33条以下の諸規定とのつなが
り」「を説得的に示すものでなければならない[183)]」と主張した。

　そして、「刑事裁判とそれに結び付いた刑事手続には、憲法13条の一般的な
手続的デュー・プロセスをうけて、憲法31条において憲法13条の手続的
デュー・プロセスを満たした『手続』の法定が要求される[184)]」とし、31条を「刑事
手続に対する手続的デュー・プロセスの総則規定[185)]」と解した。これに対して、
「非刑事裁判については、32条において『裁判をうける権利』を保障し、憲法13
条の手続的デュー・プロセスの権利を踏まえた『裁判』の名に値する裁判手続
を要求している」と述べる。このことは、通説とは異なり、32条を「民事・行
政事件の裁判のみに関わる規定と解釈することを意味する[186)]」が、それは、「32
条が裁判を経ずに刑罰を科されない権利を保障しているとする通説の理解は、
憲法37条が被告人の権利として裁判を受ける権利を保障していることからみ
て、すでに意味を失っている[187)]」とする点や、「整合性という点からは、憲法31
条を刑事手続に関する手続的デュー・プロセスの総則規定と理解し、憲法32条
を非刑事（民事・行政）裁判についての手続的デュー・プロセスの総則規定と解
釈した方が、より優れている」ことなどを根拠とする[188)]。更に、「本来自由の制
約は、裁判所によって行なわれるべきことであり、それを行政機関が行うこと
ができる場合も、憲法32条はそれが裁判所の判断を経てから行われなければな
らないことを命じている[189)]」とも言う。そして、審級制度が立法府の裁量にほぼ
委ねられている点[190)]、非訟事件で公開の法廷での対審手続が定められていない
点[191)]、訴訟提起の際の手数料要件の問題など[192)]を指摘し、通説を批判した[193)]。このこ

とにより、「裁判を受ける権利を、日本国憲法の手続的権利保障の全体構造のなかに適切に位置づけることを可能にする[194]」ほか、「裁判を受ける権利と実体的な権利との関係について、より明確な理論を樹立することができ[195]」、同条「を非刑事裁判手続に関する手続的デュー・プロセスの総則規定と位置づけることによって、裁判を受ける権利の内容をデュー・プロセスによって充足することが可能になる[196]」ほか、「裁判と行政手続との関係で特別の重要性を持ちうる[197]」のであり、同条が「国民の受けている不利益に対して」「実効的な救済を求める権利を含んでいなければならないことを意味[198]」することになると述べ、これが「憲法解釈において決定的に重要な」「憲法のテキスト」、「日本国憲法の全体構造のなかでそのテキストがどのように理解されるべきか」という点で「憲法解釈としての正当[199]」だと主張したのである。

なお、松井が、「問題となっている実体的利益（生命か自由か財産か）に焦点を当てるのではなく、実体的利益にかかわらず、適正な手続によって政府が国民を救うこと自体が一つの価値なのだという観点から、手続的デュー・プロセスを考えるべきである[200]」として、手続そのものの価値を強調している点も、以前の通説との違いとして、注目しておいてよいように思われる[201]。

市川正人も、憲法32条は「民事事件に関しては、裁判所において適正な手続による裁判を受ける権利、ないし、裁判所に対して公正な手続を求める権利（公正手続請求権）ととらえるべきである[202]」として、民事訴訟法の上訴制限に関して、日本国憲法76条１項や81条は審級制度を前提としており、一審限りの裁判はおよそ認められないとしつつ[203]、絶対的上告理由や憲法違反を上告理由にすれば上告が認められることなどから、現行法は違憲ではないとする[204]。市川の憲法31条と32条の守備範囲理解については、よく解らないが、その直前の組織犯罪対策の通信傍受の解説では、憲法31条と35条１項が挙がっており[205]、「裁判を受ける権利には、」「公権力（行政権）による権利侵害に対して実効的救済を受ける権利という側面もある[206]」として刑事裁判には触れていないことから、松井説に近い理解なのではないかとの推測ができよう。

対して、ドイツ憲法研究者の笹田栄司は、裁判所法制定当時に「典型的な民事訴訟が念頭におかれた」後、一般の訴訟法理論で決まるとされ、憲法論は置

き去りにされたとする。しかし、「非訟・和解における『司法裁量の拡大』」という観点から司法権を再考し[207]、また、「裁判を受ける権利の保障も法律に委ねられたままでいいのかという問題が残る」と述べる[208][209]。「手続法には固有の機能的価値あるいは手続法の独自性は確保されねばならない」一方、「『基本権の手続法への影響』もまた重大な問題提起」だと述べ[210]、浦部法穂の主張を批判して[211]、「『実体的価値にかかわらない手続論』というより、『実体的価値にかかわる手続論』こそ実効的権利保護の観点から柔軟性をもたせるべき」であると主張する[212]。これは、「『裁判の国家による独占・私人による自力救済の禁止』、それとコインの裏表の関係にある、『国家の救済の実現を求める私人の権利』という構成が理論的には前提」であるとして[213]、手続保障自体に守られる実体的権利とは別の固有の価値を認めようとするものである。

　そして、ドイツの法的聴聞権（審尋請求権）理論、公正手続請求権理論の民事訴訟法学の紹介を踏まえ、新たな32条論の構築を模索する。まず、憲法31条は「刑事手続に関するもの」であるが、「31条と32条の結び付きを強調する見方を取れば、32条の基礎をなすものと位置づけることも可能」だとする[214]。また、「『裁判の公開』に関わる82条も重要である。この場合、裁判を受ける権利の『裁判』の内実の一つとして『公開・対審の訴訟手続による裁判』というように32条と82条は結びつく」とし[215]、ドイツ基本法１条１項の「人間の尊厳の不可侵性」をパラレルに意識しつつ、「さらに『個人の尊厳』を保障する憲法13条が『法的聴聞権』の根拠として挙げられる」と言う[216]。

　笹田は、「我が国の場合、手続保障についての基礎づけが32条に集中している」点でドイツと異なるとする[217]。このため、「公正手続請求権を上位概念として、その中に法的聴聞権を含ましめるという構成を取ることの方が日本国憲法の下では妥当であろう。これはひとつにはドイツにおける憲法状況に鑑みてのことである」と述べ[218]、結論的に、「憲法32条が保障する『公正手続請求権』は、ドイツにおいて展開された法的聴聞権そして公正手続請求権の双方を含むものと解される」と主張するのである[219]。

　そして、そこでは、「訴訟当事者の自己の見解を表明する権利」[220]、受け身ではない形で、「『自己の権利または利益が不法に侵害されているとみとめ』出訴に

及ぶ場合、訴訟当事者が裁判手続の単なる客体にとどまることなく裁判手続の過程そして結果に影響を行使しうることを『裁判を受ける権利』は保障しなければならない」ことが強調される[221]。裁判所へのアクセスという見地から、「訴訟費用救助」や「裁判における言語（通訳）」という点も検討が必要だと言う[222]。そして、裁判官による手続形成についても、「裁判官は矛盾した行為を行なってはならず、自己のあるいは自己に帰せられうる瑕疵あるいは遅滞から手続上の不利益を導き出してはならず、そして具体的状況下での手続関係人に対する配慮を一般に義務づけられている[223]」という原則に具体化できるとする[224]。これらは、「当事者たる個人を訴訟手続の単なる客体ではなく手続の主体として尊重するという」ことであるとし、「法的聴聞権をはじめとした憲法レベルの手続保障を構築する必要がある」と訴えるのである[225]。

　このほか、裁判官の指摘義務との関係で、討論されなかった法的観点を決定の基礎にできないという「不意打ち判決の禁止」は、信頼保護や訴訟当事者の期待可能性の観点から、「憲法32条の理解にとって重要なもの」だとする[226]。また、民事訴訟規則164条１項を巡って、和解に際して裁判官が聴取した両当事者の意見が裁判所等を拘束しないとする見解について、「裁判を受ける権利の保障と言うことからすれば、ここまで、裁判所にフリーハンドを認めることはできない」と批判しているほか[227]、イン・カメラ審理についても、「憲法32条と82条を結びつけ」、「『公の秩序又は善良の風俗』を例示とする理解に立ちつつ」、「権利・法的利益の訴訟での実現を裁判を受ける権利が非公開審理という形で保障するという枠組みが考えられ」、これは「憲法32条を組み込むことにより非公開を認容する基準を絞り込むことを意図する[228]」のだと述べている[229]。また、非訟事件を巡って、「憲法32条『裁判』は憲法82条『裁判』よりも広い概念と捉える方向を検討すべき」であって、「他の権力から独立した中立的な裁判官が、手続的公正に則って審理を行うのであれば、それは司法作用と言うべきであり、その際、手続的公正の核心として、法的聴聞、武器平等があげられる。憲法32条が規定する『裁判』は、公開・対審・判決を、"標準装備"した訴訟＝判決手続に限定されず、右のような司法としての性質を有する『裁判』も含むと考えられる」として、芦部説に同調する。そして、「『裁判』（憲82条）＝[230]

『裁判』(憲32条)という理解からの憲法32条の『裁判』に公開・対審・判決を結び付け、非訟事件については手続保障を語らず、あげて立法政策の問題とする最高裁判例からの脱却が必要であ」[231]ると結ぶのである。

　笹田は、以上の理解は「あらゆる裁判手続においても拘束力を持」[232]つとして、これを行政訴訟にも広げ、ここでも、「権利侵害が存在する場合に、裁判官への」「現実的な(実体的)権利の"実効的"保護のための手立てが準備され」ねばならず、これも「憲法32条にまずは基礎づけられる」[233]としたのである。

　憲法学界において裁判を受ける権利を熱心に研究してきた片山智彦は、これ「を日本国憲法の手続権保障の全体構造に適切に位置づけられなかったことが、裁判を受ける権利を空疎なものにした」[234]のだが、「今や、裁判を受ける権利、公正手続請求権(公正な手続を求める権利)、実効的権利保護請求権などの諸権利の複合体として、あるいは、手続的デュー・プロセスの権利として、『包括的手続基本権』という性格を認められるに至った」[235]と言う。そして、自らは「日本国憲法の原理や規定と裁判を受ける権利を関連づけるという方法、すなわち、体系的解釈」を行うべきであり、「裁判を受ける権利の適正な理解のためには、その内部構造の明確化に加えて、それを日本国憲法の人権体系に適切に位置づけることが必要」[236]だと主張する。「手続保障の原則」は「一般原則」であり、その根拠は憲法13条にあるとしつつ、これを「訴訟手続において具現化するのが、裁判を受ける権利である」[237]と述べる。そして、当然の如く、「裁判所の組織、構成、審級等は立法事項である」という最高裁の立場に疑問を示し、「憲法に違反する訴訟法の規定は無効である」[238]ことを早々に強調する。「実体基本権の裁判所による保護の保障は、日本国憲法が、裁判所に違憲審査権を付与し、国民に裁判を受ける権利を保障したことの反映であ」り、その理解は、「30条までは、主に実体権を規定し、31条以下で、主として手続権を規定するという、日本国憲法第3章の条文の体系的配置にもより適合的である」[239]と述べるのである。また、「裁判を受ける権利の保障の最大の目的は、国民の権利利益の保護であり、」「実効的救済請求権は、裁判を受ける権利の要素である」[240]とも述べ、手続のための手続保障という立場には立たない。

　片山はまた、「裁判を受ける権利の要素となる憲法上の司法制度の要素とし

ては、事件性、救済、適正手続、裁判所の独立性・中立性、裁判官の法への拘束などがある」とも述べ、「『法律上の裁判官』の保障、公開・対審・判決の保障、審尋請求権、公正手続請求権、実効的権利保護請求権、適時審判の原則、訴訟上の武器平等などが裁判を受ける権利に含まれる」という主張へと展開を試みる。このうち、審尋請求権については、「伝統的な方原則（双方審問主義）、適正な裁判の確保など」から、「日本国憲法の下でも」「保障されている」との解釈を有力なものとして提示している「憲法32条における手続保障は、『個人の尊重』原理と手続に対する法治主義の要請を基盤として考えるべきであり、裁判を受ける権利は、審尋請求権を含むと解すべき」と述べるのである。

　片山は、「憲法32条は、民事、行政、刑事の各事件につき、裁判を受ける権利を包括的に保障した規定ということになる。しかし、」このことは、「各事件の性質の違いを認めない趣旨ではない。むしろ、」「各事件における裁判を受ける権利の保障の特質が十分に明確化されないまま論じられてきたことに問題がある」として、裁判を受ける権利は民事・行政裁判と刑事事件とでは異なるとする。「刑事裁判を受ける権利は、憲法32条により保障され、31条および33条ないし40条の規定のうち、刑事裁判に関わる部分は、32条の『特別法』の性格をもつ」と言う。この結果、32条が多くの意味を持つのは民事・行政裁判ということになる筈であり、「民事裁判と行政裁判に関する最も重要な基本権は『裁判を受ける権利』（32条）である。日本国憲法による裁判所への行政裁判権と違憲審査権の付与（司法国家への移行）によって、裁判を受ける権利は、公権力による基本権侵害に際して裁判所の救済を受ける権利として重要な意義をもつことになった」と述べつつ、その権利の「本体は、『裁判を受けることの保障』、すなわち、出訴の保障である」とする。但し、「民事裁判制度と行政裁判制度の性質の違いが十分に考慮されていない」とも述べつつ、憲法32条は主として民事・行政裁判を受ける権利を保障したものと解している。

　なお、片山は、「憲法の構成原理と目される法治主義は権利保護を目的とし、司法制度はこの法治主義を確保するための制度であ」って、「裁判を受ける権利を保障する現行憲法においては、この権利が権利侵害に対する救済の保障を内実とする以上、司法制度は権利保護を憲法上固定された目的として受容

しなければならない」と述べる。現行民事訴訟法の上訴制限についても、「最高裁の事件負担が年々増大していたこと」を「裁判を受ける権利を制限するきわめて重要な目的」だとしつつ、「一定の事件について最高裁への上告が一切許されないわけではなく、憲法違反と重大な手続法違反が上告理由に含まれていることなどからして、」そ「の制限が憲法32条に違反するとは言い難い」とした。そして、憲法76条の「司法権」の定義に関して、この「規定により直接に裁判所に付与された司法権の範囲と憲法上の訴権の保障の範囲は一致すると解すべきである」として、これを超える「裁判」を求める権利は認めない。両者が「重ならない部分では、司法権を行使しうるか否かは立法事項とな」ろうが、憲法の付与した「司法権の行使の可否を」「国会が定める」ものとは解せないとする。「憲法32条が、法律上非訟事件とされるすべての事件について裁判を受ける権利を保障していると解することはできない」とする一方、「憲法上の訴権の成立要件は、憲法上定められており、それを満たす場合には、法律の規定にかかわらず、憲法上の訴権が保障されると解すべきである」が述べ、非訟事件手続を非公開とする判決を厳しく批判する。他方、宗教団体の内部紛争に関して、「信教の自由は、常に、裁判を受ける権利に優先するとはいえない。また、訴え却下によって責任役員などの地位が不安定化し、かえって宗教団体の自治が害されることにもなりうる」として、法解釈の問題ではないとして請求を却下した最高裁判決を批判するが、民訴学説に傾倒する余り、「常に下位法である実定法の概念を当然のように用いてきた」弊害がないか、法解釈を超えた役割を司法権に求めてはいないか、疑念が残る。

　基本権訴訟の提唱者として著名な棟居快行も、基本権訴訟の「含意は、当事者の裁判を受ける権利の実現として、ないしは主張されている個々の実体的基本権それ自体に内在するものとして、事実にふさわしい救済の方法を創造することが、司法権に対して憲法上も要請されているという観点である」と主張する。そして、「手続的デュープロセス」(31条)と同様、「憲法32条は、自由権・社会権・参政権などの実体的基本権全体を守るための出訴・訴訟追行を保障した手続的基本権規定である」とし、また、「憲法自身が実体的基本権の保障により一定の真理や価値を擬制しており、裁判所は原理の衡量でそれを確認的に

見い出してゆけばよい」として、実体権モデルを適当とし、純粋な適正手続モデルに懐疑的である。「実定訴訟法が『基本権訴訟』の入り口を自由に狭めうると解するのは、『裁判を受ける権利』が『訴訟法の留保』に服していることを意味している」と批判する。棟居はまた、裁判員制度を違憲とする主張を批判する中で、「裁判を受ける権利とは、31条の適正手続の保障とあわせて、『適正な裁判を受ける権利』であると考えるべきである」と述べ、刑事手続の適正の具体的条項としても捉えている。

　新正幸も、まず、憲法32条は、相手方の主張に反論する機会を与えることを要求する審尋請求権を保障しており、これは「民事裁判についてである」とした上で、「刑事裁判については憲法に特別の規定がある」として、31条などを挙げる。そして、「裁判を受ける権利は、14条と相俟って、両当事者が対立的に関与する構造をもつ裁判手続において、相互に相手方と平等の手続上の地位と手段が与えられた上で、裁判を受けることを要請する」とするほか、民事事件においても迅速な裁判を要請していると解するなど、32条の力点を民事・行政裁判を受ける権利（国務請求権）に置くのである。

　憲法32条を民事・行政裁判を受ける権利を主に保障したとする観方は、現在、以上のようにドイツ憲法研究者に強い。ドイツ基本法101条１項は「法律上の裁判官を求める権利」を保障し、これが民事訴訟でも妥当するとされ、また、基本法103条１項の、自己の権利と関わる裁判において主張を述べることを保障される権利である法的審問請求権も、民事訴訟を含む全ての裁判に妥当するとされているからであろう。そして、1970年代に行政法学者が、ドイツ連邦憲法裁判所や支配的学説が基本法19条４項に実効的権利保護の観点を読み込むと、ドイツ憲法研究者もこれに追随したのである。ほかに、フランス憲法研究者の中には、憲法32条が「民事事件の場合と刑事事件の場合とで異なった内容をもっている」としながら、憲法37条１項が刑事事件で強い保障を求めているところから、憲法32条の「裁判を受ける権利の国務請求権としての性格は、民事事件の場合に強く表れる」と述べる説や、憲法が民事・刑事別個の規定とする煩を避けたと解し、憲法32条は民事訴訟を受ける権利を含むと解すべきではないかとする説もある。

第5章　司法権と「裁判を受ける権利」

4　「裁判を受ける権利」の再再構成

　以上が日本国憲法32条を巡るこれまでの学説及び判例の纏めである。憲法32条を広く裁判を受ける権利とする通説・判例は疑問なく長く時が経過した。また、民事・行政裁判受ける権利に特化させようとする近時の有力な学説にも成程と思わせる点がある。今更、説の転換を求めるのは多勢に無勢に思える。

　だが、やはり以上の学説には疑問がある。まずそもそも、憲法32条が民事・行政裁判においては文字通りの「裁判を受ける権利」であると解しながら、同時に、刑事裁判における「裁判なくして刑罰なし」の原則を示すとする通説は、積極的権利である請求権と受動的権利である自由権を「裁判」という語に掛けて、一つの条項に逆ベクトルのものを読み込む無理があると思われるからである[279]。また、このことは、自由権である「表現の自由」から情報受領権を引き出し、結果として政府情報公開請求権を引き出す解釈とも異なり、本条の成立時点から、そしてまた、「裁判」手続開始前から、説明なしに方向性の異なる権利を抱え込むことでもあり、「裁判」が必要な人にとっての「裁判」を保障する意義をかえって希薄にする危険があると思われるからでもある。

　また、憲法32条を主に民事・行政裁判を受ける権利と解する見解については、本条がもともと草案の段階では直前の31条と一体となっており、また一体と理解されていたことに反し、疑問である[281]。本条は英米法的歴史に裏打ちされ、日本国憲法制定過程でも、日本の前近代的な刑事手続への警戒から挿入されたものと解されよう。特に、ドイツ憲法経由の法的審問請求権保障説に対しては、憲法32条が極めてアメリカ法的発想から登場した条項であり、突如として、戦後ドイツの基本法と結び付けて議論するのが適当か、との疑問がある[282]。確かに、ある種の歴史解釈主義[283]に拘泥しなければ、起草者意思などは黙殺できるとし、重要なのは帝国議会での審議以来の立憲者の意思だという原意主義[284]もあろう。仮にこの立場に立つとしても、前述のように、帝国議会での議論は、現行の憲法32条を専ら民事・行政裁判を受ける権利と解していたものではない。そして、憲法解釈は体系的に、その条文そのものを重視すべきであるとの

233

立場に立つとすれば、刑事手続に関する条項の中に、1条だけ民事・行政訴訟手続に関する規定があるのかの説明も難しい。[285] 日本国憲法が裁判手続条項を多く置いているのは以上の点と切り離せず、32条もその一翼を成すと思える。解釈が純粋に実践であるとするならば、戦前戦後を通じて、日本の裁判に関する人権問題が主として刑事裁判のそれであったことを忘れるわけにはいかないのではないか。これに比べて民事裁判権の保障が不十分であったという根拠は、戦前戦後を通じてないように思われてならないのである。

　松井説には、文理上いささか無理があるとの批判がある。[286] 憲法31条の「法律の定める手続」が裁判手続だとは明言できまい。[287] 加えて、元々同一の条文から31条と32条が分かれたことを鑑みれば、刑事裁判手続に関する保障は32条とする方が自然であろう。[288] しかも、37条はあくまでも「被告人」が「公平な裁判所の迅速な公開裁判」を受ける権利を保障するに留まり、一般的な刑事裁判を受ける権利は32条と考えるべきである。[289] 37条から刑事裁判を受ける権利一般を導くことは、その文言からも、それが刑事手続規定の総則的位置にないことからも不自然である。刑事裁判について「迅速」ばかりが要求され、適切で十分な手続を伴う事前の裁判の保障が軽視されてはなるまい。

　加えて、二重の基準論からすれば、経済的自由の制限については広範な立法裁量が許容される筈である。[290] 民事裁判の主たる訴訟物は財産であるが、これに関する裁判手続となった途端、憲法上の拘束は厳しいものであるとか、厳格度の高い司法審査基準で審査すべきだなどとすることには、齟齬があろう。[291] 司法故に厳格な手続が要求されるとすれば、その根拠は76条以下に求められるべきである。逆に、一連の厳格度の高い審査基準が予定されている条項群の中で、[292] 32条だけが緩やかな審査基準であるのも、不整合である。

　更に、「裁判を受ける権利」の拡大は、実体的権利が主張し難い局面で、憲法32条を持ち出すことにより上級の裁判所の審理の途を開くことになろうが、結果、32条が私法的・民事訴訟上の権利を産む玉手箱となる危険もある。このことは、アメリカの修正14条から実体的デュー・プロセス論を導き、広く実体的権利を憲法上の保障としてしまったことと同じ弊害を含むのではなかろうか。[293] 少なくとも、解釈者が適正と思われる民事手続的要件を自由に読み込むこ

第 5 章　司法権と「裁判を受ける権利」

とができる状況になっていることは、確かではなかろうか。以上により、近時の有力説の方向についても、懐疑的な姿勢を示さざるを得ないところである。

　これに対しては、なお、文言上、「裁判を受ける権利」は民事裁判を提起する権利と解する方が自然であるという反論も予想されよう。しかし、日本語としての文言、頑固な文言解釈に拘るならば、「裁判を受ける権利」はあくまでも「裁判を受ける権利」であって、「裁判を提起する権利」などとは記されていない。寧ろ、その語感は受動的なものではないかとさえ思えるのである。

　また、芦部信喜が、「司法作用を請求する当事者の地位を裁判を受ける権利として捉えれば足りるのであるから」「在来的な訴権の概念を認める必要はない」と述べるが、そもそもそれは憲法76条から自然と生ずる内容であろう。松井茂記説も、憲法76条の司法権の定義を行う中で、「裁判所は裁判を拒否することは原則として許されない」と述べ、それが国会や内閣には許されない裁判所の排他的な権限であることを指摘しつつ[295]、「憲法32条についても、憲法上の要件・争訟性要件を満たしていない訴訟を却下することはなんら問題ではない」と述べている[296]。だが、そうであれば、権利を侵害された国民が、これを回復すべく裁判を起こし、「司法」の定義に適う、事件争訟性を有する訴えであれば、裁判所によって受理されることは憲法76条が保障し、同条が民事訴訟・行政訴訟の憲法上の根拠であると端的に述べればよいだけであろう。即ち、民事・行政「裁判を受ける権利と裁判所に司法権を付託することは表裏一体の関係にある[297]」のであり、これらの訴訟を提起できることは、別段憲法32条を根拠にせずとも、憲法上何ら問題はない[298]。この立場に対しては、参政権や国家賠償請求権が人権規定として存在するのと同様、民事・行政「裁判を受ける権利」を権利として構成する意義は大きいという反論があるかもしれない。しかし、国と地方を含むこれらの権利と、およそ国の機関でしかない裁判所とを同じように考えることはできないほか、日本国憲法制定前には、女性参政権の欠如や国家無答責が当然であったのと比べ、民事訴訟は普通に行われており、立憲的事実が大きく異なる。行政訴訟が裁判所に提起できることは、寧ろ憲法76条が特別裁判所の禁止の形で明示していると言うべきである。

　やはり、「裁判を受ける権利が人権保障の点からみて、特に重要な意義をも

235

つのは、刑事裁判の場合である[299]」。和解で得る額が多ければ構わないという民事訴訟とは異なり[300]、刑事裁判では真理の追求が大いなる価値を有する[301]。起訴猶予に納得しないとき、「憲法32条の規定を根拠に、捜査の対象とされた被疑者には公判での審理を受ける権利があるとする解釈論は十分可能であろう」とする見解もあるほどである[302]。明治憲法下では、刑事における裁判は刑罰権力の作用の一つとされ、日本国憲法によって漸く裁判権が刑罰権力から分離され[303]、現憲法の施行により漸く人権保障機能をもったということであり[304]、それは20世紀中葉の第二次世界大戦終結による大日本帝国崩壊により、やっと得たものだということは肝要である。憲法32条は主として自由権的性格[305]、或いは刑事手続保障の一環を成すものとして解されるべきであると思われる。

　憲法制定前の事情を更に読み込めば、憲法32条を「裁判なければ刑罰なし」に特化して読み込むべき事情が浮かんでくる。実に日本軍は、大韓帝国を占領すると、1904年７月には軍律を施行し、9月には早くも軍用鉄道妨害罪で３名を処刑した[306]。韓国併合後は言うまでもない。大日本帝国の傀儡国家であった旧満洲国は、1932年に暫行懲治叛徒法、暫行懲治盗匪法を制定していたが、これらは、現場の裁量で検挙者を殺害(現場処刑)する「降陣格殺」を認めていた[307]。また、日本でも、治安維持法の下、小林多喜二らが拷問死させられ、特高警察はこれを吹聴して威圧したほか[308]、検察は転向を促すために起訴留保を多用し、1885年太政官布告の違警罪即決例を用いて拘留刑を科し、1900年の間接國税犯則者處分法や専売法、關税法により税務署長や専売支局長、税関長らが罰金や科料に該当する通告処分を下せたことなど、裁判所の令状なしに思想犯を拘束できた[309]。このようなことが、日本国憲法制定直前まで日常だったのである。これらの点からも、新憲法32条を、主として刑事手続の中にある者の、公平な裁判所による裁判を経ずして処分されない権利と解する方が、立憲の趣旨から自然に見える。「歴史的に言って、『裁判を受ける権利』が重要視されるにいたったのは、刑事事件との脈絡においてであった[310]」と奥平康弘が述べていることは、実感を伴うものである。そして、奥平は、「近代以前の社会を考えてみるとよい。『裁判所』による『裁判』を受けることなしに刑罰を科せられるのが当たり前であった[311]」として、「この権利は、むしろ、暴政による刑罰を受けないことを内容と

する、消極的・防禦的な性質のものというべきである」[312]とし、通説や有力説に反論している。刑事裁判でこそ「裁判を受ける権利」の保障が重要なことは、松井茂記説も認めている。松井は、明治憲法下での逮捕監禁審問処罰が行政権の専断でなされたことを指摘するほか[313]、最高裁が「罰金もしくは科料の法定刑の簡易裁判所管轄事件について、公判によらずに行なわれる略式手続（現行法以前の旧法時代の制度）を憲法37条違反の主張に対して支持し」た[314]と指摘するほか[315]、「違法収集証拠を認めた最高裁判所判決は一つもない」とも指摘している[316]。そうであれば、まずは刑事裁判上の権利の確固たる補強のため、31条から40条を一貫して強い要求を行っていると解するべきではなかったか。

刑事関係の人権の危うさは、現憲法制定後、度重なる冤罪事件でも明らかである。更に、1974年5月29日、法制審議会は「改正刑法草案」を決定したが、その97条以下には保安処分の規定が存在した[317]。保安処分は「治療処分」と「禁絶処分」に分かれ、共に「裁判所が言渡をする」ものとされた（97条）。それぞれ、「保安施設に収容」され、前者は「治療及び看護のために必要な処置を行なう」（99条）とされ、後者は「飲酒又は薬物使用の習癖を除くために必要な処置を行なう」（102条）とされた。収容期間は前者で3年（100条）、後者で1年（103条）であったが、それぞれ2回の更新（前者は2年ずつ）が可能であったほか、前者については、「但し、死刑又は無期もしくは短期2年以上の懲役にあたる行為をするおそれのあることが顕著な者については、この限りではない」（100条2項但書）とされ、事実上、無期限の拘禁が可能であった。この草案は1995年に刑法の口語化がなされると忘れ去られたが、このような案が生きていたのはつい最近のことである。また、全体主義的な政権が反対する者を拘束し、弾圧する危険が、過去のものになったと言うことなど、決してできない[318]。日本国憲法が、刑事訴訟法に委ねてもおかしくないほどの詳細な刑事手続に関する規定を抱えていることの意味を、軽々に扱うべきではない。また、このことは、何らかの手続保障では不十分で、裁判抜きもしくは「迅速さ」を伴う形ばかりの裁判での身体拘束を禁じる条項を明示的に掲げる必要が極めて高いことを示している。略式の刑事裁判は「迅速」でありさえすれば「裁判」が十分であるとの理解に支えられている気がしてならない[319]。適切な速さこそが望まれるのでは

なかろうか。この点は、調書の偏重についても言える点である[321]。これらを抑制する根拠条文は憲法32条以外にないのではあるまいか。

　そして、このことにより、憲法31条から40条を一体として、刑事訴訟に関する特別則として読むことができる。憲法31条が刑事手続について一段と高い水準の適正さを要求することを受け、32条はそれがまず、事前の「裁判」でなければならないことを厳命するほか、「争うべき点は争うことが可能なような充実した審理[322]」や「充分な審理を尽くさぬ拙速裁判とならぬこと[323]」を要求しよう。33条以下は以上の原則について更に特別則を定め、戦前においてしばしば適正さを欠いてきた刑事司法に対する警戒を示したと読めるのである。憲法37条1項の意義は、「裁判が迅速であるべきことおよび裁判の長期かによる不利益から被告人が救済されるべきことを要請する[324]」一点にある。以上の一体理解によって、何よりも、刑事手続に関する憲法の厳しい拘束を明確にし、刑事手続に厳格度の高い司法審査を及ぼすべきなのである。

　実は、このような方向の理解は、忘れがちであるが、当初から存在した。憲法31・32条が憲法研究会草案を見た総司令部の発案であることは先に述べたが、その草案のこれらの条項の発案者である鈴木安蔵は1956年刊行の憲法の概説書において、以下のような説明を行っていたのである。

　鈴木は「人身の自由」の項を「奴隷的拘束およびその意に反する苦役」から説明を始め[325]、その次に、「人身の自由の保障のためには、国家権力による恣意的な逮捕・抑留・拘禁等の行なわれぬことが大切である。すなわち人身の自由の拘束について、法律が詳細に手続を定めることが要求される。日本国憲法は、それについて基本的な諸条項を、憲法自体において規定した。第31条より第35条、第37条より第39条がこれにあたる[326]」として、残虐刑の禁止を定める36条をそこから排除しながら、32条を排除していないのである。

　鈴木の解説は31条に進み[327]、その次に、「第32条は、何びとも、裁判所において裁判をうける権利を奪われないと定める。裁判をうける権利の保障なくしては、権利一般の保障は全きをえない[328]」として、「言うまでもなく、その裁判所は、すべての国民が平等に裁判をうけうる、同一の制度の裁判を意味し（特別裁判所の禁止―第76条）、また当然に公開の、迅速な裁判たるべきである（第37

条）」との追加説明を行なっている。そして、この間に、「被害者の告訴権について刑事訴訟法第230条、職権乱用罪についての審判請求権については第262条第1項、第264条」という註があり、憲法32条が刑事裁判権を問題にしていることを駄目押ししている。果たしてここに、民事裁判を受ける権利という概念はなく、「権利の体系」にも存在していない。

　では、ここに適切な民事訴訟法がなくとも憲法違反ではないという理解はあるか。鈴木は、「司法作用」の説明において、「国民相互間あるいは国民と国家との間の権利についての争いについて、いずれが適法であり正当であるのかを確定し、権利を保護する」ものが含まれるとする。そして、これらは「裁判の手続きによつて行われる。裁判官が争いの当事者（原告、被告）の主張をきき、事件を審理し（対審）、それについて適用されるべき法規範を確定し宣告する（判決）のが裁判であ」り、「この司法権を行使することを、その権限として定められた国家機関は、裁判所である」のであるから、民事訴訟が裁判所以外ではなされないことが導きだされる筈である。確かに、ここには、裁判所は適法な訴えを拒絶できないこと、言い換えれば適法な訴訟を提起する権利の記述はない。しかし、「裁判をうけるものが、すべての事件について、同一の裁判制度の下に、平等な裁判をうける権利を保障する」べきとする記述には、裁判所が訴えをその裁量において拒絶する余地は読み取れない。行政機関の前審があっても「司法裁判所において審理されることを要する」という記述は、行政事件ですらそうであり、まして民事事件ではと読めるのではなかろうか。仮に、鈴木がそのような司法権理解に達していなかったとしても、現在の学説は司法権による裁判の拒否をまず否定しており、「司法」に該当する事案は裁判所によって審理されることは、憲法上も確かであり、憲法32条から民事・行政裁判を受ける権利を導き出す実益もないように思えるのである。

　裁判の中で当事者が不利に扱われることがないよう、裁判によって、権利を剥奪し義務を負わせるのであれば、適正な訴訟手続が要求されることになるが、これも基本的には「司法」概念から当然のものと考えればよい。或いは、裁判による権利剥奪・義務賦課という点で、刑事手続に準ずるものと解せれば、憲法31条以下の刑事手続に関する規定が準用されると解すればよい。この

帰結として、相手側当事者やその証人に質問する権利、立証責任に関する適切なルールは憲法の保障するところであると言えるのではなかろうか[338]。ただ、和解による解決もあり得る、性質上非公開がやむを得ない事案も抱える民事・行政裁判について、刑事裁判と同じ憲法上の要請があるとは、憲法の構造上も、解せまい[339]。このように考えれば、笹田栄司や片山智彦の主張する、民事訴訟における法的審問請求権の保障など、民事裁判を受ける権利の憲法的実質化も十分果たせるものであって、憲法32条を民事裁判を受ける権利の基本条文とすることに拘るべきではないように思われる。32条の標的は酷過ぎる刑事手続の是正にあるのであって、これを弱めるような32条解釈に賛成できない。民事裁判の適正は、76条ないし33条以下の反射効によるところで留めるべきである。片山自身も、「憲法31条、33条ないし40条の規定は、第一義的には、刑事事件に関するものであるが、これらの規定から構築される訴訟手続は、憲法の意味での適正な手続の典型をなすと解される。したがって、刑事裁判に関する規定が、民事裁判を受ける権利と行政裁判を受ける権利の理解にも一定の意義を有することが看過されてはならない[340]」と述べ、また、被害者特定事項を公開の法廷で公開しなかった最高裁の決定を批判しており[341]、本章の主張と実質的な差はない[342][343]。片山の研究の内実は、本書の立場でも十二分に生かされよう。

　一方、笹田は、最高裁は「ドイツに例えれば『憲法裁判所』的機能を有すると同時に『連邦通常裁判所』である」ので、これに審理を求める可能性を一切認めない法令があれば、「そのことが違憲であるとして最高裁の審理を求めることができる」としているが[344]、「憲法違反を問わない事件については、憲法81条を前提として制度（法律）の憲法32条違反を主張する特別抗告により最高裁の審理を求めうるということまでしか、憲法32条『裁判を受ける権利』は語っていない[345]」とする。一審限りの訴訟類型は許されず、原審を問い直す権利は、裁判所による権利剥奪に対して適切に反論する権利として、憲法33条以下の準用から生じそうに思われる。だが、ドイツの法制度を根拠にできるかは兎も角、最高裁に上告できる権利を憲法32条が保障、もしくは76条が制度的保障したとは解せまい[346]。「相互運動構造」をなす裁判手続を憲法32条は前提としているとの指摘もあるが[347]、その構造は憲法76条にいう「司法」故に思える。笹田が

第5章　司法権と「裁判を受ける権利」

「残された問題」だとする証人尋問・当事者尋問[348]などは、民事・行政裁判手続の適正さの保障の問題として、憲法の問題とできるように思える。

おわりに

　憲法31条論[349]と併せると、結論としては、憲法13条[350]は適正手続一般を保障し、31条が刑事手続に関して特段の水準の適正さを求めるいわば刑事の大特別則[351]を示し、32条はその肝要が「裁判なくして刑罰なし」の重要原則であることを謳い、33条以下により具体則が示されているように端的に纏められよう。やはり、憲法31条と32条の密接な関係を踏まえることが立憲趣旨に適い[352]、文言上も歴史的にも、憲法構造上も適切であると思われる。民事・行政裁判手続については、31条や32条などの人権条項が直接保障しているわけではない。民事・行政裁判を裁判所に起こせることは憲法76条の結果と言うべきであるが、憲法が、刑事訴訟法や刑法の定めに従って「刑事」を切り分けるものではない以上、人権を規制し、自由を奪い財産を剥奪する国家の最終決定の場面では31条以下の規定も準用される、と解すれば足りるように思われる。

　非訟事件[353]や行政事件訴訟法の客観訴訟などをどのように憲法上理解すべきかについては、既に述べた通り[354]である。

1）　樋口陽一『憲法』〔第3版〕271頁（創文社、2007）。
2）　松井茂記『裁判を受ける権利』5頁（日本評論社、1993）。
3）　中野貞一郎ほか編『新民事訴訟法講義』〔第2版〕13頁（有斐閣、2004）〔中野〕。また、新堂幸司『新民事訴訟法』〔第3版補正版〕35頁（弘文堂、2005）にも、「憲法32条、同82条にみられるように、憲法には、民事訴訟の手続に関する規定が存在する」との記述がある。
4）　関連して言えば、憲法19条以下に精神的自由権が並ぶ中、22条に経済的自由があることにも違和感がないではない。しかしこれは、古典的自由権が22条まで続いた後、英米公法の伝統からすれば、大学、家族という制度を要するものを後に回したと読めよう。
5）　伊藤博文（宮沢俊義校註）『憲法義解』55頁（岩波書店、1940）。
6）　河原畯一郎「裁判を受ける権利・特別裁判所及び行政的最終性の問題」ジュリスト77号6頁、11頁（1955）、樋口陽一ほか『注解法律学全集2―憲法Ⅱ』282頁（青林書院、1997）〔浦部法穂〕。
7）　このような引き算思考は、憲法原理の転換を軽視してしまう危険もある。「日本国憲法のなかに旧憲法が通奏低音として流れていた。」井上ひさし＝奥平康弘「対談・世界史のなかの日本国憲

241

法」『読本憲法の100年 3 ―憲法の再生』417頁、420頁（作品社、1989）〔奥平〕。

8） 田中英夫『英米法研究 3 ―英米法と日本法』348頁（東京大学出版会、1988）によれば、戦前の美濃部達吉『憲法撮要』〔改訂第 5 版〕（有斐閣、1935）でも全626頁中27頁、上杉慎吉『憲法述義』（有斐閣、1924）で704頁中42頁、宮沢俊義『憲法略説』（岩波書店、1942）で304頁中16頁が臣民の権利の解説に割かれていたに過ぎないという。

9） 佐藤達夫『日本国憲法成立史第 2 巻』736-740頁（有斐閣、1964）参照。

10） 佐藤達夫『日本国憲法成立史第 1 巻』460頁（有斐閣、1962）参照。

11） 同上461-462頁参照。

12） 佐藤前掲註 9 ）書776頁参照。

13） 同上779-782頁参照。

14） 清水伸編『逐条日本国憲法審議録第 4 巻』〔増補版〕436頁（原書房、1976）参照。

15） 佐藤前掲註 9 ）書784頁。

16） 鈴木は福島県相馬郡小高町（現在の南相馬市）出身で当時41歳の在野の憲法史研究者。評論家の室伏高信が高野に引き合わせ、初対面ながら意気投合している。古関彰一『新憲法の誕生』32頁（中央公論社、1989）など参照。

17） 佐藤前掲註 9 ）書809-810頁参照。最終的な要綱に残ったものとして、「国民ハ拷問ヲ加ヘラルルコトナシ」もあった。

18） 同上831頁。

19） 同上833頁。

20） 同上835頁。

21） 同上同頁。

22） 同上836頁。

23） 同上835頁。

24） 初宿正典ほか『目で見る憲法』〔第 4 版〕113頁（有斐閣、2011）。

25） 佐藤前掲註 9 ）書931頁より引用。

26） 後に、金森徳次郎は『憲法随想』40頁（美和書房、1947）で、公布された日本国「憲法の中の刑事上の保障規定の中には恐ろしく窮屈なものがある。かなり精密に規定したものがある。流動性なる水を凍らせているような規定がある」と述べている。金森については、「天皇機関説で辞任した経歴」があり、「高級官僚臭さがなかった。」古関前掲註16）書206頁。そして、「うまく窮地を脱する答弁ぶりはむしろ官僚とは思えない名人芸に近」く、「吉田内閣がこの金森を得たことでどれほどの利益を得たか、計り知れない」という。同書207頁。

27） 江藤淳責任編集『占領史録第 3 巻―憲法制定過程』63頁以下（1982、講談社）参照。

28） この改憲作業は京大系で占められており、立場が異なったであろう田畑忍がこれを「反動視するのは許せない」と批判したなど、当時、「東京と京都には」「太平洋の東と西ほどの距離があった」ことは忘れるべきでない。古関前掲註16）書28頁参照。

29） 佐藤前掲註10）書228頁参照。

30） 江藤編前掲註27）書111頁以下参照。

31） 佐藤前掲註10）書268頁参照。

32） 同上270頁参照。

33） 同上304頁参照。

第 5 章　司法権と「裁判を受ける権利」

34)　同上311頁。

35)　同上342頁参照。

36)　佐藤前掲註9)書543頁参照。

37)　同上570頁参照。

38)　佐々木高雄「裁判を受ける権利の成立経緯」青山法学論集31巻4号15頁、17頁(1990)。

39)　総司令部民政局における諸々の刑事手続条項の議論については、同上20頁以下参照。

40)　同上25頁。

41)　佐藤達夫(佐藤功補訂)『日本国憲法成立史第3巻』37頁(有斐閣、1994)参照。

42)　キョウコ・イノウエ(古関彰一＝五十嵐雅子訳)『マッカーサーの日本国憲法』123-126頁(桐原
　　　書店、1994)参照。

43)　田中英夫『英米法研究2―デュー・プロセス』296頁(東京大学出版会、1987)。

44)　同上296-297頁。

45)　同上297頁。

46)　イノウエ前掲註42)書127頁。

47)　佐藤前掲註41)書79頁。佐々木前掲註38)論文17頁によれば、松本烝治は多くの刑事手続条項
　　　を減らすことを佐藤達夫に命じていた模様である。

48)　佐々木前掲註38)論文42頁。江藤价泰「裁判を受ける権裡」小林孝輔還暦記念『現代法の諸領域
　　　と憲法理念』472頁、483頁(学陽書房、1983)同旨。

49)　芦部信喜編『憲法Ⅲ―人権(2)』281頁(有斐閣、1981)[芦部]。

50)　佐藤前掲註41)書96-97頁参照。

51)　同上126頁参照。

52)　同上167頁参照。

53)　同上192頁参照。

54)　「憲法改正草案要綱ニ関スル問題第一稿(21-3-18)」及び「要綱ニ関スル問題　第一稿(21、3、
　　　24)」。佐々木前掲註38)論文49-50頁より引用。

55)　佐藤前掲註41)書287頁参照。

56)　同上294頁参照。

57)　法定手続条項については、生命を奪われることは刑罰に限られるとして、更に交渉において訂
　　　正の主張を行った。同上304頁。結果、「刑罰」ではなく「其ノ他ノ刑罰」とすることで4月9日に
　　　妥協がなされたという。同書313頁。

58)　同上339頁参照。

59)　枢密院では、法定手続条項に付いて林委員から質問がなされたが、「裁判を受ける権利」につい
　　　ての質疑の記録はない。同上398頁参照。

60)　清水編前掲註14)書367頁参照。

61)　清水伸編『逐条日本国憲法審議録第2巻』[増補版]735-739頁(原書房、1976)参照。

62)　同上736頁。

63)　同上738頁。

64)　佐藤達夫(佐藤功補訂)『日本国憲法成立史第4巻』693-694頁(有斐閣、1994)参照。

65)　清水伸編『逐条日本国憲法審議録第3巻』[増補版]465-487頁(原書房、1976)参照。

66)　同上464頁。質問者は大河内輝耕議員(研究会)。

243

67） 松井前掲註2）書73頁も議会についてそう評する。

68） 笹田栄司『裁判制度』90頁（信山社、1997）。

69） 松井前掲註2）書115頁。

70） 佐々木前掲註38）論文59頁。

71） 美濃部達吉『日本國憲法原論』186-187頁（有斐閣、1948）。

72） 同上203頁。

73） 佐々木惣一『改訂日本國憲法論』435頁（有斐閣、1952）。

74） 法學協會編『註解日本国憲法上巻』600頁（有斐閣、1953）。

75） 宮沢俊義『憲法Ⅱ』〔新版〕447頁（有斐閣、1971）。

76） 同上448頁。

77） 同上202頁。

78） 宮沢俊義『憲法入門』〔新版〕268頁（勁草書房、1973）では、「諸国の憲法は例外なく、」このような意味での「裁判を受ける権利を保障しています」という。

79） 美濃部達吉『逐條憲法精義』370頁（有斐閣、1927）。

80） 同上371頁。

81） 同上同頁。

82） 同上373頁。

83） 同上374頁。

84） 佐々木惣一『日本憲法要論』251-252頁（金刺芳流堂、1930）。

85） 芦部編前掲註49）書281頁［芦部］。

86） 佐藤幸治『現代国家と司法権』10頁以下（有斐閣、1988）参照。

87） 芦部信喜『演習憲法』〔新版〕206頁（有斐閣、1988）。

88） 鵜飼信成『憲法』〔新版〕140頁（弘文堂、1968）。

89） 芦部編前掲註49）書275頁［芦部信喜］。

90） 同上85頁以下の第6編。同編他章の執筆者は杉原泰雄。

91） 芦部前掲註87）書208頁。

92） 同上208-209頁。

93） 同上209頁。

94） 芦部前掲註49）書286頁［芦部信喜］。

95） 同上275頁［芦部信喜］。

96） 同上284頁［芦部信喜］。

97） 「民事事件と行政事件においては、自己の権利または利益が不法に侵害されたとき、裁判所に対して侵害の救済を求める権利、すなわち裁判請求権または訴権が保障されること、したがって、裁判所の『裁判の拒絶』は許されないことを意味する。また、刑事事件においては、裁判所の裁判によらなければ刑罰を科せられないことが保障されることを言う。刑事事件における裁判を受ける権利は、自由権の一種であ」るとする。芦部信喜『憲法』〔新版補訂版〕232頁（岩波書店、1999）。なお、この記述は、同（高橋和之補訂）『憲法』〔第6版〕258頁（2015）でも変わっていない。

98） 芦部編前掲註49）書302頁以下［芦部信喜］参照。

99） 芦部前掲註87）書213頁。この問題については、同『憲法叢説2―人権と統治』146頁以下（信山社、1995）も参照。

第5章　司法権と「裁判を受ける権利」

100)　芦部編前掲註49)書296頁[芦部信喜]。引用部分は、阿部泰隆「自治事務と不服審査前置制度」
　　　自治研究54巻3号29頁(1978)より。

101)　飯倉一郎「『裁判を受ける権利』について」國學院大學紀要6巻233頁(1967)、覚道豊治『憲法』
　　　〔改訂版〕299-301頁(ミネルヴァ書房、1973)、小林三衛「裁判を受ける権利」関誠一追悼『現代の
　　　裁判と裁判官』11頁、17頁(1976)、伊藤正己＝阿部照哉＝尾吹善人編『憲法小辞典』〔増補版〕141
　　　頁(有斐閣、1978)、橋本公亘『日本国憲法』376頁(有斐閣、1980)、小林直樹『新版憲法講義上』
　　　606頁(東京大学出版会、1980)、伊藤公一『憲法概要』〔改訂版〕117頁(法律文化社、1983)、榎原猛
　　　『憲法─体系と争点』226頁(法律文化社、1986)、小嶋和司『憲法概説』269頁(良書普及会、1987)、
　　　佐藤幸治編『憲法Ⅱ─基本的人権』437-438頁(成文堂、1988)[中山勲]、阿部照哉『憲法』〔改訂〕
　　　168頁(青林書院、1991)、上田章＝浅野一郎『憲法』588頁(ぎょうせい、1993)[浅野]、佐藤功『日
　　　本国憲法概説』〔全訂第5版〕286頁(学陽書房、1995)、伊藤正己『憲法』〔第3版〕400頁(弘文堂、
　　　1995)、戸波江二『憲法』〔新版〕340頁(ぎょうせい、1998)、堀内健志『憲法』〔改訂新版〕161頁(信
　　　山社、2000)、吉田善明『日本国憲法論』〔第3版〕461頁(三省堂、2003)、大沢秀介『憲法入門』〔第
　　　3版〕216頁(成文堂、2003)、内野正幸『憲法解釈の論点』〔第4版〕109頁(日本評論社、2005)、手島
　　　孝監修・安藤高行編『憲法新教科書』125頁(法律文化社、2007)[中村英樹]、川又伸彦『マスター
　　　憲法』193頁(立花書房、2009)、初宿正典『憲法2』〔第3版〕495頁(成文堂、2010)、赤坂正浩『憲
　　　法講義(人権)』236頁(信山社、2011)、岩間昭道『憲法綱要』151頁(尚学社、2011)、長尾一紘『日
　　　本国憲法』〔全訂第4版〕152頁(世界思想社、2011)、野中俊彦ほか『憲法Ⅰ』〔第5版〕549頁(有斐
　　　閣、2012)[野中]、長谷部恭男『憲法』〔第6版〕301頁以下(新世社、2015)、辻村みよ子『憲法』〔第
　　　5版〕275頁(日本評論社、2016)、渋谷秀樹『憲法』〔第3版〕480頁以下(有斐閣、2017)、高橋和
　　　之『立憲主義と日本国憲法』〔第4版〕315頁以下(有斐閣、2017)、樋口ほか前掲註6)書283頁[浦
　　　部法穂]など圧倒的多数。浦田賢治＝大須賀明編『新・判例コンメンタール日本国憲法2』255頁
　　　(三省堂、1994)[野上修市]はこの説に立った後、256頁で、「以上のような2つの意味をもつとす
　　　る通説の解釈は、近代法の原則であり、異論のないところである」とまで断言する。なお、阪本
　　　昌成『憲法理論Ⅲ』(成文堂、1995)、同『憲法2─基本権クラシック』〔第4版〕(有信堂、2011)に
　　　は「裁判を受ける権利」などの説明がない。

102)　竹中勲「実効的人権救済権論」佐藤幸治ほか編『憲法五十年の展望Ⅱ』345頁、369頁以下(有斐
　　　閣、1998)は、刑事事件において、不起訴事件の被害者や被疑者の「裁判を受ける権利」を展望す
　　　るが、このような検討は希有である。

103)　和田英夫「現代社会と裁判」松山大学地域研究ジャーナル5号71頁、86頁(1992)の示すように、
　　　特に行政裁判で、訴訟起こし、政治的にアピールするという参政権的意義があるという指摘もあ
　　　る。ただ、これを理由に、裁判を受ける権利を参政権に性格づけることには、疑問がある。

104)　平良小百合「裁判を受ける権利の憲法的保障」九大法学150号47頁、48頁(2010)、佐々木前掲註
　　　38)論文59頁同旨。田中和夫「裁判を受ける権利」時の法令364号20頁、24頁(1960)もこれを批判
　　　的に指摘する。これに対し、我妻栄「裁判を受ける権利」世界248号68頁(1966)は、夫婦間の争
　　　いなどに口頭弁論主義を持ち込むことを批判している。

105)　樋口陽一＝栗城壽夫『憲法と裁判』6-7頁(法律文化社、1988)[樋口]。

106)　同上12頁[樋口陽一]。

107)　同上18-19頁[樋口陽一]。

108)　同上19頁[樋口陽一]。

245

109） 樋口陽一『憲法Ⅰ』470頁（青林書院、1998）。

110） 樋口前掲註1）書271-272頁。

111） 田中前掲註43）書300頁以下。

112） 同上300頁。

113） 同上303頁。

114） 同上同頁。

115） 最大判昭和24年3月23日民集3巻3号352頁。本件評釈には、常本照樹「判批」法学教室200号87頁（1997）、竹下守夫「判批」芦部信喜ほか編『憲法判例百選Ⅱ』〔第4版〕278頁（2000）、中富公一「判批」杉原泰雄＝野中俊彦編『新判例マニュアル憲法Ⅰ』238頁（三省堂、2000）、中山茂樹「判批」佐藤幸治＝土井真一編『判例講義憲法Ⅱ』176頁（悠々社、2010）などがある。

116） 最大判昭和35年12月7日民集14巻13号2964頁。

117） 例えば、夫婦同居を求める訴訟では公開も対審も必要ないとした最大決昭和40年6月30日民集19巻4号1089頁、会社更生法232条に基づく更生計画認許決定取消し・更生計画不認許決定に対する抗告では公開も対審も必要ないとした最決昭和60年1月22日判タ50号136頁、家事審判法9条1項乙類9号の2所定の寄与分を定める処分にかかる審判でも公開も対審も必要ないとした最決昭和60年7月4日判時1167号32頁など。このほか、非訟事件手続法による過料の裁判を合憲とした最大決昭和41年12月27日民集20巻10号2279頁、法廷等の秩序維持に関する法律の制裁手続を合憲とした最決昭和60年11月12日判時1202号142頁、自作農創設特別措置法改正で出訴期間が1カ月に短縮されたのは違憲ではないとした最大判昭和24年5月18日民集3巻6号199頁、差押等の許可に対する準抗告を不適法とする最大決昭和44年12月3日刑集23巻12号1525頁などがある。第1の判例の評釈は本書第2章参照。第2の判例の評釈は本書第2章参照。第3の判例の評釈は本書第2章参照。第4の判例の評釈は本書第2章参照。第5の判例の評釈には、香川達夫「判批」判例評論335号60頁（1987）などがある。第6の判例の評釈には、石本雅男「判批」民商法雑誌26巻5号29頁（1951）、原竜之助「判批」芦部信喜編『憲法判例百選』145頁（1963）、大西芳雄「判批」田中二郎編『行政判例百選』〔新版〕248頁（1970）、森順次「判批」芦部信喜編『憲法判例百選』〔第3版〕172頁（1974）、田村悦一「判批」雄川一郎編『行政判例百選Ⅱ』386頁（1979）、戸波江二「判批」法学セミナー増刊『憲法訴訟』29頁（1983）、村上義弘「判批」芦部信喜＝高橋和之編『憲法判例百選Ⅱ』〔第2版〕270頁（1988）、坂本茂樹「判批」芦部信喜＝高橋和之編『憲法判例百選Ⅱ』〔第3版〕274頁（1994）、神長勲「判批」塩野宏ほか編『行政判例百選Ⅱ』〔第4版〕422頁（1999）、中富公一「判批」杉原泰雄＝野中俊彦編『新判例マニュアル憲法Ⅰ』244頁（三省堂、2000）、中山茂樹「判批」佐藤幸治＝土井真一編『判例講義憲法Ⅱ』177頁（悠々社、2010）などがある。第7の判例の評釈には、原田尚彦「判批」ジュリスト448号128頁（1970）、新井隆一「判批」ジュリスト臨時増刊456号『昭和44年度重要判例解説』36頁（1970）、芝原邦爾「判批」判例タイムズ244号96頁（1970）、同「判批」平野龍一ほか編『刑事訴訟法判例百選』〔第4版〕238頁（1981）、大久保太郎「判批」法曹時報22巻3号230頁（1970）、S・H・E「判批」時の法令703号59頁（1970）、横井大三「判批」研修260号31頁（1970）、竹下重人「判批」シュトイエル102号6頁（1970）、磯崎辰五郎「判批」龍谷法学3巻2号95頁（1971）、佐藤文哉「判批」警察研究43巻8号113頁（1972）、羽淵清司＝青柳文雄「判批」慶大法学研究46巻2号120頁（1973）、村上順「判批」雄川一郎編『行政判例百選Ⅱ』368頁（1979）、上田勝美「判批」芦部信喜＝高橋和之編『憲法判例百選Ⅱ』〔第2版〕272頁（1988）、田宮裕「判批」金子宏ほか編『租税判例百選』〔第3版〕222頁（1992）、大野重國「判批」水野忠恒ほか編『租

第 5 章　司法権と「裁判を受ける権利」

税判例百選』〔第 4 版〕250頁（2005）、梅林啓「判批」木目田裕＝佐伯仁志編『実務に効く企業犯罪とコンプライアンス判例精選』133頁（有斐閣、2016）などがある。

118)　最大判昭和35年 7 月 6 日民集14巻 9 号1657頁。本件評釈は本書第 2 章参照。

119)　法哲学者による、浅野有紀「最高裁判例にみる『裁判を受ける権利』」法律時報75巻 8 号33頁（2003）も参照。

120)　浅野一郎＝杉原泰雄編『憲法答弁集1947-1999』316頁（信山社、2003）〔川崎政司〕参照。

121)　笹田前掲註68)書102頁は審級制度について、同書120頁は裁判の公開について、そのように示唆する。

122)　片山智彦『裁判を受ける権利と司法制度』17頁（大阪大学出版会、2007）。

123)　中野貞一郎「民事裁判と憲法」新堂幸司編『講座民事訴訟 1 』 1 頁、 2 頁（弘文堂、1984）など。関連して、澤田章仁「民事訴訟法18条の裁量移送と『裁判を受ける権利』」月刊司法書士447号26頁（2009）。

124)　三井誠『刑事手続法 II 』437頁（有斐閣、2003）。同「人身の自由と刑事手続」ジュリスト1192号132頁（2001）も参照。田宮裕『刑事訴訟法』〔新版〕7-8頁（有斐閣、1996）にも、憲法31-40条を「ミニマム・スタンダード」とする記述がある。

125)　小田中聰樹「公正な裁判を受ける権利についての覚書」松井康浩還暦記念『現代司法の課題』119頁、127頁（勁草書房、1982）は、憲法32条を基軸に、31条、37条 1 項、76条 3 項などを併せて、「『裁判を受ける』とは裁判の名にふさわしい手続的保障（デュー・プロセスの保障）と内容（正しい事実認定と正しい法の解釈、適用）の裁判によって正当な権利・利益の侵害に対する救済を受けるということを意味している」と主張する。

126)　その中でも、大橋洋一『行政法 II ―現代行政救済論』13頁（有斐閣、2012）は、第 1 章の表題を「裁判を受ける権利と多様な行政訴訟」としており、突出している。このほかには、憲法32条に触れる行政法教科書としては、宇賀克也『行政法概説 II 』〔第 2 版〕103頁（有斐閣、2009）がある程度である。東條武治『裁判を受ける権利』試論」判例評論199号 2 頁（1975）、阿部泰隆「行政裁判における裁判を受ける権利」ジュリスト1192号141頁（2001）、岡田正則「改正行政事件訴訟法の訴訟手続規定と裁判を受ける権利」法律時報44巻 3 号61頁（2005）も参照。関連して、畔上佳枝「裁判を受ける権利と国の裁判権免除」慶大法学政治学研究80号221頁（2009）。

127)　笹田栄司『司法の変容と憲法』235頁（有斐閣、2008）。

128)　ところで、大学入試の「政治・経済」でもこの分野が出題されることは稀である。君塚正臣「私立大学入学試験『政治・経済』における日本国憲法の扱いについて」エコノミア56巻 2 号51頁（2005）参照。法科大学院入試や新司法試験の憲法でも同傾向か。

129)　笹田栄司『実効的基本権保障論』59頁（信山社、1993）。

130)　松井前掲註 2)書310頁。

131)　棟居快行『人権論の新構成』〔第 1 版改版新装〕291頁（信山社、2008）。

132)　笹田前掲註129)書301頁。

133)　棟居前掲註131)書294頁。

134)　松井前掲註 2)書 3 頁。

135)　橋本前掲註101)書581頁。

136)　伊藤正己『憲法』537頁（信山社、1982）。同書第 3 版である、伊藤前掲註101)書559頁でも同様の記述が見られる。

247

137）　佐藤前掲註86）書10頁。

138）　同上17-23頁参照。

139）　同上24頁。

140）　同上25頁。

141）　清宮四郎『憲法Ⅰ』〔第3版〕335頁（有斐閣、1979）。

142）　佐藤功『日本国憲法概説』〔全訂第3版〕368頁（学陽書房、1985）。同書第5版である、佐藤功前掲註101）書462頁でも同様の記述が見られる。

143）　佐藤前掲註86）書25頁。

144）　同上29頁。

145）　同上31頁。

146）　同上121頁。

147）　同上32頁。

148）　佐々木前掲註73）書342頁以下。

149）　佐藤前掲註86）書33-34頁。

150）　同上43頁。

151）　同上57頁以下。

152）　同上67頁以下。その存在理由について、自己抑制、代表、自己決定の3つの理念が紹介される。71-74頁。

153）　同上128頁。

154）　同上129頁。

155）　こういった理解は、元最高裁判事による著書、大野正男『社会のなかの裁判』39頁（有斐閣、1998）でも示される。調停や仲裁などと異なり、時代は移っても、「『正当性』の理念は裁判の拠り所」であると述べる。

156）　佐藤前掲註86）書257頁。

157）　佐藤幸治『憲法』416頁（青林書院、1981）、同書〔新版〕524頁（1990）、同書〔第3版〕612頁（1995）と繰り返されている。

158）　佐藤幸治『日本国憲法論』353頁（成文堂、2011）。

159）　同上同頁。

160）　佐藤前掲註86）書261頁。

161）　大西芳雄「人権と民事裁判」公法研究35号134頁（1973）。

162）　笹田前掲註129）書313頁。

163）　藤井俊夫『事件性と司法権の限界』1頁（成文堂、1992）。

164）　同上4頁。このような理解は、大須賀明ほか『憲法講義2』284-285頁（有斐閣、1979）〔平松毅〕にも色濃く見られ、藤井はこれを引用する。但し、平松は、同書287頁以下で、「民事、行政、刑事各事件について、特に問題となる点を挙げる」としつつ、民事事件の分量は非常に少ないなど、32条を民事・行政裁判に力点を置く見解と言うには遠いように思われる。

165）　藤井俊夫『司法権と憲法訴訟』43頁（成文堂、2007）。

166）　同上45-46頁。

167）　同上50頁。

168）　藤井前掲註163）書10頁。

第5章　司法権と「裁判を受ける権利」

169）　藤井俊夫『憲法と人権Ⅰ』334頁（成文堂、2008）。

170）　同上335頁。

171）　同上335-336頁。

172）　同上327-344頁参照。但し、同書329頁には「刑事手続保障に関して別に述べる」としつつ、裁判員制度の実施にも言及しているので、憲法32条は刑事裁判を受ける権利を全く含まないとは解していないように思われる。

173）　藤井俊夫『憲法と人権Ⅱ』261-297頁（成文堂、2008）。裁判員制度についても、285-286頁において、主として憲法37条適合性の問題として論じている。

174）　松井茂記『日本国憲法』〔第3版〕521-522頁（有斐閣、2007）。

175）　新正幸も、「本来、」裁判制度を定める「法律によって縛られたものではなく、逆に裁判を受ける権利を保障するにふさわしい内実をもった裁判制度の構築を国家に要請し、そのように整備された裁判制度において裁判を求める権利を保障するというものでなければならない筈である」と述べている。新正幸『憲法訴訟論』〔第2版〕165-166頁（信山社、2010）。

176）　松井前掲註2）書7頁。

177）　同上97頁。

178）　同上7頁。

179）　同上79頁。

180）　同上同頁。

181）　同上80頁。

182）　同上81頁。

183）　同上91頁。

184）　同上100頁。

185）　同上101頁。

186）　同上103頁。

187）　同上同頁。

188）　同上同頁。また、松井前掲註174）書522頁でも、「国民が裁判を受けることなく刑罰を科されないことは31条の当然要求するところであるし、37条もそのことを明記している以上、32条は非刑事裁判手続に関する規定と考える方が妥当である」と説明されている。川岸令和ほか『憲法』〔第4版〕237頁（青林書院、2016）〔藤井樹也〕もこの説に配慮した説明を行っている。

189）　松井前掲註2）書105頁。

190）　同上121頁以下。回答は同書159-161頁参照。

191）　同上126頁以下。回答は同書161-164頁参照。

192）　同上136頁。

193）　同上174頁以下では、行政訴訟・憲法訴訟について詳細に検討している。行政事件訴訟法に多くの憲法問題があることには同意できる。

194）　同上154頁。

195）　同上同頁。

196）　同上同頁。

197）　同上155頁。

198）　同上156頁。

199）　同上157頁。

200）　同上91-92頁。

201）　松井茂記「公正な裁判を受ける権利と取材・報道の自由」阪大法学53巻3＝4号219頁、255頁
（2003）は、被告人や政府の利益、裁判員のプライバシーのためにマス・メディアの取材・報道の
自由を制限することを批判し、「そもそも、刑事裁判は、本来公開されなければならない」点を強
調している。

202）　市川正人『ケースメソッド憲法』〔第2版〕204頁（日本評論社、2009）。

203）　同上同頁。

204）　同上206頁。

205）　同上182-195頁参照。

206）　同上205頁注5。

207）　笹田前掲註68）書64頁。特に審級制度はそうだと述べる。同書102頁。

208）　同上65頁。

209）　同上85-86頁。

210）　笹田前掲註129）書302頁。

211）　浦部法穂「憲法訴訟論」法律時報58巻6号60頁、62頁及び65頁（1986）。

212）　笹田前掲註129）書303頁。

213）　笹田前掲註68）書86-87頁。

214）　笹田前掲註129）書315頁。

215）　同上315-316頁。

216）　同上316頁。なお、憲法13条の文言は断じて「人間の尊厳」ではなく、個人の尊重である。日独
の差異は看過すべきでない。

217）　同上同頁。

218）　同上同頁。

219）　同上317頁。

220）　同上同頁。

221）　同上318頁。

222）　同上319頁。

223）　BVerfGE 78, 123, 126＝NJW 1988, S. 2787.

224）　笹田前掲註129）書319頁。

225）　笹田前掲註127）書296頁。

226）　笹田前掲註129）書319-321頁。

227）　笹田前掲註127）書186頁。

228）　同上219頁。

229）　この点については、笹田栄司「インカメラ審理の憲法適合性について」大石眞還暦記念『憲法改
革の理念と展開下巻』69頁（信山社、2012）参照。

230）　笹田前掲註127）書252-253頁。

231）　同上302頁。

232）　笹田前掲註129）書330頁。

233）　同上331頁。

第 5 章　司法権と「裁判を受ける権利」

234）　片山前掲註122）書18頁。

235）　同上11-12頁。

236）　同上18頁。

237）　同上28頁。

238）　同上19頁。

239）　同上26頁。

240）　同上54-55頁。

241）　同上35頁。

242）　同上41頁。このような観点から裁判員制度を合憲と判断する。決して「民意の反映」を根拠としていない。同書133頁。

243）　同上51頁。

244）　同上52頁。「人間の尊厳」ではなく「個人の尊重」と記している点は重要である。

245）　同上23頁。

246）　平野武ほか『憲法と人権保障』114-115頁（晃洋書房、1998）〔片山智彦〕。

247）　片山前掲註122）書27頁。

248）　君塚正臣編『ベーシックテキスト憲法』〔第3版〕177頁（法律文化社、2017）〔片山智彦〕。なお、刑事裁判を受ける権利については片山の担当ではない。そこでは、「公正な裁判を受けることなく処罰されないという自由権の性格を有する」との説明がある。同書184頁〔前田正義〕。

249）　片山前掲註122）書44頁。同書56頁では、憲法17条の国家賠償請求権も、「憲法32条の『特別法』」と評している。

250）　同上24頁。

251）　片山智彦「最高裁判所と裁判を受ける権利」龍谷法学44巻4号565頁、573頁（2012）。

252）　片山前掲註122）書261頁。

253）　同上31頁。

254）　同上同頁。憲法が三権の役割をきっちりと規定するという理解は、同書108頁の、「行政と司法の関係にかかる規範は、何よりも、まず憲法で定められている」との記述にもよく現れている。

255）　同上45頁。

256）　同上46頁。

257）　東京地判平成23年2月24日判例集未登載。

258）　片山智彦「判批」新・判例解説Watch 11号23頁、25頁（日本評論社、2012）。

259）　最判平成11年9月28日判時1689号78頁。

260）　片山智彦「判批」ジュリスト臨時増刊1179号『平成11年度重要判例解説』6頁、7頁（2000）。

261）　松井前掲註2）書80頁。

262）　君塚正臣『憲法の私人間効力』491-492頁（悠々社、2008）。

263）　棟居快行『憲法学の可能性』159頁（信山社、2012）。

264）　棟居前掲註131）書286頁。但し、31条については括弧書きがあり、「ただし同条は実体的デュープロセス保障の側面を有するので実体的基本権でもある」とする。

265）　同上291頁。

266）　棟居快行『憲法学再論』390-391頁（信山社、2001）。

267）　同上391頁。同頁では、「手続に神（正当性）が宿るのではない。実体権や公益に神が宿るため

の手続が必要であり、あるいはそこが市場だと神に思い込ませるために、手続が要るのである」とも述べている。

268) 棟居前掲註131) 書314頁。

269) 棟居前掲註263) 書138頁。なお、棟居快行『憲法講義案Ⅱ〔理論演習2〕』131頁（信山社、1993）は、刑事に特定せずに同様のことを述べている。

270) 新前掲註175) 書170-171頁。

271) 同上172頁。

272) 同上172-173頁。

273) 君塚正臣編『比較憲法』295頁（ミネルヴァ書房、2012）〔川又伸彦〕。ほかの主要国において、ドイツほど、民事裁判を受ける憲法上の権利が展開されている例はない。同294頁以下参照。

274) ドイツ連邦憲法裁判所の判例については、笹田前掲註129) 書5頁以下など参照。

275) 東條前掲註126) 論文8頁以下など。

276) 平良前掲註104) 論文59頁。

277) 大石眞『憲法講義Ⅱ』〔第2版〕266頁（有斐閣、2012）。

278) 山内敏弘編『新現代憲法入門』226頁（法律文化社、2004）〔只野雅人〕。

279) 他方、社会運動の中で立法・行政的解決を求める手段としての民事・行政裁判には、参政権的意味が指摘されることもある。本書第17章参照。

280) 榎原猛＝伊藤公一＝中山勲編『新版基礎憲法』100頁（法律文化社、1999）〔君塚正臣〕、佐藤前掲註158) 書280頁、松井前掲註174) 書482頁など。

281) 実際、松井同上275-276頁は、マッカーサー草案第8章が「地方政治」との表題であり、同草案87条がアメリカのホーム・ルール制度を反映し、憲章の制定を認めるものであったことに注目し、日本国憲法の地方自治について「自治立法権」を「明らか」なものとして引き出している。

282) 佐藤前掲註86) 書119頁も、「法系固有の論理構造や実際を無視したり、あるいは両法系を折衷するなかで大事なものを切り落としたりしてしまう危険もなしとしない」と指摘する。

283) この解釈方法にも多くの批判はある。君塚正臣「米判批」横浜国際経済法学21巻2号187頁、207頁注38（2012）参照。但し、歴史解釈主義を標榜する研究者が、以上の立憲的事実を黙殺して憲法32条解釈を始めることは、矛盾と思える。

284) 多くの文献があるが、最近のものでは、大林啓吾「憲法判断における2重の拘束について」千葉大学法学論集27巻2号1頁、7頁（2012）参照。

285) 実際、松井茂記「なぜ立憲主義は正当化されるのか下」法律時報73巻8号62頁、63頁（2001）は、憲法15条が人権条項の最初の方にあることを理由として、プロセス的人権観を正当化する。しかし、この点は、毛利透「表現の自由の公共性」自由人権協会編『憲法の現在』265頁、267頁（信山社、2005）により、ならばそれ以前の13条で「典型的な個人主義である『個人の尊重』が表明されている」ではないかと批判されている。

286) 山内編前掲註278) 書225頁〔只野雅人〕。

287) 片山前掲註122) 書23頁。

288) 同上同頁。

289) 同上同頁同旨。

290) 本書第18章、君塚正臣編『高校から大学への憲法』〔第2版〕160-161頁（法律文化社、2016）〔君塚〕参照。

第 5 章　司法権と「裁判を受ける権利」

291）　本書第18章表など参照。勿論、中間審査基準との理解にも賛同できない。君塚正臣『性差別司法審査基準論』136頁以下（信山社、1996）、本書第18章など参照。比例原則である、などの説明にも賛同できない。

292）　合憲性判断テストとしてもLRAの基準などが適用可能かもしれない。本書第30章、本書第32章も参照。

293）　松井前掲註 2 ）書311頁は、「行政訴訟や憲法訴訟を、アメリカ並にまでとはいかないまでもせめてアメリカに少しでも近いぐらいに起こし易いものとしよう」と述べており、かなりアメリカ基準に思える。田中前掲註43）書283頁以下も参照。

294）　芦部編前掲註49）書295頁［芦部信喜］。

295）　松井前掲註174）書243頁。斎藤秀夫「法律上の利益を欠く訴訟と憲法32条」判例評論35号 1 頁、3 頁（1961）同旨。

296）　松井前掲註 2 ）書166頁。同書同頁は、続けて、「憲法上の要件を満たしている訴訟をみだりに却下することは問題である」とするが、当然のことである。

297）　杉山幸一「裁判を受ける権利の保障範囲」日大院法学研究年報39号31頁、47頁（2009）。

298）　君塚正臣＝藤井樹也＝毛利透『VIRTUAL憲法』156頁（悠々社、2005）［君塚］。

299）　阿部照哉ほか編『憲法 (3)』〔第 3 版〕158頁（有斐閣、1995）［田口精一］。

300）　民事訴訟では和解の評価も高い。村山眞雄＝濱野亮『法社会学』95-97頁（有斐閣、2003）、笹田前掲註127）書99頁以下など。

301）　なお念のため、この点は民事訴訟が憲法裁判に転化しても同じである。本書第16章。

302）　三井前掲註124）書35頁。

303）　大國仁「刑罰制度と憲法32条」岡山商科大学法学論叢14号 1 頁、22頁（2006）。

304）　同上35頁。

305）　小嶋勇「憲法と裁判を受ける権利」日大司法研究所紀要14号 1 頁、20頁（2003）。

306）　趙景達『近代朝鮮と日本』172-173頁（岩波書店、2012）。台湾について、町田安雄「植民地下の台湾総督府条例と武断統治」日本女子経済短期大学研究論集20巻 2 号23頁（1976）など参照。

307）　中澤俊輔『治安維持法』209頁（中央公論新社、2012）。なお、本書82頁は戦前の「内閣」の実例に触れており、憲法学にとって興味深い。

308）　同上134頁。

309）　同上140頁、美濃部前掲註79）書375頁。このほか、治安維持法については、奥平康弘『治安維持法小史』（筑摩書房、1977）なども参照。

310）　奥平康弘『憲法Ⅲ』383頁（有斐閣、1993）。

311）　同上383-384頁。

312）　同上384頁。このようなことは、浦部法穂『憲法学教室』〔全訂第 3 版〕334頁（日本評論社、2016）の、「『裁判を受ける権利』などというものも、恣意的な裁判に服さないという消極的意味においてはともかく、積極的にはそれほど大きな意義を有するものではない」、裁判所の「仮面の裏の、また別の『本質』を、見逃してはならない」という指摘と通じるものがある。同じような、刑事裁判に特化した警戒感は、中原精一『裁判の公正と女性の権利』11頁（成文堂、1987）にも見られる。

313）　松井前掲註 2 ）書71頁。

314）　最大決昭和23年 7 月29日刑集 2 巻 9 号1115頁。

315）　松井前掲註 2 ）書20-21頁。

253

316） 同上22頁。

317） これは市販の六法にも掲載された。以下、手持ちの平野龍一＝加藤一郎＝三ヶ月章編『小六法（昭和61年版）』1036頁以下（有斐閣、1985）による。

318） 君塚正臣「民主主義という幻想？―『チャップリンの独裁者』」野田進＝松井茂記編『シネマで法学』52頁（有斐閣、2000）など参照。現在の日本もそうではないか。君塚正臣編『高校から大学への法学』〔第2版〕69-70頁（法律文化社、2016）［君塚］など参照。

319） 片山前掲註122）書27頁。

320） この意味で、略式起訴制度も再考されねばなるまい。略式手続によって科せるサンクションは、憲法上の「刑罰」に値しないものに限られるべきではないかとの疑問が生ずる。

321） 前田朗「静かすぎる裁判所の行方」法学セミナー508号60頁、61頁（1997）など。

322） 荒木伸怡「迅速な裁判を受ける権利（1）」立教法学15号75頁、80頁（1976）。

323） 荒木伸怡「迅速な裁判を受ける権利（2・完）」立教法学16号1頁、115頁（1977）。但し、荒木は、憲法37条1項が「32条と相俟って」このような保障がされるとしており、多少立場を異にしているものと思われる。

324） 同上同頁。

325） 鈴木安蔵『憲法学原論』363頁（勁草書房、1956）。

326） 同上364頁。

327） 同上365頁参照。

328） 実は、美濃部達吉も、日本国憲法施行直前の1947年4月10日刊行の『新憲法概論』111頁（有斐閣、1947）では、「裁判を受くる権利」は「司法作用に對する自由権の保障」の項目の中で、「刑罰法律主義」の直後に置いており、まず、「それは単に刑事裁判に付いてのみならず、民事裁判にも適用せらるもの」という説明を行っていた。

329） 鈴木前掲註325）書366頁。なお、この間に「憲法裁判所に違憲訴訟を提起しうることが当然に要求されるのも、このゆえんである」との記述があるが、同書534頁は、「最高裁判所は、一般に、その裁判についてさらに審理すべき上級裁判所が存在しないところの終審裁判所であるというにとどまらず、一切の法律、命令、規則または処分、すなわち一切の国家作用が憲法に適合するかしないかを決定しうる権限を有する裁判所である」としつつ、同書534頁では、その意味で、「最高裁判所は、憲法裁判所たる権限を有する」のであり、ここで違憲とされたこれらの国家作用は「当然に客観的に無効となる」（同書536頁）としているので、憲法判断を裁判所に求めるには事件性は必要だが、上訴の果ての最高裁の憲法判断は一般的効力を有するという折衷的理解であったように思われる。このため、当初の記述は、原告又は被告が最高裁に憲法判断を求めて上訴する権利と解することができよう。

330） 同上366頁。

331） 同上346-347頁参照。

332） 同上521頁。

333） 同上522頁。

334） 小林孝輔『憲法』154頁（日本評論社、1986）も、民事・行政訴訟と刑事訴訟を分けることなく、「ひとは裁判所の裁判以外に裁かれることはない保障を意味する」と端的に言う。

335） 鈴木前掲註325）書530頁。

336） 同上531頁。

第5章　司法権と「裁判を受ける権利」

337）　佐藤前掲註158）書584頁、松井前掲註174）書227頁、川岸ほか前掲註188）書339-340頁［君塚正臣］など。

338）　内野正幸「裁判を受ける権利と裁判公開原則」法律時報66巻1号64頁（1994）は、双方尋問主義、民事裁判の迅速の要請、対審などが「刑事裁判より緩やかな形において、憲法上要請される」とする。

339）　同上66頁以下同旨か。

340）　小嶋前掲註305）論文32頁。

341）　最決平成20年3月5日判タ1266号149頁。本件評釈には、松本哲治「判批」ジュリスト臨時増刊1376号『平成20年度重要判例解説』24頁（2009）、滝沢誠「判批」中大法学新報116巻7＝8号155頁（2009）などがある。

342）　片山前掲註251）論文576頁。

343）　本章の結論に反対の立場と思えるが、戸波江二「裁判を受ける権利」ジュリスト1089号279頁、282頁（1999）は、「裁判が公正でなければならないことは、本来当然」であり、「憲法32条に内在している」と述べる。また、本章の論点に明快に応えたものではないが、熊野勝之「公正な裁判を受ける権利」季刊刑事弁護20号29頁（1999）も、憲法32条の「『裁判』が『公正な裁判』を指すことは当然」とし、植野妙実子「裁判を受ける権利」法学セミナー551号77頁、79頁（2000）も、「民事裁判や行政裁判においても、『裁判』にふさわしい手続が要求されている」とする。

344）　笹田前掲註68）書108頁。

345）　同上110頁。

346）　民事事件での最高裁への上告権、三審目以上を求める権利が憲法上の権利であると言うのは、無理があり、立法裁量の問題ではなかろうか。上級審ほど、難事件の解決、判例の統一と、憲法判断を含む法解釈の問題を主に扱うべきであるとすれば、そうである。

347）　笹田前掲註68）書228-229頁。

348）　同上130頁。

349）　本書第4章。

350）　著者の見解は、君塚正臣「幸福追求権」横浜国際経済法学19巻2号125頁（2010）参照。

351）　笹田前掲註68）書206頁は、憲法32条が「対行政との関係でも意味を持つか」と問題提起している。これについては、川岸ほか前掲註188）書233-234頁［君塚正臣］が述べるように、憲法31条以下の規定は、身体拘束や行政罰などには「準刑事的手続」として準用される余地があろう。よって、この種の手続かどうかが、32条が行政手続に関わるかどうかの分水嶺となるのではなかろうか。

352）　佐々木前掲註38）論文59頁。

353）　佐々木吉男「民事紛争の非訟的処理と憲法32条」ジュリスト489号42頁。47-48頁（1971）、同「裁判を受ける権利」小林直樹編『憲法の判例』〔第3版〕148頁、153頁（有斐閣、1977）は、非訟事件に憲法32条などの要請を被せることに反対している。

354）　本書第2章。

〔付記〕　本章は、「『裁判を受ける権利』の作法の発想転換──日本国憲法32条の法意の再再検討」横浜国際経済法学21巻3号25-80頁（2013年3月25日）を加筆・修正したものである。

第**6**章

裁判員制度論

はじめに

　司法制度改革の一つとして、裁判員制度が導入された[1]。戦前、日本には1923年に公布された陪審法により陪審制度が導入されていたが、3年以上の有期懲役・禁錮の事例では被告人の請求があったときにのみ陪審の評議が開かれるという請求陪審であったこと、評決に拘束力がなく、やり直しが命じられ得る仕組みであったこと、治安維持法事件などが除外されていたことなど、様々な不備があり、十分な活用ができないまま、1943年以来、同法は凍結され、戦後もそれが継続していた。長く、国民の司法参加を求める議論があった中、それはそのまま陪審法の凍結解除の要求であって、同法もしくは陪審制度を違憲とする議論は希少であった[2]。そもそも、官僚法律家による裁判統制には、密室の取調べや難解な法律用語、裁判の長期化、軽すぎた性犯罪の宣告刑など、相当の非難があったのであった[3]。

　長く、陪審制度の復活を求める動きもあったが、世紀転換期の司法制度改革改革審議会の意見書は、英米流の陪審法の凍結解除ではなく、大陸法における参審制に近い裁判員制度の導入を提言した。2004年5月に成立した「裁判員の参加する刑事裁判に関する法律」(裁判員法)の2条1項によると、「死刑又は無期の懲役若しくは禁錮に当たる罪に係る事件」及びその26条2項2号「に掲げる事件であって、故意の犯罪行為により被害者を死亡させた罪に係るもの(前

256

号に該当するものを除く。)」の場合、「裁判員の参加する合議体」によって裁判が行われる定めである。2条2項では、そ「の合議体の裁判官の員数は3人、裁判員の員数は6人とし、裁判官のうち1人を裁判長とする。ただし、次項」に定める「公判前整理手続による争点及び証拠の整理において公訴事実について争いがないと認められ、事件の内容その他の事情を考慮して適当と認められるもの」に該当すると「の決定があったときは、裁判官の員数は1人、裁判員の員数は4人とし、裁判官を裁判長とする」という人員が定められた。実際には、多くの裁判は前者の人数構成によっている。但し、同条7項は、「裁判所は、被告人の主張、審理の状況その他の事情を考慮して、事件を第3項に規定する合議体で取り扱うことが適当でないと認めたときは、決定で、同項の決定を取り消すことができる」とも規定しており、実際には暴力団構成員により引き起こされた事件などでは裁判員裁判を行っていない。2009年8月3日初公判事件[5]以来、以上のような裁判員制度は運用が始まり、今日に至っている。

　今世紀冒頭、立憲主義諸国で、陪審制も参審制も導入せず、つまりは市民の司法参加がなかったのはほぼ日本だけであり[6]、現在ではそれは主な国と地域では台湾だけという情勢にある[7]。このため、導入した制度を違憲と言うのは難しい雰囲気にはあるものの、他方、日本での従来の議論は、凍結されていた陪審制の復活が念頭にあって、裁判員制度（参審制）でなかったのも事実である[8]。裁判員制度は、合憲性が事前に十分に検討されず、一気呵成に導入された感も強い。このため、導入後に、これは違憲ではなかったかとの主張が一部で示された経緯がある。その根拠は様々、幾つもの点が主張されたため、それらにも一理あるように見えた面も否定できなかった。

　果たして裁判員制度は、適否は兎も角、憲法違反と言わねばならないものなのであろうか。司法権論の途上、制定されてなお日の浅いこの制度の合憲性について、特に取り上げて本章で検討することとする。

1　裁判員制度が争点となった事件

　制度導入後、暫くして、実際の裁判で、裁判員制度の合憲性を争う被告人が

出てきた。無論、この主張が通れば刑事手続の適性が侵されたことになり、被告人には、無罪もしくは免訴などの判断に至るかもしれないという法律上の利益がある。事件の被告人はフィリピン国籍で日本在住の女であり、クアラルンプール空港から持ち込んだ機内預託手荷物（1991.2gの覚せい剤入りのスーツケース）を成田空港で税関職員に発見され、覚せい剤取締法違反、関税法違反で起訴された。一審は懲役９年及び罰金400万円とした。被告人は、この判決が事実誤認で量刑不当でもあるほか、一審の裁判員裁判が憲法違反だとして控訴したが、二審もこれを棄却したため、最高裁に上告したものである。

　最高裁は、未決勾留日数中390日を一審判決の懲役刑に算入するとした上で、上告を棄却した。

　まず、最高裁は、憲法には「国民の司法参加を認める旨の規定が置かれていない」が、「刑事裁判に国民の司法参加が許容されているか否かという刑事司法の基本に関わる問題は、憲法が採用する統治の基本原理や刑事裁判の諸原則、憲法制定当時の歴史的状況を含めた憲法制定の経緯及び憲法の関連規定の文理を総合的に検討して判断されるべき事柄である」と判示する。憲法は「三権分立の原則の下に、『第6章　司法』において、裁判官の職権行使の独立と身分保障について周到な規定を設けている。こうした点を総合考慮すると、憲法は、刑事裁判の基本的な担い手として裁判官を想定している」が、現憲法37条１項は、大日本帝国憲法24条と異なり、「『裁判官による裁判』から『裁判所における裁判』へと表現が改められ」ていること、「また、憲法は、『第6章　司法』において、最高裁判所と異なり、下級裁判所については、裁判官のみで構成される旨を明示した規定を置いていない。憲法制定過程についての関係資料によれば、憲法のこうした文理面から、憲法制定当時の政府部内では、陪審制や参審制を採用することも可能であると解されていたことが認められる」ということからして、また、その後の「憲法制定過程を見ても、ヨーロッパの国々で行われていた参審制を排除する趣旨は認められない」と判示する。

　これを踏まえ、「刑事裁判に国民が参加して民主的基盤の強化を図ることと、憲法の定める人権の保障を全うしつつ、証拠に基づいて事実を明らかにし、個人の権利と社会の秩序を確保するという刑事裁判の使命を果たすこと

は、決して相容れないものではなく、」「上記の諸原則が確保されている限り、陪審制とするか参審制とするかを含め、その内容を立法政策に委ねていると解されるのである」と最高裁は議論を進めたのである。

制定された「裁判員法」の規定、特に、「法令の解釈に係る判断及び訴訟手続に関する判断等は裁判官に委ねられている」こと、「裁判官と裁判員の評議は、裁判官と裁判員が対等の権限を有すること」などから、「裁判員裁判対象事件を取り扱う裁判体は、身分保障の下、独立して職権を行使することが保障された裁判官と、公平性、中立性を確保できるよう配慮された手続の下に選任された裁判員とによって構成されるものとされて」おり、「裁判員が、様々な視点や感覚を反映させつつ、裁判官との協議を通じて良識ある結論に達することは、十分期待することができる」と言える。よって、「公平な『裁判所』における法と証拠に基づく適正な裁判が行われること（憲法31条、32条、37条1項）は制度的に十分保障されている上、裁判官は刑事裁判の基本的な担い手とされているものと認められ、憲法が定める刑事裁判の諸原則を確保する上での支障はない」と合憲論を展開したのである。

その上、「憲法76条3項は、裁判官の職権行使の独立性を保障することにより、他からの干渉や圧力を受けることなく、裁判が法に基づき公正中立に行われることを保障しようとするものであるが、裁判員制度の下においても、法令の解釈に係る判断や訴訟手続に関する判断を裁判官の権限にするなど、裁判官を裁判の基本的な担い手として、法に基づく公正中立な裁判の実現が図られており、こうした点からも、裁判員制度は、同項の趣旨に反」しないものだと指摘し、「評決の対象が限定されている上、評議に当たって裁判長が十分な説明を行う旨が定められ、評決については、単なる多数決でなく、多数意見の中に少なくとも1人の裁判官が加わっていることが必要とされていることなどを考えると、被告人の権利保護という観点からの配慮もされている」とも述べる。そしてまた、「裁判員制度による裁判体は、地方裁判所に属するものであり、その第一審判決に対しては、高等裁判所への控訴及び最高裁判所への上告が認められており、」「特別裁判所に当たらない」ことも合憲の理由とされた。

最高裁は、裁判員を勤めることは「苦役」であるとの批判に対しては、「裁判

員の職務等は」「参政権と同様の権限を国民に付与するものであり、これを『苦役』ということは必ずしも適切ではない。また、裁判員法16条は、」裁判員「を辞退できる者を類型的に規定し、」「辞退に関し柔軟な制度を設けている。加えて、出頭した裁判員又は裁判員候補者に対する旅費、日当等の支給により負担を軽減するための経済的措置が講じられている（11条、29条2項）」として、憲法18条違反の主張を斥けた。判決は、裁判員制度は憲法の何れの部分にも違反しない旨を重ねて判示して、上告を斥けたのであった。

2　裁判員制度の合憲性

　以上が、裁判員制度の合憲性を最高裁が初めて語った判決の概略である。この判決は、いかなる理由付けがなされるか、また、少数意見が付くかに注目されていた。しかし、判決は全員一致であり、超大ながら総論的理由付けが目立つものとなった[12]。条約の司法審査や統治行為論[13]、憲法7条を根拠とする衆議院の解散[14]、独立行政委員会[15]の合憲性など、統治機構の分野の合憲性、憲法裁判所の否定などの事案では、これまでも総じて憲法全体の趣旨などの漠然たるものを根拠にしがちであった[16]。

　裁判員制度について、国民主権のみを楯に[17]、明文で禁止されていなければ法定できると言わんばかりの合憲論を展開するのは適切ではないが[18]、明文の阻害・忌避規定も憲法になく、憲法全体の趣旨に依拠した解釈手法を否定できるものでもない[19]。そもそも、判決は、民主主義の原理を具体化するために陪審・参審制度が必要である、陪審・参審制度の目的が民主主義の原理だとは強調していない[20]。市民の司法参加は、閉鎖的で前例主義的になりがちな裁判を活性化させるためのものであり、ただ、権力分立原理に鑑み、その役割が立法府や行政府であろう筈がなければ、有権者団（選挙民団）に求められたということなのではあるまいか。このため、例えば、多数を占める国民の声を裁判官は黙って聞け、というような主張、単純な多数者支配型民主主義の原理を普遍した司法過程への国民参加の主張は筋違いであろう[21]。そして、これは、忘れがちではあるが、検察審査会が何故国民参加であるのかにも通じる議論であろう[22]。

第6章　裁判員制度論

　当該最高裁判決は、そうではなく、網羅的に、或いは逐条的に違憲論に反撃を行い、これを各個撃破することで、違憲ではないとの結論を示したという構成に見える。[23] 解釈者の好まぬ統治制度に限っての厳密解釈は解釈論として疑問[24] だが、憲法各条に沿う丁寧な考察を行おうとしたのが本判決だと評せよう。その意味では、統治機構の分野の最高裁判例としては、異例の憲法解釈方法論に立ったものとして注目できよう。

（1）特別裁判所論

　憲法76条2項は特別裁判所を禁じるが、「通常裁判所の系列に属する下級裁判所」はこれに該当しないとされる。[25] 上訴可能ならば軍事裁判でも許容するという結論[26] は首肯できず、「司法」に相応しい手続を有することが憲法上の要請であり、行政機関の行う「裁判」でも準じる手続が要請されよう。裁判員裁判は、あくまでも法に則って行われ、市民感情に基づく人民裁判のような「司法」とは乖離したものなどではなく、憲法の禁ずる「特別裁判所」にも該当しない。[27] 裁判員裁判は、公開性、法準拠性、対審構造、上訴可能性などを有しており、本項には触れそうもない。行政機関の前審すら可能なのだとすれば、裁判官のみによる控訴審の前審としての、地方裁判所での裁判員裁判を本項違反だとは言い難い。[28] また、様々な司法への国民参加や、非訟事件や少年審判をおよそ違憲とする固い「司法」観も採り難い。

　裁判員制度違憲論の急先鋒である西野喜一も、76条2項違反の主張は無理だと評しており、[29] 裁判員裁判は「特別裁判所」に該当するとの主張は本件弁護人独自の主張であったようである。[30]

（2）被告の裁判を受ける権利

　裁判員制度は、被告の「裁判を受ける権利」を侵害するか。違憲論は、憲法76条の「裁判官」とは、裁判所職員の中で「裁判を担当する者」、多くは司法試験を突破したような資格ある法曹なのであり、「くじで選」ばれた「非常勤の裁判担当者」というのは「憲法の全く容認しないもの」なのであって、憲法違反であると主張するのである。[31]「憲法で国民は裁判を受ける権利がある、とされ

261

ていますが、これは裁判官による裁判のこと」だと言う[32]。刑事裁判における裁判官の基本的担い手性は、適正手続の根幹であり、これを害する制度設計は、この判決の立場からしても違憲となり得るであろう[33]。

憲法32条の「裁判を受ける権利」は民事裁判を受ける権利と解するべきとも、憲法31条の適正刑事手続保障の一部として処罰前に「裁判所において裁判」を要求すべきとも解せる[34]。何れの説に従うにせよ、31条と併せれば、裁判所による事前の適正な裁判なくして科刑なしということは、憲法の保障として動かない。裁判員裁判では、証拠開示手続などによる被告の防御権の充実など、寧ろ適正化がなされた[35]。32条のいう「公平な裁判所」とは訴追側に偏った裁判を行わない機関と解され、この点でも裁判員制度を違憲とは言い難い[36]。

問題は適正な裁判所の構成員かどうかである。果たしてこれらの憲法条項から、法曹資格を有する者のみに囲まれた裁判でなければならないことが憲法の要請と解されるか[37]、である。一般市民のみによる裁判は人民裁判に陥る危険もあり、「法の支配」原則に反する恐れもあろうが、事実関係を市民が審理し法の適用は法曹に委ねるか、法曹が参加して「法の支配」を具現化する（その際、結論が市民側優勢で決しても、理由付けが「司法」のそれであることが肝要）ものであれば、適正さは担保されていよう。むしろ、市民と乖離した、司法官僚による裁判手続の管理が適正だったのかという疑念もあり、加えて、裁判員裁判で有罪でも通常裁判であれば無罪だった、というような、個別の科刑の軽重を適正か否かの判断材料とはできまい[38]。

この論点は、転じて、被告人が、裁判員裁判を選択するか職業裁判官のみによる裁判かを選択できないことは憲法違反であるとの主張にまで至るであろう。実際、以前は被告人にそのような権利を認めるならば違憲ではないとの説明があったが[39]、裁判制度の構築がなされ、それが合憲であるとすれば、一定の条件の被告人がそのルートで裁判を受けることになることは別段違憲ではないように思える[40]。これは、簡易裁判所による略式裁判の場合に、正規の裁判の途が残されていることを合憲の理由としたものとも異なろう。

第6章　裁判員制度論

（3）裁判官の独立

　次の仮定をしたい。通常裁判の3人法廷の合議において、もし、職業裁判官の1名が有罪、2名が無罪との判断に至ったときは、裁判所は無罪の決定を下す。しかし、これが裁判員裁判となったとき、裁判員の4名以上が有罪と考えれば、結論は逆転する。被告人の職業裁判官の適正な裁判を受ける権利は侵害される、ということになるかもしれない。逆に、職業裁判官が全員有罪と主張しても、裁判員のほぼ全員が無罪と主張すれば、無罪になることである。これは、憲法76条3項で裁判官が「この憲法及び法律にのみ拘束される」ことを保障した点、即ち職業「裁判官の独立」が侵害されるのではないか、との疑問がある[41]。ある論者は、起こりうる光景として、「経験豊富な裁判長と右陪席裁判官が無罪の意見を説明し、裁判員2人も同調するのに対し、経験の乏しい左陪席裁判官と裁判員4名が『有罪だ』と最後まで言い張るような場合も、異常だといわねばなるまい」とも指摘している[42]。

　憲法76条3項は、裁判官が良心と法律によるべきことを謳うが、本項の「裁判官」とは、平賀書簡問題などで批判された裁判官相互の圧力等も排斥する意味で[43]、個々の裁判官を指すものである。合議体が想定されれば、個々の裁判官に意に沿わない判決が下されることは当然あると考えるべきである[44]。この点は、合議体に非法律家である裁判員が加わっても同じである[45]。80条は、特に政治部門が司法判断を歪めることを防止する目的で裁判官の身分保障を行うものと解されており、官僚裁判官が想定され得るが故にその規定があるのであって、参審・陪審にはその必要がないだけであり[46]、個々の判断での国民参加を特に否定しているとは読めない。このことをもって「裁判官の独立」が侵害されたと断定することは難しい。また、「経験豊富な裁判長」のケースも、別のストーリーを作れば、右陪席裁判官もベテラン裁判長に反乱を起こすことすら生じよう。経験よりも若々しい判断が優勢となることもあることはやむを得ないことであり、この点、一般市民の市民感覚が束となれば勝ることも同様にやむを得ないことではなかろうか。戦前と異なり、裁判官の官吏性に拘る必要もない[47]。職業裁判官のうち1人が有罪と主張したとき、裁判員のかなり多数がこれに賛同すれば、裁判官2人の無罪論を覆す場合があるというのであれば、裁判

263

官の基本的担い手性は傷ついていないようにも思える。他方、審級制度がある以上、通常裁判でも裁判員裁判でも、上級裁判所が地裁判断は寧ろ違憲的である、先例に反する、「法の支配」を揺るがす、不適切と考えれば、修正されることもまたやむを得ない。

（4）奴隷的拘束

　裁判員制度は、制度反対者等にも参加を強制する点で、憲法18条に反するという見解もあろう。付随して、裁判に判定者の立場で関与したくないとする思想・宗教上の信条の侵害、本来行えた筈の精神的・経済的活動が行えなかったことによる精神的自由もしくは経済的自由の侵害との主張もあり得るが、究極の主張は憲法18条違反を根拠とするものであろう。なお、仮に裁判員制度が憲法18条違反の制度なのだとしても、これによって拘束されるのは裁判員となった市民であるとき、そういった主張を被告人ができるのか、第三者の憲法上の権利の援用を認めてよいのか、という疑問はないではない。しかし、被告人と裁判員の関係は密接であるほか、仮に違憲となれば刑事裁判の適正さが崩れ、少なくとも被告人に下される量刑に影響するという意味では、その主張は認めてもよいであろう。無論、裁判員に指名された者が抵抗した事案では、まさに問題となる。そして、当該裁判を離れ、本制度の合憲性をこの面からも検討することは必要でもある。

　当該事件で最高裁はこの論点について特に理由を示していないが、刑事裁判の重要性とのバランスからの説明がある。そして何よりも、裁判員制度には辞退可能性があり、対価を払い、一時的で、また不名誉な役務や生命・財産を賭すものでもない裁判員制度を、徴兵制や懲役と並べて憲法上の「苦役」とすることは難しい。通常の旅費や日当の出る「奴隷」というのは形容矛盾にも思える。消防法29条5項などの災害時の応急的な労役提供義務規定が一般に違憲ではないこととのバランスも欠く。また、辞退が可能なことを強調すれば、戦前の陪審制の失敗を安易に繰り返すことにもなり、主たる争点とは言えまい。なお、これまで明らかではないが、精神的自由との関係で良心的拒否を認める限界事例が生じ得る点は留意すべきであろう。しかし、このことも、裁判員制度

全体が違憲である理由ではなく、特定の人への適用が違憲となる可能性を示すのみのものである。他方、現行法が裁判員に課す守秘義務は、一般的に憲法21条に触れそうである。公務ではあるが、その言わば退職後の公表は国民の表現行為でもあり、規制が過度に広汎であり、処罰の程度がより制限的でないとすれば、実際の事案において違憲と評価される可能性はあろう。[54)]

（5）その他の論点

このほか、現在の裁判員裁判の手続は様々な問題があるとの指摘がある。例えば、裁判官の途中交代の場合、公判手続の更新と呼ばれる手続が踏まれ、「従前の証人や被告人の供述を記載した公判調書を書証に転換し、これとその他の書証とをあらためて法廷で朗読することによって、新裁判官が従前の手続を引き継ぐことが許されている」[55)]のであるが、補充裁判員もいない状態で裁判員が欠けたときには裁判員法61条で同様の公判手続の更新が認められているものの、新「裁判員に記録の精読を求めることはできないので、」「証人尋問や被告人質問の状況をDVDで録画しておいて、公判廷でこれを新裁判員に視聴させる方法」を採っているが、「DVDを一通り視聴しただけで」「その証人尋問などを『理解する』、すなわち、有罪無罪の事実の正確な認定および有罪の場合の適正な量刑が可能な水準にまで理解するなどということは、刑事裁判に慣れた裁判官であっても絶対に不可能であ」[56)]り、適正なものではないとする主張がある。加えて、破棄差戻し後の一審は、全く新しい裁判である「覆審」ではなく、従来の最初の一審と二審の審理を引き継ぐ「続審」とされているが、裁判員裁判では新たな裁判員を選任しなければならず、同様に公判手続の更新が必要となるが、これも「憲法違反の問題が生じる」[57)]という。このため、二審が一審の裁判員裁判の結論に疑問を呈す場合、「一審でほとんど実体審理をしていないような場合を除き、」差戻しではなく「必ず自判するであろう」ということになり、期せずして「迅速な裁判を受ける権利尊重に沿う」結果になっているとも指摘する。[58)]

これ以外にも、現行法は、被告人が複数の事件で起訴された場合に、数事件を事件毎に別の裁判員たちに分担させる部分裁判制度を導入している。結果、

担当した事件について無罪の判断を下した裁判員が併合事件判決に関与する際、有罪となった別の事案の犯罪事実や情状に関与しておらず、責任も負えず、「『裁判』の衣装をまとった便宜主義」だとの非難がある。[59]最高裁は、2015年にこの制度は憲法37条1項の「公平な裁判所」の要請に違反しないと判断している[60]が、論者は「真の問題点に踏み込んで」いないと論難している。[61]

　以上の批判は、裁判員制度そのものというよりも運用や制度の一部の問題である。単独の裁判官が審理する事件で公判手続の更新がなされなかった場合とは異なり、公判手続の更新が不十分であることをもって、当該裁判の審理が違憲無効であるとまで断ずることは、今後は詳細な再検討が必要だとしても、少なくとも現在の通常の憲法31条以下の解釈論としては難しいのではなかろうか。部分裁判制度についても、ほぼ同様である。このような批判は、一般市民が裁判員になることを配慮した制度を構築すれば、それは何らかの憲法条文に反するので維持できず、究極的には市民の司法参加はおよそ憲法違反であるとの誘導となっていまいか、慎重に検討すべきではなかろうか。そして、この局面を理由として、憲法が市民の司法参加を明言する規定がない以上、国民の司法参加は違憲だとして、立憲当初の文言解釈に戻ることは、少々疑問ではなかろうか。[62]

おわりに

　以上、上記最高裁判決を起点に、裁判員制度の合憲性を論点毎に検討したが、違憲であるとの決定的な理由は何れにもないように思われる。確かに、幾つもの論点について違憲の主張があることはその疑いは濃くする印象も拭えないが、独立行政委員会違憲論が様々な主張を行っても、結局、違憲で押し切れない以上は当該制度を合憲と判断せざるを得ないように、また、そのことが幾つかの憲法原則、憲法全体の趣旨に反するとは思えない以上、個別具体的な明文規定がなくとも、ごく通常の憲法解釈（特に統治機構に関する憲法解釈）の成果としては、合憲との結論に至るということでよいように思われる。

　上記最高裁判決の直前、裁判員裁判において絞首刑合憲論が示された。[63]裁判員裁判の被告人が適用法令の合憲性を争った場合、ドイツでは憲法判断は憲法

裁判所に移送され、参審員がこれに答えることはなく、アメリカでは陪審員は
事実認定のみを行うため、これを答えるのは当該裁判所の裁判官の任務という
ことになる。ところが、日本の裁判員裁判では、形式論としては、一般市民を
含む合議体が、一審限りではあるが、憲法判断を含む判断に巻き込まれる。ア
メリカ型の付随的違憲審査制度と大陸法系の参審制が組み合わされば、一般市
民が憲法判断に直面するのは理の当然である。適用違憲や合憲限定解釈に匹敵
する解釈はできるが法令違憲の判断はできないという結論は、寧ろおかしい。
法律と比べ、憲法の解釈を困難とする理由もない。[64]一般市民に法律判断や憲法
判断は難しいという声もあろうが、今後の法教育や大学教養科目における法律
科目の充実に期待すべきであろう。また、裁判員裁判の宣告刑を二審が重く変
更することは慎重であるべき[65]ところ、このような事案で最高裁は、一審の無罪
判決を尊重して二審の有罪を破棄する判断を行った。[66]日本の刑法は刑の選択幅
が大きく（特に殺人罪）、憲法の禁ずる白地委任に近いという疑問はさておいて
も、裁判員制度に適合的な改正が必要ではないか。これらの修正の繰返しを経
て、裁判員制度は自然のものとなっていくのかもしれない。

　最高裁は、上記判決のほぼ最後で、「裁判員制度は、」「国民の視点や感覚と
法曹の専門性とが常に交流することによって、相互の理解を深め、それぞれの
長所が生かされる」、「長期的な視点に立った努力の積み重ねによって、我が国
の実情に最も適した国民の司法参加の制度を実現」できると述べ、過渡期と認
めた。最高裁判決の合憲理由には総論的に過ぎる難はあるが、個別条項を厳密
に解釈せず、多くの統治諸機構を合憲としてきた解釈姿勢全体を変えずには、
裁判員制度違憲論の展開は困難ではなかったか。政策的是非はさておき、憲法
論としては、裁判員制度全面違憲の主張はやはり難しかろう。

　以上のような事情も含め、また、最高裁も、陪審制度を排除したものではな
いと読める[67]ところ、陪審法の凍結を解除し、裁判員法に代えて改めて陪審法を
導入すべきとの法政策的な主張もある[68]が、そのような代替可能性の提示と、裁
判員法の合憲性の議論は区別されねばならない。陪審制とは法の適用を裁判官
が独占する制度であるため、憲法論としては、陪審制の方が確実に合憲である
と言える確率は高いが、[69]これをもって、現行の裁判員制度も違憲とは言えな

い。政策的に何れがよいかは兎も角、憲法論としては現行制度も合憲であると
なれば、ここで議論を終結すべきであろう。

とは言え、若干の蛇足を述べれば、仮に、陪審制が復活したとすれば、それ
はそれで市民だけで重大事件の事実認定を行う責任は重い。憲法違反の危険性
が薄いとの主張を鵜呑みにしても、法政策的に妥当かどうかは別問題である。
制度が運用を重ねて円滑化しつつある段階で、根本的に制度を改めることの混
乱も小さくない。また、これまでの主張を照らし合わせると、裁判員制度廃止
論者が、陪審制が導入されればされたで別の根拠による批判を展開し、結局、
市民の訴訟参加の途を完全に断ちかねないことを危惧する。市民の訴訟参加は
「裁判の民主化」と称されることも多いが、より重要なのは、一般市民の目が
あることにより、裁判所組織が閉鎖的で単なる前例主義に陥ることが防止でき
る点にあった。通常裁判のみの司法制度には——旧司法試験がそうであったよ
うに——問題があったことを忘れ過ぎである。現行制度は、仮に裁判員裁判の
判決に重大な問題点、特に先例に照らして重すぎる判決があれば、高等裁判所
や最高裁判所が是正できるものであり、市民と職業法曹との間の緊張関係も有
している。制度設計時の議論ではないとすれば、現行制度の適切な運用、重ね
て問題となった部分の法改正によって今後も進むべきではあるまいか。

1） 同様に、2009年から検察審査会に強制起訴制度が導入されている。抽選で選ばれた一般市民か
らなる検察審査会において11名のうち8名の判断で起訴相当の判断がなされ、検察がやはり不起
訴の判断を維持した場合、検察審査会が再度、起訴相当の判断を行えば、強制起訴がなされるこ
ととなった。このほか、2004年には法科大学院が開設され、法曹人口の増加が図られた。以上、
川岸令和ほか『憲法』〔第4版〕337頁（青林書院、2016）〔君塚正臣〕など参照。

2） 西野喜一『司法過程と裁判批判論』86頁以下（悠々社、2004）などは強く陪審制反対を説いたが、
これに対して、笹田栄司ほか「座談会・裁判員制度」ジュリスト1363号88頁、94頁（2008）〔大沢秀
介発言〕は「大きな方向性の問題」と評し、同文献91頁〔川岸令和発言〕も、「立法過程の段階で違
憲論が深刻に提示されずに、いま」になって提示されている点を指摘している。

3） 2011年12月3日開催の第9回ジェンダー法学会シンポジウムIのテーマは「刑事司法とジェン
ダー」であり、裁判員制度の問題も取り上げられた。ジェンダーと法9号（2012）参照。また、犬
伏由子ほか編『レクチャージェンダー法』158頁及び234頁（法律文化社、2012）〔島岡まな、矢野恵
美〕も参照。

4） 裁判員制度反対の成澤孝人「裁判員制度と憲法理論」法の科学41号64頁、68頁（2010）もそう指
摘する。土井真一「裁判員制度を憲法的視点から考える」読売クオータリー11号48頁、57頁（2008）

は、精密司法のための被疑者長時間拘束や書面中心主義を批判する。法曹一元化も求めたいところである。

5） 東京地判平成21年8月6日判タ1325号68頁。被告人が、斜め向かいに住む被害者をサバイバルナイフで突き刺して死亡させたという事案で、被害者をナイフで何度も攻撃した後、なおもナイフを持ったままの状態で逃げる被害者の後を追い、重傷を負わせた被害者に悪態をついていることなどに照らすと、被告人は、被害者を死亡させると分かりながら、強い攻撃意思を持って、あえて本件殺害行為を行ったものと認められるとして、殺人罪の成立を認め、被告人を懲役15年に処した事例である。この判決は最高裁で確定している。本件については、但木敬一＝山田秀雄「特別インタビュー・裁判員裁判第1号判決と今後の課題」NBL 912号42頁（2009）がある。

6） ドイツ、フランスなど、憲法に規定がないにも拘らず参審制を導入している国も多い。土井真一「日本国憲法と国民の司法参加」長谷部恭男ほか編『岩波講座憲法4』235頁、258頁（岩波書店、2007）など参照。対して、西野喜一「日本国憲法と裁判員制度（下）」判例時報1875号3頁、9頁（2005）は日本との歴史の違いを強調する。

7） 君塚正臣編『比較憲法』142-144頁（ミネルヴァ書房、2012）など参照。

8） 西野喜一「日本国憲法と裁判員制度（上）」判例時報1874号3頁、13頁（2005）参照。佐藤幸治『憲法』〔第3版〕309頁（青林書院、1995）は、アメリカ流司法制度などを根拠に陪審制合憲の結論を示唆するが、参審制には触れていない。同『日本国憲法論』354頁（弘文堂、2011）〔以下、佐藤前掲註8）Ⅱ書、と引用〕などでは勿論、裁判員制度を合憲とする立場からこれに言及している。芦部信喜『憲法』〔新版補訂版〕318-319頁（岩波書店、2000）は陪審員制度について違憲ではないとする。同書第6版（高橋和之補訂）355頁（岩波書店、2015）は、補訂開始時が裁判員制度導入前であるため、裁判所制度について、判例の紹介を行うに留めている。長谷部恭男『憲法』411-412頁（新世社、2014）も、陪審制について合憲であると明言しつつ、裁判員制度については判例の紹介に止め、自らの憲法判断は示していない。

9） 千葉地判平成22年1月18日刑集65巻8号1351頁。

10） 東京高判平成22年6月21日判タ1345号133頁。本件評釈には、森山弘二「判批」札幌法学24巻1号57頁（2012）などがある。同様の判断として、東京高判平成22年6月29日判タ1347号102頁もある。

11） 最大判平成23年11月16日刑集65巻8号1285頁。本件評釈には、榎透「判批」法学セミナー685号116頁（2012）、前田雅英「判批」警察学論集65巻2号131頁（2012）、田邉信好「判批」週刊法律新聞1933号4頁（2012）、南部晋太郎「判批」研修765号21頁（2012）、西野吾一「判批」ジュリスト1442号83頁（2012）、同「判批」ジュリスト増刊『最高裁時の判例7 平成21-23年』32頁（2014）、同＝矢野直邦「判批」法曹時報66巻4号153頁（2014）、同＝同「判批」最高裁判所調査官室編『最高裁判所判例解説刑事篇平成23年度』257頁（法曹会、2015）〔以下、西野＝矢野前掲註11）Ⅱ評釈、と引用〕、蒔田圭明「判批」名城法学論集39号45頁（2012）、平良木登規男「判批」刑事法ジャーナル32号134頁（2012）、同「判批」『国民の司法参加と刑事法学』269頁（慶應義塾大学出版会、2014）、佐藤寛稔「判批」秋田法学53号97頁（2012）、新屋達之「判批」法律時報84巻10号126頁（2012）、君塚正臣「判批」新・判例解説Watch 10号21頁（2012）、笹田栄司「判批」ジュリスト臨時増刊1453号『平成24年度重要判例解説』10頁（2013）、土井真一「判批」長谷部恭男ほか編『憲法判例百選Ⅱ』〔第6版〕386頁（2013）、毛利透「判批」法学教室389号別冊附録『判例セレクト2012-1』3頁（2013）などがある。このほか、西野喜一「裁判員制度合憲判決にみる最高裁判所の思想とその問題点」新潟大法政理論44巻2＝3号81頁（2012）などもある。

12)　大久保太郎「裁判員制度の落日（上）」判例時報2312号 3 頁（2017）は、そもそも裁判員制度推進に回った最高裁が「違憲のデパート」であるこの事案を裁くことは「中立性の放棄もいいところ」であると、厳しく非難する。

13)　砂川事件＝最大判昭和34年12月16日刑集13巻13号3225頁。本件評釈としては、伊藤正己「判批」法学セミナー47号 8 頁（1960）、足立勝義「判批」判例時報208号 2 頁（1960）、佐藤功「判批」同 7 頁、同「判批」芦部信喜編『憲法判例百選』213頁（1963）、同「判批」小林直樹『憲法の判例』〔第 3 版〕187頁（有斐閣、1977）、千種達夫「判批」判例時報209号 2 頁（1960）、祖川武夫「判批」判例評論24号 6 頁（1960）、大石義雄「判批」法学論叢68巻 2 号90頁（1960）、村上義弘「判批」経済研究15号140頁（1960）、小林直樹「判批」芦部信喜編『憲法判例百選』175頁（1963）、同「判批」ジュリスト300号20頁（1964）、同「判批」同『平和憲法と共生60年―憲法第 9 条の総合的研究に向けて』221頁（慈学社、2006）、長谷川正安「判批」名大法政論集25号121頁（1964）、同「判批」芦部信喜編『憲法判例百選』〔第 3 版〕208頁（1974）、黒田覚「判批」我妻栄編『続判例百選』〔第 2 版〕20頁（1965）、杉原泰雄「判批」法律時報41巻 5 号164頁（1969）、林田和博「判批」田中二郎編『行政判例百選』〔増補版〕82頁（1970）、森英樹「判批」法学セミナー241号100頁（1975）、同「判批」高橋和之ほか編『憲法判例百選Ⅱ』〔第 5 版〕372頁（2007）、近藤昭三「判批」雄川一郎編『行政判例百選Ⅰ』124頁（1979）、覚道豊治「判批」芦部信喜編『憲法判例百選Ⅱ』322頁（1980）、芹澤斉「判批」法学セミナー増刊『憲法訴訟』44頁（1983）、栗城壽夫「判批」樋口陽一編『憲法の基本判例』162頁（有斐閣、1985）、今井威「判批」芦部信喜＝高橋和之編『憲法判例百選Ⅱ』〔第 2 版〕340頁（1988）、上野裕久「判批」上田勝美編『ゼミナール憲法裁判』〔増補版〕 6 頁（法律文化社、1994）、岡田信弘「判批」樋口陽一＝野中俊彦編『憲法の基本判例』〔第 2 版〕176頁（有斐閣、1996）、手島孝「判批」塩野宏ほか編『行政判例百選Ⅱ』〔第 4 版〕364頁（1999）、倉持孝司「判批」杉原泰雄＝野中俊彦編『新判例マニュアル憲法Ⅰ』34頁（三省堂、2000）、笹田栄司「判批」同84頁、松田幹夫「判批」『国際法判例百選』212頁（2001）、古川純「判批」同434頁、土井真一「判批」佐藤幸治＝土井真一編『判例講義憲法Ⅱ』298頁（悠々社、2010）、髙井裕之「判批」同323頁、鈴木陽子「判批」武蔵野短期大学研究紀要24号73頁（2010）、今村哲也「判批」宇賀克也ほか編『行政判例百選Ⅱ』〔第 6 版〕312頁（2012）、浦田一郎「判批」長谷部恭男ほか編『憲法判例百選Ⅱ』〔第 6 版〕360頁（2013）などがある。

このほか、ジュリスト臨時増刊194の 2 号『砂川事件上告審判決特集』（1960）、恒藤恭「最高裁判決の欠陥と矛盾」法律時報32巻 2 号10頁（1960）ほか、佐藤達夫「砂川判決小見―憲法議会の論議と対照して」法律のひろば13巻 2 号 4 頁（1960）、安倍治夫「砂川事件の最高裁判決と統治行為論」同13頁ほか、恒藤恭「平和憲法と最高裁の使命」世界170号20頁（1960）、海野普吉「なぜ憲法 9 条 2 項の解釈を避けたか」同31頁、高辻正己「最高裁の砂川判決」時の法令339号 1 頁（1960）、高柳賢三「憲法随想（5）」同340号27頁（1960）、林修三「砂川判決をめぐる若干の問答（上、下）」同343号23頁、344号51頁（1960）、毛利与一「『砂川事件』判決に対する問題点」自由と正義11巻 2 号18頁（1960）、綜合法学19号『特集・砂川判決について』（1960）、橋本公亘「砂川判決と憲法の解釈」思想428号119頁（1960）、同ほか「15対 0 への疑問―砂川事件最高裁判決をめぐって」中央公論75巻 2 号72頁（1960）、風早八十二「砂川事件最高裁判決の本質」前衛164号16頁（1960）、盛秀雄「砂川裁判における憲法法理の諸論点」大阪府立大経済研究12号27頁（1960）、佐藤功ほか「座談会・砂川事件差戻審の判決」法律時報33巻 5 号66頁（1961）、『特集・自衛隊違憲判決』法律時報45巻14号 8 頁（1973）、中村睦男「砂川事件」法学セミナー218号1646（1973）、石埼学「ロー・クラス 再考 砂川事件（第1-3回）」法学セミナー643号32頁、644号49頁、645号44頁（2008）、内藤功「砂川事件違憲

判決がうきぼりにした日米同盟の実像」前衛841号160頁（2009）、同「砂川刑特法裁判の今に活きる意義」法と民主主義489号44頁（2014）、新井章「砂川刑特法事件最高裁判決と『集団的自衛権』問題」同43頁、篠田英朗「国際法と国内法の連動性から見た砂川事件最高裁判決」法律時報87巻5号32頁（2015）、蟻川恒正「憲法21条裁判としての9条訴訟」同38頁、長谷部恭男「砂川事件判決における『統治行為』論」同44頁、高見勝利「法／最高裁／統治」同50頁、小沢隆一「砂川事件最高裁判決は集団的自衛権容認の根拠となるか」法と民主主義499号36頁（2015）、布川玲子「砂川事件と田中耕太郎最高裁長官」愛知学院大学宗教法制研究所紀要55号169頁（2015）、笹田栄司「砂川事件最高裁判決─政治と法の狭間に漂う最高裁」論究ジュリスト17号26頁（2016）などもある。

14）苫米地事件＝最大判昭和35年6月8日民集14巻7号1206頁。本件評釈には、田中najirō「判批」法学セミナー55号78頁（1960）、同「判批」法曹時報12巻8号64頁（1960）、同「判批」最高裁判所調査官室編『最高裁判所判例解説民事篇昭和35年度』202頁（法曹会、1961）、有倉遼吉「判批」判例評論30号4頁（1960）、同「判批」小林直樹『憲法の判例』〔第3版〕223頁（有斐閣、1977）、S・H・E「判批」時の法令357号41頁（1960）、水木惣太郎「判批」日本法学26巻3号100頁（1960）、斎藤秀夫「判批」民商法雑誌43巻6号147頁（1961）、阿部照哉「判批」法学論叢69巻1号120頁（1961）、中島恒「判批」法曹時報14巻11号95頁（1962）、同「判批」金融法務事情324号10頁（1962）、雄川一郎「判批」芦部信喜編『憲法判例百選』216頁（1963）、清宮四郎「判批」我妻栄編『続判例百選』〔第2版〕22頁（1965）、小嶋和司「判批」田中二郎編『行政判例百選』〔新版〕211頁（1970）、南博方「判批」芦部信喜編『憲法判例百選』〔第3版〕246頁（1974）、樋口陽一「判批」法学セミナー252号80頁（1976）、小林節「判批」法学セミナー増刊『憲法訴訟』49頁（1983）、山下威士「判批」樋口陽一編『憲法の基本判例』187頁（有斐閣、1985）、高橋和之「判批」樋口陽一ほか『考える憲法』14頁（弘文堂、1988）、大久保史郎「判批」上田勝美編『ゼミナール憲法判例』〔増補版〕347頁（法律文化社、1994）、戸松秀典「判批」塩野宏ほか編『行政判例百選II』〔第4版〕394頁（1999）、諸根貞夫「判批」芦部信喜ほか編『憲法判例百選II』〔第4版〕424頁（2000）、笹田栄司「判批」杉原泰雄＝野中俊彦編『新判例マニュアル憲法I』82頁（三省堂、2000）、野坂泰司「判批」法学教室298号73頁（2005）、赤坂正浩「判批」小早川光郎ほか編『行政判例百選II』〔第5版〕314頁（2006）、大石眞「判批」法学教室349号7頁（2009）、土井真一「判批」佐藤幸治＝土井真一編『判例講義憲法II』296頁（悠々社、2010）、林文敏「判批」長谷部恭男ほか編『憲法判例百選II』〔第6版〕418頁（2013）などがある。詳細は、本書第8章など参照。このほか、小島慎司「苫米地事件」長谷部恭男編『論究憲法』65頁（有斐閣、2017）などがある。

15）福井地判昭和27年9月6日行集3巻9号1823頁。本件評釈には、加藤幸嗣「判批」塩野宏ほか編『公務員判例百選』28頁（1986）、稲田陽一「判批」芦部信喜＝高橋和之編『憲法判例百選II』〔第2版〕358頁（1988）、松下泰雄「判批」上田勝美編『ゼミナール憲法判例』〔増補版〕307頁（法律文化社、1994）、廣田健次「判批」芦部信喜ほか編『憲法判例百選II』〔第4版〕384頁（2000）、石村修「判批」高橋和之ほか編『憲法判例百選II』〔第5版〕396頁（2007）、木村草太「判批」長谷部恭男ほか編『憲法判例百選II』〔第6版〕363頁（2013）などがある。

16）渋谷秀樹『憲法』〔第3版〕683頁（有斐閣、2017）は、審級制度が基本的に立法裁量であるのと「同レベルの問題と位置付けると法律事項と解される」、つまりは法律により制定しても違憲ではない、と述べる。勿論、憲法制定当初にない制度をおよそ違憲とする議論（西野前掲註8）論文7頁など）は憲法解釈論として無理がある。憲法に明文なき制度（国家行政組織法や地方自治法の創設した機関など）全て違憲、ではない。西野前掲註6）論文9頁には、それならばなぜ国民の司

271

法参加を憲法は明文で明快に禁じていないのか、という批判ができよう。

17) 例えば、樋口陽一『憲法Ⅰ』502頁（青林書院、1998）は、「今日、およそ公権力はなんらかの意味で『国民』意思によって正統化されるものでなければならない」と述べているが、樋口の思いを超えて過剰に読み込まれれば、法の支配が雲散霧消する危険もある。なお、杉原泰雄『憲法Ⅰ』197頁（有斐閣、1987）が述べるように、「『人民主権』になじむ諸現象を『人民主権』のために積極的に活用する」筈であるが、同『憲法Ⅱ』391頁（有斐閣、1989）の陪審制を合憲とする説明において、「国民の批判と監視のもとで公平な裁判を確保しようとする姿勢を強く示している。官僚的独善的裁判を排除する姿勢といってもいい」としており、案外と国民主権原理一辺倒の説明になっていないことには注目できる。

18) 樋口陽一『憲法』〔第3版〕413頁（創文社、2007）。片山智彦『裁判を受ける権利と司法制度』118頁（大阪大学出版会、2007）、青野篤「裁判員制度の憲法学的一考察」大分大学経済論集62巻5＝6号203頁、209頁（2011）も、陪審制度の民主性の問題設定に疑義を示す。他方、佐藤前掲註8）Ⅱ書604-605頁は、むしろ国民主権原理から裁判員制度を正当化する面が強い。

19) 諸外国の例を見ても、憲法規定がなくとも、立法政策として陪審制や参審制を許容していると考えることはできよう。土井前掲註6）論文258頁。補足すれば、最高裁判所裁判官の国民審査を日本国憲法は規定している。

20) 柳瀬昇「裁判員制度の憲法適合性」日本法学82巻3号103頁、120頁（2016）〔以下、柳瀬前掲註20）Ⅰ論文、と引用〕。但し、同論文123頁が指摘するように、この判決は、陪審制度と参審制度の区別には関心を払っていない。ところが、葛野尋之『刑事司法改革と刑事弁護』31-32頁（現代人文社、2016）、新屋前掲註11）評釈129頁は、同判決は、裁判員制度を国民主権原理や民主主義から正当化した旨の指摘を行っているという。柳瀬昇「裁判員制度の意義と展開可能性」日本法学83巻1号1頁、5頁（2017）〔以下、柳瀬前掲註20）Ⅱ論文、と引用〕。

21) 柳瀬昇「国民の司法参加の制度における協働と討議の重要性」別冊法学セミナー『憲法のこれから』193頁、199頁（日本評論社、2017）同旨か。

22) 柳瀬昇「討議民主主義理論に基づく検察審査会制度の意義の再構成試論」宮澤節生古稀記念『憲法のこれから』75頁（信山社、2017）参照。

23) 大久保前掲註12）論文4-5頁は、この判決が、被告弁護側の上告趣意書に一つ一つ誠実に答えたというようなものではなく、「最も単純で明快な問題として、憲法第80条第1項本文前段の『正規裁判官』の任命制度と裁判所法の『裁判員』の選任制度との齟齬矛盾の問題だけをとりあげるにとどめる」としている上告趣意書に示す上告理由であるにも拘らず、あたかも多くの主張をしているが如く捉え、多くの点について憲法判断をしていることは、「上告趣意書の捏造」であると非難する。

24) 青野前掲註18）論文207頁。

25) 最大判昭和31年5月30日刑集10巻5号756頁。本件評釈は本書第2章参照。

26) 長尾一紘『日本国憲法』〔第3版〕416頁（世界思想社、1997）は、行政機関としての軍法会議設置も、通常裁判所への上訴の途があれば合憲とするが、無理がある。

27) 本書第3章参照。

28) 松井茂記『日本国憲法』〔第3版〕237頁（有斐閣、2007）が、「最終的な判断権が裁判官に委ねられている限り」とするのは、一審の裁判員裁判自体はそうでない以上、この意味と解したい。

29) 西野前掲註11）論文100頁。

30) 柳瀬前掲註20）Ⅰ論文134頁。

第 6 章　裁判員制度論

31）　大久保前掲註12）論文 6 頁。

32）　同上 7 頁。

33）　柳瀬前掲註20）Ⅰ論文120頁。

34）　本書第 4 章参照。

35）　宍戸常寿「判批」刑事法ジャーナル28号90頁、94頁（2011）。西野前掲註 8 ）論文 5 頁の、「精密司法」が崩れるとの懸念は外れた印象である。

36）　笹田栄司「裁判員制度と憲法的思考」ジュリスト1363号79頁、82頁（2008）。

37）　西野前掲註 6 ）論文3-4頁はそう述べる。

38）　片山前掲註18）書131頁も、「裁判を受ける権利」の観点から裁判員制度合憲論を示す。マグナ・カルタ以来、英米では、同輩者による裁判でなくして有罪判決はないとする観念が広がった。川岸ほか前掲註 1 ）書337頁［君塚正臣］など参照。このように、公正な裁判とは何かという点で、日本と英米は正反対の感覚があるように思われる。

39）　清宮四郎『憲法Ⅰ』〔第 3 版〕345頁（有斐閣、1979）、伊藤正己『憲法』〔第 3 版〕571頁（弘文堂、1995）など。

40）　柳瀬昇「裁判員の職務等と被告人の裁判選択権をめぐる憲法問題」日本法学82巻 4 号 1 頁、33頁（2017）。

41）　大久保太郎「裁判員制度の落日（下）」判例時報2313号 3 頁（2017）。

42）　同上 4 頁。

43）　陪審制につき、長谷部前掲註 8 ）書411頁同旨。

44）　但し、裁判官内多数意見が表に出せないことは憲法上疑義があるとする見解もある。渋谷前掲註16）書663頁。そもそも下級審で裁判官が少数意見を示せないことが根本問題である。

45）　青野前掲註18）論文210頁。補足すれば、裁判所法41条によれば、最高裁では法曹資格を有しない裁判官が許容されているが、これを違憲とする議論は有力ではなかった。土井前掲註 6 ）論文260頁同旨。

46）　笹田ほか前掲註 2 ）文献92頁［長谷部恭男発言］。土井同上262頁、青野同上207頁など同旨。

47）　佐藤前掲註 8 ）Ⅱ書604頁。

48）　柳瀬前掲註20）Ⅰ論文133頁。

49）　柳瀬前掲註40）論文 2 頁。

50）　同上 3 頁。

51）　西野＝矢野前掲註11）Ⅱ評釈330頁。

52）　土井前掲註 6 ）論文270頁も、「憲法政策あるいは立法政策」の問題だとする。青野前掲註18）論文215頁以下も参照。

53）　青野前掲註18）論文217頁以下、笹田前掲註36）論文85頁など同旨。青野論文221頁は刑罰を科すことまでは正当化し難いとする。

54）　この点、本書第29章など参照。青野前掲註18）論文227頁も疑念を示す。

55）　大久保前掲註41）論文 4 頁。

56）　同上 5 頁。

57）　同上同頁。

58）　同上 6 頁。

59）　最判平成27年 3 月10日刑集69巻 2 号219頁。本件評釈には、鈴木一義「判批」中大法学新報122巻

5 = 6 号77頁（2015）、長沼範良「判批」ジュリスト臨時増刊1492号『平成27年度重要判例解説』176
頁（2016）、川上拓一「判批」法学教室426号別冊附録『判例セレクト2015-2』41頁（2016）、関口和
徳「判批」法律時報88巻12号155頁（2016）、廣瀬健二「判批」判例評論687号25頁（2016）、細谷泰
暢「判批」ジュリスト1502号104頁（2017）、同「判批」法曹時報69巻4号179頁（2017）などがある。

60）　大久保前掲註41）論文7頁。

61）　同上6頁。

62）　法学協会編『註釈日本国憲法下巻』1128頁（有斐閣、1954）。

63）　大阪地判平成23年10月31日判タ1397号104頁。本件評釈には、三宅裕一郎「判批」法学セミナー
688号130頁（2012）、村井敏邦「判批」新・判例解説Watch 11号143頁（2012）などがある。裁判員
裁判での死刑判決の問題は、髙井裕之「死刑と憲法」法律時報82巻7号53頁（2010）参照。二審
は、大阪高判平成25年7月31日判タ1417号174頁。本件評釈には、渡邊一弘「判批」刑事法ジャー
ナル49号158頁（2016）などがある。上告審は最判平成28年2月23日裁判集刑319号1頁。

64）　大沢秀介『司法による憲法価値の実現』212-213頁（有斐閣、2011）は、裁判員制度が司法積極
主義傾向の外在的要因であることを示唆する。

65）　君塚正臣「米判批」ジュリスト1379号108頁、111頁（2009）参照。

66）　最判平成24年2月13日刑集66巻4号482頁。本件評釈には、上岡哲生「判批」ジュリスト1444号
104頁（2012）、同「判批」法曹時報67巻2号292頁（2015）、同「判批」最高裁判所調査官室編『最高
裁判所判例解説刑事篇平成24年度』115頁（法曹会、2015）、浦崎寛泰「判批」季刊刑事弁護71号123
頁（2012）、田淵浩二「判批」法律時報84巻9号48頁（2012）、正木祐史「判批」法学セミナー687号
162頁（2012）、高崎秀雄「判批」法律のひろば65巻5号45頁（2012）、原田國男「判批」刑事法ジャー
ナル33号37頁（2012）、宮城啓子「判批」同44頁、中川孝博「判批」同50頁、同「判批」季刊刑事弁
護71号129頁（2012）、前田雅英「判批」警察学論集65巻6号153頁（2012）、土本武司「判批」捜査
研究61巻4号127頁（2012）、同「判批」判例評論652号37頁（2013）、後藤昭「判批」ジュリスト臨
時増刊1453号『平成24年度重要判例解説』187頁（2013）、門野博「判批」法学教室390号別冊附録『判
例セレクト2012-2』42頁（2013）、徳永光「判批」法律時報85巻1号124頁（2013）、樋上慎二「判批」
刑事法ジャーナル36号82頁（2013）、白取祐司「判批」季刊刑事弁護74号15頁（2013）、法政大学法
科大学院刑事事実認定研究会「判批」法政法科大学院紀要9巻1号27頁（2013）、植村立郎「判批」
刑事法ジャーナル40号31頁（2014）などがある。一審は千葉地判平成22年6月22日刑集66巻4号
549頁、二審は東京高判平成23年3月30日高刑集（平23）号186頁である。一審判決の評釈として、
浦崎寛泰「判批」季刊刑事弁護67号23頁（2011）、後藤昭「判批」季刊刑事弁護68号16頁（2011）な
どがある。二審判決の評釈として、立松彰「判批」法と民主主義458号71頁（2011）、南川学「判批」
季刊刑事弁護68号40頁（2011）、加藤克佳「判批」同58頁などがある。

67）　土井前掲註11）評釈388頁。

68）　石松竹雄＝伊佐千尋『裁判員必携―批判と対応の視点から』（筑摩書房、2009）など。

69）　「少なからぬ研究者によって支持されてきた有力な見解」である。柳瀬前掲註20）II論文21頁。

〔付記〕　本章は、「判批」新・判例解説Watch 10号21-24頁（2012年4月25日）を大幅に加筆・
修正したものである。

第7章

成熟性・ムートネスの法理
──「司法権」要件の動中静的要請──

はじめに

　日本国憲法下、裁判所は、事件争訟性を有さない事件を取り上げることはできない[1]。警察予備隊違憲訴訟[2]は、その合憲性を争う以前に、事件が存在しない以上は訴訟が認められないという理由で却下された。このことの妥当性は、付随的違憲審査制の理解の定着と相まって、最早争点ではないであろう[3]。対立当事者の存在[4]、当事者が真摯に争っていることも要件によく挙げられ、馴れ合い訴訟は却下されるべきだと言われる[5]。このほか、法的問題であること、法的権利・利益の存在、司法による解決可能性なども含め、憲法を持ち出さねばならないという意味での事件争訟性がなければ、憲法判断も原則として下し得ない[6]。このような法理のうち、紛争の生成・発展過程に関係するものを成熟性（ripeness）の問題、消滅過程に関係するものをムートもしくはムートネス（mootness）の問題と呼ぶ[7]。言わば、事件争訟性の要件を「時間的な観点から」捉えた[8]、いつ本案審理を行うかという何時（when）に関する問題であり[9]、「時期尚早の訴えの提起」も「時期を失した訴えの提起」も許されないということである[10]。それは、「植物や動物のように、紛争にもライフ・パターンが観察できる。それは、誕生し、成長・成熟し、そしておそらく増殖してから死に至る」ことである[11]。

　憲法訴訟論の問題として、ときに司法消極主義の例として、両法理は取り上げられてきたが、これらを主とする論考は必ずしも多くはない。本章では、両

法理を取り上げ、事件争訟性の原理から検討することとしたい。

1　成熟性の法理

　成熟性の法理については、「紛争が司法判断を下すに至らない程度に未成熟であるとき、ムート（moot）として実体判断なしでしりぞけられる」もので、「裁判所が具体的な紛争に至らないうちに判断を下すことがないようにこの法理が形成されている[12]」。この法理は、原告適格の法理が、事件争訟性の諸要素を静的に捉えたものであるのに対し、訴訟一般につき[13]、これら諸要素を、訴訟当事者間の対立性の要素も含めて、動的に捉えたものと言えよう[14]。

　西欧において、紛争又は訴訟物は果物のように成熟するとの観念は数百年前に遡るようであるが[15]、アメリカでも、この成熟性の要件は、差止めや宣言的救済のような場合に重要な意味を持つとされる[16]。訴訟物が真実（real）であり、かつ現在するものであり（present）又は切迫した（imminent）ものであれば、その訴えは時宜を得ているとされる[17]。逆に、抽象的（abstract）であったり、仮定的（hypothetical）であったり、又は疎遠（remote）であれば、訴えの提起は時期尚早とされ、本案審理の対象とはされない[18]。よって、このことから、具体的紛争になっていない事案の判断や、議会や行政権等が法令等の合憲性などについて、裁判所に勧告的意見を求めることは、当然できないことになったのである[19]。

　だが、アメリカにおけるこの法理の形成には、歴史的経緯がある。法令の具体的・個別的な適用を争うが、それ以前に、法律や条例を直接争い得る訴訟、プレ・エンフォースメント訴訟（pre-enforcement review）を連邦最高裁は認めている[20]。ワシントン州法が、外国人が土地を保有する権利及び土地から収益する権利を持つことを禁止し、これに反した場合は当該土地を没収すること、故意にそのような土地の権利を譲渡した者と譲渡を受けた者は重大な軽罪（gross misdemeanor）に該当することを規定していた。外国人に対する農地の賃貸を欲した者が、当該法律の有効性についての判断がなされなければその遵守を求められるが、これは自らの財産を適正手続なしに奪い、平等保護にも反するとしてこの法令の執行の差止めを求めた事案で、1923年に連邦最高裁は、①当該法

276

律執行の意図は明白であること、②原告が重要な権利・利益を賭けて、遵法・不遵法の択一的行動を迫られていること、③事後の救済によっては当該権利・利益の貫徹が図られないことなどを理由に、法律の執行前の攻撃が許容されるとして、その請求を認容した下級審判決を支持した。[21] その後、1954年には移住許可法の規定を、合衆国本土で定住する外国人でアラスカ州の季節労働から帰ってくる者について、初めて合衆国に入国する外国人と扱うとしたシアトル移民帰化地方局長の解釈は、契約及び財産権への侵害だとして、港湾労働者倉庫労働者組合分会が宣言的判決及び差止命令を求めた事案で、連邦最高裁が訴え却下を支持した例もある。[22]

このほか、法令が違反としていた表現行為をまだ行っていない者の宣言的判決及び執行の差止めを求める訴えを連邦最高裁が却下した例や、[23] 起訴前に刑罰法規を攻撃し、人身保護令状の発給等を求めることはできないとした例、[24] 薬品製造業者協会とその構成員が、商品名が使用される度に、成分の同じ薬品を総称する指定の包括的名称の表示を薬品のラベル・広告その他の印刷物に記さねばならないとする規則が法律の委任を踰越していると訴えた事件で、控訴審の却下判決を破棄した例などがある。[25] 1970年代になると、制度改革訴訟において、具体的な権利侵害の恐れが示されていないなどとして、事件争訟性の要件を厳格に維持した例もある。[26]

総じてアメリカでは、一般的法規の個別的・具体的運用前の司法審査は原則として禁じられた。[27] こういったことは、立法と執行・行政が分離され、立法の後に、議会から離れた行政機関が詳細な規則を作成するという構造故に生じることでもある。[28] 法令が執行される可能性が少ない、損害を受ける危険性が定かではないというときには、成熟性を否定してきている。[29] このことは、「司法」や事件争訟性の定義からすれば、基本的には当然のように思われ、次第に以上のことが「司法権」の定義から説明されるようになってきた模様である。

「司法権」の定義から以上のことが説明されるのであれば、日本国憲法76条の下でも、ほぼ同様のことが言えよう。事件が成熟せず、事件争訟性を有していない段階では、理論的に、裁判所は「司法」の作用として事案を取り上げることはできないと言えよう。

但し、渋谷秀樹によれば、成熟性の法理には例外があるとされる。①当該行為の適用・執行の蓋然性が、被告側の意思その他の事情に照らして極めて高い場合、②当該法規によって原告に生じる苦難、即ち、原告が重要な権利・利益を賭けて遵法・不遵法の岐路に立たされており、事前の救済を認めないと回復不能な侵害が生じて、実質的に救済の機会を喪失する恐れがある場合は判断に踏み込み、③裁判所が、裁判所の能力から政策的判断を行うと、当事者間の対立が先鋭化し、具体的衝突が生起した場合の方が、そこから発生する具体的で明確な事実の資料を入手し得、これに基づき判断できると判断し得る場合、④機能分担の観点から、例えば、文面審査を行えば立法過程に介入してしまうとか、事後的救済の補完的作用に留めるべきであるとか、州の権限を認めるべきとか、行政の最終判断を待つべきであるとかが重視される場合は判断を避ける「政策的配慮を背景に動いている」と渋谷は纏めるのである。このためか、処分後の事情変更に伴う訴えの利益の問題につき、最高裁は訴えの利益を厳格に解する傾向にあると言われてきたものである。

行政事件訴訟法では、権力分立国家において、司法権が行政活動に対してどの時期に介入するかという問題にも直面し、民事訴訟法におけるのと比べ、特徴的で固有な法理が熟成される余地があった。そしてそれは、①一般抽象的な規範定立行為が係争対象でありその行為がそれ自体で終了し、それ以後より具体的な行為が予定されていない場合（法令等の無効確認ないし取消しを求める訴えなど）、②準法律行為を争う場合、③ある行為が行政主体内部の行為である場合、④行政過程が多段階に進行してより具体化する場合、などに分類され、後２者が狭義の成熟性の問題だとされる。

③には、通達の取消し等を求める訴え、行政主体の内部的意思決定の取消し等を求める訴えなどがある。なお、通達がその内容により、直接一般国民の具体的権利義務その他法律上の地位に不当に不利益を及ぼす場合は、取消訴訟を求めることができるとされている。④は、一連の手続を経て最終的な行政目的が達成される行為のうちどの段階で訴訟を認めるのかという問題である。都市再開発法に基づく市街地再開発に見られるような複合的で多段階にわたる行政過程のうち、都市計画決定段階では処分性を否定していたが、第二種市街地再

開発事業の決定について処分性を肯定する判断も生じている[38]。更には労災就学援護費の支給決定[40]、食品衛生法に基づく通知[41]、病院開設中止の勧告[42]、浜松の土地区画整理事業計画決定取消請求[43]も認められている。最高裁は、その後、教職員国旗国歌訴訟では、確認訴訟における確認の利益に言及し[44]、医薬品の郵便等販売をし得る法的地位の確認訴訟を適法と認めている[45]。

このように、日本において、成熟性の問題は、実は行政事件訴訟法に特化して論じられてきたと言っても過言ではない。そこでは、主として行政庁の行為のうち処分に当たるもののみが行政訴訟の対象であるところ、それ以外の公権力の行為である行政庁の内部行為、計画、行政指導、一般処分、行政立法などに一切成熟性がないとして司法権の介入を認めないことが適切かを巡って論じられてきたものである[46]。このほか、差止訴訟においても成熟性は必要であるほか、もし宣言判決を積極的に認めるとすれば、そこでも成熟性の要件は必要であるとされてきた[47]。抽象性の高い段階での訴訟は受け付けないとして、結果的に、行政の自力執行性を守る作用を果たしてきたと言えなくもない。

しかし、行政機関の行為を争う訴訟について、行政事件訴訟法の「処分」を前提に組み立てねばならないと縛られることは疑問であり、憲法上の成熟性があれば訴訟を維持し、なければ認めないことを基本とすべきである[48]。成熟性の問題は、行政事件訴訟法の解釈ではなく、あくまでも憲法76条解釈の問題であることは釘を刺しておきたい。

これに対して、民事訴訟法では、成熟性は、事件性の生成・発展過程と関係し、「確認の利益」に密接に関連してきたと言える[49]。確認訴訟が予防的機能を果たすことから、早期に訴えられれば訴えられるほど危険を除去し易くなるが、他面、そうであれば紛争が未成熟であり、具体的権利もしくは法律関係の存否の主張ではないとして、確認の利益の欠缺を理由にそれが却下される危険が大きくなるのである[50]。相続関係事件において、被相続人がその所有財産を第三者に処分した場合に、相続発生時にその財産を取得することが期待できる推定相続人が、当該処分の無効確認、処分目的物である財産が第三者に属さないことを確認する訴訟があるが、1955年の最高裁判決を機に、このような訴訟には確認の利益は認められず不適法とされるに至った[51]。遺言の取消しについて

も、同様である。この点は、判決には至らぬ強制力を有する決定についても言えることであろう。

しかし、このような判例・通説の傾向について、民事訴訟法学者の野村秀敏は、将来の法律関係を確認の対象としないのは日本法とドイツ判例・通説だけであり、ドイツでは有力な批判があると指摘する。現在の法律関係に限られるのは何故か、と疑問にする。高度化、複雑化した現代社会においては法律関係の不明確が生じ易く、その不明確自体が重大な経済的、社会的損害をもたらすこと、そして、確認訴訟の予防的機能、自主的紛争解決の基礎となって危険を回避できるのではないか、と言うのである。所有権に基づく引渡請求訴訟後に目的物が滅失する危険が皆無でないように、判決確定後に事実状態が変動することはあるのであって、長所があれば、将来の法律関係に関する確認訴訟も、適法とされる可能性があってよいとすると主張する。ただ、それが常に確認の対象になるとは言えず、「一定の要件が具備される蓋然性が相当程度存在する場合」とすべしと言う。そこで、推定相続人が、被相続人が第三者に財産を移転したことが、民法1030条の「贈与は、相続開始前の１年間にしたものに限り、前条の規定によりその価額を算入する。当事者双方が遺留分権利者に損害を加えることを知って贈与をしたときは、１年前の日より前にしたものについても、同様とする」という規定に基づき、遺留分算定の基礎に算入されるべきだとして出訴した事案で、最高裁がこれを却下したのについて、遺留分権減殺「請求権が相続開始時に初めて発生するとの理由をもってしては、これを不適法とすることはできない」ので、理由が正当でないと批判するのである。

この種の批判は、憲法学でもなされる。松井茂記は、日本で成熟性の要件が厳しく考えられていることに否定的で、「日本でも、法律が制定されたとき、その法律が適用される可能性が現実に示せる人であれば、誰でもその違憲の確認と執行の差止めを求める訴訟を提起できるものというべきである」と述べる。

しかし、事件争訟性の要は、事実の十分な記録の必要性と、一方の当事者に対する脅威が当事者間に論争を十分に惹起する見込みがあるほど実質的になったときに司法的救済が与えられるべきという点にあろう。このため、成熟性の要件を無にして、事件が抽象的な段階でも本案審理を要求することは、「司法

権」要件の換骨奪胎であると思われる。その意味では、行政事件、民事事件とも、これを政策的な程度問題とするのではなく、当事者が特定され、法的判断を行い、終局的解決が可能な段階は「司法」の作用を行い、そうでなければ認められないものとして整理されるべきであると思われる。

2　ムートネスの法理

　成熟性が事件争訟性の入口要件であれば、ムートネスは出口要件であろうか。ムートネスの法理とは、「訴訟当事者のstandingの是認を前提として、現実の争訟が単に訴訟提起の時点にとどまらず、審理の前段階において存在しなければならないことを要求し、当初存在した現実の争訟（又は当事者の法律上の利益）が、その後の事情の変化によって消滅した場合に、その訴訟はmootであり、司法判断適合性（justiciability）をもたない、とするものである[62]」。言い換えれば、「時間的に構成された原告適格[63]」及び訴えの利益となろう。この法理は、各種訴訟一般に必要なものであり、「行政訴訟法の解釈論としてまず訴えの利益を論じる必要があ[64]」り、「基本的に行政事件訴訟法上の問題」というわけではない。なお、野坂泰司によれば、アメリカにおけるムートの法理は、もともとコモン・ロー上確立された法理であったが、1964年判決以降、連邦憲法3条の事件争訟性（case or controversy）の要件との関連で論じられるようになっ[65]たもので[66]、「司法救済（judicial economy）」、「権力分立の要請」、「法の柔軟性維持の要請」に基づくものとされている[67]。

　連邦最高裁は、ロースクールの入学を拒否された者が、より低い点数で入学したマイノリティ・グループの存在を理由に、修正14条の平等保護違反だとして出訴した事例で、比較対象者が既に最終学期のための登録を有効に終えており、ムートとなっていると判示した[68]。このほか、一定の年齢に適用される法律の合憲性を争ううちに当事者が該当当年齢を超えた場合[69]、投票権が侵害されているとして選挙の差止めを求めているが勝訴判決を得る前に当該選挙が実施された場合[70]、訴訟の目的となった特定の行為が被告により履行された場合[71]、短期間の期限付きの免許の付与又は更新の拒否を争っている途中でその期限が到来し

た場合などもそう判示された。他方、付随的な不利益がなお継続すれば、審査が正当化されるとされ[73]、下院の議席を争う者が後にその議席を認められても、歳費請求権がある以上、本件がムートにならないとされた例がある[74]。野坂は、米連邦最高裁は「原告個人に対する損害が、」「継続しているか、又は」「将来再発しうる場合は、いずれも裁判管轄の維持に積極的である[75]」、つまりはムートであるとはしないとも述べ、この法理を政策的なものと捉えてきたようである。

　日本でムートの例として取り上げられる判例に、まず朝日訴訟がある[76]。医療扶助と生活扶助を受けていた朝日茂が、実兄から仕送りを受けられることになったところ、福祉事務所長から生活扶助を廃止され、逆に医療費負担も求められる変更処分がなされたため、日用品費600円という厚生大臣の保護基準が憲法及び生活保護法の定める生活水準維持に足りないものとして、不服申立て却下裁決の取消しを求めて出訴した事件である。一審は、入院中の患者につき日用品費の最高月額を600円と定めた保護基準はその最低限度の需要に即応するものと言えず[77]、生活保護法第8条第2項・第3条に違反するなどとして原告の請求を認容したが、二審が請求を棄却したため[78]、原告の朝日茂が上告したものの、その後、朝日が死亡したので、養子が訴訟の継承を主張したが、最高裁は、本件で争われている「保護受給権とも称すべきもの」は「被保護者自身の最低限度の生活を維持するために当該個人に与えられた一身専属の権利であつて、他にこれを譲渡し得ないし、相続の対象ともなり得ない」ので、「当該被保護者の死亡によつて当然消滅し、相続の対象となり得ない」として、訴えを斥けたものである。奥野健一裁判官の補足意見もある。

　これに対してはまず、田中二郎裁判官の反対意見がある。反対理由は、「行政事件訴訟における訴訟要件は、これをできるだけゆるやかに解釈し、裁判上の救済の門戸を拡げていこうというのが、近時、諸外国におけるほぼ共通の傾向であ」るとの「見地から翻つて本件をみると、本件訴訟の承継は、理論上もこれを肯認し得ないわけではなく、」「被保護者の生存中の生活扶助料ですでに遅滞にあるものの給付を求める権利が保護受給権そのものと同様に使用目的の制限に服すべきものであるかどうかについては、全く疑問の余地がないというわけではない」とする。「国に対する不当利得返還請求権は、保護受給権その

ものの主張でないことはもちろん、すでに遅滞にある生活保護の給付の請求そのものでもなく、元来、朝日茂の自由に使用処分し得た金銭の返還請求権ともいうべきものであつて、このような権利についてまで、その譲渡性や相続性を否定すべき合理的根拠は見出しがたいのではないかと思う。そして、若し、右のような意味での不当利得返還請求権が認められるべきものとすれば、この請求権を行使するためには、本件で取消訴訟の対象になつている裁決の取消がされることを当然の前提条件とするのであつて、右の権利を相続した」「両名は、本件裁決の取消によつて回復すべき法律上の利益を有する」としながら、「生活保護法が右のような水準を維持するに足りる適確な内容の権利を与えなかつたからといつて、直ちに憲法違反となるわけではない」などの理由により、「結局、本件上告は棄却を免れない」としたのである。

　松田二郎、岩田誠両裁判官による反対意見も、「保護受給権が一身専属的であるということは、本件訴訟において承継を否定する根拠」ではなく、相続人の「『本件裁決の取消によつて回復すべき法律上の利益』(行政事件訴訟法９条参照)」「を否定するときは、右両名は将来国に対して不当利得返還請求をなし得べき途を全く鎖されてしまう」ので、「本件訴訟の承継を認める」べしとした。

　よく知られる朝日訴訟については、多数意見に従えば、事件を解決する意味以上に、原告がいなくなり、法律上の利益が消滅したことになる。多くは、本件をムートの事例として扱ってきたが、時間の経過により司法的解決の意味が消滅した事案とは異なる。また、反対意見が、この事案で原告が死亡してもムートになったわけではないと考えていたことも、興味深い点である。

　次に、皇居外苑使用不許可処分取消事件がある。厚生大臣の所管する皇居外苑を1952年５月１日のメーデーに使用するため、前年11月に許可申請を行ったが、国側は明けて３月13日に不許可の処分を行い、翌日に通知したため、原告である日本労働組合総評議会(総評)がその取消しを求めた事案である。

　一審は原告の請求を認容したものの、二審は、既に５月１日が経過した以上、不許可処分の取消しを求める実益は失われたとして、請求を棄却したので、原告が上告したものである。最高裁は、「狭義の形成訴訟の場合においても、形成権発生後の事情の変動により具体的に保護の利益なきに至ることある

べきは多言を要」せず、「上告人の本訴請求は、同日の経過により判決を求める法律上の利益を喪失した」と断じたのである。

興味深いことに、本判決も、朝日訴訟で有名となった括弧書きの「なお、念のため」が付随しており、「厚生大臣は国民公園管理規則4条の適用につき勘案すべき諸点を十分考慮の上、その公園としての使命を達成せしめようとする立場に立つて、不許可処分をしたものであつて、決して単なる自由裁量によつたものでなく管理権の適正な運用を誤つたものとは認められない。次に、国民公園管理規則1条には、『皇居外苑…の利用に関してはこの規則の定めるところによる。』とあるから、同規則4条による許可又は不許可は、国民公園の利用に関する許可又は不許可であり、厚生大臣の有する国民公園の管理権の範囲内のことであつて、元来厚生大臣の権限とされていない集会を催し又は示威運動を行うことの許可又は不許可でないことは明白である」などとして、仮にムートに至らずとも、厚生相の判断は違法ではないと述べている。そして、本判決にも栗山茂裁判官の「法律に特別の定なくして規定された右規則4条は違法であつて、それに基いてなされた本訴不許可処分もまた違法たるを免れない」とする意見が付されているが、結論においては、「たとい上述したように右処分が違法なものであつても、既に同日の経過によりその審判を求める法律上の利益は喪失されたものとすべきことについては、私も多数説と同じ意見である」としており、原告の訴えを斥ける点は全員一致であったものである。

両最高裁判決について、裁判を受ける権利の否定であると論評するのは行き過ぎ[83]だとしても、生存権等の侵害だとの宣告はできなかったか[84]、集会の自由を不当に制限した疑いがないか[85]、不許可処分には公園管理権の逸脱、濫用があり、裁量の逸脱はなかったか[86]、そもそも国民公園に関して管理規則による許可制が維持されていること[87]などには疑問があろう。

仮に、原告の死亡やメーデーの期日の前であれば、以上のような論点は本案判決として裁判所は回答すべきところ、期日を徒過したことが判決の理由である。その後に不利益処分を取り消しても、救済是正をすることはできない[88]。もしも、一般論として、なお書きで憲法判断等を加えてもよい、もしくは加えるべきだというのであれば、抽象的法律問題に司法権が判断を加えられることに

なってしまうのである。⁸⁹⁾この意味で、朝日訴訟において、原告に社会保障給付権を確認することはできず、原告適格を有する者の死亡により「司法権」の作用としては裁判の打切りはやむを得ないと言うべきである。皇居外苑使用不許可処分取消事件においても、名誉や信用などといった利益が失われたものではなく、期日の徒過をもって、処分取消しの訴えはできないと解するのが適当であろう。⁹⁰⁾民事訴訟では、憲法上ムートであるのに、訴訟となり、不利益な決定を下されることは問題であろう。両事案の事後的な救済は国家賠償請求訴訟でなされるべきであったと思われ、金銭給付に切り替えてあるならば訴訟は継続⁹¹⁾できたと解するべきように思われた。

　ムートネスの法理を巡っては、それが憲法学によって特に議論されるためか、憲法上の権利が問題となった事案ばかりが思い起こされるが、それは判決の際に実体判断を行う意味が消滅したケースについてのものであるので、当然のことながら、特に憲法訴訟とは言えない、民事・刑事・行政事件が一般的である。例えば、⁹²⁾運転免許の効力停止処分を受けた者が、免許の効力停止期間を経過し、かつ、この処分の日から無違反・無処分で1年経過したときは、この処分の取消しによって回復すべき法律上の利益を有しないとされている。⁹³⁾専従休暇不承認処分の取消しを求める訴えは、その申請による専従休暇期間の経過により、訴えの利益を失うとされた。⁹⁴⁾議員定数不均衡を理由に選挙の無効確認を求める訴えが係属中に衆議院が解散された場合も、事情の変更により、訴えの利益が消滅するとされた。⁹⁵⁾都市計画法29条に基づく開発許可処分取消しの訴えは、当該工事が完了して検査済み証が交付された時点で訴えの利益が消滅するとされた。⁹⁶⁾日本国籍は出生により得ていたのであり、一旦なされた国籍離脱の届け出の国籍回復許可処分によるものでないことの確認が、原告のアメリカ国籍の承認のために必要な事案で、原告が「出生による日本の国籍を現に有すること」の確認を求める利益を認め、訴えを認めた例がある。⁹⁷⁾株主総会の役員選任決議取消しの訴え係属中に当該役員が退任した場合も、特段の事情がない限り、訴えの利益が失われるとされた。⁹⁸⁾重婚において、後婚が離婚によって解消されたときも、特段の事情がない限り、後婚の取消しを請求することは許されないとされた。⁹⁹⁾重要なことは、憲法上ムートになっていないのであれば、「司

285

法権」の定義に沿う訴えがあればその行使を逃れられない裁判所が訴訟を終えてはならないことである。ならば、原告の敗訴を意味する「訴えの却下」という主文よりも、「本案は終了した」という主文の方が実態に即していよう[101]。

　この意味で問題とされるべきなのは、「司法権」の定義としての事件争訟性を失った事案である。やはり、ムートネスの問題も、憲法76条に立ち返って考慮されねばなるまい。更には、訴えの利益がないにしても、請求も理由がない場合に本案判決を下せるのかという問題がある[102]。判決の結論に影響のない憲法判断は、「爾後の同種の争点の事件に関し、事実上の影響力を与えることは否み難いから、必ずしも好ましいことではない[103]」ように思われる。

　だが、取消しに付随して、或いは「波及的に回復される何等かの利益が有り得る[104]」ということも十分考え尽くされねばなるまい。現に、長沼訴訟最高裁判決[105]に関しては、訴えの利益は消滅せず、事情判決による処理が望ましいとの指摘もある[106]。苫米地事件[107]では、既に衆議院の解散がなされ、総選挙後に新たな国会が召集されたが、ムートには至らず、歳費請求権を持って訴えの利益があると解された。行政事件訴訟法9条では、取消訴訟は、「法律上の利益を有する者（処分又は裁決の効果が期間の経過その他の理由によりなくなつた後においてもなお処分又は裁決の取消しによつて回復すべき法律上の利益を有する者を含む。）に限り、提起することができる」とされているが、業務停止処分を受けた弁護士が、その経過後も、その裁決の取消しを求める訴えの利益があるとされた例もある[108]。免職処分を受けた公務員が市議会議員に立候補した事案で、給与請求権その他の権利・利益を回復するのに必要であるとして、訴えの利益を認めている[109]。

　特定時期に関わる処分の取消しの場合であって、他に有効な救済方法がないときに限って、将来の同様な違法処分の現実的危険を防止する場合を「訴えの利益」に含めてもよい、とする民事訴訟法学からの指摘もある[110]。2004年の行政事件訴訟法の改正により、義務付け訴訟が法定され、公共施設の利用について実効的な救済が可能になっている[111]。これらは、憲法76条の事件争訟性の要件を満たすべく、解釈や立法が変化したものと整理されるべきであろう。

　ところで、それとは別に、憲法判断を行い得る事案とは何か、という論点があろう。そこでは、「憲法訴訟の趣旨と積極的に連結するような方向でのルー

ルの明確化が求められている[112]」のである。皇居外苑使用不許可処分取消事件が却下で終わっていることに批判が多いのは、集会の自由という憲法上の重要な人権が侵害されていることと強く関連しよう。また、朝日訴訟についても、実際の事実関係を見ると、憲法上の権利を掲げた生活最低限でのまさに命をかけた闘争であったことを抜きには語れない。その意味では、ムートにかかり「司法権」の作用としては却下せざるを得ない事案でも、裁判所が憲法判断を行うべきと考えられる場合があるかが次なる問題となるのであろう。

　アメリカでも、刑事被告人が宣告刑履行後もなお当該有罪判決を争う場合があり、虚偽申告の共謀罪で有罪判決を受けた刑事被告人の外国人が、宣告刑期を終了していたにも拘らず、最高裁が、当該被告人が将来、背徳罪（moral turpitude）を犯したことを理由に国外追放となる可能性等を理由として、当該訴訟はムートにならないとした例がある[113]。また、刑期満了後に、その有罪の根拠となった停止・所持品検査（stop-and-frisk）規定が連邦憲法違反となっていた事案で、米最高裁が、本案審理を行って有罪判決を破棄した例がある[114]。

　当事者間で紛争が再発する可能性がある場合にも、ムートとしなかったことがある。州際通商委員会の命令が、事件が最高裁に係属する前に失効したが、当該命令をもたらした状況がなお継続していると判断して、ムートの主張を排除した例がある[115]。この理論的根拠が、裁判管轄が「反復されうるにもかかわらず、審査を免れる」（capable of repetition, yet evading review）短期の命令によって破られるべきではない、というものであった。また、被告が自発的に争われている行為を止め、反覆する意図を否定するだけでは、訴訟をムートにするには十分ではない、とした例がある[116]。それは、違法として攻撃されている訴訟当事者が自発的停止（voluntary cessation）を行ってもそうだとされている[117]。これが、他者にとって繰り返される場合に広げられた例がある[118]。

　以上を踏まえ、渋谷は、米最高裁が「ムートネスの判定をなす際に考慮していると思われる政策的要因」として、①審査する機会が存在するか、②訴訟経済の観点、③裁判の基礎となる資料の提出が十分になされているかがあると述べるのである[119]。また、この法理を日本に導入することにつき、野坂は、「判例理論が特定の社会における特定の制度的枠組みに規定されたものであることも

また事実であり、その意味では、これを性急にわが国の問題として論ずることには慎重でなければなるまい」とする。[120]

　ムートか否かの何れかしかなく、否であれば事件争訟性はあるものとして、裁判所は本案審理を行わねばならない。[121]また、表現の自由に関する文面審査がそうであるように、事案それ自体は事件争訟性を有さざるとも、憲法上の権利侵害の重大さ故、仮に訴えを却下しても、憲法判断を行うことが憲法上、司法権に要請されている場合があると言うべきではあるまいか。振り返れば、皇居外苑使用不許可処分取消事件は、繰り返されるが審理を免れる典型的なケースであろう。[122]また、人権侵害の重大さから、仮に原告の救済は行わなくとも、憲法違反の宣言は、憲法上必要だったとも考えられる。[123]そうであれば、この事案は、何にせよ裁判所が審理を行わねばならなかったのではあるまいか。[124]

3　いわゆる「終局性」──なお、念のため

　ところで、「裁判により事件が終局することというのも、」成熟性「の要件と関係」するとされることがある。[125]成熟性の問題、ムートネスの問題は、ときに憲法学では、「成熟性（ripeness）または終局性（finality）の理論」などの記述や、[126]「法律上の争訟」に「単なる政治的または経済的問題や技術的または学術上に関する争」[127]を含む理解[128]などから、ときとして「終局性」（requirement of finality）の問題と捉えられがちであったが、これらはその問題というよりも、当事者や法的権利・利益、法律上の問題であることが欠けた場合であると解せる。[129]少なくとも「重なる」[130]だけである。また、「憲法訴訟にかかわるやや特殊な局面として、いわゆるムートネスの問題がある」とされたり、[131]「憲法訴訟手続論の対象」として「成熟性」が挙げられたりするなど、多くの場合、「憲法訴訟」の問題[132]として取り上げられている。[133]だが、そもそも「司法権」もしくは「司法判断適合性」[134]の要件の問題となる事案が多く、特に朝日訴訟も皇居外苑使用不許可処分取消事件もそう考えるべきである。[135]成熟性、ムートネスの概念は、基本的には民刑事・行政事件共通の「司法権」の問題に納め、全く新しい概念を創設する必要はなさそうである。[136]無論、憲法訴訟に限られた話でもない。

第7章　成熟性・ムートネスの法理

　これに対し、「終局性」として挙げるべきは、よく「裁判の効力[137]」などとして教示されるものである。これは、訴訟法・裁判法では、「自縛性（自己拘束力）」「形式的確定力」「実体的確定力（既判力）」「執行力」「形成力（創設力、権利変更力）」で構成されるが、「司法」の定義としての「終局性」と特に関連しているのは、「国家権力によって、判決内容を強制的に実現できる効力」という意味での「狭義」の「執行力」であろう[138]。「紛争を法的に解決することが不可能、あるいは政策的に望ましくなく、政治部門あるいは自律的団体の内部的解決に委ねるほかない、あるいは委ねるのが望ましい場合に指摘されることがあるが、ここでは、むしろ裁判所の判断がその事件について最終的ではないような場合を想定すべきであ[139]」る。特に、政治部門が判決を覆すことができることは許されず、それが可能であれば終局判決は下すべきでない[140]。無論、終局判決に至る途上の「中間判決[141]」も「司法」の作用から除外する必要はない。また、執行（execution）が不可欠の要素と絶対視することはできず、当事者間の法的関係を確認し、宣言するものも含まれる[142]。これに対して、これを有さないものは「司法」ではない、という意味では、物理的に執行不能なもの、国内裁判所の判決では左右できない性質のものが寧ろ相応しく、領土問題や安保・防衛問題のように、国際法上の限界や統治行為論の問題とされてきたものの一部が該当しよう。自然債務の場合、裁判上の履行を求める権能が欠け、訴えの利益がなく[143]、執行できない。何よりも、当該事件についての裁判所の判断の立法部・執行部に対する最終性を示すものである[144]。

　皇居外苑使用不許可処分取消事件は、期日が徒過し、物理的に過去の期日には集会が開催できないという意味では、司法権の定義に関わる終局性を欠いた事案だと評価することができよう。或いは、高田事件[145]のように、憲法37条1項の「迅速な公開裁判」を満たせず、仮に事実認定では有罪を導けても刑の執行は憲法上許容できず免訴[146]となる場合は、本案判決が下せないという意味で、終局性を欠く事案として再考することができよう。こういった諸点につき、講学上の整理が今後必要に思われる。

289

おわりに

　結局、成熟性にせよ、ムートにせよ、事件争訟性の定義によって定まるものである[147]。こういった概念をリジッドに考えることは人権救済にとって適切でないとする見解もあるが[148]、そもそも「司法権」が「司法」でないものを見境なく取り上げることには無理がある。「狭義の訴えの利益[149]」を有さない訴えを取り上げることは、原則として認められない。また、人権侵害的な当事者の訴えを認め、法廷が政治のアリーナと化すことの危険性も斟酌せねばなるまい。「司法権」の原理的性格を強調する佐藤幸治は、アメリカ合衆国連邦憲法３条の「３つの関連するポリシー」として「自己抑制 (restraint)」、「代表 (representation)」、「自己決定 (self-determination)」を要素とすることを基本的に是認する[150]。日本国憲法76条に関してもこの３つに集約されるかどうかは微妙だが、こういった要件について、実定法律で定めればよいとか、「例えば無効確認訴訟における原告適格の要件 (行政事件訴訟法36条) の定めなどはこれにあたる」が、「これは訴訟経済の観点からむしろ政策的に法律で要件を定めたものであ[151]」るというような政策的理解は、やはり疑問である[152]。「司法権」の定義が要件であるとすれば、その安易な操作はかえって法の支配を害しよう。何よりも、司法の作用が、事件の解決のためのものであれば、それに寄与しない作用はしないという意味で成熟性やムートの法理は、そこから派生する原理的なものである。「当事者適格の理論」が「成熟性の理論と実際には交錯する面をも」ち、「standingとripenessが厳格に区別されない場合が少なくない[153]」という芦部信喜の指摘は、こうした思考を経て首肯できるものとなろう。

　もし、訴訟の成熟時期の前倒しやムートネスの縮小が主観訴訟としてあり得るとすれば、他の憲法原理・憲法的価値を根拠とせねばなるまい[154]。また、もしも「司法権」の定義の観点から当該訴訟が主観訴訟として認められないとしても、客観訴訟として認める途はあり、後の訴訟を待たずに司法判断を要すると考えれば、立法によりこれを認めることも考えられよう[155]。要は、事件争訟性の定義を逸脱した政策的考慮に走らないことが、「司法権」、延いては立憲主義を

290

擁護するのに肝要だということである。

1) 川岸令和ほか『憲法』〔第4版〕340頁（青林書院、2016）〔君塚正臣〕。
2) 最大判昭和27年10月8日民集6巻9号783頁。本件評釈は本書第2章参照。
3) 但し、榎原猛編『基礎法学』106頁（法律文化社、1984）〔澤田嘉貞〕、戸波江二「ドイツ連邦憲法裁判所の現況とその後」ジュリスト1937号53頁（1994）、佐々木雅寿『現代における違憲審査権の性格』276頁以下（有斐閣、1995）、畑尻剛「憲法裁判所設置問題も含めた機構改革の問題」公法研究63号110頁（2001）などの説は、この訴訟すら受理すべきとするかもしれない。
4) 氏名冒用訴訟＝大判昭和10年10月28日民集14巻1785頁は、第三者によって氏名を冒用された者にも判決の効力は及び、確定後には再審の訴えを提起すべきものと判示している。また、被告が既に死亡しているときには訴えは却下されるのが原則であるが、大判昭和16年3月15日民集20巻191頁は、原告と被告の間に判決の効力があり、その相続人には効力が及ばないとして、被告の相続人による再審を認めなかった。前者の判例の評釈として、佐上善和「判批」伊藤眞ほか編『民事訴訟法判例百選』〔第3版〕22頁（2003）、兼子一「判批」法学協会雑誌54巻3号589頁（1936）、村上正子「判批」高橋宏志ほか編『民事訴訟法判例百選』〔第5版〕14頁（2015）などがある。後者の判例の評釈として、村松俊夫「判批」民商法雑誌14巻1号150頁（1941）、美濃部達吉「判批」国家学会雑誌55巻7号880頁（1941）、兼子一「判批」法学協会雑誌59巻8号（1941）、小野木常「判批」法学論叢45巻1号173頁（1941）、河本喜與之「判批」日本法学7巻7号91頁（1941）などがある。
5) この点で、池子米軍住宅建設差止請求訴訟で、逗子市長が河川法違反を理由に工事中止命令を出し、その履行確保のための工事続行禁止請求を民事訴訟として国を訴えたことにつき、国に民事訴訟における独立した地位ないし利益を認めない判断がある。東京高判平成4年2月26日判時1415号100頁。本件評釈として、小幡純子「判批」磯部力ほか編『地方自治判例百選』〔第3版〕200頁（2003）などがある。渋谷秀樹『憲法訴訟要件論』183頁（信山社、1995）は、こ「の判決の底流にあるのは、一定の事務が機関委任事務に該当すると認められれば、そもそもその事務の帰属する法主体（行政主体）内部における意思の分裂、本件の場合国家意思の分裂はありえない、つまり対立性は存在しえないという見方であろう」と論評している。上告審は最判平成5年9月9日訟月40巻9号2222頁。本件評釈として、末原雅人「判批」訟務月報40巻9号196頁（1994）、石川健治「判批」法学教室376号87頁（2012）などがある。
6) 川岸ほか前掲註1）書352頁〔君塚正臣〕。
7) 渋谷前掲註5）書56頁。
8) 阪本昌成『憲法理論Ⅰ』〔補訂第3版〕400頁（成文堂、2000）。
9) 渋谷前掲註5）書78頁。
10) 金子正史「アメリカ行政訴訟における紛争の成熟性の法理(1)」自治研64巻6号76頁、82頁（1988）。
11) George W. Pugh, *The Federal Declaratory Remedy: Justiciability, Jurisdiction and Related Problems*, 6 VAND. L. REV. 79, 92 (1952). 渋谷前掲註5）書77頁参照。金子前掲註10）論文83頁なども参照。
12) 大須賀明ほか編『三省堂憲法辞典』278-279頁（三省堂、2001）〔戸松秀典〕。
13) この点、野中俊彦『憲法訴訟の原理と技術』233頁（オンデマンド版、有斐閣、2004）は、専ら

行政庁の行為に対して「過程のどのあたりで取消訴訟の提起を認めるのが適切か」という行政事件特有の問題と捉えている。しかし、以下に示す通り、訴訟が成り立つかという点は民刑事訴訟でも共通のものであろう。

14）　渋谷前掲註5）書115-116頁。

15）　金子正史「アボット判決における紛争の成熟性の法理」成田頼明横浜国立大学退官記念『国際化時代の行政と法』161頁、164頁（良書普及会、1993）。

16）　松井茂記『アメリカ憲法入門』〔第7版〕187頁（有斐閣、2012）。

17）　金子前掲註10）論文83頁。

18）　同上同頁。

19）　伊藤正己『憲法』〔第3版〕634頁（弘文堂、1995）。

20）　渋谷前掲註5）書116頁。金子前掲註10）論文83-84頁も参照。詳細は、金子正史「アメリカ行政訴訟における紛争の成熟性の法理（2-6）」自治研究64巻9号79頁、87頁以下、12号78頁（1988）、65巻1号81頁、5号93頁、8号78頁（1989）など参照。

21）　Terrace v. Thompson, 263 U.S. 197（1923）. 渋谷前掲註5）書116-118頁参照。

22）　Int'l Longshoremen's Warehousemen's Union, Local 37 v. Boyd, 347 U.S. 222（1954）. 渋谷前掲註5）書119-120頁参照。

23）　United Public Workers v. Mitchell, 330 U.S. 75（1947）. 渋谷前掲註5）書120-122頁参照。ところが、5年後の Adler v. Board of Education, 342 U.S. 485（1952）において米最高裁は、教育委員会が破壊活動団体のリストを作成し、その構成員であることを教職からの一応の排除理由としていたことについて、具体的に、教員が法律違反に問われたとか、実際に法律に基づいて行動を妨げられたとかという証明はなかったにも拘らず、本案審理を行った。松井前掲註16）書188頁参照。

24）　*Ex parte* Young, 209 U.S. 123（1908）. 渋谷前掲註5）書123-125頁参照。

25）　Abbott Laboratories v. Gardner, 387 U.S. 136（1967）. 渋谷前掲註5）書134-137頁、金子前掲註15）論文172頁以下参照。

26）　松井前掲註16）書188-189頁。*See*, O'Shea v. Littleton, 414 U.S. 488（1974）; Rizzo v. Goode, 423 U.S. 362（1976）; City of Los Angeles v. Lyons, 461 U.S. 95（1983）.

27）　渋谷前掲註5）書138頁。

28）　小杉丈夫「米判批」法律のひろば57巻2号72頁、78頁（2004）。National Park Hospitality Association v. Department of Interior, 538 U.S. 803（2003）の評釈である。

29）　松井前掲註16）書188頁。*See also*, Poe v. Ullman, 367 U.S. 497（1961）; Laird v. Tatum, 408 U.S. 1（1972）; Renne v. Geary, 501 U.S. 312（1991）; Reno v. Catholic Social Services, 509 U.S. 43（1993）; Anderson v. Green, 513 U.S. 557（1995）.

30）　渋谷前掲註5）書138頁。

31）　野坂泰司「訴えの利益とムートネスの法理」芦部信喜編『講座憲法訴訟第1巻』283頁、292頁（有斐閣、1987）。

32）　金子前掲註15）論文164-165頁。

33）　渋谷前掲註5）書195-196頁。

34）　最判昭和43年12月24日民集22巻13号3147頁など。本件評釈には、中川哲男「判批」法曹時報21巻3号159頁（1969）、中川哲男「判批」最高裁判所調査官室編『最高裁判所判例解説民事篇昭和43年度』974頁（法曹会、1969）、Ｓ・Ｈ・Ｅ「判批」時の法令688号56頁（1969）、山内一夫「判批」民商

第7章 成熟性・ムートネスの法理

法雑誌64巻4号143頁（1971）、高柳信一「判批」雄川一郎編『行政判例百選Ⅰ』133頁（1979）、近藤昭三「判批」芦部信喜＝若原茂編『宗教判例百選』〔第2版〕80頁（1991）、平岡久「判批」宇賀克也ほか編『行政判例百選Ⅰ』〔第6版〕116頁（2012）などがある。

35) 最判昭和29年2月11日民集8巻2号419頁、大阪高決平成3年6月6日判時1408号70頁など。前者の判例の評釈には、田中真次「判批」最高裁判所調査官編『最高裁判所判例解説民事篇昭和29年度』26頁（法曹会、1955）などがある。

36) 東京地判昭和46年11月8日行集22巻11＝12号1785頁など。渋谷前掲註5）書182頁参照。本件評釈には、中西又三「判批」中大法学新報79巻6号95頁（1972）、奥平康弘「判批」判例評論160号9頁（1972）、小早川光郎「判批」自治研究48巻11号187頁（1972）、S・H・E「判批」時の法令796号54頁（1972）、山内一夫「判批」ジュリスト535号24頁（1973）、畑雅弘「判批」関大法学ジャーナル31号109頁（1981）などがある。

37) 最大判昭和41年2月23日民集20巻2号271頁、最判平成4年10月6日判時1439号116頁など。前者の判例の評釈には、田村浩一「判批」民商法雑誌55巻3号148頁（1966）、上野国夫「判批」法律のひろば19巻6号46頁（1966）、南博方「判批」判例評論92号13頁（1966）、渡部吉隆「判批」法曹時報18巻4号118頁（1966）、同「判批」最高裁判所調査官室編『最高裁判所判例解説民事篇昭和41年度』53頁（法曹会、1967）、S・H・E「判批」時の法令571号53頁（1966）、藤田宙靖「判批」雄川一郎＝成田頼明編『土地収用判例百選』96頁（1968）、菊井康郎「判批」ジュリスト増刊『昭和41・42年度重要判例解説』22頁（1973）、阿部泰隆「判批」雄川一郎編『行政判例百選Ⅱ』363頁（1979）、近藤昭三「判批」成田頼明編『街づくり・国づくり判例百選』50頁（1989）、原田尚彦「判批」塩野宏＝小早川光郎編『行政判例百選Ⅱ』〔第3版〕374頁（1993）、山下竜一「判批」小早川光郎ほか編『行政判例百選Ⅱ』〔第5版〕328頁（2006）などがある。後者の判例の評釈には、亘理格「判批」民商法雑誌109巻1号133頁（1993）などがある。

38) 最判平成4年11月26日民集46巻8号2658頁。本件評釈には、荏原明則「判批」ジュリスト1021号98頁（1993）、村上武則「判批」ジュリスト臨時増刊1024号『平成4年度重要判例解説』38頁（1993）、常岡孝好「判批」法学教室151号122頁（1993）、安本典夫「判批」民商法雑誌109巻1号119頁（1993）、小高剛「判批」法律のひろば46巻6号53頁（1993）、田中舘照橘「判批」法令解説資料総覧134号64頁（1993）、福岡右武「判批」法曹時報46巻12号249頁（1994）、同「判批」最高裁判所調査官室編『最高裁判所判例解説民事篇平成4年度』485頁（法曹会、1995）、仲江利政「判批」判例地方自治118号増刊81頁（1994）、山下竜一「判批」小早川光郎ほか編『行政判例百選Ⅱ』〔第5版〕330頁（2006）、高木英行「判批」東洋法学56巻2号25頁（2013）などがある。

39) 渋谷前掲註5）書196-197頁。

40) 最判平成15年9月4日判時1841号89頁。本件評釈には、嵩さやか「判批」法学教室283号104頁（2004）、榊原秀訓「判批」民商法雑誌130巻1号150頁（2004）、下山憲治「判批」法学セミナー594号114頁（2004）、間史恵「判批」法律のひろば57巻3号69頁（2004）、西田和弘「判批」判例評論552号6頁（2005）、太田幸夫「判批」判例タイムズ臨時増刊1184号『平成16年度主要民事判例解説』266頁（2005）、米田雅宏「判批」法学69巻3号108頁（2005）、大久保規子「判批」ジュリスト1310号18頁（2006）、下井康史「判批」西村健一郎＝岩村正彦編『社会保障判例百選』〔第4版〕124頁（2008）、山本隆司「判批」法学教室331号107頁（2008）、桑原昌宏「判批」愛知学院大法学研究49巻1＝2号119頁（2008）、太田匡彦「判批」宇賀克也ほか編『行政判例百選Ⅱ』〔第6版〕330頁（2012）、横田明美「判批」岩村正彦編『社会保障判例百選』〔第5版〕116頁（2016）などがある。このほか、高木

293

英行「処分性の解釈と行政過程の構造分析―労災就学援護費不支給決定事件を素材に」東洋法学
54巻3号1頁（2011）などがある。

41）最判平成16年4月26日民集58巻4号989頁。本件評釈には、今本啓介「判批」法令解説資料総覧
271号97頁（2004）、西田幸介「判批」ジュリスト臨時増刊1291号『平成16年度重要判例解説』44頁
（2005）、橋本博之「判批」判例評論554号6頁（2005）、西口元「判批」判例タイムズ臨時増刊1184
号『平成16年度主要民事判例解説』268頁（2005）、大橋真由美「判批」法律のひろば58巻8号65頁
（2005）、角松生史「判批」九大法政研究72巻2号81頁（2005）、大久保規子「判批」ジュリスト1310
号18頁（2006）、林俊之「判批」法曹時報58巻11号160頁（2006）、同「判批」最高裁判所調査官室編
『最高裁判所判例解説民事篇平成16年度上』291頁（法曹会、2007）、高木光「判批」自治実務セミ
ナー46巻12号4頁（2007）、山本隆司「判批」法学教室332号67頁（2008）、山崎栄一郎「判批」行政
判例研究会編『行政関係判例解説平成16年』185頁（ぎょうせい、2006）などがある。このほか、
高木英行「処分性に係る仕組み解釈とその認識枠組み―食品衛生法違反通知事件再考」早稲田法
学85巻3号第2分冊689頁（2010）などがある。

42）最判平成17年7月15日民集59巻6号1661頁。本件評釈には、大久保規子「判批」ジュリスト1310
号18頁（2006）、下井康史「判批」ジュリスト臨時増刊1313号『平成17年度重要判例解説』47頁
（2006）、杉原則彦「判批」ジュリスト1307号169頁（2006）、同「判批」法曹時報58巻3号302頁
（2006）、同「判批」ジュリスト増刊『最高裁時の判例5　平成15-17年』50頁（2007）、同「判批」最
高裁判所調査官室編『最高裁判所判例解説民事篇平成17年度下』440頁（法曹会、2008）、寺洋平「判
批」法学セミナー616号118頁（2006）、太田幸夫「判批」判例タイムズ臨時増刊1215号『平成17年度
主要民事判例解説』280頁（2006）、仲野武志「判批」自治研究82巻12号139頁（2006）、楠井嘉行＝
大西欣範「判批」判例地方自治273号4頁（2006）、牛嶋仁「判批」法令解説資料総覧289号73頁
（2006）、玉川淳「判批」賃金と社会保障1425号62頁（2006）、宮嵜秀典「判批」民事研修599号35頁
（2007）、粟田真記子「判批」行政判例研究会編『行政関係判例解説平成17年』22頁（ぎょうせい、
2007）、太田匡彦「判批」西村健一郎＝岩村正彦編『社会保障判例百選』〔第4版〕48頁（2008）、山
本隆司「判批」法学教室333号41頁（2008）、濱秀和「判批」自治研究87巻10号3頁（2011）、角松生
史「判批」宇賀克也ほか編『行政判例百選Ⅱ』〔第6版〕346頁（2012）、稲森公嘉「判批」岩村正彦編
『社会保障判例百選』〔第5版〕44頁（2016）などがある。このほか、大久保規子「行政指導と処分
の複合的行為―病院開設中止勧告事件」論究ジュリスト3号94頁（2012）などもある。

43）最大判平成20年9月10日民集62巻8号2029頁。本件評釈には、山本隆司「判批」法学教室339号
57頁（2008）、340号73頁（2009）、和久田道雄「判批」法律のひろば61巻12号49頁（2008）、松浦基
之「判批」法と民主主義432号47頁（2008）、市野瀬窅子「判批」税研JTRI24巻3号80頁（2008）、
渡邊亘「判批」白鴎法学15巻2号181頁（2008）、大久保規子「判批」ジュリスト1373号58頁（2009）、
同「判批」法学セミナー649号123頁（2009）、増田稔 ジュリスト1373号65頁（2009）、同「判批」ジュ
リスト増刊『最高裁時の判例6　平成18-20年』45頁（2010）、同「判批」法曹時報63巻1号203頁
（2011）、同「判批」最高裁判所調査官室編『最高裁判所判例解説民事篇平成20年度』444頁（法曹会、
2011）、人見剛「判批」ジュリスト臨時増刊1376号『平成20年度重要判例解説』52頁（2009）、山下
竜一「判批」民商法雑誌140巻3号344頁（2009）、中川丈久「判批」法学教室341号20-32頁（2009）、
白藤博行「判批」速報判例解説4号47頁（2009）、宇賀克也「判批」別冊判例タイムズ25号『平成20
年度主要民事判例解説』278頁（2009）、山村恒年「判批」判例地方自治313号67頁（2009）、宇賀克
也「判批」月刊自治フォーラム593号45頁（2009）、永石一郎「判批」法律実務研究24号165頁（2009）、

大貫裕之「判批」判例評論615号2頁 (2010)、加藤了「判批」環境法研究35号100頁 (2010)、吉野弦太「判批」行政判例研究会編『行政関係判例解説平成20年』35頁 (ぎょうせい、2010)、橋本博之「判批」淡路剛久ほか編『環境法判例百選』〔第2版〕216頁 (2011)、山下竜一「判批」宇賀克也ほか編『行政判例百選Ⅱ』〔第6版〕330頁 (2012)、三浦大介「判批」自治総研405号82頁 (2012) などがある。江原勲「はんれい最前線―『青写真判決』42年ぶりの判例変更」判例地方自治312号5頁 (2009)、藤巻秀夫「土地区画整理事業計画の決定と抗告訴訟の対象」札幌法学20巻1=2号113頁 (2009)、高木英行「処分性に係る仕組み解釈に関する一考察―土地区画整理事業計画決定事件を中心に」東洋法学53巻3号61頁 (2010) も参照。

44) 最判平成24年2月9日民集66巻2号183頁。本件評釈には、石崎誠也「判批」宇賀克也ほか編『行政判例百選Ⅱ』〔第6版〕440頁 (2012)、同「判批」新・判例解説 Watch 12号41頁 (2013)、高橋滋「判批」法学セミナー688号131頁 (2012)、加藤文也「判批」労働法律旬報1768号22頁 (2012)、羽根一成「判批」地方自治職員研修45巻5号70頁 (2012)、岩井伸晃＝須賀康太郎「判批」ジュリスト1452号98頁 (2013)、同＝同「判批」法曹時報67巻7号199頁 (2015)、同＝同「判批」最高裁判所調査官室編『最高裁判所判例解説民事篇平成24年度上』107頁 (法曹会、2015)、橋本博之「判批」ジュリスト臨時増刊1453号『平成24年度重要判例解説』51頁 (2013)、岡田正則「判批」法学教室390号別冊『判例セレクト2012-2』9頁 (2013)、野呂充「判批」民商法雑誌148巻1号72頁 (2013)、村上裕章「判批」判例評論651号2頁 (2013)、山村恒年「判批」判例地方自治365号58頁 (2013)、宇賀克也「判批 (1-3)」自治実務セミナー52巻10号43頁、11号56頁、12号44頁 (2013)、石井昇「判批」甲南法務研究9号1頁 (2013)、近藤裕之「判批」行政判例研究会編『行政関係判例解説平成24年』98頁 (ぎょうせい、2014) などがある。このほか、山本隆司「行政処分差止訴訟および義務不存在確認訴訟の適法性―日の丸・君が代事件 (予防訴訟)」論究ジュリスト3号117頁 (2012) などがある。

45) 最判平成25年1月11日民集67巻1号1頁。本件評釈には、木下昌彦「判批」長谷部恭男ほか編『憲法判例百選Ⅱ』458頁 (2013)、安念潤司「判批」ジュリスト臨時増刊1453号『平成24年度重要判例解説』24頁 (2013)、下山憲治「判批」同36頁、野口貴公美「判批」法学教室394号36頁 (2013)、高木光「判批」民商法雑誌149巻3号31頁 (2013)、小谷真理「判批」新・判例解説Watch 13号67頁 (2013)、斎藤一久「判批」法学セミナー700号128頁 (2013)、山下竜一「判批」同129頁、同「判批」判例評論665号7頁 (2014)、森本敦司「判批」年報医事法学28号167頁 (2013)、羽根一成「判批」地方自治職員研修46巻3号68頁 (2013)、野村創「判批」市民と法80号102頁 (2013)、辰野嘉則＝足立格「判批」NBL 995号4頁 (2013)、若林剛＝木川和広＝中田裕人「判批」ビジネス法務13巻5号102頁 (2013)、張栄紅「判批」九大法政研究80巻1号235頁 (2013)、岡田幸人「判批」ジュリスト1462号90頁 (2014)、同「判批」法曹時報67巻11号311頁 (2015)、同「判批」最高裁判所調査官室編『最高裁判所判例解説民事篇平成25年度』1頁 (法曹会、2016)、髙井裕之「判批」甲斐克則＝手嶋豊編『医事法判例百選』〔第2版〕44頁 (2014)、田中祥貴「判批」法学教室401号別冊『判例セレクト2013-1』12頁 (2014)、筑紫圭一「判批」法学教室402号別冊『判例セレクト2013-2』3頁 (2014)、宮村教平「判批」阪大法学63巻5号231頁 (2014)、伊藤清隆「判批」行政判例研究会編『行政関係判例解説平成25年』67頁 (ぎょうせい、2015) などがある。

46) 戸松秀典『憲法訴訟』〔第2版〕104頁 (有斐閣、2008)。

47) 藤井俊夫『司法権と憲法訴訟』59頁 (成文堂、2007)。

48) 松井茂記『裁判を受ける権利』183-184頁 (有斐閣、1993)。

49) 渋谷前掲註5)書195頁。

50) 野村秀敏「紛争の成熟性と確認の利益（1）」判例時報1213号 8 頁（1987）。

51) 最判昭和30年12月26日民集 9 巻14号2082頁。野村同上13頁参照。本件評釈には、福島四郎「判批」民商法雑誌34巻 4 号119頁（1957）、土井王明「判批」最高裁判所調査官室編『最高裁判所判例解説民事篇昭和30年度』262頁（法曹会、1956）、山畠正男「判批」北海道大学法学会論集 8 巻 1 = 2 号96頁（1957）、遠藤光男「判批」法学志林54巻 3 号119頁（1957）、風間鶴寿「判批」加藤一郎＝太田武男編『家族法判例百選』〔新版増補版〕180頁（1975）、石田穣「判批」法学協会雑誌92巻12号1673頁（1975）、新田敏「判批」加藤一郎＝太田武男編『家族法判例百選』〔第 3 版〕162頁（1980）、渡辺惺之「判批」新堂幸司＝青山善充編『民事訴訟法判例百選』〔第 2 版〕116頁（1982）、円谷峻「判批」久貴忠彦＝米倉明編『家族法判例百選』〔第 4 版〕136頁（1988）、右田堯雄「判批」新堂幸司ほか編『民事訴訟法判例百選Ⅰ』〔新法対応補正版〕128頁（1998）などがある。

52) 最判昭和31年10月 4 日民集10巻10号1229頁。野村同上13頁参照。本件評釈には、谷田貝三郎「判批」民商法雑誌35巻 4 号83頁（1957）、長谷部茂吉「判批」法学セミナー10号70頁（1957）、同「判批」最高裁判所調査官室編『最高裁判所判例解説民事篇昭和31年度』173頁（法曹会、1957）、伊東乾「判批」判例評論 7 号13頁（1957）、山畠正男「判批」北海道大学法学会論集 8 巻 1 = 2 号96頁（1957）、高島義郎「判批」関西大学法学論集 7 巻 2 号73頁（1957）、三ヶ月章「判批」法学協会雑誌75巻 2 号102頁（1958）、萩大輔「判批」加藤一郎＝太田武男編『家族法判例百選』〔新版増補版〕276頁（1975）、山本弘「判批」法学教室378号123頁（2012）などがある。

53) レビン小林久子「新しいADR論─調停を考える（14）─期が熟す（ライプネス）ということ」月刊日本行政491号20頁、22頁（2013）参照。

54) 野村秀敏「紛争の成熟性と確認の利益（7）」判例時報1229号12頁（1987）。

55) 同上13頁。

56) 同上13-14頁。

57) 同上15頁。

58) 最判昭和32年 9 月19日裁判集民27号901頁。

59) 野村秀敏「紛争の成熟性と確認の利益（8・完）」判例時報1232号14頁、15頁（1987）。このほか、同論文18頁は、東京地判昭和46年12月25日労民22巻 6 号1255頁が、主に農協全中の交付金で設立された短大の教職員が、全中が交付金の打切りを決め、短大も学生募集を止め、希望退職者募集も始めたので、短大には自分らを解雇する権利がないことを確認する訴えを提起したが、これを却下した判決について、不当であるとの評価を下すなどしている。

60) 松井茂記『日本国憲法』〔第 3 版〕253頁（有斐閣、2007）。

61) 芦部信喜『憲法訴訟の理論』332頁（有斐閣、1973）。

62) 野坂泰司「Mootnessの法理」ジュリスト765号29頁（1982）。

63) H. P. Monaghan, *Constitutional Adjudication: The Who and When*, 86 YALE L. J. 1363, 1384 (1973). 田嶋久資「ムートネスの法理に関する一考察」愛知大学国際問題研究所紀要92号91頁、97頁（1990）参照。

64) 野中前掲註13）書240頁。

65) Liner v. Jafco, Inc., 375 U.S. 301 (1964).

66) 野坂前掲註31）論文296頁。

67) 野坂前掲註62）論文29頁。

68) De Funis v. Odegaard, 416 U.S. 312 (1974). 野坂同上31頁参照。

296

第 7 章　成熟性・ムートネスの法理

69)　*See*, Atherton Mills v. Johnston, 259 U.S. 13 (1922); Craig v. Boren, 429 U.S. 190 (1976). 以下、渋谷前掲註 5 ）書145頁より引用。

70)　*See*, Jones v. Montague, 194 U.S. 147 (1904).

71)　*See*, Cheong Ah Moy v. United States, 113 U.S. 216 (1885); SEC v. Medical Comm. for Human Rights, 404 U.S. 403 (1972).

72)　*See*, Security Mut. Life Ins. Co. v. Prewitt, 200 U.S. 446 (1906); Travelers Ins. Co. v. Prewitt, 200 U.S. 450 (1906).

73)　松井前掲註16）書190-191頁。

74)　Powell v. McCormack, 395 U.S. 486 (1969). 田嶋前掲註63）論文100-101頁参照。

75)　野坂前掲註62）論文29頁。

76)　最大判昭和42年 5 月24日民集21巻 5 号1043頁。本件評釈は本書第 1 章参照。

77)　東京地判昭和35年10月19日行集11巻10号2921頁。本件評釈には、小川政亮「判批」法律のひろば13巻12号30頁（1960）、同「判批」季刊労働法39号87頁（1961）、S・H・E「判批」時の法令370号43頁（1960）、渡辺良夫「判批」労働法律旬報397号 8 頁（1960）、新井章「判批」法学セミナー59号59頁（1961）、同「判批」法と民主主義461号22頁（2011）、菊池勇夫「判批」判例評論34号 1 頁（1961）、吉田力雄「判批」岡山大学法経学会雑誌10巻 3 号65頁（1961）、杉村敏正「判批」法学論叢69巻 2 号99頁（1961）、清水睦「判批」中大法学新報68巻 1 号65頁（1961）、木下智史「判批」法学教室217号56頁（1998）、小中信幸「判批」法学セミナー674号40頁（2011）、山田隆司「判批」同714号66頁（2014）、尾藤廣喜「判批」賃金と社会保障1603=1604号 4 頁（2014）などがある。このほか、新井章ほか「朝日行政訴訟判決の意義と内容」賃金と社会保障187号 4 頁（1960）、朝日健二「朝日訴訟から生存権裁判へ—権利はたたかう者の手にある」人権と部落問題822号43頁（2011）などがある。

78)　東京高判昭和38年11月 4 日行集14巻11号1963頁。本件評釈には、小川政亮「判批」法律時報36巻 1 号52頁（1964）、小川政亮「判批」法律のひろば17巻 1 号28頁（1964）、同「判批」労働法23号116頁（1964）、奥平康弘「判批」法学セミナー94号72頁（1964）、西原道雄「判批」判例評論67号 1 頁、68号 3 頁（1964）、今村成和「判批」同68号41頁（1964）、S・H・E「判批」時の法令484=485号57頁（1964）、窪田隼人「判批」季刊労働法14巻 1 号84頁（1964）、坂本重雄「判批」労働経済旬報572号 3 頁、574号18頁（1964）、有倉遼吉「判批」警察時報19巻 1 号32頁（1964）、新井章「判批」法と民主主義461号22頁（2011）、山田隆司「判批」法学セミナー714号66頁（2014）、尾藤廣喜「判批」賃金と社会保障1608号 4 頁（2014）などがある。

79)　最大判昭和28年12月23日民集 7 巻13号1561頁。本件評釈には、入山実「判批」判例タイムズ19号49頁（1952）、兼子一「判批」季刊労働法 5 号103頁（1952）、最高裁調査官室「判批」法曹時報 6 巻 2 号72頁（1954）、山木戸克己＝黒田了一「判批」民商法雑誌30巻 5 号60頁（1955）、鈴木重武「判批」自治研究33巻12号95頁（1957）、南博方「判批」我妻栄＝宮沢俊義編『判例百選』136頁（1960）〔以下、南前掲註79） I 評釈、と引用〕、同「判批」我妻栄編『判例百選』〔第 2 版〕18頁（1965）〔以下、南前掲註79） II 評釈、と引用〕、俵静夫「判批」芦部信喜編『憲法判例百選』44頁（1963）、橋本公亘「判批」小林直樹編『憲法の判例』〔第 3 版〕65頁（有斐閣、1977）、田中二郎「判批」雄川一郎編『行政判例百選 I 』188頁（1979）、芹澤斉「判批」法学セミナー増刊『憲法訴訟』38頁（1983）、坂原正夫「判批」慶大法学研究64巻 6 号141頁（1991）、成田頼明「判批」塩野宏＝小早川光郎編『行政判例百選 I 』〔第 3 版〕162頁（1993）、原田尚彦「判批」芦部信喜＝高橋和之編『憲法判例百選 I 』〔第 3 版〕160頁（1994）、市川正人「判批」法学教室207頁42頁（1997）、本間義信「判批」新堂幸司ほか

297

編『民事訴訟法判例百選 I 』〔新法対応補正版〕144頁（1998）、中富公一「判批」杉原泰雄 = 野中俊彦編『新判例マニュアル憲法 I 』240頁（三省堂、2000）、工藤達朗「判批」杉原泰雄 = 野中俊彦編『新判例マニュアル憲法 II 』48頁（三省堂、2000）、町村眞貴「判批」伊藤眞ほか編『民事訴訟法判例百選』〔第 3 版〕76頁（2003）、戸松秀典 = 高木光「判批」法学教室272号 5 頁（2003）、小泉良幸「判批」佐藤幸治 = 土井真一編『判例講義憲法 II 』122頁（悠々社、2010）、大久保規子「判批」宇賀克也ほか編『行政判例百選 I 』〔第 6 版〕138頁（2012）、齊藤芳浩「判批」長谷部恭男ほか編『憲法判例百選 I 』〔第 6 版〕180頁（2013）などがある。

80）　東京地判昭和27年 4 月28日行集 3 巻 3 号634頁。本件評釈には、兼子一「判批」季刊労働法 5 号103頁（1952）などがある。

81）　東京高判昭和27年11月15日行集 3 巻11号2366頁。

82）　南前掲註79）I 評釈137頁、南前掲註79）II 評釈19頁。本間前掲註79）評釈145頁は、「違法な行政処分がなされたのに、これに対する有効な司法上の救済手段がないことは、制度上の重大な欠陥と言わなければならない」と批判するが、評釈事例を憲法32条違反とは考えていない。

83）　民事・行政裁判における「裁判を受ける権利」とは、司法権の定義の裏返しであり、憲法上それを保障するものは76条ではないか。憲法32条は、条文体系上も、立憲的経緯からも、刑事裁判なくして刑罰なしを保障する条文として読まれるべきではないか。この点は既に本書第 5 章で論じた通りである。

84）　朝日訴訟で反対意見を述べた田中二郎は、皇居外苑使用不許可処分取消事件は、「公園本来の機能を害するような特別使用」を「拒否し、その結果として、集会や示威行進の自由が制限されることになったからといって、直ちにこれを違憲・違法として非難するのはあたらない」とする。田中前掲註79）評釈189頁。

85）　原田前掲註79）評釈161頁。

86）　しかし、成田前掲註79）評釈163頁は、「背景には治安維持という警察目的が全く存在しなかったとはいいきれ」ず、「本件不許可処分が管理権の適正な行使を逸脱していたとみることは困難である」としている。

87）　大久保前掲註79）評釈139頁。

88）　本間前掲註79）評釈144頁。

89）　同上145頁同旨。

90）　町村前掲註79）評釈77頁。

91）　前掲皇居外苑の事件に関して、同上同頁同旨。

92）　以下の事例は、同上76-77頁による。

93）　最判昭和55年11月25日民集34巻 6 号781頁。本件評釈には、時岡泰「判批」ジュリスト734号71頁（1981）、同「判批」法曹時報36巻 2 号119頁（1984）、同「判批」最高裁判所調査官室『最高裁判所判例解説民事篇昭和55年度』347頁（法曹会、1985）、田村悦一「判批」民商法雑誌85巻 1 号84頁（1981）、宮崎良夫「判批」判例評論274号 2 頁（1981）、交通判例研究会「判批」警察時報36巻 4 号142頁（1981）、平田和一「判批」法学セミナー324号163頁（1982）、渋谷秀樹「判批」法学協会雑誌100巻 4 号130頁（1983）、栗本雅和「判批」小早川光郎ほか編『行政判例百選 II 』〔第 5 版〕368頁（2006）、小山正善「判批」宇賀克也ほか編『行政判例百選 II 』〔第 6 版〕374頁（2012）などがある。

94）　最大判昭和40年 7 月14日民集19巻 5 号1198頁。本件評釈には、渡部吉隆「判批」ジュリスト329号78頁（1965）、同「判批」法曹時報17巻 9 号88頁（1965）、同「判批」最高裁判所調査官室『最高裁

第7章　成熟性・ムートネスの法理

判所判例解説民事篇昭和40年度』232頁（法曹会、1966）、籾井常喜「判批」法律時報37巻11号72頁（1965）、恒藤武二「判批」判例評論85号4頁（1965）、花見忠「判批」法律のひろば18巻10号13頁（1965）、Ｓ・Ｈ・Ｅ「判批」時の法令542号53頁（1965）、宮島尚史「判批」季刊労働法15巻3号129頁（1965）、芦田浩志「判批」労働法律旬報571号9頁（1965）、窪田隼人「判批」同12頁（1965）、高石邦男「判批」教育委員会月報17巻6号67頁（1965）、片岡昇「判批」民商法雑誌54巻3号93頁（1966）、保原喜志夫「判批」月刊労働問題92号90頁（1966）、石橋主税「判批」日本労働法学会誌27号221頁（1966）、久保敬治「判批」季刊労働法62号196頁（1966）、西岡正郎「判批」警察時報21巻1号101頁（1966）、芦部信喜「判批」法学協会雑誌83巻3号90頁（1966）、上田勝美「判批」同志社法学17巻6号62頁（1966）、金子征史「判批」塩野宏ほか編『公務員判例百選』156頁（1986）などがある。

95）　最判昭和54年12月24日訟月26巻3号500頁。

96）　最判平成5年9月10日民集47巻7号4955頁。本件評釈には、古城誠「判批」ジュリスト臨時増刊1046号『平成5年度重要判例解説』60頁（1994）、荒秀「判批」法学教室162号100頁（1994）、見上崇洋「判批」民商法雑誌110巻6号1074頁（1994）、綿引万里子「判批」ジュリスト1061号114頁（1995）、同「判批」法曹時報47巻5号139頁（1995）、同「判批」最高裁判所調査官室編『最高裁判所判例解説民事篇平成5年度下』840頁（法曹会、1996）、同「判批」ジュリスト増刊『最高裁時の判例1 公法編』257頁（2003）、加藤幸嗣「判批」判例評論441号17頁（1995）、山本隆司「判批」法学協会雑誌112巻9号1294頁（1995）などがある。

97）　最大判昭和32年7月20日民集11巻7号1314頁。本件評釈には、田中真次「判批」最高裁判所調査官室編『最高裁判所判例解説民事篇昭和32年度』168頁（法曹会、1958）、桑田三郎「判批」中大法学新報65巻2号80頁（1958）、村上義弘「判批」大阪府立大學経済研究9号131頁（1958）、竹下守夫「判批」中田淳一＝三ヶ月章編『民事訴訟法判例百選』52頁（1965）、中田淳一「判批」民商法雑誌37巻2号75頁（1958）、林脇トシ子「判批」ジュリスト171号68頁（1959）、鮫島竜男「判批」池原季雄編『渉外判例百選』192頁（1976）、広岡隆「判批」雄川一郎編『行政判例百選Ⅰ』207頁（1979）、金子芳雄「判批」塩野宏＝小早川光郎編『行政判例百選Ⅱ』〔第3版〕264頁（1993）、吉村徳重「判批」新堂幸司ほか編『民事訴訟法判例百選Ⅰ』〔新法対応補正版〕122頁（1998）、木原正雄「判批」塩野宏ほか編『行政判例百選Ⅱ』〔第4版〕280頁（1999）などがある。

98）　最判昭和45年4月2日民集24巻4号223頁。本件評釈には、鴻常夫「判批」矢沢惇編『会社判例百選』〔新版〕111頁（1970）、菅原菊志「判批」ジュリスト臨時増刊482号『昭和45年度重要判例解説』80頁（1971）、石川明「判批」民商法雑誌63巻6号65頁（1971）、岩崎稜「判批」法学セミナー184号105頁（1971）、後藤静思「判批」法曹時報23巻9号215頁（1971）、後藤静思「判批」最高裁判所調査官室編『最高裁判所判例解説民事篇昭和45年度』721頁（法曹会、1971）、竹内昭夫「判批」法学協会雑誌88巻9＝10号119頁（1971）、福井守「判批」早稲田法学47巻1号203頁（1971）、渡辺惺之「判批」慶大法学研究44巻8号111頁（1971）、鈴木正裕「判批」新堂幸司編『続民事訴訟法判例百選』83頁（1972）、本間靖規「判批」新堂幸司＝青山善充編『民事訴訟法判例百選』〔第2版〕118頁（1982）、堀口亘「判批」法学セミナー333号別冊付録『判例ハンドブック（会社法）』51頁（1982）、田中昭「判批」鴻常夫＝竹内昭夫編『会社判例百選』〔第4版〕70頁（1983）、林田学「判批」新堂幸司ほか編『民事訴訟法判例百選Ⅰ』〔新法対応補正版〕142頁（1998）、伊藤眞＝杉山悦子「判批」伊藤眞ほか編『民事訴訟法判例百選』〔第3版〕74頁（2003）、田頭章一「判批」高橋宏志ほか編『民事訴訟法判例百選』〔第5版〕66頁（2015）、野田博「判批」岩原紳作ほか編『会社法判例百選』〔第3版〕80頁（2016）などがある。これに対し、株主総会の決議を適法に行わせること自体が原告の法的利益であるとす

299

る主張も有力に唱えられている。伊藤眞『民事訴訟法』〔第3版4訂版〕153頁（有斐閣、2010）。このほか、大判昭和8年11月7日民集8巻2691頁では、被担保物権が消滅したとき、登記簿上、一番抵当権を有するAが競売の申立てをするのを抑えるためには、登記簿上の二番抵当権者Bは、自分が一番抵当権を持つことの確認では目的を達せられず、Aの抵当権の不存在確認を求める必要があるとされた。この大審院判例の評釈として、岡庭幹司「判批」横浜国際経済法学21巻2号211頁（2012）などがある。

99) 最判昭和57年9月28日民集36巻8号1642頁。本件評釈として、小山昇「判批」判例評論294号43頁（1983）、右近健男「判批」民商法雑誌88巻5号130頁（1983）、吉本俊雄「判批」判例タイムズ505号『昭和57年度民事主要判例解説』137頁（1983）、鷲岡康雄「判批」季刊実務民事法3号200頁（1983）、鷲岡康雄「判批」法曹時報37巻12号289頁（1985）、同「判批」最高裁判所調査官室編『最高裁判所判例解説民事篇昭和57年度』745頁（法曹会、1987）、川井健「判批」久貴忠彦＝米倉明編『家族法判例百選』〔第5版〕22頁（1995）、西原諄「判批」久貴忠彦ほか編『家族法判例百選』〔第6版〕20頁（2002）、中川淳「判批」戸籍時報667号78頁（2011）、神谷遊「判批」水野紀子＝大村敦志編『民法判例百選Ⅲ』10頁（2015）などがある。

100) 松井前掲註48）書185頁。

101) 坂原前掲註79）評釈148頁。

102) 同上149頁。

103) 時國康夫『憲法訴訟とその判断の手法』254頁（第一法規、1996）。

104) 本間前掲註79）評釈144頁。

105) 最大判昭和57年9月9日民集36巻9号1679頁。本件評釈として、園部逸夫「判批」ジュリスト780号104頁（1982）、同「判批」法曹時報35巻9号63頁（1983）、同「判批」季刊実務民事法1号218頁（1983）、同「判批」最高裁判所調査官室編『最高裁判所判例解説民事篇昭和57年度』686頁（法曹会、1987）、長谷川正安「判批」法律時報54巻11号56頁（1982）、野崎弥純「判批」法律のひろば35巻12号32頁（1982）、はやし・しうぞう「判批（上、下）」時の法令1157号48頁、1158号49頁（1982）、田中舘照橘「判批」法令解説資料総覧31号201頁（1982）、同「判批」民商法雑誌90巻2号94頁（1984）、深瀬忠一「判批」ジュリスト臨時増刊792号『昭和57年度重要判例解説』8頁（1983）、三邊夏雄「判批」同55頁、深瀬忠一「判批」法学セミナー336号16頁、337号16頁（1983）、野坂泰司「判批」法学セミナー増刊『憲法訴訟』138頁（1983）、松本昌悦「判批」中京法学17巻3＝4号43頁（1983）、森田寛二「判批」成田頼明編『街づくり・国づくり判例百選』220頁（1989）、磯部力「判批」塩野宏ほか編『行政判例百選Ⅱ』〔第4版〕436頁（1999）、折登美紀「判批」宇賀克也ほか編『行政判例百選Ⅱ』〔第6版〕376頁（2012）などがある。このほか、星野安三郎「長沼上告審の課題」法律時報49巻2号8頁（1977）などもある。

106) 藤井俊夫『事件性と司法権の限界』388頁（成文堂、1992）参照。

107) 最大判昭和35年6月8日民集14巻7号1206頁。本件評釈は本書第6章参照。

108) 最判昭和58年4月5日判時1077号50頁。本件評釈には、田村悦一「判批」民商法雑誌89巻4号96頁（1984）、田中舘照橘「判批」季刊実務民事法4号172頁（1984）、金子正史「判批」判例評論326号30頁（1986）などがある。

109) 名古屋郵政局長事件＝最大判昭和40年4月28日民集19巻3号721頁。本件評釈には、斎藤秀夫「判批」判例評論82号13頁（1965）、渡部吉隆「判批」法曹時報17巻7号102頁（1965）、同「判批」最高裁判所調査官室編『最高裁判所判例解説民事篇昭和40年度』135頁（法曹会、1966）、S・H・E「判

批」時の法令543号57頁 (1965)、今村成和「判批」民商法雑誌 3 巻 6 号133頁 (1966)、遠藤博也「判批」法学協会雑誌83巻 1 号113頁 (1966)、高橋貞三「判批」同志社法学17巻 6 号41頁 (1966)、豊水道祐「判批」雄川一郎編『行政判例百選Ⅱ』378頁 (1979)、真柄久雄「判批」塩野宏ほか編『公務員判例百選』38頁 (1986) などがある。

110) 本間前掲註79) 評釈145頁。

111) 齊藤前掲註79) 評釈181頁。

112) 佐藤幸治『日本国憲法論』634頁 (成文堂、2011)。この意味で、川岸ほか前掲註 1) 書355頁も参照。

113) Fiswick v. United States, 329 U.S. 211 (1946). 渋谷前掲註 5) 書146頁参照。

114) Sibron v. New York, 392 U.S. 40 (1968). 渋谷前掲註 5) 書147-149頁参照。但し、Spencer v. Kemna, 523 U.S. 1 (1998) では、仮釈放取消し後の釈放により人身保護令状請求がムートと判断された。松井前掲註16) 書191頁注25参照。

115) Southern Pacific Terminal Co. v. ICC, 219 U.S. 498 (1911). 野坂前掲註62) 論文30頁参照。

116) United States v. W. T. Grant Co. ,345 U.S. 629 (1953). 野坂同上同頁、田嶋前掲註63) 論文105-106頁参照。

117) United States v. Trans-Missouri Freight Ass'n, 166 U.S. 290 (1897). 渋谷前掲註 5) 書152頁参照。

118) Moore v. Ogilvie, 394 U.S. 814 (1969); American Party v. White, 415 U.S. 767 (1974); Storen v. Brown, 415 U.S. 724 (1974); Nebraska Press Association v. Stuart, 427 U.S. 539 (1976); Norman v. Reed, 502 U.S. 279 (1992); Adarand Constructors, Inc. v. Slater, 528 U.S. 216 (2000). 松井前掲註16) 書192頁注26、野坂前掲註62) 論文30頁参照。クラス・アクションの場合もある。*See*, Hall v. Beals, 396 U.S. 45 (1969); Roe v. Wade, 410 U.S. 113 (1973); Sosna v. Iowa, 419 U.S. 393 (1975). 渋谷同上155頁以下、松井同書同頁参照。

119) 渋谷同上160-162頁。

120) 野坂前掲註31) 論文313頁。

121) 同上316頁。

122) 松井前掲註60) 書254頁は、朝鮮民主主義人民共和国創建20周年記念祝賀団訴訟＝最判昭和45年10月16日民集24巻11号1512頁も繰り返されるが審理を免れるケースであるとするが、毎年開催されるメーデー集会と同様に考えてよいかはやや疑問である。本件評釈には、小高剛「判批」ジュリスト483号28頁 (1971)、萩野芳夫「判批」法律時報43巻 1 号63頁 (1971)、S・H・E「判批」時の法令736=737号124頁 (1971)、富沢達「判批」法曹時報23巻 2 号174頁 (1971)、同「判批」最高裁判所調査官室編『最高裁判所判例解説民事篇昭和45年度』328頁 (法曹會、1971)、萩野芳夫「判批」民商法雑誌65巻 4 号104頁 (1972)、和田英夫「判批」小林直樹編『憲法の判例』〔第 3 版〕96頁 (有斐閣、1977)、古川純「判批」法学セミナー増刊『憲法訴訟』80頁 (1983)、山下威士「判批」芦部信喜＝高橋和之編『憲法判例百選Ⅰ』〔第 2 版〕188頁 (1988) などがある。

123) 国の政教分離を争う訴訟についても、そのような判決手法が採られるべきである。本書第34章参照。

124) 野坂前掲註31) 論文316頁。

125) 藤井前掲註47) 書60頁。

126) 芦部前掲註61) 書59頁。

301

127） 最判昭和41年2月8日民集20巻2号196頁。

128） 樋口陽一ほか『新版　憲法判例を読みなおす』265頁（日本評論社、2011）［山内敏弘］。

129） 佐藤前掲註112）書633頁。

130） 渋谷前掲註5）書58頁注8。

131） 佐藤前掲註112）書633頁。

132） 戸松前掲註46）書66-67頁。

133） 毛利透ほか『Legal Quest憲法Ⅰ』〔第2版〕327頁（有斐閣、2017）［松本哲治］も、「ムート」を「憲法訴訟の当事者適格」の項目で解説している。

134） 戸松前掲註46）書71頁はここでも「成熟性」を取り上げている。

135） もし、憲法訴訟の枠で論じる事案があるとすれば、一般的な事件争訟性は満たすが、憲法判断を行う点の成熟性やムートネスが欠ける場合か、前述のように、事件争訟性は満たさないが、憲法上、憲法判断は行うべき場合ということであろう。

136） 戸松前掲註46）書105頁。同書116頁は「ムートネス」についても特に取り上げることに消極的である。

137） 兼子一＝竹下守夫『裁判法』〔第3版〕309頁（有斐閣、1994）。

138） 同上313-314頁。

139） 渋谷前掲註5）書185頁。

140） 例えば、松井前掲註60）書247頁参照。

141） 中野貞一郎ほか『新民事訴訟法講義』〔第2版補訂2版〕418-419頁（有斐閣、2008）［松本博之］など参照。

142） 渋谷前掲註5）書75頁。

143） 伊藤前掲註98）書146頁注22。

144） 渋谷前掲註5）書75頁。

145） 最大判昭和47年12月20日刑集26巻10号631頁。本件評釈には、橋本公亘「判批」ジュリスト臨時増刊535号『昭和47年度重要判例解説』18頁（1973）、庭山英雄「判批」同143頁、田宮裕「判批」法律時報45巻5号8頁（1973）、時武英男「判批」判例評論172号38頁（1973）、時国康夫「判批」法曹時報25巻5号134頁（1973）、同「判批」最高裁判所調査官室編『最高裁判所判例解説刑事篇昭和47年度』255頁（法曹会、1974）、S・H・E「判批（上、下）」時の法令813号52頁、814号57頁（1973）、伊藤栄樹「判批」警察学論集26巻2号217頁（1973）、光岡景昭「判批」法学セミナー222号118頁（1974）、早稲田大学法学部新井研究室「判批」法学セミナー247号168頁（1976）、野上修市「判批」法学セミナー265号65頁（1977）、野中俊彦「判批」樋口陽一編『憲法の基本判例』154頁（有斐閣、1985）、野中俊彦「判批」小林直樹編『憲法の判例』〔第3版〕143頁（有斐閣、1977）、松本時夫「判批」平野龍一ほか編『刑事訴訟法判例百選』〔第3版〕124頁（1976）、高窪貞人「判批」別冊判例タイムズ7号『刑事訴訟法の理論と実務』308頁（1980）、三井誠「判批」平野龍一ほか編『刑事訴訟法判例百選』〔第5版〕126頁（1986）、岡部泰昌「判批」芦部信喜＝高橋和之編『憲法判例百選Ⅰ』〔第2版〕226頁（1988）、林修三「判批」『判例解説　憲法編4』157頁（ぎょうせい、1989）、刑事判例研究会「判批」捜査研究461号106頁（1990）、中村英「判批」樋口陽一＝野中俊彦編『憲法の基本判例』〔第2版〕168頁（有斐閣、1996）、村井敏邦「判批」松尾浩也＝井上正仁編『刑事訴訟法判例百選』〔第6版〕114頁（1992）、根本博愛「判批」上田勝美編『ゼミナール憲法判例』〔増補版〕224頁（法律文化社、1994）、白取祐司「判批」松尾浩也＝井上正仁編『刑事訴訟法判例百選』〔第7版〕126頁

第7章　成熟性・ムートネスの法理

(1998)、若狭勝「判批」研修598号73頁 (1998)、日笠完治「判批」杉原泰雄 = 野中俊彦編『新判例マニュアル憲法Ⅱ』190頁 (三省堂、2000)、荒木伸怡「判批」井上正仁編『刑事訴訟法判例百選』〔第8版〕126頁 (2005)、安藤高行「判批」高橋和之ほか編『憲法判例百選Ⅱ』〔第5版〕268頁 (2013)、堀江慎司「判批」佐藤幸治 = 土井真一編『判例講義憲法Ⅱ』166頁 (悠々社、2010)、田中開「判批」井上正仁ほか編『刑事訴訟法判例百選』〔第9版〕130頁 (2011)、大日方信春「判批」長谷部恭男ほか編『憲法判例百選Ⅱ』〔第6版〕262頁 (2013) などがある。このほか、渥美東洋ほか「特集・高田事件上告審判決の検討」判例タイムズ臨時増刊287号69頁 (1973) などがある。

146）　田宮裕『刑事訴訟法』〔新版〕448頁以下 (有斐閣、1996) は、免訴に一事不再理効があるとしてきた通説に疑問を呈し、それは二重の危険に由来するという立場を貫くべきとする。

147）　佐藤幸治『現代国家と司法権』72頁 (有斐閣、1988)。

148）　浦部法穂『憲法学教室』〔第3版〕349頁 (日本評論社、2016) など。

149）　小山剛『「憲法上の権利」の作法』〔第3版〕211頁 (尚学社、2016)。

150）　佐藤前掲註147) 書72-73頁。

151）　藤井前掲註47) 書60頁。

152）　佐藤前掲註147) 書121-122頁。

153）　芦部前掲註61) 書62頁。

154）　関連して、高橋和之『憲法判断の方法』175頁 (有斐閣、1995) は、「原告が文面上違憲の主張をしている場合には、成熟性の要件を緩和すべきかどうかの問題として独自に考えるのがよい」と述べるが、表現の自由の優越的地位のため、必ずしも事件争訟性を有していなくとも憲法判断を争うことが可能となっていると解すればよいのではなかろうか。

155）　小杉前掲註28) 評釈78-79頁は、日本でも、行政規則が特定個人に適用される前に、裁判所で審査できるというプレ・エンフォースメント訴訟に近い機能を裁判所に持たせるようにすべきだと主張する。プレ・エンフォースメントについては、小谷真理「行政規則と紛争の成熟性の法理」同志社法学64巻7号833頁 (2013) など参照。

〔付記〕　本章は、「成熟性・ムートネスの法理——『司法権』の要件の動中静的要請」横浜国際社会科学研究20巻4 = 5 = 6号13-28頁 (2016年1月20日) を加筆・修正したものである。

303

第**8**章

統治行為論

はじめに

統治行為論とは、「法の拘束のある国家機関の行為の合法性が具体的訴訟で争われても、『高度の政治性』を帯びているという理由で、司法権が及ばないとされる行為[1]」であるとされ、「対象事項としては、①内閣及び国会の組織に関する基本的事項、②それらの運営に関する基本的事項、③それらの相互交渉に関する事項、④その他国家全体の運命に関する重要事項」であり、一般に「司法権には一定の限界があること」(内在的制約説)と「法政策的観点から裁判所には一定の自制が必要とされること」(自制説)が根拠とされる[2]。だが、どの程度が「高度」かは曖昧である[3]。これを誰がどう決めてよいものか、不明であり、一定の範疇があるわけではなく、不明確な概念だとよく批判される[4]。

本論点は、根本的には国法学・国家学的重要問題であるが、司法権論を議論する際に通り過ぎることはできない[5]。本章は、判例、そして、学説の半世紀の変化を踏まえ、司法権論の中で統治行為論を検討するものである。

1　裁判例再考

(1)砂川事件

裁判例にはまずは、在日米軍飛行場内民営地の測量に反対する集団が境界柵

304

を破壊したため、「日本国とアメリカ合衆国との間における安全保障条約第3条に基く行政協定に伴う刑事特別法」2条違反に問われた砂川事件がある。一審は、「もし合衆国軍隊の駐留がわが憲法の規定上許すべからざるものであるならば、刑事特別法第2条は国民に対して何等正当な理由なく軽犯罪法に規定された一般の場合よりも特に重い刑罰を以て臨む不当な規定となり、何人も適正な手続によらなければ刑罰を科せられないとする憲法第31条及び右憲法の規定に違反する結果となるものといわざるを得ない」が、「わが国が外部からの武力攻撃に対する自衛に使用する目的で合衆国軍隊の駐留を許容していることは、指揮権の有無、合衆国軍隊の出動義務の有無に拘らず、日本国憲法第9条第2項前段によつて禁止されている陸海空軍その他の戦力の保持に該当するものといわざるを得ず、結局わが国内に駐留する合衆国軍隊は憲法上その存在を許すべからざるものといわざるを得ない」ので「憲法第31条に違反し無効」であるとして、被告人らに無罪を言い渡した。統治行為論の素振りもない。

　本件が専ら刑事特別法の合憲性、延いては日米安保条約の合憲性を争点とするものであることは検察も被告も認識するところであり、跳躍上告がなされた。最高裁は、まず、憲法の平和主義理解として、「わが国が主権国として持つ固有の自衛権は何ら否定されたものではなく、わが憲法の平和主義は決して無防備、無抵抗を定めたものではない」などとして、原判決の判断を否定した。そして、「安全保障条約は、前述のごとく、主権国としてのわが国の存立の基礎に極めて重大な関係をもつ高度の政治性を有するものというべきであつて、その内容が違憲なりや否やの法的判断は、その条約を締結した内閣およびこれを承認した国会の高度の政治的ないし自由裁量的判断と表裏をなす点がすくなくない。それ故、右違憲なりや否やの法的判断は、純司法的機能をその使命とする司法裁判所の審査には、原則としてなじまない性質のものであり、従つて、一見極めて明白に違憲無効であると認められない限りは、裁判所の司法審査権の範囲外のものであつて、それは第一次的には、右条約の締結権を有する内閣およびこれに対して承認権を有する国会の判断に従うべく、終局的には、主権を有する国民の政治的批判に委ねられるべきものであると解するを相当とする」と述べ、また、「アメリカ合衆国軍隊の駐留に関する安全保障条約

およびその３条に基く行政協定の規定の示すところをみると、右駐留軍隊は外国軍隊であつて、わが国自体の戦力でな」く、「アメリカ合衆国軍隊の駐留は、憲法９条、98条２項および前文の趣旨に適合こそすれ、これらの条章に反して違憲無効であることが一見極めて明白であるとは、到底認められない」など判示し、結論的には全員一致で破棄差戻しした[8]。

　判決は、統治行為論を採用したものだと一般に評価される[9]。他方、本判決の繰返した「一見極めて明白」との判示は、統治行為論を是認しても、その理論に適合的でないとして多くの批判を浴びたことも付記されるべきであろう[10]。そして、このことは本判決の意見によってもなされている。小谷勝重裁判官意見は、「要するに多数意見の到達するところは、違憲審査権は立法行政二権によつてなされる国の重大事項には及ばない、とするものであつて、」「立法行政二権に対する司法権唯一の抑制の権能たる違憲審査権は、国の重大事項には全く及ばないこととなると述べ、多数意見を批判した。また、奥野健一・高橋潔両裁判官の意見も、「本件安保条約は裁判所の司法審査権の範囲外のものであるとしながら、違憲であるか否かが『一見極めて明白』なものは審査できるというのであつて、論理の一貫性を欠く（殊に若し条約には始めから司法審査権なしという意見者もかかる理論を是認しているものとすれば、甚だ理解に苦しむところである）のみならず、安保条約はわが国の存立の基礎に極めて重大な関係を持つ高度の政治性を有するものであるから、一見極めて明白な違憲性についてだけ審査するに止め、更に進んで実質的な違憲審査を行わないというのであつて、この態度は矢張り前述のようにわが憲法81条、76条、99条の趣旨に副わない」と、多数意見の主として論理的欠陥を突く批判的な意見を展開したのであった。

　少数意見や学説の批判のため、この判決は総じて、統治行為論の典型とは解されず、寧ろその誤用として評価されることが多かったのである。

（2）苫米地事件

　衆議院議員の苫米地義三がいわゆる７条解散の是非を争った苫米地事件がこれに続く[11]。苫米地は、最高裁にその違憲判断を直接求めたが、最高裁は、「本件訴は」「始審で且つ終審として、一切の法律、命令、規則又は処分の憲法に

適合するか否かを審判すべき唯一の憲法裁判所たる性格をも有することを前提として、特に最高裁判所大法廷に提起されたものである」が、「憲法81条は単に違憲審査を固有の権限とする始審にして終審である憲法裁判所たる性格をも併有すべきことを規定したものと解すべきではない」などとして、警察予備隊違憲訴訟判決[12]を引用して、請求を却下した[13]。そこで苫米地は、議員資格の確認や歳費の支払いを求め、法的利益を具備して再度争ったものである。

一審は[14]、「統治行為の概念規定（概念の内容を定める要件）とが我国において採られて居る法律制度に適応するや否やによつて定まるものであつて、諸外国の事例を直ちに採つて範とすることはでき」ず、「現在の憲法下における司法権とは」、「一切の法律上の争訟において憲法上特別の定めのない限り、すべての行為が法規に適合するや否やの判断を為す権限（憲法第81条によれば国会による立法についてまでそれが憲法に適合するや否やの判断を為す権限をも含むものとされて居る）を附与されて居る」から、「衆議院解散行為について、その法律的判断が可能なものである以上、その有効、無効についての争が司法的審査の対象から排除されるべき合理的理由はない」とした。そして、「本件解散については内閣の助言があつたものとは言へないので本件解散は内閣の承認の有無について判断する迄もなく憲法第7条に違反する」として、28万5000円の請求を認容した。

二審はこれを取消し[15]、苫米地は上告したが、砂川事件判決の後、上告から6年弱経って最高裁は、「直接国家統治の基本に関する高度に政治性のある国家行為のごときはたとえそれが法律上の争訟となり、これに対する有効無効の判断が法律上可能である場合であつても、かかる国家行為は裁判所の審査権の外にあり、その判断は主権者たる国民に対して政治的責任を負うところの政府、国会等の政治部門の判断に委され、最終的には国民の政治判断に委ねられているものと解すべきである」とした上で、「衆議院の解散は、極めて政治性の高い国家統治の基本に関する行為であつて、」「その法律上の有効無効を審査することは司法裁判所の権限の外にありと解すべき」などと述べ、上告を棄却した[16]。判決は、後述の内在説的制約説の下、統治行為論を受容したと解される。

（3）その他及び判例の総括

　その後の最高裁判決を概観すると、板付空港訴訟[17]で、上告理由が砂川事件最高裁判決「の示した判断と異なる見解を主張し、これを前提として判示賃貸借の違憲、無効を云為するもの」だとされた例や、全司法仙台事件[18]で、砂川判決を先例としつつ、「新安保条約のごとき、主権国としてのわが国の存立の基礎に重大な関係をもつ高度の政治性を有するものが違憲であるか否かの法的判断をするについては、司法裁判所は慎重であることを要し、それが憲法の規定に違反することが明らかであると認められないかぎりは、みだりにこれを違憲無効のものと断定すべきではないこと、ならびに新安保条約は、憲法9条、98条2項および前文の趣旨に反して違憲であることが明白であるとは認められない」とした例などが挙がる。また、その後、日米安保条約の刑事特別法違反事件[19]で、統治行為論を否定する上告理由を斥ける際に砂川事件を引用したこともあり、寧ろ砂川判決が先例としての地位を確立している。

　しかし、最高裁が正面から統治行為論を掲げるのは稀である。復帰前の沖縄で実施された選挙の無効を求めた事件では、日本国との平和条約（昭和27年条約第5号）「の法的判断は、当該条約が一見極めて明白に違憲無効であると認められないかぎりは、裁判所の司法審査権の範囲外のものであると解するを相当とすること、そしてこのことは、本件のように平和条約3条の効力の有無が前提問題として争われている場合であると否とにかかわらないこと、及び平和条約3条が一見極めて明白に違憲無効とは認められない」ことを砂川事件最高裁判決を引用して肯定し[20]、沖縄県知事署名等代行職務執行命令訴訟では、「駐留軍の用に供するため土地等を必要とする」かどうかの判定において、「我が国の安全と極東における国際の平和と安全の維持にかかわる国際情勢、駐留軍による当該土地等の必要性の有無、程度、当該土地等を駐留軍の用に供することによってその所有者や周辺地域の住民などにもたらされる負担や被害の程度、代替すべき土地等の提供の可能性等諸般の事情を総合考慮してなされるべき政治的、外交的判断を要するだけでなく、駐留軍基地にかかわる専門技術的な判断を要することも明らかであるから、その判断は、被上告人の政策的、技術的な裁量にゆだねられている」としており[21]、何れも純粋な統治行為論ではない。

このほか、衆議院議員総選挙の議員定数不均衡訴訟で、特定選挙区の無効の[22]請求を認容すべきとする岡原昌男ほか4裁判官の反対意見が、「裁判所がこの種の問題について、高度に政治性のある国家行為であるからとか、立法府の自由裁量に属する事項であるからとかの理由により、たやすく司法判断適合性を欠くものとすることは、国民の信頼にこたえる所以ではない」と述べた例がある。長沼訴訟では、二審判決は傍論で独特の統治行為論を展開したが、多くの[23]批判を浴び、最高裁判決は単純に原告適格の喪失を上告棄却の理由とした。百[24]里基地訴訟一審の合憲判決がそうかは議論が分かれる。米軍機の夜間飛行差止[26][27]請求を斥けた厚木基地訴訟や横田基地訴訟の最高裁判決もこの法理に基づいて[28][29]いない。そして、参議院議員通常選挙の議員定数不均衡を合憲とした判決もこ[30]れを原則として「立法政策の問題」としており、警察法改正事件でも、憲法判[31]断を行わなかった理由は議院の自律とされた。統治行為論の対象となる事案の[32]広がりは見られないと言えよう。

　芦部信喜は、日本の判例は「政治問題」を一律のものとして論ぜず、類型的もしくは質的に区別していると述べ、以下のように分類している。

　①「直接国家統治の基本に関する高度に政治性のある国家行為」で、法律上の争訟でありながら、本来「裁判所の審査権の外にある」国家行為、②「わが国の存立の基礎に極めて重大な関係をもつ高度の政治性」を有し、その違憲性の有無が国会・内閣の「高度の政治性ないし自由裁量的判断と表裏」の関係にある国際条約、③各議院における議決のようないわゆる議会行為で、その適法性が当該議院の自主的な判断に委ねられ、原則として司法審査権が及ばない行為、④議員定数を選挙区にどう配分するかという行為のように、その決定が国会の裁量的権限に委ねられ、裁量権の濫用もしくは踰越がないかぎり違憲審査権に服さない行為[33]

　そして、芦部は、最高裁が以上の4つの類型に「一応それぞれ別箇の論拠を示している」と指摘し、裁量行為であっても、「実質的には統治行為論とほぼ[34]同じ機能を果たす」と論評している。多くの論者が述べるように、砂川事件最[35]高裁判決は純粋な理論としては問題があり、純粋な統治行為論の判例としては苫米地事件が典型であろうが、この事案に近い事件で統治行為論が用いられたことは皆無であり、先例性も乏しい。判例は理論的根拠も示しておらず、根拠

条文を一度も引いていないとの指摘[36]もある。統治行為論は、最高裁自身による高度な政治判断により用いられ、理論的に確立されたとは言えないまま脇役に回った後、人知れず檜舞台から去った感が強いのである[37]。

2　従来の学説の整理

対する学説はどう動いてきたか。一般に、法的判断が可能なものであり、本来は「司法権」が拒絶できないものでありながら、その例外、即ち司法権の限界とされるものが幾つかあるとされる。憲法明文の例外とされるものには、55条の議員の資格争訟や64条の弾劾裁判などがある。また、国際法上の制限とされるものには、外交使節の特権などが挙げられる。以上は争う余地がない。これ以外に、解釈上の例外となるものがあるとされ、自律、裁量などと並んで、統治行為論はここに分類される[38]とされているように思われる[39]。

統治行為とされるような行為は、絶対王制的思考の残滓として、元々国王の執行権などの「法から自由」な領域と観念され、理論も必要なき既成事実として存在していたものだと言える[40]。明治憲法下では統治行為論は実定法的に成立する余地がなく、日本国憲法が違憲審査制を採用し、行政事件訴訟法が概括主義を採用したことで登場可能性が生じたものであったため、勢い、肯定論は明治憲法下の理論ではなく外国法を援用することになったのである[41]。

統治行為論の日本での最初の紹介は、戦前、1938年の宮沢俊義によるフランスのコンセイユ・デタ争訟部の判例蓄積の紹介だとされている[42]。フランスでは概括主義が採られ、コンセイユ・デタの審理の対象となり得たが、ある種の国家作用について法的判断をせずに却下する場合があり得、これら一群を「統治行為」(acte de gouvernement) と称されるようになったという[43]。広義の執行権 (pouvoir exécutif) の発現作用の中に行政作用 (fonction administrative) とは別異の統治作用 (fonction gouvernementale)、即ち政治があるとされ、日本での呼称の由来もここにある[44]。フランスの統治行為論はまた、ファッショ体制的風潮の中で紹介されたものであり、その時代性を捨象して展開できないと奥平康弘は鋭く批判する[45]。奥平は、苫米地事件一審判決を巡る座談会での宮沢の言葉を引

用しつつ、その宮沢が統治行為論否定説を述べたと奥平には読める[46]にも拘らず、戦後に肯定説を無批判に唱えた者が多いとして、その後の学説状況を皮肉っている[47]。この概念はフランスの実践を反映した、特殊フランス的な概念であり、法治主義の徹底を阻むものであることは否定できなかった[48]。

だが、戦後、行政法・税法学者の金子宏が、「法治主義の高度に発達している諸国においても、その憲法構造、法治主義・権力分立等の形態、裁判制度等の相違にも拘らず、統治行為に相当する概念が、判例法上一定の範囲において認められている[49]」と述べ、フランスのほか、イギリスでも「国王の大権（prereogative）」に属する行為があり、アメリカでも政治問題（political question）の概念があり[50]、ドイツでも基本法「における概括主義の採用により種々論議されるに至り、」1957年当時「いまだに判例はないが学説の大勢はこれを承認する傾向にある」として、各国判例を包括的に紹介した[51]。すると、このような一般化に同意する学説は多く、苫米地事件での国側の主張に反映された[52]。

公権力の行使に対する司法的コントロールが確立した後ではあるが憲法学界[53]で憲法訴訟論が成熟する前の時代[54]、苫米地事件の二審判決後、高度な政治的作用についても司法権は及ぶのは行き過ぎではないかという論議が高まり、日本公法学会も1955年5月に取り上げるに至った。だが、これが第二（行政法）部会のテーマであり、報告者も5人中4人が行政法学者であったことには注意したい[55]。シンポジウムでこれらを迎え撃った磯崎辰五郎も行政法学者である。田中二郎も、著名な教科書の上巻のほぼ冒頭、2頁目から統治行為論を論じている[56]。当時、この議論を主として展開していたのは行政法学者であり、憲法学者ではなかったのである。つまり、この議論は行政法学主導のもので始まり[57]、日仏の憲法上の諸制度、就中、違憲審査制度の決定的な差異は捨象された[58]。加えて、フランスではコンセイユ・デタの判例が法律と同等の法源であり、コンセイユ・デタが「自由な立場」を有していることも隠蔽されていた[59]。

なお、ドイツでも多数の学者がこれを承認しているとの記述があるが[60]、そもそも、行政裁判権が訴訟事項の列挙主義が採られていた時代は統治行為論を立てる必要がなく、基本法制定後の議論である[61]。そして、その中でドイツでは判例の蓄積は少なく重要性や影響力も少なく[62]、学説でも寧ろ否定説が多いにも拘

らず、そして、憲法裁判所ではなく行政裁判所の権限の問題として考えられる
ドイツのRegierungsakte[64]の議論を援用しているとの批判もあった[65]。だが、こ
のような批判も日本のドイツ公法学信仰の前には蟷螂の斧の如くであった。

　そして、統治行為論の典型的対象として肯定論者が挙げたものは、内閣など
行政機関の行為、行政法学の専権的対象領域、即ち、もし、日本に行政裁判所
や日本版コンセイユ・デタが設置されたならばその管轄に真っ先になるであろ
う領域にまさに集中した。内閣・国会の組織に関する基本的事項（大臣の任免、
議員の資格争訟や懲罰など）、内閣・国会の運営の基本事項（閣議決定、内閣の助言
と承認、両議院の定足数、議事の方法など）、内閣・国会の相互干渉に関する事項
（衆議院の解散、法律案の国会への提出など）、国家全体の運命に関する重要事項
（外交、防衛出動命令、治安出動命令、緊急事態布告）などである[66]。

　議論は、このような分野に統治行為論が妥当することは当然として、日本で
の根拠をどこに求めるかという展開を示した。さすがに、日本国憲法では司法
権の独立と共に行政裁判権の司法権への付与が明らかである[67]以上、行政法学者
にとっても日本国憲法に依拠した説明が必要だったのである。

　まず、高度に政治的な問題については、裁判所は法的判断する権限はあるも
のの判断を自制すべきとする、自制説がある[68]。山田準次郎がその有力な提唱者
である[69]。山田は、統治行為論の定義は困難であるが、判決の集積によってその
観念が漸次確定するのを待てばよいと論じ始める[70]。フランスでも一般に、内政
上の行為（行政権と国会の関係、国内秩序維持の方策としてコンセイユ・デタが認めた
一定の行為など）、外交上の行為（領土、条約の効力、その解釈など）、戦争行為が
これに該当すると言う[71]。山田は以下、多くの独仏の学説を挙げ[72]、特に、国会の
解散は民主主義国家では統治行為であると述べた[73]。統治行為も元来は裁判所の
審査権の範囲内であるが、種々の実際上の必要に基づき、それに対する審査を
自制するというものである。根拠としては比例原則を挙げ、実際には大なる害
悪の発生の防止、外交上の問題に国家意思を統一する必要、司法権独立の維持
の必要を挙げている。そして、統治行為論は法律論ではなく、「政策論で解決
すべきで、従って裁判所の自制」と解するのである[74]。戸松秀典による、これを
「政治慣行」だとする説もある[75]。

312

第8章　統治行為論

　だが、自制説等に対しては、それでは統治行為論の理論的根拠はなく、非立憲的な全くの政策論、実際的配慮のみにより憲法76条、81条、裁判所法3条を画定するものだとの批判がある。[76]比例原則が統治行為を正当化する必然的論拠も不明である。[77]根拠を自制に求めるとなれば、憲法上裁判所の職務であるものを放棄する、裁判を受ける権利を裁判所が職権で一部否定することであり、疑問であった。[78]また、このような慣行があるとしても、そうであれば国民による有効な統制手段はないと言うべきであり、憲法論としての正当化は難しい。[79]逆に、自衛隊裁判などで、裁判所が判断可能なことが望ましいかの疑問もあろう。[80]

　このため、統治行為の審査は、権力分立原理[81]や国民主権・民主主義などの見地から司法権の「本質」[82]に反するものだという内在的制約説が主立った東大系[83]公法学者から挙って主張され、[84]これが通説[85]となった。広義の行政には、政府の政治的判断に委ね、裁判所の判断の外に置いて、そのコントロールは国民の政治的判断を待つべきものがあるということが最大公約数であろう。

　雄川一郎は、「『訴訟手続の優越』はしかし当然にすべての国家行為が裁判所の審査に服することを意味するのではない」[86]と断言し、行政訴訟が列記主義（Enumerationsmethode）であれば統治行為論は必要なく、「原則として一切の行政行為の適法性が一応訴訟の対象となる制度の下で」[87]の問題であるとする。そしてフランスとドイツ、イギリス、アメリカの事情を紹介した上で、[88]「国家の運命を左右するような事案の決定を、弁論主義的構造をもった訴訟手続によって決しようとするのは、あまりにも民主的議会政治の原理に反」し、「法治国主義とその基礎の上にある裁判的統制の原理には内在的な限界が存することを承認する」[89]し、「統治行為の存在を、必ずしもわが国法は否定していない」と考え、[90]「わが憲法上の司法裁判所の性質と構造が一応諸国にみられた伝統的なそれと異ならないとすれば、」「その権能に内在する限界は、別異に解すべき特段の理由がない限り、わが国法上にも妥当する」[91]とした。

　田中二郎も、「司法権本来の性質及び機能に照らし、さらに司法権と行政権との分立の趣旨にも鑑み、このような見地に立つ司法審査の限界があることは、承認しなければならない」[92]として、内在的制約説に与する。[93]「一般の行政が、法律のもとに、法律に従って行われる作用であり、原則として、司法審査

313

に服するものであるのに対して、統治行為は、これらの制約の外に立つ特殊の国家作用である」と言う。そして、戦後の日本でも、「天皇の国事に関する行為や高度の政治性をもった行為——例えば衆議院の解散、政治性の強い条約の締結——は、この種の作用と考えてよい」とし、しかも「一般の行政におけると異なる原理・原則が認められるから、その限度において、行政の観念から区別して考える必要がある」とした。田中の統治行為概念は、統治、執政とでも呼ぶべき広汎性を有し、広く司法権を排除しているようにも見えた。

入江俊郎も、「私人間の争訟を裁判して私権の救済を図るために設けられた」司法裁判所に「高度の政治性ある事件の審判は、当初から考えられていなかった」とし、そもそも憲法・行政事件の判断は司法裁判所に馴染まないとして、司法権の内在的制約を導くのである。国民主権下の権力分立に理論的根拠を求め、最終的には「国民が直接批判するより他はない」とした。

先に紹介した金子宏は、各国の状況を総括した上で、まず、「国家作用のうち、立法、司法、行政のいずれにも属さない、高度に政治的な行為の存することは、権力分立論の当初からみとめられてきた」とする。それは「憲法生活の領域でなされる政治的決定領域」であり、「対内的・対外的に政治を指導し、それを基本的に調整する作用であり、」「論理的にはむしろ立法権および行政権に先行し、あるいはその上に立つて、」「権力の分立を超え、むしろ政治の分野に属する行為」であると言う。そして、「わが國法において統治行為がみとめられるかどうかは、日本國憲法の解釈にかかつている」として、これを見るに、「権力分立制を採用する一方、」「憲法は、民主主義（國民主権主義）を採用し、政治が主権者たる國民の信託に基き、選挙および一般言論による國民のコントロールを通じて、議会および内閣の責任において行われる」ものであって、「司法権の政治に対する内在的制約は、この民主主義的責任原理と市民的法治主義——この両者はともに憲法上の基本原理である——を調整する原理として統治行為が認められる」とする。そして、結論として、「政治の領域に属する行為に対しては、たとえそれが違法であり、また國民の権利・義務にふれるものであつて、通常の司法審査の要件を満す場合にも、裁判所がそれを審査することを許されない」と述べたのである。

第8章　統治行為論

　宮沢俊義は、1955年当時は判例の蓄積を待つべきだとする一方、この種の問題は「裁判所の審査に服させることが、実際上合目的的でない」し、裁判所が「違法ないし無効と宣言してみたところで、その執行はほとんど不可能であり、むしろ、それらを選挙や、一般の政治上の言論を通じて、いわば政治的なコントロオルに服させるほうが、はるかに効果的」だからと述べ、自制説的にも採れる主張を展開していたが、後には、「判例は、直接国家統治の基本に関する高度に政治性のある国家行為は、たとえそれが法律上の争訟となり、これに対する有効無効の判断が法律上可能である場合でも、裁判所の合憲性審査権の外にあるものと解する。統治行為といわれる。衆議院の解散は、まさにそのような統治行為に該当する」と、内在的制約説的な言質を残している。

　芦部信喜もまた、統治行為論を肯定する。高度の政治性だけをもって司法審査の範囲外に置くことは、憲法81条が違憲審査権を確定させたことと均衡を欠くが、このことが統治行為論を否定するわけではないとする。但し、民主主義だけでは根拠不十分であり、「民主政は、ただ『人民の政治』(国会の多数による政治) を意味するのではなく、その本質は権利・自由の保障を基礎とする『自由の政治』にあるのだから (司法審査が民主主義路矛盾しないのはこの理による)、かような意味の『民主政の原理』からいえば、とくに権利・自由の制限を内容とする国家行為については、政治的に重要な意味をもつ場合にも (憲法事件はある意味ではすべて政治的意味をもつ)、むしろ強力な司法審査権の行使が要請されるという論理が成り立つ」と述べている。そして、「権利保護の必要性、裁判の結果生ずる事態、司法の政治化の危険性、司法手続の能力の限界、判決実現の可能性などの具体的事情を考慮しつつ、事件に応じたケース・バイ・ケースに判断すること」が必要であると述べていた。芦部説は、自制の要素も加味している点で、折衷説、総合説、機能説と評されることが多い。

　しかし、内在的自制説も、結局は実際的配慮をしているものであり、民主制や権力分立原理と言っても、それだけで具体的な制度を示すことはできないとの批判がある。いくら国民主権だと言っても、それだけで司法権が他の二権の行為を審査できないわけではない。権力分立原理から考えて、いつ衆議院を解散するかは政治問題だとしても、それが憲法の手続に沿っているかどうかは憲

315

法解釈の問題である。[117]違法な行為をした責任は政治部門が負うべきであり、そう判断した司法権が負うべきでもなかろう。[118]そして、憲法制定の経緯を考えれば、権力分立とは寧ろ、強大な行政権からの司法権の独立を擁護するものであり、[119]肯定説の用い方は逆に感じる。後発的にその一角を占めるようになった司法権の権限の擁護こそ考えるべきである。[120]国民が裁判所を信頼していれば、この種の問題に法的判断を加えても、それは揺るがず、政治問題か否かは無関係かもしれない。[121]また、総じて肯定説は、政治問題は大きな問題で法解釈の問題は小さな問題であると、初めから決めつけている疑いが濃かった。[122]

　次に、肯定説の多くが統治行為の範疇を広く解している点も疑問である。唯一、統治行為論の判例と言えそうな苫米地事件最高裁判決も、内閣の裁量や自律を問えばよいものである。[123]併せて、いつ、どのように衆議院の解散を行うかは高度に政治的な問題であるかもしれないが（議院内閣制均衡本質説に従えば、実質は内閣の裁量である）、これが憲法7条を単独の根拠として可能か、「内閣の助言と承認」が何を指すかなどは純粋な憲法解釈の問題である。[124]

　加えて、あらゆる憲法訴訟は多少とも政治的である以上、[125]高度に政治的とは不明確で曖昧で流動性に富む概念である。[126]そもそも正確な定義など困難だと明言する主張もある。[127]判例についても、これを認める根拠があまり明確ではないとの批評もある。[128]そして、この理論は法解釈論ではなく、政治部門での政治論ではないかとの批判もある。[129]具体的に何がこれに含まれるか、その範囲が明確でもないなどの多くの批判が次第に増えてきていた。[130]

　以上の理論的難点のため、統治行為論否定説も唱えられた。[131]代表的論者の磯崎辰五郎は、憲法98条1項では憲法の最高法規性が定められており、しかもその対象は全ての国務の行為であるとされ、いわゆる統治行為がその例外とは読めないと主張する。[132]そして、違憲判断も「ただ係争行為が憲法に適合するかどうかの点だけであ」り、裁判所は当該行為を無効にするだけである。[133]それは、憲法が裁判所にこのような権限を付与した法上の効果であると言う。[134]日本国憲法制定時には司法権の内在的限界が認識されていたにも拘らず、81条が「一切の」との文言を入れたことは重いと言うのである。[135]

　杉原泰雄も、フランスのそれは違憲審査権を有さないコンセイユ・デタの判

例に過ぎないなど、諸外国の事情は日本と異なり、肯定説の「法治主義原理と民主主義原理の調和・調和の要請とそれをふまえた司法の限界論が日本国憲法に適合的な解釈論とはなっていない」と論ずる[136]。そして、憲法明文が統治行為を明文で認めていない以上、否定説を採るしかないと主張した[137]。

これに対し、小嶋和司は、「成文の法規がなくとも、制約があると考えられるが、これを『高度の政治性』といった概括的視点で明快な解答をすることはできない[138]」とする立場である。その証拠に、砂川事件は苫米地事件よりも「政治性の程度」では「国の存立」という点で「ヨリ基礎的」なのに、最高裁判決では前者に「司法審査権が及びうる場合がみとめられるのはバランスを失する」と批判している[139]。そして、個別の判断を行い、国際法の問題のほか、自律・裁量、それに皇室典範にいう皇嗣に「重大な事故」の皇室会議の解釈のような、特定機関の多角的・政治的判断などが司法権の限界であるとする[140]。

肯定説が目的論的なのに対し、否定説は総じて憲法81条の文理解釈を重視したものと評し得る[141]。肯定説は、法の解釈そのものが価値判断、実践であるとする傾向が強いのに対し、否定説は、解釈は認識と考える傾向があった[142]。これは古くは、憲法機関の権限のバランスや司法権の自制を主張しがちな美濃部達吉の流れを汲む学説と、憲法保障（擁護）を早くから論じ、憲法裁判に賛成していた佐々木惣一の流れを汲む学説の対立と言えよう[144]。

そもそも文言解釈の偏重、法解釈＝認識説の妥当性は疑わしい[145]。肯定説は、憲法81条があるにも拘らず理論的に存在すると言うのであるから、否定説が憲法81条の文言のみを楯にこれを否定しても、肯定説から見れば、有効な批判とは受け取られまい[146]。そして、統治行為論否定説が何でも司法判断可能とするのは、実質的にも「司法専制の危険をはらんでいる[147]」。また、否定説はその分、この種の問題を裁量行為に問題を投げるが、その範囲を明らかにすべきである[148]。何でも裁量で処理されれば、事態は何ら変わらない。しかも、多くの否定説は、他方で政治部門の裁量や自律を認めないわけでもなく、裁判所がそれに一定の配慮を示さねばならないことは認めており、他方で統治行為論そのものを全否定するのは矛盾めいている[149]。統治行為否定説の多くが裁量や自律による司法権の限界を認めていることは、同説による司法権の限界を示す文言がない

317

という論拠を希薄にした。加えて、全くの否定説は実際上の混乱の処理を考えておらず、非現実的な結論だとも評された[150]。そして、憲法・行政法が不可分で始まった戦後公法学は、こういった論争についても東大系行政法学の影響力が強く、結果、肯定説、特に機能説と呼ばれる説が有力になっている[151]。

ただ、憲法学と行政法学が領域分化を進めると、当然の如く、統治行為論は憲法学の課題に整理される。フランスでも、統治行為は専ら政府や行政機関の行為を問題にしており、議会の行為はその外にあったが、王の支配権の残滓と言うのであれば、司法制度の発達と共に限定され、或いは消滅する方向に向かうのが当然のように思われる[152]。前述の芦部説に典型的に見られるように、肯定説でも、それまでの包括的当然肯定の色彩は薄まり、具体的にはそれまでの一部を統治行為とするに留まるような限定化傾向を強めた。

そして、その後の日本の憲法学界では、アメリカ流の憲法訴訟論、政治問題の法理などがよく紹介され、この問題は司法権や憲法訴訟の限界、司法消極主義の一側面として捉え直され[153]、理論的にも高まりを見せた。そして、統治行為論を惹起した裁判が砂川事件であったこともあり、平和主義の擁護の立場からの統治行為論否定論が、憲法学界では広く唱えられるようになった。日本の統治行為論は、防衛問題に関係する裁判に特化して論じられてきたのである[154]。これ以外の点からも、総じて否定説は徐々に強まってきた。

中でも、以上の全傾向を体現し、鋭い批判を繰返してきたのは、奥平康弘である。憲法学がアメリカの政治問題の法理を検討してきたが、この法理は、「全説明的、包括的な概念たりえなくなって」[155]久しいと言う。何よりも、従来の肯定論が論拠としていた、欧米での包括的承認の瓦解があるとする。確かにアメリカでも、根拠としては、権力分立、自由裁量的行為、適用法規欠如に便宜説まで散見される[156]。それは、権力配分規定に従い、司法審査ができない領域を指すに至り、争点によっては司法審査が可能なもの解されていると言う[157]。だが、憲法がある国家機関に明文上一定の権限を与え、その権限行使に裁判所といえども介入できないとするのは、憲法規定の当然の結果であり、特にそれを超然的な法原則に依拠して政治問題、統治行為論と呼ぶ必要はない[158]。自律、裁量と呼べばよい[159]。奥平は加えて、明文規定なき違憲審査権を判例法として確立

318

第8章　統治行為論

したアメリカで、その代償として政治問題への介入はできないと述べねばならなかったことは、憲法81条が存在している日本とは区別せねばならないとも述べ、その直輸入的援用を戒めた。そして、この規定は、他の国家機関の行為の憲法適合性を判断する権限を与えたものであるが、争点が政治的であれば容易に裁判所以外の国家機関に最終的法解釈権を求めることになるのか、と述べるのである。「国民」もしくは民主主義を持ち出して、法の支配の問題を多数決原理に委ねることも問題であると、奥平は主張している。政治的な問題だから政治部門の判断が絶対的だという、いわば同語反復になっており、しかも、だから司法判断を加えないことに力点が置かれる一方、その多くは政治部門の既存の判断が示されている点も指摘する。苫米地判決のような三権分立ばかりを根拠とするのも説得力に欠けると言う。奥平は結論として、「正しい問題の解決のためには、これをもちいるべきではない」と断じたのであった。

　アメリカの政治問題の法理を紹介した小林節は、アメリカでは、国民主権や権力分立という抽象的な政治制度上の原理概念は、稀にしか援用されず、されても立論の主たる論拠になっていないと言う。小林の整理によれば、アメリカでは、合衆国憲法4条4節の共和政体保障条項や、選挙区の区分と投票価値の問題、政党の全国大会代議員の資格審査、憲法修正条項の有効性、法律の形式的効力、外交・国際問題（条約の存続・効力、国境線の認定や領土の帰属及び領海の範囲、国家或いは政府の承認、交戦団体の承認、友好国公船の免責、外国の外交官の地位の承認、外国人の出入国管理、国際航空路線の認可）、戦争権限と戦時立法（民兵の召集、交戦期間の決定など）、州兵の管理運営、逃亡犯罪人の州際引渡しが、判例上、政治問題として取り扱われてきたという。だが、小林は、政治問題の法理を認める根拠に関して一致した見解は見られないとも述べる。そして、日本で、アメリカでは明文の根拠もなく政治問題の法理が認められていることを引いて統治行為を認めることは、アメリカでは司法審査権の存在自体が憲法明文上不明確であり、司法府が享受する自由裁量権があるという制度的前提があるのを無視するものであり、疑問だとするのである。

　小林は、「高度の政治性」を有するものほど、それが違憲に行われた場合に国家生活に及ぼす危険の程度が高いこと、旧憲法下では最終的決定権が政治部

門に委ねられた結果、憲法の規範性が最終的に失われた経験を踏まえて現行憲法は司法権を意図的に強化したなどの事実からすると、「解釈の名の下に」司法に関する「条項を空洞化するような根拠に基づいて司法権の限界を画すことは許されない、という憲法の規範的命令がそこに示されている、ということではなかろうか」と述べる[172]。決して、統治行為論肯定的ではない。

このほか、肯定説には様々な批判が加えられた。法の解釈が、所与の意味の発見でないとすれば、実力を有する法解釈者の中でも解釈が分かれ[173]、それが論点であれば分かれているのが通常である（だからこそ「論点」と称される）のであるから、砂川事件最高裁判決の述べた「一見極めて明白な違憲」な場合などは、現実には希有であった[174]。実際の裁判所は、一見では留まらない程度に検討を行っている筈である[175]。そのような場合とは、反論を許さぬ国家統制がある危険性があり、或いはこれに抗する国民的批判運動がある筈であり、何れにせよ「裁判所のでる幕ではない」のであり[176]、必要ではなかった[177]。

統治行為論は、大陸法的思考の下、行政訴訟と民事訴訟は本質的に異なると考え[178]、そもそも公法の一部の問題は本来的に司法判断に馴染まないとする行政法学者が[179]、行政裁判所の伝統の強い独仏の判例を概括的に纏め、これを頼りに肯定説が常識であるとの主張を行うことで主に展開された。その概念構成は、欧米諸国の類似の理論を「全部ごっちゃ」にした、統一性のないものとも感じられた。確かに、いわゆる憲法裁判では、原告は「国民の代表者のような意気ごみ」[180]であり、一般の民事・刑事事件とは異なるとの意識が多分に働いていた[181]。憲法学界も、このような訴訟を通常の裁判の延長として冷静に捉えるのに、相当の時間を要した。そして、統治行為論の事例が安保・防衛問題に集中し出すと憲法学界は——政治的に、か——反応をし始め、包括的肯定説の圧倒的多数感は実は最早薄れてきているのであった。肯定説も、従来の行政法学者の論拠に依拠する危険性を薄明の中に認識し始め、この議論の射程を制限しつつ[182]、理論的には司法権の限界論として合憲の理由を探し始めていったと言えよう。

320

3 近時における通説への疑問の主張及び再構築

統治行為論肯定論は通説であり続けた。しかし、政府見解ですら、これを広げるつもりは毛頭ないというところに帰着している[183]。行政法学との分離が進んだ憲法学説を鳥瞰すれば、ア・プリオリな統治行為論全面肯定説は少ない。否定説が増え、しかも、安保・防衛問題を巡る政治的なスタンスとは無関係に、統治行為論に異議を唱える学説がますます展開されるようになっている[184]。

宍戸常寿は、「裁判所の地位は、『法の支配』の実現に奉仕し、他の国家機関の活動を統制するもの」で、「『事件性』の要件も現在では、裁判所の〈統制〉はいかにあるべきか、〈統制〉の限界はどこにあるのか尺度として、論じられている」と述べていたが[185]、統治行為論を論じた論考の中で、「違憲審査権を含み込んだ形での司法権概念の再構成が必要であることを述べ」つつ、「統治行為概念に」「現役引退の引導を渡して」「決着がつけられるべき問題に改めて注意を喚起した[186]」として、統治行為概念否定説に好意的な姿勢を示す。

第1に、内在的制約論の特徴である、統治行為論と裁量論の峻別は、機能的・手続法的考え方が進んだため疑問であり、当該規定の解釈それ自体を憲法が当該機関に割り当てたと考えれば足り、わざわざ統治行為概念を、裁量とは別に立てる必要はないと述べる[187]。第2に、統治行為とされてきた局面は、裁量や違憲審査の局面と連続的・統一的に捉えられるべきであり、国民の政治的意思形成を受けて民主的立法を行う政治部門の法的統制機能を評価した上で、「裁判所と政治部門の適切な役割分担を正面から議論」すべきだと言う[188]。

第3に、従来の統治行為論は「一見極めて明白に違憲」かどうかという著しく緩やかな司法審査基準（最低レベルの審査密度）が採用されてきたが、「問題となる国家行為について法的評価が問題になる場面を個別に分析した上で、各々について判断尺度となる憲法等の規定の文言と規制密度、当該事例における当該機関の法解釈」など「を総合的に判断」すればよく、「とりわけ、重要な『憲法上の権利』の侵害」の場面では司法審査基準（審査密度）を高めるべきであると主張する[189]。そして、第4に、宍戸は、裁判所の統治行為判断による政治的効

果の評価は肯定論の中でも分かれていたし、付随的違憲審査制が前提なのでも
あるから、そこでの違憲判決が政治的混乱を必然的に生じさせるわけでもない
と言う。そして、もし政治的混乱が心配ならば、事情判決の法理や違憲確認判
決などを採ればよく、そうならない「緩衝剤」を求めればよい筈であるという
趣旨のことを述べるのである[190]。

　宍戸は、統治行為論が安保・防衛問題に限られ、「平和問題の法理」になっ
ていることを指摘している一方、統治行為論肯定論も憲法９条の問題を司法審
査の対象外とすることに圧倒的に消極的であり、統治行為概念は消去可能では
ないかと述べる[191]。そして、統治行為論の登場に合わせて「高度の政治性」が強
調されたのは、まさに55年体制期に憲法９条の解釈適用をこの射程に収めるた
めであったが、今日、９条も含めて統治機構に関する問題を司法審査から遮断
する効用を有するという危険な状況を生んでいることも、統治行為論を否定す
べき理由として示唆する[192]。対応として、機関訴訟の活用を、国家機関や政党の
間の調停者として考えるべきだと提案していくのである[193]。

　齊藤芳浩は、「権力分立の思想と、裁判所がもつはずの最終的な法的判断権
を政治部門が併せ持つことになる統治行為論とは本来矛盾する」として、フラ
ンスの議論から始める[194]。フランスの統治行為論は、日本のその概念と「主要な
部分が一致」しており、判例がこれを認めていることもあって、日本ではこれ
を参考の一つとしたとする[195]。だが、内在的自制説が根拠とする、民主主義的責
任原理や「政治部門が統治行為の判断主体としてよりふさわしいという」理由
は決定的でなく、核心的根拠が曖昧だという[196]。また、自制説についても、害悪
は判決自体にあるのか、また、統治行為自体の是非は将来にならねば評価でき
ないものであり、日本の学説の創造と思しき、「違憲・違法判決による国政の
重大な混乱」の意味が不明であり[197]、蓋然性の問題に過ぎない[198]とし、日本の学説
の「寄せ集め的様相」、「つまみ喰い」をも批判する[199]。

　そして齊藤は、民主主義原理はそれだけで、統治行為論を支える根拠とはな
らないとし[200]、実質的根拠を探る。「国家及び国民の安全・国家の基本的秩序に
関係」していることが、裁判所ではなく政治部門が判断主体としてより相応し
いと言えるのかについて考えると、「通常の合法性の枠組みを超える判断能力

が中心的なもの」であり、他は付随的なものだと言う[201]。そして、それは、判決のもたらす混乱とは区別されるとする[202]。齊藤は、統治行為論の根拠を制限的に解しており、この概念の限定的使用を求めるものと解せられる。

　教科書の記述ながら、松本哲治も従来の統治行為肯定論に疑問を示す。松本は、内在的制約説は否定説の述べる、そもそも高度な政治問題であることを承知で司法権に違憲審査権を与えたのではないか、などの疑問に答えておらず、自制説では憲法上の権限・義務を何故自制できるのかが不明であり、肯定説は両者の折衷説に依拠してきたという[203]。そして、「憲法上他部門の判断に委ねられている事項」をわざわざ統治行為もしくは政治問題と呼ぶ必要はなく、アメリカでいう「法的な判断の基準が存在しない事項」は、日本では統治行為論対象の事案は、法的判断そのものは可能であるとしている点で除外でき、「裁判所が政治の繁み（political thicket）に巻き込まれてしまう事項」については米判例でも州内の内乱の事例１つだけであって、過大視できないとする[204]。

　判例は苫米地事件で肯定説を採用したという認識についても、７条解散が行われた以上、衆議院の解散の憲法上の根拠について解釈論上議論することは意味をもたないことになるが、「どういう場合に、執行府が、議会下院を解散できるかということは、一国の立憲的な秩序の基本構造の１つである。それが、執行府の決定にすべてを委ねられるというような議論を認めることは、解釈学説の自己否定である」と憤慨する[205]。しかし、衆議院の解散は、政治部門の組織・運営に関する基本事項とも政治部門の政治的・裁量的判断に委ねられた事項とも採れるとしつつ、「閣議決定のあり方は、内閣の自律的判断に委ねられるべき」であり、「執行裁量」として、「現実に司法審査が可能でありうるような裁量とは考えられていない」とする[206]。これに対し、砂川事件のような、国家全体の運命に関わる重要事項についてはより重要であるが、同最高裁判決は合憲判断を明言しており、その「修正統治行為論は、おそらく当時の政治状況での最高裁判所の１つの政治的意思を反映した、傍論」だと整理する[207]。そして松本は、「統治行為論は全面的に否定されるべきである、あるいは、砂川事件は先例として統治行為論を採用したものではない、あるいは、砂川事件が述べているのは結局は裁量論であると主張することは十分合理的である」とし、もし

も、国家全体の運命に関わる重要事項ですら、「すべてが司法裁判所の判断に委ねるべきで、『政治』に残される部分はない」「と言い切れれば、統治行為論の全面否定説に立つべきことになる」と展開するのである。[208]

このほか、小山剛は、「司法が政治部門の判断を尊重する、というだけであれば、統治行為論を用いなくても、その自律権または裁量権、政治部門相互の関係として説明すれば足りる」などとして、この概念に警戒的である。[209] また、判例解説であるが、「統治行為論は専ら実体に欠ける空疎な概念となっていることを否めない」との端的な指摘もあり、総じて肯定的ではない。[210]

愛敬浩二は、2016年のイギリスのEU離脱宣言を取り上げ、イギリス高等法院が議会の承認を必要とする判決を下したが、この際、EU離脱が「高度の政治性」[211]を有するからとして、司法審査が及ばないと主張する論者はなかったと指摘する。[212] 同様に、ドイツでもNATO域外へのドイツ軍派遣でも連邦憲法裁判所が判決を下しており、[213]アメリカでも大統領選挙の投票再集計について連邦最高裁が判決を出している。[214] 各国で「国民国家の形成」や「過去の克服(アパルトヘイトや先住民の問題)」などを含む「『大文字の政治』においても、上級裁判所が重要な役割を果たしている」[215]点を指摘する。その上で、愛敬は、法治主義の重大な例外を設ける場合には事件について個別具体的に明らかにされねばならないし、「国会の自律権の理論等で説明がつくかぎり、統治行為というような、憲法上の根拠もなく内容も不明確な概念の使用は不必要であり、」[216]「『できるだけ避ける』のではなく、やめるべきと」[217]した。併せて、「教科書レベルで『統治行為』という用語が残ることにより、砂川判決がいつまでも初学者が学ぶべき『司法権の限界』に関する『先例』として、生き続けることは問題である」[218]しとも指摘する。やはり、完全なる否定説である。

以上、最近の、特に中堅憲法学者の説は、通説を受容するのではなく、理論的な疑念をもち、制限的に読む傾向をますます強めている。統治行為論肯定論が盤石であるとの評価は怪しい。また、近時、否定説や批判論が9条論と必ずしも連動したり、文言解釈志向と共鳴したりしているものでもない。

やはり、主要欧米各国に統治行為論に匹敵する理論があり、日本でも当然だとする主張は、最早危ういものになった[219]ということは改めて確認せねばなるま

い。これらの国でも、否定説は古くから存在しており、弱まる傾向にない[220]。フランスでも判例上、当初は広範だったこの概念が縮減し、学界でも否定説もしくは限定説の主張者が増えていったという[221]。日本でも、学説は錯綜し、判例も対立し、その理由もまちまちで理論の基礎付けは不十分であったと言うべきである[222]。また、仮に欧米各国に共通のものがあるとしても、日本国憲法の解釈としてそれが認められなければなるまい[223]。近時の憲法学界の理論志向はこのことをスキップさせてはくれない。権力分立などを日本国憲法の解釈から導きながら、これを超越するものを比較憲法的に引き出して取り消す、従来の説明手法は疑問であった[224]。そして、その根拠が一般的網羅的包括的な「高度の政治性」というのであれば、濫用の危険も高いものである[225]。

　ただ、違法であっても大局的な観点から無効にしないとする事情判決の法理が憲法全体構造から導き出せる公法の世界で、最「高度に政治的」ならば、法的判断すら馴染まないものがあるとの論理は、個々の憲法・国際法の条項を挙げる必要もなく、妥当しそうである[227]。勿論、国家の運命を左右することが何であるか不明確との批判はあろうが[228]、それが《ある》ことは自明である。法治主義、法の支配原理も、唯一絶対の憲法原理ではない以上、他の基本原理の故に司法権が及ばない事項も、理論上はあるのかもしれず[229]、司法権優位の憲法体制の下でもそうとも言えよう[230]。そもそも憲法が予定している国家の存立や、国家の成立、憲法制定権力については、法の解釈・適用を司る機関といえども判断を行うべきであろう。サンフランシスコ平和条約体制を否定できないとの議論もある[231]。実際、この種の事案で違憲判断を裁判所が下しても、その後、どのような混乱が生じるかは想像せねばなるまい[232]。政治部門が民意を後ろ盾に確定判決を黙殺したとき、司法権は何もできず、その際、司法の支持者は少ない[233]。できないことはすべきではないのではないか。要は、日本国や日本国民が絶滅してもなお正義は語られるべし、とは言えないということに尽きよう[234]。結果、重大な安保・防衛問題、国の存立に関わる緊急の政治的判断につき、法的評価を加えるのが無理なものはあると言わざるを得まい[235]。憲法制定を国民の意思としつつ、たとえ国の存亡に関わるような問題であってもその解釈を国民に委ねず、特定の憲法解釈を裁判所が行うべきとする主張は矛盾を含む[236]。

しかしながら、司法府が非政治的性格を有するとしても、憲法は「すべて司法権」を裁判所に付与しており、そもそも民主主義や国民主権、多数決原理を理由にできるのであれば、違憲審査そのものが成り立たず、憲法の予定するところと矛盾する。また、裁判所が憲法判断をすれば党派的・政治的になり、その政治的中立性が揺らぐとする統治行為肯定論もあろうが、司法に対する国民の信頼は偏えに当該判決の説得力に頼るものであり、憲法判断をせず、結果、現状維持を容認することの政治性も見逃せまい。政治問題に介入しないことがかえって裁判所の政治的役割を浮き彫りにする恐れがある。更に、通常の司法裁判所の判断とは、定義的に個人と個人もしくは国との間の紛争の法的解決にあるのであり、これが政治性を帯びればア・プリオリに司法裁判所の管轄ではないかのような議論は適切ではない。加えて、判決の影響で国法秩序が崩壊する危険という議論もあるが、実際、多くの論者がその場面とは何を想定しているかは不明である。しかも、肯定説が裁判所を弱い機関と想定してきたことは一貫性を欠く。よってまず、「高度の」政治性とは、憲法の諸原則を覆すほどの高度なものでなければならず、統治行為概念は特別に超憲法的包括的なものでなければならない。一定以上の高度の政治性があることを、法宣言機関である司法権が画定できる理由は不明であり、安易な事例で認めれば、司法権が自らの首を絞めよう。このため、仮に当該事案が法的判断可能でありながら司法審査の及ばない例外であるとしても、他の概念で説明できる限りは、その概念で説明すべきものである。憲法に明文規定がある弾劾裁判、資格争訟、恩赦などは勿論、自律や裁量と言えばよいこと、衆議院の解散などの単なる憲法解釈の問題、国際法上の問題はここに含む必要は全くない。まさに苫米地事件は、憲法解釈上許される解散権が裁量の範囲内かの問題に過ぎない。この点は、行政法学も今やそうである。事情判決の法理などで解決ができれば、超憲法的な統治行為論を用いることは避けるべきである。そして、以上のような形で統治行為概念を肯定しても、当該国家行為の司法審査免除を正当化するには、司法消極主義以外に対外的配慮や重大な混乱の防止などの理由が必要とも言われ、そうであれば、その直截的な理由が司法判断回避の理由であって、統治行為概念は不要なのではないかとの疑念にも一理ある。このことは、早くから言われ

326

ていた、統治行為概念の個別性、個々のリストに頼り、結果、その正当性をサ
ブカテゴリー毎に考えねばならないとの指摘の通りである。[257]

　こうなると、では、統治行為論を用いるべき具体的な政府の行為とは何であ
るか。従来の議論は確かに十分な回答を施さなかった感は否めない。既述のよ
うに、「統治行為」概念は様々なものを含んできたが、[258]外交や安保・防衛問題
はこの中に埋没せしめた。[259]そして、結局のところ、統治行為論の守備範囲はほ
ぼこれに限定された。しかも、思い返せば、砂川事件で問題となったのも、既
に存在していた安全保障条約の合憲性であり、内閣や国会の条約締結もしくは
承認の裁量の範囲内であるし、[260]そもそも憲法９条は外国軍隊の駐留を問題にし
ていないとすれば、統治行為論の登場する余地はない。[261]学説が「国家全体の運
命に関する重要事項」として挙げてきたが、緊急措置や事実行為を念頭に置く
べきであり、既にある条約の下でのそれには適合的な行為、それ自体平時の行
為であるものは、果たして対象にすべきであろうか。[262]これは、国内法化された
条約の憲法適合性、条約の国内法としての合憲限定解釈の下で国家行為の合憲
性判断の問題であって、[263]これを法令違憲とする可能性は低いものの、司法判断
の領域の問題である。[264]また、自衛隊の合憲性の問題であっても、人権条項では
ない憲法９条の司法審査基準を高く設定することはできず、[265]憲法の委任を明ら
かに超えた立法でない限り、裁判所は違憲と判断し得ないと言えば足りる。[266]念
のためであるが、自衛隊の存在を肯定する世論が多数である今日、[267]誰が見ても
違憲とは言い難い。対して、2015年安保法制は流石に９条違反であるなどと言
えば足りよう。そうなると、自衛隊法などの規定していないことを自衛隊が
行ったような事実行為が対象であろうが、それが問題でなければ国家緊急権の
発動として是認され、通常は裁判どころではないであろう。勿論、明らかに問
題があれば司法判断を伴うときもあろうが、緊急の事実行為に対して訴訟が起
こされ、違法だが統治行為であるとされる事案とは何であろうか。そうなる
と、裁判で統治行為論を持ち出すべき国家の行為を具体的に想起できない――
実際には《ない》――のではないかとの疑問が拭い去れない。[268]

　なお、統治行為論でなければ、結局裁判所は、自衛隊や安保条約の積極的合
憲判断を繰返すのではないかとの疑念に先回りして回答すれば、付随的違憲審

査制の下での裁判所の憲法判断とは、法令違憲か適用違憲か、そうでなければ「当該事案に適用する限りでは違憲ではない」との判断であって、一般的普遍的な合憲の判断はあり得ないため、裁判所が誤らなければ、そのような問題は生じないものと解せよう。そして、通常の事件では以上の憲法判断をせずとも事件の解決は可能であり、そうすべきである。或いは、裁量の問題とすれば、その喩越・濫用は司法判断可能である点で、法の支配と国民主権の均衡を図った適切なものと言えよう。この点を考慮しても、統治行為論を用いなければならない具体的場面は想起できないものである。

　更に、前述のように、芦部通説は、重大な人権侵害の場面では統治行為論は用いるべきではないと主張し、裁判所も米軍基地訴訟ではこれを援用していない。だが、思い起こせば、砂川事件は刑事事件であり、刑事特別法により処罰される被告がいた。もしもこれが違憲の疑いがあるならば、適正な刑事実体法なしに刑罰なしという、被告の憲法31条上の権利は侵害されている。国家機関内部の争いに留まる事例と異なり、憲法判断をせずに済む事案でもない。まさに国内法化された条約の合憲性を判断すべきではなかったか。

　以上の考察を経れば、統治行為論が妥当するのは、国家の存立、安全保障・防衛問題に関する事実行為が争われたケースで、基本的人権に影響の及ばない問題となる。しかし、たとえ、客観訴訟をある程度法律が認めたとしても、このような事案が法廷に登場するかは疑問である。ならば、改めて法理論として特段構築する必要もなく、「緊急は法を待たず」の法格言の下、法的判断を行わないと断じても同様ではあるまいか。しかも、これら、いわば国家緊急権の行使についても、「非常措置の一時的かつ必要最小限度性の原則、濫用防止のための責任性の原則が貫徹されなければならない」のだとすれば、ますます統治行為論の守備範囲は現実には皆無に等しく、事実上、裁量の逸脱を司法判断できることと違いは紙一重のではないかと思われてならない。

おわりに

　結論として、超憲法的事態を想定した統治行為論は理論的には存続し得よう

が、実際に想起できる事案は殆どなく、就中、訴訟理論としての存在価値は微小であると述べておきたい。そして、限定的な事例についても、司法権論の中では終局性の問題の一局面と解せばよく[280]、特に「統治行為論」と名付ける必要はゼロに近づいていると言ってよかろう。

　このことは、併せて、憲法論であるべき議論を憲法学が行政法学から完全に奪還することも意味している。統治行為論とは、それが日本国憲法の司法権の例外かという問題であって、日本の憲法の解釈が、特定の外国法の直輸入、ましてや特定の国の下位法令の解釈に左右されてはならない[281]。行政法規の解釈問題でもない。行政法学が行政権の自由な領域を広げる理論に与するのはやむを得ないが、憲法上誤りであれば、これを糾すのが憲法学の任務である。それは、憲法が行政法、民事法、刑事法などの全ての上位法であり、憲法が公法であることは行政法が公法である意味と異なることの別の形での宣言となろう[282]。

1）　伊藤正己＝阿部照哉＝尾吹善人編『憲法小辞典』〔増補版〕258頁（有斐閣、1978）。
2）　杉原泰雄編『新版体系憲法事典』715頁（青林書院、2008）〔野中俊彦〕。
3）　伊藤ほか前掲註1）書108頁。
4）　大須賀明ほか編『三省堂憲法辞典』360頁（三省堂、2001）〔戸松秀典〕。清宮四郎『憲法Ⅰ』〔第3版〕338頁（有斐閣、1979）も、中身も「まちまち」、「論拠もさまざま」と評する。
5）　佐藤幸治『現代国家と司法権』176頁注8（有斐閣、1988）、藤井俊夫『事件性と司法権の限界』212頁（成文堂、1992）。但し、近時では「違憲審査の対象」として論じられる場合もある。宍戸常寿「統治行為論について」山内敏弘古稀記念『立憲平和主義と憲法理論』237頁（法律文化社、2010）。なお、野中俊彦ほか「ゼミナール憲法裁判・憲法裁判のルール形成とその問題点1」法学セミナー359号66頁、71頁（1984）〔浦部法穂〕は、「司法消極主義・積極主義の議論の中の、裁判所の政策的自己抑制の問題としてとらえるべき」としている。
6）　東京地判昭和34年3月30日下刑集1巻3号776頁。本件評釈には、和田英夫「判批」判例評論18号5頁（1959）、芦部信喜ほか「判批」ジュリスト177号2頁（1959）、戒能通孝ほか「判批」法律時報臨時増刊31巻5号『憲法と裁判官―特集・いわゆる伊達判決を中心に』1頁（1959）、平賀健太「判批」民事研修27号21頁（1959）、高木右門「判批」同29号13頁（1959）、向江璋悦ほか「判批」法律のひろば21巻5号4頁（1968）、倉持孝司「判批」杉原泰雄＝野中俊彦編『新判例マニュアル憲法Ⅰ』32頁（三省堂、2000）、小林直樹「判批」『平和憲法と共生60年―憲法第9条の総合的研究に向けて』221頁（慈学社、2006）などがある。本判決は、「国際連合の機関である安全保障理事会等の執る軍事的安全措置等を最低線としてこれによつてわが国の安全と生存を維持しようとする決意に基く」とする国連軍頼みの希有な憲法9条論でも著名である。
7）　この事件で、田中耕太郎最高裁長官が、一審判決後にダグラス・マッカーサー2世駐日米大使との密談で上告審判決の見通しを述べていたこと、最高裁判決の翌日、大使が「全員一致の最高

裁判決は、田中裁判長の手腕と政治力に負うところがすこぶる大きい」などと公電を送っていたことなどが、米公文書で明らかになった。朝日新聞2013年4月9日朝刊。愛敬浩二「『統治行為』諸論の批判的草津」論究ジュリスト21号28頁 (2017) も、「宗主国の役人が植民地の政治家をねぎらうようなこの発言を苦々しく思い出すことなしに、砂川事件について考えることは難しくなった」とこれを批判する。

8） 最大判昭和34年12月16日刑集13巻13号3225頁。本件評釈は第6章参照。その後、差戻一審＝東京地判昭和36年3月27日判時255号7頁では、被告らをそれぞれ罰金2000円とする有罪判決が下り、差戻二審＝東京高判昭和37年2月15日判タ131号150頁も控訴棄却、再上告審＝最決昭和38年12月25日判時359号12頁でも上告が棄却されて確定している。

9） 但し、覚道豊治「統治行為」ジュリスト638号172頁、173頁 (1977) などは、寧ろ裁量行為論であると論評する。

10） 伊達秋雄「自衛隊の違憲判断と統治行為論」判例時報712号14頁、16頁 (1973) は、結局、憲法9条に反すれば違憲という純粋憲法解釈の問題ではないかと批判する。奥平康弘『『統治行為』理論の批判的考察」法律時報45巻10号56頁、76頁 (1971) も、既に一定の憲法解釈基準を有しているということで、実体的な憲法解釈を行っていると批判する。

11） 争点となったのは、1952年8月28日の第3次吉田茂内閣によるいわゆる抜き打ち解散についてである。与党自由党鳩山一郎派の抵抗、吉田派内の広川弘禅・増田甲子七の派内抗争を打破するため、吉田らは側近集団で衆議院解散を決定し、議長応接室で衆議院の解散を宣告した。野中俊彦『憲法訴訟の原理と技術』164頁 (有斐閣、1995)、芦部信喜『憲法』〔新版補訂版〕50頁 (岩波書店、1999) など、7条解散説は有力であるが、憲法7条は天皇の形式的行為を確認するものであり、その前堤である国家行為を行う実質的権限を内閣に付与する条項ではないので、首肯できない。なお、この記述は、同 (高橋和之補訂)『憲法』〔第6版〕50頁 (岩波書店、2015) でも変わっていない。少なくとも、議院内閣制均衡本質説のような説明を行うべきであろう。

12） 最大判昭和27年10月8日民集6巻9号783頁。本件評釈は本書第2章参照。

13） 最大判昭和28年4月15日民集7巻4号305頁。本件評釈は本書第3章参照。

14） 東京地判昭和28年10月19日行集4巻10号2540頁。本件評釈には、一圓一億「判批」法律のひろば7巻2号8頁 (1954)、小嶋和司「判批」自治研究30巻4号27頁 (1954)、作間忠雄「判批」芦部信喜編『憲法判例百選』188頁 (1963)、中野昌治「判批」法学セミナー270号81頁 (1977) などがある。このほか、宮沢俊義ほか「座談会・解散無効判決の含む問題」ジュリスト46号2頁 (1953) などもある。

15） 東京高判昭和29年9月22日行集5巻7号1265頁。本件評釈には、作間忠雄「判批」芦部信喜編『憲法判例百選』188頁 (1963)、杉原泰雄「判批」小林直樹編『憲法の判例』〔第3版〕201頁 (有斐閣、1977)、杉原泰雄「判批」樋口陽一編『憲法の基本判例』173頁 (有斐閣、1985)、丸山健司「判批」芦部信喜＝高橋和之編『憲法判例百選Ⅱ』〔第2版〕356頁 (1988)、吉田栄司「判批」樋口陽一＝野中俊彦編『憲法の基本判例』〔第2版〕186頁 (有斐閣、1996)、松下泰雄「判批」上田勝美編『ゼミナール憲法判例』〔増補版〕313頁 (法律文化社、1994)、孝忠延夫「判批」杉原泰雄＝野中俊彦編『新判例マニュアル憲法Ⅰ』58頁 (三省堂、2000)、鈴木法日児「判批」高橋和之ほか編『憲法判例百選Ⅱ』〔第5版〕392頁 (2007)、大山礼子「判批」長谷部恭男ほか編『憲法判例百選Ⅱ』〔第6版〕380頁 (2013) などがある。

16） 最大判昭和35年6月8日民集14巻7号1206頁。本件評釈は本書第6章参照。反対意見はないが、多数意見の理由と異なる意見も述べられている。小谷勝重、奥野健一両裁判官の意見は、解

第 8 章　統治行為論

散権解釈を理由に上告を斥ける。河村大助裁判官の意見は、7 条解散を是認しながら、「裁判所の審査権に服しないとの多数意見には賛同出来ない」とする。また、石坂修一裁判官の意見は、解散の有効性については司法審査が及ぶが、有効なので上告を斥けるとするものである。

17)　最判昭和40年 3 月 9 日民集19巻 2 号233頁。本件評釈には、田中永司「判批」ジュリスト321号26頁（1965）、畑穣「判批」法律時報37巻 7 号46頁（1965）、同「判批」別冊労働法律旬報557号 4 頁（1965）田中永司「判批」法曹時報17巻 5 号112頁（1965）、同「判批」最高裁判所調査官室編『最高裁判所判例解説民事篇昭和40年度24頁』（法曹会、1966）、S・H・E「判批」時の法令530号54頁（1965）、吉岡幹夫「判批」静岡大法経論集20号 1 頁（1965）、末川博「判批」民商法雑誌53巻 4 号123頁（1966）、加藤一郎「判批」法学協会雑誌82巻 6 号84頁（1966）、大塚勝美「判批」北九州大学法政論集 9 巻 3 ＝ 4 号190頁（1982）、菅野耕毅「判批」森泉章還暦記念『現代判例民法学の課題』9 頁（法学書院、1988）、遠藤浩「判批」民事研修425号45頁（1992）などがある。

18)　最大判昭和44年 4 月 2 日刑集23巻 5 号685頁。本件評釈には、綿引紳郎「判批」法曹時報21巻 6 号214頁（1969）、香城敏磨「判批」警察学論集22巻 6 号153頁（1969）、村上譲「判批」藤木英雄編『続刑法判例百選』84頁（1971）、村瀬鎮雄「判批」経営法曹会議編『最高裁労働判例 7 ―問題点とその解説』83頁（日本経営者団体連盟広報部、1987）、安念潤司「判批」法学教室214号52頁（1998）、本秀紀「判批」杉原泰雄＝野中俊彦編『新判例マニュアル憲法Ⅱ』234頁（三省堂、2000）などがある。

19)　最判昭和44年12月12日裁判集刑174号667頁。

20)　最判昭和49年 2 月 7 日訟月20巻12号65頁。

21)　最大判平成 8 年 8 月28日民集50巻 7 号1952頁。本件評釈には、山田洋「判批」ジュリスト1103号66頁（1996）、綿引万里子「判批」同124頁（1996）、同「判批」法曹時報51巻 1 号167頁（1999）、同「判批」最高裁判所調査官室編『最高裁判所判例解説民事篇平成 8 年度下』581頁（法曹会、1999）、同「判批」ジュリスト増刊『最高裁時の判例 1 公法編』136頁（2003）、斎藤誠「判批」法学教室193号76頁（1996）、自治関係判例研究会「判批」地方自治職員研修29巻12号18頁（1996）、阪本昌成「判批」ジュリスト臨時増刊1113号『平成 8 年度重要判例解説』6 頁（1997）、市橋克哉「判批」同37頁、武田真一郎「判批」法学教室198号別冊附録判例『判例セレクト '96』16頁（1997）、芝池義一「判批」民商法雑誌116巻 4 ＝ 5 号224頁（1997）、人見剛「判批」法学セミナー505号50頁（1997）、宇賀克也「判批」法律のひろば50巻 2 号39頁（1997）、同「判批」判例タイムズ臨時増刊945号『平成 8 年度主要民事判例解説』374頁（1997）、畠山武道「判批」判例評論465号 9 頁（1997）、岡田信弘「判批」法学セミナー521号58頁（1998）、大山礼子「判批」塩野宏ほか編『行政判例百選Ⅰ』〔第 4 版〕96頁（1999）、倉持孝司「判批」杉原泰雄＝野中俊彦編『新判例マニュアル憲法Ⅰ』36頁（三省堂、2000）、大久保史郎「判批」高橋和之ほか編『憲法判例百選Ⅱ』〔第 5 版〕382頁（2007）、佐々木雅寿「判批」佐藤幸治＝土井真一編『判例講義憲法Ⅱ』292頁（悠々社、2010）、上田健介「判批」同319頁、加藤裕「判批」法と民主主義461号107頁（2011）、水島朝穂「判批」長谷部恭男ほか編『憲法判例百選Ⅱ』〔第 6 版〕370頁（2013）、交告尚史「判批」磯部力ほか編『地方自治判例百選』〔第 4 版〕202頁（2013）、小林武「判批」愛知大法経論集198号143頁（2014）などがある。

22)　最大判昭和51年 4 月14日民集30巻 3 号223頁。本件評釈は本書第 2 章参照。

23)　札幌高判昭和51年 8 月 5 日行集27巻 8 号1175頁。「小前提に適用さるべき大前提たる憲法その他の法令の解釈行為」についても統治行為論が妥当するとした。有倉遼吉「統治行為論」判例時報821号17頁、18頁（1976）は、砂川事件最高裁判決よりは苫米地事件最高裁判決に近いとして、純粋な統治行為論だと評した。本件評釈には、綿貫芳源「判批」判例評論213号29頁（1976）、はやし・し

331

うぞう「判批（上，下）」時の法令948号49頁，949号50頁（1976），梅木崇＝西修「判批」駒沢大法学論集14号207頁（1976），山内敏弘「判批」ジュリスト臨時増刊642号 8 頁（1977），浦田賢治「判批」小林直樹編『憲法の判例』〔第 3 版〕194頁（有斐閣，1977），同「判批」樋口陽一＝野中俊彦編『憲法の基本判例』〔第 2 版〕181頁（有斐閣，1996），深瀬忠一「判批」法律時報48巻12号73頁，49巻 1 号68頁（1977），長谷川正安「判批」法学セミナー330号89頁（1982），松井愈「判批」同94頁，笹田栄司「判批」杉原泰雄＝野中俊彦編『新判例マニュアル憲法Ⅰ』86頁（三省堂，2000），小林直樹「判批」同『平和憲法と共生60年—憲法第 9 条の総合的研究に向けて』371頁（慈学社，2006），山内敏弘「判批」高橋和之ほか編『憲法判例百選Ⅱ』〔第 5 版〕378頁（2007），髙井裕之「判批」佐藤幸治＝土井真一編『判例講義憲法Ⅱ』326頁（悠々社，2010）などがある。このほか，「特集・長沼訴訟控訴審判決」法律時報48巻11号 8 頁（1976），「特集・長沼控訴審判決をめぐって」判例時報821号 3 頁（1976），「特集・長沼訴訟上告審へ向けて」法律時報49巻 2 号13頁（1977）などもある。

24）　なお，一審＝札幌地判昭和48年 9 月 7 日判時712号24頁以来，国側は統治行為論を主張している。伊達前掲註10）論文14頁。国は寧ろ，自衛隊合憲論ではなく，訴えの利益論を主張し，付随的に統治行為論を展開したとの評価もある。奥平康弘「長沼控訴審判決と統治行為論」法律時報48巻11号45頁，46頁（1976）。本件評釈には，阿部照哉＝東條武治「判批」判例評論177号 2 頁（1973），村重慶一「判批」法律のひろば26巻12号 4 頁（1973），浦田賢治「判批」労働法律旬報843号16頁（1973），奥原唯弘「判批」同11頁，同「判批」法と秩序 3 巻 4 号13頁（1973），松本昌悦「判批」法律のひろば26巻12号18頁（1973），大平善悟「判批」時の法令835号 6 頁（1973），同「判批」青山法学論集15巻 3 = 4 号137頁（1974），市原昌三郎「判批」ジュリスト臨時増刊565号『昭和48年度重要判例解説』 6 頁（1974），影山日出弥「判批」芦部信喜編『憲法判例百選』〔第 3 版〕210頁（1974），同「判批」法学セミナー245号97頁（1975），S・H・E「判批（上，下）」時の法令839号47頁，840号47頁（1973），樋口陽一「判批」判例タイムズ302号 2 頁（1980），浦田一郎「判批」芦部信喜＝高橋和之編『憲法判例百選Ⅱ』〔第 2 版〕344頁（1988），水島朝穂「判批」小林孝輔編『判例教室　憲法』〔新版〕18頁（法学書院，1989），林修三「判批」林修三「判批」『判例解説　憲法編 4 』359頁（ぎょうせい，1989），上野裕久「判批」上田勝美編『ゼミナール憲法判例』〔増補版〕13頁（法律文化社，1994），倉持孝司「判批」杉原泰雄＝野中俊彦編『新判例マニュアル憲法Ⅰ』40頁（三省堂，2000），小林直樹「判批」同『平和憲法と共生60年—憲法第 9 条の総合的研究に向けて』271頁（慈学社，2006），佐々木高雄「判批」高橋和之ほか編『憲法判例百選Ⅱ』〔第 5 版〕376頁（2007），髙井裕之「判批」杉原泰雄＝野中俊彦編『新判例マニュアル憲法Ⅱ』325頁（三省堂，2000），鈴木敦「判批」長谷部恭男ほか編『憲法判例百選Ⅱ』〔第 6 版〕366頁（2013）などがある。このほか，「特集・長沼違憲判決」ジュリスト549号16頁（1973），深瀬忠一「長沼判決をめぐる平和憲法の理想と現実（2-4）」同550号89頁（1973），552号76頁，555号120頁（1974），「特集・長沼ナイキ判決をめぐって」判例時報712号 4 頁（1973），「特集・自衛隊違憲判決」法律時報45巻14号 8 頁（1973），深瀬忠一「長沼判決の積極的・創造的側面の考察（2-3）」同46巻 2 号90頁，46巻 3 号105頁（1974），「特集・長沼判決と自衛隊」法学セミナー217号20頁（1973），「特集・憲法と自衛隊」同218号 1 頁（1973），内藤功「恵庭・長沼（一審）裁判の担当者として伝えたいこと」法と民主主義461号 8 頁（2011）などがある。

25）　最判昭和57年 9 月 9 日民集36巻 9 号1679頁。本件評釈は本書第 7 章参照。

26）　水戸地判昭和52年 2 月17日判時842号22頁。本件評釈には，小林直樹「判批」ジュリスト652号83頁（1977），同「判批」同『平和憲法と共生60年—憲法第 9 条の総合的研究に向けて』371頁（慈学社，2006），はやし・しうぞう「判批（上，下）」時の法令966号49頁，967号54頁（1977），林修三

第 8 章　統治行為論

「判批」法律のひろば30巻 5 号 4 頁（1977）、東條武治＝早坂禧子「判批」判例タイムズ351号92頁
（1977）、長谷川正安「判批」法律時報49巻 8 号 8 頁（1977）、中山勲「判批」判例評論224号14頁
（1977）、古川純「判批」ジュリスト臨時増刊666号『昭和52年度重要判例解説』 8 頁（1978）などで
ある。このほか、『特集・百里基地訴訟判決』法律時報49巻 8 号 8 頁（1977）、山内敏弘「自衛隊裁
判と『統治行為』論（ 2 ・完）」同10号63頁（1977）などがある。控訴審は東京高判昭和56年 7 月 7
日判時1004号 3 頁である。その評釈として、中村睦男「判批」法学教室13号104頁（1981）、はや
し・しうぞう「判批（上、下）」時の法令1121号57頁、1122号57頁（1981）、上田勝美「判批」龍谷法
学14巻 3 号140頁（1981）、山内敏弘「判批」ジュリスト臨時増刊768号『昭和56年度重要判例解説』
11頁（1982）、中野哲弘「判批」同108頁（1982）、同「判批」民事研修301号29頁（1982）、竹中勲「判
批」法学セミナー324号129頁（1982）、野中俊彦「判批」判例評論275号34頁（1982）、甲斐道太郎「判
批」判例タイムズ472号『昭和56年度民事主要判例解説』13頁（1982）、小中陽太郎「判批」法学セ
ミナー335号12頁（1983）、山口和秀「判批」法学セミナー増刊『憲法訴訟』123頁（1983）などがある。

27）　野中ほか前掲註 5 ）文献76頁［江橋崇］は統治行為論と評するが、同頁［浦部法穂］は裁量論と
論評する。なお、最判平成元年 6 月20日民集43巻 6 号385頁は国の私法上の行為には憲法は及ばな
いとするが、疑問である。君塚正臣『憲法の私人間効力論』310頁（2008、悠々社）。本件評釈には、
栗城壽夫「判批」ジュリスト942号48頁（1989）、古川純「判批」法学教室109号48頁（1989）、小林直
樹「判批」法律時報61巻10号72頁（1989）、森英樹「判批」「判批」法学セミナー409号98頁、417号104
頁（1989）、「判批」時の法令1359号80頁（1989）、法性祐正「判批」永世中立165号15頁（1989）、矢田
誠「判批」Article 45号26頁（1989）、高見勝利「判批」ジュリスト臨時増刊957号『平成元年度重要
判例解説』11頁（1990）、木下智史「判批」法学教室113号別冊付録『判例セレクト'89』 7 頁（1990）、
同「判批」民商法雑誌102巻 6 号794頁（1990）、田山輝明「判批」法律時報別冊『私法判例リマーク
ス』 1 号14頁（1990）、荒井誠一郎＝横田力「判批」法と民主主義244号56頁（1990）、小倉顕「判批」
法曹時報42巻10号201頁（1990）、同「判批」最高裁判所調査官室編『最高裁判所判例解説民事篇平
成元年度』208頁（法曹会、1991）、野口高夫「判批」訟務月報36巻 1 号24頁（1990）、田中舘照橘「判
批」法令解説資料総覧96号76頁（1990）、浦部法穂「判批」受験新報40巻 4 号49頁（1990）、綿引万
里子「判批」判例タイムズ臨時増刊735号『平成元年度主要民事判例解説』26頁（1990）、阿部照哉
「判批」判例評論384号 8 頁（1991）、澤野義一「判批」上田勝美編『ゼミナール憲法判例』〔増補版〕
404頁（法律文化社、1994）、倉持孝司「判批」杉原泰雄＝野中俊彦編『新判例マニュアル憲法 I 』
42頁（三省堂、2000）、浦田一郎「判批」高橋和之ほか編『憲法判例百選 II 』〔第 5 版〕380頁（2007）、
尾形健「判批」佐藤幸治＝土井真一編『判例講義憲法 II 』302頁（悠々社、2010）、榎透「判批」長谷
部恭男ほか編『憲法判例百選 II 』〔第 6 版〕368頁（2013）などがある。

28）　最判平成 5 年 2 月25日民集47巻 2 号643頁。本件評釈には、大塚直「判批」ジュリスト1026号53
頁（1993）、大内俊身「判批」同91頁、同「判批」法曹時報47巻10号157頁（1995）、同「判批」最高裁判
所調査官室編『最高裁判所判例解説民事篇平成 5 年度上』280頁（法曹会、1996）、同「判批」ジュリ
スト増刊『最高裁時の判例 1 公法編』218頁（2003）、前田陽一「判批」法学教室156号104頁（1993）、
古城誠「判批」同106頁、新山一雄「判批」法学セミナー468号70頁（1993）、小巻泰「判批」法律の
ひろば46巻 8 号62頁（1993）、同「判批」訟務月報40巻 3 号 1 頁（1994）、田中舘照橘「判批」法令解
説資料総覧136号84頁、137号90頁（1993）、藤井俊夫「判批」法学教室162号別冊附録『判例セレク
ト'93』 8 頁（1994）、小林秀之＝藪口康夫「判批」判例評論422号45頁（1994）、安念潤司「判批」ジュ
リスト臨時増刊1046号『平成 5 年度重要判例解説』 8 頁（1994）、岡田雅夫「判批」同55頁、淡路剛

333

久「判批」法律時報別冊『私法判例リマークス』9号18頁（1994）、秋武憲一「判批」判例タイムズ臨時増刊852号『平成5年度主要民事判例解説』116頁（1994）、松村弓彦「判批」NBL 561号52頁（1995）、高木光「判批」法学協会雑誌112巻3号426頁（1995）、岡田正則「判批」法律時報70巻6号95頁（1998）、中富公一「判批」芦部信喜ほか編『憲法判例百選I』〔第4版〕60頁（2000）、原強「判批」判例タイムズ臨時増刊1062号『差止めと執行停止の理論と実務』144頁（2001）、中富公一「判批」高橋和之ほか編『憲法判例百選I』〔第5版〕60頁（2007）、木下智史「判批」杉原泰雄＝野中俊彦編『新判例マニュアル憲法II』222頁（三省堂、2000）、畠山武道「判批」淡路剛久ほか編『環境法判例百選』〔第2版〕94頁（2011）、須藤陽子「判批」宇賀克也ほか編『行政判例百選II』〔第6版〕328頁（2012）などがある。このほか、岡田正則「基地騒音の差止請求と改正行政事件訴訟法」早稲田法学88巻3号1頁（2013）などがある。

29） 最判平成5年2月25日判時1456号53頁。本件評釈には、大塚直「判批」ジュリスト1026号53頁（1993）、小林秀之＝薮口康夫「判批」判例評論422号45頁（1994）、秋武憲一「判批」判例タイムズ臨時増刊852号『平成5年度主要民事判例解説』116頁（1994）、酒井一「判批」伊藤眞ほか編『民事訴訟法判例百選』〔第3版〕80頁（2003）、柳憲一郎「判批」淡路剛久ほか編『環境法判例百選』〔第2版〕98頁（2011）などがある。

30） 最大判昭和39年2月5日民集18巻2号270頁。本件評釈には、田中真次「判批」ジュリスト294号46頁（1964）、同「判批」法曹時報16巻4号103頁（1964）、同「判批」最高裁判所調査官室編『最高裁判所判例解説民事篇昭和39年度』31頁（法曹会、1965）、芦部信喜「判批」ジュリスト296号48頁（1964）、同「判批」小林直樹編『憲法の判例』〔第2版〕22頁（有斐閣、1971）、鵜飼信成「判批」判例評論66号1頁（1964）、S・H・E「判批」時の法令490号50頁（1964）、林田和博「判批」民商法雑誌51巻5号836頁（1965）、田口精一「判批」慶大法学研究38巻3号79頁（1965）、中野昌治「判批」愛知学院大法学研究11巻2号91頁（1968）、新井隆一「判批」法学セミナー173号106頁（1970）、山本浩三「判批」芦部信喜編『憲法判例百選』〔第3版〕34頁（1974）、常本照樹「判批」法学教室211号81頁（1998）、安西文雄「判批」杉原泰雄＝野中俊彦編『新判例マニュアル憲法I』218頁（三省堂、2000）などがある。このほか、小林孝輔「議員定数の不均衡と選挙権の平等」法律のひろば17巻4号4頁（1964）、越山康「議員定数配分の違憲審査について（1、2）」同4号9頁、5号23頁（1964）などもある。

31） 最大判昭和37年3月7日民集16巻3号445頁。本件評釈には、成田頼明「判批」法律のひろば15巻5号36頁（1962）、同「判批」成田頼明＝磯部力編『地方自治判例百選』8頁（1981）、同「判批」芦部信喜＝高橋和之編『憲法判例百選II』〔第2版〕370頁（1988）、S・H・E「判批」時の法令423号72頁（1962）、田中二郎「判批」芦部信喜編『憲法判例百選』194頁（1963）、大西芳雄「判批」民商法雑誌47巻4号135頁（1963）、有倉遼吉「判批」芦部信喜編『憲法判例百選』〔第3版〕224頁（1974）、小嶋和司「判批」雄川一郎編『行政判例百選II』336頁（1979）、宮崎良夫「判批」成田頼明＝磯部力編『地方自治判例百選』198頁（1981）、小林武「判批」法学セミナー増刊『憲法訴訟』60頁（1983）、佐々木善三「判批」研修603号49頁（1998）、戸松秀典「判批」塩野宏ほか編『行政判例百選II』〔第4版〕396頁（1999）、笹田栄司「判批」杉原泰雄＝野中俊彦編『新判例マニュアル憲法I』72頁（三省堂、2000）、三木義一「判批」磯部力ほか編『地方自治判例百選』〔第3版〕182頁（2003）、大石眞「判批」小早川光郎ほか編『行政判例百選II』〔第5版〕316頁（2006）、毛利透「判批」高橋和之ほか編『憲法判例百選II』〔第5版〕412頁（2007）、佐々木雅寿「判批」佐藤幸治＝土井真一編『判例講義憲法II』263頁（悠々社、2010）、奥村公輔「判批」長谷部恭男ほか編『憲法判例百選II』〔第6版〕398頁

第 8 章　統治行為論

(2013)、今本啓介「判批」磯部力ほか編『地方自治判例百選』〔第 4 版〕178頁 (2013) などがある。

32)　両判決は統治行為論でよく引き合いに出されるが、ここに括れるものとは思えない。野中前掲註11) 書124-125頁同旨。これ以外を含む裁判例の動向については、戸松秀典＝今井功編『論点体系判例憲法 3』135-137頁 (第一法規、2013)〔大林啓吾〕など参照。

33)　芦部信喜『憲法訴訟の現代的展開』127頁 (有斐閣、1981)。

34)　同上128頁。

35)　同上131頁。

36)　小林節『政治問題の法理』169頁 (日本評論社、1988)。

37)　統治行為肯定論に立つ高乗正臣「統治行為の理論」日本女子経済短期大学研究論集33号29頁、46頁 (1977) でもこれは認める。

38)　水木惣太郎「統治行為」日本法学33巻 3 号24頁、49頁 (1967) は「統治行為を憲法の明文で認めた例は少ない」とし、例外として英国議会法やインド憲法74条 2 項などを挙げるが、そもそも条文があれば単なる憲法条項解釈の問題であり、統治行為概念を立てる必要に乏しい。

39)　このほかに部分社会論も挙げられることが多い。しかし、部分社会の範疇に入れられてきたものは、自主的な運営が予定されている公的機関と民間組織に分けられ、前者は自律の問題、後者は結社の自由の問題として論じれば足り、この概念は無用であり、拡大された特別権力関係論とも言える点で有害である。君塚前掲註27) 書476頁以下参照。

40)　奥平康弘「『「法から自由」・『統治行為』論を考える (2)」時の法令1406号40頁、41頁 (1991)。この種の発想は、1983年の小室直樹によるロッキード裁判批判にも通じる。

41)　奥平前掲註10) 論文57頁。この点は、特別権力関係論とは事情が異なる。

42)　宮沢俊義「行政裁判と統治行為」佐々木惣一還暦記念『憲法及行政法の諸問題』167頁 (有斐閣、1938)、同「フランスの判例法における統治行為」野村淳治還暦記念『公法政治論集』479頁 (有斐閣、1938)。奥平前掲註10) 論文61頁より引用。

43)　奥平同上61頁。

44)　小林前掲註36) 書178頁。フランスの統治行為概念については、上村貞美「フランスにおける統治行為論 (1、2)」香川大学教育学部研究報告第 1 部44号87頁、44号121頁 (1978)、同「フランス第五共和制憲法下の統治行為」同47号139頁 (1979)、齊藤芳浩「裁判による条約の審査について (3・完)」西南学院大学法学論集41巻 1 ＝ 2 号 1 頁、5 頁以下 (2008) なども参照。

45)　奥平前掲註10) 論文62頁。

46)　宮沢俊義ほか「座談会・解散無効判決の含む問題」ジュリスト46号 2 頁、5 頁 (1953)〔宮沢〕。但し、後註110) のように、その後の宮沢は内在的制約説に分類するのが通例である。

47)　奥平前掲註10) 論文63頁。

48)　同上62頁。

49)　金子宏「統治行為」ジュリスト131号39頁、40頁 (1957)。

50)　田中和夫『英米法概説』〔再訂版〕117頁 (有斐閣、1981) も、「わが最高裁判所も、アメリカにおける政治問題の排除と同様の法理を採用している」と、肯定的に紹介する。

51)　金子前掲註49) 論文40頁。詳細は、同「統治行為の研究 (1-3)」国家学会雑誌71巻 8 号 1 頁、11号 1 頁 (1957)、72巻 2 号 1 頁 (1958)〔以下、金子前掲註51) Ⅰ論文、と引用〕参照。入江俊郎「統治行為」公法研究13号75頁 (1955)、森順次「いわゆる統治行為と最高裁判所の最初の判例」彦根論叢70＝71＝72号264頁、266-267頁 (1960)、水木前掲註38) 論文54頁など同旨。金子宏「独逸におけ

335

る統治行為論の動向」公法研究13号184頁、189頁（1955）もドイツについてこれを確認している。
このほか、同「書評」国家学会雑誌71巻4号106頁（1957）も参照。

52) 金子前掲註49）論文41頁参照。

53) 覚道前掲註9）論文172頁。金子同上40頁同旨。

54) 覚道同上172頁。野中ほか前掲註5）文献71頁［野中俊彦］同旨。

55) 公法研究13号75頁以下（1955）掲載の諸論文参照。奥平前掲註10）論文64頁。1名、久保田きぬ
子が例外で入っているのは、アメリカ法に詳しい行政法学者が当時は殆どいなかったからではな
いかと推測する。

56) 田中二郎『新版行政法上巻』〔全訂第2版〕2頁（弘文堂、1974）。初版は1954年。

57) 外間寛「『統治行為』について」公法研究41号193頁、194頁（1979）が、「多くの行政法学説にお
いて『統治行為』の法理が採用されるに至った」と総括した点は示唆的である。外間は行政法学者。

58) 奥平前掲註10）論文64頁。野中前掲註11）書138頁同旨。

59) 覚道前掲註9）論文174頁、小林前掲註36）書170頁。

60) 入江前掲註51）論文82頁。

61) 牧野忠則「西ドイツに於ける行政裁判権レベルでの統治行為論（1）」北大法学論集34巻3＝4号
177頁、184-185頁（1984）。同「同（2）」同6号73頁（1984）はドイツ行政法学の対応を、同「同（3・
完）」同36巻3号391頁（1984）はドイツの裁判所の対応をそれぞれ詳述する。

62) 同上（3・完）405頁は、「西ドイツの行政裁判所レベルでは統治行為論はその重要性及び影響力
をもはや持っていない」と断じている。

63) 作間忠雄「統治行為論」法律時報49巻7号235頁、240頁（1977）、山内敏弘「自衛隊裁判と『統治
行為』論（1）」法律時報49巻8号19頁、23頁（1977）、覚道前掲註9）論文174頁など参照。

64) なお、牧野前掲註61）論文181頁は、この概念は、Vollziehung（執行）の中でVerwaltung（行政）
と並んで認められるかなどの問題もあり、日本語の「統治行為」と対応しないと言う。

65) 覚道前掲註9）論文174頁。宍戸前掲註5）論文243頁も参照。奥平前掲註10）論文67-69頁は更
に、日本の研究者は、ドイツ公法学者の労作を借りて、イギリスでも類似の理論（acts of state）
があると主張したのだろうが、イギリスには統治行為論に当たる学説はない、と批判する。

66) 奥平同上64頁。

67) 美濃部達吉、佐々木惣一らも戦後直ちにそう記述した。本書第5章参照。

68) このほか、アメリカについて、久保田きぬ子「アメリカ憲法における『政治問題』」公法研究13
号168頁、173頁（1955）は、「裁判所の高度の良識、裁判官の叡智にのみかけられている」と述べ
ている。伊藤正己『憲法』〔第3版〕636頁（弘文堂、1995）は、「司法作用の意味は流動的である」
として内在的制約説を批判し、自制説に立つ。西尾昭「統治行為について」同志社法学7巻5号
113頁（1976）、戸波江二『憲法』〔新版〕434頁（ぎょうせい、1998）同旨。

69) 山田説については、以下のもののほか、山田準次郎「衆議院の解散と統治行為（政事問題）衆議
院解散無効の判決に関連して」明大法律論叢27巻4号35頁、65頁以下（1954）、同「民主義国家に
おける統治行為」同5＝6号1頁（1954）、同「統治行為に関する最近フランスの法学説」同28巻
2＝3号1頁（1954）なども参照。

70) 山田準次郎「統治行為について」公法研究13号108頁、114頁（1955）。

71) 同上115頁。フランス行政裁判所の条約解釈については、大藤紀子「条約の解釈に関するフラン
ス行政裁判所裁判官の権限について」聖学院大学論叢10巻2号10頁（1988）、齊藤芳浩「裁判による

336

第 8 章　統治行為論

条約の審査について (1)」西南学院大学法学論集40巻 1 号 1 頁、 5 頁以下 (2007) も参照。

72)　山田同上115-119頁。

73)　同上119頁。

74)　俵静夫ほか「討論報告・第二部会　統治行為」公法研究13号190頁 (1955)。佐藤功の質問に答えたもの。

75)　戸松秀典『プレップ憲法』〔第 3 版〕135頁 (弘文堂、2007)。同『司法審査制』171頁以下 (勁草書房、1989) は自制説に傾斜していると言ってよい。

76)　阪本昌成『憲法理論 I 』〔補訂第 3 版〕426頁 (成文堂、2000)、覚道前掲註 9) 論文175-176頁。

77)　影山日出弥「統治行為」針生誠吉ほか『日本の憲法判例』329頁、348頁 (敬文堂、1969)。

78)　入江前掲註51) 論文89頁。

79)　影山前掲註77) 論文351頁。

80)　初宿正典ほか『憲法―Cases and materials―憲法訴訟』332頁 (有斐閣、2007)。

81)　山本泰裕「統治行為と権力分立 (1)」愛知教育大学社会科学論集14=15号81頁、87頁 (1976) は、統治行為を権力分立原理との密接な関連で説明しようとした。

82)　古くは社会国家もしくは社会的法治国原理を統治行為論の一根拠とする学説も見られた。堤口康博「統治行為の発展」早稲田政治経済学雑誌143号97頁、110頁 (1950)、高乗正臣「統治行為」日本女子経済短期大学研究論集32号43頁、66頁 (1976) 同旨など。多くの学説はこれに触れておらず、その傾向が妥当であろう。

83)　この説が「内在的」と自称するのは循環論法もしくは論理的に矛盾するではないかとの批判がある。小針司『憲法講義 (全)』〔改訂新版〕184頁＊ (信山社、1998)。

84)　宍戸前掲註 5) 論文244頁。例えば、林田和博「司法権の範囲」清宮四郎＝佐藤功編『憲法講座 4 ―司法・財政・地方自治・最高法規・改正』 1 頁、15-16頁 (有斐閣、1959)、庄野隆「統治行為と憲法的判断」高知大学学術研究報告25巻社会科学 1 号 1 頁 (1976)、林修三「自衛力保持の合憲判断と統治行為論―百里基地事件水戸地裁判決を読んで」法律のひろば30巻 5 号 4 頁、 7 頁 (1977)。

85)　挙げたもののほか、橋本公亘『日本国憲法』607頁 (有斐閣、1980)、佐藤功『日本国憲法概説』〔全訂第 5 版〕477頁 (学陽書房、1996)、長尾一紘『日本国憲法』〔全訂第 4 版〕243頁 (世界思想社、2011)、清宮前掲註 4) 書340頁、藤井前掲註 5) 書218頁、堤口前掲註82) 論文111頁など。小林直樹『憲法講義下』〔新版〕380頁 (東京大学出版会、1981) は「極度に限定的にのみ承認される」とする。清宮説の限界につき、安西文雄ほか『憲法学の現代的論点』〔第 2 版〕185頁 (有斐閣、2009)〔南野森〕参照。

86)　雄川一郎「統治行為論 (1)」国家学会雑誌68巻 3 ＝ 4 号30頁、35頁 (1954)。

87)　同上35-36頁。

88)　同上38頁以下及び、雄川一郎「統治行為論 (2)」国家学会雑誌68巻 9 =10号 1 頁 (1955) 参照。

89)　雄川一郎「統治行為論 (3・完)」国家学会雑誌70巻 1 ＝ 2 号48頁、68頁 (1956)。

90)　同上89頁。「国法」とし、「憲法」としないところは、行政法学者のものと実感させる。

91)　同上91頁。

92)　田中前掲註56) 書299頁。

93)　俵ほか前掲註74) 座談会193頁 [田中二郎]。

94)　田中前掲註56) 書 3 頁注 1 。

95)　同上同頁注 1 。

337

96) 宍戸常寿『憲法─解釈論の応用と展開』247頁（日本評論社、2011）同旨か。

97) 入江前掲註51)論文87頁。

98) 同上89頁。俵ほか前掲註74)座談会190頁でも確認する。

99) 俵ほか同上191頁［入江俊郎］。

100) 入江前掲註51)論文90頁。入江説の分析をしようとしたものに、小倉正恒「統治行為論の批判的考察」六甲台論集13巻1号22頁（1966）がある。

101) 金子宏「統治行為の研究（4・完）」国家学会雑誌72巻9号1頁、4頁（1958）。

102) 同上8頁。

103) 同上10頁。

104) 同上29頁。

105) 同上29-30頁。

106) 同上30頁。

107) 同上33頁。

108) 俵ほか前掲註74)座談会191頁［宮沢俊義］。宮沢俊義『日本国憲法』596頁（日本評論社、1955）では、併せて「学説の発展」にも期待している。

109) 宮沢同上596頁。

110) 宮沢俊義『憲法』〔改訂版〕338頁（有斐閣、1962）。

111) 芦部信喜『憲法訴訟の理論』428頁（有斐閣、1973）。

112) 同上同頁。芦部前掲註33)書137頁、戸波前掲註68)書434頁同旨。芦部の立場の理解のためには、高見勝利『芦部憲法学を読む─統治行為論』334頁以下（有斐閣、2004）参照。長谷部恭男『憲法』〔第6版〕407頁（新世社、2014）も、「国民の民主的決定プロセスを損なうような国家行為」などで統治行為論を用いることは許されないとする。人権救済の場面で統治行為論を用いるべきでないとする見解に、小倉正恒『憲法』182頁（法律文化社、1997）などがある。初宿正典『憲法1』127-128頁（成文堂、2002）、辻村みよ子編『基本憲法』281頁（悠々社、2009）［阿部智洋］も同旨か。これに対し、水木前掲註38)論文66頁は、「本案と先決問題は不可分の関係にあり、先決問題が統治行為とされる以上、事件全体が裁判の外に置かるべきもの」だと断じている。

113) 芦部前掲註11)書308-309頁。同書第6版（高橋補訂）334-345頁でも記述は同じである。藤井俊夫『司法権と憲法訴訟』313頁（成文堂、2007）、渋谷秀樹『憲法』〔第3版〕653頁（有斐閣、2017）なども同調する。

114) 新正幸『憲法訴訟論』〔第2版〕347頁（信山社、2010）ほか。この点、高橋和之『立憲主義と日本国憲法』〔第4版〕436頁（有斐閣、2017）の説明は究極的である。根拠としての権力分立論、民主主義論、学説としての自制説、内在的制約説は混合され、「両者の説明は相互に排他的と考える必要はないであろう。事案によって、いずれの説明がより適切かを考えればよい」とするが、もはや結論ありきの根拠提示放棄である。なお、機能説は、統治行為「の概念と範囲を厳格に理解しようとするもので、実質的には否定説に近い」とする論評もある。大沢秀介『憲法入門』〔第3版〕316頁（成文堂、2003）。

115) 覚道前掲註9)論文176頁など。

116) 磯崎辰五郎「いわゆる統治行為を肯定する学説の批判」阪大法学31号1頁、16頁（1959）。

117) 同上19頁。

118) 同上30頁。

第 8 章　統治行為論

119)　下澤悦夫「憲法 9 条と裁判官そして司法の民主化」守屋克彦編『日本国憲法と裁判官』56頁、60頁（日本評論社、2010）。齊藤前掲註44）論文43頁も、これが専ら裁判官の権力分散のための議論であることを指摘する。

120)　大西芳雄「統治行為論に提言」立命館法学111=112号 1 頁、5 頁（1974）同旨。

121)　磯崎前掲註116）論文33頁。

122)　同上 9 頁。

123)　阿部照哉『憲法』〔改訂〕253頁（青林書院、1991）など。

124)　奥平前掲註10）論文76-77頁。

125)　芦部前掲註111）書426頁、芹沢斉ほか編『新基本法コンメンタール憲法』401頁（日本評論社、2011）〔笹田栄司〕。

126)　覚道前掲註 9 ）論文174頁、伊達前掲註10）論文14頁など。小林前掲註36）書139頁も、「政治」という語の曖昧・多義性を指摘する。肯定説の雄川前掲註89）論文79頁もこのことは認める。これに対し、外間前掲註57）論文194頁は、衆議院の解散と地方議会の解散を比較するなどすれば解ると反論する。

127)　山田前掲註70）論文109頁。シュナイダー説を引用してこう述べる。

128)　覚道前掲註 9 ）論文173頁。

129)　伊達前掲註10）論文16頁。

130)　覚道前掲註 9 ）論文176頁。

131)　本章で取り上げたもののほか、覚道豊治「憲法における自由裁量の概念」阪大法学40=41号88頁（1962）、時岡弘「日本国憲法における統治行為」早稲田社会科学研究 2 ＝ 3 号79頁、98頁（1968）、田畑忍編『日本国憲法論』147頁（法律文化社、1977）〔渡辺久丸〕、伊藤公一『憲法概要』192頁（法律文化社、1983）、阿部照哉＝松井茂夫『HAND BOOK憲法』301頁（有信堂、1990）〔永田秀樹〕、松井茂記『日本国憲法』〔第 3 版〕258頁（有斐閣、2007）、市川正人『ケースメソッド憲法』〔第 2 版〕21-22頁注 8 （日本評論社、2009）、大石眞『憲法講義Ⅰ』〔第 2 版〕222頁以下（有斐閣、2009）、浦部法穂『憲法学教室』〔第 3 版〕400頁（日本評論社、2016）、辻村みよ子『憲法』〔第 5 版〕436頁（日本評論社、2016）など。京都学派の割合が大きい。この点、本書第22章も参照。

132)　磯崎辰五郎「いわゆる統治行為とわが国憲法」民商法雑誌39巻 4 ＝ 5 ＝ 6 号867頁、871-872頁（1959）。

133)　同上874頁。

134)　同上875頁。

135)　磯崎前掲註116）論文27頁。

136)　杉原泰雄『憲法Ⅱ』372頁（有斐閣、1989）。

137)　同上同頁。

138)　小嶋和司『憲法概説』489頁（良書普及会、1987）。同書492頁注 2 は、「『統治行為』の法理の紹介が、フランス国務院の判例の紹介に関連し、『行政行為』と比べて、たんに『高度の政治性ある行為』とのみ紹介されたことに起因している」と論ずる。

139)　同上492頁。毛利透ほか『Legal Quest憲法Ⅰ』〔第 2 版〕279頁（有斐閣、2017）〔松本哲治〕同旨。

140)　小嶋同上489-490頁。

141)　宍戸前掲註 5 ）論文244頁。但し、磯崎前掲註132）論文878頁は、自らの解釈は「機械的に文言通りに解釈する」ものではなく、「文言通りにこれを取ることが恰もその規定の目的に合する」とき

339

にそうする「意味では文理解釈もまた合目的的解釈であ」ると述べている。

142) 覚道前掲註9）論文177頁同旨か。

143) 戦後に刊行された、美濃部達吉『日本國憲法原論』454-455頁（有斐閣、1948）でも、司法権は「本来は民事及び刑事の裁判を意味する」が、「新憲法に於ける裁判所は」「行政裁判をも管轄するものとなった」という大陸法的歴史的概念構成が見られるほか、「行政機関の自由裁量権の範囲に属する」ものは「裁量を誤り公益上不適当な処分であるとしても、之に対する処分は法律上の争ではなく、随つて裁判所に出訴し得べきものではない」と断じており、政治部門の最終判断権を留保する意図が見られる。

144) 池田政章「違憲審査制」清宮＝佐藤編前掲註84）書56頁、64頁。

145) 解釈論争につき、君塚正臣「米判批」横浜国際経済法学21巻2号187頁、207頁注38（2012）も参照。

146) 清宮前掲註4）書340頁。

147) 安倍治夫「砂川事件の最高裁判決と統治行為論」法律のひろば13巻2号13頁、15頁（1960）。その後、「国政を担当する者の苦衷は、身分の保障の法服をまとい法概念の操作にあけくれる司法部員の理解のそとにある」と続く。

148) 覚道前掲註9）論文176頁。

149) 佐藤幸治『日本国憲法論』646頁（成文堂、2011）同旨か。高乗前掲註82）論文55頁同旨。

150) 覚道前掲註9）論文177頁。

151) 宍戸前掲註5）論文242頁。

152) 時岡前掲註131）論文92頁同旨。

153) 宍戸前掲註5）論文242頁。奥平前掲註10）論文69頁も、アメリカの政治問題は、「明らかに違憲審査権の行使を視野においた」理論であることが、その理論の日本への導入の理由であると述べている。小林前掲註36）書4頁も参照。

154) 酒井文夫「憲法判断回避の準則と統治行為論」聖学院大学論叢Ⅰ巻1頁、15頁（1988）。

155) 奥平前掲註10）論文69頁。

156) 竹宮崇「『政治的問題』の意義と現実」静岡大学法経短期大学部研究紀要法経論集28号77頁、100頁以下（1971）。

157) 奥平前掲註10）論文73頁。

158) 奥平前掲註24）論文57頁。

159) この点で、日本において衆議院の解散もまた、統治行為とすべきではない。

160) 小林前掲註36）書137頁もまた、「最高裁自身による政策形成的配慮が反映してきた」と指摘する。

161) 奥平前掲註10）論文70頁。

162) 同上80頁。

163) 同上80-81頁。時岡前掲註131）論文83頁も、これでは「憲法の番人」が国民という理解になってしまう、と批判する。同「憲法の保障（統治行為の一考察）」拓殖大学論集48号17頁、18頁（1965）も参照。

164) 奥平前掲註24）論文45-46頁。

165) 奥平前掲註40）論文42頁。

166) 奥平康弘「長沼判決と統治行為論」法律時報45巻14号62頁、67頁（1973）。

167) ところで、民主主義（国民主権、多数決）を理由に法の支配や少数者の基本的人権を斥けるという点で、近年の憲法96条改正論は共通している。近代立憲主義、社会契約論に反し、ほぼ軟性

第 8 章　統治行為論

憲法と化す改正は改正限界を超える暴論である。君塚正臣「民主主義は幻想か？―『リンカー
ン』―統治機構」野田進＝松井茂記編『新・シネマで法学』57頁（有斐閣、2014）も参照。信頼でき
る法学者はおよそ誰も主張しまい。これらについては、石川健治「立憲国家への反逆に動く議会
政治家たち 真に戦慄すべき事態」朝日新聞2013年5月3日朝刊13面が平易かつ端的に論じてい
る。また、与党が変わる毎に、国会や内閣、裁判所、天皇、地方制度などの国の基本構造が変わ
る結果も生み、憲法制定過程（革命）が常態化する危険もある。なお、同2日朝刊1面によれば、
憲法96条改正に賛成38％、反対54％（9条改正賛成39％、反対52％）であり、世論は寧ろ冷めてい
る。ただ、このことは政党支持率や内閣支持率とは総じて無関係のようである。「特集・『96条か
らの改憲』に抗する」世界844号72頁（2013）、中富公一「憲法96条改正の狙い―自民党改憲草案前
文を読む」人権21―調査と研究225号3頁（2013）、木村草太「国民投票・住民投票の条件―憲法96
条改憲論と小平市住民投票」Atプラス―思想と活動17号53頁（2013）など参照。

168）　小林前掲註36）書141-142頁。

169）　同上9-65頁参照。

170）　同上67頁。具体的には同書70頁以下参照。

171）　同上139-140頁。小林の説を、齊藤前掲註44）論文47頁は、「限定的統治行為説」と名付ける。

172）　小林同上140-141頁。

173）　作間前掲註63）論文238頁も、この点から長沼訴訟二審判決を批判する。

174）　奥平前掲註24）論文50頁同旨。林前掲註84）論文10頁は加えて、「一見違憲性明白」は「ややこと
ばの遊戯に近い」と評している。

175）　作間前掲註63）論文238頁。同論文239頁の指摘するように、統治行為論を理由に却下するとしな
がら実質的な憲法判断を行なっている点も疑問である。

176）　奥平前掲註24）論文50-51頁。

177）　浦部前掲註131）書400頁は、裁判所が政治的であるとして判断をしないとしても、裁判所は政
治的紛争に巻き込まれると指摘する。

178）　金子前掲註51）Ⅰ論文（1）2頁も、「公権力の主体として国家と私人との間の紛争に関するた
め、紛争の対象そのものの実態に即した正しい解決をはかるためには、一般民事事件とことなる
独自の法原理なり訴訟原理なりが必要とされる」とする。そして、行政事件訴訟法の不備、司法
権が寧ろ過大に及ぶことが問題であり、「行政事件の特殊性に対応した独自の解釈原理・訴訟原
理が確立されなければならない」とする。

179）　憲法学でも、水木前掲註38）論文65頁は、統治行為では「立法部や行政部が最終決定権を持って
くるから、裁判所の審査の外に置かれる」とする。

180）　奥平前掲註10）論文56頁。愛敬前掲註7）論文29頁が、統治行為論肯定説を「諸論」と呼ぶのは
このためである。

181）　林屋礼二『憲法訴訟の手続理論』111頁（信山社、1999）。

182）　このような姿勢を、高見勝利ほか『日本国憲法解釈の再検討』361頁（有斐閣、2004）〔寺島壽一〕
は、「ソフトな統治行為論」と表現した。

183）　1973年9月13日第71国会参議院内閣委員会における、上田哲議員の質問に対する吉国一郎内閣
法制局長官答弁。浅野一郎＝杉原泰雄監修『憲法答弁集1947-1999』449頁、451頁（信山社、2003）
参照。

184）　なお、1998年の時点で、戸波前掲註68）書433頁は、統治行為論「否定説は、」「近年ではきわめ

341

て有力である」と記述していた。

185）　山内敏弘編『新現代憲法入門』333-334頁（法律文化社、2004）［宍戸常寿］。

186）　宍戸前掲註5）論文245頁。

187）　同上245-246頁。

188）　同上246頁。

189）　同上246-247頁。

190）　同上247頁。

191）　同上247-248頁。

192）　同上248頁。

193）　同上248-249頁。

194）　齊藤芳浩「統治行為の根拠についての考察」初宿正典還暦記念『各国憲法の差異と接点』327頁、328頁（成文堂、2010）。

195）　同上330頁及び332頁。

196）　同上339-341頁及び343頁。

197）　同上343頁。

198）　齊藤前掲註44）論文49頁。

199）　同上49頁。

200）　齊藤前掲註194）論文350頁。

201）　同上350-352頁。

202）　同上356頁。齊藤芳浩「統治行為としての条約の運用停止（1、2）」福岡県立大学紀要11巻2号1頁、12巻1号1頁（2003）、同「条約の運用停止は統治行為か」法律時報75巻4号84頁（2003）も参照。

203）　毛利ほか前掲註139）書276-277頁［松本哲治］。

204）　同上277頁［松本哲治］。

205）　同上279頁［松本哲治］。

206）　同上279-280頁［松本哲治］。

207）　同上280頁［松本哲治］。

208）　同上同頁［松本哲治］。

209）　小山剛『「憲法上の権利」の作法』［第3版］222頁（尚学社、2016）。

210）　高橋和之編『新・判例ハンドブック憲法』238頁（日本評論社、2012）［南野森＝早瀬勝明＝青井未帆］。ほかに、鈴木陽子「司法審査における統治行為論を理由とした憲法判断回避」武蔵野学院大学研究紀要7輯73頁、79-80頁（2010）は、砂川事件最高裁判決の「一見極めて明白な違憲」の留保を批判しつつ、自由裁量論が混在していることを指摘する。平田公夫「司法審査性と最高裁判所」岡山大学教育学部研究集録124号123頁、124頁（2003）や、統治行為論に慎重な佐々木雅寿『対話的違憲審査の理論』232-234頁（三省堂、2013）も参照。

211）　R (Miller) v. Secretary of State for Exiting the EU [2016] EWHC 2768 (Admin).

212）　愛敬前掲註7）論文31頁。

213）　BVerfGE 90, 286 (1994).

214）　Bush v. Gore, 531 U.S. 98 (2000).

215）　愛敬前掲註7）論文32頁。

第 8 章 統治行為論

216） 芦部前掲註33）書135頁。

217） 愛敬前掲註 7 ）論文34頁。

218） 同上同頁。

219） 奥平康弘「『法から自由』・『統治行為』論を考える（1）」時の法令1401号48頁、54頁（1991）、同前掲註10）論文69頁、覚道前掲註 9 ）論文174頁。

220） 覚道前掲註 9 ）論文175頁。

221） 雄川一郎「フランスにおける統治行為の動向」公法研究13号177頁、182-183頁（1955）。

222） 林田前掲註84）論文15頁。

223） 覚道前掲註 9 ）論文176頁。

224） 俵ほか前掲註74）座談会193頁［一圓一億］。

225） 覚道前掲註 9 ）論文176頁。

226） 同様に、一方では緊急逮捕を合憲とし、他方では条約の違憲審査を可能にする論拠である。この種の説明を全面否定する学説は希有ではなかろうか。

227） 清宮前掲註 4 ）書340頁は「特別の事情」と表現する。初宿前掲註112）書127頁同旨。

228） 阪本前掲註76）書427頁。

229） 金子前掲註49）論文42頁。

230） 毛利ほか前掲註139）書277頁［松本哲治］は、統治行為論肯定説批判の一方で、アメリカの判例を分析し、こう述べている。

231） 野中ほか前掲註 5 ）文献72頁［江橋崇］。

232） 外間前掲註57）論文198頁。

233） 同上199頁。

234） 岩間昭道『憲法綱要』286頁＊（尚学社、2011）も、苫米地事件を統治行為論で説明することには反対だとしながら、「日米安全保障条約については、統治行為の法理が適用されるべき」とする。

235） 小林前掲註36）書216頁は、「唯一、司法の制度目的である『国法秩序の維持』を根拠として、限定化された統治行為論が存続することになれば……と思う」と言う。浦部前掲註131）書398-399頁は、結局、統治行為論が妥当するのは「防衛・安全保障に関する事項」だけなのであり、「日本の統治行為論は、9条をめぐる争いを、既成事実追認的に、司法審査の場から排除するための理論にしかすぎず、そのことをもっともらしくみせるために、ほかにもこんなものがあるといって」きたものであると揶揄する。

236） 山内敏弘「自衛隊裁判と『統治行為』論（2・完）」法律時報49巻10号63頁、66頁（1977）など参照。

237） 阪本前掲註76）書427頁。

238） 原島啓之「統治行為論不要説」九大学生法政論集 3 号73頁、84頁（2009）。

239） 小林前掲註36）書181頁同旨。

240） 森前掲註51）論文265頁など。

241） 小林前掲註36）書181-182頁。

242） 野中前掲註11）書128頁同旨か。

243） 竹宮前掲註156）論文110頁。

244） 諸根貞夫「『統治行為肯定説』批判・試論」愛媛大学教養部紀要16巻 1 号27頁、45頁（1983）同旨か。

245） 小林前掲註36）書182頁同旨。

246） 奥平前掲註40）論文43頁は、程度問題の議論になることを戒め、質的転換を伴うものである必

343

要を示唆する。

247) 今村成和「砂川判決と統治行為論など」法律時報32巻2号34頁、37頁（1960）は、それは「革命かクーデタの場合としか考えられない」と述べる。

248) 清宮前掲註4）書340頁同旨か。

249) 芦部前掲註111）書432頁。雄川前掲註89）論文81頁同旨。

250) 川岸令和ほか『憲法』〔第4版〕346頁（青林書院、2016）〔君塚正臣〕、清宮前掲註4）書340頁、俵ほか前掲註74）文献195頁〔磯崎辰五郎〕。磯崎前掲註116）論文5頁は、イギリスにおいて国会が違法と承認した内閣の行為は統治行為とは言えないことを論ずる。また、牧野忠則「西ドイツ基本法の下での裁判権および行政裁判権による恩赦の審査(1)」北大法学論集36巻5＝6号131頁、132頁（1986）は、恩赦が統治行為に含まれている説はおかしいと指摘する。

251) 小林前掲註36）書182頁同旨。吉田善明『日本国憲法論』〔第3版〕262頁（三省堂、2003）も、統治行為論の範囲は「必要最小限度」にすべきとする。

252) 奥平前掲註40）論文47頁。

253) 例えば、藤田宙靖『第4版行政法I（総論）』121頁注1（青林書院、2003）、塩野宏『行政法II』〔第5版〕280頁（有斐閣、2010）。統治行為論の主張は慎重であるべしとする、原田尚彦『行政法要論』〔全訂第5版〕335頁（学陽書房、2004）、櫻井敬子＝橋本博之『行政法』250-251頁（弘文堂、2007）なども参照。統治行為論は近年の行政法の教科書では、行政救済法の中で論じられている。

254) 榎原猛『憲法—体系と争点』356頁（法律文化社、1986）同旨か。

255) 藤井前掲註5）書219頁。

256) 原島前掲註238）論文79頁。但し、樋口陽一『憲法』〔第3版〕443頁（創文社、2007）が的確に指摘するように、統治行為論と憲法判断回避の原則とでは、当事者にとっては正反対の判決を下されることになる。

257) 雄川前掲註89）論文80頁。

258) あまりにも雑多なものを含んでしまったがため、戸松秀典『憲法訴訟』〔第2版〕228頁（有斐閣、2008）が述べるように、「政治問題の法理は、」「その独自性を示すほどの個別の内容をもっているわけではない」。

259) 小林前掲註36）書215-216頁同旨。

260) 原島前掲註238）論文82頁同旨か。覚道豊治『憲法』〔改訂版〕176頁及び309頁（ミネルヴァ書房、1973）は、条約の締結は内閣と国会の判断が、国内法上も、有権的最終のものであり、裁判所の審査権は否定されるとする。これに対して、森前掲註51）論文276頁は、安保・防衛問題は「憲法9条や憲法を貫く根本精神に反するか否かが争われている」ので、裁量の問題とすることは無理だとする。

261) 佐藤前掲註149）書647頁。

262) 齊藤芳浩「裁判による条約の審査について(2)」西南学院大学法学論集40巻2号65頁、98頁（2007）の述べるように、条約に関する限り典型的な統治行為論により審査を免れた裁判例はないと言えよう。

263) 杉原前掲註136）書374頁。芦部信喜も、この点は同じ意見だという。高見前掲註112）書336頁。

264) 条約の解釈も可能である。最大判昭和36年4月5日民集15巻4号657頁、最大判昭和37年12月5日刑集16巻12号1661頁、最判昭和58年11月25日訟月30巻5号826頁もこの立場である。齊藤前掲註262）論文88頁以下も参照。

第 8 章　統治行為論

265）　司法審査基準については、本書第18章など参照。

266）　賛成はできないが、議論を進めて、憲法 9 条は政治規範であると言い切れれば、統治行為論と同じ効果になる。芦部信喜『憲法学 I 』298頁（有斐閣、1992）参照。

267）　選挙の度毎に、自衛隊廃止論は漸減している。外間前掲註57）論文198頁。

268）　この点で、「憲法の意義は法の支配による『自由の原理』保障にある」とする、新前掲註114）書358頁は、「自由の原理」に関係する事件には統治行為論は及ばず、裁量論や自律で処理できるものはそうすれば、統治行為論は「ゼロに縮減するのではあるまいか」と述べる。

269）　原則は適用違憲の方である。本書第27章。川岸ほか前掲註250）書357頁［君塚正臣］も参照。

270）　原島前掲註238）論文85頁同旨。本書第28章も参照。

271）　外間前掲註57）論文200頁は長沼訴訟一審判決を素材にそう述べる。本書第25章も参照。

272）　原島前掲註238）論文81頁同旨か。

273）　樋口陽一『憲法 I 』478頁（青林書院、1998）。この点で、野中ほか前掲註 5 ）文献73頁［江橋崇］は、刑罰法規を無審査にしたとの非難を回避するために一見明白に違憲の場合を留保したのだと論じている。佐藤前掲註149）書648頁が述べるように、砂川事件最高裁判決では、当該法律が合憲と明言されていた点が肝要である。

274）　棟居快行『憲法解釈演習』237-238頁（信山社、2004）は、このことが砂川事件では司法審査の余地を残そうとさせたのではないかと論じる。

275）　日本の裁判所は条約の違憲審査は可能であり、その判断は国内法上の効力に限られる。君塚前掲註27）書415頁以下参照。このため、この事例でも、日米安全保障条約を、本来の国際法として無効にすることは、あらゆる意味でできないものと思われる。

276）　今村前掲註247）論文38頁は、「極度に例外的な場合においてのみ、統治行為の存在を認める」とするが、砂川事件のような「場合に安保条約の合憲性を審査することは、なお可能である」と述べていた。

277）　佐藤前掲註149）書50頁。なお、同『憲法』〔第 3 版〕（青林書院、1995）48頁は、「事後において議会や裁判所などの立憲制度上の正規の機関を通じて緊急権濫用の適正さを厳しく審査し、責任を追及する途を開いておくこと」の必要性に言及していた。

278）　原島前掲註238）論文83頁同旨。

279）　阿部照哉ほか編『憲法 (4)』〔第 3 版〕177頁（有斐閣、1996）［野坂泰司］同旨。

280）　これに対して、野中俊彦ほか『憲法 II 』〔第 5 版〕283頁（有斐閣、2012）［野中］は、「司法審査の制約原理ないし限界問題として扱うほうが、論理的には、より適切」とする。

281）　この点は、いわゆる三段階審査、比例原則、基本権保護義務などを巡り、特殊ドイツ的理論の直輸入について警鐘を鳴らしたところである。本書第18章参照。

282）　君塚前掲註27）書269頁。

〔付記〕　本章は、「統治行為論再考──《ある》が《ない》」横浜法学22巻 1 号33-77頁（2013年 9 月25日）を加筆・修正したものである。

第9章

判例の拘束力
──判例変更、特に不遡及的判例変更も含めて──

はじめに

　判例の拘束力と何か。およそ終局的判決は、「当事者間の争いに最終的な決着をつけ、それにより当事者は同じ主張を再び裁判所に持ち出すことはできないという機能」即ち「既判力」(bindende Kraft) を有すると共に[1]、「その判決の示す法命題 (法準則) が、後の別の裁判の規準となるという機能」即ち「先例の拘束力」を有するとされる[2]。実際、裁判所が類似事件について過去の裁判例を全く無視することはおよそあり得ず、少なくとも事実上の判例拘束力はあると言ってよい[3]。また、判例拘束力とは、下級審が上級審の先例に拘束されることも含むが、上級審が自らの先例に拘束される方が前提であり核心である[4]。よって、問題は、裁判所法10条起点ではなく[5]、憲法を根拠として先例に当該法廷を縛る規範性[6]、即ち法的拘束性があるかということである。

　判例は、「科学」ではなくとも、これによって近似的な類推を要するもので[7]、裁判官の恣意的な「裁量」を統制し[8]、裁判所への信頼を確保し[9]、安定性を与え[10]、予知を可能にする[11]。だが、長時間の経過と社会的価値観の変化、先例の欠陥などによる変更はあり得る[12]。その本源的根拠は当該事案での具体的妥当性 (実質的正義)[13] であろうが、これが上記の理念や価値との緊張状態を超えるほどでなければならない[14] ことも示唆される。では、どのような場合に変更が許容されるのか。これも、本章の検討すべき課題である。

第9章　判例の拘束力

　なお、ここで「判例」及び「先例」と呼ぶものは、判決・決定のうち、「適用が事件の真の争点の決定に必要な部分[15]」であり、後の裁判の基準として適用される法準則・法命題（ratio decidendi）[16]を指し、判断の基準とならないそれ以外の傍論（obiter dictum）は除かれる。そしてまた、先例となるには同趣旨の判決等が繰り返されるべきか、1回の判決等によっても成立するかの争いがある[17]が、後の裁判所から見て拘束されるべき法準則・法命題であるかによるのであれば、回数が問題ではないことも予見しておきたい。

1　判例の法準則性について

（1）「事実の拘束力」説

　長く、日本は英米法のような判例法主義の法制度ではないということが、日本において判例の法的拘束力を否定する根拠とされてきていた。[18]

　この主唱者は中野次雄である。中野は、判例はどの裁判所も作り得るが、「先例としての力、実務を支配する力には違いがあ」るので、まず、「判例」という語は「最高裁判所のそれだけを意味」して用いると言う[19]。そして、「実務家は判例を尊重しこれに従うべきだと考えられている[20]」のであり、判例を法とする明文規定もなければ、裁判所法4条などは「その事件について」下級審を限定的に拘束するとしているので、「一般的な法的拘束力がない」と言う[21]。また、最高裁判例の法的安定、一般人の不安の除去も、「正義を第一義とする裁判」[22]「より次元の低い」訴訟経済[23]もその根拠ではないとする。判例には強い弱いがあり、総じて長期繰り返され、大法廷が全員一致で、実務家・学説も異論がないようなものが強いと言う[24]。つまり、中野の主張は、判例が拘束力を持つのはそれが「法」だからなく、最高裁の権威だからであって、「直接裁判官を拘束するのではな」い[25]。「事実の拘束力」説と解してよかろう。

　中野は、判例の変更とは相反する判決等が前後してなされたに留まらず、前の判例に取って代わること[26]だが、国の判断故、一貫したものでなければならず、判例変更の対象は最上級審裁判所に限られるのは、「事実の拘束力」であるとしても「前の効力を失わせておかないと混乱をひき起こす虞がある」から

だとも言う[27]。他方、説得的理由付けがあれば下級審の裁判が最高裁の判例変更を促すことはあり得[28]、最高裁判例の下級審拘束は絶対ではないとする[29]。下級審や最高裁小法廷が判例を変更することは「理論上は不可能ではない」が、「この機会に判例の統一を図るためと、併せて判例変更を慎重ならしめるため」だとする[30]。憲法判例の法源性については特に述べていない[31]。

　樋口陽一も、日本で「判例の拘束力」と言うとき、何よりもそれが「最高裁判所の判例が同種の事件の処理にあたって下級審の裁判所をどのような意味で拘束するのか、ということ」だとまず指摘する[32]。そして、事実上の拘束力説は、下級審の裁判が判例の発展因子であることを肯定的に捉えているが、「下級審が違法をおかすことこそが『判例の発展』を可能にすることになるのだろうか」と、法的拘束力説に疑問を投げ掛ける[33]。そして、日米の制度の違いは捨象できず、「わが国の最高裁が、下級裁判所の裁判官を事実上《hire》し、かつ《fire》することのできる地位にある、ということの重要性がしてきされなければならない」と言う[34]。法曹一元が前提で、昇任・昇給という観念がないアメリカと、キャリア・システムの下、人事行政面で最高裁が効力な管理手段を持っている日本とでは大差があり、そうなると「事実上の拘束」と呼ばれる日本の「ことがらの方が、実は、個々の裁判官に対して——あえて《chilling effect》とまではいわないにしても——、より大きな効果を発揮しているのではないだろうか」と指摘するのである[35]。しかも、日本の下級審には「区別」(distinguish) の技術の蓄積がなく、それは審級制度から導かれる要請でしかない[36]。アメリカ流に「法的拘束力」と考えるべきだとするのであれば、「他に」についても「アメリカ流のものに変えることが可能であるという見とおしがあってはじめて、『事実の拘束』という定式化をすてて正面から先例法理をみとめるべき」であると言う[37]。そして、先例は最高裁自身に対する抑止的効果を生んでいないと指摘する[38]。また、判例に「法的拘束力」があるということには、フランス等での「法律は一般意思の表明」という観念と結び付いた制定法主義との相克があり[39]、「判例になんらかの『規範定立力』『法源性』をみとめることの苦しさ」があると言う[40]。判例による一般的規範の形成は、権力分立原則との抵触も疑われると指摘するのである[41]。立法府は、判例の憲法解釈に反する立法をすることもできな

348

くなるのである[42]。だからこそ、「憲法判例の拘束力があくまで『事実上』のものであることをあえて強調する定式を選びつづけることが、結局のところ、『（判例が）恣意に流れないよう抑止する課題』にこたえることになる[43]」と結ぶのである。アメリカのような連邦制でもないため、最高裁が頂点であることは疑いなく、同位裁判所間で判例が矛盾することは少なく、かつ、司法研修所が法曹教育を行い、最高裁が判例解説をなし、官僚裁判官がこれに従い、「強い」拘束力が生じているということであろう[44]。

　杉原泰雄はさらに激しく、「そもそも、『判例拘束の法理』は日本国憲法下では法的に不可能」とまで断ずる[45]。その根拠は、国会が「唯一の立法機関」であること、憲法43条からしても、国会が「国民代表府」であって、「国民意思を国政の基準（法規範）として表明する機関である」こと、そして、平等原則をもって先例拘束性を認めることは「制定法主義国にはおよそなじまない」ことなどを挙げるのである[46]。また、この法理を認めるメリットもなく、「国民―国会のルートの軽視につながる」などの疑問もあり[47]、改めて「裁判官の良心と独立性があらためて強調されるべき」だとするのである[48]。

　浦部法穂もまた、判例が「法」であることを否定し、「裁判官は、裁判にあたって、判例の法解釈がまちがっていると思ったならば、自分が正しいと確信する解釈をとる」ものであるが、「裁判所の法解釈が事件ごとにバラバラというのでは、国民の権利を不安定なものとするから、そういう事態を基本的に避け」るべく、判例には「一定の『拘束力』が認められる」ものと説明した[49]。

　芦部信喜も、判例をratio decidendiに限定し、これを裁判官が準拠すべき基準として「法源」の一つであるとするのは、「事実上の拘束力」説でも認めてきたところで、法的拘束力とのみ結び付くものではないと言う[50]。そして、仮に法的拘束力だとしても、判例の法源性は第二次的なものであると述べる[51]。どちらでも、「具体的にはほとんど違いはないことになる[52]」と評する。英米でも判例が拘束力を有するというのは、「法源」であるからではなく、「むしろ法の適用の公正性なり、審級制に基づく能率（訴訟経済）なり、あるいは予測可能性・法的安定性というような、実定法秩序および裁判制度に内在する原理であると考えられるので」あって、司法権概念が英米流であるとしても、直ちに先例の拘[53]

束力が法上のものだとする理由はないとする。特に、下級審がこれを排除するのに「相応の理由を先例との関連において示すべきこと」になり、法的拘束力説が有力化した結果、最高裁が「下級審に対する先例の拘束力を現在よりもさらに強める可能性がないではない」ことを懸念するのである。團藤重光は、「刑法の領域では、いうまでもなく罪刑法定主義が支配するので、」「判例の法源性は否定されている。これは当然のことである」とする。安西文雄も、判例は「裁判所のよるべき『よすが』」に留まるとする。

（2）「事実の拘束力」説への批判

以上のような「事実の拘束力」説に対しては、多くの疑問がある。

まず、中野が、判例の拘束力を、専ら最高裁判例と下級審裁判官との関係において理解している点は、疑問であろう。上級審判例の下級審拘束が強調されているが、先行判例が当該裁判所の後の判断を拘束するかについては、あまり語られていない。先例拘束力とは、裁判所、司法であれば、法の支配や平等などの要請をもって、当該判決がその後のまさに当該裁判所を拘束することに意味がある以上、原理的に最上級審と下級審とで議論を区別するべきではない。しかも、「事実の拘束力」と言いながら、下級審は当該判例を守るべきだと主張しており、既に判例に法的な意味を与えた感がある。そうであれば、「拘束力」と言わず「権威」と記せばよい。次に、判例は法ではないとする「法」とは制定法を想定していると思われるが、判例に法源性を認める説も制定法と同様の意味で判例に法観念を認めてはおらず、この点も疑問である。制定法（text）の解釈ではなく、制定法の原意自体が法となる危険がある。中野は、「博士もまた、判例が制定法のように絶対的な拘束力をもつものではな」いと末弘厳太郎批判をするが、法的拘束力説の殆どは、判例にそのような絶対的拘束力を認めるものではない。しかし、そう語る中野が、同じ判例が繰り返され、確立したものになると、一種の不文法としての「判例法」が成立する余地があるとするのは矛盾があろう。ならば、判例は繰り返されれば法になると言えば済む。このほか、判例の法的拘束力を認める明文規定がないことを自説の根拠とするが、英米法でも根拠規定はない。

350

そもそも、「事実上の拘束力」という観念は明確ではない[69]。最高裁の判例違背を上告理由とする規定をもって事実上の拘束力が説かれるが、「拘束性が規範性を意味するとすれば事実上のというのがよくわからない」という佐藤幸治の指摘[70]が的確である。事実上の拘束力の結果、「判例には法形成的な機能があるとみなければならない[71]」ならば、それは既に「法」であろう。憲法76条3項が裁判官は憲法と法律に拘束されると規定しているのは、文字通りに、規則や条例、条約を除く意味でないのは勿論、「所与の客観的法規範[72]」以外に拘束されないことを示すものであり[73]、そうなれば、判例が法であることは寧ろ当然であろう。罪刑法定主義からして刑事判例に法源性はないとする説[74]も、同様に疑問である。そして、停滞する下級審の判例状況は、この「事実上の拘束力」という定式の中で生じたものなのではないかとの疑いも禁じ得ない[75]。仮に、最高裁がするであろう判断を行うことが、下級審裁判官の「職務上の義務」となっていれば、「この拘束は間接的には法的根拠を有する[76]」のではなかろうか。また、逆に、いくつかの下級審判決は、最高裁判例から自由な対応の仕方をしてきたきらいがあり、判例に法的拘束力はないとして、それとの関係を全くと言ってよいほど判文上明確にしない対応の仕方が果たして妥当なのかも疑問である[77]。このような現状が非立憲的であるとすれば、新たな法創造を阻害するキャリア裁判官制度自体を問題視せねばならないが[78]、制度の当不当を超えて違憲とまで断じられるかは微妙なところである。個々の裁判官の全く自由な法解釈という意味での裁判官の独立が、憲法が要請しているであろう、異なる判決を受ける当事者間の公平性、法的安定性などに優先されるとするのはやはり疑問ではなかろうか。国民（人民）主権を強調しつつ、最も民主的統制から遠隔な下級審裁判官に自由な法創造を推奨するのは矛盾である。第一、先例に準拠すべきとする考え[79]、そして、判例の「変更」を論じること自体、判例に何らかの意味での法的性格を承認している証左である[80]。

日本には先例の法的拘束力ないとする見解は、イギリスで、コークが、コモンローは法を宣言するもの、「ただの古い証拠[81]」などとしていた段階から転じ、ブラックストーン流の、裁判官は法の口という観念故[82]、19世紀に判例変更のできる例外が否定され[83]、上訴が当事者間の具体的争いを解決するものとさ[84]

れ、上訴裁判の法創造的機能を後景に退かせ、貴族院における法律専門家による事件処理能力の向上の要請が高まると、先例は強度の拘束力を有するに至り、1898年の貴族院において判例変更は絶対に許されないことが確立した[86]のがそれである、との認識が強いように思われる。判例拘束の原則は古くはローマ法にまで遡ろうが、近代イギリス法の中で、「個人の自由・権利の平等かつ確実な保護という思想を基底にかつ裁判の法創造性の認識を媒介とする裁判のコントロールの必要性が自覚され」て成熟したものであった[87]。

　しかし、議会が法律を変更できないのに匹敵する[88]このルールは、イギリスでも当時において控訴院には当てはまるものでもなく[89]、当時から貴族院では「重要な事実」を狭く解して先例を回避することが行われており[90]、優れたものとは考えられず、寧ろ議論の対象であった[91]。そして、貴族院の1966年7月26日の少数意見すら付かない判断[92]を境に、遂に貴族院でもそうではなくなった。同判断は、あくまでも貴族院の判例について、「先例の遵守が厳格にすぎるときは、個々の事件において正義に反する結果を生ずることもあり、さらに法の適正な発展に対し不当な制約が加えられることもありうることも、認められる」として、その絶対性を排除したものである。時代遅れと考えられる、判例に厳格に拘束されるべしとの姿勢を排除した[93]。また、制定法を無視したと考えられる判決や、上位・同位裁判所の他の判決と矛盾する判決、より先例についての誤解に基礎を置いている判決などには権威が不足することが指摘されている[94]。僅差で結論が示された判例も同様のようである[95]。しかし、勿論、この判断は、判例に法的拘束力がなくなったことを宣言しているものではなく、判例の変更によって「契約、財産権の確定、財政上の措置などをする際の基礎となったものを、遡って乱すおそれがあること、および刑事法の面では特に［法的］安定の必要性が高いことに、留意するものである」との注意が付いている。このような修正がなされたのは、先例拘束主義の機能が、法的「安定性と予見可能性、信頼性、平等性と処遇の統一性、司法的な便宜と効率性、経験の活用、裁判官の恣意性に対する抑制、といった要素」に基づき、これらが「およそすべての立憲民主主義国の法体系に妥当し必要とされるもの[96]」であるから、そもそもその硬直的な適用は目的に反する故であろう。但し、当時、イギリスにおいて最

352

高裁の役割を担っていた貴族院のこの方向転換により、下級審がこれに倣うことは当然予想され、イギリスの先例拘束性の原理はこれにより大変革されたと評された。[97] 判例が後の裁判所を無用に厳しく拘束せず、自己抑制することが寧ろ裁判所の力でもある。[98] アメリカやコモンウェルス諸国も今日、厳格な先例拘束性の原理を採用していない。[99] 確かに、厳密な制定法主義に立てば、判例は事実上の権威を有するに過ぎず、その権威は著しく低くなろう。[100] だが、絵に描いたような制定法国、判例法国は最早存在しない。[101] 英米法でも、先例拘束性の原理は実定法上の根拠を持たないのである。[102] 理論的には、アメリカでも成文法規が第一次的法源であり、判例法は第二次的法源である。[103] いわゆる英米法国の大陸法国との違いは、法の基幹部分がほぼ全面的に成文法によって規定されているか、多くが判例法に任されているか、即ち、新たな問題に直面したときに法律家がその推論の場面の基礎として第一次的に用いるのが成文法か判例法かというに過ぎなくなっているのである。[105]

（3）法的拘束力説

このような通説批判を経て、また、公平又は平等の要請から、[106] あるいは加えて適正手続の要請から、[107] 判例の拘束力を認める学説が現在では多い。[108]

日本国憲法上の先例拘束性の根拠に関して、佐藤幸治は、「何よりも憲法14条の法の下の平等原則（その法適用上の平等の側面）の要請するところといえるが（ここでの平等は過去と現在との平等、つまり時間における平等であるが、空間における平等の要請との関連で生ずる判例変更については後述する）、憲法32条の裁判を受ける権利（ここでの裁判は当然に公正な裁判が措定されていると考えるべきである）および憲法が当然前提とする（憲法32条がそれに関する規定かどうかはここでは問わない）罪刑法定主義の大原則からも同様の要請が帰結されるべきである」と述べている。[109] 法の支配のためにも必要である。[110] そして、判例の法的性格を否定した團藤重光も、「判例が法的安定性に寄与する」ことは認めており、「具体的事案に即して裁判所が下す判断の集積によって、はじめて犯罪定型の具体的内容が形成されて行く」ところから、「判例にかような意味における形成的機能をみとめることは、」「罪刑法定主義の要請するところだとさえいうべき」だとし、

353

「かような意味と限度において、刑法の領域においても、判例の法源性を主張したいとおもう」とまで述べるのである[111]。先例が全く尊重されないとすれば、それは法ではないのだが[112]、逆に、先例に何らかの意味で拘束性、規範を認めるとすれば、何らかの意味で法なのであり、先例をおよそ守る必要がないということは、「司法」の判断として適切ではない。先例が予測可能性を与えず、罪刑法定主義にも寄与しないとは信じ難いものである[113]。

　結局、「最上級審の判例の下級審に対する拘束力は、」日米で「質的にちがったものとしてうけとられているわけではない[114]」ようである。多くの学説において、「法的拘束力」と「事実上の拘束力」の「質的な違い」も認め難い[115]。であれば、あとはどちらが理論的に妥当かの問題である。法的拘束説も判例に制定法と同様の効力があるとは述べていない。仮に、判例が制定法と同様に法であれば、法改正は立法府が行うべきであり、そもそもそのようなものを裁判所は創設できない。他面、法が解釈されて初めて意味を有する以上、裁判所の有権解釈こそ法である。判例が法であり、拘束力があるとなれば、立法と判例は程度の差でしかない[116]。判例の変更が認められることは、法律も改正されるのだから、判例の法源性を否定する根拠にはならない[117]。よって、法的拘束力を前提に、判例の法形成作用をいかに運用すれば、その適正を期しうるかが論じられるべきである[118]。要は、「判例法は制定法と同じ意味の法ではない。しかし、判例もまた法であることを直視することによって、その法の内容は何か（レイシオ・デシデンダイ）を検討する出発点と」すべきだったのである[119]。

2　判例変更に関する理論

（1）判例の変更可能性

　判例に何らかの意味で拘束力があるとすれば、では、判例は変更し得るか[120]。まず、進歩的な判例変更は許容されるが、その逆は許されないという主張は、恣意的に過ぎて受け容れ難い[121]。次に、判例に法的拘束力を認めない一部の説からは、判例変更が認められると、何が判例かがしばしば不明確となり、判例が法の準則を設けたとは言えず、権力分立原理に反するなどの反論が予想でき

るが、裁判所が法創造を行うことは否定できない[123]。法が解釈によってしか意味を有さない以上、有権解釈をもって当座の法とせざるを得ず、法は権限ある機関によって適切に変更できるものである。

当然、判例変更には適切な理由が必要である[124]。法律の改正に審議と民主的多数決が必要であるように、司法的判断の変更には、司法に相応しい十分の理由の提示が必要である。芦部信喜は、時の経過により事情が変更した、経験の教えに照らして調節が必要となった、先例の誤りが極めて明確となったなどの理由を挙げる[125]。佐藤幸治は、前の判決が間違っており、判例変更は、正義の諸目的からその変更が要求されることをほぼ合理的な疑いを超えて納得できる場合に限るべきだとする[126]。尊属殺人罪と尊属傷害致死罪を違憲とした第一審判決[127]は先例との関係をおよそ説かなかったが、下級審が最高裁判例と異なる判断をなしたこと自体ではなく、理由が不十分であることが問題なのである[128]。下級審が疑問ある最高裁判決に従わないとき、それが上告審で単純に破棄される危険が大きいこともあり、そうである[129]。学説に加え、下級審や最高裁少数意見が判例の批判を行う場合もあるが、判例変更を行うときは、判例を信じて行為した当事者の信頼もある以上、慎重でなければなるまい[130]。判例への批判が十分に強まり、そちらの方が説得的であるときの変更は十分な理由を示して行うことができるが[131]、これらがなお有力とは言えないときは、はっきりした判例変更は避けるべきことになろう。判例は絶対ではないが、判例と異なる判断を行うときは、従来からのルールへの「合理的な期待」及び「正当な信頼」が判例変更によって打ち破られないかを考察した後、その十分な根拠を示す必要があり[132]、「自己の判断正しいと思えば遠慮なく判断することも可能[133]」とまで述べることは躊躇すべきであるように思われる。

特に憲法判例について、憲法の拘束と判例の拘束を受けて変更が難しいが故に、裁判所がその判断を優先させるのが妥当な場合を問題別に考察すべきであり、裁判所は過去の憲法判断が誤りであることを示さなければ判例変更ができない[134]、などとよく言われる[135]。アメリカでも、Burnet v. Colorado Oil & Gas Co. 判決[136]のブランダイス判事反対意見以来、そうである[137]。伊藤正己は、財産権分野の先例の価値の重さと異なり[138]、「憲法判例の拘束力は一般の判例のそれよりも

弱く、裁判所の慣行として、判例変更が容易であると考えてもよい」とする[139]。佐藤幸治も、通常判例は準則 (rules) に関わるが憲法判例は理論 (doctrines) に関わり、先例のほか、「何が政治的に適正であり、何が社会経済的実態と考えるべきかであるか、歴史からどのような教訓をくみとるべきかといった諸点 (立法事実) を考慮せざるをえない」点[140]、憲法判例が憲法自身ならば、政治部門もそれに反する措置は憲法改正以外にない点[141]で一般の場合と異なるとしている。

だが、憲法判例の特性を第一次的理由にせず、時代の変化に応じた社会の要請に裁判所が憲法上の諸価値をどこまで即応させるべき実質的理由によって決まろう[142]。憲法判例をさらに区分し、財産権や契約上の事件では、先例への信頼が発生するので拘束力が相対的に強いとするなどの言明に、十分な根拠があるのか、疑問である[143]。裁判所による判例は制定法とは異なる意味での法であり、しかしそれは裁判官立法を認めることではなく、その変更には合理的な理由が必要であることなどが憲法の要請である[144]ということであり、この点は、憲法判例でも変わらないであろう。加えて、人権侵害的な判例変更が容易になされることへの懸念もある[145]。法的安定性への要求が、憲法判例については低いということもあり得ない[146]。ただ違うのは、立法府が判例に疑義があるとき、法律レベルの判例については新たな立法で対応できるが、憲法判例ならば憲法改正の発議が必要であることである。それを直視することにより、法的判断が恣意に流れないという課題に自覚的に取り組むべきであろう[147]。

（2）判例の黙示的変更

ところで、判例変更には、明示的変更もあれば、判決文はこれを明言していないが内容、実態共に変更であるという黙示 (実質) 的変更と言えるものもあり[148]、近時多くなっている[149]。当該事案は先例の事案と区別されるとする、区別 (distinction) の手法[150]が英米法ではしばしば用いられてきた。裁判官は、先例が存在する際、明示的な変更、区別、踏襲の何れかを行う中で[151]、下級審がこれによってかなりの創造性を発揮してきたものである[152]。度重なる明示的な判例変更は最高裁に対する国民の信頼を傷付けるかもしれない[153]。日本も含め、最高裁の判例が変化する兆しがあるとき、下級審が採るべき姿勢とも言えなくない[154]。

356

第9章　判例の拘束力

1966年までのイギリスのような先例の絶対的拘束力が崩れれば先例の主要部分（ratio decidendi）を狭く読む必要はなくなり、この手法は衰退するのではないかとの予測も存在した[155]。しかし、判例は、何れの理解においても拘束力を有するとなれば、論理的には拘束される先例から逃れるべく、極めて通常のテクニックである「類推」を用い、事実関係を照合して別の判例を類推して当該事案に適用して判断を下すことは当然に継続しよう[156]。また、主要部分が何であるかが解釈の産物であるとすれば、そもそも判例変更と区別との区別は困難であり[157]、区別の手法に留まるものでもない。一見動かなかった判決・決定でも、補足意見と反対意見があれば、これをきっかけに判例が動いていくことが予想できる[158]。そして、それによって微視的には法的安定性は崩れつつも、巨視的には継続していこう[159]。

　日本では、はっきりと判例変更の宣言なく、なし崩し的判例変更がしばしば行われている。住居侵入罪について、大審院判例は保護法益を住居権の侵害であるとし、住居権者（基本的には夫）の承諾がなければ成立するとしていた[160]が、最高裁は「居住者又は看守者が法律上正当の権限を以て看守するか否かは犯罪の成立を左右するものではない[161]」と判示して、住居権を保護法益とする考えの破綻を暗示した後、「保護すべき法律上の利益は、住居等の事実上の平穏であ[162]」るとするに至り、事実上、判例を変更してしまった[163]。

　蓮華寺事件最高裁判決[164]では、宗教団体の内部紛争であり、実質的には住職の地位の存在・不存在を争うもの故、先例として引くべきは、宗教上の教義の解釈に関わらない限りは裁判所が審判権を有するとする慈照寺事件判決などであった[165]。しかし、実際には種徳寺事件判決[166]のほか、事案として距離のある板まんだら事件判決[167]が引用され、法律上の争訟ではないする実質的判例変更がなされた。この流れは日蓮正宗管長事件判決[168]に引き継がれ、同判決も本門寺事件最高裁判決[169]を引用し、これを固めたのである。

　堀越事件最高裁判決[170]では、猿払事件の事例と区別を行い、同じ日の宇治橋判決[171]とも区別[172]して被告人を無罪としたのだが、少なくとも非管理職の現業公務員の政治活動については、何よりも冷戦が終結し、官公労組合も弱体化したという時代の変化があり、事案も組織的活動とは言えなかった[173]。判決は、実質的に

357

先例である猿払判決を判例変更したものであり、大法廷での明示的判例変更が望ましいとも思えるところ、黙示的判例変更に留めた例と言えよう。

　日本でこのような黙示的判例変更が行われるのは、日本の法律学が一般に判例法準則を厳密に検討しないところにもよるとの分析がある[174]。全農林警職法事件最高裁判決[175]が、都教組事件最高裁判決[176]などの二重の絞り論を変更したとの論評が多いが、この理論は関与裁判官の多数を占める意見ではなく、判例法準則でもないにも拘らず、判例も学説もこれを判例変更と捉えたことに現れている[177]。この意味で、判例変更とは判例の法準則の変更と理解すべきであるし、後の裁判所が何を「先例」と読むかはまさに法解釈の問題であること[178]は逃れられず、こういった例は今後も留めることはできないであろう。

（3）憲法判例変更の「効力」

　なお、特に憲法判例が変更されたとき、その効力については学説の対立がある[179]。一般的効力説は、法令違憲判決は憲法81条により対世効を有し、98条などからして、これに反する法令等は当然に無効になるとし、そのことにより、個別的効力説の弊害である法的安定性の欠如という難点も除去できるとする[180]。そうでなければ、不平等な結果も招くとする[181]。判例変更の効果は遡及し、現に、変更前の事実を内容とする他の事件でも新判例によって裁判がなされていると指摘する[182]。しかし、憲法41条の国会の「最高機関」性や「唯一の立法機関」性と矛盾すること、権力分立原理に反するほか、この説の下で、法令がいつから無効となるのかについて意見が分かれており、それによって、例えば租税法規が無効とされたときに、非常に混乱してしまう恐れがある[183]。

　個別的効力説はこの点、最高裁はどこまでも「司法裁判所」であるので、その違憲判決と言えども個別的効力しか有せず、これにより特に立法府の権限を害しないとする。だが、判決が当事者を拘束するのは当然であって、憲法81条や98条の規定は、それを超えて一般的効力を認めた趣旨なのではないか、などの反論を浴びている[184]。しかし、これらの条項は最終的有権解釈者が司法権であることを示したものであり、このことから最高裁判決が一般的効力を有するとするのは論理の飛躍がある[185]。一般的効力説は、共通して、違憲判決には憲法裁

判所的な対世効を認めるものであるが、日本の最高裁は憲法裁判所ではなく、判決の効力は当該事件に留まるべきである。他の説として、宮沢俊義は法律に委ねたとするが、憲法自身がこの点を定めないことはあり得ず、下位法が上位法の中身を規定する結果に陥り、妥当ではない。事件を解決することが司法権の目的であり、かつ消極的立法作用となってはならない以上、よほど憲法判例には特に一般的効力を認めねばならない根拠が示されない限り、判決が個別的効力のみを有するのが原則であろう。それは、付随的違憲審査制故の必然ではないとの指摘程度では揺らぐものではない。

「違憲判決の効力」という論点が設定されがちであるが、「司法権」の判断が個別的効力であるのであれば、最高裁の憲法判断だからといって特別な事情もなかろう。違憲判決に、違憲となった法令を法令集から除去する効果がないという意味では、日本における裁判所の判決・決定は個別的効力しかない。特に、下級審でも法令違憲の確定判決があり得ることを考えると、そうである。司法の作用が、当該事件の法的な終局的解決であるとすれば、判決が一般的効力を持って当該事件以外の判決に影響を及ぼしたり、既に決着した判決に対して後の判決が直接修正を施したりすることは許されない。判決が一般的効力を有し、消極的立法となることは、日本国憲法の基本構造を掘り崩そう。そもそもこれが一般的効力を有するのだとすれば、これまでの先例拘束性の議論は必要ない。議論の存在に、一般的効力拒否の通奏低音を聞き取れる。

だが、そうだとしても、特に最高裁による法令違憲判決が単なる個別的効力しか有さないとすることに違和感があるのが自然である。憲法81条が「決定する権限」と謳うのは、単なる既判力を超えるものであるというのももっともであり、それを超えて、最高裁による違憲判決については、国会がそれを是正する義務を負っていると解せる。これは、判決自体は当該事案の解決のためのものであるから、遡及効も将来効も有さないが、そのような判例が拘束力を有し、前後の判決に対し、これと矛盾なき解決を求めるべく、法的拘束力があるからにほかならない。個別的効力説の下でも、当該判例の先例拘束性を認めればその効果は相当に緩和される。そして、同説の多くは、公務員には当該判決に従い、法令を改廃し、これを尊重する政治的・道徳的又は法的な義務があ

り、政治部門は違憲判決を尊重して、当該法令を廃止し、廃止するまではその執行を自制すべきといういわゆる礼譲期待説を採っている。尊属殺重罰規定違憲判決、薬事法違憲判決ともに実務の措置は、個別的効力説を前提にしていた。しかし、何れの判例とも、同種の事件が生じたとき、同様の判断がなされるべく対応しようとしたと言えよう。

　逆に、多くの一般的効力説も「事実上は、個別的効力説への接近をみとめ」る。それどころか、多くの国で憲法の明文、憲法の解釈、法律などにより様々なバリエーションがあり、個別的効力か一般的効力の理念型を結論とはしていない。両説の帰結は理論的な対立ほどには鋭くなく、相対的である。判例の効力が判例変更の可能性を左右するとの理解は、論理の飛躍がある。ならば、原則に則り、個別的効力説を採るべきである。

　尊属殺重罰規定違憲判決後の立法府は、最高裁の法令違憲判決ですらたかだか純粋な個別的効力しか有しないとでも言いたげに、法改正を怠った。しかし、これを違憲的・非立憲的対応だとする非難が一般的であったことは、最高裁の法令違憲判決による判例変更が単なる個別的効力ではないということが一般的認識であることを示していた。内閣は個別恩赦で、検察は訴因変更で対応したこともまた、判例変更は個別的効力ではあるが、それ以上の法的効果を有することを裏打ちしていよう。もしも放置されれば、再審請求などの形で憲法上許容範囲に戻す動きが生じたように推察できる。

　この点、国権の最高機関が自らの信ずる憲法解釈に従って行為するが、裁判所により違憲の判断を下されればこれに従うべきだとして、裁判所に対する拘束力と、政治部門に対する拘束力に微妙な違いがあるとする見解もある。また、「憲法判例に関する限り、」「その意味からいえば、先例拘束原則は政策の原則であり、機械的な公式ではないということができる」とも言われる。内閣が、合憲となる判例変更があり得ると考えた「仮死状態」にある法令を再び適用することは可能であり、もしも、判例変更がなされれば、当該法令は全面的に適用されると言うのである。しかし、判例拘束力のために同じ事案には同じ結論が要求され、結果、後の裁判所は先の法令違憲判決から逃れられず、国会は法的安定性を保つために法改正の義務が生じ、裁判所法もこれを円滑に行う

360

第 9 章　判例の拘束力

ため、裁判書を国会に送ることを定めている。最高裁の法令違憲の判断に一般
的に従うのは、普く国家機関の憲法尊重擁護義務の帰結である。

3　判例変更の裁判例再考

　では判例変更はどの程度あり、実際にはどのようなものなのか、最高裁での
判例変更事案を軸に整理したい。[210] 先例を安易に拡大したり、先例の射程の捉え
方に不統一があったり、先例として引用されたりされなかったりであった
[211] と、先例拘束性がルールではありながら、事後の解釈という性質上、「変
更」という語の曖昧さは捨象できないが、明示的変更は、西野喜一の調べによ
れば、1992年までで民事17件、刑事20件、黙示（実質）的変更と思われるもの
は民事 5 件、刑事 6 件とされ、[212] 憲法判例は計 8 件であるので、[213] やはり少なめで
ある。明示的変更の方が多いというのも興味深い。判例変更は、西野の調査し
た48件では、1967年から1976の間に22件が集中しており、その後は激減した。[214]
ただ、近年は復活の印象もある。（基本的には先例に従った）下級審判断を破棄し
たものが22件、棄却したものが15件で、当事者の主張がないのに取り上げた職
権型は 5 件に留まる [215] から、直前まで高裁は先例に実際に拘束されていたと言え
るし、明示的変更が37件のうち変更が全員一致でなされた事案が26件で、1 票
差は 2 件に留まる [216] ところから、最高裁には判例変更は圧倒的多数によってなす
べきとの意識があるように感じられる。

　ただ、終戦直後の事案について 9 名の裁判官が立場を変更したために判例変
更に至った [217] 例もあるが、それ以外は、裁判官の交代なくして判例変更がない事
案である。[218] 約束手形請求事件 [219] でのように、複数の裁判官が旧判例 [220] から意見変
更 [221] していても、裁判官の交代が判例変更の主要因となっている。これは、内閣
がある判例を潰すために戦略的に裁判官を交代させることを想起させるが、[222] 殆
どは、「時代の変遷が現在の裁判官をして先例を受け入れ難いと思わしめ [223]」た
ものと考えるべきように思われる。

　これらの分類指標の中でも、重要なのは、当事者にとって利益変更なのか不
利益変更なのか、であろう。判例が法であるならば、それが制定法によるもの

361

ではないが、行為後に判例変更がなされることは言わば事後法の適用である。利益変更なら問題ないが、不利益変更は不意打ちであり、不公平であり、不適正であるとの印象は拭えない。以下、これに従い、判例変更を整理する。

（1）利益変更

　一般に、刑事事件や行政事件で、それまでの判例を人権配慮的に変更すれば、当事者にとっては利益変更になる。最高裁が数少ない法令違憲判決を下した、と論評されるような判決は、往々にしてこういった事案である。

　いわゆる尊属殺重罰規定違憲判決は、同規定を合憲とした先例を否定した、[224] 最高裁大法廷での違憲判断の最初の例として人口に膾炙しており、またその典型と言ってよい。刑すらも免除した、この第一審判決なども、具体的事実を見てそれを求めた例と言える。国籍法違憲判決も、母が外国人で生後認知の非嫡[225] 出子に日本国籍を付与する判例変更であるから、この判断を意の沿わないとする訴外第三者があったとしても、当事者にとっては利益変更である。全逓東京中郵事件判決[226]、再審決定に関するいわゆる巌窟王事件第５次再審決定[227]なども、被告人や再審請求者（元被告人）に有利な判例変更である。

　薬事法違憲判決は、確かに県条例の定める距離制限が違憲となることで既得権が希薄になる薬局の経営者等の利益を脅すが、事案としては、憲法上の人権を不当に制限されていた国民の権利を回復するものである。郵便法違憲判決も[228] そうであろう。多分に、浜松土地区画整理事業計画決定取消請求事件最高裁判決[229]も、整理事業の施行地区内に土地を所有する者に有利な判例変更をした行政法判例と解されよう。

　このほか、前述の堀越事件最高裁判決は、猿払事件と事案の区別（distinction）を行うことで黙示的判例変更を行い、救済を図ったものと言える。法令違憲判決以前に、亡夫の両親の殺人未遂の事例に尊属殺重罰規定を適用しなかった判決[230]も、このようなものと考えられる。下級審の事案ではあるが、東京都公安条例違反につき一部無罪とした日韓条約反対デモ事件第一審判[231]決は、控訴審で覆された[232]が、これを意欲した例と言えよう。

　以上のような、相手側が国や公共団体で、原告や被告人である国民等に有利

な判例変更については、専らその新しい法解釈・結論の適切さが問われるのみ
で、新たな憲法問題は生じないものと思われる。罪刑法定主義の見地からして
も、刑事判例における被告有利の変更は当然に許される[233]。それどころか、刑事
事件では同一事件の再審も、真実発見のため、広く認められるべきである[234]。

　なお、刑事判例の利益変更では、遡及効自体ではないとしても、過去の同種
事件との公平という観点も重要である。アメリカでは、人身保護令状による釈
放を求めうるところである[235]が、日本ではこのような方法は一般化しておらず、
尊属殺重罰規定違憲判決に際しても、その後の処理に禍根を残した。判決を個
別的効力と捉えた上で、内閣による個別恩赦での対応等に留まったが、最高裁
が違憲とするものを内閣が「誠実に執行」（憲法73条１号）するのは「最大のアイ
ロニー」であるから、法令違憲判決の場合、行政機関は当該法律を一般的に執
行できない状態に置かれると解すべきである[236]。加えて、最高裁による適用違憲
の場合でも、当該事案とおよそ同様の事案に同様の適用を行うことはできない
状態となったと解すべきであろう[237]。

（2）不利益変更

　これに対して、逆に、刑事事件の被告人や通常の行政事件での原告等が、判
例変更によって刑罰が重くなったり処分されたりすることになることが考えら
れるが、仮に新たな判例の内容が正しいものであるとしても、当事者にとって
は不意打ちである。判決・決定は個別的効力であると言えども、公平性や適正
手続の見地から、それでだけで押し通すことには憲法上も疑義が生じよう[238]。

　全司法仙台事件最高裁判決を変更した全農林警職法事件最高裁判決は、これ
に該当する。実際、全司法仙台事件判決の「二重の絞り」論からすれば、被告
は有罪とならなかったように思われる。同様のことは、岩手県教組事件第二次
上告審判決[239]でも生じており、一審判決[240]も二審判決[241]も、「二重の絞り」論を採用
していた都教組事件最高裁判決[242]に反しない判断したとしていたが、最高裁は
これと異なる判断を行った。本判決が批判されているのは、単なる不利益変更だ
からではなく、それが「短期間での変更」であり、従来の判例の「信頼を裏切
る変更」であって、同じ事案に異なる判断を示す「不平等な変更」であり、か

363

つ「不必要な変更」である点にもあるようである。[243]

　このほか、『悪徳の栄え』事件[244]で、一審が法律判断で無罪を言い渡したとき、控訴審は、改めて事実の取調をすることなく、自ら有罪の判断を下せると判示して先例を変更したこと[245]も、被告に不利な判例変更であると言える。

　以上の事案は何れも刑事裁判でもあり、不利益が刑罰であって一方的不利益変更であり、一種の遡及処罰、罪刑法定主義違反ではないかとの疑いも生じる。多くの場合は、判例変更が「不当な場合」と論評され、「被変更判例の推論と分析に適正な考慮を払わないとき」、「判例の継続性に固有の価値に適正な配慮を示さず、とりわけ国民の権利・自由に多大の悪影響を及ぼすとき」、もしくは「判例変更が裁判所の構成員の変動にのみ由来するとき」の何れかに分類されて論評されている[246]ように思われる。「最高裁」が「当事者に」「不都合を及ぼすことのないように原則的には配慮している」かどうかは不明であるが、但し、このような事案は、上述のように、極めて少ない。[247]

（3）一方当事者に利益的だが他方に不利益的な変更

　しかし、裁判は両当事者が存在するのであり、以上のような、一方が国や公共団体である事例は全体的には寧ろ稀である。[248]それ以外の争いでは、裁判はゼロ・サム・ゲームとなり、特に、民事事件では、一方当事者の権利の拡大は、他方の権利の縮減になり得る[249]ので、一般に不利益的判例変更は許されないとの硬直的主張には無理がある。これについては、一部につき憲法29条3項の損失補償という考えもあるが、「公共のため」の拡大解釈に過ぎるほか、「損失」があったのは多額の費用をかけ、苦労して勝訴判決を得た側なのであって、判例変更で敗訴した側の不利益を過剰に考えており、疑問である。[250]

　典型例としては、利息制限法に関して、下級審が元本充当説を採ったのを最高裁が覆した1962年の先例[251]が、2年後に元本充当説に変更された例[252]がある。[253]内容は兎も角、単純多数決によって判例を変更したため、法的安定性の面での弊害が指摘されている。[254]財産権に関する憲法判例である森林法違憲判決[255]も、先例に従えば共有林の分割を阻止できると考えていた当事者にとっては不利益変更であるが、勝訴した原告にとっては逆である。非嫡出子相続分差別違憲判

決は、勿論、非嫡出子差別を解消し、その憲法上の権利を保障したのだが、嫡出子側からすれば、予定していた法定相続分を相続できなかったのであるから、妥当か否かは別として、不利益変更である。

　民事事件の場合、遡及すれば、利益を得ていた側の当事者にとっては不利益変更になり、不都合が生じ易い。非嫡出子相続分差別違憲判決が遡及効を制限する言明をなしたのも、相続という誰にも起こりうる事象での混乱を回避するための政策的配慮に読める。中野次雄も、判例変更の効果は遡及するとしながらも、「これを是正する制度が存在しない」ことと、「確定裁判で決定された法状態はもはや動かさないほうが法秩序の平和のために望ましいという法的安定の考慮」から、「そのままにしておくほかはない」と結論付けている。

　ところで、一連の議員定数不均衡判決では事情判決などとなり、現時点では選挙の全部又は一部が無効とされた例はなく、あったとしても、不利益を被るのは当該選挙区民だが、違憲判断の趣旨を貫徹すれば、結局、当該選挙区割りにより人口比以上の代表を選出していない、出廷もしない選挙区の住民に利益を与え、過剰な代表を選出している選挙区民の不利益となる変更を求める特異な例となると言えよう。訴訟手続的な捻れであるとも言えよう。

　この点で、住民訴訟による政教分離原則に関する違憲判決は更に評価が難しい。形式論とすれば、判決がどうなろうと、個別的「利益」を得る当事者はいない。しかし、この種の訴訟の本質は裁判所の違憲宣言を得られるかどうかにあると解すれば、そして、もし合憲的な運用がそれまでの慣例であるとすれば、出訴した住民と自治体は利益背反な関係にあると言えよう。愛媛玉串料訴訟最高裁判決、空知太訴訟最高裁判決は、そういった例である。

　以上のように考えると、判例変更がときに憲法上も許容されるかどうかが議論されるべきなのは、主として刑事事件で、当事者に突然の不利益な変更を及ぼす稀有な事案に絞られよう。不利益も重大である。これが不遡及的判例変更論であり、以下、これに焦点を絞り、節を改めて論ずることとしたい。

4 不遡及的判例変更について

突然にして予想外の判例変更により、先例に依拠していた当事者が思わぬ不利益を被る場合、その「信頼」の保護は考えねばならず[261]、特に刑罰法規の拡張的解釈による場合、法的問題がないとは言えまい[262]。法の予測可能性は、ときとして平等原則に優位することも考えねばなるまい[263]。しかし、そのためにそのような刑事判例変更は一切認めないという考えは、誤った判決を糺すことができないことになるため、採ることを躊躇する[264]。これに関連して、当該事件には先例の準則を適用しつつ、立法府が一定時までに立法的措置を行わなければ、新たな準則に従って処理することを明らかにする将来効判決の手法も提唱された[265]。しかし、判決時点で誤っていると信じる先例を尊重すること、将来発生する事案を先回りして判断することが、現実の紛争を解決することを本務とする司法権の作用として適切か、疑問が残る。

そこで、被告に不利益な判例変更に限っては、罪刑法定主義に反するなど[266]として裁判官の法創造性を制限し、「先例に依拠して行動した者を不当に害するおそれ」があるとき、「場合によっては、法的安定性の見地から判例の変更を差し控えるべき」[267]だとして、新判例の法準則を過去の事例に遡って適用しないとする、不遡及的変更という手法を採用すべしとする議論が生じた。特に、当該事件にも適用しないことは純粋不遡及と呼ばれ、旧判例に依拠した者の保護、平等の観点からは、これに論理的一貫性を認める指摘がある[268]。新しい法準則の樹立を促した当事者に対する報奨だとの説明もある[269]。

アメリカでは、法律の被告人が予期しない不利益な解釈による処罰も違憲ではないとする最高裁判決が下された後の1910年代末に、学説の理論的支援が始まり[270]、1932年にはベンジャミン・カードゥゾが、先例に依拠して行為がなされたときには、不遡及的変更を行い、これによって将来判例法が変更される旨の予告を与えておくことで、判例法の変更を積極的に行い得るようにすべきだと述べた[272]。そして、米最高裁は1932年に全員一致で、州裁判所が判例の不遡及的変更をすることは、合衆国憲法修正14条の適正手続条項に反しないと判示し

た。実際に、そのような判断を行った例もある[274)]。但し、これは憲法や法律の解釈に関する判例変更についてであり、元来判例法で発展し、その後も制定法が作られていない分野ではそうではない[275)]。

　日本では、特に、前述の岩手県教組事件第二次上告審判決を巡って論争が生じた。岩手県教組の中央執行委員長が、傘下の小・中学校教職員に同盟罷業を行うよう説得し、日教組本部の指令を傘下組合員に伝達したことが、地方公務員法違反に問われた事案である。行為当時の最高裁の判例の法解釈に従えば無罪となるべき行為を、後の判例変更によって処罰することは、憲法39条の遡及処罰の禁止に違反する[276)]として、被告らが上告していた。しかし、最高裁は、「行為当時の最高裁判所の判例の示す法解釈に従えば無罪となるべき行為を処罰することが憲法39条に違反」「しないことは、当裁判所の判例」「の趣旨に徴して明らかであ」るとして、上告を棄却したのである。

　これには、本考察に当たり興味深い、河合伸一裁判官の補足意見がある。このような事案で「問題にすべきは、所論のいうような行為後の判例の『遡及的適用』の許否ではなく、行為時の判例に対する国民の信頼の保護如何である」ので、被告によっては「犯罪を行う意思、すなわち、故意を欠くと解する余地がある」としつつも、本件被告についてはこれに該当しないとしたのである。

　中山研一は、この判決を契機に議論を展開し、法律の変更の場合と比べ、判例変更の適用上の効果が全く逆であり、被告人不利の変更が「遡及するとしても統一したルールがなくしばしばその貫徹が妨げられる」という「アンバランス」があると批判した[277)]。最高裁は、日教組・都教組事件判決がこの点を「全く触れることもなく」[278)]結論を導くなど、「消極的で保守的な姿勢」を貫いたとして[279)]、この判決はおよそ「理由も説明も全くない」[280)]と酷評した。そして、不遡及的変更は憲法31条よりも39条から導かれる方が「むしろ自然である」とし、憲法39条と、刑の廃止に関わる刑法6条をモデルとした解釈を原則として採るべきだと主張し[281)]、これについての立法的提案をしながら[282)]、多くの学説が、不遡及説も判例に事実上の「法源」又は「拘束力」を認めてきたにも拘らず、遡及効を挙って否定していること、行為者を無用に優遇することになるとしていることなどを批判したのである[283)]。

確かに、先例とされる全農林警職法事件最高裁判決は、全司法仙台事件最高裁判決を僅か4年で変更したものであり、その変更も明示的でなく、全農林警職法事件上告審からの推測を当然として行動することまでは難しい。地方公務員関係に絞れば、行為当時は1974年であり、1976年の岩手県教組学テ事件最高裁判決の判例変更の前であった。このため、判例は法であり、憲法39条から不遡及的変更は一律に認められないという説がある。罪刑法定主義の名宛人は立法者だけに限るのか、ということであろう。少なくとも大法廷に回付すべきだったとの批判もある。河合補足意見についても、行為者の錯誤論で処理しようとするものであるが、明示されない判例変更の予測を国民に要求することには無理があるとの指摘もある。

しかし、中山の主張に対しては、裁判所の複数の判決の結論をもって「判例」と認識できるのかとの批判がある。そして、全司法仙台事件上告審を既に変更する判断である全農林警職法事件最高裁判決は、合憲判断が公務員の争議活動に関する一般的・概括的性格を有しており、その意味では黙示的判例変更であるが、被告らはその後に行為しており、類似の事案への推測は可能であって、都教組事件上告審判決が変更される前であるとは言え、公務員の争議権を巡る判例変更の方針ははっきりしており、違法性の認識はあり、故意阻却の余地はなく、救済の必要性に欠けるとの批判がある。また、この説では、およそ刑事判例の不利益的変更とその適用はできないことになり、解釈変更の余地を楯に悪意ある被告人を見逃し、判決を制定法と同様の意味で法と考えることになってしまう弊害もあると思われる。確かに、行為者が自らを完全に無罪だと信じ、信じるのも全く当然だとは思えなかった。

だが、個々の事件の事情を考慮して、全てを行為者の責任の問題に還元すれば、類推禁止や明確性の原則が意味を有さないのであるから、やはり、刑罰法規は国民一般の信託による民主的立法であることが肝要であるという要素は大きい。そうであれば、岩手の事案がそうであるかは兎も角、国民一般にとって不利益な突然の判例変更は、一般に憲法上疑義があろう。

確かに、判例の不遡及的変更については、立法権の侵害であるとの批判があり得る。これに対しては、裁判所が行っていることを機能的に眺めれば、裁判

所は、一定の範囲内で法を創造しているのであり、場合によって不遡及的な形でそれを行ったからといって、司法権の枠を超えるものではないとの反論がある[300]。そもそも、判例変更自体を司法的立法だと非難できないのであれば、この種の判断手法のみをそう批判することは矛盾しよう[301]。次に、判例を不遡及的に変更する旨を述べた部分は、具体的事件の解決に関係ない勧告的意見ではないかとの批判があるが、勧告的意見とは具体的紛争のない、抽象的な形での裁判所の意見を指すものであり、具体的紛争に当事者が訴訟を提起した事案はこれに当たらず、結果的に当該事件の解決に関係なかったからといって、事件の解決に関係を持つ可能性のある争点については、判断を下す権限を有すると言ってよい[302]。そして、それは傍論であるとの批判に対しては、裁判所が傍論を述べてはいけないとのルールはなく、そうせざるを得ない場合もあるとの反論もある[303]。過剰に用いれば、裁判所の信頼感を害するとの指摘もあり[304]、また、これにより判例変更が安易になされ、法的安定性が害されるとの懸念もあるが、そのケースは上述のように稀であり、先例が明白に不合理だと考えられる場合だと予測してよいであろう[305]。当事者の判例変更を求める意欲を失わせるとの懸念もあるが、判例変更がなされるかどうかは判決が下されるまで解らないものであり、抑止的効果が生じるのは例外的な場合に限られよう[306]。そして、こういった手法が平等原則に反するとの批判もあるが、ある時点を境に用いられる法理が異なるのは制定法の場合と同じである[307]。

　判例の不遡及的変更を肯定する田中英夫は、アメリカの判例を参考に、結論において従来の判例に依拠することが「合理的」でなければならないとする[308]。そして、その筆頭例として、旧判例では無罪となる行為が新判例では有罪とされる場合、或いはそうであれば罪刑法定主義の精神に反するとし[309]、同じく有罪となるときでも、単なる適用条文の違いではなく、「刑の程度において質的ともいえるほどの差異が」あるときにはこの法理を例外的に用いるべきだとする[310]。このほか、新判例では新たに課税の対象となる場合、新判例では当該財産を有効に取得できなくなった場合、先例に依拠して契約が締結されている場合、新判例によると新たに不法行為上の責任が負わされる場合なども、この判例の不遡及的変更とされるべき例とする[311]。そして、この手法を採らないとき、

裁判所は政治部門によるよりよき法改革を待つしかないが、日本ではそれは稀であるので、日本の裁判所が自ら法形成過程の重要な一環であることを自覚し、時宜に応じて判例の不遡及的変更の手法を用いるべきだと主張する[312]。何れにせよ、刑事処罰の場合は高度に適正手続が守られ、その具体として遡及処罰の禁止が厳密に守られるべきことからすれば、それに匹敵する明らかな不意打ち処罰は違憲であろう。なお、根拠条文については、憲法31条を示唆する見解もあるが[313]、「合理的」な変更は認められるのも錯誤論の一種だとしつつ、憲法39条の問題とする見解も有力である[314]。

　民事法の分野でも、川井健は、「判例が法としての機能を果す以上」、「慣習肯定」の判例を「慣習否定」の形で変更することは、それが慣習法にまで高まっていることなどからして、許されないとする[315]。また、政策的理由としても、このような場合の「理論の変更」の判例変更は、「従来の判例を前提にしてきた取引行為や身分行為を根本的にくつがえすことにより法的生活の安定を害し、不慮の損害を人々にもたらす」から妥当でないとする[316]。そして、以上の弊害を避けるためには、「『判例の不遡及的変更』により判例が是正されればともかくだが、その理が認められぬかぎりは、」「実質的判例変更の方法が考えられる。すなわち確立された判例の前提とした事実は異った事実を重視することにより、結論的に従来の判例とは逆の結果を導き、また原則的には旧判例を維持しつつ、それから生ずる不当さを一般条項や事実上の推定その他の解釈の操作により個々的な事例につき妥当な結果を導くように努力することである[317]」として、つまりは「区別」(distinction) の手法を推奨するのである。

　判例変更は、新立法の場合とは異なり、具体的事件を契機としてなされるのであり、「常に判例変更の時以前に生じていた事実にも遡って適用される」との指摘もある[318]。遡及効の問題は先例拘束性の問題と混同してはならず、法政策の問題として論じるべきであるとの指摘がある[319]。既に判例変更の方向性が示唆されていた場合、不意打ちとの批判もし難く、罪刑法定主義は大事であるが、判例変更による当事者への不都合は、解釈によって相当程度軽減できる[320]。川井の指摘はあるものの、判例変更による受益者と損失者が生ずる民事裁判などを特に考慮する必要はあるまい[321]。アメリカでも、判例の不遡及的変更は斥けつ

つ、「法の不知は許さず」の例外として、故意の阻却を認めた例がある。[322) 一般人を基準として予想できる判例変更であれば、或いは確立された判例だったとは言えない事案では、違法性の錯誤などの問題として刑の軽減などで対応すべきである。[324) そして、はっきりと、予想も付かない判例変更により無罪が有罪となるような、純粋に、判例変更によって専ら不利益を受ける当事者には不遡及とすればよい。刑事事件についてこれが強く求められることは、日本国憲法が、特に、刑事裁判の適正を強く要請している[325) ことと適合的である。このような司法判断による混乱は大きいとの批判もあろうが、前述のようにこのような刑事事件・行政事件等は特異で稀であり、限定的事案では、憲法上、判例の不遡及的変更を宣言すべきである。

　なお、この種の方法を用いねばならないような法令は、そもそも曖昧な法令であって、憲法の明確性の要請に反するのではないかとの疑問もある。[326) また、いくつかの解釈が成立するのであれば、合憲限定解釈[328) により、より限定的な解釈を選択する途もあろう。そのような法令については、裁判所はそうすべきである。ただ、刑法条文の解釈が学説による争いがないことなどあり得ず、また、裁判所が先例の誤りをはっきり認めた場合、この主張は貫徹し難い。これも踏まえても、判例の不遡及的変更の余地は残すべきである。

おわりに

　一般論としては、判例には法的拘束力があり、憲法判例の特殊性は特になく、判例の変更は十分な理由をもって行うべきである。判例が法であれば、それは憲法上の要請を受け、特に刑事裁判等の不利益変更に際しては適正さ、公平さの縛りがある。このため、憲法上、予測困難であれば、それに比例した刑の減軽等で十分だが、ごく稀な全くの不意打ち的な判例変更は当該事件に遡及させるべきでない。このような解決が、憲法の文言、論理、そして何よりも立憲主義に適合的な結論であると思われる。

　2015年夏に、安保関連法案を巡り、政府の憲法解釈の変遷が示され、殆どの憲法学者や多くの与党・内閣法制局長官・最高裁判事のOBが法案を違憲と表[329)

明しながら、7月26日に首相補佐官から「法的安定性は関係ない」との発言がなされるなど[330]、政治部門において、過去の公権解釈が現在をどこまで縛るのかが問題となった[331]。違憲が鮮明な法律が成立したことは、法の支配・法治主義に反し、近代立憲主義[332]、或いは「普遍的近代化」[333]に反する事態である。他面、こういったことが問題視されることは、参加型民主主義（市民デモ）の夜明けというだけでなく、近代立憲主義が広く理解されようとしていることでもある。政府答弁等についても「法」ではないかとの意識が芽生えた[334]ということである。本章の主張についても、稀有な事案の処理のための議論と矮小化せず、「法の支配」一般の文脈で読まれることを望みたい。

1） これは「大陸法系におけるローマ法以来の伝統である」。小室直人「変更判決の研究」法学14巻2号69頁、70頁（1950）。大陸法に限らず、「司法権」の作用である判決・決定というものはそうであると思われる。
2） 高橋一修「先例拘束性と憲法判例の変更」芦部信喜編『講座憲法訴訟第3巻』139頁（有斐閣、1987）。アメリカについては、松井茂記『アメリカ憲法入門』〔第7版〕71頁以下（有斐閣、2012）など参照。
3） 山田卓生「日本における判例拘束性」中大法学新報106巻11=12号75頁、81頁（1997）。
4） 高橋前掲註2）論文142頁。
5） 戸松秀典『憲法訴訟』〔第2版〕400頁（有斐閣、2008）。
6） 山田前掲註3）論文81頁以下は、明治以来の法律がどうなっているかを主たる根拠として論を展開するが、戦後、この点の根拠は日本国憲法、特に司法の章にあるものである。裁判所法や各訴訟法がいかに定めようと、それが憲法と抵触すれば、それらの法令が違憲無効というだけである。この意味で、大林啓吾「憲法判断における2重の拘束について」千葉大学法学論集27巻2号294頁、291-290頁（2012）が、憲法典と判例の順に「2重の拘束」を語ることは適切である。
7） 新井正男「科学としての判例法」中大法学新報98巻1＝2号1頁、24-25頁（1991）。
8） 大林前掲註6）論文291頁は、アメリカでの議論をこう整理する。
9） 宮下均「アメリカにおける先例変更の基準」東洋法学58巻2号47頁（2012）。
10） 同じことを意図してか、河原畯一郎「違憲判決の効力」ジュリスト41号11頁、14頁（1953）は、民事事件に関して「取引の安定」を根拠に挙げる。
11） 新井正男「先例の拘束力について」中大法学新報63巻11号1頁、2頁（1956）。また、川井健「判例変更の限界」北大法学論集17巻4号1頁、8頁（1967）は、私法に関して「生活規範の機能」を有し、このような「機能は重要視されなければばらない」とする。
12） 宮田量司「判例変更」武蔵大学論集50巻2号291頁、208-209頁（2003）。青井秀夫「判例変更と制定法の訂正への一試論」岡山商科大学法学論集17号1頁、3頁以下（2009）は、「先例の欠陥」の一例と言うべきか、先例同士の矛盾を挙げる。
13） 小室前掲註1）論文82頁。

第 9 章　判例の拘束力

14)　青井前掲註12) 論文14頁。

15)　佐藤幸治『現代国家と司法権』352頁（有斐閣、1988）参照。関連して、髙井裕之「論文紹介」ア
　　メリカ法［2001-1］150頁も参照。

16)　これは傍論と区別して抽出される必要がある。新井正男「先例拘束性と"Distinguishing"の機
　　能 (2)」中大法学新報67巻10号32頁、33頁以下（1960）など参照。同論文43頁は、期せずして、「レ
　　シオ・デシデンダイは抽象的なものであり、具体的事件からレシオ・デシデンダイを発見する過
　　程には、生の、具体的な、個々的な事実から一般性、抽象性へのいわば抽象化の過程を予定して
　　いる」と述べているところであるし、このことは早くも戦前に、大阪谷公雄「英米法に於ける判例
　　の限界」民商法雑誌 4 巻 6 号172頁、175頁（1936）で既に指摘されていたことである。

17)　樋口陽一「判例の拘束力・考」佐藤功古稀記念『日本国憲法の理論』675頁、692頁（有斐閣、1986）、
　　佐藤前掲註15) 書354頁注 2 参照。中野次雄編『判例とその読み方』〔第 3 版〕8 頁（有斐閣、2009）
　　［中野］は、1 回で判例となると断ずる。

18)　高橋前掲註 2) 論文140頁。

19)　中野編前掲註17) 書 9 頁［中野次雄］。

20)　同上11頁［中野次雄］。

21)　同上13頁［中野次雄］。

22)　同上16-17頁［中野次雄］。

23)　同上19頁［中野次雄］。なお、山田前掲註 3) 論文88頁は「便宜」としてこれも根拠とする。

24)　中野編同上25頁［中野次雄］。

25)　同上21頁［中野次雄］。

26)　同上75頁［中野次雄］。

27)　同上75-76頁［中野次雄］。

28)　同上26頁［中野次雄］。

29)　楠本孝「被告人に不利益に変更された判例の遡及禁止」関東学院法学 7 巻 2 号81頁、96頁（1998）
　　は、下級審が最高裁判例から「逸脱」することがあり、これを疑問とする。しかし、判例拘束力
　　は絶対的ではなく、「法」である判例の変更には相当の理由が必要であるというだけのことである。

30)　中野編前掲註17) 書78頁［中野次雄］。

31)　高橋前掲註 2) 論文146頁。

32)　樋口前掲註17) 論文680頁。

33)　同上682頁。

34)　同上683頁。

35)　同上684頁。

36)　同上685頁。

37)　同上同頁。

38)　同上687-689頁。

39)　同上695頁。

40)　同上696頁。

41)　同上697頁。

42)　同上同頁。

43)　同上700頁。

373

44）　山田前掲註3）論文99-100頁同旨か。

45）　杉原泰雄「最高裁判例の法源性」杉原泰雄＝樋口陽一編『論争憲法学』274頁、280頁（日本評論社、1994）。

46）　同上同頁。ところで、この説によれば、「下流社会」に押された2014年末の総選挙結果に起因する2015年夏の国会の結末はどう評価すべきであろうか。

47）　同上同頁。

48）　同上281頁。

49）　浦部法穂『憲法学教室』〔第3版〕353頁（日本評論社、2016）。

50）　團藤重光『法学入門』143-144頁（筑摩書房、1973）、及び、中野次雄編『判例とその読み方』15頁（有斐閣、1986）を引用した芦部信喜『人権と憲法訴訟』210-211頁（有斐閣、1994）。

51）　芦部同上211頁。

52）　同上212頁。

53）　これについては、本書第2章など参照。

54）　芦部前掲註50）書214頁。

55）　同上同頁。

56）　同上215頁。

57）　團藤前掲註50）書144頁。

58）　安西文雄ほか『憲法学読本』〔第2版〕9頁（有斐閣、2014）［安西］。このほか、須賀博志「司法権を『法律ニ依リ』行うこと」佐藤幸治古稀記念『国民主権と法の支配上巻』379頁、416-417頁（有斐閣、2008）は、明治憲法下の学説の論争を「示唆」として、日本国憲法下でも裁判官が拘束されるのは憲法と「法律」に限られるとするが、その基盤とする歴史解釈主義から疑問である。君塚正臣「対審権と伝聞証拠」大沢秀介＝大林啓吾編『アメリカ憲法判例の物語』411頁、438頁注118（成文堂、2014）も参照。

59）　佐藤前掲註15）書382頁。

60）　高橋前掲註2）論文153頁。

61）　田中英夫『英米法研究1―法形成過程』7頁（東京大学出版会、1987）。細かく言えば、当該裁判所の第何法廷の先例という言い方も可能なのかもしれない。

62）　新井正男「判例の権威阻害要因」中大法学新報77巻4＝5号215頁、220頁（1970）。

63）　そもそも、法は存在しないのであり、「裁判所が事件・争訟を解決する際に準拠すべき『法』が何かの問題だ」と言うべきかもしれない。松井茂記「憲法判例の法源性・先例拘束性と憲法判例の変更」樋口陽一編『講座憲法学6―編力の分立【2】』203頁、212頁（日本評論社、1995）。

64）　佐藤前掲註15）書382頁。松原久利「判例の不利益変更と判例への信頼保護」産大法学34巻3号279頁、283頁（2000）同旨。清水洋貴「判例変更と罪刑法定主義」秋田法学42号71頁、79頁（2004）は、成文法主義を根拠に「形式的には」先例拘束性を否定しているが、同論文82-83頁は、司法権の立法権抑制などから、判例の法源性を認める。

65）　中野編前掲註17）書15頁［中野次雄］。

66）　同上27頁［中野次雄］。

67）　新井前掲註62）論文229頁は、「量の漸次的な増大から質的な変換へという、かなり永い期間を」経て、判例の権威が崩れることがあることを指摘している。

68）　佐藤前掲註15）書383頁。

374

第 9 章 判例の拘束力

69) 市川正人『基本講義憲法』328頁 (新世社、2014)、芦部前掲註50) 書210頁。

70) 佐藤前掲註15) 書351頁。

71) 同上384頁。

72) 同上352頁。

73) 奥平康弘＝杉原泰雄編『憲法学 (6)』49頁 (有斐閣、1977)［浦部法穂］など。

74) 安田拓人「判例の不利益的変更と遡及処罰の禁止」大野眞義古稀記念『刑事法学の潮流と展望』45頁、56頁 (世界思想社、2000)、楠本前掲註29) 論文96頁など。

75) 佐藤前掲註15) 書384頁。

76) 團藤前掲註50) 書143頁。

77) 芦部前掲註50) 書192頁。

78) 重村博美「判例形成過程における判例拘束の影響に関する一考察」近畿大学工業高等専門学校研究紀要 2 号75頁、77頁 (2009)。

79) 松井前掲註63) 論文212頁参照。

80) 西野喜一「判例の変更 (8)」判例時報1505号 3 頁 (1994)。

81) 19世紀までの英国判例法の歴史については、新井正男「先例拘束性と "Distinguishing" の機能 (1)」中大法学新報65巻11号 1 頁、4 頁以下 (1958) など参照。

82) 大林前掲註 6) 論文286頁参照。

83) この間の18世紀 BLACKSTONE, COMMENTARIES ON THE LAW OF ENGLAND も、先例が全く不合理または不正な (flatly absurd or unjust) 場合は判例変更が許されるとしていた。田中英夫「先例の拘束力と判例法の発展」法学セミナー147号96頁、94頁 (1968) より引用。

84) 18世紀後半にマンスフィールド卿を首席裁判官とする王座裁判所が、予測可能性の要請を受けて、近代的法準則を形成していったが、まだ先例拘束性の法理を確立するには至らなかった。堀部政男「イギリスにおける先例拘束性法理の確立期論」東大社会科学研究20巻 3 = 4 号170頁 (1969)。

85) 望月礼二郎「十九世紀イギリスにおける先例拘束性の確立」世良晃志郎還暦記念下 (岡田与好ほか編)『社会科学と諸思想の展開』571頁、578-589頁 (創文社、1977)。

86) London Street Tramways Co., Ltd. v. London County Council, [1898] A.C. 375. 新井前掲註11) 論文 4 頁、望月前掲註85) 論文575頁以下参照。田中前掲註61) 書70-71頁なども参照。その後、どのような判決を産んだかは、新井前掲註81) 論文17頁以下など参照。

87) 佐藤前掲註15) 書350-351頁。

88) 新井前掲註11) 論文 5 頁。

89) 同上 6 頁。

90) 同上40頁。

91) 同上13頁。

92) [1966] 1 W.L.R. 1234. 田中前掲註61) 書62頁より引用。

93) 芦部信喜『憲法訴訟の現代的展開』12頁 (有斐閣、1981) 同旨。

94) 新井前掲註62) 論文231頁以下。

95) これはよく言われる点なのではあるが、このことを強調することは、理性ではなく力が結論を決することを肯定するものだとする批判がアメリカにはある。紙谷雅子「判例の変更」時の法令1417号 2 頁、3 頁 (1992) 参照。

375

96) 佐藤前掲註15) 書351頁。

97) 田中前掲註61) 書64頁。

98) 佐藤前掲註15) 書72頁。

99) 田中前掲註61) 書9-10頁。芦部前掲註50) 書193頁は、アメリカの「最高裁が自らの先例に従うのは、言わば政策 (policy) の問題である」と断言する。アイルランドも、その最高裁が他の全裁判所を拘束することが第一原則のようであり、他方各レベルの裁判所は理由があれば以前の判断に従わなくてよいとされている。小野新「アイルランドにおける先例拘束法理」中大法学新報106巻11=12号219頁、242頁 (1997)。よって、厳格な判例拘束性は認め難い。カナダ最高裁も絶対的な判例拘束主義を放棄した。鈴木敏和「カナダにおける先例拘束」立正法学8巻3＝4号1頁 (1975)、松井茂記『カナダの憲法』86頁 (岩波書店、2012) 参照。

100) 新井前掲註62) 論文257頁。

101) 山田前掲註3) 論文78頁。

102) 高橋前掲註2) 論文158頁。

103) 同上140頁。

104) 川嶋四郎「判例を通じた法創造の一局面」井上治典追悼『民事紛争と手続理論の現在』461頁 (法律文化社、2008) は、ドイツにおける民事訴訟法分野の特殊な救済手続が、判例を重ねることで形成されていることを紹介する。また、井口文男「合憲性判断の手法とその拘束力」初宿正典還暦記念『各国憲法の差異と接点』359頁 (成文堂、2010) は、イタリアにおける憲法裁判所の違憲判断の遡及効・対世効などを説明する。

105) 田中前掲註61) 書10頁。

106) 同上5頁など。

107) 畑博行「憲法判例変更の問題点」広大政経論叢24巻4＝5号1頁、5頁 (1974) など。

108) 高橋前掲註2) 論文153頁参照。

109) 佐藤前掲註15) 書351頁。

110) 松井茂記『日本国憲法』〔第3版〕33頁 (有斐閣、2007)。

111) 團藤前掲註50) 書144頁。同書143頁も、これらを根拠とし、「単なる法社会学的事実というだけではな」いと述べる。山田前掲註3) 論文87頁同旨か。

112) 樋口範雄「先例拘束と憲法判例」法学セミナー445号10頁 (1992)。山崎友也「刑事判例の変更と憲法39条」富山大経済論集52巻2号87頁、95頁 (2006) 同旨。

113) 山崎前掲註112) 論文96頁 (2006) 同旨。

114) 樋口前掲註17) 論文700頁。

115) 高橋前掲註2) 論文160頁。巻美矢紀「判決の効力」公法研究77号196頁、201頁 (2015) 同旨。

116) 田中前掲註61) 書11頁。

117) 團藤前掲註50) 書143頁。

118) 田中前掲註61) 書69頁。

119) 高橋前掲註2) 論文151頁。松井前掲註63) 論文213頁同旨。

120) 判例変更については、小山昇『裁判と法』(信山社、1995)、五十嵐清「判例変更論再考」札幌法学8巻2号27頁 (1997) なども参照。

121) 植松正「大法廷判例の変更と法的安定」判例時報699号19頁、21頁 (1973)。

122) 高橋前掲註2) 論文147頁参照。

第9章　判例の拘束力

123）　同上149頁は、イギリスにおける論争も創造説の勝利に終わっており、日本においても、多くの入門書・概説書は判例に法源性を認めるに至っていると解説する。

124）　芦部前掲註93）書11頁。

125）　同上同頁。

126）　佐藤前掲註15）書354頁。

127）　宇都宮地判昭和44年5月2日判タ237号262頁、266頁。

128）　芦部前掲註50）書181頁。

129）　同上182-183頁は、公職選挙法の戸別訪問全面禁止規定違憲判決である松江地判昭和44年3月27日判タ234号別冊30頁、広島高松江支判昭和55年4月28日判時964号134頁などを例にそう述べる。後者の評釈として、中山研一「判批」判例タイムズ416号30頁（1980）、中原精一「判批」明治大学短期大学紀要31号99頁（1982）などがある。東京地判昭和42年3月27日判時493号72頁も、最高裁判例の論旨に触れた部分は全くない。芦部同書183頁。この判例の評釈として、和田英夫＝大里担「判批（上、下）」法律のひろば21巻11号17頁、12号34頁（1968）、滝川春雄「判批」判例評論109号132頁（1968）などがある。また、斎藤鳩彦「戸別訪問違憲判決の検討―判例の発展、禁止の事情、イギリス等の経験から」法律時報52巻6号27頁（1980）などがある。

130）　川井前掲註11）論文54頁同旨。

131）　西野喜一「判例の変更（9・完）」判例時報1507号11頁（1994）は、「下級審裁判官が判例に賛同できないという場合には、判例に従わないことができる範囲をもっと認めるべきもの」だと述べる。同論文18頁は、「下級審裁判官の個別の判例に対する姿勢は、結局その人の判断に任せるほかはない」としており、同論文21頁は、判例変更における下級審の役割の大きさを認めている。

132）　宮下前掲註9）論文58頁。

133）　重村前掲註78）論文76頁。

134）　伊藤正己「憲法判例の変更」公法研究22号1頁、16頁（1960）、芦部前掲註50）書194頁。

135）　大林前掲註6）論文290頁。

136）　285 U.S. 393（1932）.

137）　芦部前掲註50）書194頁、伊藤前掲註134）論文10頁以下。

138）　伊藤同上15-16頁。

139）　同上20頁。

140）　佐藤前掲註15）書356-357頁。

141）　同上359-360頁。

142）　高橋前掲註2）論文173頁。芦部信喜『憲法訴訟の理論』28-29頁（有斐閣、1973）同旨か。

143）　樋口前掲註112）論文11頁。

144）　大林前掲註6）論文274頁は、アメリカの場合について、先例拘束を憲法の「司法権」から導くと「政治部門は対抗できないことになってしまう」とするが、先例拘束はあくまでも、先例が制定法とは意味での法であり、これが後の裁判所を拘束するものであれば、これを覆す方法は憲法内に存在しよう。

145）　西野喜一「判例の変更（3）」判例時報1498号3頁、8頁（1994）。

146）　同上同頁。

147）　高橋前掲註2）論文150-151頁。

148）　西野喜一「判例の変更（1）」判例時報1495号3頁、4頁（1994）。

149）　宍戸常寿『憲法解釈論の応用と展開』〔第2版〕290頁（日本評論社、2014）。

150）　詳細は、新井正男「先例拘束性と"Distinguishing"の機能（3・完）」中大法学新報67巻11号31頁、32頁以下（1960）など参照。

151）　新井正男「先例拘束性と類推の機能」内田力三古稀記念『現代イギリス法』415頁、421-422頁（成文堂、1979）。

152）　佐藤前掲註15）書361頁。

153）　芦部前掲註50）書198頁参照。

154）　佐藤前掲註15）書361-362頁。

155）　田中前掲註61）書66頁。この部分の初出は1967年である。

156）　新井前掲註151）論文418頁。

157）　新井前掲註16）論文48頁参照。

158）　西野前掲註80）論文7頁。

159）　新井前掲註150）論文53頁。

160）　大判大正7年12月6日刑録24輯1506頁。夫の承諾なしに妻が姦通した事案で、住居侵入罪は成立するとした例がある。大判昭和13年2月28日刑集17巻125頁。

161）　最決昭和28年5月14日刑集7巻5号1042頁。

162）　最決昭和49年5月31日裁判集刑192号571頁。

163）　河上和雄「法解釈の変遷とその限界」判例タイムズ497号32頁、33頁（1983）。

164）　最判平成元年9月8日民集43巻8号889頁。本件評釈には、伊藤眞「判批」判例タイムズ710号4頁（1989）、大沢秀介「判批」ジュリスト947号83頁（1989）、「判批」時の法令1366号85頁（1989）、魚住庸夫「判批」ジュリスト948号200頁（1990）、同「判批」法曹時報43巻5号145頁（1991）、同「判批」ジュリスト増刊『最高裁判の判例3　私法編2』62頁（2004）、同「判批」最高裁判所調査官室編『最高裁判所判例解説民事篇平成元年度』286頁（法曹会、1991）、松浦馨「判批」ジュリスト臨時増刊957号『平成元年度重要判例解説』121頁（1990）、市川正人「判批」法学教室115号94頁（1990）、竹下守夫「判批」民商法雑誌102巻3号105頁（1990）、長岡徹「判批」判例評論377号58頁（1990）、高橋宏志「判批」法律時報別冊『私法判例リマークス』1号203頁（1990）、石川明「判批」慶大法学研究63巻8号90頁（1990）、佐藤幸治「判批」芦部信喜＝若原茂編『宗教判例百選』〔第2版〕72頁（1991）、今井威「判批」西南学院大法学論集24巻1号75頁（1991）、吉川義春「判批」判例タイムズ臨時増刊762号『平成2年度主要民事判例解説』244頁（1991）、小西昭江＝坪田朋子＝細川二朗「判批」書研所報37号205頁（1991）、神橋一彦「判批」法学57巻1号122頁（1993）、谷口安平「判批」新堂幸司ほか編『民事訴訟法判例百選Ⅰ』〔新法対応補正版〕4頁（1998）、佐々木雅寿「判批」佐藤幸治＝土井真一編『判例講義憲法Ⅱ』273頁（悠々社、2010）などがある。

165）　最判昭和44年7月10日民集23巻8号1423頁。本件評釈には、本間義信「判批」民商法雑誌63巻1号65頁（1970）、柳川俊一「判批」法曹時報22巻5号132頁（1970）、藤原淳一郎「判批」慶大法学研究43巻12号69頁（1970）、船越隆司「判批」小野清一郎編『宗教判例百選』46頁（1972）、五十部豊久「判批」新堂幸司＝青山善充編『民事訴訟法判例百選』〔第2版〕56頁（1982）、谷口安平「判批」芦部信喜＝若原茂編『宗教判例百選』〔第2版〕102頁（1991）、中島弘雅「判批」新堂幸司ほか編『民事訴訟法判例百選Ⅰ』〔新法対応補正版〕102頁（1998）、八田卓也「判批」伊藤眞ほか編『民事訴訟法判例百選』〔第3版〕42頁（2003）、日比野泰久「判批」高橋宏志ほか編『民事訴訟法判例百選』〔第5版〕36頁（2015）などがある。

第 9 章　判例の拘束力

166)　最判昭和55年 1 月11日民集34巻 1 号 1 頁。本件評釈には、谷口知平「判批」民商法雑誌83巻 2
号285頁 (1980)、斎藤和夫「判批」慶大法学研究53巻11号1641頁 (1980)、吉井直昭「判批」ジュリ
スト716号71頁 (1981)、同「判批」法曹時報36巻 1 号169頁 (1984)、同「判批」最高裁判所調査官
室編『最高裁判所判例解説民事篇昭和55年度』 1 頁 (法曹会、1985)、伊藤眞「判批」ジュリスト臨
時増刊743号『昭和55年度重要判例解説』139頁 (1981)、住吉博「判批」法学セミナー313号146頁
(1981)、新堂幸司「判批」判例タイムズ439号『昭和55年度民事主要判例解説』215頁 (1981)、今井
威「判批」西南学院大法学論集17巻 1 号197頁 (1984)、芦川豊彦「判批」愛知学院大学宗教法制研
究所紀要30号43頁 (1984)、阪本昌成「判批」樋口陽一ほか『考える憲法』75頁 (弘文堂、1988)、
渋谷秀樹「判批」芦部信喜＝若原茂編『宗教判例百選』〔第 2 版〕68頁 (1991)、田中豊「判批」月報
司法書士462号38頁 (2010)、伊藤眞「判批」高橋宏志ほか編『民事訴訟法判例百選』〔第 5 版〕 4 頁
(2015) などがある。

167)　最判昭和56年 4 月 7 日民集35巻 3 号443頁。本件評釈には、篠田省二「判批」ジュリスト748号
86頁 (1981)、同「判批」法曹時報37巻 7 号119頁 (1985)、笹川紀勝「判批」法学教室11号110頁
(1981)、佐藤功「判批」法学セミナー317号18頁 (1981)、松本昌悦「判批」法律のひろば34巻 8 号
55頁 (1981)、種谷春洋「判批」判例タイムズ480号33頁 (1981)、はやし・しうぞう「判批」時の法
令1107号45頁 (1981)、山田恒久「判批」慶大法学研究55巻 3 号124頁 (1982)、竹中勲「判批」法学
セミナー324号128頁 (1982)、藤井俊夫「判批」ジュリスト臨時増刊768号『昭和56年度重要判例解
説』26頁 (1982)、住吉博「判批」同128頁 (1982)、同「判批」法学セミナー325号138頁 (1982)、中
野貞一郎「判批」新堂幸司＝青山善充編『民事訴訟法判例百選』〔第 2 版〕10頁 (1982)、谷口知平「判
批」民商法雑誌86巻 2 号269頁 (1982)、種谷春洋「判批」判例タイムズ472号219頁 (1982)、山口和
秀「判批」法学セミナー増刊『憲法訴訟』122頁 (1983)、渡辺綱吉「判批」愛知学院大学宗教法制研
究所紀要30号97頁 (1984)、堤龍彌「判批」神戸学院法学15巻 4 号95頁 (1985)、大石眞「判批」小林
孝輔編『判例教室　憲法』〔新版〕415頁 (法学書院、1989)、並河啓后「判批」上田勝美編『ゼミナー
ル憲法判例』〔増補版〕325頁 (法律文化社、1994)、野坂泰司「判批」芦部信喜ほか編『憲法判例百
選Ⅱ』〔第 4 版〕408頁 (2000)、初宿正典「判批」高橋和之ほか編『憲法判例百選Ⅱ』〔第 5 版〕420頁
(2007)、佐々木雅寿「判批」佐藤幸治＝土井真一編『判例講義憲法Ⅱ』271頁 (悠々社、2010)、田
中豊「判批」月報司法書士463号44頁 (2010)、山本龍彦「判批」法学セミナー678号74頁 (2011)、
宍戸常寿「判批」長谷部恭男ほか編『憲法判例百選Ⅱ』〔第 6 版〕406頁 (2013) などがある。

168)　最判平成 5 年 9 月 7 日民集47巻 7 号4667頁。本件評釈には、大石眞「判批」法学教室163号102
頁 (1994)、石川健治「判批」ジュリスト臨時増刊1046号『平成 5 年度重要判例解説』11頁 (1994)、
坂原正夫「判批」慶大法学研究67巻10号89頁 (1994)、新堂幸司「判批」法律時報別冊『私法判例リ
マークス』10号140頁 (1995)、宮川聡「判批」判例評論434号46頁 (1995)、渡部毅「判批」北大法学
論集46巻 2 号159頁 (1995)、滝澤孝臣「判批」法曹時報48巻 2 号338頁 (1996)、同「判批」最高裁
判所調査官室編『最高裁判所判例解説民事篇平成 5 年度下』728頁 (法曹会、1996)、佐々木善三「判
批」研修609号57頁 (1999)、笹田栄司「判批」高橋和之ほか編『憲法判例百選Ⅱ』〔第 5 版〕422頁
(2007)、佐々木雅寿「判批」佐藤幸治＝土井真一編『判例講義憲法Ⅱ』274頁 (悠々社、2010)、藤
田尚則「判批」長谷部恭男ほか編『憲法判例百選Ⅱ』〔第 6 版〕408頁 (2013) などがある。

169)　最判昭和55年 4 月10日判時973号85頁。本件評釈には、熊本信夫「判批」法学教室 3 号82頁
(1980)、谷口知平「判批」法律時報52巻11号119頁 (1980)、伊藤眞「判批」ジュリスト臨時増刊743
号『昭和55年度重要判例解説』139頁 (1981)、畑郁夫「判批」民商法雑誌84巻 1 号87頁 (1981)、住

379

吉博「判批」法学セミナー313号146頁 (1981)、上田徹一郎「判批」判例評論267号29頁 (1981)、笹田栄司「判批」杉原泰雄＝野中俊彦編『新判例マニュアル憲法Ⅰ』78頁 (三省堂、2000) などがある。

170)　最判平成24年12月7日刑集66巻12号1337頁。本件評釈には、加藤健次「判批」法と民主主義474号68頁 (2012)、嘉門優「判批」立命館法学345＝346号上巻282頁 (2012)、長谷部恭男「判批」同ほか編『憲法判例百選Ⅰ』〔第6版〕32頁 (2013)、岩崎邦生「判批」ジュリスト1458号72頁 (2013)、同「判批」法曹時報66巻2号251頁 (2014)、同「判批」最高裁判所調査官室編『最高裁判所判例解説刑事篇平成24年度』463頁 (法曹会、2015)、木下智史「判批」新・判例解説Watch 13号13頁 (2013)、三宅裕一郎「判批」法学セミナー698号130頁 (2013)、松宮孝明「判批」同699号145頁 (2013)、前田雅英「判批」警察学論集66巻3号167頁 (2013)、川田琢之「判批」日本労働法学会誌122号186頁 (2013)、大久保史郎「判批」労働法律旬報1790号6頁 (2013)、加藤健次「判批」同18頁、中山和久「判批」同1791号61頁 (2013)、西片聡哉「判批」国際人権24号134頁 (2013)、蟻川恒正「判批」世界840号188頁 (2013)、太田航平「判批」中大法学新報120巻3＝4号451頁 (2013)、山岸喜久治「判批」宮城学院女子大学研究論文集117号1頁 (2013)、宍戸常寿「判批」ジュリスト臨時増刊1466号『平成25年度重要判例解説』23頁 (2014)、薄井一成「判批」同60頁、松原芳博「判批」同161頁、工藤達朗「判批」法学教室401号別冊附録『判例セレクト2013-1』5頁 (2014)、治安判例研究会「判批」月刊治安フォーラム20巻6号22頁 (2014)、中富公一「判批」岡山大学法学会雑誌63巻4号162頁 (2014)、長岡徹「判批」関学大法と政治64巻4号299頁 (2014)、四方奨「判批」同志社法学67巻7号153頁 (2016) がある。このほか、君塚正臣「国家公務員法違反事件鑑定意見書」横浜国際経済法学19巻1号89頁 (2010)、蟻川恒正「国公法2事件最高裁判決を読む (1、2)」法学教室393号84頁、同395号90頁 (2013)、木村草太「公務員の政治的行為の規制について―大阪市条例と平成24年最高裁2判決」法律時報85巻2号74頁 (2013)、大久保史郎「国公法2事件上告審判決と2つの負の遺産」同3号1頁 (2013)、同ほか「小特集・国公法2事件上告審判決の検討」同5号54頁 (2013)、同ほか「特集・国家公務員の政治的活動の制限―最高裁判決を受けて」労働法律旬報1790号6頁 (2013)、同ほか「ミニ・シンポジウム4・国公法2事件最高裁判決の批判的考察と今後の展望」法の科学45号153頁 (2014)、駒村圭吾「さらば、香城解説!?―国公法違反被告事件最高裁判決と憲法訴訟のこれから」法学セミナー698号46頁 (2013)、同「さらば、香城解説!?―平成24年国公法違反被告事件最高裁判決と憲法訴訟のこれから」高橋和之古稀記念『現代立憲主義の諸相下巻』419頁 (有斐閣、2013)、青柳幸一「公務員の政治的行為の自由をめぐる判例変更」明治大学法科大学院法学13号25頁 (2013)、棟居快行「人権制約法理としての公共の福祉論の現在―最高裁判決における近時の展開を踏まえて」レファレンス760号5頁 (2014)、宇賀克也「国家公務員の政治的行為の制限 (1-3)」自治実務セミナー53巻7号38頁、8号42頁、9号46頁 (2014)、中富公一「国公法2事件最高裁判決は何を変更したのか―有機的統一体論を中心に」岡山大学法学会雑誌63巻4号598頁 (2014)、大河内美紀「公務員の政治的意見表明―堀越事件判決を受けて」長谷部恭男編『論究憲法』301頁 (有斐閣、2017) などもある。更に、両事件で補足意見を執筆した裁判官による、千葉勝美『違憲審査』60頁以下 (有斐閣、2017) も参照。

171)　最大判昭和49年11月6日刑集28巻9号393頁。本件評釈としては、尾吹善人「判批」ジュリスト臨時増刊590号『昭和49年度重要判例解説』26頁 (1974)、中義勝「判批」同131頁、S・H・E「判批」(上、下)」時の法令877号53頁、878号50頁 (1974)、竹下英男「判批」季刊労働法94号72頁 (1974)、浦山太郎「判批」教育委員会月報26巻8号11頁 (1974)、米田泰邦「判批」ジュリスト臨時増刊615号『昭和50年度重要判例解説』138頁 (1975)、香城敏麿「判批」法曹時報27巻11号86頁 (1975)、同

第 9 章　判例の拘束力

「判批」最高裁判所調査官室編『最高裁判所判例解説刑事篇昭和49年度』165頁（法曹会、1977）、芦部信喜「判批」法律時報47巻 2 号99頁（1975）、吉川基道「判批」月刊労働問題205号122頁（1975）、松岡浩「判批」慶大法学研究48巻 9 号84頁（1975）、室井力「判批」小林直樹編『憲法の判例』〔第 3 版〕10頁（有斐閣、1977）、同「判批」樋口陽一編『憲法の基本判例』23頁（有斐閣、1985）、同「判批」塩野宏ほか編『行政判例百選 I 』〔第 4 版〕46頁（1999）、大久保史郎「判批」法学セミナー269号105頁（1977）、吉川経夫「判批」警察研究48巻 4 号44頁（1977）、井上祐司「判批」平野龍一編『刑法判例百選 I 』18頁（1978）、村井敏邦「判批」法律時報52巻 6 号57頁（1980）、中谷実「判批」法学セミナー増刊『憲法裁判』94頁（1983）、松岡浩「判批」経営法曹会議編『最高裁労働判例 4 ─問題点とその解説』103頁（日本経営者団体連盟広報部、1983）、手島孝「判批」樋口陽一編『憲法の基本判例』212頁（有斐閣、1985）、安念潤司「判批」塩野宏ほか編『公務員判例百選』142頁（1986）、同「判批」法学教室213号65頁（1998）、小林孝輔「判批」同編『判例教室　憲法』〔新版〕236頁（法学書院、1989）、藤田達朗「判批」上田勝美編『ゼミナール憲法判例』〔増補版〕173頁（法律文化社、1994）、大沢秀介「判批」樋口陽一＝野中俊彦編『憲法の基本判例』〔第 2 版〕23頁（有斐閣、1996）、釜田泰介「判批」同224頁、樋口陽一「判批」芦部信喜ほか編『憲法判例百選 I 』〔第 4 版〕30頁（2000）、渋谷秀樹「判批」杉原泰雄＝野中俊彦編『新判例マニュアル憲法 I 』112頁（2000）、小山剛「判批」同166頁、同「判批」佐藤幸治＝土井真一編『判例講義憲法 I 』10頁（悠々社、2010）、高橋和之「判批」高橋ほか編『憲法判例百選 I 』〔第 5 版〕32頁（2007）、野坂泰司「判批」法学教室331号89頁（2008）、佐々木弘通「判批」成城法学77号49頁（2008）、宍戸常寿「判批」法律時報83巻 5 号20頁（2011）、青井美帆「判批」長谷部恭男ほか編『憲法判例百選 I 』〔第 6 版〕30頁（2013）、晴山一穂「判批」自治総研416号 1 頁（2013）などがある。このほか、今村成和「猿払事件─最高裁の違憲審査はいかにあるべきか」法律時報44巻10号28頁（1972）、石黒克巳「全逓猿払事件─表現の自由と公務員の政治活動」法学セミナー202号124頁（1972）、江橋崇ほか「猿払事件」同204号179頁、山本博「全逓猿払事件の概要と上告審での争点」労働法律旬報813号31頁（1972）、同「猿払事件─違憲訴訟へのアプローチ」法学教室122号94頁（1990）、「特集・政治活動の自由」法律時報46巻 3 号 8 頁（1974）、「特集・政治活動 3 事件大法廷判決」判例時報757号 3 頁（1974）、高柳信一「労使関係における市民的自由について─最高裁（三菱樹脂・全逓猿払）判決を踏えて」労働法学研究会報1071号 1 頁（1974）、沼田稲次郎ほか「座談会・基本的人権を無視する最高裁の体質を批判する─全逓猿払事件・徳島郵便局事件・総理府統計局事件判決」労働経済旬報28巻948号 8 頁（1974）、阿部照哉「公務員の政治活動の制限─猿払など 3 事件の最高裁判決を契機として」ジュリスト579号14頁（1975）、山内一夫「政治的行為の禁止を合憲とした猿払事件の最高裁判決について」同21頁、「特集・公務員の政治的活動の自由─猿払事件最高裁判決について」法学セミナー233号 2 頁（1975）、「特集・公務員の政治活動」法律のひろば26巻 1 号 6 頁（1975）、村上健「猿払事件最高裁判決（回顧と展望）」日本労働法学会誌45号126頁（1975）、有泉亨ほか「座談会・公務・公共部門の労働観と基本権─最高裁全農林事件・猿払事件判決」季刊労働法95号94頁（1975）、「特集・最高裁判所と市民的自由」労働法律旬報872号18頁（1975）、菊池高志「公務員政治活動禁止と刑事制裁の合憲性」労働判例212号27頁（1975）、同「公務員の政治的中立性」神奈川法学10巻 2 ＝ 3 号197頁（1975）、安達拓二「公務員の政治活動禁止は合憲─猿払事件判決」現代教育科学18巻 1 号105頁（1975）、「特集・公務員の政治活動」法律のひろば28巻 1 号 6 頁（1977）、中村睦男＝常本照樹「憲法裁判50年」100頁以下（1997）、大久保史郎「猿払事件と芦部信喜先生」ジュリスト1169号80頁（1999）、樋口陽一ほか『憲法判例を読みなおす』〔改訂版〕90頁以下（1999）、野中俊彦「憲法を読む 3 ─判例を〈流れの中で〉

381

読む（2）―猿払事件」法学教室247号15頁（2001）、香城敏麿『憲法解釈の法理』39頁（信山社、2004）、駒村圭吾「憲法的論証の型―猿払基準―利益衡量審査（狭義の比例性審査）の居場所」法学セミナー679号62頁（2011）、阪口正二郎「猿払事件判決と憲法上の権利の『制約型』類型」論究ジュリスト１号18頁（2012）、青柳幸一「猿払基準の現在の判決への影響」法学教室388号４頁（2013）、蟻川恒正「合憲であることの定型的論証としての猿払基準」高橋和之古稀記念『現代立憲主義の諸相下巻』369頁（有斐閣、2013）、山田隆司「『55年体制』と猿払事件、八幡製鉄事件（上）―猿払事件」法学セミナー710号36頁（2014）などもある。

172）　最判平成24年12月７日刑集66巻12号1722頁。本件評釈等は、堀越事件最高裁判決に関するもの参照。

173）　君塚正臣「演習　憲法」法学教室413号134頁、135頁（2015）参照。

174）　高橋前掲註２）論文161頁。

175）　最大判昭和48年４月25日刑集27巻４号547頁。本件評釈として、S・H・E「判批」時の法令829号50頁（1973）、片岡昇「判批」判例評論173号２頁（1973）、同「判批」萩澤清彦編『労働判例百選』〔第５版〕12頁（1989）、橋本顕信「判批」地方自治308号17頁（1973）、西川美数「判批」労働判例175号４号64頁（1973）、佐藤功「判批」ジュリスト臨時増刊565号『昭和48年度重要判例解説』18頁（1974）、山本吉人「判批」同174頁、石川吉右衛門「判批」萩澤清彦編『労働判例百選』〔第３版〕16頁（1974）、大谷実＝上田健二「判批」法学セミナー226号131頁（1974）、川添利幸＝横井芳弘「判批」判例評論181号２頁（1974）、向井哲次郎「判批」法曹時報26巻６号198頁（1974）、同「判批」最高裁判所調査官室編『最高裁判所判例解説刑事篇昭和48年度』305頁（法曹会、1975）、宮城邦彦「判批」法と秩序４巻２号25頁（1974）、南川諦弘「判批」天理大学学報25巻４号64頁（1974）、浦田賢治「判批」法学セミナー249号80頁（1976）、中村睦男「判批」小林直樹編『憲法の判例』〔第３版〕174頁（有斐閣、1977）、同「判批」樋口陽一編『憲法の基本判例』29頁（有斐閣、1985）、蓼沼謙一「判批」石川吉右衛門＝山口浩一郎編『労働法の判例』〔第２版〕20頁（有斐閣、1978）、棟居快行「判批」法学セミナー増刊『憲法訴訟』89頁（1983）、盛誠吾「判批」大阪学院大法学研究８巻２号145頁（1983）、横山晃一郎「判批」平野龍一＝松尾浩也編『刑法判例百選Ⅰ』〔第２版〕54頁（1984）、浜田冨士郎「判批」塩野宏ほか編『公務員判例百選』168頁及び178頁（1986）、片岡昇「判批」萩澤清彦編『労働判例百選』〔第５版〕12頁（1989）、林修三「判批」『判例解説　憲法編４』237頁（ぎょうせい、1989）、中山和久「判批」山口浩一郎ほか編『労働判例百選』〔第６版〕12頁（1995）、若狭勝「判批」研修593号33頁（1997）、安念潤司「判批」法学教室214号52頁（1998）、室井力「判批」芦部信喜ほか編『憲法判例百選Ⅱ』〔第４版〕312頁（2000）、渋谷秀樹「判批」杉原泰雄＝野中俊彦編『新判例マニュアル憲法Ⅰ』110頁（三省堂、2000）、本秀紀「判批」杉原泰雄＝野中俊彦編『新判例マニュアル憲法Ⅱ』236頁（三省堂、2000）、清水敏「判批」『労働判例百選』〔第７版〕12頁（2002）、横田耕一「判批」高橋和之ほか編『憲法判例百選Ⅱ』〔第５版〕320頁（2007）、野中泰司「判批」法学教室325号120頁（2007）、井上典之「判批」法学セミナー625号60頁（2007）、道幸哲也「判批」村中孝史＝荒木尚志編『労働判例百選』〔第８版〕12頁（2009）、藤井樹也「判批」佐藤幸治＝土井真一編『判例講義憲法Ⅱ』206頁（悠々社、2010）、渡辺賢「判批」法律時報84巻２号９頁（2012）、大河内美紀「判批」長谷部恭男ほか編『憲法判例百選Ⅱ』〔第６版〕312頁（2013）、浜村彰「判批」村中孝史＝荒木尚志編『労働判例百選』〔第９版〕12頁（2016）などがある。このほか、石川吉右衛門ほか「特集・官公労争議と刑事罰」ジュリスト536号16頁（1973）、則定衛ほか「特集・4.25労働３判決の意義と問題点」法律のひろば26巻７号４頁（1973）、和田英夫ほか「特集・労働三事件大法廷判決をめぐっ

第9章　判例の拘束力

て」判例時報699号3頁（1973）、萩澤清彦「4.25大法廷判決の検討（上、下）」判例タイムズ295号2頁、297号10頁（1973）、籾井常喜ほか「特集・最高裁4.25判決の問題点」労働法律旬報833号10頁（1973）、室井力「公務員の労働基本権」ジュリスト569号27頁（1974）、中山和久「4.25判決以後の官公労働関係」同72頁（1974）、野村平爾ほか「特集・最高裁と労働基本権」法律時報45巻8号8頁（1974）、小山高次「労働基本権の制限に関する判例の変遷と4.25判決の意義」警察学論集27巻3号54頁（1974）、川口実「労働基本権制限の法理（1-6・完）」判例タイムズ306号2頁、307号2頁（1974）、315号12頁、324号2頁（1975）、329号2頁、333号2頁（1976）、島田信義「全農林判決以後の労働事件と最高裁裁判官」法学セミナー236号22頁（1975）、室井力＝中山和久＝清水敏「対談・名古屋中郵判決における憲法・行政法理論の検討」法律時報50巻4号44頁（1978）、竹澤哲夫「全農林警職法事件」法学教室113号53頁（1990）、戸松秀典「事件でみる裁判100年―全農林警職法事件判決―判例変更の在り方」同121号72頁（1990）などもある。

176）　最大判昭和44年4月2日刑集23巻5号305頁。本件評釈として、船田三雄「判批」ジュリスト423号104頁（1969）、同「判批」法曹時報21巻6号198頁（1969）、同「判批」最高裁判所調査官室編『最高裁判所判例解説刑事篇昭和44年度』54頁（法曹会、1970）、荘子邦雄「判批」判例評論126号14頁（1969）、S・H・E「判批」時の法令679号44頁（1969）、野村平爾「判批」労働法律旬報702=703号33頁（1969）、同「判批」季刊労働法75号219頁（1970）、籾井常喜「判批」法学セミナー158号75頁（1969）、中山研一「判批」判例タイムズ234号9頁（1969）、坂本重雄「判批」季刊労働法72号49頁（1969）、中山和久「判批」労働法律旬報702=703号24頁（1969）、同「判批」ジュリスト臨時増刊456号『昭和44年度重要判例解説』148頁（1970）、井上正治「判批」團藤重光編『刑法判例百選』〔新版〕10頁（1970）、出射義夫「判批」藤木英雄編『続刑法判例百選』22頁（1971）、新井章「判批」法律時報44巻10号45頁（1972）、足立昌勝「判批」中大法学新報79条1号165頁（1972）、青木宗也「判批」小林直樹＝兼子仁編『教育判例百選』36頁（1973）、山内敏弘「判批」芦部信喜編『憲法判例百選』〔第3版〕190頁（1974）、内田文昭「判批」警察研究52巻9号69頁（1981）、古川純「判批」法学セミナー増刊『憲法訴訟』76頁（1983）、佐伯静治「判批」自由と正義38巻5号33頁（1987）、安念潤司「判批」法学教室214号52頁（1998）、播磨信義「判批」芦部信喜ほか編『憲法判例百選Ⅱ』〔第4版〕310頁（2000）、藤井俊夫「判批」同428頁、本秀紀「判批」杉原泰雄＝野中俊彦編『新判例マニュアル憲法Ⅱ』238頁（三省堂、2000）、尾形健「判批」佐藤幸治＝土井真一編『判例講義憲法Ⅱ』306頁（悠々社、2010）、倉田原志「判批」長谷部恭男ほか編『憲法判例百選Ⅱ』〔第6版〕310頁（2013）、畑尻剛「判批」同424頁などがある。このほか、石川吉右衛門ほか「座談会・公務員関連判決をめぐって」ジュリスト424号15頁（1969）、野村平爾「4.2判決と最高裁の姿勢」法律時報41巻7号61頁（1969）、片岡昇「最高裁4.2判決と公務員の争議権」判例タイムズ234号2頁（1969）、中山研一「公務員の争議権と刑事罰」同9頁、井嶋一友ほか「特集・4.2判決のなげかけた問題点と意義」法律のひろば22巻6号6頁（1969）、兼子仁「教育公務員の争議行為と処分問題」ジュリスト472号53頁（1971）、村井正義「都教組判決と特別権力関係をめぐる諸問題」教育評論268号28頁（1971）、川上勝己「国家公務員等の争議行為の禁止」ジュリスト520号29頁（1972）、井上祐司「最高裁4.2両判決と可罰的違法性の理論」法律時報44巻13号69頁（1972）、佐伯静治「違憲判決への道」法学教室106号34頁（1989）などもある。

177）　高橋前掲註2）論文161-162頁。

178）　同上171頁。

179）　種谷春洋「違憲判決の効力」ジュリスト638号178頁、179頁以下（1977）、野中俊彦「判決の効力」

383

芦部信喜編『講座憲法訴訟第3巻』109頁、113-114頁（有斐閣、1987）。個別的効力説の原型は美濃部達吉「新憲法における憲法裁判制度」法律新報736号3頁（1947）、一般的効力説の嚆矢は中田淳一「違憲の判定を受けた法令の効力(1)」法学論叢54巻1＝2号1頁（1947）や兼子一『新憲法と司法』56頁（憲法普及会編、1948）であるとされる。井口前掲註104）論文359-361頁参照。

180） 大西芳雄「違憲判決の効力」立命館法学51＝52号1頁、5-6頁（1964）参照。

181） 田中前掲註61）書51頁。

182） 中野編前掲註17）書83頁［中野］。

183） 大西前掲註180）論文6-9頁参照。

184） 同上9-11頁参照。

185） 同上14頁。

186） 種谷前掲註179）論文184頁。

187） 雄川一郎「違憲判決の効力」法律新報754号3頁、7頁（1979）。更に、アメリカでも同じであろうと述べる。この点、阪本昌成『憲法理論I』〔第3版〕454頁（成文堂、2000）が、「司法権」の定義を行いながら、個別的効力説と法律委任説を批判して、法令違憲判決に一般的効力を認めることには、やはり違和感がある。

188） 宮沢俊義『法律学体系コンメンタール篇1─日本国憲法』678頁（日本評論社、1955）。

189） 大西前掲註180）論文12-13頁。

190） 時國康夫『憲法訴訟とその判断の手法』258頁（第一法規、1996）。佐藤前掲註15）書310頁同旨。これに対し、最高裁が抽象的違憲審査可能なのだとすれば、その判断は一般的効力を有することとなる。抱喜久雄「違憲判決の効力についての一考察」聖徳大紀要15号21頁、25頁（1982）はまさにそう論ずる。戸波江二「違憲判決の効力」法学セミナー480号72頁（1994）も同様。しかし、日本国憲法上、「司法権」から生ずる司法審査権がそのようなものだとは思えない。また、野中俊彦ほか「ゼミナール憲法裁判─憲法裁判のルール形成とその問題点(3)」法学セミナー361号60頁、68頁（1985）［戸波江二］は、「やはり、個別的効力説は基本として確認しなければならない」と述べている。

191） 川岸令和「違憲裁判の影響力」戸松秀典＝野坂泰司編『憲法訴訟の現状分析』90頁、95頁（有斐閣、2012）。

192） 佐藤前掲註15）書387頁。

193） 大西前掲註180）論文13頁。

194） 同上17頁。

195） 和田英夫「違憲判決の効力をめぐる論理と技術」明大法律論叢48巻4＝5＝6号1頁、28頁（1976）同旨か。

196） 佐藤前掲註15）書305頁。

197） 川岸前掲註191）論文95頁、時國前掲註190）書260頁。小嶋和司『憲法概説』499頁（良書普及会、1987）は、個別的効力説を採りつつ、「場合によっては内閣の忠実執行義務を解除する」とし、藤井俊夫『司法権と憲法訴訟』163頁（成文堂、2007）は法的義務説を採る。

198） 橋本公亘『憲法』574頁（青林書院、1972）はこのような説を採っていたが、同『日本国憲法』633頁（有斐閣、1980）は、「立法者がどのように措置すべきかは、いちがいに論じえない」として明示的学説変更をしている。

199） 最大判昭和48年4月4日刑集27巻3号265頁。本件評釈は本書第1章参照。

第9章 判例の拘束力

200) 最大判昭和50年4月30日民集29巻4号572頁。本件評釈として、芦部信喜「判批」ジュリスト592号14頁（1975）、和田英夫「判批」法学セミナー241号4頁（1975）、早稲田大学法学部新井研究室「判批」同243号93頁（1975）、矢崎秀一「判批」法律のひろば28巻8号31頁（1975）、佐藤功「判批」判例時報777号3頁（1975）、小嶋和司「判批」判例評論198号18頁（1975）、樋口陽一「判批」判例タイムズ325号2頁（1975）、S・H・E「判批（上、下）判批」時の法令895号55頁、896号50頁（1975）、佐藤文友「判批」地方自治333号61頁（1975）、宮崎良夫「判批」ジュリスト臨時増刊615号『昭和50年度重要判例解説』6頁（1976）、同「判批」芦部信喜編『憲法判例百選I』114頁（1980）、来生新「判批」唄孝一＝成田頼明『医事判例百選』210頁（1976）、覚道豊治「判批」民商法雑誌74巻2号119頁（1976）、同「判批」小林直樹編『憲法の判例』〔第3版〕84頁（有斐閣、1977）、早坂禧子「判批」別冊判例タイムズ2号『行政訴訟の課題と展望』284頁（1976）、土居靖美「判批」自治研究52巻12号50頁（1976）、金子昇平「判批」駒沢大政治学論集3号192頁（1976）、戸波江二「判批」法学協会雑誌94巻1号121頁（1977）、富沢達「判批」法曹時報30巻9号145頁（1978）、同「判批」最高裁判所調査官室編『最高裁判所判例解説民事篇昭和50年度』199頁（法曹会、1979）、東法子「判批」手形研究269号14頁（1978）、中谷実「判批」法学セミナー増刊『憲法訴訟』98頁（1983）、山下健次「判批」樋口陽一編『憲法の基本判例』109頁（有斐閣、1985）、梱原隆一「判批」自由と正義38巻5号41頁（1987）、芹澤斉「判批」小林孝輔編『判例教室　憲法』〔新版〕268頁（法学書院、1989）、今関源成「判批」上田勝美編『ゼミナール憲法判例』〔増補版〕192頁（法律文化社、1994）、青柳幸一「判批」樋口陽一＝野中俊彦編『憲法の基本判例』〔第2版〕120頁（有斐閣、1996）、若狭勝「判批」研修586号55頁（1997）、木下智史「判批」法学教室204号75頁（1997）、米沢広一「判批」芦部信喜ほか編『憲法判例百選I』〔第4版〕202頁（2000）、大河原良夫「判批」宇都木伸ほか編『医事法判例百選』65頁（2006）、野坂泰司「判批」法学教室312号54頁（2006）、井上典之「判批」法学セミナー620号50頁（2006）、阪本昌成「判批」舟田正之ほか編『経済法判例・審決百選』276頁（2010）、山元一「判批」杉原泰雄＝野中俊彦編『新判例マニュアル憲法II』124頁（三省堂、2000）、松本哲治「判批」佐藤幸治＝土井真一編『判例講義憲法I』138頁（悠々社、2010）、石川健治「判批」長谷部恭男ほか編『憲法判例百選I』〔第6版〕205頁（2013）、山本真敬＝小石川裕介「判批」法学セミナー735号62頁（2016）などがある。このほか、芦部信喜「職業の自由の規制（4）」法学セミナー297号58頁（1979）、石沢淳好「薬局距離制限訴訟判決と薬剤師の任務―最判昭50・4・30の一側面」東北薬科大学一般教育関係論集別冊17号33頁（2004）、松本哲治「薬事法距離制限違憲判決―職業選択の自由と距離制限をともなう開設許可制」論究ジュリスト17号48頁（2016）などがある。

201) 和田前掲註195）論文15頁及び22頁。

202) 同上8頁。

203) 佐藤前掲註15）書309頁参照。同書335頁は、両説「は、自己の立場は理念型を修正させて形成しつつ、相手方に対しては理念型ととらえて論難するという傾向をもつものではなかったか」と論難する。

204) 種谷前掲註179）論文184頁。ましてや、一連の流れを、違憲審査と法改正の繰返しとして捉え、佐々木雅寿『対話的違憲審査の理論』9頁以下（三省堂、2013）の立場では、ここでの学説の対立は相対化してしまうのであろう。

205) 伊藤正己「憲法判例の変更」公法研究22号1頁、2-3頁（1960）。

206) 毛利透ほか『Legal Quest憲法I』〔第2版〕360頁（有斐閣、2017）［松本哲治］は、「弱い一般的効力を認める立場が正当」とし、本書の立場と実質的な差はないが、「司法権」の原則からすれば個

385

別的効力説が導き易く、これを基盤に修正を施すのが妥当ではなかろうか。

207) 佐藤前掲註15) 書389頁。判例拘束力の問題と、政治部門の採るべき態度と問題とは別個に考えるべきだ、と続く。

208) 芦部前掲註93) 書12頁。

209) 佐藤前掲註15) 書391頁。

210) 以下に整理するもののほか、大審院判例の変更は圧倒的に多くが最高裁小法廷でなされているが、本章の対象としない。これについては、西野喜一「判例の変更 (4)」判例時報1499号16頁、同「同 (5)」同1501号42頁 (1994) 参照。

211) 米沢広一「最高裁と下級審」佐藤幸治ほか編『憲法五十年の展望Ⅱ―自由と秩序』143頁、186-187頁 (有斐閣、1998)。

212) 西野前掲註148) 論文6頁。

213) 西野前掲註145) 論文3頁。この少なさは、6割が憲法判例であるアメリカと比べて顕著だと述べる。西野喜一「判例の変更 (6)」判例時報1502号16頁、24頁 (1994)。

214) 西野前掲註145) 論文3頁。

215) 同上4頁。

216) 同上同頁。

217) 最大決昭和30年2月23日刑集9巻2号372頁。旧判例は最大決昭和26年12月26日刑集5巻13号2654頁。西野喜一「判例の変更 (2)」判例時報1496号3頁 (1994) より引用。

218) 西野前掲註145) 論文5頁。

219) 最大判昭和38年1月30日民集17巻1号99頁。以下、西野前掲註148) 論文7-8頁より引用。本件評釈には、坂井芳雄「判批」ジュリスト269号50頁 (1963)、同「判批」金融法務事情331号2頁 (1963)、同「判批」法曹時報15巻3号127頁 (1963)、同「判批」最高裁判所調査官室編『最高裁判所判例解説民事篇昭和38年度18頁 (法曹会、1964)、砂田卓士「判批」法律時報35巻4号55頁 (1963)、高窪利一「判批」判例評論58号13頁 (1963)、島谷六郎「判批」判例タイムズ141号12頁 (1963)、S・H・E「判批」時の法令455号40頁 (1963)、小川善吉「判批」金融法務事情344号19頁 (1963)、小橋一郎「判批」民商法雑誌49巻4号107頁 (1964)、井上勝馬「判批」銀行法務12巻4号28頁 (1964)、山本茂雄「判批」自由と正義15巻10号38頁 (1964)、西島弥太郎「判批」関学大法と政治14巻4号73頁 (1964)、鈴木竹雄「判批」法学協会雑誌82巻3号51頁 (1966)、椿寿夫「判批」法学セミナー160号88頁 (1969)、横山平四郎「判批」旬刊金融法務事情331号2頁 (1972)、石井真司「判批」金融法務事情741号22頁 (1975)、平出慶道「判批」鈴木竹雄ほか編『手形小切手判例百選』〔新版・増補版〕242頁 (1976)、蓮井良憲「判批」矢沢惇ほか編『商法の判例』〔第3版〕234頁 (有斐閣、1977)、梶山純「判批」鴻常夫＝竹内昭夫編『手形小切手判例百選』〔第3版〕186頁 (1981)、梶山純「判批」鴻常夫ほか編『手形小切手判例百選』〔第4版〕162頁 (1990)、大西武士「判批」『判例金融取引法下巻』613頁 (ビジネス教育出版社、1990)、宍戸育夫「判批」旬刊金融法務事情1433号48頁 (1995)、同「判批」旬刊金融法務事情1581号『金融判例100』40頁 (2000)、大杉謙一「判批」鴻常夫ほか編『手形小切手判例百選』〔第5版〕152頁 (1997)、小林量「判批」神田秀樹＝神作裕之編『手形小切手判例百選』〔第7版〕154頁 (2014) などがある。

220) 最判昭和36年7月20日民集15巻7号1892頁。本件評釈として、大隅健一郎「判批」判例評論43号1頁 (1961)、千葉裕「判批」法曹時報13巻9号101頁 (1961)、坂井芳雄「判批」金融法務事情286号9頁 (1961)、同「判批」最高裁判所調査官室編『最高裁判所判例解説民事篇昭和36年度』277頁

第9章　判例の拘束力

（法曹会、1962）、小橋一郎「判批」民商法雑誌46巻2号134頁（1962）、畑肇「判批」同志社法学14巻4号85頁（1962）、桐山武「判批」法学志林60巻1号165頁（1962）、砂田卓上「判批」専修大学論集29号96頁（1962）、浪川正己「判批」愛知学院大法学研究4巻2号103頁（1962）、島谷六郎「判批」判例タイムズ141号12頁（1963）などがある。

221）　意見変更について、西野前掲註145）論文5-6頁は、「現実にはかなりある」が、1つの例外を除いて「従前の見解から今回の多数意見に同調するという方向への変更である」と分析している。

222）　これに対して、西野喜一「判例の変更（7）」判例時報1504号24頁、27頁（1994）は、全農林警職法最高裁判決についてそのような批判もあるが、全逓東京中郵事件最高裁判決のような「先立つリベラルな先例」も裁判官の交代なくして生まれていない点を指摘する。

223）　同上25頁。

224）　最大判昭和25年10月11日刑集4巻10号2037頁、最大判昭和25年10月25日刑集4巻10号2126頁。前者の判例の評釈には、伊達秋雄「判批」法律時報22巻12号66頁（1950）、牧野英一「判批」法律のひろば3巻12号8頁（1950）、小野清一郎「判批」警察研究23巻12号57頁（1952）、覚道豊治「判批」芦部信喜編『憲法判例百選』21頁（1963）、瀧川春雄「判批」我妻栄編『判例百選』〔第2版〕164頁（1965）、小嶋和司「判批」芦部信喜編『憲法判例百選』〔新版〕18頁（1968）、岡部泰昌「判批」團藤重光編『刑法判例百選』178頁、小林直樹「判批」同編『憲法の判例』14頁（有斐閣、1966）、西原春夫「判批」法学セミナー259号50頁、260号32頁（1976）、大須賀明「判批」小林直樹編『憲法の判例』〔第3版〕16頁（有斐閣、1977）、戸波江二「判批」法学セミナー増刊『憲法訴訟』31頁（1983）などがある。後者の判例の評釈は本書第2章参照。

225）　最大決平成20年6月4日民集62巻6号1367頁。本件評釈は本書第1章参照。

226）　最大判昭和41年10月26日刑集20巻8号901頁。本件評釈として、中山和久「判批」法学セミナー130号41頁（1967）、籾井常喜「判批」季刊労働法65号172頁（1967）、花見忠「判批」判例評論97号15頁（1966）、田原義衛「判批」同18頁、同「判批」ジュリスト359号63頁（1966）、峯村光郎「判批」季刊労働法62号86頁（1966）、中野次雄「判批」法曹時報19巻3号178頁（1967）、同「判批」最高裁判所調査官室編『最高裁判所判例解説刑事篇昭和41年度』233頁（法曹会、1967）、吉川経夫「判批」ジュリスト363号92頁（1967）、村上尚文「判批」法律のひろば20巻1号33頁（1967）、佐藤昭夫「判批」日本労働法学会誌29号191頁（1967）、上田勝美「判批」同志社法学18巻3号110頁（1967）、伊藤正己「判批」ジュリスト臨時増刊『昭和41・42年度重要判例解説』9頁（1968）、同「判批」萩沢精彦編『労働判例百選』〔第3版〕14頁（1974）、大谷実「判批」法学セミナー165号85頁（1969）、中義勝「判批」『刑法判例百選』〔新版〕28頁（1970）、井戸田侃「判批」藤木英雄編『続刑法判例百選』24頁（1971）、井上祐司「判批」平野龍一編『刑法の判例』〔第2版〕44頁（有斐閣、1972）、蓼沼謙一「判批」石川吉右衛門＝山口浩一郎編『労働法の判例』16頁（有斐閣、1972）、新井章「判批」法律時報44巻10号45頁（1972）、神山敏雄「判批」法学セミナー244号121頁（1975）、杉村敏正「判批」小林直樹編『憲法の判例』〔第2版〕156頁（有斐閣、1977）、芹沢斉「判批」法学セミナー増刊『憲法訴訟』66頁（1983）、山本博「判批」自由と正義38巻5号21頁（1987）、橋本公亘「判批」芦部信喜＝高橋和之編『憲法判例百選Ⅱ』〔第2版〕298頁（1988）、小林孝輔「判批」同編『判例教室　憲法』〔新版〕300頁（法学書院、1989）、元山健「判批」上田勝美編『ゼミナール憲法判例』〔増補版〕273頁（法律文化社、1994）、結城洋一郎「判批」芦部信喜ほか編『憲法判例百選Ⅱ』〔第4版〕308頁（2000）、本秀紀「判批」杉原泰雄＝野中俊彦編『新判例マニュアル憲法Ⅱ』242頁（三省堂、2000）、大和田敢太「判批」彦根論叢379号47頁（2009）、藤井樹也「判批」佐藤幸治＝土井真一編『判例講義憲法Ⅱ』

205頁(悠々社、2010)、吉田栄司「判批」長谷部恭男ほか編『憲法判例百選Ⅱ』〔第6版〕308頁(2013)などがある。このほか、石川吉右衛門ほか「座談会・全逓中郵事件最高裁大法廷判決」ジュリスト360号20頁(1966)、青木宗也ほか「座談会・中郵判決の成果・問題点と今後の権利闘争」労働法律旬報615＝616号16頁(1966)、後藤清「全逓中郵事件最高裁大法廷判決のもつ意義」ジュリスト362号67頁(1967)、野村平爾「全逓中郵事件判決と残された問題点」法律時報39巻1号55頁(1967)、中山和久「全逓中郵判決の法理と意義」法学セミナー130号41頁(1967)、三藤正「全逓中郵事件判決について」判例タイムズ199号4頁(1967)、井上祐司「刑事違法論の帰趨」同11頁、長谷川正安「憲法判例からみた労働基本権」法律時報40巻8号19頁(1968)、川上勝己「国家公務員等の争議行為の禁止」ジュリスト520号29頁(1972)、山本博「憲法裁判における金字塔的判決」自由と正義38巻5号21頁(1987)、同「全逓東京中郵事件判決と労働基本権」労働法律旬報1471＝1472号37頁(2000)、蓼沼謙一「全逓東京中郵事件大法廷判決」ジュリスト900号『法律事件百選』146頁(1988)、安念潤司「労働基本権、特に争議権」法学教室214号52頁(1998)などもある。

227) 最大決昭和37年10月30日刑集16巻10号1467頁。以下、西野前掲註217)論文5頁より引用。

228) 最大判平成14年9月11日民集56巻7号1439頁。本件評釈は本書第1章参照。

229) 最大判平成20年9月10日民集62巻8号2029頁。本件評釈は本書第7章参照。本判例変更については、江原勲「はんれい最前線―『青写真判決』42年ぶりの判例変更」判例地方自治312号5頁(2009)も参照。

230) 最大判昭和32年2月20日刑集11巻2号824頁。本件評釈は本書第1章参照。

231) 東京地判昭和42年5月10日下刑集9巻5号638頁。本件評釈として、有倉遼吉「判批」ジュリスト臨時増刊『昭和41・42年度重要判例解説』139頁(1968)、松本一郎「判批」平野龍一ほか編『刑事訴訟法判例百選』〔第3版〕44頁(1976)、小林武「判批」法学セミナー増刊『憲法訴訟』71頁(1983)などがある。このほか、小林直樹ほか「判批」ジュリスト377号24頁(1967)、法律時報39巻12号臨時増刊『公安条例』(1967)などがある。

232) 東京高判昭和48年1月16日判時706号103頁。本件評釈として、S・H・E「判批(上、下)」時の法令852号52頁、853号52頁(1974)、駒野健二「判批」別冊判例タイムズ9号『警察関係基本判例解説100』242頁(1985)、林修三「判批」『判例解説　憲法編4』461頁(ぎょうせい、1989)などがある。

233) 西野前掲註222)論文28頁。

234) 白鳥決定＝最決昭和50年5月20日刑集29巻5号177頁。本件評釈として、能勢弘之「判批」判例タイムズ325号97頁(1975)、田中輝和「判批」判例評論204号34頁(1976)、田崎文夫「判批」法曹時報28巻7号、同「判批」最高裁判所調査官室編『最高裁判所判例解説刑事篇昭和50年度82頁(法曹会、1979)、松尾浩也「判批」警察研究53巻3号60頁(1982)、高田昭正「判批」平野龍一ほか編『刑事訴訟法判例百選』〔第5版〕260頁(1986)、飼手誠彦「判批」研修452号113頁(1986)、小田中聰樹「判批」松尾浩也＝井上正仁編『刑事訴訟法判例百選』〔第6版〕214頁(1992)、加藤克佳「判批」季刊刑事弁護34号20頁2003年4月などがある。このほか、光藤景皎「再審証拠の明白性の意義と『疑わしき被告人の利益に』の原則」法学セミナー246号141頁(1975)、臼井滋夫「白鳥決定の軌跡と展開」判例タイムズ489号28頁(1983)、佐々木光明「刑事裁判と再審―誰のための再審か」法学セミナー496号17頁(1996)、川崎英明「再審で問われるもの」同21頁、佐野洋＝上田誠吉＝村井敏邦「鼎談・白鳥決定が生み出したもの」法学セミナー497号19頁(1996)、岡部保男ほか「シンポジウム・白鳥決定をどう継承するか」法学セミナー498号14頁(1996)などもある。また、川岸令和ほか『憲法』〔第4版〕232-233頁(青林書院、2016)〔君塚正臣〕など参照。

第 9 章　判例の拘束力

235）　田中前掲註61）書73頁参照。

236）　佐藤前掲註15）書363-364頁。

237）　適用違憲の場合、複数の小法廷の間で異なる判断が下される場合があり、このような場合には、内閣が特に何れかの判断に拘束されるべき要請はなく、事実上、最も拘束的でない判断に従って行政を行うことになろう。このような事態はやはり混乱を来すため、実際には 2 回目の事件において大法廷に回付し、判例を統一することが望ましい。

238）　川岸ほか前掲註234）書349頁［君塚正臣］。君塚正臣編『ベーシックテキスト憲法』〔第 3 版〕282-283頁（法律文化社、2017）［森脇敦史］同旨。

239）　最大判昭和44年 4 月 2 日刑集23巻 5 号685頁。本件評釈は本書第 8 章参照。

240）　最判平成 8 年11月18日刑集50巻10号745頁。本件評釈には、村井敏邦「判批」ジュリスト臨時増刊1113号『平成 8 年度重要判例解説』142頁（1997）、今崎幸彦「判批」ジュリスト1120号99頁（1997）、同「判批」法曹時報51巻 1 号338頁（1999）、同「判批」ジュリスト増刊『最高裁時の判例 4 刑事法編』2 頁（2004）、同「判批」最高裁判所調査官室編『最高裁判所判例解説刑事篇平成 8 年度』151頁（法曹会、1999）、髙井裕之「判批」法学教室202号116頁（1997）、大山弘＝松宮孝明「判批」法学セミナー510号84頁（1997）、坪井宣幸「判批」法律のひろば50巻 4 号45頁（1997）、河原俊也「判批」警察公論52巻 9 号118頁（1997）、高山佳奈子「判批」ジュリスト1132号160頁（1998）［以下、高山前掲註240）Ⅰ評釈、と引用］、同「判批」法学教室210号別冊附録『判例セレクト '97』29頁（1998）、橋本裕藏「判批」判例評論472号51頁（1998）、永田憲史「判批」佐藤幸治＝土井真一編『判例講義憲法Ⅱ』174頁（悠々社、2010）、本吉邦夫「判批」法の支配109号113頁（1998）、大城渡「判批」九大法政研究68巻 2 号115頁（2001）、山崎友也「判批」北大法学論集53巻 1 号189頁（2002）などがある。このほか、中山研一「判例変更と遡及処罰の問題(1-4)─岩教組事件第 2 次上告審判決を契機に」判例評論482号 2 頁、483号 2 頁、484号 2 頁、485号 7 頁（1999）などがある。

241）　盛岡地判昭和57年 6 月11日判時1060号42頁。本件評釈には、中山和久「判批」季刊労働法125号105頁（1982）、野村晃「判批」季刊教育法45号102頁（1982）、金谷暁「判批」警察学論集36巻 4 号146頁（1983）、高山三雄ほか「判批」労働法律旬報1063＝1064号77頁（1983）などがある。

242）　仙台高判昭和61年10月24日高刑集39巻 4 号397頁。本件評釈には、島田陽一「判批」ジュリスト臨時増刊887号『昭和61年度重要判例解説』215頁（1987）、中山研一「判批」判例評論342号59頁（1987）、中島圭一「判批」地方公務員月報286号39頁（1987）などがある。

243）　西野前掲註222）論文29頁。

244）　最大判昭和44年10月15日刑集23巻10号1239頁。本件評釈は本書第 1 章参照。以下、西野前掲註217）論文 7 頁より引用。

245）　最判昭和33年 2 月11日刑集12巻 2 号187頁。本件評釈には、吉川由己夫「判批」最高裁判所調査官室編『最高裁判所判例解説刑事篇昭和33年度』45頁（法曹会、1971）などがある。

246）　佐藤前掲註15）書370頁及び372頁。芦部前掲註93）書11頁同旨。

247）　西野前掲註213）論文27頁。

248）　なお、このほかに当事者が共に国や公共団体という、機関訴訟のような事案も考えうるが、現時点では判例変更の例として思い浮かばない。

249）　髙橋前掲註 2 ）論文173頁。また、同論文同頁は、「刑事事件においても処罰の拡大は市民の安全・福祉の確保のためという面をもつ」とも述べるが、このような国家保護義務論的・社会防衛的刑罰観は妥当だとは思えない。

389

250) 西野前掲註213) 論文28頁。

251) 最大判昭和37年6月13日民集16巻7号1340頁。本件評釈には、我妻栄「判批」ジュリスト254号18頁 (1962)、谷口知平「判批」法律時報34巻9号58頁 (1962)、石本雅男「判批」同10号90頁 (1962)、柚木馨「判批」判例評論50号9頁 (1962)、長利正己「判批」法曹時報14巻8号121頁 (1962)、同「判批」最高裁判所調査官室編『最高裁判所判例解説民事篇昭和37年度』229頁 (法曹会、1963)、S・H・E「判批」時の法令432号33頁 (1962)、末川博「判批」民商法雑誌48巻3号443頁 (1963)、人見康子「判批」慶大法学研究36巻3号110頁 (1963)、稲村良平「判批」法学28巻4号120頁 (1964) などがある。このほか水本浩「利息制限法 (1-3)」法学セミナー205号55頁、207号53頁、208号52頁 (1973)、中川淳ほか「判批 (座談会)」民商法雑誌47巻2号64頁 (1962) などがある。

252) 最大判昭和39年11月18日民集18巻9号1868頁。本件評釈には、S・H・E「判批 (上、下) 判批」時の法令519号58頁 (1964)、520＝521号103頁 (1965)、水田耕一「判批」商事法務研究333号10頁、334号14頁 (1964)、下飯坂常世ほか「判批」旬刊商事法務334号附録 (1964)、宮田信夫「判批」金融法務事情392号17頁 (1964)、同「判批」ジュリスト314号17頁 (1965)、同「判批」法曹時報17巻1号116頁 (1965)、同「判批」最高裁判所調査官室編『最高裁判所判例解説民事篇昭和39年度』429頁 (法曹会、1965)、西村信雄「判批」民商法雑誌52巻6号111頁 (1965)、高橋勝好「判批」財経詳報574号18頁 (1964)、我妻栄「判批」ジュリスト314号10頁 (1965)、谷口知平「判批」法律時報37巻1号64頁 (1965)、石川利夫「判批」判例評論76号9頁 (1965)、島谷六郎「判批」判例タイムズ172号63頁 (1965)、藤江忠二郎「判批」金融法務事情405号23頁 (1965)、好美清光「判批」手形研究9巻1号21頁 (1965)、井上勝馬「判批」銀行法務13巻2号2頁 (1965)、川井健「判批」加藤一郎＝平井宜雄編『民法の判例』155頁 (有斐閣、1967)、同「判批」法学協会雑誌91巻10号88頁 (1974)、椿寿夫「判批」法学セミナー159号117頁 (1969)、玉田弘毅「判批」星野英一＝平井宜雄編『民法判例百選Ⅱ』12頁 (1975)、遠藤浩「判批」民事研修518号26頁 (2000) などがある。

253) 植松正「大法廷の判例の変更」時の法令520＝521号48頁、50頁 (1965) は、専ら裁判所の人的構成の変化でしか説明できないと非難する。

254) 中野前掲註17) 書79頁 [中野次雄] 参照。植松同上52頁は、大法廷の判例変更には、3分の2か4分の3の賛成を必要とする方が法的安定性の見地から妥当だとするが、多くの支持は得ていない。

255) 最大判昭和62年4月22日民集41巻3号408頁。本件評釈には、今村成和「判批」ジュリスト890号66頁 (1987)、中尾英俊「判批」同73頁、阿部照哉「判批」法律時報59巻9号52頁 (1987)、中井美雄「判批」同56頁、戸波江二「判批」法学セミナー391号91頁 (1987)、同「判批」樋口陽一ほか『考える憲法』234頁 (弘文堂、1988)、佐藤幸治「判批」法学セミナー392号14頁 (1987)、藤井俊夫「判批」判例評論346号35頁 (1987)、山田誠一「判批」判例タイムズ641号34頁 (1987)、小林武「判批」南山法学11巻2号125頁 (1987)、棟居快行「判批」ジュリスト臨時刊910号『昭和62年度重要判例解説』27頁 (1988)、同「判批」芦部信喜ほか編『憲法判例百選Ⅰ』〔第4版〕208頁 (2000)、新田敏「判批」ジュリスト臨時増刊910号『昭和62年度重要判例解説』73頁 (1988)、常本照樹「判批」法学教室89号別冊附録『判例セレクト'87』11頁 (1988)、小林孝輔「判批」民商法雑誌98巻2号285頁 (1988)、飯島悟「判批」判例タイムズ臨時増刊677号『昭和62年度主要民事判例解説』40頁 (1988)、林修三「判批」時の法令1342号79頁 (1988)、同「判批」法令ニュース480号39頁 (1988)、柴田保幸「判批」法曹時報42巻5号123頁 (1990)、同「判批」最高裁判所調査官室編『最高裁判所判例解説民事篇昭和62年度』198頁 (法曹会、1990)、松下泰雄「判批」上田勝美編『ゼミナール憲法判例』〔増補版〕497

頁（法律文化社、1994）、荒川重勝「判批」星野英一＝平井宜雄編『民法判例百選Ⅰ』〔第４版〕160頁（1996）、遠藤浩「判批」民事研修474号36頁（1996）、安念潤司「判批」樋口陽一＝野中俊彦編『憲法の基本判例』〔第２版〕129頁（有斐閣、1996）、木下智史「判批」法学教室205号65頁（1997）、石川健治「判批」杉原泰雄＝野中俊彦編『新判例マニュアル憲法Ⅱ』134頁（三省堂、2000）、森野俊彦「判批」判例タイムズ臨時増刊1100号『家事関係裁判例と実務245題』394頁（2002）、野坂泰司「判批」法学教室313号77頁（2006）、井上典之「判批」法学セミナー621号65頁（2006）、松本哲治「判批」佐藤幸治＝土井真一編『判例講義憲法Ⅰ』144頁（悠々社、2010）、二本柳高信「判批」産大法学45巻１号130頁（2011）、巻美矢紀「判批」長谷部恭男ほか編『憲法判例百選Ⅰ』〔第６版〕214頁（2013）、山本龍彦＝出口雄一「判批」法学セミナー733号50頁（2016）、前田徹生「判批」桃山法学20＝21号425頁（2013）などがある。このほか、松本哲治「経済的活動の自由を規制する立法の違憲審査基準―森林法事件判決」論究ジュリスト１号59頁（2012）などがある。

256）　最大決平成25年９月４日民集67巻６号1320頁。本件評釈は本書第１章参照。

257）　中野編前掲註17）書83頁［中野次雄］。

258）　衆議院に関する最大判昭和51年４月14日民集30巻３号223頁、最大判昭和60年７月17日民集39巻５号1100頁、参議院に関する最大判平成24年10月17日民集66巻10号3357頁、東京都議会に関する最判昭和59年５月17日民集38巻７号721頁、最判昭和62年２月17日判時1243号10頁など。君塚正臣「演習　憲法」法学教室406号140頁（2014）も参照。衆議院に関する２判例の評釈は本書第２章参照。参議院に関する判例の評釈には、岩井伸晃＝上村考由「判批」ジュリスト1457号90頁（2013）、同＝同「判批」法曹時報67巻７号242頁（2015）、辻村みよ子「判批」長谷部恭男ほか編『憲法判例百選Ⅱ』〔第６版〕332頁（2013）、同＝同「判批」最高裁判所調査官室編『最高裁判所判例解説民事篇平成24年度』676頁（法曹会、2015）、新井誠「判批」ジュリスト臨時増刊1453号『平成24年度重要判例解説』8頁（2013）、同「判批」慶大法学研究87巻２号133頁（2014）、榎透「判批」法学セミナー697号128頁（2013）、横山真通「判批」法律のひろば66巻８号51頁（2013）、吉川和宏「判批」判例評論654号２頁（2013）、松原剛史「判批」選挙時報62巻５号１頁（2013）、前硲大志「判批」阪大法学63巻１号187頁（2013）、大竹昭裕「判批」青森法政論叢14号173頁（2013）、只野雅人「判批」法学教室401号別冊附録『判例セレクト2013-1』4頁（2014）、木村弘之亮「判批」自治研究91巻９号122頁（2015）、角井俊文「判批」行政判例研究会編『行政関係判例解説平成24年』16頁（ぎょうせい、2014）などがある。このほか、工藤達朗「参議院議員選挙と投票価値の平等―参議院議員選挙無効請求事件」論究ジュリスト４号92頁（2013）、櫻井智章「参議院『一票の格差』『違憲状態』判決について」甲南法学53巻４号61頁（2013）、青木誠弘「参議院議員定数不均衡訴訟における判断枠組みの変化」宮崎産業経営大学法学論集22巻１＝２号１頁（2013）などもある。コンパニオンケースである裁民241号91頁の評釈には、上田健介「判批」新・判例解説Watch 12号35頁（2013）などがある。東京都議会に関する第１の判例の評釈には、和田進「判批」ジュリスト820号56頁（1984）、同「判批」芦部信喜ほか編『憲法判例百選Ⅱ』〔第４版〕332頁（2000）、泉徳治「判批」ジュリスト822号66頁（1984）、同「判批」季刊実務民事法８号144頁（1985）、同「判批」法曹時報38巻５号165頁（1986）、同「判批」最高裁判所調査官室編『最高裁判所判例解説民事篇昭和59年度』212頁（法曹会、1989）、清水睦「判批」法学教室48号84頁（1984）、はやし・しうぞう「判批（上、下）」時の法令1218号48頁、1219号52頁（1984）、地方自治判例研究会「判批」判例地方自治３号14頁（1984）、高部正男「判批」選挙37巻７号１頁（1984）、戸松秀典「判批」ジュリスト臨時増刊838号『昭和59年度重要判例解説』13頁（1985）、野中俊彦「判批」民商法雑誌92巻６号850頁（1985）、中

391

村睦男「判批」法学セミナー363号122頁（1985）、須藤揮一郎「判批」地方自治447号94頁（1985）、前田寛「判批」徳山大学総合経済研究所紀要9号123頁（1987）、安西文雄「判批」杉原泰雄＝野中俊彦編『新判例マニュアル憲法Ⅰ』222頁（三省堂、2000）、加藤一彦「判批」長谷部恭男ほか編『憲法判例百選Ⅱ』〔第6版〕334頁（2013）などがある。東京都議会に関する第2の判例の評釈には、大石利雄「判批」選挙40巻4号1頁（1987）、長尾一紘「判批」民商法雑誌97巻4号598頁（1988）、吉田善明「判批」成田頼明＝磯部力編『地方自治判例百選』〔第2版〕68頁（1993）などがある。

259）　最大判平成9年4月2日民集51巻4号1673頁。本件評釈は本書第1章参照。

260）　最大判平成22年1月20日民集64巻1号1頁。本件評釈は本書第1章参照。

261）　宮原均「先例拘束についての一考察」中央ロー・ジャーナル11巻3号85頁、95頁（2014）。また、奈良俊夫＝吉田宣之「判例変更と『裁判官による遡及処罰』の可能性」中大法学新報81巻7号155頁（1974）は、西ドイツの判例を素材とする先駆的業績である。

262）　河上前掲註163）論文34頁。

263）　巻前掲註115）論文201頁同旨。

264）　アメリカでも、そのために判例変更を認めなかった例がある。*See*, People v. Tompkins, 186 N.Y. 413（N.Y. 1906）. 村井敏邦「判例変更と罪刑法定主義」一橋論叢71巻1号32頁（1974）参照。だが、アメリカで「あまり採用されていない」。同論文38頁。

265）　佐藤前掲註15）書376頁参照。

266）　村井前掲註264）論文参照。

267）　高橋前掲註2）論文176頁。

268）　同上同頁。これに対し、当該事件に適用されるが、この事件の判決になされた行為には適用されないものを、田中前掲註61）書72頁は、「限定型不遡及的変更」と呼ぶ。

269）　田中同上72頁参照。

270）　Ross v. Oregon, 227 U.S. 150（1913）; Frank v. Mangum, 166 U.S. 290（1915）.

271）　以下、田中前掲註61）書83-84頁参照。

272）　Address by Chief Justice Cardozo, New York State Bar Association, Jan. 22, 1932, in 55 Report of N.Y.S.B.A. 263, 295-98（1932）, *quoted in* 1 B. BLAKENEY, MATERIALS FOR THE STUDY OF AMERICAN LAW 431（1951）.

273）　Great Northern Ry. v. Sunburst Oil & Ref. Co., 287 U.S. 358（1932）. 田中前掲註61）書84頁参照。

274）　State v. Bell, 136 N.C. 674（N.C. 1904）; State v. Longino, 109 Miss. 125, 133, 67 So. 902（1915）; State v. Jones. 44 N.M. 623（N.M. 1940）. 村井前掲註264）論文36-38頁参照。

275）　田中前掲註61）書86頁。

276）　畑博行「憲法判例の変更について」公法研究37号48頁、56頁（1975）、山崎前掲註112）論文88頁。

277）　中山研一「判例変更と遡及処罰の問題（5）」判例評論486号8頁、9頁（1999）。

278）　最判平成元年12月18日刑集43巻13号882頁。本件評釈には、蓼沼謙一「判批」ジュリスト956号70頁（1990）、畑尻剛「判批」法学教室117号96頁（1990）、毛利晴光「判批」法律のひろば43巻4号49頁（1990）、永井敏雄「判批」法曹時報42巻11号265頁（1990）、同「判批」最高裁判所調査官室編『最高裁判所判例解説刑事篇平成元年度』395頁（法曹会、1991）、頃安健司「判批」研修502号41頁（1990）、田中舘照橘「判批」法令解説資料総覧99号124頁（1990）、小津博司「判批」警察学論集43巻5号151頁（1990）、自治関係判例検討会「判批」地方自治職員研修23巻12号22頁（1990）、小林雅彦「判批」地方公務員月報323号47頁（1990）、小野元之「判批」教育委員会月報41巻11号23頁

第9章 判例の拘束力

(1990)、中岡司「判批」学校経営35巻3号31頁（1990）、向井久了「判批」法学教室126号別冊附録『判例セレクト'90』16頁（1991）、長尾英彦「判批」中京法学25巻2＝3号105頁（1991）、森岡茂「判批」警察研究63巻9号30頁（1992）などがある。

279）　中山前掲註277）論文10頁。

280）　中山研一「判例変更と遡及処罰の問題（続）(2・完)」判例評論520号10頁、15頁（2002）。

281）　中山前掲註277）論文12頁。

282）　同上13頁。

283）　中山前掲註277）論文16頁。

284）　山崎前掲註112）論文91頁。

285）　最大判昭和51年5月21日刑集30巻5号1178頁。本件評釈には、有倉遼吉「判批」法学セミナー256号10頁（1976）、臼井滋夫「判批」法律のひろば29巻8号29頁（1976）、S・H・E「判批（上、下）」時の法令938号58頁、940号55頁（1976）、中村睦男「判批」ジュリスト臨時増刊642号『昭和51年度重要判例解説』26頁（1977）、反町宏「判批」法曹時報32巻1号171頁（1980）、同「判批」最高裁判所調査官室編『最高裁判所判例解説刑事篇昭和51年度』244頁（法曹会、1980）、吉川経夫「判批」警察研究49巻12号70頁（1978）、秋山昭八「判批」経営法曹会議編『最高裁労働判例3─問題点とその解説』275頁（日本経営者団体連盟広報部、1982）、関哲夫「判批」地方自治職員研修17巻4号88頁（1984）、金子征史「判批」兼子仁編『教育判例百選』〔第3版〕32頁（1992）、安念潤司「判批」法学教室214号52頁（1998）、千葉卓「判批」芦部信喜ほか編『憲法判例百選Ⅱ』〔第4版〕316頁（2000）、本秀紀「判批」杉原泰雄＝野中俊彦編『新判例マニュアル憲法Ⅱ』240頁（三省堂、2000）、國分典子「判批」長谷部恭男ほか編『憲法判例百選Ⅱ』〔第6版〕316頁（2013）などがある。このほか、「特集・学力テスト最高裁判決」ジュリスト618号18頁（1976）、「特集・学テ判決と村上コート」法律時報48巻9号8頁（1976）、「特集・学力テスト事件大法廷判決」判例時報814号3頁（1976）などもある。

286）　山崎前掲註112）論文95頁。

287）　村井前掲註264）論文32頁。

288）　村井前掲註240）評釈143頁、大山＝松宮前掲註240）評釈85頁、高山前掲註240）Ⅰ評釈161頁など。

289）　同様の見解を採るのが、阿部純二「判例変更と遡及処罰の禁止」研修610号7頁、14頁（1999）である。

290）　山崎前掲註112）論文90頁。

291）　橋本裕藏「『判例の不遡及的変更の法理』について」放送大学研究年報17号27頁、37頁（1999）。

292）　戸松秀典「憲法裁判の方法（3）─憲法判例の変更」法学教室194号77頁、79頁（1996）。

293）　前田雅英「可罰的違法性と判例の不遡及変更」警察学論集51巻9号187頁、199頁（1998）など。

294）　山崎前掲註112）論文89頁。

295）　橋本前掲註290）論文37-38頁。

296）　このほか、米田泰邦「書評」法律時報74巻1号86頁（2002）も参照。

297）　安田前掲註74）論文62頁は、このことから判例の不遡及的処罰は「過剰な優遇」であるとするが、民主的要請を重視するのであれば、立法によらない判例の不利益的変更は罪刑法定主義に反すると言うべきであり、疑問である。

298）　同上50-52頁同旨か。

299）　村井前掲註264）論文39頁。佐藤前掲註15）書376頁も参照。

393

300） 田中前掲註61) 書93頁参照。

301） 佐藤前掲註15) 書377頁。

302） 田中前掲註61) 書95-96頁。

303） 同上96-97頁。ただ、原則としては、事案の解決に無関係な主張は「司法権」が行うべきではない。

304） 同上98-100頁参照。

305） 同上100頁。

306） 同上101頁。

307） 同上101-103頁。

308） 同上105頁。

309） 同上106頁。

310） 同上107頁。

311） 同上107-111頁。ほかに、身分法上の地位に重要な変動を来す場合、手続に関する判例変更により当事者の訴訟追行が十分になされる機会を奪う危険性が大きい場合などを例として挙げている。

312） 同上113頁。

313） 髙井前掲註240) 評釈117頁など。

314） 山崎前掲註112) 論文97-98頁。

315） 川井前掲註11) 論文45頁。併せて、同「判例変更の限界」私法31号106頁 (1969) も参照。

316） 川井前掲註11) 論文48-49頁。

317） 同上49頁。

318） 田中前掲註61) 書11頁。アメリカでもそうである、と言う。同書72頁。

319） 高橋前掲註 2) 論文178-179頁。

320） 西野前掲註80) 論文 7 頁。

321） 宮下前掲註9) 論文66頁は、アメリカ連邦最高裁の判例変更の事例である Leegin Creative Leather Products, Inc. v . PSKS, Inc. Citations, 551 U.S. 877 (2007) を分析して、既に判例が「侵食」されており、事案が「審査方法」に関するものであって、違法が適法に直接的に転じた事案でないことも判例変更を許容できた理由だとする。

322） State v. O'Neil, 147 Iowa 513, 126 N.W. 454, 33 L.R.A. 788 (1910); James v. United States, 366 U.S. 213 (1961). 村井前掲註264) 論文35-36頁参照。

323） 判例変更の予測ができた者にまで行き過ぎた保護を与えるべきではないという見解もあるようであるが、罪刑法定主義は民主的立法の明確性・安定性を基盤とする、法治国家原則の帰結であり、この批判は当たらない。奥村正雄「判例の不遡及的変更」現代刑事法31号44頁、48頁 (2001)。

324） 同上49頁。

325） これについては、本書第32章など参照。

326） 本書第 5 章。君塚正臣「米判批」横浜国際経済法学21巻 2 号187頁 (2012)、同「米判批」憲法訴訟研究会＝戸松秀典編『続・アメリカ憲法判例』334-340頁 (有斐閣、2014)、君塚「刑事訴訟法281条の 4 違反被告事件鑑定意見書」横浜国際社会科学研究20巻 3 号113頁 (2015) なども参照。義務教育教科書の有償への変更は、適切な政策ではないとしても、違憲ではない。刑事判例の変更をこれと同様なものと見ることはできない。

327） 村井前掲註264) 論文39頁。

第 9 章　判例の拘束力

328）　詳細は、本書第26章など参照。

329）　朝日新聞2015年 7 月11日朝刊 1・35面、東京新聞2015年 7 月12日朝刊12・13面参照。なお、君塚正臣「2015年安保法強行採決事件・私の意見（1）―憲政擁護・閥族打破」判例時報2267号130頁（2015）以降、安保諸法及び立憲主義に関する憲法学者や元最高裁判事などのコメントが随時掲載されている。

330）　http://www.asahi.com/articles/ASH7V5T5MH7VULFA004.html

331）　高橋前掲註 2 ）論文159頁は、「朝令暮改は悪であることは、裁判というかたちの国家の意思表示にもあてはまる」と述べているが、政治部門でも同じであろう。

332）　特に、佐藤幸治『世界史の中の日本国憲法』（左右社、2015）参照。

333）　高田敏『法治国家観の展開』416-417頁（有斐閣、2013）によれば、「近代以降の現在にいたる」「広義の近代」「を通じて妥当すべき原理」のことであり、「憲法に関連するもの」としては「人権の尊重、権力濫用の防止、平和主義等の原理」、「人権尊重とそれを担保するための権力濫用防止から引き出される法治主義」などが含まれると言う。

334）　浅子和美ほか『高等学校　新現代社会』（帝国書院、2013）において、著者は、同書従来版とは異なり、幾多の抵抗に抗して「近代立憲主義」の語を入れることに成功した。中学・高校の教科書の世界では、「立憲主義」が「民主主義」で代用されることが多かったが、前者は、法の支配や権力分立を含む概念として把握され直されねばなるまい。

〔付記〕　本章は、「判例の拘束力――判例変更、特に不遡及的判例変更も含めて」横浜法学24巻 1 号87-132頁（2015年12月25日）を加筆・修正したものである。

第10章

判決の一般的効力と遡及効
──時空を超えた救済──

はじめに

　判例が変更された場合、前述の不利益的変更の場合[1]と異なり、特に、行政訴訟や刑事裁判を念頭に置けば、それによる利益者しかいないケースもある。判決の効力は、当該事件の当事者にのみ及ぶのが原則であるが、同様の状況にある者に波及しないことは不衡平ではないかとの印象もある。このため、尊属殺重罰規定違憲判決[2]に際しては、個別恩赦により処理されたこともある。

　このほか、ある法令が衡平性の観点から違憲とされた場合など、当該法規部分が消滅し、何が標準であるかが不明となり、結果、どこまでの救済を行うのが妥当な法的判断なのか。特に、平等の問題を巡っては、何をもって平等と判断するか[3]と同時に、この種の時間的・空間的な平等の問題が見え易くなり、そこでの救済の問題が噴出するのである。

　本章では、主にこのような平等と救済の問題について、幾つかの判例を素材に、検討を加えたい。

1　国籍法違憲判決

　国籍法違憲判決として一般に知られる事件とは、外国人を母とし、日本人を父として1997年に日本国内で出生した非嫡出子である者が、出生後に父から認

知されたことを理由に法務大臣宛に国籍取得届を提出したところ、国籍取得の
条件を備えていないとの通知を受け、このため、子が国に、日本国籍を有する
ことの確認を求めた事案である[4]。

一審は、国籍「法３条１項は、出生後に認知を受けた非嫡出子であって、父
母の婚姻によって嫡出子としての身分を取得した準正子についてのみ、届出に
よって日本国籍を取得させることを定めた規定であるから、同じく出生後に認
知を受けた非嫡出子であっても、父母が婚姻に至らない者との間で、日本国籍
を取得させるかどうかについて区別を生じさせる規定である」が、「このよう
な区別が憲法14条１項に違反するかどうかは、その区別が合理的な根拠に基づ
くものであるかどうかによって判断すべきものである」として、2002年最高裁
判決[6]を引用した。

原告は「日本国民を母とする非嫡出子や、胎児認知を受けた非嫡出子との
間」の「区別も合理性がない」と主張するが、国籍「法２条１号は、国籍の浮動
性防止の観点から」区別を置いたもので、「合理性のない区別であると断ずる
ことはできない」。逆に国は、「準正子と準正子ではない非嫡出子との間に生じ
た区別の合理性」を主張するが、「準正子ではない非嫡出子に国籍取得を認め
たからといって仮装認知が横行するおそれがあるというような社会的事実が認
められるかどうかについては疑問が存する」こと、「帰化が認められるかどう
かは、」「法務大臣の裁量判断に委ねられている点において決定的な違いがあ
り、これを」国籍「法３条１項の規定の代替手段として位置付けることは到底
困難である」ことなどは、「区別の合理性を基礎付ける理由にはなり得ない」。
そうなると、「結局、問題は、」準正子は「日本国民である父と共同生活を送っ
ていることが多いと想定され、」「我が国との結びつきが強い」が、準正子でな
い非嫡出子はそうではないと言えるか、また言えたとして、それが合理的区別
の理由となるか「に帰着する」とした。

国籍法２条１号は、「血統主義の観点から、出生時において日本国民との間
に法律上の親子関係が成立している子については、その身分関係自体によっ
て、我が国との間に、日本国民としての資格を与えるのにふさわしい結びつき
が存在しているものとして国籍取得を認めたものであると解することができ

る。これに対し、」国籍「法3条による国籍の伝来的取得制度の対象となる子の場合には、その出生時においては我が国の国籍取得が認められなかったため、そのほとんどの者が外国籍を取得し、その結果、外国との間に一定の結びつきが生じていることも当然に考えられるのであるから、この点において、出生時に日本国民の子であった者とは事情を異にするものといわざるを得ない。」

そして、「国籍の伝来的取得については、日本国民との間に法律上の親子関係が生じたことに加え、我が国との間に一定の結びつきが存することを要求し」（国籍法3条1項）、「その子の意思を尊重するために、国籍取得の届出がされることを要求し」（同条2項）ていること「自体には、合理的な理由があるものというべきである。そして、同「法3条1項は、子の出生後に父母が婚姻をした場合には、父母とその子との間に共同生活が成立するのが通常であるところ、」「我が国との間に国籍取得を認めるに足る結びつきが生じているものと認めるに足りるという観点から、準正子に国籍取得を認めた」ことには、「一応の合理性を認めることができるものというべきである」と言うのである。

「しかしながら、このような家族関係や共同生活は、父母の間に法律上の婚姻関係が成立した場合にのみ営まれるものではなく、いわゆる内縁関係として、父母が事実上の婚姻関係を成立させ、認知した非嫡出子とともに家族としての共同生活を営む事例が少なくないことは公知の事実であるといえるところ」「、日本国民の認知を受けた非嫡出子が、我が国との間で国籍取得を認めるに足りる結びつきを有しているかどうかという観点から考えた場合には、その父母が法律上の婚姻関係を成立させているかどうかによって、その取扱いを異にするだけの合理的な理由があるものと認めることは困難であるといわざるを得ない。すなわち、父母が法律上の婚姻関係を成立させている場合とそうでない場合とで、家族としての共同生活の実態が類型的に異なると認めるに足りる事情が存するものとはいい難いし、価値観が多様化している今日の社会においては、父母が法律上の婚姻関係を成立させている家族こそが正常な家族であって、そうではない内縁関係は、家族としての正常な共同生活を営んでいるとの評価には値しないといわなければ我が国の社会通念や国民感情等に反するなどということも困難であるといわざるを得ない。そうすると、日本国民を親

とする親の一人とする家族の一因となっている非嫡出子として、我が国との結びつきの点においては異ならない状況にあるにもかかわらず、その父母の間に法律上の婚姻関係が成立している場合には国籍取得が認められるのに、法律上の婚姻関係が成立していない場合にはそれが認められないというのは、我が国との結びつきに着眼するという国籍法３条１項本来の趣旨から逸脱し、また、それ自体としても合理的な区別の根拠とはなり得ない事情によって、国籍取得の有無についての区別を生じさせるものであって、そこには何らかの合理性も認めることができないものというべきである。」

「以上の次第で、」国籍「法３条１項は、準正子と、父母が法律上の婚姻関係を成立させてはいないが、内縁関係（重婚的なものも含む。）にある非嫡出子との間で、国籍取得の可否について合理的な理由のない区別を生じさせている点において憲法14条１項に違反するものというべきである」。すると、「『父母の婚姻』という文言については、今日においては、」「内縁関係も含む趣旨であると解することは不可能ではないと解される。これに対し、『嫡出子』という文言は、あくまでも父母の間に法律上の婚姻関係が成立していることを当然の前提とした文言であると解せざるを得ないから、」国籍「法３条１項は、子が『嫡出子』としての身分を取得した場合にのみ国籍取得を認める旨の定めをしている点において一部無効であると解するほかはない」。「そうすると、一部無効とされた後の」国籍「法３条１項の規定は、父母の婚姻（内縁関係を含む）及びその認知により嫡出子又は非嫡出子たる身分を取得した子について、一定の要件の下に国籍取得を認めた規定と理解すべきこととなるから、このような要件に該当する子については、国籍取得が認められるべきこととなる。」

「Ａは、日本国民であり、認知によって原告の法律上の父となったＢによって生計を維持して」いることなどから、原告と「Ａ、Ｂの間には、完全な同居生活の成立こそ認められないものの、ＢとＡとの間には内縁関係が認められ、三者の間には家族としての共同生活を評価するに値する関係が成立しているというべきである。したがって、」原告「は、国籍取得の届出によって国籍を取得したものというべきであり、原告の主張はその限度で理由があるものというべきである」から、「原告は、国籍取得の届出をした平成12年２月４日に国籍を

取得したものというべきである」としたのである。

　国籍法の事例は、外国人母と日本人父の間に生まれ、生後認知を受けた非嫡出子という点で、本件は、この一審判決が引用した2002年最高裁判決と同様の事例である。最高裁はこの事件で、憲法10条は、「国籍の得喪に関する要件をどのように定めるかは、それぞれの国の歴史的事情、伝統、環境等の要因によって左右されるところが大きいところから、日本国籍の得喪に関する要件をどのように定めるかを法律にゆだねる趣旨であると解される」とし、その上で、その「法律の要件における区別が、憲法14条１項に違反するかどうかは、その区別が合理的な根拠に基づくものということができるかどうかによって判断すべき」だとした。そして、国籍法２条１号は、「子の出生時に日本人の父又は母と法律上の親子関係があることをもって我が国と密接な関係があるとして国籍を付与しようとするものである」こと、「生来的な国籍の取得はできる限り子の出生時に確定的に決定されることが望ましい」ことなどから、憲法14条１項に違反しないなどとして、原告の上告を棄却したのであった。

　ところが、この最高裁判決の折、亀山継夫裁判官が補足意見で、傍論として、国籍「法２条１号が日本人の父から胎児認知された非嫡出子に国籍の生来的取得を認めていることとの対比において、」同「法３条が認知に加えて『父母の婚姻』を国籍の伝来的取得の要件としたことの合理性には疑問をもっており、その点が結論に影響する事件においては、これを問題とせざるを得ない」と述べ、梶谷玄・滝井繁男両裁判官もまた、国籍「法３条が父母の婚姻をも国籍取得の要件としたことの合理性を見いだすことは困難であ」り、特に「両親がその後婚姻したかどうかといった自らの力によって決することのできないことによって差を設けるべきではない」ことなどから、「憲法14条１項に反する疑いが極めて濃い」と述べたことが、波紋を広げた。同法廷の過半数の裁判官が、国籍法３条は違憲ではないが不合理だと考えており、時代の進行や事案によっては違憲判決が下されることを予感させた[7]。一審判決はその具現であり、今後の判例動向を占う意味でも検討に値する下級審判決となったのである。

　問題の所在はどこか。日本の国籍法は、出生、準正、帰化により国籍を取得すると定める。出生による取得については、血統主義を原則とし、出生地主義

第10章　判決の一般的効力と遡及効

を加味する。出生時に判明している父母の何れかが日本国籍を有するときは、子も日本国民となる（2条）。これに対し、出生時に日本国民である父母が婚姻していないか、父が認知していないときは、認知により嫡出子となり、20歳までに法務大臣に届けなければ、準正により日本国籍を取得することができない（3条）。出生前に認知されなかった非嫡出子は準正による日本国籍はできず、日本国籍の取得は帰化（4条）に頼らざるを得ない。

　父が日本国民で、母がそうでない、出生前に認知されない非嫡出子は、認知により民法上の効果が出生時に遡ることは兎も角、日本国籍の取得という点に限れば、嫡出子との関係はもとより、出生前に認知された非嫡出子や、母が日本国民である非嫡出子と比べても、異なる取扱いを受ける結果になる。それどころか、日本国内で出生した場合、母が無国籍で父が不明の子ですら日本国籍を取得できることと比べても原告らは差別されており、3条の矛盾は根深い。帰化は法務大臣の「許可」が必要であり、準正の代替物として不適当なものである。国籍法3条が「嫡出」に拘ったことの影響は大きいのである。[8]

　だが、このような不合理さを内包する国籍法の規定を、法令全部違憲と言い切ってよいか。議論はそう単純ではない。およそ法令が区別を必然とする以上、不合理をもって全ての法令を違憲無効にするものとは言えない。国籍法が、重国籍の防止という利益も有し、男女平等の要請から父母両系主義に立っている以上、どこかで線引きを要求されるのは避け難い。僅かな違いが国籍の有無という大きな差異となるのも避けられまい。

　一審判決は、具体的な事情を勘案して、父と母の内縁関係の成立を認めた上で、救済を図っている。それは、家族としての共同生活の有無の認定が難しいばかりか、二段構えの立論なら兎も角、法令違憲には無用の検討である。[9] 判決は、2002年最高裁判決の亀山補足意見に合わせ、法令一部違憲や適用違憲も避けて、結局は合憲限定解釈を採用したものと思われる。[10] しかし、父と家族関係がない非嫡出子という、最も厚い保護が必要と思しき事例の救済が困難となっていることや、嫡出子であることが実態としての家族関係を認定するものではないことなど、国籍法3条の一般的問題性は明らかである。また、血統主義に立つ日本の国籍法が、日本社会の構成員性を、嫡出性を媒介に、国籍の要

401

件とすることの首尾一貫性も疑問である[11]。ここでは、尊属殺重罰規定違憲判決が、悲惨な当該事件だけの救済ではなく、法文全体を無効と宣言したことを想起すべきである。国籍法は一般に非嫡出子を嫡出子に対してやはり差別するなどしており、法令違憲がやはり妥当であろう。

　国籍法３条が違憲ならば、具体的事件の解決は如何にあるべきか。日本国憲法は、裁判所に「司法」権を付与しているが、これは具体的事件の法的で終局的な解決を求めるものと解され、違憲審査はその限りでなされる。そのため、本件においても、まず、違憲判断により利益を有する具体的当事者を必要とするが、同条により当然に国籍を付与される者との平等な取扱いを要求すれば、今回は法令違憲の判断を経て、原告である子は救済されよう。

　ところが、原告の国籍を付与する法改正の途は唯一ではない。極端な例ではあるが、仮に日本の国籍法が出生地主義に転換すれば、平等違反の問題もなく、原告は救済できるのであるから、憲法上問題はない。そのような法改正も理論的には可能である以上、国会の広範な立法裁量に鑑み、軽々な法令違憲判決は控えるべきとの考えも想像できる。そして、こういった事案は立法の不作為の違憲判断の問題として理解され、国家賠償法の迷路に嵌(はま)ってきた感もある[12]。

　しかし、原告は嫡出子、出生前に認知された非嫡出子、母が日本国民である非嫡出子との関係で違憲的に差別されており、国籍法は何れにせよ本件への適用審査の下で法令違憲である。確かに、1950年の国籍法が認知による国籍取得を撤廃したように、子の意思に拘わらず、認知による事後の国籍の取得を嫡出子に認める国籍法３条自体を不合理とする考えもあろう[13]。しかし、日本国籍を強制することの違憲性を、そのような当事者ではない本件で宣言することはできず、寧ろこれを起点として考えざるを得ない。すると、本法文の違憲状態を解消する限りにおいて、最も立法者意思に忠実で、最も限定的な修正は、この条項から「嫡出」の２文字削除を指摘することである。複数の法令違憲の宣言が可能なときに、最も修正幅の少ない、最小限の救済を行うことは肯定できよう[14]。その意味では、非嫡出子である原告は救済したものの、一審判決にはあと一歩の踏み込みが望まれたのではあるまいか。

　最高裁は2004年に、日本人母と、平和条約発効により日本国籍を喪失した朝

第10章　判決の一般的効力と遡及効

鮮人父との間に終戦前日に生まれ、1950年9月に生後認知を受けた非嫡出子について、日本国籍を肯定する判断を下した。[15] 1950年12月の法務府民事局長通達はそれ以前の認知にも平等に適用され、外国人父による生後認知により日本国籍を喪失しないとして、長い無国籍状態の解消を「苦心の構成」[16] により図ったのである。1997年には、外国人母の夫による親子関係不存在確認の後、日本人父の認知がなされた非嫡出子に日本国籍を認めた例もある。[17] 両者とも特殊な例であるが、無国籍の解消や、未成熟の子の保護などを優先する解釈意欲は、最高裁にも既にあったのである。本件でも同じことが言えよう。その方向は既述のように憲法論や法解釈論として首肯できようが、もはや通達に頼ることなく、早々に国会が立法的解決によりすっきりすべき段階であった。[18]

　ところが、以上のような論評がある中、二審[19]は、原告逆転敗訴の判断を下した。まず、「被控訴人は、法第2条第1号に基づいて、出生後父による認知を受けたことにより、出生時に遡って日本の国籍を取得したとして、被控訴人が日本国籍を有することの確認を求めているところ、同号は、単なる人間の生物学的出自を示す血統が証明されれば足りるとするものではなく、子の出生時に日本人の父又は母と法律上の親子関係にあることを要する旨を規定するものと解され、同号の適用上、認知の遡及効が否定される結果、出生時に日本人の父と法律上の親子関係がない場合は、父が日本人である子であっても、生後認知を受けた者が日本国籍を取得するには、帰化の手続を経由するか、そうでなければ、法第3条第1項所定の要件を具備しない限り、日本国籍を取得することはできないというべきであるところ、本件全証拠によっても、被控訴人については民法第783条所定の胎児認知がされた事実はなく、したがって、被控訴人とその父との間には、被控訴人の出生時において、法律上の親子関係にあったことは認められないから、被控訴人が法第2条第1号に基づいて日本国籍を取得することはあり得ないというほかない。したがって、被控訴人の上記主張は失当というほかない」として、そもそも原告と父との関係性を疑った。その上で、「被控訴人の主張するように、仮に法第3条第1項の規定が無効であるとなれば、同項所定の要件を具備する子が日本の国籍を取得することができるのに対して、出生した後に父から認知を受けたが、父母が婚姻をしないために嫡

403

出子たる身分を取得しない子が日本の国籍を取得できないことが不合理である
との主張を維持することができなくなることも明らかである（なぜならば、法第
３条第１項の規定が無効であるならば、同項所定の要件を具備した子であっても日本の
国籍を取得することができなくなるからである。）。そうすると、被控訴人が、出生
した後に父から認知を受けたが、父母が婚姻をしないために嫡出子たる身分を
取得しない子についても、日本の国籍を取得することができると解すべきであ
るとの主張を前提として、法第３条第１項の違憲無効を主張することは、法理
論的に明らかな矛盾を含む主張であり、したがって、被控訴人の上記憲法違反
の主張は、控訴人の立法不作為の責任を追及する趣旨のものにはなり得ても
（なお、前記第二小法廷判決平成14年11月22日の事案と異なり、本件においては、被控
訴人は国家賠償法に基づく損害賠償請求をしていない。）、被控訴人の日本国籍を有
することの確認を求める本件請求を認める根拠とはなり得ないといわなければ
ならないから、それ自体が失当というほかない」として、この請求が矛盾して
いると批判する。

　そして、「法第３条第１項は、『父母の婚姻及びその認知により嫡出子たる身
分を取得した子』とその要件を明示し、『婚姻』、『認知』あるいは『嫡出子』と
いう概念によって、立法者の意思が一義的に示されているものである上、同項
が、血統主義に基づく日本国籍の取得における原則を定めた法第２条第１号の
適用のない者について、日本国籍取得を認める例外的、補完的な性質を有する
規定であって、本来むやみに拡張を許すべきものでないことを考えれば、法第
３条第１項の類推解釈ないしは拡張解釈によって、被控訴人の日本国籍取得を
認めることはできないものというほかない。そして、法第３条第１項は、国籍
取得の要件として、父母の『婚姻』を規定し、しかも、父母の婚姻及びその認
知により『嫡出子』たる身分を取得した子と規定しているところ、被控訴人の
主張するような事実上の婚姻関係（内縁関係）を同項が国籍取得の要件として規
定している『婚姻』に含まれるとの拡張ないし類推解釈をすることは許されな
いというべきである」だと言う。そして、「仮に法第３条第１項が、憲法第14
条第１項に違反し、その一部又は全部が無効であったとしても、そのことから
当然に被控訴人が日本国籍を取得することにはならないし、また、被控訴人が

第10章　判決の一般的効力と遡及効

法第３条第１項の類推適用ないしは拡張適用によって、日本国籍を取得したということもできない」として、およそ憲法判断に踏む込むことなく原判決をあっさり取り消し、原告の請求を棄却したのである。いかにも、先例に縛られた、憲法上の権利救済に背を向けた判断であったと思えてならない。

　これに対して、原告の上告を受けた最高裁は[20]、二審とは異なり、寧ろ柔軟に原告の救済に動いたと言える。まず、「定められた日本国籍の取得に関する法律の要件によって生じた区別が、合理的理由のない差別的取扱いとなるときは、憲法14条１項違反の問題を生ずることはいうまでもない。すなわち、立法府に与えられた上記のような裁量権を考慮しても、なおそのような区別をすることの立法目的に合理的な根拠が認められない場合、又はその具体的な区別と上記の立法目的との間に合理的関連性が認められない場合には、当該区別は、合理的な理由のない差別として、同項に違反するものと解されることになる」と述べた。そして、「日本国民である父が日本国民でない母と法律上の婚姻をしたことをもって、初めて子に日本国籍を与えるに足りるだけの我が国との密接な結び付きが認められるものとすることは、今日では必ずしも家族生活等の実態に適合するものということはできない」と認めた上で、「国籍法は、前記のとおり、父母両系血統主義を採用し、日本国民である父又は母との法律上の親子関係があることをもって我が国との密接な結び付きがあるものとして日本国籍を付与するという立場に立って、出生の時に父又は母のいずれかが日本国民であるときには子が日本国籍を取得するものとしている（２条１号）。その結果、日本国民である父又は母の嫡出子として出生した子はもとより、日本国民である父から胎児認知された非嫡出子及び日本国民である母の非嫡出子も、生来的に日本国籍を取得することとなるところ、同じく日本国民を血統上の親として出生し、法律上の親子関係を生じた子であるにもかかわらず、日本国民である父から出生後に認知された子のうち準正により嫡出子たる身分を取得しないものに限っては、生来的に日本国籍を取得しないのみならず、同法３条１項所定の届出により日本国籍を取得することもできないことになる。このような区別の結果、日本国民である父から出生後に認知されたにとどまる非嫡出子のみが、日本国籍の取得について著しい差別的取扱いを受けているものといわざ

405

るを得ない」とし、「日本国籍の取得が、前記のとおり、我が国において基本的人権の保障等を受ける上で重大な意味を持つものであることにかんがみれば、以上のような差別的取扱いによって子の被る不利益は看過し難いものというべきであり、このような差別的取扱いについては、前記の立法目的との間に合理的関連性を見いだし難いといわざるを得ない。とりわけ、日本国民である父から胎児認知された子と出生後に認知された子との間においては、日本国民である父との家族生活を通じた我が国社会との結び付きの程度に一般的な差異が存するとは考え難く、日本国籍の取得に関して上記の区別を設けることの合理性を我が国社会との結び付きの程度という観点から説明することは困難である。また、父母両系血統主義を採用する国籍法の下で、日本国民である母の非嫡出子が出生により日本国籍を取得するにもかかわらず、日本国民である父から出生後に認知されたにとどまる非嫡出子が届出による日本国籍の取得すら認められないことには、両性の平等という観点からみてその基本的立場に沿わないところがあるというべきである」のであり、「非嫡出子についてのみ、父母の婚姻という、子にはどうすることもできない父母の身分行為が行われない限り、生来的にも届出によっても日本国籍の取得を認めないとしている点は、今日においては、立法府に与えられた裁量権を考慮しても、我が国との密接な結び付きを有する者に限り日本国籍を付与するという立法目的との合理的関連性の認められる範囲を著しく超える手段を採用しているものというほかなく、その結果、不合理な差別を生じさせているものといわざるを得ない」などとして、「国籍法３条１項の規定が本件区別を生じさせていることは、憲法14条１項に違反するものであったというべきである」と認めたのであった。

　最高裁による国籍法３条１項違憲判決のポイントは、同条項が違憲であるとして、様々な法改正の選択肢がある中で、国会による自主的で新たな立法を待たずに、裁判所による原告の救済が可能であるかにあった。この点、多数意見は、「本件区別による違憲の状態を解消するために同項の規定自体を全部無効として、準正のあった子（以下「準正子」という。）の届出による日本国籍の取得をもすべて否定することは、血統主義を補完するために出生後の国籍取得の制度を設けた同法の趣旨を没却するものであり、立法者の合理的意思として想定

し難いものであって、採り得ない解釈であるといわざるを得ない。そうすると、準正子について届出による日本国籍の取得を認める同項の存在を前提として、本件区別により不合理な差別的取扱いを受けている者の救済を図り、本件区別による違憲の状態を是正する必要があることになる」として、「このような見地に立って是正の方法を検討すると、憲法14条1項に基づく平等取扱いの要請と国籍法の採用した基本的な原則である父母両系血統主義とを踏まえれば、日本国民である父と日本国民でない母との間に出生し、父から出生後に認知されたにとどまる子についても、血統主義を基調として出生後における日本国籍の取得を認めた同法3条1項の規定の趣旨・内容を等しく及ぼすほかはない。すなわち、このような子についても、父母の婚姻により嫡出子たる身分を取得したことという部分を除いた同項所定の要件が満たされる場合に、届出により日本国籍を取得することが認められるものとすることによって、同項及び同法の合憲的で合理的な解釈が可能となるものということができ、この解釈は、本件区別による不合理な差別的取扱いを受けている者に対して直接的な救済のみちを開くという観点からも、相当性を有するものというべきである」などとして、「日本国民である父と日本国民でない母との間に出生し、父から出生後に認知された子は、父母の婚姻により嫡出子たる身分を取得したという部分を除いた国籍法3条1項所定の要件が満たされるときは、同項に基づいて日本国籍を取得することが認められるというべきである」と結論付けたのである。これは、実は上述の、一審判決に対する論評の方向での結論である。

　この多数意見に対しては、泉徳治裁判官、今井功裁判官、那須弘平裁判官、涌井紀夫裁判官、田原睦夫裁判官、同近藤崇晴裁判官の各補足意見があったほか、藤田宙靖裁判官の意見があり、更には横尾和子・津野修・古田佑紀各裁判官の反対意見と、甲斐中辰夫・堀籠幸男両裁判官の反対意見が付いた。平等権の問題自体ではなく、救済の問題を論じる際に特に取り上げるべきものは、この中では甲斐中・堀籠両裁判官の反対意見である。

　この意見は、「遅くとも、上告人が法務大臣あて国籍取得届を提出した当時には、合理的な理由のない差別となっており、本件区別は同項に違反するものであった」という点では多数意見と逕庭はない。しかし、「違憲となるのは、

非準正子に届出により国籍を付与するという規定が存在しないという立法不作為の状態なのである。多数意見は、国籍法3条1項の規定自体が違憲であるとするものであるが、同規定は、準正子に届出により国籍を付与する旨の創設的・授権的規定であって、何ら憲法に違反するところはないと考える。多数意見は、同項の規定について、非準正子に対して日本国籍を届出によって付与しない趣旨を含む規定であり、その部分が違憲無効であるとしているものと解されるが、そのような解釈は、国籍法の創設的・授権的性質に反するものである上、結局は準正子を出生後認知された子と読み替えることとなるもので、法解釈としては限界を超えているといわざるを得ない」と述べ、「国籍法は、多数意見が述べるように、原則として血統主義を採っているといえるが、徹底した血統主義を法定していると解することはできないのであるから、3条1項の規定について、出生後認知された子に対し届出による日本国籍を付与することを一般的に認めた上で、非準正子に対し、その取得を制限した規定と解することはできない」とするのである。結局、「上告人の請求を棄却した原判決は相当であり」、「多数意見は」「結局、法律にない新たな国籍取得の要件を創設するものであって、実質的に司法による立法に等しいといわざるを得」ないと、これを批判したのである。裁判所は立法機関ではない、と言いたげである。

　また、横尾裁判官ほかの反対意見も、そもそも国籍法の規定を合憲とした上で、多数意見の判示する、「認知を受けたことが前提になるからといって、準正子に係る部分を取り除けば、同項の主体が認知を受けた子全般に拡大するということにはいかにも無理がある。また、そのような拡大をすることは、条文の用語や趣旨の解釈の域を越えて国籍を付与するものであることは明らかであり、どのように説明しようとも、国籍法が現に定めていない国籍付与を認めるものであって、実質的には立法措置であるといわざるを得ない」と述べていた。

　これらに対するものとして、那須弘平・涌井紀夫両裁判官が同調する今井功裁判官による補足意見がある。同意見は、「国民に権利利益を与える規定が、権利利益を与える要件として、A、Bの2つの要件を定め、この両要件を満たす者に限り、権利利益を与える（反対解釈によりA要件のみを満たす者には権利利益を与えない。）と定めている場合において、権利利益を与える要件としてA要

件の外にＢ要件を要求することが平等原則に反し、違憲であると判断されたときに、Ａ要件のみを備える者にも当該権利利益を与えることができるのかが、ここでの問題である。このような場合には、その法律全体の仕組み、当該規定が違憲とされた理由、結果の妥当性等を考慮して、Ｂ要件の定めのみが無効である（すなわちＢ要件の定めがないもの）とし、その結果、Ａ要件のみを満たした者についても、その規定の定める権利利益を与えることになると解することも、法律の合憲的な解釈として十分可能であると考える」と反撃する。今井は更に、「反対意見によれば、同じく日本国民である父から認知された子であるにもかかわらず、準正子は国籍を取得できるのに、非準正子は司法救済を求めたとしても国籍を取得できないという平等原則に反する違憲の状態が依然として続くことになる」ところ、「どのような要件があれば国籍を与えるかについて国会がその裁量により立法を行うことが原則であることは当然であるけれども、国会がその裁量権を行使して行った立法の合憲性について審査を行うのは裁判所の責務である。国籍法３条１項は、国会がその裁量権を行使して行った立法であり、これに対して、裁判所は、同項の規定が準正子と非準正子との間に合理的でない差別を生じさせており、平等原則に反し違憲と判断したのである。この場合に、違憲の法律により本来ならば与えられるべき保護を受けることができない者に対し、その保護を与えることは、裁判所の責務であって、立法権を侵害するものではなく、司法権の範囲を超えるものとはいえない」として、「非準正子についても国籍を付与するということになれば、国会において、国籍付与の要件として、準正要件に代えて例えば日本国内における一定期間の居住等の他の要件を定めることもできたのに、その裁量権を奪うことになるとする議論もあり得ないではない。そうであっても、裁判所がそのような要件を定めていない国籍法３条１項の合憲的解釈として、非準正子について国籍取得を認めたからといって、今後、国会がその裁量権を行使して、日本国民を父とする生後認知子の国籍取得につき、準正要件に代えて、憲法に適合する要件を定める新たな立法をすることが何ら妨げられるものでないことは、いうまでもないところであり、上記のような解釈を採ることが国会の立法裁量権を奪うことになるものではない」と追撃し、この事案において、裁判所による救済

はおよそ可能であると述べたのである。

　また、藤田宙靖裁判官の意見も、国籍法3条1「項に準正要件が置かれていることによって違憲の結果が生じているのは、多数意見がいうように同条が『過剰な』要件を設けているからではなく、むしろいわば『不十分な』要件しか置いていないからというべきなのであって、同項の合理的解釈によって違憲状態を解消しようとするならば、それは『過剰な』部分を除くことによってではなく、『不十分な』部分を補充することによってでなければならないのである。同項の立法趣旨、そして本件における違憲状態が何によって生じているかについての、上記に述べた考え方に関する限り、私は、多数意見よりはむしろ反対意見と共通する立場にある」とは述べたものの、「問題は、本件における違憲状態を解消するために、上記に見たような国籍法3条1項の拡張解釈を行うことが許されるか否か」であるが、「本件において私があえて拡張解釈の道を選択する」理由があると述べる。そして、「上告人が等しく日本国民の子でありながら、届出によってこうした法的地位を得ることができないでいるのは、ひとえに、国籍の取得の有無に関し現行法が行っている出生時を基準とする線引き及び父母の婚姻の有無による線引き、父母のいずれが日本国民であるかによって事実上生じる線引き等、本人の意思や努力の如何に関わりなく存在する様々の線引きが交錯する中で、その谷間に落ち込む結果となっているが故なのである。仮にこれらの線引きが、その一つ一つを取ってみた場合にはそれなりに立法政策上の合理性を持つものであったとしても、その交錯の上に上記のような境遇に置かれている者が個別的な訴訟事件を通して救済を求めている場合に、先に見たように、考え得る立法府の合理的意思をも忖度しつつ、法解釈の方法として一般的にはその可能性を否定されていない現行法規の拡張解釈という手法によってこれに応えることは、むしろ司法の責務というべきであって、立法権を簒奪する越権行為であるというには当たらない」としたのである。

　改めて付言したい。平等違反の場合、比較対象者と同じ法益を受ける判断を下すのが基本であろうが、本件のように、比較対象者が複数あり、しかも事態が法令違憲とすべき状況であるため、法改正の方向が複数あることが生ずる。こういったとき、当事者が何れの比較対象者に対しても違憲的不利益を受けて

いるならば、そのうち最低水準のものと同等の救済を行うべきである。本件の場合、日本国籍を得ることができる、嫡出子、出生前に認知を受けた子、母が日本人で父が外国人の非嫡出子の誰と比べても不合理な差別であるから、国籍の付与という結論に達するものである。法令違憲が無理というのであれば、適用違憲は可能であった筈であり、本人の救済という点での裁判官の悩みは実はさほど深くなかろう。反対意見には、論点の混線であるか、違憲判断を実にしないための口実として、司法による立法はできないとの主張がなされたのではないか、との疑いも生じよう。

　問題は、本件当事者だけでなく、父が日本人で母が外国人で出生後に認知された非嫡出子一般が差別されている以上、判決が適用違憲ではなく法令違憲とすべきことは理解できるとして、上記のように比較対象者が複数あり、法改正の選択肢も複数ある場合に、横尾裁判官ほかの反対意見の判示するように、立法権の侵害になるため法令違憲に踏み込めないという結論が妥当か、という点にある。もしそうであれば、単純な違憲法令は容易に是正できるが、複雑な、或いは巧妙な違憲法令は裁判所が是正命令を下せないという矛盾が生じる。少なくとも、改正の選択肢の間で是正の範囲や程度の差があり、違憲状態を最も容易にクリアできる改正方向が明快であれば兎も角、複数の選択肢の法改正上の負担が同じようであれば、裁判所は違憲判断すらできないというのは疑問である。法令違憲判決の場合、裁判所は、最もシンプルな違憲のポイントを指摘するか、複数の改正方向を示すべきである。このとき、国会や地方議会は、兎に角、法令違憲の状態を脱すればよいのであり、最高裁の指摘する以外の道筋の是正でも自信があれば、裁判所の提案を例示と受け止め、他の手段でこれを行うことも許されようが、一般に禍根を残さないのは裁判所の指摘した方向での法改正を行うということということになろう。

　要は、改正方向が複数あるからといって裁判所が法令違憲の判断を躊躇する理由はなく、結論としては、本件の一審や最高裁多数意見の方向に総じて賛成したい。なお、示される是正の道筋は一つでも複数でもよい。本件では、もっともシンプルな非嫡出子差別が前面に出、結果として、比較対象者何れとの関係でも差別が解消される法改正に至ったことは望ましい経過であった。

2 学生無年金障害者訴訟

次に、いわゆる学生無年金障害者訴訟[21]と呼ばれる一連の裁判がある。

国民年金法は1959年に制定されたが、20歳以上の他年金未加入者を国民年金に強制加入としながら、その配偶者や学生を適用除外として、20歳以上の学生については任意加入の対象とした。1985年に被扶養配偶者を「第3号被保険者」とし、いわゆる「国民皆年金」化を図る改正がなされたが、20歳以上の大学生等は任意加入のままとされた。同法は1985年に、各種公的年金制度の一本化を目的に改正されたが、他年金未加入者の配偶者が国民年金強制加入となったにも拘わらず、学生にはそのような措置が採られなかった。学生が強制加入となるのは、1989年法が施行される1991年4月であった。そして、1989年法で、学生もようやく強制加入となったのである[22]。このため、20歳以上の学生が、国民年金法の1991年3月までの国民年金任意加入時代に、これに加入せずに障害を負っても障害年金等を受けられない問題をいう。その後、この規定が憲法違反であることを主争点とする訴えが提起されていった。

原告らは、大学在学中の1981年から1986年の間に疾病にかかり、または受傷して障害を負ったため、障害基礎年金の支給裁定を申請したところ、国民年金に任意に加入しておらず、被保険者資格が認められないなどとして同年金を支給しない旨の処分を受けたため、国などに対し、上記処分の取消しを求めるとともに、国家賠償を求めた。

東京訴訟一審判決[23]は、「このような年金制度を設けたこと自体が憲法25条に違反するということはできない」とし、また、昭和34年法が学生を任意加入としたのは「老齢年金に着目して被保険者資格を付与しない方が」「適切な選択であ」って、「憲法14条及び25条に違反するものとはいえない」とした。だが、「障害福祉年金の受給につき20歳前に障害を負った者と20歳以後に障害を負った学生との間に取扱いの差異を設けること」は、「昭和60年法制定時において」「何らの立法的手当をしないまま放置しておくことは憲法14条に違反する状態となっていたものと認められ」るので、原告らの「救済は専ら立法不作為

第10章　判決の一般的効力と遡及効

に基づく国家賠償請求によるべきもの」だとして、うち1原告に「障害基礎年金を支給しない旨の決定を取り消」し、国に対し残る3原告に500万円の支払いを命じる判決が下された（1人の原告については、未成年での診療日を「初診日」と判断し、障害基礎年金不支給処分を取り消して確定した）。また、新潟訴訟一審では、国に対し2原告に700万円の支払いを命じる判決が下された。続けて、広島訴訟でも2原告に200万円の支払いを命じる判決が下されている。地裁3判決は、1985年法制定時に憲法14条に違反する状態となっており、立法不作為の違法が生じたとして、原告らの国家賠償請求を認めた。3判決は立法の不作為の違憲性を認める画期的判決だと評し得るが、他に狭間の差別であるとか、憲法上の諸権利の狭間の問題でもあり、興味深かった。

　他方、国民年金法の「初診日」の解釈により救済が図られた東京訴訟の1原告以外の原告は、法律の解釈や事実認定のやり直しでは救済が難しかった。そして、二審判決は、「相変わらず大学進学者は少数であると評価することができ」、「学生の任意加入者はわずか1％程度にすぎなかったが」、「任意加入の制度が不合理であったとまで断ずる根拠も見当たら」ないので、「昭和60年法における20歳前に障害を負った者と20歳以後に障害を負った学生との取扱いの差異は、立法者による裁量の範囲内の制度選択の結果であ」り、「昭和60年法制定時に立法不作為の違法が存在したと」も、「憲法14条に違反する状態が生じていたと認めること」も「できない」などとして、原告らの全面敗訴となった。

　原告らは上告したが、最高裁はこれを棄却した。

　最高裁は、まず、「世帯主が学生の学費、生活費等の負担に加えて保険料納付」を行い、「他方、障害者については障害者基本法等による諸施策が講じられているなど」の事情からすれば、平成元年改正前の法が、20歳以上の学生の保険料負担能力、国民年金に加入する必要性ないし実益の程度」「等を考慮し、保険方式を基本とする国民年金制度の趣旨を踏まえて、」「任意加入を認めて国民年金に加入するかどうかを20歳以上の学生の意思にゆだねることとした措置は、著しく合理性を欠くということはできず、加入等に関する区別が何ら合理的理由のない不当な差別的取扱いであるということもできない」ことを指摘した。よって、同法の「区別並びに立法府が平成元年改正前において20歳以

413

上の学生について国民年金の強制加入被保険者とするなどの所論の措置を講じなかったことは、憲法25条、14条1項に違反しない」と判示したのである。

その上、「立法府は、保険方式を基本とする国民年金制度において補完的に無拠出制の年金を設けるかどうか、その受給権者の範囲、支給要件等をどうするかの決定について、拠出制の年金の場合に比べて更に広範な裁量を有しているというべきである。また、」「初診日において20歳以上の学生である者は、傷病により障害の状態にあることとなる前に任意加入によって国民年金の被保険者となる機会を付与されていた」と述べるのである。このことを踏まえると、原告らに「無拠出制の年金を支給する旨の規定を設けるなどの所論の措置を講じるかどうかは、立法府の裁量の範囲に属する事柄というべきであって、そのような立法措置を講じなかったことが、著しく合理性を欠くということはできない。また、無拠出制の年金の受給に関し上記のような20歳以上の学生と20歳前障害者との間に差異が生じるとしても、両者の取扱いの区別が、何ら合理的理由のない不当な差別的取扱いであるということもでき」ないことになるとして、最終的な結論として、この立法不作為が「憲法25条、14条1項に違反するということはできない」と判示したのである。学生無年金障害者訴訟は、新潟、東京、広島などの一審で原告は一部勝訴となったものの、二審段階から旗色が悪くなり、東京訴訟に続いて、広島訴訟も最高裁で全面敗訴に終わった。[29]

原告全面敗訴の最高裁判決は触れる等もないことではあるが、差別の救済は当該差別部分を切り取るのが原則であり、「第三号被保険者」類似の扱いが適当であろう。この点は、上述の国籍法違憲判決において望まれる対応と何ら変わりがない。だが、本件は立法不作為の事例であり、勤労青年との対比では原告らが保険料未納であることは変わらず、東京訴訟一審判決は立法者の過失と判断して国家賠償法による解決を選択した。年金給付ではない一時金支給的解決となった。国賠訴訟の積極的活用は、在外邦人選挙権訴訟のような抽象的違憲判断一歩手前のような事例も生んでいるが、本件のように原告らが現実の給付を渇望する事例ではその心配も無用であろう。

立法の不作為の違憲訴訟としては、在宅投票制度違憲訴訟が有名である。この最高裁判決は、[30]「国会議員の立法行為は、立法の内容が憲法の一義的な文言

に違反しているにもかかわらず国会があえて当該立法を行うというごとき、容易に想定し難いような例外的な場合でない限り、国家賠償法１条１項の規定の適用上、違法の評価を受けないものといわなければならない」という判断を示し、原告の訴えを斥けた。最高裁が「憲法の一義的な文言に違反」すると認めた例はほぼ皆無である。このため、立法の不作為を違憲とする途は、現実には閉ざされたとする批判が多く出されてきた。[31]しかし、これに対して、ハンセン病熊本訴訟一審判決[32]は、「患者の隔離という他に比類のないような極めて重大な自由の制限」の事例であることを重視し、「新法の隔離規定の違憲性を判断する前提として認定した事実関係については、国会議員が調査すれば容易に知ることができた」ことなどから、国会議員の過失が認めたのである。[33]学生無年金障害者訴訟の３地裁判決は、在宅投票制度違憲訴訟最高裁判決には具体的には殆ど言及することなく、原告らの救済手段は一義的には立法府に任されており、それを裁判所が断定することはできず、裁判所としては国の一機関の過失として、国家賠償請求を認めるにとどまるという判断を示した。これらの判決は、ハンセン病熊本訴訟におけるの熊本地裁に近い法理を採った模様である。少数者への重大な人権侵害や差別が継続し、その不合理さを国会が当然知り得べき状況に達した場合には、判例の言葉で言葉で言うところの、「憲法の一義的な文言に違反」したケースだと判断したのである。学生無年金障害者がハンセン病患者ほど過酷な境遇になかったとしても、実際に救済が必要にして得難い状況にあった。[34]実際に当時の多くの学生は、将来、就職の時点で厚生年金等に加入すればよいと薄っすら認識し、学生時代に任意の国民年金にわざわざ加入することは面倒なことだと解していたように思う。また、年金のイメージは老齢年金であって、多くの健常者にとっては障害基礎年金ではなく、20歳から22歳の短くも最も元気な年代に後天的障害者となることも思いもよらないことであった。[35]この点、新潟訴訟一審判決は、「議会制民主主義の名の下、多数決によって人権侵害が行われるなどの異常事態であり、議員の政治的判断に任せるべきではない場合であって、憲法解釈に多様性があることを理由に許容できるような場合にもあたらない」と判示した。これらは、強力な切り札を決め手にせず、社会権への過大な期待も示さず、様々な角度から肌理細かい審査を行

い、差別の総和として違憲性を認定し、当時の立法の理不尽さを浮き彫りにしたのである。誰もが陥り得る危険を救済するその手法は、緩やかな合理性の基準が無審査ではないことを確認し、憲法訴訟の新たな可能性を示したのだった[36]。この点で、その後の幾つかの地裁判決[37]と異なっていた。

　本件事例は、年齢、世代、学生か否か、自主的に年金制度に加入したか否か、ある時期に障害を負ったか否かは、個々に見れば純粋に生来の少数派を典型的に差別するものではないとしても、全てが噛み合わされば、特定の状況にあるごく一部の人々を不合理に「狭間の差別」をしていると考えられるものである。特定の差別要素だけでは違憲の水準の差別なのかどうか微妙であり、総合的に見て「狭間の差別」となるというケースであるため、国籍法違憲判決のような、考えられる何れかの改正がなさかったことをもって法令違憲という事案でもない。また、法令の解釈により原告らを救済できる状況でもないので、憲法判断回避の場面でもない[38]。また、こういった事例のように、複数の是正方法が存在するときには事情判決の法理が用いられるとする見解[39]もあるが、疑問である。だが、社会・経済立法について安易に多数決原理の弊害を持ち出して法令の違憲性を訴えられるかには疑問も残るが、多角的検討を経ても差別としか認定できない事態が長期に、改正機会を逃して継続している事例である。当該法令を原告らに適用した限りで違憲と判断する途を、まずは探るべきであろう。最高裁も、この立法の不作為状態を明快に違憲状態と認定し、個別の救済を考えるべきではなかったかと思える。とは言え、本事例は、社会保障立法がおよそないというような、典型的な立法不作為の事例ではなく、「相対的立法の不作為[40]」の一例である。平等権に基づく救済は、被差別者の境遇を他と同程度に引き上げれば足りる[41]。ならば、公務員の故意・過失の認定は不要である。この事例では、比較の対象となる水準が多岐にわたるため、裁判所はその選択を政治部門に委ねたのであろうが、当該比較対象の最も低い水準と同じ扱いをすべきとする判断はなかったか、なお検討の余地がある。1991年以後の学生身障者、当時の大学卒業・就職直後に身障者となった者、当時の未成年の学生身障者、当時の一般的な主婦身障者などと比較して、最も低い年金額を認定すればよいのではないかという考えもないではない。

第10章　判決の一般的効力と遡及効

　ただ、原告らは任意加入をしなかったという点で、学生時代に障害者とならなかったときには潜在的利益を享受できる立場にあった。当時の専業主婦を除く潜在的な比較対象者の多くは、年金の積立をしており、一点を除くと全く同じ境遇にある者、というわけでもない。他方、学生が任意加入であることを政府が十分に宣伝せず、特に未加入によって障害年金等が受けられないことのアナウンスが決定的に不足していたことは、行政の過失ではないか、という点にも問題点があった。確かに、当該法律は既に公布・施行されていた。ある任意の制度の導入に当たり、個別に任意加入の損得を告げる義務が行政にあったとは一般的には言い難い。だが、法益が重大なときは、憲法の当該条文はより実質的な告知・聴聞の権利を保障しているとも考えられる。[42]この具体的内容が十分告知され、年金とは老齢年金だけではないと認識されていたかは、甚だ疑問であろう。[43]行政手続の適正は、憲法13条の保障か憲法31条の準用によるべきか、などの争いはあるが、憲法上の要請とされることは確立しており、[44]その核心は告知・聴聞である。具体的に重大な不利益を受ける当事者に対して行政機関がその機会を与えなければ、違憲の疑いも濃い。未加入者が、「国民生活の安定」を目的とする国民年金の障害年金を受けられない、重大な不利益を受けるのであれば、国はそれについてより十分な説明責任を果たさねばなるまい。しかし、一般に年金加入該当者を拡大していた中ですら、学生の加入率が極端に低かったのであり、国は大学や短大、その他の機関を通じて学生に年金未加入の不利益を明らかに十分告知していなかった。仮に国が、任意加入の途が当時の学生にあった[45]ことを抗弁とするのであれば、それが実質的に担保されていたかを検証する必要がある。もしその点で過失があるのならば、学生任意加入障害者として扱われなかった不利益を算定する手法もあったであろう。実際、1959年立法当時、厚生官僚にすらその認識が欠落していた疑いがあるのである。[46]そう考えると、極めて特異で稀な事案である殆どの原告らについて、その障害年金受給資格を認定せず、国家賠償という形で、それを差し引いた一括の金銭的解決を図った3地裁の判断も一理ある[47]と言える。最高裁も、郵便法違憲判決[48]において、不合理な立法を原因とする損害に対して国家賠償を認めているのであり、判例との整合性との観点でも担保できる結果であると思われる。こ

417

のことは、原告らを広範に救済すると、限りなくその範囲が遡及的に広がるとの反論がありそうであるが、該当する時期は限られ、特異な状況に陥った者は希少で、ここで、だからこそこの事態を招いたのは自己責任ではないかとするのは、他での最高裁の対応と矛盾する。このことは、2013年の非嫡出子相続分差別規定違憲決定[49]や、2015年の再婚禁止期間一部違憲判決[50]における、違憲判断の潜在的に及ぶ先が数限りなく、これを処理し始めると法的安定性が全く崩れるのではないかという最高裁の懸念が理解できないではない事案とも異なることを指摘しておく。

　仮に、本件が広く波及するとの懸念があるとしても、数少ないとは思うが、同様の訴訟が生じるだけである。本事案では、まさに日本国憲法下の司法権が、個別の具体的事案の法的判断を行うものであることに徹し、総合的に見て差別だとして、個別の救済を行うべきであったと思われる。

3　非嫡出子相続分差別規定違憲決定・再婚禁止期間一部違憲判決

　学生無年金障害者訴訟は合憲判断で終結してしまったが、近年、最高裁は、国籍法違憲判決に続き、平等の分野で法令違憲判決を更に下している。もともと、憲法裁判において最も活用される憲法条文は14条であると言われ[51]、最高裁は、尊属殺重罰規定違憲判決以来、平等違反の判断も多い。衆議院議員選挙定数不均衡訴訟[52]も芦部信喜以来、平等の問題と捉えられている[53]ほか、憲法の私人間効力に関する事案でも、憲法条文が決め手となったのは、日産自動車事件[54]を筆頭とする性差別問題における14条であった印象が強いのである。近年の違憲判決でも、やはり、判決の遡及の問題は避けて通れないものである。

　2013年の非嫡出子相続分差別規定違憲決定は、補足意見は付いたが、結論において全員一致であった。こういった差別問題について、18年の間に最高裁の裁判官の意識が一変したことをよく示していた。「相続制度全体のうち、本件規定により嫡出子と嫡出でない子との間で生ずる法定相続分に関する区別が、合理的理由のない差別的取扱いに当たるか否かということであり、立法府に与えられた上記のような裁量権を考慮しても、そのような区別をすることに合理

的な根拠が認められない場合には、当該区別は、憲法14条1項に違反するものと解するのが相当である」との一般論を述べた上で、「昭和22年民法改正時から現在に至るまでの間の社会の動向、我が国における家族形態の多様化やこれに伴う国民の意識の変化、諸外国の立法のすう勢及び我が国が批准した条約の内容とこれに基づき設置された委員会からの指摘、嫡出子と嫡出でない子の区別に関わる法制等の変化、更にはこれまでの当審判例における度重なる問題の指摘等を総合的に考察すれば、家族という共同体の中における個人の尊重がより明確に認識されてきたことは明らかであるといえる。そして、法律婚という制度自体は我が国に定着しているとしても、上記のような認識の変化に伴い、上記制度の下で父母が婚姻関係になかったという、子にとっては自ら選択ないし修正する余地のない事柄を理由としてその子に不利益を及ぼすことは許されず、子を個人として尊重し、その権利を保障すべきであるという考えが確立されてきているものということができる」として、「以上を総合すれば、遅くともＡの相続が開始した平成13年7月当時においては、立法府の裁量権を考慮しても、嫡出子と嫡出でない子の法定相続分を区別する合理的な根拠は失われていたというべきであ」り、「本件規定は、遅くとも平成13年7月当時において、憲法14条1項に違反していたものというべきである」としたのである。

　2003年決定は、1995年の大法廷での合憲決定以降の「小法廷判決及び小法廷決定が、それより前に相続が開始した事件についてその相続開始時点での本件規定の合憲性を肯定した判断を変更するものではない」とした。「憲法に違反する法律は原則として無効であり、その法律に基づいてされた行為の効力も否定されるべきものであることからすると、本件規定は、本決定により遅くとも平成13年7月当時において憲法14条1項に違反していたと判断される以上、本決定の先例としての事実上の拘束性により、上記当時以降は無効であることとなり、また、本件規定に基づいてされた裁判や合意の効力等も否定されることになろう。しかしながら、本件規定は、国民生活や身分関係の基本法である民法の一部を構成し、相続という日常的な現象を規律する規定であって、平成13年7月から既に約12年もの期間が経過していることからすると、その間に、本件規定の合憲性を前提として、多くの遺産の分割が行われ、更にそれを基に新

たな権利関係が形成される事態が広く生じてきていることが容易に推察される。取り分け、本決定の違憲判断は、長期にわたる社会状況の変化に照らし、本件規定がその合理性を失ったことを理由として、その違憲性を当裁判所として初めて明らかにするものである。それにもかかわらず、本決定の違憲判断が、先例としての事実上の拘束性という形で既に行われた遺産の分割等の効力にも影響し、いわば解決済みの事案にも効果が及ぶとすることは、著しく法的安定性を害することになる。法的安定性は法に内在する普遍的な要請であり、当裁判所の違憲判断も、その先例としての事実上の拘束性を限定し、法的安定性の確保との調和を図ることが求められているといわなければなら」ないと言うのである。そして、「既に関係者間において裁判、合意等により確定的なものとなったといえる法律関係までをも現時点で覆すことは相当ではないが、関係者間の法律関係がそのような段階に至っていない事案であれば、本決定により違憲無効とされた本件規定の適用を排除した上で法律関係を確定的なものとするのが相当であるといえる。そして、相続の開始により法律上当然に法定相続分に応じて分割される可分債権又は可分債務については、債務者から支払を受け、又は債権者に弁済をするに当たり、法定相続分に関する規定の適用が問題となり得るものであるから、相続の開始により直ちに本件規定の定める相続分割合による分割がされたものとして法律関係が確定的なものとなったとみることは相当ではなく、その後の関係者間での裁判の終局、明示又は黙示の合意の成立等により上記規定を改めて適用する必要がない状態となったといえる場合に初めて、法律関係が確定的なものとなったとみるのが相当である」から、「本決定の違憲判断は、Aの相続の開始時から本決定までの間に開始された他の相続につき、本件規定を前提としてされた遺産の分割の審判その他の裁判、遺産の分割の協議その他の合意等により確定的なものとなった法律関係に影響を及ぼすものではないと解するのが相当である」として、無効の効力の発生時期を、2013年決定事案の相続開始時である2001年７月とし、それ以降で解決済みの事案への遡及効を制限すると判示したのである。

　特に、千葉勝美裁判官の補足意見は、違憲判断の遡及効に関して一家言あるところを示したものとして、注目できよう。千葉裁判官は、「法廷意見」に

よって示された、本決定の「効果の及ぶ範囲を一定程度に制限する判示」について、「この判示については、我が国の最高裁判所による違憲審査権の行使が、いわゆる付随的審査制を採用し、違憲判断の効力については個別的効力説とするのが一般的な理解である以上、本件の違憲判断についての遡及効の有無、範囲等を、それが先例としての事実上の拘束性という形であったとしても、対象となる事件の処理とは離れて、他の同種事件の今後の処理の在り方に関わるものとしてあらかじめ示すことになる点で異例ともいえるものである。しかし、これは、法令を違憲無効とすることは通常はそれを前提に築き上げられてきた多くの法律関係等を覆滅させる危険を生じさせるため、そのような法的安定性を大きく阻害する事態を避けるための措置であって、この点の配慮を要する事件において、最高裁判所が法令を違憲無効と判断する際には、基本的には常に必要不可欠な説示というべきものである。その意味で、本件遡及効の判示は、いわゆる傍論 (obiter dictum) ではなく、判旨 (ratio decidendi) として扱うべきものである」と述べた。これは、「憲法が最高裁判所に付与した違憲審査権は、法令をも対象にするため、それが違憲無効との判断がされると、個別的効力説を前提にしたとしても、先例としての事実上の拘束性が広く及ぶことになるため、そのままでは法的安定性を損なう事態が生ずることは当然に予想されるところである。そのことから考えると、このような事態を避けるため、違憲判断の遡及効の有無、時期、範囲等を一定程度制限するという権能、すなわち、立法が改正法の附則でその施行時期等を定めるのに類した作用も、違憲審査権の制度の一部として当初から予定されているはずであり、本件遡及効の判示は、最高裁判所の違憲審査権の行使に性質上内在する、あるいはこれに付随する権能ないし制度を支える原理、作用の一部であって、憲法は、これを違憲審査権行使の司法作用としてあらかじめ承認しているものと考えるべきである」からであるとわざわざ判示したということである。

　しかし、この点については、裁判所の判決・決定は、当該事案への効力を有するのが一般的であるため、ある意味、無用な判示に思えなくもない。ただ、事案の性質上、一般市民の間に大量に発生する相続事案について、合憲か違憲か不明にすることは法的安定性を害するとして、付言したものと解せようか。

421

「法廷意見」でもなく、この部分は先例ではない。

　また、2015年末の再婚禁止期間一部違憲判決により、100日を超える同期間の存置は無効とされた。著者は、民法733条の再婚禁止期間規定について既に全面違憲論を展開してきており、規定の範囲の一部でも最高裁により漸く違憲と判示された感慨深いものがある。この判決は同日に下された、いわゆる夫婦別姓訴訟大法廷判決と共に注目された。

　最高裁は以下のように判示した。まず、民法733条「の立法目的は、女性の再婚後に生まれた子につき父性の推定の重複を回避し、もって父子関係をめぐる紛争の発生を未然に防ぐことにあると解するのが相当であ」って、「父子関係が早期に明確となることの重要性に鑑みると、このような立法目的には合理性を認めることができる」から、「本件規定のうち100日の再婚禁止期間を設ける部分は、憲法14条１項にも、憲法24条２項にも違反するものではない」が、逆に、「本件規定のうち100日超過部分については、民法772条の定める父性の推定の重複を回避するために必要な期間ということはできない」のであって、「当時において、同部分は、憲法14条１項に違反するとともに、憲法24条２項にも違反するに至っていた」と断じたのである。

　問題は原告の救済にある。最高裁はまず、「本件立法不作為が国家賠償法１条１項の適用上違法の評価を受けるか否かについて」、1995「年判決が同条を違憲とは判示していないことから、本件規定を改廃するか否かについては、平成７年の時点においても、基本的に立法政策に委ねるのが相当であるとする司法判断が示されたと受け止めたとしてもやむを得ない」ほか、「平成６年に法制審議会民法部会身分法小委員会の審議に基づくものとして法務省民事局参事官室により公表された『婚姻制度等に関する民法改正要綱試案』及びこれを更に検討した上で平成８年に法制審議会が法務大臣に答申した『民法の一部を改正する法律案要綱』においては、再婚禁止期間を100日に短縮するという本件規定の改正案が示されていたが、同改正案は、現行の嫡出推定の制度の範囲内で禁止期間の短縮を図るもの等の説明が付され、100日超過部分が違憲であることを前提とした議論がされた結果作成されたものとはうかがわれな」かったことからして、「平成20年当時において、本件規定のうち100日超過部分が憲法

14条 1 項及び24条 2 項に違反するものとなっていたことが、国会にとって明白であったということは困難である」として、「したがって、本件立法不作為は、国家賠償法 1 条 1 項の適用上違法の評価を受けるものではないというべきである」と結論付け、併せて、救済の遡及可能性を打ち消したのである。

本決定において、民法733条を丸ごと合憲とした裁判官はなく、鬼丸かおる裁判官意見は、「本件規定は全部違憲であると考える」と明言したものであった。更に山浦善樹裁判官の反対意見に至っては、「女性について 6 箇月の再婚禁止期間を定める本件規定の全部が憲法14条 1 項及び24条 2 項に違反し、上告人が前夫と離婚をした平成20年 3 月までの時点において本件規定を廃止する立法措置をとらなかった立法不作為は国家賠償法 1 条 1 項の適用上違法の評価を受けるべきものであるから、原判決を破棄して損害額の算定のため本件を原審に差し戻すのが相当と考える」というものであった。山浦裁判官はその理由として、「本件規定を改廃しない立法不作為の違法性については、これを否定した先例である平成 7 年判決不作為の違法性が問題とされているのであって、その間には20年近くという長い期間が経過しており、妨げにはならない。平成 3 年以降、DNA検査技術が発達し、生物学上の父子関係を容易かつ正確に判定することができるようになったことは公知の事実である。また、その間、婚姻や家族をめぐる国民の意識や社会状況はかなり変化しており、再婚禁止期間の制度を廃止する諸外国の傾向が明らかになり、国連の委員会からも繰り返し本件規定の廃止勧告等がされているのである」ことから「すると、本件規定が、離婚等により前婚を解消した女性に一律に 6 箇月間再婚を禁止していることが婚姻の自由の過剰な制約であって憲法に違反するに至っていたことは、上告人が離婚をした平成20年より相当前の時点において、国会にとっては明白になっていたというべきである（なお、多数意見のように本件規定のうち100日超過部分に限って違憲であると考えるとしても、平成 8 年に法制審議会が法務大臣に答申した『民法の一部を改正する法律案要綱』において再婚禁止期間を100日に短縮する改正案が示されており、その際の議論において、100日超過部分を存続する必要性があることを合理的に説明できる理由が挙げられておらず、加えて憲法及び民法の研究者の本件規定についての研究をも参照すれば、その頃以降は、国会にとって、父性の推定の重複を回

避するためには再婚禁止期間が100日で足りることが明白になっていたということができよう。)」と指摘し、「国会が正当な理由なく長期にわたってその廃止の立法措置を怠ったか否かについては、本件規定を改廃することについて立法技術的には困難を伴うものではないから、遅くとも平成20年の時点においては、正当な理由なく立法措置を怠ったと評価するに足りる期間が経過していたというべきである」として、国家賠償請求も認めるべきであると述べたのであった。

　両判断とも家族法分野の違憲判断であり、判断が広範に影響することを警戒した形跡が感じられる。憲法判断を含むとは言え、司法判断は、当該事案しか拘束しないものであり、この判断を見て、類似の事案を抱える人が訴訟を起こすか起こさないかを懸念しても仕方ない面もある。再婚禁止期間の一部違憲の判断は、国家賠償請求は遮断することで決着を付けたが、仮にこれを認めても、離婚後100日目に婚姻の準備が整っていた女性とその後夫が、約80日待機したことによる不利益を立証せねばならず、また、本決定を遡及すべき事案、即ち、再婚禁止期間が6カ月ではなく100日であれば得られた、国家賠償以外の利益があるケースもあまりなく、混乱の程度はさほどではないであろう。

　これに対し、非嫡出子相続分の違憲判断については、このまま何も語らなければ、戦後の法定相続全般に波及し、相続が積み重なった例についても原点からやり直すことになる危険もある。非嫡出子は人口の1％程度であったが、遺言がないことも多い日本で、100万超の相続が見直されるとすれば、混乱は相当なものである。このため、最高裁は、1995年決定などの事案が覆される途を断ち、あくまでも、世の中の変化に鑑みて、本件事案以降の事案についての判例変更としたのである。だが、そうだとすると、本決定は、判例変更ではなく、1995年決定との事案の区別（distinction）[61]なのではなかったかとの疑念がないではない。ただ、先例である猿払事件[62]との間で、組織的組合活動と匿名の個人活動との違いを読み込んだ堀越事件判決[63]の場合とは異なろう。無論、本件限りの適用違憲の判断でもない。あるいは、最高裁自ら時効を法定したのか。だがそれも、立法作用を営むことを非常に忌避し、柔軟な救済法を創造することはしないとしてきた最高裁の従来の立場としては一貫性に欠ける。非嫡出子相続分の違憲判断は、形式上も判例変更ではありながら、法的安定性の崩れを非

常に心配した最高裁が、事案の解決を旨とする司法権の行使、付随的違憲審査の枠を超えて、傍論で行った「なお、念のため」判断であったと解するのが妥当であろう。だとすると、法定相続で不利益を受けた非嫡出子やそのまた相続人が、訴訟を起こしても無効となるような効力を発するものでもない。強いて言えば、傍論にですら下級審裁判官が自己拘束されることを期待し、訴訟は起こしても勝訴の可能性は薄いと思えます、という最高裁の予報であると読むのが妥当であり、最高裁の定めた時点以前の事案であっても、時効にかかるなどでなければ、よほどの事案でない限り勝訴確率は低いとは思えるが、法的には遡っての訴訟は可能であるというのを理論的な結論としておきたい。

おわりに

　平等が、誰かとの比較で権利保障を求める相対的な権利であることは、時空を超えて比較する心理を容易に醸し出す。このため、遡っての適用、同時代的であっても広範な適用を想像させ、判決を下す側にはそれなりの警戒心を芽生えさせることになろう。法令違憲に達するとき、法文の抽象性から、原則と例外の書き分けなどを根拠に、判決の効果が広汎に及ばないように祈念し、裁判所は国会による速やかな立法を求め、それはそれで重要なことではあるが、将来に向けた解決を模索してきたと言っても過言ではない。

　ただ、日本国憲法下の司法権による判断は、あくまでも当該事案のみを拘束するもので、一般的効力はない。先例拘束性によって、その後の類似の事案には同様の判断が望まれ、そうでないとすれば、裁判所は十二分な説明が求められるということで、類似の事案との「平等」を担保しているに過ぎない。法令違憲判決であっても、少なくとも、この事案の時点以降の同様のあらゆるケースは違憲と考えざるを得ないということであり、それ以前のケースや、当該事案から類推を重ねて考えられる事案について、裁判所がどう考えるかは、判示しているわけではない。最高裁は、ドイツ型憲法裁判所の任務を兼任して消極的立法権を保持するものではない。裁判所の怯え過ぎは根拠が乏しい。また、そう思い込んでも、尊属殺重罰規定違憲判決の例のように、国会の速やかな立

法行為が期待できなかったケースもある。近年の最高裁の平等権を根拠とする
違憲判決には「注意書き」が目立つが、それでも、判決文をよく読み、これを
先例として自らも救済されるべきと思える当事者の訴訟提起を妨げるものでは
ない、というのが「注意書き」に対する本書注釈というところだろうか。

1) 本書第9章参照。
2) 最大判昭和48年4月4日刑集27巻3号265頁。本件評釈は本書第1章参照。
3) 本書第20章参照。
4) なお、外国人母は子の出生当時に日本での在留資格を有しておらず、外国人母と子に対する退
去強制手続も行われたので、本件に併合して、この退去強制令書発付処分の適法性も争われてい
たが、2004年12月28日に両者に1年間の在留資格が付与されたため、この訴えは取り下げられた。
5) 東京地判平成17年4月13日判時1890号27頁。本件評釈として、近藤敦「判批」法学セミナー607
号118頁（2005）、同「判批」法学教室306号別冊附録『判例セレクト2005』4頁（2006）、峯金容子「判
批」みんけん〔民事研修〕581号33頁（2005）、清水真琴「判批」民事月報60巻9号36頁（2005）、同
「判批」戸籍779号32頁（2005）、山口元一「判批」国際人権16号110頁（2005）、高佐智美「判批」ジュ
リスト臨時増刊1313号『平成17年度重要判例解説』15頁（2006）、佐野寛「判批」法律時報別冊『私
法判例リマークス』32号132頁（2006）、君塚正臣「判批」判例評論566号14頁（2006）、木棚照一「判
批」判例タイムズ臨時増刊1215号『平成17年度主要民事判例解説』252頁（2006）、大村芳昭「判批」
中央学院大学法学論叢22巻2号1頁（2009）、安藤高行「判批」九州国際大学法学論集15巻3号101
頁（2009）などがある。
6) 最判平成14年11月22日判時1808号55頁。本件評釈として、南敏文「判批」ジュリスト臨時増刊
1246号『平成14年度重要判例解説』281頁（2003）、国友明彦「判批」ジュリスト1257号129頁（2003）、
高佐智美「判批」法学セミナー578号107頁（2003）、同「判批」法令解説資料総覧255号90頁（2003）、
横溝大「判批」法学教室272号118頁（2003）、二宮周平「判批」戸籍時報554号11頁（2003）、澤田省
三「判批」戸籍747号1頁（2003）、村重慶一「判批」戸籍時報560号50頁（2003）、山元一「判批」法
学教室282号別冊附録『判例セレクト2003』5頁（2004）、佐野寛「判批」判例評論539号2頁（2004）、
多喜寛「判批」櫻田嘉章＝道垣内正人編『国際私法判例百選』〔新法対応補正版〕214頁（2007）、齋
藤繁道「判批」行政判例研究会編『行政関係判例解説平成14年』217頁（ぎょうせい、2003）などが
ある。このほか、畑尻剛「違憲判断の具体的処理方法——違憲確認判決を中心に」中央ロー・ジャー
ナル7巻1号65頁（2010）などもある。
7) 佐野前掲註6）評釈5頁は、このような「一種の勧告的な意見」を「高く評価する」。しかし、
司法が一般に、事件の解決と無関係に法的判断を示すことは、朝日訴訟＝最大判昭和42年5月24
日民集21巻5号1043頁（本件評釈は本書第1章参照）などを想起すると、文面違憲などの特殊な場
合を除いて許されまい。君塚正臣＝藤井樹也＝毛利透『VIRTUAL憲法』156-157頁（悠々社、2005）
〔君塚〕など参照。
8) 鳥居淳子「判批」ジュリスト1197号92頁、93頁（2001）など。
9) 近藤前掲註5）評釈118頁。
10) 奥田安弘「国籍法における非嫡出子差別の合憲性」北大法学論集54巻2号204頁、185頁（2003）

第10章　判決の一般的効力と遡及効

は、その結果、「国籍法3条は死文になるはずである」と述べる。

11)　奥田安弘『国籍法と国際親子法』193頁（有斐閣、2004）は「循環論」であると指摘する。

12)　有名なものとしては、在宅投票制度に関する最大判昭和60年11月21日民集39巻7号1512頁がある。本件評釈には、中村睦男「判批」ジュリスト855号84頁（1986）、同「判批」法学セミナー375号40頁（1986）、泉徳治「判批」ジュリスト855号90頁（1986）、同「判批」法曹時報38巻4号941頁（1986）、同「判批」最高裁判所調査官室編『最高裁判所判例解説民事篇昭和60年度』366頁（法曹会、1989）、藤井俊夫「判批」ジュリスト臨時増刊862号『昭和60年度重要判例解説』17頁（1986）、釜田泰介「判批」法学教室66号82頁（1986）、長尾一紘「判批」民商法雑誌95巻2号96頁（1986）、同「判批」芦部信喜ほか編『憲法判例百選Ⅱ』〔第4版〕426頁（2000）、野中俊彦「判批」法律時報58巻2号88頁（1986）、内野正幸「判批」法学セミナー374号20頁（1986）、戸波江二「判批」同377号109頁（1986）、同「判批」法学教室77号別冊附録『判例セレクト'86』7頁（1987）、棟居快行「判批」判例評論330号40頁（1986）、田中舘照橘「判批」法令解説資料総覧53号130頁（1986）、はやし・しうぞう「判批」時の法令1276号58頁（1986）、小林武「判批」南山法学10巻1号79頁（1986）、前田寛「判批」徳山大学論叢28号161頁（1987）、奥田剣志郎「判批」小林孝輔編『判例教室　憲法』〔新版〕95頁（法学書院、1989）、宇都宮純一「判批」法学53巻5号145頁（1989）、佐々木善三「判批」研修603号51頁（1998）、渋谷秀樹「判批」杉原泰雄＝野中俊彦編『新判例マニュアル憲法Ⅰ』104頁（三省堂、2000）、新正幸「判批」高橋和之ほか編『憲法判例百選Ⅱ』〔第5版〕438頁（2007）、長谷部恭男「判批」宇賀克也ほか編『行政判例百選Ⅱ』〔第6版〕478頁（2012）、大石和彦「判批」長谷部恭男ほか編『憲法判例百選Ⅱ』〔第6版〕420頁（2013）、野中前掲註6）書108頁などがある。このほか、中谷実「立法の不作為をめぐる司法消極主義と積極主義（1、2）」南山法学30巻3＝4号67頁（2007）、32巻2号41頁（2008）、土井真一「立法行為と国家賠償—2つの最高裁判例を読む」法学教室388号91頁（2013）などもある。しかし、在外邦人選挙権に関する最大判平成17年9月14日民集59巻7号2087頁（本件評釈は本書第1章参照）は、この手法により違憲判断を下しており、注目される。

13)　長尾英彦「国籍法2条と平等原則（続）」中京法学39巻3＝4号1頁、14頁（2005）は、子の意思を問題にするのはおかしいと断ずる。

14)　国友前掲註6）評釈132頁、佐野前掲註6）評釈5頁同旨。

15)　最判平成16年7月8日民集58巻5号1328頁。本件評釈には、高佐智美「判批」法令解説資料総覧274号99頁（2004）、大村芳昭「判批」ジュリスト臨時増刊1291号『平成16年度重要判例解説』304頁（2005）、国友明彦「判批」民商法雑誌132巻2号115頁（2005）、野村美明「判批」法律時報別冊『私法判例リマークス』31号130頁（2005）、松井清志「判批」法学セミナー602号48頁（2005）、佐藤文彦「判批」判例評論559号2頁（2005）、南敏文「判批」判例タイムズ臨時増刊1184号『平成16年度主要民事判例解説』264頁（2005）、村重寛一「判批」戸籍時報584号18頁（2005）、織田有基子「判批」ジュリスト1304号202頁（2006）、林俊之「判批」法曹時報58巻11号206頁（2006）、同「判批」最高裁判所調査官室編『最高裁判所判例解説民事篇平成16年度下』442頁（法曹会、2007）、西谷祐子「判批」櫻田嘉章＝道垣内正人編『国際私法判例百選』〔第2版〕250頁（2012）、大西勝滋「判批」行政判例研究会編『行政関係判例解説平成16年』175頁（ぎょうせい、2006）、横溝大「判批」法学協会雑誌123巻10号248頁（2006）などがある。

16)　佐藤文彦「判批」判例評論559号2頁、5頁（2005）。

17)　最判平成9年10月17日民集51巻9号3925頁。本件評釈には、大橋寛明「判批」ジュリスト1132号103頁（1998）、大橋寛明「判批」法曹時報50巻8号143頁（1998）、同「判批」最高裁判所調査官室編

427

『最高裁判所判例解説民事篇平成9年度下』1241頁（法曹会、2000）、同「判批」ジュリスト増刊『最高裁時の判例3　私法編2』237頁（2004）、佐藤やよひ「判批」ジュリスト1134号132頁（1998）、国友明彦「判批」ジュリスト臨時増刊1135号『平成9年度重要判例解説』285頁（1998）、同「判批」櫻田嘉章＝道垣内正人編『国際私法判例百選』〔第2版〕244頁（2012）、佐野寛「判批」法学教室212号130頁（1998）、藤下健「判批」法律のひろば51巻11号32頁（1998）、奥田安弘「判批」判例評論472号38頁（1998）、村重慶一「判批」戸籍時報490号44頁（1998）、499号43頁（1999）、加藤正男「判批」判例タイムズ臨時増刊1005号『平成10年度主要民事判例解説』294頁（1999）などがある。

18）　平成10年1月30日民5・180号通達（改正平成15年7月18日民1・2030号通達）など。

19）　東京高判平成18年2月28日家月58巻6号47頁。本件評釈には、奥田安弘「判批」中央ロー・ジャーナル3巻2号66頁（2006）、澤田省三「判批」戸籍807号21頁（2007）、安藤高行「判批」九州国際大学法学論集15巻3号101頁（2009）などがある。

20）　最大判平成20年6月4日民集62巻6号1367頁。本件評釈は第1章参照。

21）　以下に挙げるもののほか、上西和郎「大学生の国民年金加入問題」地方政治348号64頁（1989）、廣瀬賢一「学生の保険料免除基準」総合社会保障29巻3号63頁（1991）、加藤智章「学生障害年金と強制加入」賃金と社会保障2148号24頁（2001）、池末美穂子「2004年年金制度改正と『学生無年金障害者裁判』の動向」精神保健福祉35巻3号293頁（2004）、「小特集・学生無年金障害者問題」法律時報77巻8号69頁（2005）、畑中祥子「社会保険における『任意』と『強制』」賃金と社会保障1401号48頁（2005）、高野範城「学生無年金障害者裁判の最高裁における課題」法と民主主義404号48頁（2005）、青木誠弘「不平等を解消しない立法不作為」筑波法政43号109頁（2007）、葛西まゆこ「学生無年金障害者訴訟と憲法14条」大東文化大学法学研究所報27号9頁（2007）、高岡李衣＝永かな子「学生無年金障害者の生活実態と自律支援」高知大学教育実践研究21号41頁（2007）など参照。

22）　この法律では、学生の保険料納付義務免除の可否は世帯主の収入が基準となっていたため、親の過大な負担が問題化した。そこで同法の2000年改正では、学生本人の収入を基準とした保険料徴収猶予制度が導入された。但し、留学などの場合には、なお任意加入制度を利用せねばならない。加藤前掲註21）論文27頁。

23）　東京地判平成16年3月24日判時1852号3頁。本件評釈には、愛敬浩二「判批」法学セミナー597号16頁（2004）、堀勝洋「判批」判例評論550号9頁（2004）、田中明彦「判批」賃金と社会保障1378号4頁（2004）、村田尚紀「判批」ジュリスト臨時増刊1291号『平成16年度重要判例解説』24頁（2005）、同「判批」関西大学法学論集55巻2号28頁（2005）、工藤達朗「判批」法学教室294号別冊附録『判例セレクト2004』5頁（2005）、岡田正則「判批」法学セミナー602号119頁（2005）などがある。このほか、市橋博「学生無年金障害者訴訟─東京地裁で勝利判決！」社会保障36号71頁（2004）、植木淳「平等原則と社会保障」北九州市立大学法政論集32巻2＝3号1頁（2004）、木村将成「憲法の『行為規範』化か」日本大学大学院法学研究年報36号23頁（2006）、畑尻剛「違憲判断の具体的処理方法─違憲確認判決を中心に」中央ロー・ジャーナル7巻1号65頁（2010）などもある。この手法は、福岡地判平成17年4月22日判例集未登載でも採られた。

24）　新潟地判平成16年10月28日賃社1382号46頁。本件評釈には、和田光弘「判批」賃金と社会保障1378号38頁（2004）などがある。

25）　広島地判平成17年3月3日判タ1187号165頁。本件評釈には、井上禎男「判批」法学セミナー617号129頁（2006）、江口隆裕「判批」季刊教育法148号66頁（2006）などがある。控訴審である広島高判平成18年2月22日判タ1208号104頁の評釈に葛西まゆこ「判批」季刊社会保障研究42巻4号420頁

第10章　判決の一般的効力と遡及効

（2007）、同「判批」大東文化大学法学研究所報27号9頁（2007）などがある。

26）　転職時にうっかり年金未加入となった者なども、これと同様の問題を抱える。阿部泰隆「無年金障害者と学生の国民年金強制加入」法学セミナー438号78頁、78-79頁（1991）など参照。

27）　東京高判平成17年3月25日判時1899号46頁。本件評釈には、高藤昭「判批」判例評論563号2頁（2006）、村山健太郎「判批」自治研究82巻10号140頁（2006）、川野祐司「判批」広島法学29巻3号67頁（2006）、植木淳「判批」北九州市立大学法政論集33巻2＝3＝4号113頁（2006）、内野正幸「判批」高橋和之ほか編『憲法判例百選Ⅱ』〔第5版〕304頁（2007）などがある。

28）　最判平成19年9月28日民集61巻6号2345頁。本件評釈は第1章参照。

29）　最判平成19年10月9日裁判集民226号1頁。本件評釈には、新井章ほか「判批」法と民主主義425号43頁（2008）、多田一路「判批」法学セミナー638号121頁（2008）、葛西まゆこ「判批」大東法学18巻1号213頁（2008）などがある。

30）　最大判昭和60年11月21日民集39巻7号1512頁。前註12）参照。

31）　藤井俊夫「判批」『昭和60年度重要判例解説』17頁（1986）、内野正幸「判批」法学セミナー374号21頁（1986）、棟居快行「判批」判例評論330号40頁（1986）、戸波江二「立法の不作為の違憲確認」芦部信喜編『講座憲法訴訟第1巻』355頁（有斐閣、1987）など多数。

32）　熊本地判平成13年5月11日判時1748号30頁。本件評釈には、小山剛「判批」ジュリスト1210号152頁（2001）、西埜章「判批」法学教室251号43頁（2001）、同「判批」判例時報1748号6頁（2001）、大石眞「判批」同3頁、松久三四彦「判批」同9頁、石埼学「判批」法学セミナー560号56頁（2001）、高佐智美「判批」法学セミナー562号117頁（2001）、松本克美「判批」法律時報73巻11号109頁（2001）、同「判批」立命館法学277号1頁（2001）、村重慶一「判批」判例タイムズ1070号115頁（2001）、土井真一「判批」ジュリスト臨時増刊1224号『平成13年度重要判例解説』25頁（2002）、青柳幸一「判批」法学教室258号別冊附録『判例セレクト'01』3頁（2002）、並木茂「判批」法律時報別冊『私法判例リマークス』25号58頁（2002）、宇賀克也「判批」判例評論516号2頁（2002）、小島慎司「判批」自治研究78巻5号110頁（2002）、石森久広「判批」九大法政研究69巻1号117頁（2002）、采女博文「判批」鹿児島大学法学論集36巻2号1頁（2002）、飯田稔「判批」中大法学新報108巻11＝12号175頁（2002）、長尾英彦「判批」中京法学36巻3＝4号1頁（2002）、番匠小百合「判批」龍谷大学大学院法学研究6号23頁（2004）、石松勉「判批」香川法学25巻1＝2号51頁（2005）、磯部哲「判批」宇都木伸ほか編『医事法判例百選』56頁（2006）、日弁連人権擁護委員会「判批」法学セミナー616号130頁（2006）、青井未帆「判批」信州大学経済学論集54号153頁（2006）、徳田靖之「判批」法と民主主義461号26頁（2011）、佐藤修一郎「判批」長谷部恭男ほか編『憲法判例百選Ⅱ』〔第6版〕422頁（2013）、髙嶌英弘「判批」甲斐克則＝手嶋豊編『医事法判例百選』〔第2版〕24頁（2014）などがある。このほか、松本克美「ハンセン病熊本地裁判決の立法不作為論・除斥期間論の射程」立命館法学277号1頁（2001）、木村将成「『立法不作為』をめぐる2つの地裁判決について」日本大学大学院法学研究年報32号31頁（2002）、番匠小百合「立法不作為訴訟」龍谷大学法学研究6号23頁（2004）、岩切大地「立法行為に対する国賠法を通じた司法審査─裁判所と立法者との関係」立正法学論集45巻1号31頁（2011）、棟居快行『憲法学の可能性』125頁以下（信山社、2012）、森川恭剛『ハンセン病と平等の法論』（法律文化社、2012）などがある。

33）　同様の判決として、関釜元慰安婦訴訟一審＝山口地下関支判平成10年4月27日判時1642号24頁がある。本件評釈には、岡田正則「判批」法学セミナー525号26頁（1998）、戸塚悦朗「判批」法学セミナー523号37頁（1998）、青山武憲「判批」法令ニュース33巻12号32頁（1998）、同「判批」国会

429

月報45巻600号44頁 (1998)、花房俊雄「判批」月刊社会民主570号30頁 (2002) などがある。このほか、高良沙哉「戦後補償立法と被害者救済—いわゆる従軍慰安婦裁判を契機として」沖縄大学法経学部紀要14号１頁 (2010) などがある。関連して、西埜章「立法不作為の違法性」新潟大法政理論35巻３号101頁 (2003)、小林武「『戦後補償』の国家責任」南山大アカデミア人文・社会科学編76号393頁 (2003)、木村同上論文のほか、東京地判平成15年４月24日判時1823号61頁に対する評釈である高良沙哉「判批」沖縄大学法経学部紀要９号37頁 (2007) も参照。

34) 堀前掲註23) 評釈15頁は、少なくとも「極めて特殊で例外的な場合」であることを要求しているように読めるが、ならば国賠請求権は画餅に帰そう。

35) 制度創設から1991年までの学生の任意加入率は、1.3％程度であった。加藤前掲註21) 論文26頁。市役所で帰された原告もいたという。和田光弘「判批」賃金と社会保障1382号38頁、39頁 (2004)。著者も原告らの多くと同じ世代に属する者であるが、法学部に在籍しながらも国民年金未加入の不利益に当初気づかず、親に促されて21歳時に加入した。市役所職員が終始けげんな顔だった記憶は鮮明である。

36) 阿部前掲註26) 論文81頁以下、河野正輝「社会保険法原則の見地からみた学生無年金障害者訴訟の争点」熊本学園大社会関係研究10巻１号81頁、97頁以下 (2004) などは制度の不合理性を指摘するが、一応憲法訴訟の射程外である。

37) 京都地判平成17年５月18日判例集未登載でも原告全面敗訴となった。

38) 但し、東京地裁判決が、国民年金法の「初診日」の解釈で解決を図ったのは、法令の合憲 (拡張) 解釈の手法によると言えなくもない。愛敬浩二「判批」法学セミナー597号16頁、17頁 (2004) も参照。

39) 巻美矢紀「判決の効力」公法研究77号196頁、198頁 (2015)。

40) 愛敬前掲註38) 評釈19頁。

41) この見地から、岡田前掲註23) 評釈119頁、田中前掲註23) 評釈21頁は、取消判決が妥当であったとする。

42) 児童扶養手当の広報・周知徹底義務を根拠に国賠を認めた永井訴訟一審判決＝京都地判平成３年２月５日判時1328号43頁も参照。本件評釈には、高藤昭「判批」判例タイムズ766号39頁 (1991)、和久井孝太郎＝江原勲「判批」判例地方自治85号６頁 (1991)、堀勝洋「判批」季刊社会保障研究27巻２号200頁 (1991)、木下秀雄「判批」民商法雑誌106巻５号720頁 (1992)、本多滝夫「判批」判例地方自治93号101頁 (1992)、大森正昭「判批」賃金と社会保障1077号26頁 (1992) などがある。なお、二審は、大阪高判平成５年10月５日判自124号50頁。二審判決の評釈には、又坂常人「判批」ジュリスト1053号76頁 (1994)、小山田才八「判批」務省月報40巻８号171頁 (1994)、江原勲「判批」地方財務481号84頁 (1994)、木下秀雄「判批」賃金と社会保障1457＝1458号25頁 (2008)、神橋一彦「判批」西村健一郎＝岩村正彦編『社会保障判例百選』〔第４版〕214頁 (2008) などがある。

43) しかも、1989年改正までは、老齢基礎年金ですら、学生時代に任意加入しなければ60歳で満額の支給は受けられなかった。廣瀬賢一「学生の保険料免除基準」総合社会保障29巻３号63頁、64頁 (1991)。

44) これについては、本書第４章など参照。

45) 堀前掲註23) 評釈13頁は「天と地ほどの差」だとして、これを強調するが、疑問である。阿部前掲註26) 論文82頁同旨。

46) 小山進次郎『国民年金法の解説』122頁 (時事通信社、1959) 参照。加藤前掲註21) 論文24-25頁

第10章　判決の一般的効力と遡及効

より引用。

47）　この点、堀前掲註23）評釈13頁（2004）は、「保険料を納付しなかった者に納付した者に支給されるのと同等の給付を行う」ことは「社会保険を全否定するに等しい」旨を述べているが、判決の示す国賠額はそうではない。

48）　最大判平成14年9月11日民集56巻7号1439頁。本件評釈は本書第1章参照。

49）　最大判平成25年9月4日民集67巻6号1320頁。本件評釈は本書第1章参照。

50）　最大判平成27年12月16日民集69巻8号2427頁。本件評釈は本書第1章参照。

51）　LEX/DBで検索しても、2017年8月6日現在、戦後の最高裁の判断で「日本国憲法14条」でヒットする件数は457件であり、31条の436件より多い。主張による成否は兎も角、単純に当事者の何れかが憲法14条違反を主張する数も人権条項の中では最大と思われる。これに対し、21条は247件、13条は208件、22条は104件、36条の89件、25条は72件、20条は26件、23条は12件などであり、比較にならない。

52）　最大判昭和51年4月14日民集30巻3号223頁、最大判昭和60年7月17日民集39巻5号1100頁など。本書第2章参照。

53）　芦部信喜『憲法学Ⅲ』〔増補版〕63頁以下（有斐閣、2000）は、この問題を「法の下の平等」の章で論じている。戸松秀典＝今井功編『論点体系判例憲法1』176頁以下（第一法規、2013）〔戸松＝君塚正臣〕も「第14条」で説明している。

54）　最判昭和56年3月24日民集35巻2号300頁。本件評釈には、時岡泰「判批」ジュリスト745号100頁（1981）、同「判批」法曹時報36巻8号109頁（1984）、同「判批」最高裁判所調査官室編『最高裁判所判例解説民事篇昭和56年度』173頁（法曹会、1986）、林弘子「判批」萩澤清彦編『労働判例百選』〔第4版〕48頁（1981）、三浦恵司「判批」法律のひろば34巻6号514頁（1981）、荒木誠之「判批」季刊労働法120号116頁（1981）、小池貞夫「判批」労働法律旬報1022号34頁（1981）、青野覚「判批」労働判例367号10頁（1981）、安枝英訷「判批」同369号4頁（1981）、中山勲「判批」ジュリスト臨時増刊768号『昭和56年度重要判例解説』14頁（1982）、同「判批」萩澤清彦編『憲法判例百選Ⅰ』〔第5版〕30頁（2007）、山川隆一「判批」ジュリスト777号113頁（1982）、阿部照哉「判批」民商法雑誌85巻5号114頁（1982）、藤沢攻「判批」法学セミナー325号154頁（1982）、半田吉信「判批」判例タイムズ472号『昭和56年度民事主要判例解説』10頁（1982）、星野英一「判批」法学協会雑誌99巻12号162頁（1982）、米沢広一「判批」法学セミナー324号119頁（1982）、山口和秀「判批」法学セミナー増刊『憲法訴訟』120頁（1983）、小倉隆志「判批」経営法曹会議編『最高裁労働判例4─問題点とその解説』434頁（日本経営者団体連盟広報部、1983）、西村健一郎「判批」平井宜雄編『民法の基本判例』14頁（有斐閣、1986）、浅倉むつ子「判批」萩澤清彦編『労働判例百選』〔第5版〕44頁（1989）、澤野義一「判批」上田勝美編『ゼミナール憲法判例』〔増補版〕73頁（法律文化社、1994）、川口美貴「判批」山口浩一郎＝菅野和夫＝西谷敏編『労働判例百選』〔第6版〕56頁（1995）、外尾健一「判批」労働判例716号2頁（1997）、糠塚康江「判批」杉原泰雄＝野中俊彦編『新判例マニュアル憲法Ⅰ』196頁（三省堂、2000）、小山剛「判批」佐藤幸治＝土井真一編『判例講義憲法Ⅰ』16頁（悠々社、2010）、春名麻季「判批」長谷部恭男ほか編『憲法判例百選Ⅰ』〔第6版〕28頁（2013）、水野紀子「判批」潮見佳男＝道垣内弘人編『民法判例百選Ⅰ』〔第7版〕30頁（2015）などがある。このほか、米倉明「法律行為（21）」法学教室64号42頁、43-51頁（1986）、武田万里子「日産自動車男女別定年制事件最高裁判決─両性の本質的平等を求めて」論究ジュリスト17号41頁（2016）などもある。

55）　最大決平成7年7月5日民集49巻7号1789頁。本件評釈には、高見勝利＝右近健男「判批」法

431

学教室183号16頁（1995）、米倉明「判批」法学セミナー490号4頁（1995）、同「判批」法律のひろば48巻10号46頁（1995）、同「判批」法令ニュース30号9号26頁（1995）、中川淳「判批」戸籍時報641号83頁（2009）、菅野佳夫「判批」判例タイムズ893号21頁（1996）、久保田浩史「判批」民事研修462号52頁（1995）、青山武憲「判批」法令ニュース30巻11号48頁（1995）、右近健男「判批」ジュリスト臨時増刊1091号『平成7年度重要判例解説』73頁（1996）、糠塚康江「判批」法学教室186号別冊附録『判例セレクト'95』7頁（1996）、久貴忠彦「判批」同27頁、内野正幸「判批」樋口陽一＝野中俊彦編『憲法の基本判例』〔第2版〕51頁（有斐閣、1996）、川井健「判批」法律時報別冊『私法判例リマークス』13号82頁（1996）、村重慶一「判批」判例タイムズ913号臨時増刊『平成7年度主要民事判例解説』174頁（1996）、若狭勝「判批」研修579号55頁（1996）、高松靖「判批」小野幸二還暦記念『21世紀の民法』564頁（法学書院、1996）、小林武「判批」南山法学20巻1号141頁（1996）、石田喜久夫「判批」京都学園法学1995巻2＝3号64頁（1996）、野山宏「判批」法曹時報49巻11号143頁（1997）、同「判批」最高裁判所調査官室編『最高裁判所判例解説民事篇平成7年度下』633頁（法曹会、1998）、野山宏「判批」ジュリスト増刊『最高裁時の判例3私法編2』440頁（2004）、石川健治＝大村敦志「判批」法学協会雑誌114巻12号1533頁（1997）、呉煜宗「判批」法学61巻2号214頁（1997）、建石真公子「判批」法学セミナー521号70頁（1998）、二宮周平「判批」森泉章古稀記念『現代判例民法学の理論と展望』727頁（法学書院、1998）、熊田道彦「判批」芦部信喜ほか編『憲法判例百選I』〔第4版〕64頁（2000）、青柳幸一「判批」長谷部恭男ほか編『憲法判例百選I』〔第5版〕64頁（2007）、吉田克己「判批」水野紀子ほか編『家族法判例百選』〔第7版〕118頁（2008）、菱沼誠一「判批」立法と調査312号26頁（2011）などがある。このほか、新井信之「わが国の最高裁判所における人権保障のグローバル化の兆候（1、2）―近年の婚外子裁判をめぐって」香川法学30巻3＝4号1頁（2011）、34巻3＝4号240頁（2015）、太田裕之「婚外子の法定相続分差別と憲法―2009年決定を契機として」同志社法学64巻7号329頁（2013）、高橋和之ほか「座談会・非嫡出子相続分違憲最高裁大法廷決定の多角的検討」法の支配175号5頁（2014）などもある。

56）　一般に日本の最高裁の先例となる見解は「多数意見」と表記されてきたが、アメリカのものは「法廷意見」と訳されている。単に、相対的に多数だっただけではないことを示す意味で、千葉裁判官による表記変更は、日本でも望ましいと思える。

57）　本書第9章参照。

58）　巻前掲註39）論文199頁同旨。

59）　君塚正臣『性差別司法審査基準論』167頁（信山社、1996）。

60）　最大判平成27年12月16日民集69巻8号2586頁。本件評釈には、畑佳秀「判批」ジュリスト1490号97頁（2016）、同「判批」法曹時報68巻12号213頁（2016）、上田健介「判批」法学教室430号126頁（2016）、中里見博「判批」同431号30頁（2016）、石埼学「判批」新・判例解説Watch 18号31頁（2016）、羽生香織「判批」同19号109頁（2016）、寺原真希子「判批」法学セミナー734号44頁（2016）、斎藤一久「判批」法学セミナー735号108頁（2016）、常岡史子「判批」法の支配183号120頁（2016）、尾島明「判批」法律のひろば69巻4号66頁（2016）、建石真公子「判批」判例情報2284号53頁（2016）、床谷文雄「判批」判例評論694号26頁（2016）、佐々木雅寿「判批」月報司法書士532号75頁（2016）、安達敏男＝吉川樹士「判批」戸籍時報735号35頁（2016）、村重慶一「判批」戸籍時報736号44頁（2016）、水野紀子「判批」家庭の法と裁判6号15頁（2016）、二宮周平「判批」部落解放723号94頁（2016）、畑尻剛「判批」白門68巻5号31頁（2016）、齋藤美沙「判批」明治大法学研究論集45号1頁、伊藤弘子「判批」愛知学院大学法学部同窓会創立55周年記念『法学論集第5巻』546頁（2016）、佐藤一明「判批」

第10章　判決の一般的効力と遡及効

日本経大論集45巻2号97頁（2016）、小山剛「判批」ジュリスト臨時増刊1505号『平成28年度重要判例解説』21頁（2017）、野村豊弘「判批」同89頁、高橋勇人「判批」法学80巻6号41頁（2017）、横尾日出雄「判批」CHUKYO LAWYER 26号11頁（2017）などがある。このほか、坂本洋子「別姓訴訟──立法不作為の違法性を問う！」時の法令1933号46頁（2013）、「特集・再婚禁止期間、夫婦別姓訴訟大法廷判決［最高裁平成27.12.16］」論究ジュリスト18号72頁（2016）などがある。

61）　本書第9章参照。

62）　最大判昭和49年11月6日刑集28巻9号393頁。本件評釈は本書第9章参照。

63）　最判平成24年12月7日刑集66巻12号1337頁。本件評釈は本書第9章参照。

64）　本書第2章参照。

65）　本書第9章参照。

〔付記〕　本章は、「学生無年金障害者問題の憲法学──差別包囲状況における『緩やかな合理性の基準』の想定外の可能性」法律時報77巻8号75-79頁（2005年7月1日）の一部、「判批」判例評論566号14-18頁（判例時報1918号176-180頁）（2006年4月1日）の一部、「判批」ジュリスト臨時増刊1354号『平成19年度重要判例解説』22-23頁（2008年4月10日）の一部を基に、検討する事案を広げ、大幅に加筆・修正したものである。

第11章

事情判決の法理
──議員定数不均衡問題を素材に──

はじめに

　議員定数不均衡問題については、民主的国家の最も基本的な人権である参政権の差別的付与である以上、裁判所は厳格審査で臨み、安易な例外を認めるべきではない[1]。だが、その憲法判断を直截に行えば、選挙以来の立法、条約の承認、予算の可決、内閣総理大臣の指名などに影響し、全てを遡及させれば大いなる混乱を招きかねない。通常の抗告訴訟で争う途はなかなか見出し難い[2]。公職選挙法219条は、選挙訴訟における事情判決を禁じている。このような環境の中、最高裁は他の憲法訴訟では見られない積極的な法形成を行った[4]。行政事件訴訟法31条の制定時には「こういう形で適用されるということは全然念頭にはなかった」が、これ「そのものを持ってくるわけにいかないので、31条が一般的な法理をあらわしているのだということで[5]」、法令の規定を違憲と判断しつつも、そのことを直ちに法令の規定の執行に対する効力の否定に結び付けない手法を編み出したのである。つまり、最高裁は、この問題に対して、行政事件訴訟法の定める事情判決そのものではなく、あくまでも事情判決の「法理」を用いることで、対応しようとしたのである。

　しかし、この、事情判決の法理に従った司法判断は、一見すれば、終局性のない判決のようであり、問題の究極的解決にならないこの手法が司法権の応答として適切かという問題もある。そして、訴訟の実態も、定数是正のための法

434

改正を立法府に示唆するものと性格付けられるべきものである[8]。果たして、このような手法は憲法上も許されるのだろうか。この点を確認しつつ、違憲状態の是正をなさしめるのにこのような判決手法が妥当なのかを検討し、大きな憲法問題に対処する司法的判断の分析の一助としたい。

1　事情判決から事情判決の法理へ

まず、事情判決の法理の元となる事情判決とは何か[9]。行政法学の専門用語であり、同じ公法学でも憲法学界には意外と馴染みがないので、ここではその確認から始めることとしたい。

事情判決とは、行政行為を基礎として現状が変更され、そこに新たな事実的及び法律的秩序が形成されると、この既成事実を取消判決によって覆滅させることが公共の福祉に反することもあり、訴訟法のレベルで、既成事実を尊重し、取消しによる私人の利益の保護よりも公共の福祉の優先を図るために用意された制度である[10]。そして、「処分や裁決が違法であるにもかかわらず、」「本案について審理した結果、原告の」「請求に理由があっても、これを棄却する」判決のことである[11]。

明治憲法時代の1890年制定の行政裁判法は、事情判決の規定を有していなかった。しかし、その必要性は早くから主張され、1932年の、行政裁判法及訴願法改正委員会の答申に関わる行政訴訟法案174条は、その規定を置いていた[12]。同規定は、行政事件一般に適用があるものではなく、既成の施設等が覆滅されることを適当でないとして定められたものである[13]。そして、それは行政裁判所を前提とした制度であった[14]。

行政訴訟法案174条は結局、戦前には日の目を見なかったが、戦後、通常司法裁判所においても行政裁判は民事裁判とは異なるとの姿勢から1948年に行政事件訴訟特例法が定められると、事情判決制度はその11条に採用された。同法は、司法省民事局内で第3次案まで作成されたところで、司法法制審議会より答申があり、法制局案に纏められるも、総司令部の了解が得られず、取敢えず「日本国憲法の施行に伴う民事訴訟法の応急的措置に関する法律」が制定さ

れ、これが施行されている間に法案の検討が進められる中、1947年10月22日案で一旦事情判決制度がなくなり、11月11日案で「公共の福祉」の文言を加えて復活したものである[15]。復活とは言いながら、除外施設や、損失補償をなさしむる判決をなし得る旨の規定を定めず、損害賠償の請求を妨げない旨の規定を置くに留められたこと、特定の訴訟類型に限定せず、行政処分の取消し・変更に関わる訴訟一般に適用され得る規定としたことが、戦前の法案との違いであった[16]。この法律はなお不明確さを残したと評され、裁判所は、これを不当に拡張解釈する傾向が生まれた[17]。そこで、1962年の行政争訟制度の全面改正、行政事件訴訟法制定の際に、事情判決の要件を加重明確化し、原告救済の意を示して、現行の条文になったものである[18]。

　現行の行政事件訴訟法31条1項は、「取消訴訟については、処分又は裁決が違法ではあるが、これを取り消すことにより公の利益に著しい障害を生ずる場合において、原告の受ける損害の程度、その損害の賠償又は防止の程度及び方法その他一切の事情を考慮したうえ、処分又は裁決を取り消すことが公共の福祉に適合しないと認めるときは、裁判所は、請求を棄却することができる。この場合には、当該判決の主文において、処分又は裁決が違法であることを宣言しなければならない」と定めており、裁判所は主文で、処分又は裁決が違法であることを宣言して、請求を棄却することができるとするものである。2項は、「裁判所は、相当と認めるときは、終局判決前に、判決をもって、処分又は裁決が違法であることを宣言することができる」、3項は、「終局判決に事実及び理由を記載するには、前項の判決を引用することができる」とする。1項の規定内容は、行政事件訴訟特例法11条の解釈上の疑義を除去したものであるが、「思想的にはより行政訴訟法案の規定に近い方向で事情判決の要件を定めたものであると言い得」るものである[19]。こういった立法の沿革からも、或いはこの規定の文言自体からしても、この規定は「通常の権利保護の主観訴訟を眼中において、原告の利益と公益との調整をはかったものであることは明らかである」[20]。そして、瑕疵の治癒や違法行為の転換の原理と比べて、適用し易い面もあり得るのか[21]、その後の適用事例の大部分は、関係者が広範囲に及ぶ土地区画整理法、土地改良法の換地処分に関するものであった[22]。

第11章　事情判決の法理

　但し、この制度が、行政事件訴訟法31条1項によって創設されたものなのか、当然の法理の確認規定なのか、については争いがある。一般の瑕疵の治癒や補正、違法行為の転換等によってカバーできない、本来ならば取り消すべき領域をカバーするものならば注意規定とは読めない。事情判決を必要とする事情は行政訴訟の独占物ではなく、民事でも、このような規定がない分、権利濫用の一般理論によってかなりこれに近い結果を導き得ると解せ、そう考えるなら、「事情判決制度は権利濫用の理論の公法的実定法化といえよう」。これに対し、阿部泰隆は、行政事件訴訟法の事情判決制度の存在基盤は行政行為の公定力や執行力によるものであり、権利濫用の理論と一致するものではなく、「事情判決制度は法の創設による特別規定と思われる」と結論付けている。

　以上のことは、事情判決という手法をどこまで活用すべきかに関わろう。確かに、事情判決制度は、折角完成させた建造物を破壊させるなどせず、他方で違法と宣言して事後に警告を発する効果はある。しかし、これをあまりに積極的に活用すると、その分野では法治主義の原則が形骸化する恐れがある点、警戒が必要であるのは確かであろう。このことは、行政指導が乱発されてきた日本で、行政処分を行う際に事前手続が不備で違法な処分がなされたことと関連があろう。公共の福祉の概念を、判例は拡大解釈し過ぎているとの指摘もある。行政処分の瑕疵が軽微あることを重視して、安易に事情判決がなされてきたという指摘もある。また、裁判所は、自ら公益・私益の比較衡量を行い、行政庁の判断が示されていないところが、職権取消行為に対する司法判断とも異なっており、裁判所の行政的判断ではないかとの批判もある。総じて、事情判決制度は外国に例のない特異な制度であり、しばしば法治主義の点でも欠缺のある制度のように評されている。このため、事情判決及び行政事件訴訟法31条1項に対して、合憲限定的解釈が必要であるとの主張や、抗告訴訟の対象範囲の拡大や執行停止の要件の緩和、行政行為の「瑕疵の治癒」や「転換」の理論を適用できるときは適用するなどの主張が導かれているのである。

　ところで、行政事件訴訟法38条では、取消訴訟についての様々な条項が取消訴訟以外の抗告訴訟について準用するとされているにも拘らず、31条は挙げられていないため、無効等確認訴訟にはこれが準用されていない。だが、無効も

取消しも瑕疵の程度の差に過ぎず、出訴期間遵守と不服審査経由の要否という救済制度の観点から区別されるものであって実体的な差がないこと、無効という極端な瑕疵であっても、既成事実が積み重ねられた結果、それを覆滅する方が公の利益を害することがあり得ることから、無効確認訴訟でも事情判決を下す余地はあると解されている。[37] 以上のような懸念とは逆ベクトルとも言える、事情判決の拡張である。土地区画事業における換地処分の判決でも、事業は完了していないが、20年にも亘って利用関係が形成されていることが重視され、事情判決とすることは行訴法31条1項に含まれる一般的な法の基本原則に従って可能としたのである。[38] そうなると、創設規定ゆえに厳密に限定的に読まねばならないということはなく、縛りは緩み出し、そこには行政法、公法の一般原則があるのではないかとの考えに傾くことが生じよう。

　そして、この制度に、公法の一般原則を見出し、議員定数不均衡訴訟で、違法を宣言すると共に請求を棄却する判決が生まれたのである。[39] 公職選挙法219条1項により、行政事件訴訟法31条は準用できない。美濃部達吉の終戦直後の日本国憲法の概説書において、「選挙に関する訴訟」が一つの節を構成しており、[40] そこでは、「選挙の管理執行が法律に違反し且つ其の違反が選挙の結果に異動を及ぼす程度に重要性を有することを主張するものでなければならぬ」[41] などとし、「正常の員数よりも多数又は少数の議員を選挙したばあいには、其の選挙の全体が無効である」[42] と記載されているのだが、美濃部が、そして多分に当時の殆どの公法学者が、いわゆる議員定数不均衡訴訟などは夢にも思っていなかったであろうと推察できる。裁判所は、立法者や初期の解釈者の思惑を超えて、このような訴訟を謂わば創造したということなのである。

　しかしながら、選挙無効請求には大義はあっても、それをまともに認めると公共の福祉に反すると最高裁は考えたのであろう。[43] このため、法律解釈上の矛盾は認めつつ、それは、通常の取消訴訟と選挙訴訟の形態の違いから、行政事件訴訟法31条の要件、内容をそのまま後者に「準用」できないことからの「排除」であって、その法理の援用まで積極的に排除したわけではない、ということで説明しようとした[44] ものと言えよう。類推適用と言っても、選挙の無効は宣言されず、損害賠償もなく、ほかの救済もなく、「次の総選挙までに違憲の法

律の改正をするだろうという期待があるだけ」である[45]。このため、「事情判決の法理」はあくまでも「法理」であって事情判決そのものではない。「超法規的判断[46]」と言えるかもしれない。だが、判決は、事情判決制度の重要な要素である原告の利益の実質的保障の側面が全く欠けており、このような理解には無理があるという批判も根強いものがある[48]。雄川一郎の分析のように、これは、「公職選挙法上の選挙訴訟という形式を借りて、その中に憲法上の平等の侵害に対する抗告訴訟の実質を」有するものなのかもしれなかった[49]。また、「判例によって創造された特殊の選挙訴訟とでもいうことになる」、「一種の無名抗告訴訟と解される」とも評価している[50]。原則だけに頼りつつ、具体的な実定法の縛りを擦り抜けた印象も強いものである。

　行政事件訴訟法の解釈、行政法の法治主義原理に基づく堅い解釈という観方からすれば、最高裁が、珍しく、「こんな無理」をしながら却下判決を避けたものだと言えそうである[51]。それでもなお、この手法が採られ、こと議員定数不均衡訴訟については、少なくともこの手法を用いて違憲宣言を行うことへの批判は少ない。ただ、肯定論も、積極的に賛成しているというよりは「『法の一般原則』として一般化することには反対し」ながら、「消極的な形で受け入れたうえ、」限界点を探る観方が「支配的である[52]」というのが行政法学界の概況と言ってよいであろう。では、どのように事情判決の法理が謳われ、定着してきたのか、次に観察してみることとしたい。

2　事情判決の法理に基づく判決

（1）肯定的多数意見

　議員定数不均衡問題が最高裁で最初に争われたのは、1962年参議院議員通常選挙についての1964年判決のときである[53]。まず、前提として、議員定数不均衡問題において、学説の中には、何故統治行為論を採らないかを言明すべきであり、問題にすべきとするものもあるが[55]、最高裁は、一見明らかに採ることも考えられないではない統治行為論を採らず[56]、司法審査についての裁量的権限説を採ったと見ることができる[57]。また、アメリカでも議員定数不均衡訴訟を憲法的

439

制度訴訟の一つとして捉える向きもあるが如く、選挙制度改革を伴う司法判断は、本質的に裁判所が行うべきでないとする説も存在したが、多数とはならなかった。およそ法律問題たり得ない「政治の藪」だという当初の予測とは異なり、「観念的に恐れられていたほどには"政治的"（非法的）であるわけのものでな」かったのであり、統治行為論の強調する論拠の一つが民主政の原理であることからしても、議員定数不均衡訴訟においては統治行為論の出番ではなかったと言うべきであろう。このため、およそ憲法判断の余地がないとする方向は、当初から遮断されたことになる。

1962年参議院議員通常選挙の議員定数不均衡の訴えに対して、東京高裁は、翌年、「選挙訴訟の適法な請求原因としては、当該選挙が、選挙の規定に違反する違法なものであることを主張すれば足りるのであり、被告主張の如き『選挙の規定に違反する』という事由に当る個々の具体的事実は、専らその請求を理由あらしめるための要件であつて、なんら訴の適法要件ではないと解するのが相当である。このことは、公職選挙法第204条、第205条第1項の文理解釈、並びに右各規定の立法趣旨に照らし、自ら明白というべきである」として、訴えそのものも斥けた。だが、その上告審である最高裁は、そのまた翌年に、訴訟の形式要件不備を理由に却下することをせず、「各選挙区に如何なる割合で議員数を配分するかは、立法府である国会の権限に属する立法政策の問題であつて、議員数の配分が選挙人の人口に比例していないという一事だけで、憲法14条1項に反し無効であると断ずることはできない」などとして実体判断を行い、原告の請求自体は斥けたが、他面、公職選挙法204条による訴えという方法を認めたのである。

同判決において最高裁は、訴訟の適法性や統治行為論などには触れず、4.088倍の最大較差が立法裁量の内にあるとして定数配分を違憲としなかったため、このような手法が許容されるか否かという点は多くの人に見過ごされ、訴訟手続上の問題は大きな争点とはならなかった。合憲判断の下でこのことを第一投としたのが最高裁の深慮遠謀だとすれば、高度に政治的な戦略とも思えるが、却下判決では冷たいと思われるのを恐れた勇み足とも考え得るものであり、その真意は今となっては藪の中である。このような判断は、違憲判断が直

440

第11章 事情判決の法理

截的に働けば選挙は無効となるが、そうであれば、憲法の所期しない結果をもたらすので、これを回避するため、行政事件訴訟法31条の事情判決制度を「一般的な法の基本原則」を媒介として援用したものと解されよう[64]。訴訟は、民衆訴訟の性格を有し、選挙制度の適切な是正を目指すものであった[65]。このような手法は、「実質的には、選挙無効の訴訟を換骨奪胎して、違法宣言訴訟に変えてしまったもの」であり、「事情判決の法理に依拠したのは、まさに、選挙無効訴訟を生かすための最高裁の苦心の策だったのである[66]」。

最高裁は、衆議院議員総選挙に関する1976年判決では[67]、当該選挙の最大較差4.99倍を違憲としながら、「憲法に違反する法律は、原則としては当初から無効であり、また、これに基づいてされた行為の効力も否定されるべきものであるが、しかし、これは、このように解することが、通常は憲法に違反する結果を防止し、又はこれを是正するために最も適切であることによるのであつて、右のような解釈によることが、必ずしも憲法違反の結果の防止又は是正に特に資するところがなく、かえつて憲法上その他の関係において極めて不当な結果を生ずる場合には、むしろ右の解釈を貫くことがかえつて憲法の所期するところに反することとなるのであり、このような場合には、おのずから別個の、総合的な視野に立つ合理的な解釈を施さざるをえない」と述べた。次に、本選挙についても、「右規定が憲法に違反し、したがつてこれに基づいて行われた選挙が憲法の要求に沿わないものである」「からといつて、右規定及びこれに基づく選挙を当然に無効であると解した場合、これによつて憲法に適合する状態が直ちにもたらされるわけではなく、かえつて、右選挙により選出された議員がすべて当初から議員としての資格を有しなかつたこととなる結果、すでに右議員によつて組織された衆議院の議決を経たうえで成立した法律等の効力にも問題が生じ、また、今後における衆議院の活動が不可能となり、前記規定を憲法に適合するように改正することさえもできなくなるという明らかに憲法の所期しない結果を生ずるのである。それ故、右のような解釈をとるべきでないことは、極めて明らかである」と判示したのである。

そして、「この訴訟による場合には、選挙無効の判決があつても、これによつては当該特定の選挙が将来に向かつて失効するだけで、他の選挙の効力には

影響がないから、前記のように選挙を当然に無効とする場合のような不都合な結果は、必ずしも生じない」が、「選挙無効の判決によつて得られる結果は、当該選挙区の選出議員がいなくなるというだけであつて、真に憲法に適合する選挙が実現するためには、公選法自体の改正にまたなければならないことに変わりはなく、更に、全国の選挙について同様の訴訟が提起され選挙無効の判決によつてさきに指摘したのとほぼ同様の不当な結果を生ずることもありうる」とする。そして、「そこで考えるのに、行政処分の適否を争う訴訟についての一般法である行政事件訴訟法は、31条1項前段において、当該処分が違法であつても、これを取り消すことにより公の利益に著しい障害を生ずる場合においては、諸般の事情に照らして右処分を取り消すことが公共の福祉に適合しないと認められる限り、裁判所においてこれを取り消さないことができることを定めている。この規定は法政策的考慮に基づいて定められたものではあるが、しかしそこには、行政処分の取消の場合に限られない一般的な法の基本原則に基づくものとして理解すべき要素も含まれていると考えられるのである。もつとも、行政事件訴訟法の右規定は、公選法の選挙の効力に関する訴訟についてはその準用を排除されているが（公選法219条）、これは、同法の規定に違反する選挙はこれを無効とすることが常に公共の利益に適合するとの立法府の判断に基づくものであるから、選挙が同法の規定に違反する場合に関する限りは、右の立法府の判断が拘束力を有し、選挙無効の原因が存在するにもかかわらず諸般の事情を考慮して選挙を無効としない旨の判決をする余地はない。しかしながら、本件のように、選挙が憲法に違反する公選法に基づいて行われたという一般性をもつ瑕疵を帯び、その是正が法律の改正なくしては不可能である場合については、単なる公選法違反の個別的瑕疵を帯びるにすぎず、かつ、直ちに再選挙を行うことが可能な場合についてされた前記の立法府の判断は、必ずしも拘束力を有するものとすべきではなく、前記行政事件訴訟法の規定に含まれる法の基本原則の適用により、選挙を無効とすることによる不当な結果を回避する裁判をする余地もありうるものと解するのが、相当である。もとより、明文の規定がないのに安易にこのような法理を適用することは許されず、殊に憲法違反という重大な瑕疵を有する行為については、憲法98条1項の法意に照らし

442

ても、一般にその効力を維持すべきものではないが、しかし、このような行為についても、高次の法的見地から、右の法理を適用すべき場合がないとはいいきれない」とした。

そうして最高裁は続けて、「本件について考えてみるのに、本件選挙が憲法に違反する議員定数配分規定に基づいて行われたものであることは上記のとおりであるが、そのことを理由としてこれを無効とする判決をしても、これによつて直ちに違憲状態が是正されるわけではなく、かえつて憲法の所期するところに必ずしも適合しない結果を生ずる」のであり、「これらの事情等を考慮するときは、本件においては、前記の法理にしたがい、本件選挙は憲法に違反する議員定数配分規定に基づいて行われた点において違法である旨を判示するにとどめ、選挙自体はこれを無効としないこととするのが、相当であり、そしてまた、このような場合においては、選挙を無効とする旨の判決を求める請求を棄却するとともに、当該選挙が違法である旨を主文で宣言するのが、相当である」と判示し、いわゆる事情判決の法理を用いて、違憲であるとの判断をしながら選挙そのものは有効としたのである。

このような方針は、その後の判決でも踏襲されている。例えば、同じく衆議院議員総選挙の違憲判決である、1985年判決⁽⁶⁸⁾でも、「また、議員定数配分規定そのものの違憲を理由とする選挙の効力に関する訴訟は、公職選挙法204条の規定に基づいてこれを提起することができるものと解すべきである」の一文があるだけで、その根拠として先例を引用して終わっており、事情判決の法理の可否は最早論点ではないとの不動の姿勢を最高裁は示したのである。

（2）批判的少数意見

だが、このような事情判決の法理による判決には、反対する少数意見が長く付されていた⁽⁶⁹⁾。1962年参議院議員通常選挙についての1964年判決には、早速、このような判断に反対する斎藤朔郎裁判官（検察官出身）の意見が付いている。斎藤意見は、まず、「多数意見が、各選挙区に如何なる割合で議員数を配分するかは、立法府である国会の権限に属する立法政策の問題であるとしている」が、「例外の場合」「には違憲問題が生じ、したがつて右別表の無効を認める場

443

合のあることを示唆している点に、私は危惧を感じる」とする。多数意見は、砂川事件最高裁判決の[70]「『一見極めて明白に違憲無効であると認められない限りは、裁判所の司法審査権の範囲外のものであつて』といつているのも同様な考え方」だとして、結論に賛同した。しかし、「かりに、公職選挙法別表2が憲法の平等条項に違反することによつて、選挙が無効と認められた場合には、如何なる事態が発生するかを考えてみるに、『その究極の結果は、国民から現在の立法機関を奪つてしまい、しかもそれに代る新しい立法機関を選出する方法もなく、ついに国家の機構の破滅を招来』しかねない。参議院の半数改選議員の選挙が全部無効となるような事態が発生すれば、国会の機能は全く停止されてしまう」し、「そもそも、公職選挙法204条の訴訟は、本来は、選挙の管理執行上の過誤を是正することを目的とする制度であ」り、「本件別表2が違憲無効と認められる場合に、果して40日という短期間内に、別表の改正が行われることを、期待できるであろうか。それができなければ、無効の選挙をくり返えしていくより仕方がない。右204条の規定を合理的な範囲内で拡張解釈することは差し支えないとしても、国会と裁判所との間において、裁量判断にくいちがいの生じるおそれの多分に存する問題についてまで、司法的解決を与えんとすることは、拾収すべかざる混乱を招来するものと思う。かように考えてくると、右204条の訴訟で、本件事案におけるような請求を求めることの合法性に、私は強い疑問をいだく」として、この点については多数意見とは異なる判断をしたのである。

　参議院の1966年判決における[71]田中二郎裁判官（行政法学者出身）の意見も、これを継ぐものと考えられる。意見は、「多数意見が説示しているように、『立法府である国会の権限に属する立法政策の問題であつて、議員数の配分が選挙人の人口に比例していないという一事だけで、憲法14条1項に反し無効であると断ずる』ことはでき」ず、違憲判断は、「国会が、憲法の趣旨を没却してその裁量権を濫用し、全く恣意的に議員数の配分を行なつたことが客観的に一見明白であることを理由とする場合に限られるべきである」という、原告不利な前提で議論を始めている。

　そして、「公職選挙法204条の選挙の効力に関する訴訟」は「いわゆる民衆訴

訟の性質を有する訴訟であつて、この訴訟で、別表2の定める議員数の配分の違憲無効を主張して争うことができるかどうかも頗る疑問としなければならない。というのは、公職選挙法204条の定める選挙の効力に関する訴訟制度は、元来は、選挙の管理執行上の瑕疵を是正することを目的とした制度であつて、議員数の配分の違憲の主張のごときものは、全く予想していない」と述べる。主たる理由は前述の斎藤裁判官とほぼ同じであり、「再選挙は、これを行なうべき事由が生じた日から40日以内に行なうべき」ことになるが、それ「は事実上不可能であ」り、「違憲無効の別表2によつて、違憲無効の選挙を繰り返すか、改正法の成立するまでの相当の期間、国権の最高機関の一部の存立を否定せざるを得ないこととなる（衆議院についても同じ問題が生ずる可能性があり、場合によつては、国会両院の存立が否定され、従つて法律の改正自体が行なえない場合の生ずる可能性がないわけではない。）」のであり、「本来、許されないところと解すべきであ」るとして、この訴訟類型を利用することを否定したのであった。

　このような意見はその後も続き、衆議院に関する1976年判決での、「判例が各選挙区における議員定数配分の違憲を理由とする選挙無効の請求を公選法204条の訴訟ですることに合法性を認めたのは、法の解釈を誤つたものであり、したがつて、その限りにおいて判例を変更する必要がある」とする天野武一裁判官反対意見、参議院の1983年判決[72]や東京都議会の1984年判決[73]における藤崎万里裁判官反対意見によって、そのような主張は示されている。たまたまであろうか、検察官、外交官、行政法学者出身者が続いた。

　同調するように、平賀健太元札幌地裁所長（法務官僚出身）が、1982年に、「法律の許容しない訴を受理して違憲審査権を行使するということは、訴訟法の認めるなんらかの訴の名称と形式を借りただけの、その実質は、直接に法律の違憲無効であることの宣言を求める訴を適法な訴として受理して、その法律の憲法適合を審査することと異るところはないのではないだろうか」[74]、「裁判所は、単なる『憲法上の要請』や『憲法の精神』を根拠に、法律を違憲無効とすることはできない」[75]、「自ら法律を制定し、改廃する権限は、裁判官にはあたえられていない」[76]などと批判して、この手法に端的に疑問を呈した。1992年には、岡原昌男元最高裁長官（検察官出身）により、やはり事情判決は公選法219条の明文

規定に反するほか、国会が是正を行わなければ司法の権威が失われるなどの問題があり、「一部の選挙区の全議員が当選無効」とな「っても、選挙法改正その他の議会の活動は、他の選挙区から選出された議員によって、なんら支障なく進めることができる」とする批判がなされていた。[77]

　しかし、このような反対意見は数少なく、かつ次第に影を潜めてきた。退官後に上記見解を示していた岡原元長官も、最高裁判事時代には、1976年判決における、「千葉県第1区に関する限り違憲無効であつて、これに基づく同選挙区の本件選挙もまた、無効とすべきものである。したがつて、本件上告は理由があり、これと見解を異にする原判決を破棄し、本件選挙の無効を求める上告人の本訴請求を認容すべき」との結論に達した共同の反対意見において、「現行法上選挙の無効を争う点で類似している公選法204条の訴訟の形態を用いることができるとした多数意見は、そのまま同調しうる」との判示をしていたのであり、最高裁の裁判官による法廷での意見としては、事情判決の法理反対論は非常に数が限られる。これらの裁判官の見解は、「公選法の解釈としては、かえってその方に説得力があるようにも見える」が、多数意見の方が「裁判所のもつ憲法保障機能を重視」していると評価できようか。[78]また、公選法204条の選挙訴訟は、同じく違法に行われた国会議員選挙の結果を排除、是正する208条の当選訴訟と比べれば、選挙を無効として改めて投票手続からやり直すものであり、「選挙訴訟は再選挙を目的とするものといえないではない」[79]のであった。実際に再選挙が可能かどうかは、「国会の権限と責任において解決すべき問題」であり、定数不均衡が選挙訴訟で争えないと言うのは「選挙訴訟を設けた本来の趣旨に沿わない」[80]と言えた。要は、以上の反対意見等は、行政法の条文の忠実な解釈ではあるが、憲法・統治構造上の大局から見たとき、法廷内でも多くの賛成を得られるものではなかったということである。

　田中二郎と同じく、行政法学者出身の最高裁判事であった藤田宙靖も、退官後、「裁判官にとっては、まず何よりも、目の前にある当事者間の現実の争いについて、そのいずれかに軍配をあげることこそが究極の課題」[81]であるとして、「法の一般原則が引き合いに出されるのも、基本的にはあくまでも、目の前の具体的な事件について『最も適正な解決』をもたらすための一手段に過ぎ」

ないとし、最高裁が判例変更を減多にせず、事案の区別をして先例とは一見異なる判断をすることを肯定的に語っている[83]。ここで藤田が挙げた例は、公務員の政治活動を巡り、猿払事件最高裁判決と一見異なる判断を下した堀越事件最高裁判決[85]と、（第1次）メイプルソープ写真集事件最高裁判決[86]とは一見異なる判断を下した第2次メイプルソープ写真集事件最高裁判決という、一般的に言えば憲法判例に属するものである[87]。別の観点から見れば、事実認定、次に法令の解釈で解決できる事案で、不必要な憲法解釈はしないという趣旨も含まれていると思われる。このことは、少なくとも、精神的自由や参政権、憲法14条1項後段列挙事由の差別などの事例でない限り、憲法判断回避の準則と呼ばれてきたものは法理であるという観点から同意できる[88]。そうであれば、議員定数不均衡事件において、結局、選挙無効を認めず、原告の請求を斥けるのであれば、憲法判断は不必要ではあるのだから、事情判決の法理を排除するのが筋のようにも思えるが、興味深いことに、最高裁時代の藤田はそのような立場に与した判断を下していない。逆に言えば、行政法理論的一貫性や事案の解決を超えて、事情判決の法理はそこまで浸透したということであろう。斯くの如く、事情判決の法理は議員定数不均衡事件において定着したと言えよう。

3　学説の評価

（1）反 対 論

　以上のような判例の動向に対して、学説でも事情判決の法理に否定的見解は存在した。この手法はある意味、法治主義に反する、諸外国にも類例のない手法である[89]。そして、違憲とは宣言したいが選挙は無効にしたくないとの裁判所の配慮の結果である。選挙訴訟では選挙無効の後に再選挙が予定されているのに対し、事情判決の法理に従った再選挙なし、即ち救済なしの判断は、憲法98条1項の法意に沿うものではなく[90]、定数是正は国会によってしかなされ得ず、選挙無効判決をなす意味が失われ、結局、議員定数不均衡に基づく選挙無効の訴訟を同法は予定していないことは明らかだからである[91]。最高裁に少数意見があったように、学界にも反対論があっても不思議ではなかった。

行政法学者の雄川一郎は、公職選挙法は、「同法上の選挙訴訟や当選訴訟について、」行政事件訴訟法31「条の準用をしていないのは当然と言うべきであ」ると述べ、事情判決の法理を認めた最高裁判決は「形式的に見れば、矛盾を含むことは明らかである」と主張した。「個別的瑕疵」と「一般性をもつ瑕疵」が「法律上異質の瑕疵であるというのであれば、公職選挙法上の選挙訴訟において後者の瑕疵をも争い得るということに無理があるし、また法律上同質のものであるというのであれば、行政事件訴訟法31条を準用しないのは前者の瑕疵を争う場合に限られるということが無理になる筈である」などとする。そして、「また何よりも、当選訴訟を公職選挙法による選挙訴訟と認め、また行政事件訴訟法31条１項前段の規定を法政策的考慮に基づいて定められたものとしながら、同法が選挙訴訟について準用を排除している行政事件訴訟法31条の規定そのものに含まれる法の基本原則を適用するというのは、いかに『高次の法的見地』からといっても、いかにも無理な論理であって、解釈論としてはそのままには成立し得ない」と厳しく批判したのである。更に、学説の中には行訴法31条が、行政行為の取消しにより公共の福祉を害するときは、それとの調整から自由に取り消せないという「一般的な考え方」を明示したものとする考えもあるが、この問題として説かれてきたのは職権取消し、行政庁の取消権の行使に関する理論ではなかったかとの疑問を呈する。仮に、この手法が例外的に認められるとしても、「処分取消の結果が公の利益に著しい障害を生ずるということだけではなく、原告の権利の保護ないし回復のために処分取消に代替する有効な方法があり得ること、また原告としてもそれらの方法によって満足ないし我慢することが相当と考えられるような場合」でなければならないが、議員定数不均衡訴訟の事実関係はそうではなく、判例は支持できないと結論付けた。

　田口精一は、公選法205条１項による選挙訴訟について、「選挙が各選挙区を単位として施行されるものであるから、選挙訴訟の対象として争われるのは、特定の選挙区、開票区」「などにおける集合的な行為としての選挙の効力」を争うべきものであるところ、議員定数不均衡訴訟のようなものは、「議員定数の改訂がなされない限り、再選挙をいくたびくり返したところで、不均衡の結果はぬぐいきれないものであり、しかも再選挙は、これを行うべき事由が生じた

448

日から40日以内に施行しなければならない」のだから、「現行の公選法のもと
では、初めからこれを予想もしていなかったものと考えざるを得ない」し、こ
のことは「選挙訴訟」が「当該選挙区施行の選挙に関し、その権限を有する選
挙管理委員会を被告として、その執行の違法を理由に提起すべきもの」として
いることからも明らかだと述べる[98]。同様に、選挙管理委員会には当事者能力が
ない[99]、選挙管理委員会でその瑕疵を是正する途のないものを公選法204条訴訟
で取り上げるのは違法である、という見解[100]もある。この見解は更に、同委員会
が訴訟費用の負担をすることも理解できないとしている[101]。

　田中真次も、選挙を無効として40日間のうちに再選挙を行うことは、その間
に公選法別表の改正が必要となるものの、それは困難であり、それまで当該選
挙区の議員を欠員とすることは疑問であり、現行の選挙訴訟制度では解決でき
ないとし、主張自体失当で、請求は棄却するよりほかはないとしていた[102]。久保
田きぬ子も、この「問題を裁判所において争うことに決して反対するものでは
ない」としつつも、「限界がある」のであり、「究極的には、国会の問題であ
り、『投票箱』の問題である」と述べている[103]。林修三も、公選法204条訴訟の提
起を不適法と述べて憚らなかった[104]。

　1976年最高裁判決の天野裁判官反対意見以来、この種の意見は散見されてい
る[105]。事情判決とは、言ってみれば、「裁判所は、定数配分が違憲である旨の確
認判決は行うが、違憲状態の是正は議会に任せ、議会が何も措置しない場合、
あるいは措置をしてもそれが裁判所の眼から見て違憲状態を解消したとはいえ
ない場合でも、裁判所が是正措置を命ずるということはしないものとする立
場[106]」に立っているものと思われる。以上の否定的学説は、選挙訴訟による議員
定数不均衡の訴えを不適法とする方向を導いていたように思われる。

　これらの説は、事情判決が法治主義の原則の例外的制度を厳格に限定的に
行っているか、拡張的適用ではないかとの疑問を伴っていた[107]。事情判決自体が
法治主義の例外的なものであるから、適用は限定的であるべしとの批判が強
かった[108]。また、別表全体が違憲である以上、当該選挙区選挙のみが無効という
ことはできず、また、不均衡が著しく、訴えがなされた選挙区在住の国民がか
えって国民代表を送り出せなくなることは矛盾であることも[109]、こういった判決

手法を是認する消極的理由とされてきたように思われる。抗告訴訟により訴えるのが本来であるということであろう。[110]事情判決の法理を注目すべき英知と認めつつ、安易な拡大適用を戒めるものだったと言えよう。

（2）肯 定 論

しかし、学説の多くは当初から、事情判決の法理を認めつつも、1976年判決の指摘するような「結果」は生じないとする肯定的な空気が支配的になり、はっきりした「否定的な見解は少ない」状況にあった。[111]特に異論を唱えない多数は消極的賛成だったと言えよう。

まず、以上のような反対論に対しては、まず、田中真次の言うような選挙無効による混乱とは、「専ら立法府たる国会において処理すべき事項に係る」ものであり、そうであるにも拘らず、国会が「何もなさないであろうか等という点をその余の国家機関において忖度しまたは喋々すること自体、」「司法権」が「『政治のしげみ』に自ら踏み込むことにほかならず、」「最も政治的であるとの誹りを免れない」ものだとする越山康の批判がある。[112]この種の批判は、統治行為論や憲法判断回避の準則についても言われたものである。「司法権」の要件の細かい議論というよりは、憲法判断なしはあり得ないとする批判であろう。

越山のような訴状を纏める側から見れば、当時、このような「訴訟は、現行法上選挙人が選挙の適否を争うことのできる唯一の訴訟であり、これを措いては他に訴訟上公選法の違憲を主張してその是正を求める機会はないのであ」[113]った。事情判決に至る選挙訴訟のルートが閉ざされれば、そもそもこの問題で裁判所に憲法判断を仰ぐ途はなくなるという危惧があった。また、選挙訴訟が客観訴訟、民衆訴訟の典型ではあるものの、主観的利益の不存在が要件となっているわけではなく、主観的権利の救済の機能も有しており、主観的運用に異を唱える必要もない[114]との主張もされた。原告としては選挙訴訟を選択でき、本来ならば選挙無効を求めるものの、裁判所としては解決に窮するならば、事情判決の法理に逃げ込むことを否定はしない、ということであろう。

判例が議員定数不均衡を違憲としつつ、選挙を無効とせず、事情判決の法理を用いてきたのには、公職選挙法の別表（定数配分規定）が、定数配分という性

450

第11章　事情判決の法理

格上、不可分一体性を有するため、全体として違憲となるという前提があり、事情判決の法理を肯定する学説の多くもまた、まず、選挙区割りを定めた公職選挙法別表の不可分性を前提としている。和田英夫は、法治主義の下では、違法な行政は取り消されるべきであるから、こういった手法は例外的なものであり、安易な拡大には賛成できないとしながらも、「与野党の全国的な選挙対策の方針の下で選出されてくる議員全体にかかわる国会議員の定数配分問題にあっては、可分よりも不可分の事案とみるべき」だと論じ、全国的な定数配分問題であり、かつ、訴訟当事者も当該選挙区の選挙を無効とすればよい趣旨ではないものであることを根拠に不可分論を採った。千葉勇夫も、議員の総数を人口にほぼ比例となるように配分・編成した沿革があり、通常は、全国的配慮の下で是正がなされるべきものであること、訴訟構造上も、可分説によると、過剰代表選挙区からの訴えは事実上ないので、過少配分違憲と表裏一体をなしている過剰代表違憲の判断の機会を失うという不都合が生じることなどから、選挙区割り不可分論を肯定した。もし、可分論に立ち、過少選挙区の選挙を無効とすれば、差別を受けてきた当該選挙区民の選挙権が剥奪されたも同然となるという矛盾もあったからでもあろう。

　そして、事情判決を積極的に認めてよいとする判例の考えの背景にあるもう一つの考えは、国法秩序の大原則からして、憲法違反の法令は原則として当初無効であるが、そうなるとこれに基づいてなされた行為の効力も全て否定されるのが筋であるが、これを避けねばならないという点にあろう。

　今村成和は、1976年判決時点では事情判決をすべき場合ではない、という主張に反論する形で、「選挙無効の判決をしても、これによっては、当該選挙区選出議員がいなくなるだけで、直ちに違憲状態が是正されるわけではない」中で、「選挙を無効とすることには、もともと特段のメリットがあるわけではない。この場合の事情判決は、それを踏まえてのことなのだから、無効とすることによって国政の上に多少ともマイナスの影響を生ずることがあれば、はかりは容易に事情判決の方に傾くだろう」と述べている。そして、過少代表の選挙区選出議員の当選を無効とするのは「本末転倒」であるとも述べた。更に、「選挙を無効にすることの取り柄は、敢えていえば、公選法改正のための起爆剤た

451

ることにしかないのだから、そのためには、選挙の違法を宣言するだけで足りる」とも述べている。[124]「定数是正は、他の選挙区にも及んでいるのだから、その施行は、次の総選挙の時から一斉に行われるのが望ましく、特定の選挙区についてのみ、判決があったからとはいえ、繰上げ実施することが、妥当かどうかは疑わしい」し、「再選挙は、もとの選挙とは全く別個のものであり、もとの選挙における選挙人団の意思を、瑕疵のない形で再現するものではないのだから、もともと次善の策に過ぎないものである。したがって、本件のように、もとの選挙の当選人の当選を失わしめることに合理的根拠のない場合には、取るべき手段とは思えない」と断言する。[125]浜田純一や遠藤比呂通も同様に、過少選挙区の選挙民が訴えを起こすと、その選挙区の代表がいなくなるというのは矛盾であると指摘していた。[126]何れも、理不尽な結果を避けるための事情判決はやむなしとする主張である。

　樋口陽一は、「多数意見が苦心して自由な発想を論理づけようとした点は、高い評価があたえられてしかるべき」[127]だとし、「実質的には私権保障型のものとして構成し」[128]たものであって、「きわめてつよく憲法判断積極主義の方に傾いている」[129]と評価したほか、中谷実はこれを「積極主義」[130]に、戸松秀典も「準積極主義」に分類している。[131]戸波江二も、「国会の判断を尊重しつつ違憲判決を下すための一つの手法として、支持できる」[132]とした。これらは、何よりも、憲法判断、特に参政権の欠缺に対する憲法判断は積極的であるべきであることを基本に、選挙無効は無理でも憲法判断を求める、或いは、折角、違憲判断を行おうとする最高裁に反対する必要はないとする主張と言えようか。

　区割り不可分論に従い、選挙全体が違憲となれば、議員が最初から議員としての資格を有さなかったことになる筈であり、結果、その議員によって組織された議院の議決を経て成立した法律等の効力に問題が生じよう。また、当該議院の今後の活動が不可能になるほか、別表を憲法違反でないように改正することもできず、憲法の所期しない結果を生じてしまうという点である。[133]

　当該公職選挙法別表が憲法14条違反で無効となったとしても、公職選挙法34条に定める再選挙を行うまでの40日間に、別表を改正することは殆ど不可能であり、その際に別表を破棄して全国を一区とする選挙を行う方法も、現行法の

建前や、訴訟が特定の選挙区の選挙の無効を争って提起されていることに鑑みると、難しい。[134] 再選挙の実施が困難であれば、裁判所は、別表の違法は「選挙の結果に異動を及ぼさない」との結論にならざるを得ないのかもしれなかった。[135] この混乱を避けようとして編み出されたのが事情判決の法理であり、それは、「違憲性について判断すること自体の正当性ないし利益にかかわっている」[136]「すぐれて便宜的な手法」[137]とも言えた。芦部説は、違憲だが請求棄却とせざるを得ないが、そのことによって、裁判所はかえって安心して違憲判決を下せるお墨付きを与えられたと言えようか。[138]

　結局、議員定数不均衡を争う途としては、選挙訴訟、不可分論、そして事情判決の法理が、三位一体のものとして学界で広く支持されるところとなった。「いかにも、選挙の規定違反の事由に該当する個々の事実は、訴えの適法要件と考えるべきではないであろう。また、選挙の規定違反とは、明文に反することがなくても、選挙の自由公正が著しく害された場合を含むと解されているので、原告が準備書面（第2）でいう『選挙法令の違憲無効を理由に諸法令に基く選挙管理執行行為の違法を主張する請求』を、本件の場合204条の訴訟として是認することは、許されてよい」[139]とする芦部信喜の見解が学界の総意と言うべきか。芦部はまた、公職選挙法204条の訴訟が再選挙の実施の可能性を前提にするものであり、定数配分規定が違憲無効とされてこれを改正しなければ適法な再選挙を行うことができない場合のみを予定する制度ではない、ということも指摘している。[140] このあたりにも、事情判決の法理を避雷針として是認した雰囲気が漂うのである。事情判決の法理は「一種の便法」[141]、「違憲状態の確認」[142]の一例であるが、特に違憲宣言判決の便法であった。国会に対し、「いかにして、警告し、説得するか、という、いわばいささか異状な方法」[143]なのである。別の言い方をすれば、「一種の将来効判決」[144]とも言えた。

　事情判決の法理については、「一種の違憲確認判決ないし一種の将来効判決を行い、政治部門の憲法上の責任を明確にした」[145]との評価もある。しかし、同法理は、振り返って見ても、議員定数不均衡訴訟のみに使われる特殊なものと化し、他にも汎用しようとする主張は殆どなく、理論的でない疑いがかかる。あくまでも、司法的に解決困難となった議員定数不均衡問題において、「現行

453

訴訟制度における違憲・違法即無効（ないし取消し）という一義的な判決方法の不備を補うために、法創造的に両者を切りはなす判決方法を見出し、それを『事情判決』の形を使って説明したことにほかならない」のであった。[146] 超法規的措置が許されるのは、「憲法の所期しない結果」を避けるためであった。[147] 或いは、これを放置して憲法の番人たる信頼を崩さないで、立法府との対立関係を直ちに生じさせない手法の下で、しかし、違憲の判断を国会に突きつけたとも言えなくはない。[148] だが、無効判決の方が構成に「風穴をあけてしまう」という意味で「強力」であるにも拘らず、選挙無効判決を回避するのは、司法の立法に対する暫定的な礼譲であるという説明もある。[149] そうであれば、参政権保障に反する違憲状態であるから、より積極的な救済を求める理論構成を行うべきではなかったか。事情判決は可能である、というのが憲法学説としても定着していると言ってよいが、実は、積極的にこの手法の合憲性・合法性を克明に説明する論考はあまり見当たらず、法理論的な論争の影は、実は薄かったように思えた。事情判決の法理は、積極的には支持できないとしても、違憲判断を裁判所にさせるためには、積極的には否定できない、という忸怩たる思いが通説的見解にはあるように見えるのは、気のせいだろうか。

4　事情判決の法理を超えられるか？

　このように考えてくると、事情判決の法理を是認する通説・判例も、このままでは盤石ではないように思われる。何よりも、事情判決の法理には、事件の解決を行うという「司法権の本質と矛盾しないだろうか」との疑問がある。[150] 日本国憲法76条の「司法権」の定義からしても、裁判所の違憲判断の効果も当該訴訟の枠内に止まるものであるべきであり、抽象的規範統制訴訟のようなものは認められていない。[151] しかし、事情判決の法理に基づく司法判断は、限りなく抽象的規範統制に近い性格を帯びている。ならば、なぜこのような手法が許されるのかとの疑問も生じるであろう。事情判決の法理の利用は、法治主義に反する裁判所の判断であるとも言える。これについては、以前は、立法義務違反であることを国会に示している分、国会に対するインパクトは強いのだと言え

なくもなかった。しかし、事情判決を繰り返せば、国会が是正を怠るのを黙認する逆効果も視野に入れねばなるまい。国会は最小限の是正をしてよしとし、それ以上のインパクトを裁判所が与えられないという苦難が待っていたとは、予想外の「あの頃の未来」であった。このことから、繰返しは認められないとする説もあるほどである。

そこで、定数不均衡を是正して議席を再配分し、具体的権利・利益の擁護をおよそ行わないのであれば、寧ろ無用な憲法判断をしない方が筋ではなかったか、との疑問もないではない。従来の事情判決否定論は、謂わばこれに沿う説であろう。しかし、この立場は、些細な法規定や行政法理論などに束縛され過ぎており、民主主義社会で最も重要な人権だと言えなくもない参政権の偏在についての憲法判断に至る途を絶ってしまうのは本末転倒である、という批判を浴びよう。事情判決の法理を用いることの有力な根拠である、選挙結果に異動を及ぼすか恐れがあるかどうかは当該選挙の瑕疵の齎す結果の問題であり、後続の選挙の実施が可能かどうかとは無関係であるという批判もある。

では、事情判決の法理の援用をどのように正当化できようか。それはやはり、参政権という重要な人権の侵害の場面で違憲判決は避けられないということと、付随的違憲審査制との葛藤の中で認められるとするのが妥当であるように思われる。仮に、議員定数不均衡問題を解決するための十分な実定救済制度がなかったとしても、表現の自由の侵害の際の文面違憲判決に準じ、国の政教分離違反に際して裁判所が違憲の判断を行いながら訴えを斥ける手法があり得ることを踏まえ、選挙権侵害という重大性に鑑み、原告の訴えを却下した上で、違憲宣言を行ってもよいと考えるのである。これは、棟居快行の主張する基本権訴訟論に通じる。基本権訴訟の「含意は、当事者の裁判を受ける権利の実現として、ないしは主張されている個々の実体的基本権それ自体に内在するものとして、事実にふさわしい救済の方法を創造することが、司法権に対して憲法上も要請されているという観点である」。

しかし、法解釈のルールとして、まずは、現行訴訟制度の解釈を広げて可能であれば、法的安定性や民主的正当性の見地からこれを優先し、司法による手続法の立法ともいうべき、基本権訴訟などの創造は最後の手段とすべきであろ

う。最高裁は、創設するよりは司法創造的でなく、現存する選挙訴訟を拡張解釈して、違憲を宣言する効果を持たせる事情判決の法理を導くことで、より現行法制度に沿った宣言判決に匹敵する判決の在り方を導いたと解せよう。判例が「諸般の事情を総合考察」して事情判決を採用したのは、憲法上の重要な権利を救済することを下位法令が阻害しているのであれば、これを可能とする最低限の合憲限定（拡張）解釈をなすことが手続法においても優先されるべきだということの表れと捉えることができ、権利の重要性、その侵害の重大さに鑑みて、目の前の事案の解決を超えて裁判所が法的判断を示した一場面と捉えることができよう。つまり、事情判決の法理とは、たまたま公法分野に存在した法理を、以上の大きな目的に向けて拡張的に援用したものなのであろう。定数不均衡訴訟は、現行行政事件訴訟法上、形式的には公選法の選挙訴訟の形を採るものであるが、実質的には選挙権の平等侵害に対する抗告訴訟であり、判例が創造した特殊な訴訟であるが、同訴訟によっては実体法上選挙を無効とすることはできないものである。事情判決の法理の本質は違憲宣言判決にあり、それに向けて利用可能な手続法を拡張解釈したものである。もしも、具体的救済が無理であるということを是認するならば、この種の手法は肯定できよう。これは、少なくとも、憲法上の重要な人権の侵害や基本原理の逸脱がなされているが、司法権により具体的に当事者を救済することが憲法上できない場合に一般化できるものと思われる。

　だが、その先にあるのは、宣言に留める必要や理由がなくなれば、事情判決の法理を用いるべきでないという判断のように思われる。議員定数不均衡事件でも、原告の訴えを受け、選挙無効の判断に進む方向はあり得なかったか。参政権の回復ということを旗頭にすれば、まず事情判決の法理ありきとはならないことも明らかである。元となる事情判決は諸外国に例を見ない制度であり、法原則として裁判上採用できるのか、そして、違法処分の取消しに代わり、個人に他の救済方法が存する場合であることを必要としており、公益があるというだけではこの法理の定立は許されないのではないだろうか。議院の活動に重大な影響と言うが、訴訟の生じたせいぜい20名程度の議員が再選挙終了まで一時議席を失うのみであり、事情判決で臨むような混乱も見当たらない。以上の

第11章 事情判決の法理

ことは、事情判決の法理が崩れるだけではなく、三位一体である、選挙訴訟、不可分論を崩すことも吝かではないとする景色を導こう。樋口陽一もまた、可分論的違憲論を採るか、不可分論によっても当該選挙区の選挙のみの無効にするだけのときに、この法理を援用せねばならないほどの「不当な結果」を恐れる必要はないのであり、寧ろ、これによって「一般的な法の基本原理」を持ち出す必然性が不明であるなどとして、最高裁の手法に否定的である。[165]

　事情判決の法理の実践的な意味での最大の問題は、違憲を宣言しても、政治部門がこれを無視して全く動かなかったとき、裁判所として二の矢が何ら用意されていないことにある。[166]補足すれば、短い間隔で衆議院が解散されれば、[167]訴えはその時点で却下され、最高裁の本案判決に至らないという難点もあり、実際そのような例もある。[168]立法府が違憲性をよく認識して定数不均衡の是正に前向きなら、このような手法は効果的と言えようが、そのこと自体、立法府の認識次第であるし、そもそも立法府に高い認識があれば、このような違憲状態が継続することはないのである。[169]議員定数不均衡問題では、過剰代表を送る選挙民とその議席を温存している議員が確実に存在していることは、忘れてはなるまい。最高裁の論理からすれば、そのようなときにも、事情判決を漫然と繰り返すしかない恐れがある。[170]問題の解決に多大な時間を消費し、投票価値の平等という憲法上の価値実現を遅らせる。[171]そして、その事実上の効果もないことを示すことになり、司法の権威を失墜させる恐れがある。[172]定数不均衡是正に関する最高裁と国会のやり取りを、国会の自律的対応を尊重する「対話的違憲審査」の現れと評する説もあるが、[173]事情判決の法理の繰返しでは国会の自浄作用は働かないことは最早明らかであり、外科的な手法に期待するしかない段階に至っている感もある。

　そして、焦点は、違憲判決が下されたとき、言わばその後始末をどうするかにあると言えよう。[174]事情判決の法理では、立法府に対する合憲性の統制力が余り働かないという弱点を、司法権が認めてしまったということである。[175]このようなリスクを背負ってまで、定数配分の不可分性を前提にしてもこの法理を用いない途はあったと思われるところ、何故敢えてこの法理を用いたのか、が問題にされるべきであろう。[176]判決の真意は、それでも配分規定自体を無効にした

457

くなかったからではないかとの指摘がある。芦部説に対しては、立法論での解決事項を不当に解釈論に持ち込む誤りを犯しているとの批判がある。そして、事情判決の法理による判断でなければ何故いけないのか、自ずと限界があるのではないか、ということが問われよう。

　対案は早くから示されてきた。英米法学者の田中英夫は、事情判決を一歩前進と捉え、司法権の本質について口を拭っている憲法学に、早くから激しい批判を加えていた。そして、公職選挙法204条の選挙の効力を争う民衆訴訟は「自己の法律上の利益にかかわらない資格で提起する」訴訟とは言えず、一選挙区の選挙の無効を争う訴訟でこれを解決しようとするのは矛盾であり、不適当であると批判する。それでも、この訴訟を前提として議論を進めれば、「一応抗告訴訟と構成して、それに、対象が定数配分の問題であることを考慮して解釈で必要な補正を加えるのが無理が少ない」としている。

　田中は続けて、「裁判所は、原則として、法律の中で違憲な部分」「のみを無効と判示すべきである」が、「その部分が無効だということになるとその法律を制定した目的が達せられないと思われる場合」「には、全体を無効と判示する」ようにするのが「当然の理である」ので、これを議員定数不均衡問題に当てはめれば、「投票価値が低く扱われている選挙区の選挙だけを対象としてその有効無効を論ずるということは（選挙訴訟という形式が選ばれたことに引きずられたという事情があるのだろうという以外には）理解ができない」と批判する。公職選挙法34条による再選挙までに定数の再配分がなされる可能性もほとんどなく、不平等は一向に解消されない。田中は、よって、これ以外の司法的救済を考えるべきであると主張するのである。

　雄川一郎は、事情判決の法理を認めた最高裁判決を評して、これは「明らかに実体法解釈の考え方」であるとし、「国会の機能を保全するために選挙を無効となし得ないという帰結も、憲法ないし選挙法の解釈として成立しうる一つの理論と言い得」ると述べていた。判決は、「行政事件訴訟法31条に含まれる一般的な法の原則に由来するものではな」く、「事情判決の形式を借りて、定数配分規定の違憲を明らかにし」たものと言うことになろう。その行政事件訴訟法の選挙無効訴訟を「借用」していることに起因する問題は多く、そこに

458

第11章　事情判決の法理

遡っての再考も必要だろう。そうなると、公職選挙法による訴えを認めたのは、事情によっては選挙無効まで踏み込むという導火線が存在するという意味にも受け取れるものであった[188]。

　野中俊彦は、事情判決を無視して選挙が行われたときには、「あえて選挙無効判決を下すべきだと思われる。裁判所が立法府になり代って定数是正を行うことは、立法権の侵害となり一般的には許されない」が、ここに至れば「法の支配の大原則に反するものであり」、事情判決を行う理由が消滅し、その責任は基本的に立法府にあるというのである[189]。そこで裁判所は、「つぎの選挙の差止訴訟の認容と暫定案による選挙の執行を命ずるところまで踏み切ることができる」と言うのである[190]。

　阿部泰隆もまた、定数配分の不可分一体性と憲法の所期ないし結果発生の可能性を前提に、事情判決の法理の援用は認められるとしたが、その前提が崩れている場合には事情判決という手法は認めるべきでないとする[191]。他面、選挙を全部無効にすると議員が法改正意欲を失うので、増加した定数部分につき補欠選挙を行うのが妥当だとしている[192]。

　最高裁の中では、1983年最高裁判決の團藤重光裁判官反対意見が、事情判決の法理の適用「は憲法上の諸利益の較量による一種の司法政策ともいうべきものであつたと理解されるべき」だとしながらも、それ「がこのような性格のものである以上、もし将来において、選挙を無効とすることによつて生じるであろう憲法上の不都合よりも、選挙権の平等の侵害という憲法上の不都合の方が上回るような事態が生じるにいたつたときは、もはや選挙の違法を宣言するにとどめることなく、選挙無効の判決をしなければならなくなるのは、当然の理であろう」と述べ、中村治朗裁判官反対意見も、「選挙訴訟においては常に被侵害利益の回復よりも当該選挙の効力を維持すべき利益ないし必要性が優越するとしているわけではなく、具体的事情のいかんによつては、衡量の結果が逆になり、当該選挙を無効とする判決がされる可能性が存することは、当然にこれを認めているものと解されるのである」から、「国会による自発的是正の可能性が乏しいとみられるような状況の下で更に新たに選挙が行われたような場合を想定すると、その選挙の効力が争われる訴訟において、選挙権の平等に対

459

する侵害の是正の必要性がもはや選挙を無効とすることによつて生ずべき不利益よりも優越するに至つているものとして、当該請求を認容し、選挙無効の判決をすべきものとされる可能性は十分にある」と述べたように、将来効判決が示唆されていた。1985年判決補足意見で言及された、将来効に基づく選挙無効判決である。そうであれば、国会が定数是正のための公選法改正を行った段階で再選挙を施行することになろう[193]。

　これらの積極的な違憲・無効判決への志向に対しては、一旦、国会による是正を待ち、それが不十分である場合との限定があるにせよ、選挙全体を無効にすることについては、無理があるとの批判もあろう。果たして、実際に憲法上無理と決め付けられるのかは、より詳細な検討を要しよう。

　なお、補足すれば、参政権の合憲性の実質的担保という意味では、違憲警告判決という意味としての合理的期間論には、立法府に対しての統制としては、ましてや限界があることになろう[194]。最高裁は、衆議院については、2011年3月23日に「1人別枠方式」の合理性を否定しており、このように最低限の是正策が明らかであるときには、公選法の解釈としても、合理的期間はごく短期間と考えるべきであろう[195]。確かに、事情判決の法理と合理的期間論とでは機能的には近いものの、もし、ほぼ同じであるならば合理的期間論は否定されることになり、国会が通常考慮し得る諸般の要素として合理的期間は無視できないとの主張もある[196]。しかし、その期間がどの程度なのかは曖昧であり、主観性を帯びるものであることは否めない[197]。かつ、違憲状態への突入は通常、早期から予測できるものであり、合理的期間を漫然と待つことは不必要ではなかろうか[198]。判例も学説も、定数不均衡については多少の較差でも違憲とするようになりつつあり、基準も明確になりつつあり、だとすれば合理的期間を長期に認める必要がさほどあるようには思えないのである。違憲状態への突入は、速やかに合憲の状態への回復を求める時点であり、是正の方法は限られている。事情判決を経ても是正がなされた場合は、裁判所は選挙無効判決に進むべきであるとの学説[199]は、事情判決の正当化事由と効果を踏まえれば、首肯できるものである。この意味でも、合理的期間論と機能の近い事情判決の法理を用いる必要はなくなりつつある感が、強いのである。

第11章　事情判決の法理

おわりに

　事情判決の法理は確かに、単に訴えを全面的に斥けることにせず、選挙権の違憲的侵害を宣言する意味を持っていた。裁判所が、具体的救済に無用の判断を行うことは「司法権」の作用として、一般的には疑問なものである。しかし、二重の基準論にいう重要な人権である精神的自由、参政権、憲法14条１項後段列挙事由の差別のような場合には、積極的に憲法判断を行うべきである。こういった領域では、救済ができないから憲法判断をしないという判断は、あってはならないのである。具体的救済が不可能であれば宣言的判決が是認されるが、まずは、手続法に瑕疵があればこれを補充的に解釈して重要な人権の救済を行うなど、現行訴訟法制度に沿った形式でなされるべきことが要請される。それが、議員定数不均衡訴訟における事情判決の法理の活用だったと思われるのである。事情判決の法理が適用されるのは、現時点では、精神的自由、参政権、憲法14条１項後段列挙事由に関する平等権のような重要な人権の侵害の場合、しかも、それへ向けての杓子定規な司法判断がかえって人権救済を損なう場面に限られよう。その意味で、事情判決の法理が議員定数不均衡訴訟の専売特許のようになっているのは、やむなしなのかもしれない。

　だが、そもそも、ここで事情判決を用いねばならないとされてきた「公の利益に生じる著しい障害」とは何か。もしも、それが回避できるのであれば、事情判決の法理のようなものを解釈の展開によって捻出する必要はなかったであろう。選挙訴訟、選挙区割りの不可分性、違憲判決の遡及回避などの三位一体性が崩れたとすれば、法治主義や司法権の作用の点で疑念のある事情判決の法理の活用に頼る必要はなくなるであろう。事情判決の法理は判決時点までの政治的決定を無効にすると混乱が多大に過ぎることを懸念したものであろうが、果たして選挙の一部もしくは全部を無効にしても問題がないとの判断があれば、原則に戻って違憲なものは無効であるから、この法理は無用の長物ということになろう。仮に、選挙時点に遡って選挙を無効にすることは多大な混乱を及ぼすという点を受容するとしても、判決以降の、選挙の成果を無効とする、

461

即ち、当選を無効として選挙をやり直すことまでは射程に入れるべきではなかったのではないか、というのが素朴な疑問である。この間に成立した法律などが、もし当初から正当な選挙が行われていれば成立しないのであれば、改正をすればよい筈である。しかし、二院制のため、もう一方の議院がこれに応じないときは、特に、両院の権限が対等な憲法改正の発議や、それに近い法律の制定について、もともと選挙が合憲的に適正に行われていたのと異なる結果になることであり、事後に向かって無効という判決であっても、日本の将来に重大な影響を及ぼすことがあり、これで十分かもなお不安が残る。その可能性があるのかを探るべきである。

1） 詳細は、本書第19章参照。
2） 野中俊彦『憲法訴訟の原理と技術』369頁（有斐閣、1995）。
3） 池村正道「事情判決制度について」日大法学研究所法学紀要26巻153頁、154頁注2（1984）が指摘するように、この問題を憲法学の視点から取り上げたものは稀有であり、ほぼ全てが議員定数不均衡問題に絡めてのものと言ってよい。川端和治「事情判決の法理」芦部信喜編『講座憲法訴訟第3巻』69頁（有斐閣、1987）も、大半がこの問題を論ずるものである。
4） 戸松秀典『司法審査制』229頁（勁草書房、1989）。
5） 伊藤正己ほか「座談会・議員定数違憲判決をめぐって」ジュリスト617号14頁、29頁（1976）〔雄川一郎〕。
6） 戸松秀典『憲法訴訟』〔第2版〕352頁（有斐閣、2008）。
7） これについては、本書第7章など参照。
8） 田口精一「議員定数の不均衡是正と選挙訴訟」慶大法学研究50巻1号77頁、91頁（1977）。
9） 判決の例は、乙部哲郎「事情判決制度の展開と問題点」神戸学院法学18巻1＝2号25頁（1984）、中村義幸「適用例からみた事情判決制度の諸問題」明治大学短期大学紀要39号45頁（1986）、秋山義昭「事情判決」ジュリスト925号196頁（1989）など参照。関連して、高木茂樹「庄川事件の諸判決における利益考量と理論構成」久留米法学58号245頁（2007）なども参照。
10） 塩野宏『行政法Ⅱ』〔第5版〕195頁（有斐閣、2010）。
11） 田中二郎『新版行政法上巻』〔全訂第2版〕349-350頁（弘文堂、1974）。このほか、行政不服審査法40条6項は事情裁決を定めている。同書261頁参照。
12） 阿部泰隆「事情判決制度」神戸法学雑誌20巻3＝4号406頁、407頁（1971）。
13） 雄川一郎「国会議員定数配分規定違憲訴訟における事情判決の法理」田上穣治喜寿記念『公法の基本問題』281頁、283頁（有斐閣、1984）。
14） 同上286頁。
15） 中村義幸「成立過程からみた事情判決制度の諸問題」明治大学短期大学紀要38号1頁、10-11頁（1986）。
16） 雄川前掲註13）論文286頁。

第11章　事情判決の法理

17）　阿部前掲註12）論文408頁。

18）　同上同頁。

19）　雄川前掲註13）論文287頁。

20）　同上同頁。

21）　乙部前掲註9）論文58頁。

22）　塩野前掲註10）書198頁。

23）　阿部前掲註12）論文414頁は、「瑕疵の遡及的補正」という語を用いている。

24）　同上410頁。

25）　同上411頁。

26）　同上412頁参照。

27）　同上同頁。

28）　しかし、「法治主義具体化法としての」との副題を有する高田敏編『新版行政法』213頁（有斐閣、2009）[高橋明男] も、「行政計画の司法的統制」の解説において、「不法行為責任が生じることと計画変更が客観的に違法であるということは等価ではない。この問題は、多数人の利益がかかわる計画においては、」「行訴法31条の事情判決制度の存在も勘案して検討されなければならない」としており、常に法治主義を貫いて違憲・違法であれば無効・取消しの司法判断を是とするわけではないことを示唆している。

29）　塩野前掲註10）書200頁。阿部前掲註12）論文407頁同旨。

30）　阿部同上410頁。

31）　池村前掲註3）論文163頁。

32）　乙部前掲註9）論文60頁。

33）　入江俊郎ほか「座談会・行政争訟制度の再検討」ジュリスト105号42頁（1956）[入江]。

34）　中村義幸「事情判決制度・再論」明治大学短期大学紀要49号23頁、29-30頁（1991）。

35）　阿部前掲註12）論文413-414頁。

36）　池村前掲註3）論文173-174頁。

37）　石井昇「無効等確認訴訟」法学教室263号44頁、45頁（2002）。

38）　例えば、大阪高判昭和61年2月25日判時1199号59頁。本件評釈としては、福田由貴「判批」成田頼明編『街づくり・国づくり判例百選』82頁（1989）などがある。

39）　塩野前掲註10）書199頁。今村成和「議員定数配分規定違憲問題と最高裁」法学セミナー356号77頁、82頁（1984）同旨。

40）　美濃部達吉『日本国憲法原論』355頁以下（有斐閣、1948）。

41）　同上359頁。

42）　同上361頁。

43）　乙部前掲註9）論文76頁同旨。

44）　千葉勇夫「判批」民商法雑誌76巻1号97頁、111頁（1977）。

45）　PQR「民衆訴訟と事情判決」時の法令930号36頁、39頁（1976）。

46）　同上39頁。

47）　塩野前掲註10）書199頁。

48）　池村前掲註3）論文171頁。

49）　雄川前掲註13）論文291頁。

50）　同上同頁。

51）　今村前掲註39）論文82頁。

52）　秋山前掲註９）論文199頁。

53）　最大判昭和39年２月５日民集18巻２号270頁。本件評釈は本書第８章参照。

54）　本書第８章など参照。

55）　樋口陽一『司法の積極性と消極性』104-105頁（勁草書房、1978）。

56）　橋本公亘『日本国憲法』612頁（有斐閣、1980）、藤井俊夫『司法権と憲法訴訟』303頁（成文堂、2007）は、この点を特に取り上げている。

57）　芦部信喜『憲法訴訟の理論』204頁（有斐閣、1973）。同書は、以下、アメリカの連邦最高裁が議員定数不均衡問題を「政治問題」にしなかったことに好意的である。

58）　佐藤幸治『現代国家と司法権』112頁（有斐閣、1988）参照。

59）　例えば、田口精一「判批」慶大法学研究38巻３号79頁、84頁（1965）など。田口は、下記に示すように、公職選挙法204条による議員定数不均衡訴訟は同法が予定しない訴訟であることも、不適法とする根拠にしていた。同「議院定数の不均衡と平等原則」阿部照哉編『判例演習講座憲法』33頁、39頁以下（世界思想社、1971）。

60）　奥平康弘「法と政治の“はざま”」法学セミナー348号８頁（1984）。

61）　芦部信喜「判批」小林直樹編『憲法の判例』〔第２版〕22頁、24頁（有斐閣、1971）。

62）　東京高判昭和38年１月30日行集14巻１号21頁。

63）　野中前掲註２）書312-313頁。

64）　同上96頁。

65）　越山康＝湯川将「議員定数訴訟の訴訟実務」判例タイムズ650号92頁、93頁（1988）。

66）　今村成和「議員定数配分規定の違憲問題と最高裁」田中二郎追悼『公法の課題』51頁、71頁（有斐閣、1985）。

67）　最大判昭和51年４月14日民集30巻３号223頁。本件評釈は本書第２章参照。

68）　最大判昭和60年７月17日民集39巻５号1100頁。本件評釈は本書第２章参照。

69）　中谷実「わが国における議員定数不均衡をめぐる司法消極主義と積極主義」滋賀大学教育学部紀要人文科学・社会科学・教育科学40号262（1）頁、259（4）頁（1990）は、これを「消極主義Ⅰ」に類型する。

70）　最大判昭和34年12月16日刑集13巻13号3225頁。本件評釈は本書第６章参照。

71）　最判昭和41年５月31日裁判集民83号623頁。

72）　最大判昭和58年４月27日民集37巻３号345頁。本件評釈には、高野真澄「判批」ジュリスト794号13頁（1983）、松沢浩一「判批」同19頁、野中俊彦「判批」法学セミナー342号16頁（1983）、同「判批」同351号36頁（1984）、はやし・しうぞう「判批（1-4）」時の法令1186号56頁、1187号58頁、1188号54頁、1189号58頁（1983）、山本浩三「判批」民商法雑誌89巻６号848頁（1984）、同「判批」判例評論300号23頁（1984）、神長勲「判批」季刊実務民事法４号174頁（1984）、村上敬一「判批」法曹時報40巻７号1203頁（1984）、同「判批」最高裁判所調査官室編『最高裁判所判例解説民事篇昭和58年度』161頁（法曹会、1984）、松田聡子「判批」上智法学論集27巻１号183頁（1984）、渡辺良二「判批」関学大法と政治35巻１号107頁（1984）、辻村みよ子「判批」芦部信喜＝高橋和之編『憲法判例百選Ⅱ』〔第３版〕326頁（1994）、井端正幸「判批」上田勝美編『ゼミナール憲法判例』〔増補版〕439頁（法律文化社、1994）などがある。このほか、「特集・参議院定数訴訟上告審判決をめぐっ

て」法律のひろば36巻7号4頁（1983）、久保田きぬ子「参議院地方選出議員定数訴訟に対する第2の最高裁大法廷判決について」判例時報1077号3頁（1983）、野中俊彦「参院定数不均衡合憲判決についての若干の考察」同7頁、今村前掲註39）論文77頁などもある。

73）　最判昭和59年5月17日民集38巻7号721頁。本件評釈は本書第9章参照。

74）　平賀健太「一人一票・一票同値(1)」判例時報1024号3頁、4頁（1982）。

75）　同上7頁。

76）　同上8頁。

77）　岡原昌男「投票価値平等の理論」ジュリスト1003号82頁、85頁（1992）。

78）　今村前掲註66）論文57頁。

79）　矢野邦雄「判批」判例評論210号11頁、13頁（1976）。

80）　同上同頁。

81）　藤田宙靖「最高裁判例とは何か」横浜法学22巻3号287頁、291頁（2014）。

82）　同上292頁。

83）　同上293頁。

84）　最大判昭和49年11月6日刑集28巻9号393頁。本件評釈は本書第9章参照。

85）　最判平成24年12月7日刑集66巻12号1337頁。本件評釈は本書第9章参照。

86）　最判平成11年2月23日判時1670号3頁。本件評釈として、只野雅人「判批」法学セミナー538号103頁（1999）、藤井樹也「判批」法学教室234号別冊附録『判例セレクト'99』9頁（2000）などがある。

87）　最判平成20年2月19日民集62巻2号445頁。本件評釈として、西土彰一郎「判批」速報判例解説3号19頁（2008）、豊田兼彦「判批」法学セミナー641号123頁（2008）、榎透「判批」同643号118頁（2008）、森英明「判批」ジュリスト1374号88頁（2009）、同「判批」ジュリスト増刊『最高裁時の判例6　平成18-20年』20頁（2010）、同「判批」法曹時報62巻9号189頁（2010）、同「判批」最高裁判所調査官室編『最高裁判所判例解説民事篇平成20年度』94頁（法曹会、2011）、市川正人「判批」ジュリスト臨時増刊1376号『平成20年度重要判例解説』18頁（2009）、木村草太「判批」法学教室342号別冊附録『判例セレクト'08』7頁（2009）、南部篤「判批」判例評論599号13頁（2009）、内田義厚「判批」別冊判例タイムズ25号『平成20年度主要民事判例解説』270頁（2009）、伊藤繁「判批」行政判例研究会編『行政関係判例解説平成20年』178頁（ぎょうせい、2010）、井口文男「判批」岡山大学法学会雑誌60巻1号161頁（2010）、田代正彦「判批」法政法学27号49頁（2010）、関康平「判批」早大Law & Practice 10号225頁（2016）がある。このほか、君塚正臣「性表現規制のゆるやかな変化として─最高裁第2次メイプルソープ写真集事件判決の影響」新聞研究681号50頁（2008）などもある。

88）　本書第25章など参照。

89）　野中前掲註2）書352頁。

90）　初宿正典『憲法2』〔第3版〕185頁（成文堂、2010）。

91）　安念潤司「いわゆる定数訴訟について(1)」成蹊法学24号181頁、187頁（1986）。

92）　雄川前掲註13）論文287頁。

93）　同上289頁。

94）　同上289-290頁。

95）　同上290頁。

96）　同上291-292頁。

97) 同上294頁。

98) 田口前掲註59)論文39-41頁。田口前掲註8)論文83頁でも、選挙訴訟による議員定数不均衡訴訟は、「法律が新たにこれを認める特別な争訟制度を採用しない限り、不適法なもの」であるとの立場を動かしていない。

99) 正木通「国司法権の限界に関する一考察―定数訴訟に関連して」九州国際大学論集法経研究3巻3号42頁、51頁 (1992)。

100) 青木一男「国会議員定数配分規定の違憲問題の基本点について」ジュリスト680号89頁、91頁 (1978)。

101) 同上98頁。

102) 田中真次「判批」判例評論177号13頁、15頁 (1973)。

103) 久保田きぬ子「参議院地方選出議員定数訴訟に対する第2の最高裁大法廷判決について」判例時報1077号3頁、6頁 (1983)。

104) はやし・しうぞう「判批 (4)」時の法令1210号44頁、47頁 (1984)。

105) 越山安久「判批」ジュリスト617号62頁、64頁 (1976) 参照。

106) 田中英夫『英米法研究1―法形成過程』203頁 (東京大学出版会、1987)。

107) 野中前掲註2)書305頁参照。

108) 野中俊彦「議員定数不均衡と選挙の効力」民商法雑誌93巻臨時増刊号I 310頁、319頁 (1986) 参照。

109) 佐藤前掲註58)書289頁同旨か。

110) 川岸令和ほか『憲法』〔第4版〕247-248頁 (青林書院、2016) 〔藤井樹也〕参照。

111) 川端前掲註3)論文79-80頁。

112) 越山康「ある憲法訴訟にみる実務と学説―いわゆる事情判決の法理の援用にいたる道程において」ジュリスト756号123頁、124頁 (1982)。

113) 矢野前掲註79)評釈13頁。

114) 安念前掲註91)論文197頁。

115) 芦部信喜『憲法訴訟の現代的展開』332頁 (有斐閣、1981)。

116) 和田英夫「衆議院議員定数違憲判決とその問題点」判例時報811号3頁、7頁 (1976)。

117) 同上5頁。

118) 同上同頁。

119) 千葉前掲註44)評釈107頁。

120) 平賀健太「一人一票・一票同値 (2)」判例時報1026号3頁、4頁 (1982)。

121) 相川貴文「衆議院議員定数訴訟判決」帝塚山大学論集51号53頁、64頁 (1986) など。

122) 今村前掲註66)論文68-69頁。

123) 同上69頁。

124) 同上同頁。

125) 同上70頁。

126) 浜田純一「判批」法学協会雑誌95巻1号219頁、230頁 (1978)、遠藤比呂通「判批」法学協会雑誌103巻3号189頁、198-199頁 (1986)。

127) 樋口前掲註55)書114頁。

128) 同上115頁。

第11章　事情判決の法理

129）　同上117頁。

130）　中谷前掲註69）論文249（14）頁。

131）　戸松前掲註6）書417-418頁。

132）　戸波江二『憲法』〔新版〕207頁（ぎょうせい、1998）。

133）　佐藤前掲註58）書288-289頁、芦部前掲註115）書338頁。

134）　芦部前掲註57）書202頁。

135）　同上同頁。

136）　安念前掲註91）論文198-199頁。

137）　同上200頁。

138）　野中前掲註2）書321頁。

139）　芦部前掲註57）書202頁。

140）　芦部前掲註115）書308頁。

141）　宍戸常寿「一票の較差をめぐる『違憲審査のゲーム』」論究ジュリスト1号41頁、49頁（2012）。

142）　野中俊彦ほか『憲法Ⅱ』〔第5版〕318頁（有斐閣、2012）〔野中〕。

143）　和田前掲註116）論文6頁。

144）　佐藤幸治『日本国憲法論』669頁（成文堂、2011）。

145）　佐藤前掲註58）書289頁。

146）　野中前掲註2）書306頁。

147）　同上352頁。

148）　戸松前掲註6）書353頁。

149）　川端前掲註3）論文92頁。

150）　田中前掲註106）書205頁。

151）　藤田宙靖「『一票の較差訴訟』に関する覚え書き」法の支配171号86頁、90頁（2013）。

152）　野中前掲註2）書101頁。

153）　大沢秀介『憲法入門』〔第3版〕112頁（成文堂、2003）同旨。

154）　川端前掲註3）論文98-100頁参照。

155）　田中前掲註106）書205頁。

156）　今村前掲註66）論文66頁。

157）　この手法は、国の政教分離違反の際に奨励されよう。本書第34章参照。

158）　実際、長尾一紘『日本国憲法』〔第3版〕477頁（世界思想社、1997）は、最大判昭和58年11月7日
　　　民集37巻9号1243頁を「違憲警告判決」と評価する。

159）　棟居快行『人権論の再構成』288頁（信山社、1993）。

160）　棟居快行『憲法学の可能性』159頁（信山社、2012）。

161）　本書第2章参照。

162）　雄川前掲註13）論文283頁。

163）　矢野前掲註79）評釈15頁。よって、事情判決の法理は、民衆訴訟には用いられないとする。

164）　同上同頁。

165）　樋口陽一「違憲審査における積極主義と消極主義」判例タイムズ337号2頁、9-10頁（1976）。

166）　川岸ほか前掲註110）書250頁〔藤井樹也〕。

167）　関連して、長谷部恭男「投票価値の較差を理由とする選挙無効判決の帰結」法学教室380号38頁

467

（2012）が指摘するように、区割りが決定されるまで内閣の衆議院解散権は制約されるという議論がある。最高裁がその解散を違憲無効とするかは考えにくいが、その投票価値較差を理由に提起される訴訟において、これを理由に選挙を無効とするかは別である。同論文39頁。

168）　越山＝湯川前掲註65）論文93頁。

169）　戸松前掲註6）書353頁。

170）　佐藤前掲註58）書289頁。

171）　戸松前掲註4）書231頁。

172）　野中前掲註2）書102頁。

173）　佐々木雅寿『対話的違憲審査の理論』（三省堂、2013）。

174）　野中前掲註2）書321頁。

175）　戸松前掲註6）書352-353頁。

176）　野中前掲註2）書350頁。

177）　高橋和之「定数不均衡違憲判決に関する若干の考察」法学志林74巻4号79頁、110-111頁（1977）。

178）　越山前掲註112）論文124頁。

179）　田中前掲註106）書205頁。

180）　同上206頁。

181）　同上207頁。

182）　同上同頁。

183）　同上211-212頁。

184）　同上212頁。

185）　雄川前掲註13）論文295頁。

186）　同上296頁。

187）　同上同頁。

188）　山田哲史「判批」新・判例解説Watch 15号11頁、14頁（2014）。

189）　野中前掲註2）書382-383頁。

190）　同上383頁。

191）　阿部泰隆「議員定数配分規定違憲判決における訴訟法上の論点」ジュリスト617号55頁、59頁（1976）。

192）　同上61頁。

193）　芦部信喜『人権と憲法訴訟』265頁（有斐閣、1994）。

194）　戸松前掲註6）書354頁。公選法別表の更正規定からそれは5年が限度であるとの考えがある。安念潤司「いわゆる定数訴訟について（3）」成蹊法学26号39頁、52-53頁（1988）参照。

195）　篠原永明「判批」新・判例解説Watch 17号35頁、38頁（2015）同旨。

196）　戸松秀典「判批」判例評論326号16頁、17頁（1986）。

197）　芦部信喜『憲法学Ⅲ』〔増補版〕69頁（有斐閣、2000）。

198）　安念前掲註194）論文58頁。

199）　市川正人『基本講義憲法』242頁（新世社、2014）。

200）　詳細は、本書第18章など参照。

201）　これに対して、佐々木雅寿「昭和51年衆議院議員定数不均衡違憲判決の背景」大阪市立大学法学雑誌62巻3＝4号1頁、41頁（2016）は、「実質的な憲法保障型の独立審査的で抽象的もしくは

468

第11章　事情判決の法理

　　準抽象的な違憲審査権を行使することも、憲法上必ずしも禁止されていない」と論及するが、あ
　　くまでも、原則が崩れるのはこのような重要な人権故の特別則であると考えるべきである。
202）　藤田前掲註151）論文88頁。

〔付記〕　本章は、「事情判決の法理──議員定数不均衡問題の解決に向けて（2）」横浜法学25巻
　　2号1-44頁（2016年12月25日）を加筆・修正したものである。

第**12**章

将来効判決、積極的な司法的救済、可分論
――続・議員定数不均衡問題を素材に――

はじめに

　議員定数不均衡問題について、事情判決の法理が究極的解決にならない[1]との認識の下、最高裁判決の少数意見などにおいて、宣言判決もしくは将来効判決に触れるものが散見されるようになってきた。最高裁の苛立ちをよく示している。このことは、合理的期間内、事情判決の法理と最低2度の訴訟を経て漸く国会が動くかもしれない程度だということを示すものでもある。[2]

　問題は、これらの手法が憲法上可能なのかという点と、実際に是正をなさしめるのに有効なのかという点にある。議員定数不均衡訴訟の原告は、特定の議員の当選を無効にすることが究極的目的なのではなく、今後の定数是正を速やかになさしめることが目的なのであるから、将来の選挙のための配分の提示こそが本当の希望なのである。[3]だが、判決が司法権の作用であることに鑑みれば、「裁判所は、紛争の解決に直接・間接に資する場合でなければ、訴訟をとりあげるべきでない」[4]筈である。最高裁判決もまた、本来、「事例判決」なのであって、本質的には「法理判決」ではない筈である。[5]他方、「御苦心の結果」事情判決が下っても「実体が何もない」[6]、つまりは、国会に対して法的強制力がないとの批判もあった。そもそも、原告の訴えは無い物ねだりだった側面は否定できない。その中で、どのような司法的救済が可能なのか、日本国憲法下の裁判所という機関に議員定数不均衡問題にいかなる対応ができる権能があるの

第12章　将来効判決、積極的な司法的救済、可分論

かは、事情判決の法理の向こう側にある難問と言えよう。

　そこで、実効的司法判断が希求されることになるのであるが、裁判所の為す救済 (remedy) には、損害賠償的救済、原状回復的救済、強制的救済、宣告的救済の4つが通常挙げられる[7]。そして、その中から何れを選択するかは、権利者に対して具体的事案に応じてどのような救済手段を与えるのが適切か、という裁判所の判断作用に関わる問題であって、実体法とも手続法とも次元を異にするとされる[8]。だが、議員定数不均衡問題での苦闘を経て、裁判所が「権利」性を判定しながら、その救済に無関心ということは許されるものではなく、従来型の訴訟類型に拘泥することなく、そこには裁判所による救済形成の問題に積極的に取り組む必要性が生じてきたとも考えられる[9]。そして、従来の同訴訟の到達点が、選挙全体を違憲とするが事情判決の法理を用いて選挙自体は無効としないという現状に鑑みれば、合憲的状態への回帰を懇願する者は、政治部門が開き直ればおよそ是正がされないという壁の前で一旦立ち竦み、そして新たな一歩を歩み出さねばなるまい。その方向性として、学説の中からは、訴訟の提起された選挙区の選挙を無効とする方法、選挙全体を無効としてしまう方法、選挙を差し止める方法、裁判官自らが定数表を作成する方法など、立法府の怠慢もしくは妨害を阻止する方法が思考されている[10]。

　ただ、そこでは、憲法上許容される救済方法が示されなければならない。憲法が裁判所に与えたのは魔法の杖ではなく「司法権」なのであり、自ずと限界はあるのである。それを忘れずに、今日、憲法状況を歪めている元凶とも言うべき、議員定数不均衡問題を解決する方法・手段を探して行こうと思う。まずは、しばしば提案される将来効判決という手法が可能か、から検討を始めたい。

1　将来効判決

（1）判例の考え方

　将来効判決とは、議員定数不均衡訴訟においては、違憲と判断された定数配分規定が国会で是正されないまま選挙が行われたときに、一定期間経過後には選挙の効力を否定するという判決手法を指す[11]。

471

判例によれば、議員定数不均衡が違憲であるとき、公職選挙法の一体として
の別表全体がそうだということになる。このため、裁判所は、別表全体を違憲
しつつも選挙全体を無効とはできないので、事情判決の法理を用いるのであ
る。例えば、1973年の東京高裁判決[12]は、「公職選挙法第205条第1項によれば選
挙に関し訴訟の提起があつた場合において、選挙の規定に違反することがある
ときは、裁判所は選挙の結果に異動を及ぼす虞のある場合に限つて、その選挙
の全部または一部の無効の判決をしなければならない」が、「再選挙は、これ
を行なうべき事由が生じた日から40日以内に行うべきものとされており（同法
第109条第4号、第34条第1項）、本件の場合公職選挙法（別表第2）の改正を行う
には再選挙の告示後投票日までには少くとも23日間の期間を置かなければなら
ないから（同法第34条第6項）、改正のために残された期間は17日間に過ぎず、
この期間内に改正を行うことは事実上不可能であり、しかも違憲の疑いがある
と判断された現行法の別表第2に基づく再選挙は許されるべきではなく、現行
法上他に執るべき方法は考えられないのであるから結局本件選挙の違法は、選
挙の結果に異動を及ぼす虞がないものと解すべきであり、前示法条に該当しな
いものとして原告の本件選挙の無効の主張はこれを排斥するほかない」などと
判示した。選挙の無効を宣言するのはおよそ無理、ということである。

　だが、事情判決のままでは、果たして国会が是正を行うものか、確信が持て
ない。そこで、違憲の判断を立法・行政上の行為に反映させる方法の一つとし
て、将来無効の裁判の方法が可能かが考えられてきたのである。[13]

　衆議院議員総選挙の将来効判決の可能性に関しては、寧ろ、最高裁の方が動
いたと言ってよい。1983年判決[14]において、團藤重光裁判官反対意見は、事情判
決とは「憲法上の諸利益の較量による一種の司法政策ともいうべきものであつ
たと理解されるべきであ」るとしており、裏を返せば、政策的判断でいつでも
やめられることを示唆したものである。同判決の中村治朗裁判官の反対意見
は、「違憲の議員定数配分規定に基づいて行われた選挙も当然に無効となるも
のではなく、その旨を宣言する裁判によつて将来における議員資格喪失の効果
を生ずるものと解すべきであり、公職選挙法204条所定の選挙無効の訴訟によ
つてこのような裁判を求めることができるものと解するのが相当である」と述

第12章 将来効判決、積極的な司法的救済、可分論

べている。また、木戸口久治裁判官も、「議員定数配分規定が違憲と判断される場合、同法205条１項の規定に従つて、常に右議員定数配分規定に基づいて行われた選挙を将来に向かつて無効とする判決をすべきものではなく、行政事件訴訟法31条１項のいわゆる事情判決の制度の基礎にある一般的な法の基本原則の適用により、選挙を無効とすることによる不当な結果を回避する裁判をする余地もありうる」点に言及していたのであった。

更には、1985年判決[15]における寺田治郎裁判官ほか４裁判官の補足意見が、「是正措置が講ぜられることなく、現行議員定数配分規定のままで施行された場合における選挙の効力については、多数意見で指摘する諸般の事情を総合考察して判断されることになるから、その効力を否定せざるを得ないこともあり得る。その場合、判決確定により当該選挙を直ちに無効とすることが相当でないとみられるときは、選挙を無効とするがその効果は一定期間経過後に始めて発生するという内容の判決をすることも、できないわけのものではない。けだし、議員定数配分規定の違憲を理由とする選挙無効訴訟（以下「定数訴訟」という。）は、公職選挙法204条所定の選挙無効訴訟の形式を借りて提起することを認めることとされているにすぎないものであつて（昭和51年大法廷判決参照）、これと全く性質を同じくするものではなく、本件の多数意見において説示するとおり、その判決についてもこれと別個に解すべき面があるのであり、定数訴訟の判決の内容は、憲法によつて司法権にゆだねられた範囲内において、右訴訟を認めた目的と必要に即して、裁判所がこれを定めることができるものと考えられるからである」とまで述べ、遂にはそのような手法の可能性にはっきり言及するに至ったのである。

1993年判決[16]では、園部逸夫裁判官は以下のような意見を示している。「現行法の下では、」「定数訴訟の場合は、選挙管理委員会のよるべき法律の規定そのものが違憲無効とされるのであるから、当該選挙の無効判決を下すのみでは不十分といわなければならない。すなわち、選挙無効判決に併せて、国会に対して、速やかに議員定数配分規定の改正をすることを義務付ける判決をするか、あるいは、当該選挙管理委員会が判決の趣旨に従って再選挙を施行するために必要かつ具体的な方策を示すのでなければ、当該定数訴訟を提起した当事者の

473

権利の救済に何ら資することにはなら」ず、それは「可分説による場合も同様である」。そこで、「現行の定数訴訟においては、裁判所は、議員定数配分規定の全体について合憲性の有無を客観的に判断するにとどめ、違憲と判断される場合でも、それを無効としないこととするのが妥当であると考える。したがって、定数訴訟の主たる目的は、係争の議員定数配分規定の違憲性について、将来に向かって警告的判断を下すことにあると解する。右の警告的判断がされた場合、国会は、憲法上の秩序を適正に維持するため、これに速やかにかつ誠実に対処して、その憲法上の責務を果たすべきものである」として、将来効判決的判断に賛同した。また、参議院議員通常選挙に関する1996年判決[17]でも、園部裁判官は、この自らの意見を引用しつつ、「将来に向かって警告的判断を下し、」「較差の速やかな是正を図るよう促す」べきだと述べている。

参議院議員通常選挙に関する2004年判決[18]における、福田博裁判官ほか6裁判官の反対意見が、「次回平成16年に行われる参議院議員選挙以降、現行の選挙制度が基本的に維持された形で選挙が行われるのであれば、選挙区選挙については、今後は定数配分規定の違憲を理由に、選挙の無効を宣言すべきものと考える」と述べたのは、判決時点以降の効力をなくすものではないものの、次の選挙に対する警告と言える意見である。また、衆議院議員総選挙に関する2011年判決[19]でも、宮川光治裁判官が、事情判決の法理による処理を妥当とする反対意見の最後に、その際には、「さらに、今後、国会が速やかに1人別枠方式を廃止し、選挙権の平等にかなう立法的措置を講じない場合には、将来提起された選挙無効請求事件において、当該選挙区の結果について無効とすることがあり得ることを付言すべきである」と述べた例がある。

衆議院総選挙を無効としたことで注目された2013年広島高裁判決[20]は、「定数訴訟の判決の内容は、憲法によって司法権に委ねられた範囲内において、定数訴訟を認めた目的と必要に即して、裁判所がこれを定めることができると考えられるのであるから、本件選挙について、無効と断ぜざるを得ない場合には、裁判所は、本件選挙を無効とするが、その効果は一定期間経過後に始めて発生するという内容の将来効判決をすべきであると解される」と述べた。その翌日、広島高裁岡山支部も、「既にこれらの議員によって組織された衆議院の議

決を経た上で成立した法律等の効力にも問題が生じ、今後における衆議院の活動も不可能となり、本件区割規定等を憲法に適合するように改定することさえできなくなるという憲法が所期しない著しく不都合な結果を招くことになるから、このような解釈は採用し得ない。本件選挙訴訟は、将来に向かって形成的に無効とする訴訟である公職選挙法204条に基づくものであることにかんがみれば、無効判決確定により、当該特定の選挙が将来に向かって失効するものと解するべきである」とした。[21] 将来効判決の可能性に賛同する判断は、最高裁の少数意見の枠を超え、下級審の判決理由の中で示されるようになった。

そして、衆議院総選挙に関する2015年判決でも、大橋正春裁判官が、反対意見において、[22]「平成23年大法廷判決において憲法の投票価値の平等の要求に反する状態に至っているとされた」以上、「本件選挙区割りは憲法の規定に違反すると考えるものであり、また本件では事情判決の法理を適用すべき事情はなく、本件選挙区割りに基づいてなされた本件選挙は本判決確定6か月経過の後に無効とする」として、日数を挙げての将来効を示した例がある。これは、いわゆる「1人別枠方式」の是正が最高裁によって示されてから「既に4年8か月も経過していることを考慮すれば、合理的な期間が経過している」ということが大きく、「憲法14条に適合する新たな選挙区割りに基づいた選挙をすることで本件選挙を無効とすることによる混乱は回避することが可能である」として、選挙のやり直しを求めるものであった。

このようにして、議員定数不均衡事案において、最高裁の少数意見が将来効判決に言及することや、下級審がそれを判示することは、日常的なこととなっている。大法廷判決の本文に組み込まれてこそいないが、それも間近なのではないかと思わせる光景が展開されているのである。

（2）通説的見解

将来効を判決について、学説はどう考えてきたか。まず、大前提として、通常司法裁判所の判決は当該事件を解決するものであるため、基本的に遡及的（retroactive）なものである[23]のに対して、立法府の扱うものは、将来の社会一般に適用されるものであるので、将来的（prospective）なものと言える。[24] つまり、

司法判断が将来効を有することは一般的には認められない。付随的違憲審査制の下では、判決は当事者にのみ遡及するのが基本である[25]。通常の司法裁判所を前提にすれば、「判決の効力を将来から発生させること」「は許されないはずである[26]」。特に刑事実体法については鉄則であり、救済制度が適切に用意されていることが寧ろ要求されよう[27]。

だが、「いずれの場合も、合理的な例外をともなわざるをえない[28]」。そして、立法権が、既に取得された権利、例えば、契約上の権利を制限するとしても合憲だと思われる[29]ように、通常司法裁判所の判決が将来効を有することは、アメリカでも当該事案にのみ遡って適用して事案を解決する司法作用の例外として認められる場合があるとされ、第1に、当事者に全く適用されず、将来の事件についてのみ適用される純粋将来効型、第2に、判決が当該事件の当事者にのみ適用される、限定型不遡及的変更、第3に、判決が当該事件の当事者及び「判例遡及の原則の範囲内に含まれるものとして上に説明した事例のうち、若干の事件の当事者について適用される」準限定型不遡及的変更があるとされる[30]。

このようなアメリカ法理解を受けてか、芦部信喜も、「判決の将来効（prospective effect）の法理を準用して、別表の違憲判断の効力を当該選挙の効力に直接結びつけないことにするとともに、」「再選挙執行の事実上の不可能性を理由に『選挙の結果に異動を及ぼさない』旨の判決を下すことも、公選法が予想しない異例の訴訟を処理するためには許されてよいのではないか」と主張した[31]。そして、このような際には、「合憲となりうるための計数基準」「を判決で示しておくことが必要であ」ると指摘していた[32]。この点、日本の最高裁が、様々な要素を考慮して議員定数不均衡の合憲性を判断してきたことに鑑みれば、合憲・違憲の線引きが不明確では、その後により強力な判決を下す際にも国会の強い反発が生じ、混乱の極みとなる危険もあろう[33]。しかし、事後の改正を誘導すべく、定数配分例を示すのが最早端的な方法だという含意がそこにはあった。戸松秀典も、「議員定数不均衡訴訟という訴訟の特殊性と国法秩序の維持を担う司法権の役割とを基盤として、司法部門、とりわけ最高裁判所が実際に将来無効の裁判を行うことだとするのが適当である」とする[34]。ただ、これが「とりわけ最高裁判所が創設可能な領域の事項であるから」であるが、一定

第12章　将来効判決、積極的な司法的救済、可分論

期間とは具体的にどこに設定するかが問題だと指摘するものである[35]。

　ただ、将来効判決は、選挙執行の差止請求という形で議員定数不均衡が争われるアメリカでは適切な救済法であっても、衡平法（equity）の伝統もなく、既に行われた選挙の無効を求める訴訟がなされる日本では、採用できないとする意見が強いのではないか、と芦部は述べる[36]。しかし、事情判決が「一般的な法の基本原則に基づくもの」と言えるのなら、アメリカの「将来効判決の理論の趣旨と共通するものを見出すことができる」とも述べるのである[37]。

　実際、アメリカの連邦最高裁は、1969年に、「憲法第3章の事件または争訟の中で、当該訴訟の当事者について適用のない法原則を宣言するのは、とくに、それが新しい原則の宣言でない場合、きわめて異例なことである」と述べ[38]、純粋将来効に対する否定的な姿勢を緩めた[39]。1976年になると、連邦選挙管理委員会の任命が違憲になされたことを認定しつつ、「両委員会がこれまで行った処分や決定の効力に及ぶものではなく」、「したがって、これらの行為については事実上の効力が認められる」とした上で、同委員会に判決の言い渡しから30日間に限って選挙「法の実体規定に基づいて事実上活動する」ことが認められた[40]。このことは、アメリカでの定数是正訴訟にも及び、1972年判決でも、定数配分規定が違憲であるとしても、「1971年選挙が無効となり、再選挙が命じられなければならないものという結論が導かれるものではな」く、「われわれはこれらの選挙に介入しない」と判示したのである[41]。[42] 現在のアメリカでは、純粋将来効判決は「まぎれもなく存在している」[43]。

　芦部は更に、「将来効判決といっても、種々の類型がある」と指摘した[44]。アメリカでは、「新しいルールを当該事件に適用せず、判決後一定期間を経てから適用する旨を示すprospective-prospective holdingという手法（ここでは仮に「二重将来効判決」と訳す）のほかに、unconstitutionality in futureと呼ばれる判決手法（ここでは仮に「違憲性将来効判決」と訳す）を用いる裁判例も現れている」[45]と述べるのである。共に、違憲判決の効力が一定期間経過後に発生するものであるが、後者は、違憲とされた法令は一定期間経過後に一定の方式で改正されるべきだという警告を含むだけではなく、裁判所によって助言されたプログラムないしガイドラインに沿って立法部（又は執行部）が一定の具体的措置を構ず

477

れば、先に違憲とされた法令は救済されること、及び、その件を将来審査する管轄権を裁判所が保有することが判決に示されるという特徴を有するという。[46]

　ただ、これには、事情判決が下された後、国会が定数是正を行わないまま総選挙が施行され、新たな訴訟が提起された後に選挙無効判決を下すことができるとすれば、選挙を無効としても憲法に適合する公職選挙法の改正が必要だからなどとする、事情判決の法理援用の理由がかえって希薄になってしまうという批判があり得よう。[47]だが、この例外的手法は、「無効の効果を一定期間経過後に発生させる内容の判決であるから、」それまでに「国会において違憲の定数配分規定で選出された議員全員参加のもとで公選法改正作業を行うことができるというメリットがある」と芦部は評価し、以上のような手法を支持した。[48]

　松井茂記も、アメリカでは、差止めを命じる裁判所の権限は衡平法に基づく権限として認められてきたが、日本にはそのような伝統が欠如しており、日本の裁判所はそのような権限を有さないと解されてきたと指摘する。[49]しかし、明治憲法ではなく、日本国憲法下の裁判所が同様のものかは疑問であるとし、その76条が司法権を裁判所に付与したということは、適切な救済の権限をも付与したと解すべきであると主張する。[50]この点で、行政事件訴訟法が差止めなどの予防的救済の訴訟を定めていないことが懸念されるが、これは無名抗告訴訟として訴えることを否定するものではなく、消極的に解することはできないほか、当該裁判所の固有の救済権限に含まれ、裁判所は当然適切な救済を与えることができるべきであるとする。[51]この立場からすれば、憲法76条の解釈から、当然に、当該事案に必要な限りでの各種将来効判決が下されることは、推奨されることはあっても違憲と評価されることはないことになろう。松井は、「純粋の要望型」や、一定の時間が経過すれば当該事案が違憲となるとする「将来的違憲判決」の存在を指摘するのである。[52]佐藤幸治も、「国民の権利・自由の保護にとって必要とみなされる場合には、違憲無効の効果が一般的に遡及することもありうると解すべきであろう」[53]とする。ただそうであれば、純粋な将来効は、司法の作用としては「異例のもの」であり、「それだけに強い正当化事由の存する場合でなければならない」[54]ことになるであろう。

第12章　将来効判決、積極的な司法的救済、可分論

（3）有力説の批判

　だが、前述のように、過去の事件の解決が「司法権」の本質であるのだとすれば、原理論として疑問であるとの批判があり得ることは想像に難くない。将来効判決とは、いわば将来の現象を予想し、その場合の予告を行うものであり、「司法」の作用に適うものではないのではないかとの疑いもある。この手法が法理論として何を根拠に許されるのか、との疑問である。

　議員定数不均衡判決を想定すると、公職選挙法別表を一体のものと考え、選挙自体を無効とすることは、既になされた選挙についてはできないので、対象は今後の選挙ということになろう。つまりは、将来に向かって選挙を無効とすることである。まず、このようなことが、事案の解決を本務とする司法権の作用として可能なのかが問題である。そして、仮に将来効判決が可能なのだとして、無効の時点をどこに置くか、そもそも裁判所が自由にその時点を設定できるのかという疑問もある。それには政策的配慮が伴う。即ち、法理論的ではないということである。また、仮にそれができるとしても、その時点で該当する議員がいなくなり、衆議院の場合は総選挙を行わねばならなくなるが、どのように選挙法を定めるのか、参議院の緊急集会により暫定的な法改正を行うということでよいか、などの問題が生じるのである。以上のような重要な点について、柔軟な解決を言うばかりで、憲法上適切な解決が示されていないという通説的見解には不安を感じるところではある。

　また、この手法に対しては、日本の最高裁のこれまでの姿勢を思えば、このような方法を採用するくらいなら、立法的解決に期待する方が早いのではないかとの批判もある。要は、司法権による選挙法の改正なのであり、理論的な問題もさることながら、果たして日本の最高裁が適切な区割りを示し、新たな選挙の執行を指揮するだろうかという疑念である。それよりは、最高裁には「司法権」に徹してもらい、厳しい基準での違憲判決を繰り返しつつ、世論の後押しで国会自身が是正を行うのを待った方が、最終的にはよりよい解決に到達するという考えが生じないでもない。

　但し、自らが議席という利益を有し、総じて多数派ほどその利益を享受する構造の議会のメンバーが、そのような改革を実践するものではないことは、理

479

屈としても、また、経験則としても明らかであるという反論は十分に予想できる。フランスで、2008年の憲法改正によって、憲法院が法律の合憲性を事後審査するQPCの手続を導入し、そこでは将来効判決が出せるようになったとの紹介がある。[61]しかも、改正は、「事後的審査の導入から一足飛びに、将来効判決が導入されてしまった感が否めない」[62]ほどの性急さであった。そして、2013年末までに26件の将来効判決が示されている。[63]猶予は平均して10カ月弱のようである。[64]それがなされるのは、「即時の廃止をすることで、関係する制度そのものが消滅してしまい、いうなれば合憲的に適用可能な要素もすべて適用できなくなり、法的空白が生じることを回避することが考慮され」[65]たとき、と言えようか。このような判決が下されることは、かなり実効性があるように見える。そして、このような手法は、個別的効力を前提とする付随的違憲審査制度では、「その判決の効力は多様であり得たはずであ」り、「無理な限定解釈や一部違憲判決などよりも、望ましい」との評価がなされている。[66]つまり、日本でも可能であったし、望ましいというわけである。

　だが、このような手法は、やはりむしろ抽象的違憲審査制度とマッチするものであり、通説的見解群が、例外として認められる理由と範囲を慎重に探してきたことこそ、傾聴に値しよう。やはり、仮定の事案に対する指図は司法権の判断に馴染まない。この意味では、過去の事件の解決について万策尽き、重要な憲法上の権利について例外的に憲法判断を行うだけでは救済が不可能であるとき、将来確実に発生する事件を類型的に解決する回答を用意しておくことができるか（繰り返されるが審理を免れるケースに類するものか）、ということのように思われる。これがあくまでも例外的解決であるとすれば、他に日本の裁判所が可能な解決手段が皆無であることを証明すべきである。これを探ることが先行する課題だと思われる。

2　司法によるより積極的な解決方法

（1）積極的な司法的救済

　まず、裁判所が新たな選挙区割りを提示し、それに基づいて直ちに選挙をや

り直すという直截的な方法は可能であろうか。これが可能であれば事態は一気に解決に向かい、将来効判決などは極めて迂遠な方法だということになろう。

アメリカでも、以前、議員定数不均衡問題は政治問題だとして、裁判所は一切の判断を示さないとした判決があった[67][68]。これは、違憲宣言判決をしても、議会が従わず、これに対する有効なエンフォースメントの手段がなければ、虚しい確認判決は避けるべきとの考えによるものであるが、憲法上の重要な権利の回復の実効性の点で問題があるとして、アメリカの裁判所は、これを脱し、違憲状態を除去するための司法的救済措置を講ずる途を採ったのである[69]。日本のように憲法81条が明文で規定するのではなく、判例によって付随的違憲審査制が確立され、「司法権」解釈において現在では日本と共通性が疑う余地のないアメリカで可能であるのだから、日本でも可能なのではないか、というのがその示唆するところとなろう。

このような直截的な方法は幾つかあるとされる[70]。第1は、次の選挙まではこれまでの区割りによって行うことを許容するが、新議会は選挙法の改正のみを行う権限を有するとし、改正後直ちに選挙をやり直す方法である。第2は、新しい選挙区割りが制定されるまでは全体を一選挙区とする選挙を行う方法である。そして、原則として採られるべきとされる第3の方法は、裁判所自らが選挙区割りを定め、新たな選挙区割りを定める法律が制定されるまではこれによるとする方法である。

日本では、これは、アメリカの裁判所の衡平法の権限に基づくものであり、成文法国でもある日本の裁判所に期待できるものではないとの批判も多い。しかし、この手法の主唱者である田中英夫は、これが英米法の歴史的淵源を有することは確かではあるが、「こういう救済手段を裁判所が案出して行くことが、司法作用の本質に反するものとして許されないと考えるべきか否かの問題で」[71]あるし、判例による法形成機能という点では先例の拘束性など、英米法と大陸法の質的差異はなくなっており[72]、日本でも、借家法や利息制限法の有名な判決が示すように[73][74]、法文の素直な読み方や立法趣旨とは異なる解釈を裁判所がなすことは許容されていると指摘する[75]。そして、「先行規範および救済規範上のルールに基づいて個個の事件に関し具体的な救済措置を講じて行く際には、

一般性をもつ基準」のみならず、「借地法 9 条ノ 2 、9 条ノ 3 、民法258条、907条、958条ノ 3 など」によっており、議員定数不均衡問題を「政治的問題」であるが故に「司法判断に適しないという立場をとる」のでなければ、救済の余地はあると述べるのである。そして、日本では、議員数を現行通りとする、大選挙区制か小選挙区制かというような基本的な選挙制度には手をつけない、どのような行政区画を単位とするかも議会の採った立場を尊重する、区割りはできるだけ自然的・歴史的条件を考慮して地理的一体性のあるものを目指してゲリマンダリングを避ける、という方針の下、裁判所「自らその是正策を講ずる」べきだとするのである。そして、その区割りが実情に合わないと国会が判断したときには、合憲の範囲内で自ら区割りを行えばよいとも述べている。田中に加勢すれば、「大陸法」的な空気の残る刑事司法の問題であった高田事件最高裁判決において免訴の判断を捻出した日本の裁判所が、議員定数不均衡問題を解決するのに適切な解決方法を、法律以下の条項にないとの理由で、およそ示せないのは不可思議だと言えるのである。

　しかし、この方法は、公職選挙法204条の訴訟とは別の訴訟によってなされなければなるまいが、どのような訴訟になるのか、五里霧中の感も強い。また、日本国憲法43条 2 項や47条の規定に照らし、「いささかドラスティックにすぎないかの印象もぬぐいきれない」。強大な大統領権限が存在する国の例とは異なる配慮が必要かもしれない。具体的事案の解決として、唯一の解決であれば、このような大胆な救済方法も正当性を有しようが、日本の場合、不均衡が著しくなったがために、そして、選挙区割りに関する原則が複雑である（例えば、衆議院の小選挙区の場合、ゲリマンダーを避けるべく、県単位は崩さないのが原則であろうが、それがどこまで絶対のものなのかは突き詰められていない）がために、あるべき区割りを唯一のものとして示せなくなっているという問題もある。大原則を覆すだけの正当性を有する区割りの提示に、裁判所が成功するかは、実は疑わしい。また、司法の暫定案と異なる内容の法改正を国会が行う相当の時間的余裕を与えなければ、日本では非現実的であり、「収集のつかない混乱」すら生じる危険もあろう。裁判所は選挙区割りのプロでもないのである。加えて、日本の衆議院の選挙制度は小選挙区比例代表並立制であり、重複立候補と

第12章　将来効判決、積極的な司法的救済、可分論

いわゆる復活当選が認められているため、違憲の選挙区の選挙を無効にしても、既に、小選挙区では当選できなかった候補が比例代表部分で当選しており、救済を行えという決定に迫力が生まれないという障害もある。[85] 復活当選者の議席の方が安泰、という逆転現象も見え隠れする。芦部は、寧ろ将来効判決との組み合わせで用いる方が実際的であると述べているが、[86] 現行選挙制度を前提とする限り、その感覚も解らないではなかった。

（2）差止請求訴訟

　下級審の中には差止請求訴訟を模索したものがある。[87] これは、裁判所が、当該行為ないしその根拠法令等が違憲であることを根拠に、その執行を差し止めることを命じる裁判である。[88] 行政事件訴訟としての差止請求訴訟については、2004年の行政事件訴訟法改正により、規定された。高橋和之は、選挙を差し止めると同時に、国会が直ちに改正しないなら、裁判所の定める配分表に基づいて選挙を命じる方法を提唱し、[89] ほかの方法がなければ、この途を採ると「覚悟を決め、その趣旨を何らかの形で明らかにするということもありうる」とする見解もある。[90] 野中俊彦は、不備な法律に基づく処分の取消しないし無効確認の訴えの提起の可能性に言及し、不備な立法に基づいて行われた処分を捉え、その取消しないし無効を主張することは可能だと主張している。[91] もし、選挙の前にこのようなことが可能であれば、差止めを求める訴訟ということになろうか。このような訴訟が可能であれば、現行行政法の解釈発で、上述の積極的な司法的救済に近い効用を発揮できることになろう。

　だが、多くの訴訟は、主として民事訴訟性を理由に却下されてきた。憲法訴訟としての差止請求訴訟は、裁判所によって受け入れられることが容易ではなかった。[92] 違憲状態の是正を裁判所が主体的に行うのか、政治部門が行うのかという、憲法秩序形成の根本問題にも関わっており、政治部門に期待する折、裁判所に委ねるべきという選択があり得る。[93]「社会的相当性」を認めることが困難であった上、「新しい訴訟類型」を承認すべきかどうかの議論も不十分であった。[94] もしも選挙無効訴訟が認められるのであれば、さほどの実益もない、という指摘もある。[95] 差止請求訴訟を無限定に認めることなどには、やはり日本

483

の政治状況の下では非現実的であるとの懸念がある。[96) 積極的な司法的救済が困難であるのと同程度に、この方法も困難を伴おう。

（3）義務付け・違憲確認訴訟

当該訴訟で争点となっている法令の規定や処分の合憲性について、裁判所が違憲であることを宣言するものの、それらの効力は否定しない、違憲確認の訴訟が考えられている。付随的違憲審査制である以上、訴訟当事者が専ら違憲の確認のみを求める訴訟提起の方法は認められない。あくまでも、訴えの提起の要件である事件訴訟性を充足している場合に、裁判所が何らかの理由で違憲・無効を言い渡すのが適当でないと判断したときに、この手法が使える可能性がある。[97) その意味では、事情判決に近い効用を有することになる。

野中俊彦は、立法不作為の違憲確認ないし宣言を求める訴訟を、無名抗告訴訟として提起する可能性に言及する。[98) 野中は、議員定数不均衡問題は立法によってしか解決できず、立法義務違反か立法の不作為の違憲が争われているものであることを指摘する。[99) また、松井茂記も、「従来のような法的救済では、適切な救済を図ることが困難」であれば、「違憲確認・執行差止めを求める訴訟として提起されるべきであ」ると主張する。[100) 最高裁がそうするときには、裁判書正本を内閣や国会に送付するということが確保されていなければなるまいという指摘もある。[101) 正規の法令違憲判決だという意味があろうか。

実際、下級審の中には義務付け訴訟を模索したものがある。[102) だが、実際の訴訟は、主として民事訴訟性を理由に却下された。この手法はしかし、裁判所が違憲確認の裁判を下しても、それが当該訴訟・事件の解決に直接結び付かない限りは、裁判所の違憲の警告か傍論、要は憲法上の単なる見解表明に留まり、具体的な憲法秩序の形成に至らないという難点があろう。[103) 実際、事情判決によっても定数不均衡の是正を行わない国会に対し、裁判所が違憲のみを宣言する判決を求めることは、実践的には殆ど意味がないであろう。

（4）損害賠償請求訴訟

更に、下級審の中には損害賠償請求訴訟を模索したものがある。[104) 著名な、在

第12章　将来効判決、積極的な司法的救済、可分論

宅投票制度違憲訴訟[105]などと異なり、国会が配分規定を改正してこなかった不作
為を問題にしたものである[106]。学説の中にも、この道筋を提唱するものもある[107]。
衆議院総選挙に関する1976年最高裁判決[108]において、国家賠償請求の余地はある
のではないか、との示唆がなされていた。この方法は、訴訟の途中で衆議院が
解散された場合に、憲法判断がなされないことを阻止する効用がある[109]。千葉4
区の選挙民による訴訟では、定数不均衡是正直後の1976年総選挙当時、同区の
一票の価値は人口比で兵庫5区の3.71倍であった。しかし、東京地裁は1977
年、国会議員に対する訴えをその免責特権を理由に斥け、国に対する訴えも、
「再改正のために通常考えられる合理的期間を未だ経過していないことを合わ
せ考えると、本件議員定数規定をもつて、その違憲とせられることの蓋然性が
何びとにも顕著であるとは、未だ認められない」として訴えを斥けたのである。

　だが、いわゆる在外邦人選挙権訴訟[110]において、国家賠償請求は認められ、国
外に住所を有する日本国民に、国政選挙の選挙区選挙の投票権を認めていない
ことは違憲とされた。そうであれば、議員定数不均衡訴訟において何故、国家
賠償請求の途が閉ざされるのであろうかとも思える[111]。このときの在外邦人に
は、比例区のみの投票権、つまりは国内の国民平均の半分（選出できる定員で考
えれば、約40％）の投票権が付与されていたのに対し、1972年の千葉4区有権者
は兵庫5区有権者の約20％しか投票権を付与されていなかったのであり、なら
ば、通常の議員定数不均衡訴訟において国家賠償請求訴訟ができないと考える
理由はない。もし、選挙訴訟によっても選挙無効の判決が期待できないのであ
れば、多額の賠償を勝ち取り続ける方が国会にはボディブローのように効くと
考えられなくもない。選挙訴訟において違憲状態で合理的期間が経過しなけれ
ば裁判所は「違憲」と宣言しないのに対し、国賠訴訟においては、仮に歴代国
会議員の過失が認定されない、つまりは本請求が通らない直前の段階とは、国
会が違憲と認識すべき段階であるから、合理的期間が経過するのを待つまでも
なく[112]、裁判所が「違憲」と宣言する筈であるから、インパクトもあろう。難点
は、選挙のやり直しを求められないことと、インパクトを求めて原告を集めれ
ば集めるほど、原告の数だけ訴訟費用がかかるということであろう。

　念のために付言すれば、法令違憲判決が、当該法令の不備を指摘するもので

485

あることに鑑みると、「立法の不作為」とは特殊な概念ではなく、不完全さの延長だと考えられる[113]。そうであれば、「救済手段の性質に起因する問題が存在し、決して最善の選択肢とはいえない」が、不備・不足のある公職選挙法別表に向け、「法秩序維持機能の一つとして用いる可能性」[114]として、国家賠償請求訴訟は議員定数不均衡是正を求める場合でも活用できる筈である。だが、立法の不作為の違憲確認には障害がある[115]。通常の議員定数不均衡訴訟では、立法不作為の司法審査を広く認めていたのに対し、国家賠償請求訴訟については、在宅投票制度違憲訴訟の最高裁判決が先例となってしまったため、その後の緩和をもってしても、実際の出訴を躊躇させていると言えよう[116]。

なおかつ、議員定数不均衡訴訟などでは、損害の立証が要件とされる中、損害額の主張立証が難しいことも指摘できる[117]。在外邦人選挙権訴訟の賠償額の算定があまりに低く、具体的な争訟を成立させるための象徴的金額に過ぎず、実態としては抽象的違憲審査とも思えるものとなったことも、印象的である。より多くの判決は、公務員である国会議員の「故意又は過失」がないと認定し、原告敗訴に終わった。そうであるならば、議員定数不均衡訴訟の多くも同じ轍を踏み、インパクトも弱く、人知れず終わる危険もある。6年後までに最高裁判決を得られれば足りる参議院や、準じて地方議会では、衆議院と異なり、この方法は無用と言ってよい。そして、国家賠償請求は選挙そのものを無効にするものではなく[118]、将来に向けてそのような宣告を裁判所にさせることもできないのであるから、国会に是正を強制することが目的であるのであれば、やはり欠点である。つまり、そもそも原告の狙いと得られる判決との間に齟齬があるのである[119]。もし、選挙無効訴訟が認められるのであれば、国賠訴訟は、地裁の当座の判断を仰ぐ意味がある程度に留まり、迂遠な方法であるとの指摘できる[120]。結局、この方法による訴訟は「立法者に適憲的な状況をつくり出させるための副次的方途＝バイパス」[121]という性格に止まることは否めず、実際の訴訟においても避けられていったのである。

これらの訴訟類型の提唱が、その所期の目的を完遂できたとは言い難い。事情判決の限界である、国会に法改正をさせることができないという状況を打開

第12章　将来効判決、積極的な司法的救済、可分論

できないか、日本国憲法の規定する「司法権」の枠を超えているのではないか
との懸念を払拭できなかったと言えよう。

3　可分性の法理

　これまでの主張は、選挙区割りによる選挙区相互は関連していることを起点
に、選挙を選挙区毎に考えることはせず、公職選挙法の別表は一体であるとす
る不可分説に立つものであり、一般的にこれが妥当であるとされてきた。[122]事情
判決の法理を行き止まりとする通常の選挙訴訟以外の途を模索した、上述の
様々な主張についても、やはりその前提は一体としての選挙を前提としたもの
に思える。しかしながら、不可分論に立ち、公職選挙法別表を改正しようとす
ると、100以上の選挙区の境界が変更を余儀なくされる危険があり[123]、裁判所が
個別に検討していけば、極めて困難であり、政治的な訓練を受けていない裁判
官にとって、一定の期間に最適な区割りを提示することは難問と言うほかな
い。ならば、判例・通説の述べてきたとおり、公職選挙法別表は不可分一体の
ものなのか、一部のみを違憲として、一部の選挙のみを違憲とすることはでき
ないものであろうか。これが素朴な疑問である。

　もし、選挙の全部無効でなく、事情判決でなく、将来効判決でもなければ、
選挙について可分論に立ち、当該訴訟で争われている選挙区の選挙のみを無効
にするという手法が考えられよう[124]。不可分論に固執すれば、任期満了をもって
国会が機能を停止するとの見解もある[125]。不可分であるが故に最高裁は事情判決
の法理を用いてきたが、もしも、可分であるとすれば、違憲の選挙区の選挙に
ついて選挙無効を宣言すればよいことになるからである[126]。ならば、柔軟かつ、
最小限の痛みをもって事案は解決できよう。具体的には、選挙無効判決は、民
衆訴訟の代表例である公職選挙法204条の選挙の効力に関する訴訟によって生
じる。そして、それが行政事件訴訟法32条の取消判決の第三者効力の問題を生
じさせる。取消しの効果が及ぶ先が原告についてのみとはならない、というの
が民事訴訟とは異なる点である[127]。

　1976年判決における岡原昌男裁判官（のちに長官）ほか５裁判官の反対意見

487

は、定数配分規定は可分的であり、定数規定が違憲であれば、公職選挙法205条によって選挙の無効が争われた当該選挙区の選挙を無効にすべきというものであった。かなり以前から、この立場に立つ少数意見は存在したのである。

同意見は、「選挙区割、議員総定数及びその配分などの決定」が「著しく合理性を欠き、憲法の要請に反するような事態に立ち至つた場合は、司法による判断を免れ」ず、裁判所は、「かつて憲法37条1項に基づく迅速裁判の要請に反する刑事被告事件について、下級審が、憲法に保障する迅速な裁判をうける権利は侵害されているが、刑訴法にその救済規定がないから如何ともし難いと結論したのに対し、当裁判所は、憲法の要請にこたえるためには、刑訴法上これに対処すべき具体的な規定がなくても、免訴という審理打ち切りの非常救済手段をとるべきであるとした」ように、「憲法上国民の重要な基本的権利である選挙権の平等を争うについては何等かの途をひらくのが妥当であり、それには現行法上選挙の無効を争う点で類似している公選法204条の訴訟の形態を用いることができるとした多数意見は、そのまま同調しうる」と述べた。

しかし、同意見は、事情判決の法理に至る多数意見には反対し、「本件においては、原審の確定した事実によれば、議員一人当たりの選挙人数は、千葉県第1区では381,217人であつて、その全国平均150,243.66人に対し253.73パーセントにあたり、すなわち、投票価値の点からみると、千葉県第1区においては、2人半の選挙人によつてようやく、全国の選挙人の平均1人分の選挙権を行使しうるにすぎないのであるから、このような投票価値の偏差は、いかに他の考慮要素をしんしやくしても、とうてい合理性があるものとは認められない。しかも、その原因たる人口の過密化は絶えず進行し、本件選挙の相当以前から投票価値不平等の違憲の瑕疵を帯びるに至つていたものと推認できるのであるから、それが合理的期間内に是正されなかつたものと認めるほかなく、したがつて、本件選挙当時の議員定数配分規定中千葉県第1区に関する部分は違憲の瑕疵があつたものといわざるをえない」のであり、かつ、「一部選挙区について投票価値不平等の違憲の瑕疵があるとしても、」「必然的に他の選挙区全部について違憲の瑕疵を来すものとは考えないのである」。まさに「昭和39年」「及び昭和50年」「の議員総定数及びその配分規定改正の際には、右の関連

第12章　将来効判決、積極的な司法的救済、可分論

性に対する全国的配慮は見られず、人口の激減した選挙区にはなんら手を触れ
ることなく、専ら人口の激増した選挙区のうちの一部についてのみ議員定数の
増加及び選挙区の分立の措置を講じ、その増加した議員数を加えた数をもつて
公選法4条の議員総定数としたものであつて、先ず議員総定数を確定してか
ら、それを各選挙区に公平に配分し直したものではない」のだから、「立法府
もまた、右配分規定改正の際には、一部の選挙区だけを切り離して手直しをす
ることが可能である」。結果、「当時の議員定数配分規定は、千葉県第1区に関
する限り、憲法14条1項、3項、15条1項、44条但し書に規定する選挙権平等
の要求に反し違憲の瑕疵があるので、憲法98条によつて無効であり、したがつ
て、これに基づく本件選挙もまた無効とすべき」としたのである。

　同判決の岸盛一裁判官反対意見もユニークな立場を採った。可分論を前提
に、「本件千葉県第1区の選挙は無効であるが、当選人4名は当選を失わない
と考えるものである」った。それは、過剰選挙区は、例えば「1名を過剰に配分
している点で、かつ、その限度で違憲であ」り、過少選挙区は、例えば「定数
1名を配分している積極面は違憲でないが、1名に限定しているという消極面
が」「その限度で違憲となる」ので、これ以外の当選人については、「各その限
度においてはこれに基づく選挙の結果の効力をそのまま維持させるのが、憲法
に適合する範囲において可能な限り選挙人の選挙意思の実現をはかるゆえんで
ある」ことが理由である。これ「によつて、選挙の無効・当選人の議員資格の
喪失を不当に拡大することを防止することにもなるのである」とも述べている。

　1985年判決における谷口正孝裁判官反対意見も、やはり、選挙を無効とする
ところに突き進んだ。そこでは、「憲法に違反する議員定数配分規定は、憲法
98条により無効の法規のはずであり、その無効の議員定数配分規定に基づいて
行われた選挙は本来無効と宣言されるべきものである。にもかかわらず、前記
の如く事情判決的処理をすることは、極めて例外的な場合にのみ許されるべき
ものであ」り、「違憲の議員定数配分規定について、早期・適切な是正を期待
した国会がその挙に出でずして荏苒として時を過し、違憲の議員定数配分規定
により選挙が繰り返し行われ、裁判所がこれに対しその都度、事情判決的処理
をもつて応待するということになれば、それは正に裁判所による違憲事実の追

489

認という事態を招く結果となることであつて、裁判所の採るべき途ではない」と述べる。そして、「個々の訴訟において裁判所が無効と宣言した選挙区の選挙のみが無効となるのである」とした上で、「昭和51年大法廷判決における岸裁判官の反対意見に」については、「当該選挙区において選出すべき議員数が異なる状態での再選挙を想定すれば、選挙の結果に異動を及ぼす可能性を否定できないばかりでなく、この論理によれば、配分議員数が過大な選挙区については、一個の選挙について人的一部無効を認めることになるから、この見解に賛成することはできない」と批判し、「それぞれの選挙区については、違憲の瑕疵が選挙の結果に異動を及ぼす場合に初めてその選挙の効力を否定すべき」だとしたのである。それは、「議員定数配分規定の違憲を理由とする選挙無効訴訟を公職選挙法204条の規定に乗せて認める立場」「を認めた以上、論理の筋を通すべきである」からなのであった。

　衆議院議員総選挙に関する2001年判決[128]でも、濱田邦夫裁判官反対意見は、「諸般の事情に照らし、いわゆる事情判決の法理に従い、本件選挙を違法と宣言するにとどめ、これを無効としないのが相当であるが、今後も上記の違憲状態が是正されないまま衆議院議員選挙が繰り返されるならば、近い将来にはこれを無効と宣言せざるを得ない場合があるものと考える」と述べている。

　衆議院議員総選挙に関する2015年判決の木内道祥裁判官の反対意見は、「295の選挙区のうち」「最も選挙人数の多いのは東京都第1区（選挙当日で49万2025人）であり、」そ「の選挙人数の2分の1を下回る」宮城5区、福島4区など「12の選挙区については選挙無効とされるべきであり、その余の選挙区の選挙については、違法を宣言するにとどめ無効とはしないこととすべきである。この12選挙区について選挙が無効とされると、その選挙区から選挙人が選出し得る議員はゼロとなるが、これは、選挙を無効とする以上やむを得ないことであり、較差を是正する法改正による選挙が行われることにより回復されるべきものである」として、選挙無効に踏み込んだ。純粋な可分論とは異なり、不可分だが選挙の一部無効が可能であるとして、法廷はその選挙区の選択ができるとして、寧ろ過剰代表区[129]を無効とした点が興味深かった。

　憲法学界でも、通説であった芦部信喜は、公選法別表の一体性、不可分性を

第12章　将来効判決、積極的な司法的救済、可分論

前提に議論を組み立ててきた。だが、選挙全体を一括して考えず、各選挙区の選挙毎に判断できるとすれば、問題は解決するのではないか。芦部は、アメリカの憲法判例で確立した「可分性 (separability or severability) の理論」を議員定数不均衡問題に適用するのであれば、投票価値が過少となった選挙区の有権者から提起され、その瑕疵がある選挙区についてのみ再選挙を行えば足りるので、常に定数増を伴う是正が講じられる結果になろうと、通説らしからぬ大胆な解決に向けて歩を進めたのである。[130]

　選挙無効判決が違法性を確認する効果を有し、裁判所も広く区割り全体の合憲性を判断することなどからして、行政法学者で元最高裁判事の藤田宙靖も、選挙無効判決の効果について、当該選挙区を超えて他の選挙区に及ぼすことも「それなりに合理的な理由がある」と述べている。[131] また、行訴法33条1項が準用されるため、「判決を現実的に実効性あるものとすべく関係行政機関が行動すべき法的義務を課す」という意味での拘束力が生じると考えられる。[132] そう考えると、最高裁が「選挙無効判決をすることについての法理論的・実質的障害は、さほどのものではない」と言うのである。[133] 加えて、我々はつい、最も過大代表区との比較で不平等を語るが、例えば、隣接する相対的に優遇された選挙区との対比において、境界線を工夫することでより平等にできるとの主張は可能である。仮にそうであれば、優遇された選挙区の当選者は少なくとも相対的に憲法違反であるとして当選を無効にするなどにより、相対的平等の枠組みに乗り易い判決手法が採れるようにも思われることも指摘しておきたい。

　また、行政法学者の阿部泰隆は、一部の選挙区に違憲性があっても、平均的な選挙区では直ちに違憲の瑕疵があるものではなく、極端な較差が認められたからこそそのような選挙区の選挙民の訴えを認めたのであろうと述べ、選挙無効判決を推進する。[134] 高橋和之も、まず、アメリカと日本では事情が異なり、アメリカの判例は参考にならないとした上で、可分か不可分かは何が定数是正をし易いかの決め手ではなく、それならば、他の諸問題の結論を合わせて適合的な方を採ればよいのであって、違憲判決を受けた国会が改正に失敗したケースまで考えれば可分論が妥当だと指摘していた。[135] 野中俊彦も、このような高橋の考えに共鳴できる部分があると述べている。[136]

491

だが、果たしてこれらの立場は成り立つのであろうか。これらの手法の最大の問題点は、選挙の不可分性は譲れないというやや原理的な問題もさることながら、何よりも、違憲となった選挙区に限って代表がいなくなってしまうことにある。憲法上の権利が低減された選挙区ほど、その憂き目に遭うという矛盾を抱える点にある。とは言え、参議院については、半数改選であり、選挙無効としても、残り半分の議員は最低限残ることもあり、「参議院の緊急集会ではだめですか」という意見もある。更にこれに対しては、ならば1976年判決の「岸意見式の方が現実的だ」との反論もなされている。

　だが、1976年判決の岸裁判官の意見に対しては、選挙が無効であるにも拘らず当選が失われないというのは矛盾であるし、仮に選挙は定数不足の限度において無効としても、選挙時には改正法はないのであるから、あるべき定数に対する不足分の実体がなく、無効宣言は無意味だとの批判がある。岸意見を進めれば、「当該選挙区の当選人のあるべき数」を裁判所が宣言できることになるが、それが可能であれば、別の選挙区の当選人も宣言できることになり、過剰代表選挙区の当選を一部または全部無効にできることになろう。遠藤比呂通は、岸意見を肯定的に捉え、過剰に配分させた当選決定を主観的権利侵害訴訟である抗告訴訟で争うのが「最も事態に合致している」と述べる。このような判断を、不可分論を前提にしつつも過剰選挙区に向けて将来効に限定して行ったのが、2015年判決の木内道祥裁判官反対意見という構図である。

　しかし、これらの主張の帰結は、選挙が全て終わってから選挙のルールを自由に変えられることに等しい。定数が変更されるならば、各政党の選挙戦略は変わる筈である。そして、このような処理は、小選挙区制の下では非常に行い難く、特定の選挙区を大選挙区として扱うことは、その制度趣旨に根本から抵触し、まして裁判所がこれを変更することは大いに疑問である。

　瑕疵ある部分の定数過少区からしか訴訟が生じないことを思えば、可分論に立つと、これに定数を配分し、つまりは総定数を増やすことでしか解決はできないことになる。特に、参議院について、1対1原則を貫いたとき、その定数はかなりのものになる恐れが大である。しかし、一般論として、総定員を法廷が勝手に増やすわけにもいくまい。比例区の定数を減らすというのでは、選挙

第12章 将来効判決、積極的な司法的救済、可分論

区の定数不均衡から奇貨を得てきた多数派の思う壺なのである。また、選挙の度に最高裁が一部選挙区の選挙結果を無効にしたところで、国会が無視すれば是正はなされず、また是正を困難にする状況を最高裁が助長しているとも言えなくない。かと言って、訴えの起きない、過剰代表の選挙区の方を無効にすることは難しい。そうであれば、選挙は不可分であるとの原則に戻るべきであり、効果の点から考えても、もしも事情判決の法理を前面に出しても解決とならないときには、劇薬ながら、選挙全体を無効として、残った院もしくは最高裁自身が一体としての選挙区割りの（少なくとも違憲である範囲の。より必要最小限という意味では、最低限の過剰代表選挙区の）やり直しの途を模索すべきように思える。違憲であれば無効という原則に戻る、救済は個別だが、法令違憲は法令違憲であるべきであり、重要な人権の侵害ならば最後は躊躇すべきではないのではなかろうか。根本的解決から「逃げるは恥だが役に立つ」場合でもない。但し、最終兵器として、という注意書きは必要である。

おわりに

「近時の判例が国会のコントロールを重視する傾向に展開してきている」とすれば、「違憲確認ないし違憲警告の方向で純化を図るべきであろう」し、「義務づけ訴訟や差止訴訟等の可能性を再検討すべき段階に来ているよう」である[144]。一周回って、選挙不可分論の下、もしも事情判決をもってしても国会が定数是正を怠るのであれば、違憲判決の本来の姿である、法令や政府の行為を無効にするという判断を模索することが本筋であろう。ただ、この方法は最後の手段であり、最低でも衆議院の選挙区選出部分もしくは参議院ではその約半分を一旦消滅させる混乱を伴う。このため、これを行う際は、事情判決の法理を被せ、判決以前の議会の決定は無効としないようにすべきである。そして、より穏健には、裁判所は、少なくともより均衡的な区割りがあることを示せば現行の区割りは違憲なのであるから、このことを宣言しつつ、また、国会の定めた選挙制度の原則のうち、憲法に抵触しないものを尊重しつつ、この区割りを例示しながら、少なくともこれから外れた法令は違憲であるとして、国会がこ[145]

れよりも均衡的な法改正を行わない限り、示した区割りの下で暫定的に次の選挙を行うことを命じるのが、妥当かつ実効性ある解決なのではないかと思われる。その意味では可分論にも一理あったのかもしれない。そして、この場面での例示は何ら違法でない。立法の不作為の解決は、不備のある法令の、上位法である憲法による不備のない解釈への命令なのであり、これが「司法権」の作用として十分に可能で実効的な解決手段であると思われる。

「朝書いたものを夕方変え」るのを「法の支配」とは言えないし、「少数者の基本的人権をつぶしてもいいとはならない」が、「最初の多数決で決めるということがそもそも今の日本の選挙制度ではなくなっている」状況も「法の支配」ではない[146]。歪んだ「民意」は、議員定数不均衡の上に成り立ち、これを蔑ろにできる国会が、最低限の立憲的ルールも蔑ろにしている現状を見逃すべきではない。確かに、議員定数不均衡問題の解決、究極的には公職選挙法の改正は、一面、法政策の問題である[147]。だが、やはりそれは、具体的事件・争訟において、憲法に違反しないよう、法令を糺すことであり、法の問題としてはこれが優先課題である。まさに、法の支配（或いは、実質的意味での法治主義）の受容があってこそ、最高裁による議員定数不均衡問題の終局的解決が可能になる[148]。但し、最高裁自身も、憲法が最高裁に与えた権限を守ることも肝要である。本章はその方法を模索し、これを提案したものである。

1） 詳細は、本書第11章、本書第19章参照。
2） 井上典之「判批」判例評論459号22頁、25頁（1997）。
3） 奥平康弘「法と政治の"はざま"」法学セミナー348号8頁、11頁（1984）。
4） 田中英夫『英米法研究1—法形成過程』204頁（東京大学出版会、1987）。
5） 藤田宙靖「最高裁判例とは何か」横浜法学22巻3号287頁、294頁（2014）。
6） 伊藤正己ほか「座談会・議員定数違憲判決をめぐって」ジュリスト617号14頁、16頁（1976）［久保田きぬ子］。
7） 佐藤幸治『現代国家と司法権』141頁（有斐閣、1988）。
8） 同上262頁。
9） 同上141-142頁同旨。
10） 同上294-295頁。
11） 杉原泰雄編『新版体系憲法事典』613頁（青林書院、2008）［糠塚康江］。
12） 東京高判昭和48年7月31日行集24巻6＝7号726頁。本件評釈には、越路正巳「判批」大東法学

第12章 将来効判決、積極的な司法的救済、可分論

2号279頁（1975）、田中真次「判批」判例評論177号13頁（1973）、林修三「判批」『判例解説 4』393頁（ぎょうせい、1989）などがある。

13) 戸松秀典『憲法訴訟』〔第2版〕359頁（有斐閣、2008）。

14) 最大判昭和58年11月7日民集37巻9号1243頁。本件評釈には、野中俊彦「判批」ジュリスト806号21頁（1984）、同「判批」法学セミナー351号30頁、34頁（1984）、江見弘武「判批」ジュリスト806号28頁（1984）、同「判批」最高裁判所調査官室編『最高裁判所判例解説民事篇昭和58年度』484頁（法曹会、1984）、同「判批」法曹時報40巻6号948頁（1988）、中村睦男「判批」ジュリスト臨時増刊815号『昭和58年度重要判例解説』11頁（1984）、山本浩三「判批」民商法雑誌91巻3号408頁（1984）、都築弘「判批」法律のひろば37巻2号54頁（1984）、田中舘照橘「判批」法令解説資料総覧38号212頁（1984）、はやし・しうぞう「判批（1-4）」時の法令1206号56頁、1207号57頁、1209号54頁、1210号44頁（1984）、向井久了「判批」受験新報34巻5号119頁（1984）、渡辺良二「判批」関学大法と政治35巻1号107頁（1984）、前田寛「判批」徳山大学論叢22号143頁（1984）、遠藤比呂通「判批」法学協会雑誌103巻3号189頁（1986）などがある。このほか、篠沢一＝芦部信喜＝内田健一「鼎談・衆議院定数大法廷判決と代表制のあり方」ジュリスト806号6頁（1984）、越山康ほか「座談会・衆院定数配分大法廷判決と最高裁」法学セミナー349号16頁（1984）などがある。

15) 最大判昭和60年7月17日民集39巻5号1100頁。本件評釈は本書第2章参照。

16) 最大判平成5年1月20日民集47巻1号67頁。本件評釈には、野中俊彦「判批」ジュリスト1020号28頁（1993）、千葉勝美「判批」ジュリスト1022号112頁（1993）、同「判批」法曹時報45巻9号2058頁（1993）、同「判批」最高裁判所調査官室編『最高裁判所判例解説民事篇平成5年度』37頁（法曹会、1994）、同「判批」ジュリスト増刊『最高裁時の判例1 公法編』59頁（2003）、山本浩三「判批」法学教室152号134頁（1993）、辻村みよ子「判批」民商法雑誌109巻3号504頁及び535頁（1993）、清水睦「判批」法律のひろば46巻6号46頁（1993）、長岡徹「判批」法学セミナー463号32頁（1993）、千田淳「判批」選挙46巻3号1頁（1993）、渡邉久丸「判批」島大法学37巻3号127頁（1993）、前田寛「判批」徳山大学論叢39号65頁（1993）、岩間昭道「判批」ジュリスト臨時増刊1046号『平成5年度重要判例解説』22頁（1994）、渡辺康行「判批」法学教室162号別冊附録『判例セレクト'93』9頁（1994）、青野洋士「判批」判例タイムズ852号『平成5年度主要民事判例解説』314頁（1994）、小林武「判批」南山法学18巻3号153頁（1994）などがある。このほか、森英樹「議員定数大法廷判決と『政治改革』論」法律時報65巻7号2頁（1993）などがある。

17) 最大判平成8年9月11日民集50巻8号2283頁。本件評釈には、川神裕「判批」ジュリスト1101号88頁（1996）、同「判批」法曹時報51巻2号183頁（1999）、同「判批」最高裁判所調査官室編『最高裁判所判例解説民事篇平成8年度下』677頁（法曹会、1999）、同「判批」ジュリスト増刊『最高裁時の判例1 公法編』73頁（2003）、青山武憲「判批」法令ニュース31巻11号35頁（1996）、辻村みよ子「判批」ジュリスト臨時増刊1113号『平成8年度重要判例解説』21頁（1997）、同「判批」高橋和之ほか編『憲法判例百選II』〔第5版〕340頁（2007）、安西文雄「判批」杉原泰雄＝野中俊彦編『新判例マニュアル憲法I』220頁（三省堂、2000）、藤野美都子「判批」法学教室198号別冊附録『判例セレクト'96』10頁（1997）、久留島群一「判批」法律のひろば50巻9号72頁（1997）、井上典之「判批」判例評論459号22頁（1997）、西村枝美「判批」九大法政研究64巻2号145頁（1997）、金子順一「判批」判例タイムズ978号『平成9年度主要民事判例解説』274頁（1998）、毛利透「判批」佐藤幸治＝土井真一編『判例講義憲法II』221頁（悠々社、2010）などがある。このほか、安西文雄「立法裁量論と参議院選挙区における投票価値の平等―参議院定数訴訟、最高裁大法廷平成8年9月11

日判決をめぐって」法学教室196号26頁（1997）などもある。

18) 最大判平成16年1月14日民集58巻1号56頁。本件評釈には、福井章代「判批」ジュリスト1280号120頁（2004）、同「判批」法曹時報58巻11号117頁（2006）、野中俊彦「判批」法学教室286号4頁（2004）、同「判批」最高裁判所調査官室編『最高裁判所判例解説民事篇平成16年度』19頁（法曹会、2007）、同「判批」ジュリスト増刊『最高裁時の判例5 平成15-17年』30頁（2007）、常本照樹「判批」民商法雑誌131巻1号112頁（2004）、新井誠「判批」法学セミナー594号68頁（2004）、江原勲＝北原昌文「判批」判例地方自治253号8頁（2004）、大石和彦「判批」白鷗法学24号145頁（2004）、田村一郎「判批（上、下）」選挙57巻4号7頁、5号16頁（2004）、寺島壽一「判批」ジュリスト臨時増刊1291号『平成16年度重要判例解説』13頁（2005）、藤井樹也「判批」法学教室294号別冊付録『判例セレクト2004』4頁（2005）、近藤敦「判批」法学セミナー605号122頁（2005）、姜光文「判批」法学協会雑誌123巻5号254頁（2006）、東亜由美「判批」行政判例研究会編『行政関係判例解説平成16年』56頁（ぎょうせい、2006）、河島太朗「判批」レファレンス684号65頁（2008）、岡本寛「判批」法学73巻5号142頁（2009）、林知更「判批」長谷部恭男ほか編『憲法判例百選Ⅱ』〔第6版〕340頁（2013）などがある。このほか、合原理映「参議院議員定数不均衡訴訟における最高裁判所の立法裁量論（1、2・完）」千葉商大論集47巻1号145頁（2009）、2号151頁（2010）、泉徳治（聞き手渡辺康行ほか）『一歩前へ出る司法』170-176頁（日本評論社、2017）などがある。コンパニオンケースである民集58巻1号1頁の評釈には、小林武「判批」民商法雑誌131巻1号97頁（2004）、太田幸夫「判批」判例タイムズ臨時増刊1184号『平成16年度主要民事判例解説』274頁（2005）などがある。

19) 最大判平成23年3月23日民集65巻2号755頁。本件評釈には、岩井伸晃＝小林宏司「判批」ジュリスト1428号56頁（2011）、同＝同「判批」最高裁判所調査官室編『最高裁判所判例解説民事篇平成23年度』133頁（法曹会、2012）、同＝同「判批」ジュリスト増刊『最高裁時の判例7 平成21-23年』46頁（2014）、同＝同「判批」法曹時報66巻7号282頁（2014）、榎透「判批」法学セミナー679号116頁（2011）、片桐直人「判批」法学セミナー増刊『速報判例解説』9号27頁（2011）、平井直也「判批」法律のひろば64巻8号53頁（2011）、大津浩「判批」国際人権22号153頁（2011）、河北洋介「判批」東北法学38号1頁（2011）、大竹昭裕「判批」青森法政論叢12号115頁（2011）、後藤浩士「判批」日本経大論集41巻1号111頁（2011）、岡田信弘「判批」ジュリスト臨時増刊1440号『平成23年度重要判例解説』8頁（2012）、赤坂正浩「判批」法学教室377号別冊付録『判例セレクト2011-1』3頁（2012）、初宿正典「判批」民商法雑誌146巻4＝5号452頁（2012）、渡辺康行「判批」判例評論637号12頁（2012）、篠原永明「判批」法学論叢171巻2号140頁（2012）、安西文雄「判批」長谷部恭男ほか編『憲法判例百選Ⅱ』〔第6版〕338頁（2013）、藤田宙靖「判批」法の支配171号86頁（2013）、横山真通「判批」行政判例研究会編『行政関係判例解説平成23年』23頁（ぎょうせい、2013）、山本真敬「判批」早稲田法学会誌64巻1号225頁（2013）、足立治朗「判批」法学協会雑誌131巻7号166頁（2014）などがある。このほか、宍戸常寿「最高裁判決で拓かれた『一票の較差』の新局面」世界804号20頁（2010）、長谷部恭男「1人別枠方式の非合理性」ジュリスト1428号48頁（2011）、同「投票価値の較差を理由とする選挙無効判決の帰結」法学教室380号38頁（2012）、新井誠「衆議院議員小選挙区選挙の『一人別枠方式』の違憲状態と立法裁量統制—最大判平成23.3.23の検討」法律時報83巻7号1頁（2011）、宍戸常寿「一票の較差をめぐる『違憲審査のゲーム』—投票価値の平等」論究ジュリスト1号41頁（2012）、岡田信弘「2011（平成23）年最高裁大法廷判決の憲法学的研究」選挙研究28巻2号5頁（2012）、矢口俊昭「立法裁量論」戸松秀典＝野坂泰司編『憲法訴訟の現状分析』212頁（有斐閣、2012）、棟居快行「選挙無効訴訟と国会の裁量—衆議院の選挙区割りをめぐる最

第12章　将来効判決、積極的な司法的救済、可分論

高裁平成25年11月20日大法廷判決を素材として」レファレンス766号5頁（2014）、泉（渡辺ほか）同上180-186頁などもある。

20）　広島高判平成25年3月25日判時2185号36頁。本件評釈には、曽我部真裕「判批」法学教室401号別冊附録『判例セレクト2013-1』8頁（2014）などがある。

21）　広島高岡山支判平成25年3月26日判例集未登載。本件評釈には、斎藤一久「判批」法学セミナー703号142頁（2013）、片桐直人「判批」新・判例解説Watch 14号19頁（2014）などがある。このほか、桐山桂一「衆院選は『違憲・無効』の衝撃——一票の格差訴訟が迫る『一人一票』」世界843号20頁（2013）などもある。

22）　最大判平成26年11月26日民集68巻9号1363頁。本件評釈には、岩井伸晃＝市原義孝「判批」ジュリスト1476号66頁（2015）、同＝同「判批」法曹時報68巻6号122頁（2016）、市川正人「判批」ジュリスト臨時増刊1479号『平成26年度重要判例解説』8頁（2015）、高作正博「判批」判例評論680号2頁（2015）、櫻井智章「判批」新・判例解説Watch 14号15頁（2015）、中川登志男「判批」専修法研論集56号249頁（2015）、佐々木雅寿「判批」法学教室425号別冊附録『判例セレクト2015-1』3頁（2016）、岩間昭道「判批」自治研究92巻5号136頁（2016）、池田敏雄「判批」判例地方自治404号22頁（2016）、渡辺正「判批」六甲台論集法学政治学篇62巻2号131頁（2016）、河北洋介「判批」名城法学66巻1＝2号275頁（2016）などがある。コンパニオンケースである裁判集民248号69頁の評釈には、斎藤一久「判批」法学セミナー721号110頁（2015）などがある。このほか、高見勝利「国会を追い詰めた最高裁の『違憲状態』判決」世界865号20頁（2015）、棟居快行「参議院議員定数配分をめぐる近時の最高裁判例—最高裁平成26年11月26日大法廷判決を中心として」レファレンス774号1頁（2015）などもある。

23）　関連して、本書第9章参照。

24）　サミュエル・マーミン（長内了訳）「『将来効判決』の正当性」比較法研究45号111頁（1983）。日本でも、民事の法律行為の遡及効について論じた、深川裕佳「相殺の遡及効と将来効について」明治学院大法学ジャーナル21号171頁（2006）がある。

25）　佐藤幸治『日本国憲法論』668頁（成文堂、2011）。

26）　芦部信喜『憲法』〔新版補訂版〕351頁（岩波書店、2000）。同書第6版（高橋和之補訂）390頁（2015）も同じ。

27）　佐藤前掲註25）書668頁。

28）　マーミン前掲註24）論文111頁。

29）　同上112頁。

30）　同上114頁。

31）　芦部信喜『憲法訴訟の現代的展開』332頁（有斐閣、1981）。

32）　芦部前掲註26）書351頁。同書第6版（高橋補訂）390頁も同じ。

33）　川端和治「事情判決の法理」芦部信喜編『講座憲法訴訟第3巻』69頁、104頁（有斐閣、1987）。

34）　戸松前掲註13）書360頁。

35）　戸松秀典「判批」判例評論326号16頁、18頁（1986）。

36）　芦部前掲註31）書342頁参照。

37）　同上同頁。

38）　Simpson v. Union Oil Co., 396 U.S. 13, 14 (1969).

39）　マーミン前掲註24）論文122頁。

497

40) Buckley v. Valeo, 424 U.S. 1 (1976).

41) Connor v. Williams, 404 U.S. 549 (1972).

42) 以上、マーミン前掲註24）論文122-123頁より引用。

43) 以上、同上123頁。

44) 芦部前掲註31）書358頁。

45) 同上同頁。

46) 同上同頁。

47) 芦部信喜『人権と憲法訴訟』263-264頁（有斐閣、1994）。

48) 同上265頁。

49) 松井茂記『日本国憲法』〔第3版〕245頁（有斐閣、2007）。

50) 同上245頁。

51) 同上245-246頁。

52) 同上122頁。

53) 佐藤前掲註25）書668頁。

54) 同上同頁。

55) 佐藤前掲註7）書295頁。

56) 同上同頁。

57) 戸松前掲註13）書360頁。

58) 福田博（山田隆司＝嘉多山宗編）『福田博オーラル・ヒストリー――「一票の格差」違憲判断の真意』159頁（ミネルヴァ書房、2016）はこれを肯定する。

59) 佐藤前掲註7）書295-296頁。

60) 戸松前掲註13）書360頁。

61) 辻信幸「将来効判決に関する一考察」高見勝利古稀記念『憲法の基底と憲法論』593頁（信山社、2015）。

62) 同上601頁。

63) 同上601-604頁。

64) 同上604頁。

65) 同上605頁。

66) 同上613頁。

67) Colegrove v. Green, 328 U.S. 549 (1946).

68) 田中前掲註4）書204頁。

69) 同上204-205頁参照。

70) 以下、同上212頁参照。

71) 同上213頁。

72) 佐藤前掲註7）書119頁もその方向を示唆する。

73) 例えば、最判昭和27年12月25日民集6巻12号1263頁などを指すと思われる。本件評釈には、薄根正男「判批」民商法雑誌36巻4号129頁（1958）、山田恒久「判批」慶大法学研究60巻4号121頁（1987）などがある。

74) 例えば、最大判昭和43年11月13日民集22巻12号2526頁などを指すと思われる。本件評釈には、S・H・E「判批」時の法令662号54頁（1968）、野田宏「判批」金融法務事情531号23頁（1968）、同「判

第12章　将来効判決、積極的な司法的救済、可分論

批」最高裁判所調査官室編『最高裁判所判例解説民事篇昭和43年度』841頁（法曹会、1969）、同「判批」法曹時報24巻2号442頁（1970）、広中俊雄「判批」ジュリスト415号86頁（1969）、石川利夫「判批」同433号『昭和43年度重要判例解説』153頁（1969）、西村信雄「判批」法学セミナー154号12頁（1969）、椿寿夫＝中川淳「判批」同164号85頁（1969）、吉原省三「判批」判例タイムズ237号59頁（1969）、神田博司「判批」週刊金融・商事判例143号2頁（1969）、高桑昭「判批」民事研修141号30頁（1969）、品川孝次＝須田晟雄「判批」上智法学論集12巻2＝3号127頁（1969）、尾中普子「判批」日本法学35巻1号127頁（1969）、谷口知平「判批」民商法雑誌62巻3号122頁（1970）、星野英一「判批」法学協会雑誌87巻11＝12号99頁（1970）、川井健「判批」加藤一郎編『民法の判例』〔第2版〕153頁（有斐閣、1971）、石川利夫「判批」鈴木竹雄＝竹内昭夫編『銀行取引判例百選』〔新版〕132頁（1972）、水本浩「判批」法学セミナー205号55頁、207号53頁、208号52頁（1973）、武藤節義「判批」不動産法律セミナー5巻10号49頁（1974）、徴税判例研究会「判批」税40巻2号140頁（1985）、中島敬行「判批」森泉章還暦記念『現代判例民法学の課題』464頁（法学書院、1988）、高木多喜男「判批」星野英一＝平井宜雄編『民法判例百選Ⅱ』〔第3版〕8頁（1989）、鹿野菜穂子「判批」森島昭夫＝伊藤進編『消費者取引判例百選』154頁（1995）、富越和厚「判批」旬刊金融法務事情1433号64頁（1995）、同「判批」同1581号62頁（2000）、遠藤浩「判批」民事研修518号26頁（2000）、河上正二「判批」法学セミナー587号67頁（2003）、大河純夫「判批」星野英一ほか編『民法判例百選Ⅱ』〔第5版新法対応補訂版〕122頁（2005）などがある。

75）　田中前掲註4）書213-214頁。

76）　同上214-215頁。

77）　同上215-216頁。

78）　同上216頁。

79）　最大判昭和47年12月20日刑集26巻10号631頁。本件評釈は本書第7章参照。

80）　佐藤前掲註7）書296頁も、「裁判所をして『非常救済手段』に訴えざるをえない立場に追い込んだ」と表現している。

81）　同上同頁同旨。

82）　同上同頁。河北洋介「近年の一票の較差に関する最高裁判決について」名城法学66巻1＝2号275頁、291頁（2016）も、選挙制度の仕組みを考える一義的な機関が国会であり、このことを尊重すべく、不均衡較差については裁判所の踏み込んだ判断が求められると論ずる。

83）　判決により議会を消滅させた例として、松井啓「議会選挙違憲判決──一票の格差に関するカザフスタン共和国の事例」レファレンス562号6頁（1997）参照。

84）　芦部前掲註47）書268-269頁。

85）　福田前掲註58）頁157頁同旨。

86）　芦部前掲註47）書269頁。

87）　東京地判昭和51年11月19日行集27巻11=12号1772頁、東京高判昭和52年4月25日行集28巻4号337頁など。

88）　戸松前掲註13）書362頁参照。

89）　高橋和之「定数不均衡違憲判決の問題点と今後の課題」ジュリスト844号21頁、29-30頁（1985）。

90）　佐藤前掲註7）書296頁。

91）　野中俊彦『憲法訴訟の原理と技術』83-84頁（有斐閣、1995）。

92）　戸松前掲註13）書362頁。

499

93) 同上同頁。

94) 越山康「わが法曹グループの論旨」自由と正義38巻5号52頁、56頁（1987）。

95) 野中前掲註91）書102頁。

96) 芦部前掲註47）書270頁。

97) 戸松前掲註13）書361頁。

98) 野中前掲註91）書83頁。

99) 同上95頁。

100) 松井前掲註49）書126頁。同書417頁同旨。

101) 戸松前掲註13）書362頁。

102) 東京地判昭和51年11月16日判時832号3頁など。

103) 戸松前掲註13）書361頁。

104) 東京地判昭和52年8月8日判時859号3頁、札幌地判昭和56年10月22日判時1021号25頁、東京地判昭和56年11月30日判タ467号120頁など。第1のものの評釈には、小林武「判批」南山法学2巻2号181頁（1978）、野中前掲註91）書70頁などがある。2つ目と3つ目の判決の評釈には、藤原利紘「判批」選挙時報31巻3号41頁（1982）がある。

105) 最判昭和60年11月21日民集39巻7号1512頁。本件評釈は本書第10章参照。

106) 小林武「立法の不作為に対する国家賠償請求訴訟」南山法学4巻2号21頁、33頁（1980）。

107) 野中前掲註91）書84頁。

108) 最大判昭和51年4月14日民集30巻3号223頁。本件評釈は本書第2章参照。

109) このことは、例えば、国家賠償請求をした第1次家永教科書裁判＝最判平成5年3月16日民集47巻5号3483頁が本案審理に至ったのに対し、行政事件訴訟法の抗告訴訟で争った第2次家永教科書裁判＝最判昭和57年4月8日民集36巻4号594頁が、学習指導要領が既に改定されているとして本案審理に入れなかったという差がある。原告全面敗訴は違いがないが、このことが、第3次家永教科書裁判＝最判平成9年8月29日民集51巻7号2921頁での一部請求認容に繋がったと言えよう。君塚正臣「演習　憲法」法学教室411号150頁（2014）も参照。第1次家永教科書裁判最高裁判決の評釈には、竹内俊子「判批」法学教室156号98頁（1993）、長岡徹「判批」法学セミナー468号40頁（1993）、植野妙美子「判批」法律のひろば46巻10号37頁（1993）、田中舘照橘「判批」法令解説資料総覧138号72頁、139号52頁（1993）、小林武「判批」南山法学17巻2号237頁（1993）、藤田康幸「判批」教育評論556号14頁（1993）、中村睦男「判批」ジュリスト臨時増刊1046号『平成5年度重要判例解説』29頁（1994）、山下淳「判批」同42頁、常本照樹「判批」法学教室162号別冊附録『判例セレクト'93』15頁（1994）、君塚正臣「判批」東海大学文明研究所紀要15号95頁（1995）、同「判批」佐藤幸治＝土井真一編『判例講義憲法Ⅰ』81頁（悠々社、2010）、瀧澤泉「判批」法曹時報48巻1号153頁（1996）、瀧澤泉「判批」最高裁判所調査官室編『最高裁判所判例解説民事篇平成5年度上』388頁（法曹会、1996）、市川正人「判批」法学教室206号34頁（1997）、成嶋隆「判批」高橋和之ほか編『憲法判例百選Ⅰ』〔第5版〕196頁（2007）、市川須美子「判批」堀部政男＝長谷部恭男編『メディア判例百選』172頁（2005）、中川丈久「判批」宇賀克也ほか編『行政判例百選Ⅰ』〔第6版〕166頁（2012）、高見勝利「判批」長谷部恭男ほか編『憲法判例百選Ⅰ』〔第6版〕197頁（2013）などがある。このほか、「特集・第1次家永教科書訴訟最高裁判決」ジュリスト1026号8頁（1993）、「特別企画・第1次教科書訴訟最高裁判決」法律時報65巻8号（1993）、「特集・教科書は国が決められるのか」法学セミナー464号42頁（1993）、「特集・教科書裁判第1次訴訟判決をめぐって」法と民

第12章　将来効判決、積極的な司法的救済、可分論

主主義279号2頁（1993）、「特集・教科書裁判」歴史評論519号（1993）などがある。第2次家永教科書裁判最高裁判決の評釈には、園部逸夫「判批」ジュリスト780号89頁（1982）、同「判批」法曹時報35巻6号64頁（1983）、永井憲一「判批」法学教室23号105頁（1982）、林修三「判批」時の法令1144号52頁、1145号57頁（1982）、田中舘照橘「判批」法令解説資料総覧28号233頁（1982）、新井章「判批」労働法律旬報1046号4頁（1982）、菊池洋男「判批」中等教育資料445号71頁（1982）、伊藤公一＝文部省初等中等教育局教科書検定課「判批」教育委員会月報381号3頁（1982）、大川隆司「判批」文化評論254号102頁（1982）、野中俊彦「判批」ジュリスト臨時増刊792号『昭和57年度重要判例解説』23頁（1983）、東條武治「判批」民商法雑誌88巻3号28頁（1983）、米沢広一「判批」法学セミナー増刊『憲法訴訟』129頁（1983）、小林武「判批」南山法学6巻3号157頁（1983）、渋谷秀樹「判批」法学協会雑誌102巻4号185頁（1985）、木下智史「判批」杉原泰雄＝野中俊彦編『新判例マニュアル憲法II』226頁（三省堂、2000）、君塚同上『判例講義憲法I』評釈などがある。このほか、「特集・教科書訴訟最高裁判決」ジュリスト770号14頁（1982）、家永三郎＝兼子仁＝堀尾輝久「教科書訴訟最高裁判決を考える」法学セミナー328号8頁（1982）、「教科書訴訟上告審判決をめぐって」法律のひろば35巻7号4頁、（1982）、「特集・教科書裁判最高裁判決」季刊教育法44号68頁（1982）、「教科書裁判最高裁判決と教育の進路」教育413号6頁（1982）ほか、「小特集・教科書裁判の新局面と歴史学（1、2）」歴史学研究508号1頁、509号49頁（1982）、北島万次「歴史研究者の当面する責任と課題─最高裁判決によせて」日本史研究241号74頁（1982）、「特集・教科書裁判・最高裁判決を問う」文化評論254号69頁（1982）なども本判決を契機に公表されている。第3次家永教科書裁判最高裁判決の評釈には、成嶋隆「判批」法律時報69巻12号2頁（1997）、同「判批」民商法雑誌118巻6号125頁（1998）、同「判批」受験新報50巻9号5頁（2000）、右崎正博「判批」法学教室207号18頁（1997）、大橋弘「判批」ジュリスト1128号76頁（1998）、同「判批」法曹時報52巻5号331頁（2000）、同「判批」ジュリスト増刊『最高裁時の判例1　公法編』36頁（2003）、同「判批」最高裁判所調査官室編『最高裁判所判例解説民事篇平成9年度下』1017頁（法曹会、2000）、伊藤公一「判批」ジュリスト臨時増刊1135号『平成9年度重要判例解説』13頁（1998）、千葉卓「判批」法学教室210号別冊附録『判例セレクト'97』9頁（1998）、広沢明「判批」法学セミナー521号61頁（1998）、内野正幸「判批」判例評論474号13頁（1998）、青山武憲「判批」法令ニュース33巻5号60頁（1998）、山田創一「判批」山梨学院大学法学論集40号47頁（1998）、伊藤治彦「判批」小早川光郎ほか編『行政判例百選I〔第5版〕200頁（2006）、中川丈久「判批」宇賀克也ほか編『行政判例百選I〔第6版〕166頁（2012）、伊藤治彦「判批」宇賀克也ほか編『行政判例百選I〔第6版〕206頁（2012）、君塚同上『判例講義憲法I』評釈などがある。

110)　最大判平成17年9月14日民集59巻7号2087頁。本件評釈は本書第1章参照。

111)　内野正幸「『法律上の争訟』とその周辺概念」高見勝利古稀記念『憲法の基底と憲法論』689頁、694頁（信山社、2015）同旨。

112)　青木誠弘「判批」筑波法政46号199頁、215頁（2009）。

113)　本書第23章参照。

114)　青井未帆「選挙権の救済と国家賠償法」信州大学法学論集9号115頁、119頁（2007）。

115)　野中前掲註91)書76頁。

116)　松井前掲註49)書102-103頁。

117)　越山康＝湯川将「議員定数訴訟の訴訟実務」判例タイムズ650号92頁、92-93頁（1988）。

118)　大石和彦「『立法不作為に対する司法審査』再論」立教法学82号130頁、162頁（2011）。

119) 藤原前掲註104）評釈49-50頁。

120) 野中前掲註91）書102頁。

121) 小林武「立法の不作為に対する国家賠償請求訴訟・続」南山法学6巻2号23頁、41頁（1982）。

122) 松井前掲註49）書417頁など。

123) 佐竹寛「公正の原理と議員定数再配分」中大法学新報97巻7＝8号1頁、11頁（1991）。

124) 藤田宙靖「『一票の較差訴訟』に関する覚え書き」法の支配171号86頁、87頁（2013）。

125) 高橋和之「定数不均衡違憲判決に関する若干の考察」法学志林74巻4号79頁、97頁（1977）。

126) 戸松前掲註13）書222頁。

127) 藤田前掲註124）論文91-92頁。

128) 最判平成13年12月18日民集55巻7号1647頁。本件評釈には、大橋寛明「判批」ジュリスト1231号174頁（2002）、同「判批」ジュリスト増刊『最高裁時の判例1　公法編』71頁（2003）、同「判批」法曹時報56巻2号257頁（2004）、同「判批」最高裁判所調査官室編『最高裁判所判例解説民事篇平成13年度』905頁（法曹会、2004）、永田秀樹「判批」民商法雑誌127巻2号110頁（2002）、中川登志男「判批」専修法研論集40号73頁（2007）などがある。コンパニオンケースである民集55巻7号1823頁の評釈には、阪本勝「判批」ジュリスト1233号114頁（2002）、同「判批」ジュリスト増刊『最高裁時の判例1　公法編』109頁（2003）、阪本勝「判批」法曹時報55巻11号210頁（2003）、同「判批」最高裁判所調査官室編『最高裁判所判例解説民事篇平成13年度』917頁（法曹会、2004）、井上典之「判批」民商法雑誌126巻3号389頁（2002）、皆川治廣「判批」法令解説資料総覧244号113頁（2002）、小谷知也「判批」選挙58巻4号13頁（2005）などがある。

129) 木内裁判官が挙げているのは、宮城5区（選挙人数は選挙当日で23万1081人）のほか、福島4区、鳥取1区、鳥取2区、長崎3区、長崎4区、鹿児島5区、三重4区、青森3区、長野4区、栃木3区、香川3区である。

130) 芦部前掲註31）書337頁。

131) 藤田前掲註124）論文93頁。

132) 同上同頁。

133) 同上94頁。

134) 阿部泰隆「議員定数配分規定違憲判決における訴訟法上の論点」ジュリスト617号55頁、56頁（1976）。

135) 高橋前掲註125）論文104頁以下。

136) 野中前掲註91）書342頁。

137) 佐藤前掲註7）書295頁。

138) 伊藤ほか前掲註6）座談会31頁［伊藤正己］。

139) 同上同頁［林修三］。

140) 矢野邦雄「判批」判例評論210号11頁、14頁（1976）、今村成和「議員定数配分規定の違憲問題と最高裁」田中二郎追悼『公法の課題』51頁、65-66頁（有斐閣、1985）。

141) 鈴木法日児「判批」法学55巻5号86頁、90頁（1991）。

142) 遠藤比呂通「判批」法学協会雑誌103巻3号189頁、199頁（1986）。

143) 野中前掲註91）書342頁。

144) 宍戸常寿「一票の較差をめぐる『違憲審査のゲーム』」論究ジュリスト1号41頁、49頁（2012）。巻美矢紀「判決の効力」公法研究77号196頁、206頁（2015）は、「下級審とはいえ選挙無効判決の

第12章　将来効判決、積極的な司法的救済、可分論

　　　インパクトが、マスメディアを通じて公論を喚起したことは注目すべきである」と述べている。
145）　このことは、参政権侵害が厳格審査であり、手段審査が必要最小限の手段の実施側証明責任という仕組みであるが故に可能なことである。このことからも、中間審査基準の活用はお勧めできない。君塚正臣『性差別司法審査基準論』133頁以下（信山社、1996）、本書第18章など参照。
146）　福田前掲註58）書149-150頁同旨。
147）　戸松秀典「司法の政策形成機能」芦部編前掲註33）書227頁、238頁以下。
148）　大沢秀介『司法による憲法価値の実現』66頁（有斐閣、2011）同旨か。

〔付記〕　本章は、「将来効判決、積極的な司法的救済、可分論、そして──議員定数不均衡問題の解決に向けて（3）」横浜法学25巻3号1-36頁（2017年3月25日）を加筆・修正したものである。

第**13**章

憲法の私人間効力論・再論

はじめに

「憲法（人権条項）の私人間（第三者）効力論は三菱樹脂事件で決着し、今や間接効力説が不動の通説である。」これが、私人間効力論での以前の常識的な解答であった。だが、この「常識」が大きく揺さぶられて久しい。憲法学界は、その後、この問題を巡り、百家争鳴の時代を迎えた。

この変化は、冷戦末期の棟居快行の疑問提起で静かに始まった。これに続いて、世紀転換期となると、通説的見解に疑問を呈する主張が数多登場した。それは、昭和の憲法学しか知らなければ、驚愕するほどである。現在は、これに一応の決着がついたか微妙な段階にあると言ってよいが、それはそのまま日本の憲法学界の変質、世代交代を反映したものであるし、その決着点がどこになるかは、日本の法律学や実務にも大きな影響を及ぼしそうである。

そこで、本章では、憲法学界というアリーナでこの問題を巡って何が起きてきたのかを、拙著『憲法の私人間効力論』（悠々社、2008）を補完すべく、簡潔に解説し、その今後への影響を指し示すこととしたい。

1 旧来の「憲法の私人間効力論」とは何であったか

「私人間の私法上の争いについて、憲法はどのように関与するのか」。この問

を解くには、まずは若干の歴史的考察が必要である。

絶対王制を倒した市民革命に源流を持つ近代立憲主義憲法は、国家権力（特に君主）を人権の侵害者と考え、これに対する楯として人権条項を有することとなった。権力者として強大なものはこれ以外に存在せず、ほかの誰か、私的な存在が基本的人権を侵害するなどは思いもよらなかったのである。

しかし、「財産と教養」ある市民、即ちブルジョアジーの求める国家は最小国家（夜警国家、自由国家、小さな政府）であり、財産権の絶対と「見えざる手」による経済活動の放任を是とし、貧富の差の拡大を招いた。この解消策として、ソ連型社会主義やファシズムを排除した先進国の多くは福祉国家（行政国家、社会国家、大きな政府）ビジョンを選択し、政府の市場への介入、経済活動の制御、「公共の福祉」による財産権制限を行うようになったのである。

これと前後して、人権侵害の「主人公」であった国家が、貧富の差などの人権侵害的状況を生産している私的主体である巨大企業や巨大組織という社会的権力を統制する必要があるのではないか、と考えられ出した。つまり、このような社会的権力と、弱小な労働者、消費者、市民との争いにおいて、民法や商法などの私法による解決に任せるばかりではなく、人権擁護を目的とする憲法の介入が望ましいのではないか、との問題提起がなされ始めたのである。

これに対する解答は、(1) 原理原則に基づき、人権侵害の主体は国家に限定されるので、憲法（人権条項）の効力は、いくら片方が巨大であろうと、私人と私人の争いにはおよそ及ばないとする無効力（適用）説、(2) 社会的権力が「権力」である以上、それによる人権侵害に対して、憲法は、国家権力のそれと同様に働くとする直接効力（適用）説、(3) 両説を極端と考え、私法の一般条項（日本では、民法１条や90条など）を通じて、私的自治を支配原理とする私法の下での私人間の紛争に憲法が影響を及ぼすのをもって適当とする間接効力（適用）説に、大きくは分かれた。[4)]

実は、以上は、ドイツ法の影響を受けた日本での説明であり、アメリカではそうでなかった。[5)] アメリカでの私人間の人権侵害の大問題は人種差別であった。連邦最高裁は、二大政党の予備選挙のような公的機能を有する場面、公的機関内の食堂のような州の介在が認められる場所での人種差別は、州による連

邦憲法上の人権の侵害で、憲法違反だとの判断を下してきたのである。あくま
でも、ここで問題となったのは、それが州（公）の行為（ステイト・アクション）
と見做せるか否かである。アメリカでは、全くの私企業がいくら巨大でも、そ
れだけでは憲法問題は発生しなかったのである。

　日本の法学界は、戦後になっても大陸法の影響が強く、私人間効力論でもド
イツ流の解決が模索された（この問題ではフランス法の影は薄かった）。佐々木惣
一や宮沢俊義といった大家により当初提唱された無効力説は、日本国憲法の社
会国家原理に適わないなどとして、継承する者が殆どなく、論争はほぼ専ら、
直接効力説と間接効力説との間で繰り広げられた。論稿の数では直接効力説が
多いくらいではあったが、この説は、憲法というものが、国家と国民との社会
契約である、という近代立憲主義の大原則を壊滅させてしまう点が危惧され
た。自由の義務化は強く懸念されたし、日本国憲法は社会主義憲法でもない。
このため、間接効力説が学界の主流となり、主な教科書もこれを基本線とする
解説を行うようになっていったのである。

　私人間効力論に大きな足跡を残したのは、宮沢に代わって「通説」と称され
た芦部信喜である。芦部は、間接効力説を基調にしながら、まず、憲法条文に
よっては無効力や直接効力ということもあり得ると述べた。具体的には、28条
の労働基本権と15条4項の秘密投票の保障、18条の奴隷的拘束の禁止には直接
適用が認められるとし、逆に、最も強硬な直接効力説の論者であっても、性質
上「国家」を前提とする17条、25条、31条、33条から40条の各条はおよそ私人
間に及ばないとする説明を受け入れているように見受けられた。このほか、芦
部は、「間接効力説の一つの問題は、」「純然たる事実行為に基づく私的な人権
侵害行為が、憲法による抑制の範囲外におかれてしまうこと」だとして、不法
行為などの事実行為の領域に、アメリカ的なステイト・アクション理論を導入
することを提唱した。結果、芦部説は、最も無難な間接効力説を基調として、
しかも、この時代に提唱されていた学説をほぼ全て取り込んだものとなった。
通説である芦部の学問的探究結果の、折衷的（まさに「通説」的）な結論に、学界
はもう強い反対をしなくなったのである。

　このようにして、間接効力説的折衷説が通説となったのだが、判例も、三菱

第13章 憲法の私人間効力論・再論

樹脂事件ではほぼこのような着地点にたどり着いたように見える。原告は、1963年3月末、大学卒業直後に被告会社（三菱樹脂株式会社。現・三菱ケミカル株式会社）に管理職要員として3カ月の試用期間を設けて雇用された[9]。だが、採用試験の際に提出を求めた身上書の所定の記載欄に虚偽の記載をし、記載すべき事項（生協役員歴など）を秘匿し、面接試験における質問に対しても虚偽の回答をしたことなどを理由に本採用を拒否されたため、仮処分の申請が認容された[10]後、労働契約関係存在確認請求を行ったものである。

一審[11]は、「大学卒業の新規採用者で見習期間終了後に本採用されない事例は、かつて、なかつた」と認定した上で、「質問応答をみると、原告は過去の事実に関しては正面からの回答を避けたやに思われるが、その内容において、きわめて簡単な問答の間に原告の悪意を読み取るのは余りにも酷である」と判断、「原告が従属的労働者である事実と対比するときは、会社がなした雇傭の解約申入は、なお、その恣意によるものと認めるのが相当であつて、解雇権の濫用にあたるものとして、効力を生じるに由がない」として、原告勝訴とした。

二審判決[12]は、「一方が他方より優越した地位にある場合に、その意に反してみだりにこれ〔思想良心の自由〕を侵してはならないことは明白というべく、人が信条によつて差別されないことは憲法第14条、労働基準法第3条の定めるところである」などと判示し、原告一部敗訴部分をも取り消した。被告会社は、「凡そ憲法の中の人権宣言の規定は」「国家」「の国民に対する約束なのであつて、国民と国民の間の法律関係を規律」しないなどとして上告した。

最高裁[13]は、「憲法の右各規定は、」「もつぱら国または公共団体と個人との関係を規律するものであり、私人相互の関係を直接規律することを予定するものではない」とし、「私人間の関係においても、相互の社会的力関係の相違から、一方が他方に優越し、事実上後者が前者の意思に服従せざるをえない場合」「に限り憲法の基本権保障規定の適用ないしは類推適用を認めるべきであるとする見解もまた、採用することはできない」とした。

加えて、「憲法は、思想、信条の自由や法の下の平等を保障すると同時に、他方、22条、29条等において、財産権の行使、営業その他広く経済活動の自由をも基本的人権として保障している。それゆえ、企業者は」「契約締結の自由を

507

有し、」「いかなる者を雇い入れるか、いかなる条件でこれを雇うかについて、法律その他による特別の制限がない限り、原則として自由にこれを決定することができる」とも述べた。そして、「大学卒業者の新規採用にあたり、」「管理職要員としての適格性の有無に関連する事項について必要な調査を行ない、」「一定の合理的期間の限定の下にこのような留保約款を設けることも、合理性をもつ」としながら、「試用期間を付した雇傭関係に入つた者は、本採用」「の期待の下に、他企業への就職の機会と可能性を放棄し」ており、「留保解約権の行使は、」「社会通念上相当」な「程度に至らない場合には、これを行使することはできないと解すべきである」とも言う。そこで、原判決には「審理を尽さなかつた違法があり、その違法が判決の結論に影響を及ぼす」「ので、原審に差し戻」したのである。

　三菱樹脂事件の一審は必ずしも憲法問題を論じていない。総じて労働法・民法の判例だとも受け取れる。二審が信条による差別を否定するのに憲法14条を持ち出しているが、労働法上の権利の強調のためとも読める。同様に、最高裁が憲法22条等を挙げたことも、これらへの単純な反駁とも取れなくもない。最高裁判決が憲法条文を援用しなければ、また、地裁で確定していれば、本件は憲法判例と認識されなかったであろう。日本では付随的違憲審査制であるため[14]、憲法判断は事案の解決に必要な限りで行われるに過ぎない。また、民事訴訟ではどの段階でも上訴等を断念すれば終わり、和解もできる。「憲法事件」でもそうである。実際、本件は差戻し後の高裁で和解となり、原告は復職し、より多額の金銭を得た[15]。紛争は解決である。原告は、被告会社の部長や子会社の社長などを歴任し、2005年に逝去した。支援団の一部の、総資本対総労働のような社会改革闘争を目的とした人々には拍子抜けで不満が残ろうとも、過酷な民事裁判を経て、被告会社の管理職要員として人生を全うしたと言えよう。

　労働事件等でリベラルな判断をした裁判官も含む時代に、本判決は全員一致である。それは意外でもなく、最高裁は下級審に事案を丁寧に見直すことを求めただけであり、だから原告有利の和解を導き得たのではないかとも思える。だが、本件は、当時の憲法・民法の大学者を巻き込んでの一大法学論争となり、憲法論が運動論の近似形だった時代の産物か、原告の思惑を超えてモンス

ター裁判化した。故に、本事件が最高裁で「敗北」に終わると、私人間効力論の熱気は一気に終息した。そして、通説であり、この問題にも多くの研究業績を上げていた芦部信喜の、間接効力説を軸としながらステイト・アクション論まで継ぎ足す芦部通説が批判されることはなく、時が流れたのである[17]。

　だが、芦部通説はいかにも折衷的で、無節操に見えなくもない。判例は、直接効力説を明快に否定した後、では誰のどのように権利・利益をどのような土俵で衡量していかなる結論を下すべきかについて、およそ語っていなかった。一般条項の発動は法解釈のあり方として例外的なものであり、そこに最高法規にして抽象度の高い憲法条文を持ち出す主張はさらに例外的なものであって、総論的理論構成が十分に練られるべきであった。

　通説などの曖昧さを真っ先に鋭く指摘したのは、棟居快行であった。棟居は、曖昧であった従来の通説を分析し、適用権限の所在を立法者でなく裁判官だとしつつ、私人間適用は「国法による基本権侵害のみ」とするなどの主張を行った[18]。だが、棟居の当初の詳細な検討は、棟居の個別具体的な結論そのものなのではないかとも思え、難解と捉えられた。

　しかし、棟居の問題提起は、私人間効力論を理論的に再検討する必要性を学界に強く訴え、多様な学説が主張、展開される起爆剤となったのである。

2　新無効力説の問題点

　三菱樹脂事件などは、その一審の処理がそう見えるように、憲法問題にせずとも、即ち無効力説的に解決できることは確かである[19]。否、およそ事件は、刑事事件でも行政事件でも、当事者が誰も憲法問題としなければ、「無適用説から十分説明ができる[20]」と言える。では、本件最高裁判決は無効力説に準拠したのだろうか。高橋和之はそうだと主張する[21]。だが、まず、より重要な論点は、仮に判例の立場がそうだとしても、無効力説が理論的に正当か、という点の方である。この検討が本章で必要になったのは、まず、憲法学説としては絶滅していた無効力説が高橋などによって近時黄泉帰り（新無効力説）、一部ではあるが強く唱えられており[22]、それが問題だと思えるからである。

509

高橋和之は、「憲法は（ゆえに、憲法に規定された人権は）、国家を拘束する[23]」ことを出発点に、本最高裁判決は、「このような問題への対処は、まず法律を制定して行うべきで」、「憲法による『直接規律』は予定されていない、というのです。これは、完全な無適用説[24]」だと述べる。だが、最高裁が憲法違反を上告理由としたと認め、憲法は「私人相互の関係を直接規律することを予定するものではない」との判示が直接効力説の否定に留まり（間接効力説も否定するならば、別の判示の仕方がある）、企業も対抗する憲法上の権利を有すること[25]を理由とした点などからすれば、本判決は間接効力説に基づくと読む通説的見解の方が妥当である。なるほど、昭和女子大学事件[26]でも、最高裁は、「憲法19条」等が「私人相互間の関係について当然に適用ないし類推適用されるものではないことは、当裁判所大法廷判例」だとして、三菱樹脂事件判決を引用している。だが、これも、直接効力説は否定したという趣旨に過ぎないであろう。日産自動車事件[27]では、「性別のみによる不合理な差別」は「民法90条の規定により無効であると解するのが相当である（憲法14条1項、民法1条ノ2参照）」と判示するが、もしも高橋の主張するように、最高裁の立場が無効力（無適用）説であれば、この憲法条文の引用は不可解なのである。

　高橋は、プライバシーと表現の自由が衝突したノンフィクション「逆転」事件[28]、精神的自由同士が衝突したサンケイ新聞事件[29]を取り上げ、「私人間の争いに憲法を持ち出してもダメですよ、と答えれば済んだ[30]」などと述べ、杣山事件[31]も無適用説の判例だとする[32]。しかし、両当事者が民法の不法行為法の範囲内で争ったのであれば、憲法の出番は（事実関係だけが争点の刑事事件と同様）ないのであるが、一方当事者が、民法709条の合憲的解釈を求め、必要ならば、法廷は民法709条の憲法解釈を示すべきであり、条項が公法の規定であるときと同様、上位法と下位法の関係を示さねばならず、当該事件は憲法裁判と化すのである。私法だから憲法判断の蚊帳の外になるわけではない。その意味で、これらの判決を多くの憲法判例集が取り上げることは、誤りではない[33]。逆に、民法にアクセス権規定があれば、例えば、サンケイ新聞事件において、最高裁はこれを違憲と判示したと推測できる。実際、最高裁は民法900条4号但書や733条を法令違憲と判断している[34]。民法条文の憲法判断は当然に可能であることは

明らかであり、合憲限定解釈や適用違憲も可能である。名誉と表現の自由の衝突として知られる、謝罪広告事件[36]では、民法723条の「名誉を回復するに適当な処分」として謝罪広告が憲法19条に反しないかの合憲限定解釈が求められた[37]。下級審ながら、日中旅行社事件判決[38]でも、憲法14条・22条と労働基準法3条の関係が示され、住友電気工業事件[39]でも、憲法14条と22・29条の「間の調和」が求められた。労災認定の等級の男女差を憲法14条違反とした判決や、ゴルフクラブが性別変更を理由に入会等を拒絶した事案で、憲法14条を「不法行為上の違法性を検討するに当たっての基準の一つ」とした判決[41]もある。旧態依然的な公法私法二元論により、私法関係には憲法は及ばない、「私法」と分類されれば憲法の最高法規性から逃れられるのではあるまい。無効力説はあり得ず、やはり総じて判例の立場でもないのである[42]。

この点、「憲法9条は」「私法上の行為に対しては直接適用されるものではない」とした百里基地訴訟[43]について高橋は、「私法関係には憲法の適用はないとして三菱樹脂等の従来の判例が統一的に説明され」たと述べる[44]。ところが続けて、「公法と私法を区別することは現代社会の法関係において困難になって」おり、「日本国憲法の解釈論としては、早期に克服すべき問題点」だと批判するのである[45]。そもそも、同判決が批判されるのは、明らかに国の直接的な行為であるにも拘らず、事象が憲法の拘束を受けないとした点にある。立法という国の行為に憲法判断が及ぶことと同様、本行政活動に及ぶのは当然である。最近の（新）間接効力説に分類される学説もそう言おう。高橋も結論は同じであり、「百里基地判決の射程は、国家が当事者となっている場合、つまり、非私人間関係に限定されるものと解」すべきだとするのであるが[46]、無効力説に立つならば、この判決こそ私法関係での無効力説の格好の証拠であり、判例も整合的に解せるところ、そう述べない高橋説の立場は解せない。百里基地訴訟最高裁判決は、財産権の規制として著しく不合理でないか、あるいは統治行為論などを用いるべき事案での用いるべき法理選択の失敗だと評すべきであった。結論的には、これらの裁判例はやはり憲法問題、憲法判例と言ってよかったのである。

高橋和之は、総じて新間接効力説、特に君塚説を批判した後、国家の基本権保護義務論に言及し[47]、「憲法の名宛人は国家である」という「憲法観を修正して

いる」現在の「ドイツの間接適用説」も受け入れる必要はないとする[48]。その上で、「立憲主義の基本的な考えからすれば、私人間の規整は法律で行うということが原則」[49]であるので、個人の尊厳などの「根元的価値は、前憲法的価値原理としては全社会関係を基礎づけ」るものの、「私人間の関係は民法をはじめとする『私法』(法律)により規律され」、「民法も憲法と同じ価値原理にコミットして制定されて」[50]おり、民法(私法)「を『合憲的に解釈せよ』という意味に理解するのは正しくありません」と断言した[51]。

これは究極的には、憲法は民法(私法)の上位規範ではないとの主張であり、憲法98条と矛盾する。私法を憲法の拘束から解き放つ、旧い公法私法二元論の復活である[52]。私法は私法で、「実定法を支える根元的な価値原理に従って解釈せよ」、例えば、「民法90条の『公序良俗』の意味、709条の『不法行為』の意味は、すべて個人に平等に尊厳を認める社会においては、私人間の『公序』とはいかなるものであるべきか、どのような場合に不法行為を認めるべきかを考えて判断する」のだとし[53]、「自然権、あるいは道徳的哲学によって認められる利益を使ってバランスする」[54]として、実定法から離れる。かつ、その発見方法はここで語られていない[55]。

高橋が、「裁判所としては、憲法に違反しないように民法を解釈適用しなければならないという話だ」、「間接適用説というのは、実は、私人間に適用される法律を合憲的に解釈適用せよということにすぎないのではないか」[56]などと述べる点は、著者が先行して展開した内容であり[57]、新間接効力説の一般的主張である[58]。仮に、旧来の間接効力説が「民法の一般条項を使って、そこに憲法価値を間接的に読み込んでいく」[59]とする意味が、まさに、ある私人の行為自体を間接的に憲法違反とするのだとしても、近時の(新)間接効力論の論者の多くはそうは言っていない[60]。即ち、高橋の構築した架空の間接効力説に対する批判である。「適用するという以上、憲法が私人間に何らかの形で効力を及ぼしているということが必要」[61]、「横の関係は未確定部分に関する限り民法に委ねられると言うことですから、憲法は無適用になります」[62]という批判も不可解で、かつ先行業績の誤読であろう。しかも、私法の合憲的解釈を批判するのは、合憲的解釈を語る高橋自身の言説と矛盾する。

高橋の主張を、もし素直に受け取れば、およそ私法の条項が違憲であることはないという旧来の無効力説そのものとなり、なぜ憲法違反の法令が法廷内を素通りできるのか、という根本的な疑問が全く晴れない。しかも、民法の根元的な価値原理がどうして存在し得るのか、憲法のそれと矛盾していたらどうなるのかという疑問、端的には「民法が国家法ではないかのような」「時代遅れの主張[64]」だという渋谷秀樹の痛烈な批判にも答えられていない。では、矛盾がないよう、憲法と民法の価値原理は同じだ（少なくとも矛盾しない）と信じられようか。近代民法の指導原理としては、契約（法律行為）自由、所有権の絶対、過失責任主義などが思い浮かぶが、必ずしも憲法の一般的理念と一致せず、憲法の理念は私法自体の中では最優先となっているわけではない。民法１条が「信義に従い誠実に」、「権利の濫用は、これを許さない」、２条が「個人の尊厳と両性の本質的平等」などを謳うことが高橋の主張の拠り所のようにも思えるが、では、この条項が民法になければ、横暴な者を利す家父長主義的な判決を下してもよいのかという疑問は解消されそうもない[65]。より実践的には、いわゆる人権問題について「民法学をどこまで信頼できるか[66]」という問題である[67]。日本国憲法は下位法令である私法の一般条項等の解釈を制限するものであって、これを修正する公権解釈を裁判所は導くべきものである[68]。高橋は、「憲法上の人権を参考にしながら、私人間関係の特質を考慮して必要な修正を加えて具体的内容を考えていくというアプローチ[69]」を模索するが、法理論上は専ら民法解釈であり、それでは上位規範たる憲法上の人権を参考にしなくてもよいことになる点でも頗る疑問である。これは最早、憲法学者である高橋による民法解釈の提示という奇特なものである。高橋は、「それは、憲法上の人権を直接あるいは間接に適用するという作業ではありません[70]」と述べるので、そう解せる。逆に参考にせよと命じるのであれば、それは憲法の（間接）効力を認めたことなのである。高橋は、「憲法が人権を規定している限り、その『憲法上の人権』と法律が規定する人権の違いを識別し、両者の関係をどう捉えるかという問題は理論上存在するのであり、違憲審査制が導入され、私人間における『人権』侵害に裁判所が直面するとき、この問題が顕在化する[71]」とも述べる点はもはや間接効力説であり[72]、自説の看板と適合していない。

高橋は、「相手に対しては憲法論抜きの公序良俗論あるいは不法行為論を展開する」一方、「双方が国家に対して私の人権を尊重せよと争う構図とな」るのは誤りだと主張する。「原告は被告と違い、裁判所に対してそのように主張することはできない」と言う。裁判所が「原告の請求を認めない場合には、原告に対して何も命ずるわけではないから」というのがその第1の理由である。だが、それは、原告の憲法上の主張が敗れただけのことである。一般「条項を適用しなかったと言うべき」なのとも異なる。また、高橋は、「原告の請求を認める場合には、被告に対して一定の行為（作為または不作為）を命ずることになり、その命令が被告の権利を侵害しないのかという形で問題が生じ」ると述べるのだが、原告と被告が逆になれば憲法問題化できるというのも不可思議である。「国家が侵害を行っているわけではありません。国家は何もしていない」とも述べるが、国家法の違憲的適用を裁判所が見逃す結果を、無効力説は見落としている。「国家の責任」の問題ではない。裁判所は当事者の憲法上の主張が適切なら受け止め、解釈するのみである。

　高橋は更に、「かりに原告の違憲の主張を許したとしても、」「国が原告と被告の人権をどこまで制約することが許されるかを考えて線引きをする」のであるから、「原告に対する合憲的な制約の限度と被告に対する合憲的な制約の限度がぴったり一致すれば、自動的に結論がでます」が、そんな「保障はあるのでしょうか」と述べ、「両者の人権を合憲的に制約しうる領域には、ある程度の幅があるというのが普通」だと言うのだが、この幅の説明はまさに以前からの君塚説である。裁判所の憲法解釈により、全ての事案の解決線が憲法上一義的に決まるとは思えず、批判は誤読以外の何物でもない。憲法は、国による法令の解釈適用が違憲でないことを求めるのみであり、両当事者の主張が財産権的権利であれば、私法の一般条項の解釈幅が、憲法によって殆ど縮まることにはならない。これは、二重の基準論とも適合的であり、財産権同士の争いとなる宇奈月温泉事件以来の類型が、私人間効力の問題と認識されなかったこととも符合する。「民法の一般条項の解釈は、社会の変化に合わせてもっと柔軟かつダイナミックに行」えるのに、「なまじっか裁判所が憲法の直接あるいは間接的な適用の結果として提示すると、法律改正によっては訂正できな」い「硬

直化」が生じるとの主張は、硬性憲法（立憲主義）の否定に等しい。

　高橋が無効力説に拘る理由は、憲法は短命だが民法は永遠で、裁判所は憲法判断をしないフランス法の伝統に依拠しているからとも考え得るが、フランスが無効力説を前提にしているというのは、少なくとも19「90年代以降のフランスの学説や実定法の状況からは乖離している」とする齋藤笑美子の批判もある。齋藤は更に、公法学の百科事典とされる *Juris-Classeur Administratif* によっても、「フランスでは一定の憲法原則の直接適用は、自由が、他者を害しない全てのことをなし得ることにあると定める1789年人権宣言４条から引き出すことができる」という指摘すらあるとし、無効力説がフランスの伝統でもないとも批判する。破毀院でも、「憲法規範・原則を適用することがあ」り、「日本では私人間の争いと観念できるようなもの」でも「かなりの数に上る」として、団結権やストライキ権、労働の自由、精神的自由、平等原則の判例を挙げ、続けて控訴院と大審裁判所が「より積極的に憲法規範を適用している」例を取り上げる。その考察を経て、「裁判所が憲法規範の対公権性を厳格に保っているようには見えず、思想的に無適用は前提とされていない」と断ずる。また齋藤は、ヨーロッパ人権条約の影響や、憲法改正によりフランスの憲法観は明らかに変化しているとも言う。特に、2008年の憲法改正（１条２項）により、社会経済領域でも法律がパリテ（男女同数）の促進を求めたことは、「フランスにおける憲法の役割はまさに全法秩序としてのそれに近づいていることを示している」とし、加えて、同じ改正による憲法院の「事後的違憲審査の導入が、憲法と司法裁判所の関係を大きく変えていくことが予想される」とするのである。無効力説は、日本国憲法の解釈学説として理論的にも問題があるばかりか、今や、フランス憲法の文脈でも成り立っているとの説明も実は困難だったのではないかと思われてならない。

　ただ、高橋による司法審査基準論をめぐる「通常審査」の主張と併せると、その主張は、（フランス法的伝統とも異なる）裁判官の法解釈への全幅の信頼の表れだともとれなくなはい。しかし、まず、民主的に選ばれていない裁判官に広汎な裁量を与える憲法上の根拠が不明である。また、そうであれば、各法令の解釈に委ねるべく憲法の拘束を緩め、基本線は合理性の基準となるべきであっ

て、「通常審査」ではない。高橋説の齟齬は大きく、やはり無効力説には依拠できない。また、無効力説である憲法学者の高橋が、後は民法の解釈に委ねるとして議論を切り上げず、各事案のあるべき結論を語り続けてきたことは、最大の不思議である。「国家の役割を、個人の尊厳を基礎にした社会を実現し、維持していくことだ」との言も、更に謎である。差別などを正当とする側に「理論的糧を与えるために援用されることが危惧される」という、同じフランス憲法研究者の辻村みよ子の厳しい批判もあり、支持も殆どない。

　無効力説の混迷は、まさに本書のテーマの一つでもある、付随的違憲審査制下の憲法判断とは何かの誤解に基づく。兄弟間の争いである森林法違憲判決でも、被告やその行為が違憲とされた（直接効力論）のではなく、違憲とされたのは森林法という法令の一部である。誤解してはならない。また、「人権」配慮的に私法が解釈されただけ（無効力論）なのでもない。このような判決手法は（適用違憲等であっても）、要は間接効力説の別の姿なのである。これが承認できれば、私法の一般条項がその意味で特殊なものでない以上、同様の結論となる。ただ、包括規定であるため、法令違憲の可能性は事実上ゼロに等しいだけのことである。そうなると、「憲法の私人間効力論」とは特殊な状況に対する特殊な法理ではなく、通常の憲法判断の一部に過ぎないことになる。

　高橋は、「国家との関係は縦の関係である、私人間というのは横の関係であると表現し、縦の関係を横の関係に適用するためには、縦をどこかで横にしなければいけないけれども、」「間接適用説は、この点の説明に成功していない」と論難するが、憲法は法令にしか影響しない以上、縦を横にする操作は全く必要ない。「基本権から客観法的なものを抽出して、全方位的な効力を持つ憲法規範を導き出し、」「私法の一般規定に充填可能」だとの思考も必要ないのである。高橋の危惧する「基本権を客観法化する」懸念もないのである。

　高橋は重ねて、「最高規範だからその下にある全法秩序に対して効力をもつと誤解されやすい」とも批判するが、下位法令の全てを拘束する点では誤解ではなく寧ろ当然であって、その意味するところが私人を拘束すると解しているのであれば、この点が誤解である。「従来の議論も、当然法律規定を合憲解釈し、適用するのを前提にしながら、それで解決できない問題が残るから、その

残った部分をどうするかということを―」所「懸命に議論してきた[110]」と言うのであるが、従来の議論にそもそも合憲解釈との認識があったかは微妙であり、なおかつ、残る問題は憲法の手の届かない、私法解釈の問題とすればよい。なぜなら合憲限定解釈とはそういうものだから、である。基本権保護義務論的用語をあえて渋々用いれば、「過少保護」でも「過剰侵害」でもなければ憲法上は問題がなく、憲法が間接効力を有するということは憲法上許容される事案の解決が一点に絞られるということではない[111]、と言えば理解されるのだろうか[112]。「反射効[113]」的効果なのでもなく、憲法は私法の解釈を法的に制限するのである[114]。裁判所の私法解釈幅は、司法審査基準などの問題に帰着する筈である[115]。表現の自由やプライバシー権では狭く、財産権では広い。三菱樹脂事件に戻れば、裁判所は、特に思想信条の自由を無視する私法一般条項の解釈はできない（被告が傾向企業や政党であれば、両面から検討せねばならない点に注意。理論的には、株式会社側の経済的自由を無視する解釈もできない）が、経歴詐称などをどう評価するかは民法・労働法の解釈の問題ではあるまいか[116]。また、一方当事者が大企業などであって、全くの私人や小さな商店主などと「公序良俗」に反しない振舞いが要求されることもあろうが、これも、憲法というより民法・労働法の解釈の問題であろう。結論が似たようなものならばこの論争に意味はないとの指摘もあり得ようが[117]、理論的適否は別問題である[118]。端的に、無効力説は成り立たず、ここまで理論的に破綻した説を唱えるべきでもない。

3 ステイト・アクション論及び新直接効力説、混合諸学説について

他の学説としては、ステイト・アクション理論も唱えられている[119]。例えば、宮下紘は、伝統的な「私人間効力論の根底にあるものとは公私区分である」のに、「従来の憲法の私人間効力論は、」「憲法の定義にまで遡って立憲主義を問い直す作業をしてこなかった」と批判する[120]。そして、アメリカのステイト・アクション法理を検討し、様々な公的事業が民営化された中で、従来の法理に従えば、多くのことが憲法の拘束から離れてしまう危険があることを指摘する[121]。そして、それは1948年のShelley v. Kraemerが既に[122]、「伝統的な『契約の自由』

法理によって保護された私的空間を掘り崩し」ていたのであって、他面、「プライバシー権や結社の自由が保障され」ることは「『政府が必ず尊重しなければならない私的自治の領域の確立』を意味するようになった[124]」とも述べる。結果、宮下は、「ステイト・アクション法理は、ステイト・アクションを憲法によって拘束する論理と、私的行為を憲法の統制から解き放つ論理と両手に抱えている[125]」のだと指摘するのである。

　宮下の見解は、日本にもステイト・アクション法理を導入すべきだという主張ではなく、導入するならばその際の留意点を指摘しているもののように思われる。だが、それには、ステイト・アクション理論にありがちな、何がステイト・アクションであり、それをどのように画定するのか、という問題を詰める必要がなおあるように思われた[126]。

　そもそも、ステイト・アクション論一般の言わんとすることは、裁判所が私人の行為を憲法違反と判示するときは、それが国（州）の行為と見做されることが前提である、ということである。確かに、この種の問題で必要なのは、何が国の行為かという事実問題というよりも、何が許される国の行為かの憲法解釈の方である。だが、それが何かということは、この思考の結論であって、まず国（州）の行為を認定し、その一部について憲法判断を加えるというような判断枠組みではなかろう。どのようにそれを認定するのかは曖昧である。アメリカで何が具体的に「州の行為」と見做せるかは、判例にもブレがあり、根拠は乏しく、実際には裁判所が違憲無効としたいものを「州の行為」があると言ってきたに過ぎなかろう。連邦政府が制限政府であって、人種差別が突出していたアメリカゆえの理論ではなかったかとの印象は拭えなかった[127]。ここからの理論構築は無理があるように思われる。

　このほか、直接効力説もなお唱えられている。例えば、三並敏克は、「企業による人権侵害の温床地となっていること、」「政・官・財の三位一体の癒着構造や企業本位の政治・行政が拡大・堅持され続け、」「『企業国家』にまでしたこと[128]」から展開して、憲法の人権規定は「原則的にはすべて原則規範をもち、その法的効力として第三者効力をもつ[129]」とする。かつ、それは「『優越的効力』をもつとの意味合いで語られ得る[130]」とまで述べる。

518

第13章　憲法の私人間効力論・再論

　また、藤井樹也は、社会的権力論概念は用いず、日本国憲法の文言が「国は
……してはならない」などの形になっていないことを根拠に、その人権条項を
対国家的なものとしてきた通説を誤りだとし、日本国「憲法の明文規定からは
侵害者が国家に限定されることが要請されているわけではな」いことを議論の[131]
発端にする。そのことから、「端的に憲法上の救済として差止を承認して直接
憲法を根拠に救済するのが、法的理論構成として論理的整合性の点ですぐれて
いる」と述べ、「私人による『権利』の侵害」という観念が成立する場合がある[132]
のであって、「民刑事法による救済が不完全な場合には直接憲法にもとづく救
済が可能であると考え」られるとする。即ち、その効力が当然に私人間にも及[133]
ぶと主張するのである（新直接効力説）。

　しかし、これらの直接効力説に対しては、そもそもそれで解決が付くのであ
れば、なぜ法律や命令が必要かという根本的疑問がある。人権条項の直接効力[134]
を予定する日本国憲法が、何故、国会という機関を設け、国民主権原理を冒頭
の１条で唱えたのか、そして特に古典的な直接効力説である三並説などに対し
ては、直接効力が何故、私人の中でも「社会的権力」にだけ及ぶ憲法上の根拠
は何処にあるのか、それは定義できるのか、などの疑問が付き纏う。藤井説[135]
が、日本国憲法の個々の条文の文言を根拠にするが、憲法全体としては、立憲
主義憲法の一つである日本国憲法が、国を名宛人としていることは、解釈上明
らかであり、この種の社会契約論理解を捨てる理解に到達できるのか、また、
そのことによる思わぬ有害な副産物は生じないかを検討した理論提示であった
のかは、なお大いに疑問が残る。直接効力説は一般に、憲法上の価値が私人に
押し付けられる危険性も秘めており、区別なく、私人関係におよそ憲法が効力
を及ぼすという藤井説によれば、人民裁判等で、お前は憲法違反の存在だと断
罪される恐怖が襲いかかろう。実践的にも危険ではなかろうか。直接効力説
も、言うまでもなく、否定されなければなるまい。

　以上のように、無効力説に続いて、直接効力説、ステイト・アクション論を
斥けられるのだとすれば、芦部説のような、憲法条項のうち、一部の条文が無
効力、一部が間接効力、一部が直接効力を有するなどのような混在説・折衷
説もあり得ないということになる。[136]

519

無論、直接効力や無効力とを、間接効力を飛び越えて混合させた学説も妥当ではない。齊藤芳浩は、「基本権とは、国家による侵害に対して保障されているものである」以上、「そもそも私人によって基本権が侵害されるということはありえない」と述べる[137]。そして、高橋説を基本的に支持し、フランスでは憲法の問題としなくても問題は概ね解決されていることを示唆して、間接効力説一般を批判し[138]、無効力説をベースに考えつつ、高橋説の核となる道徳的価値は、民法2条にも書き込まれた「個人の尊厳」であるが、そのような法実証主義や演繹的態度は望ましくなく、本来は18世紀的「自然権」のままの方が適切であったこと[139]、憲法15条4項、18条、28条に直接効力を認めるべく修正を加える[140]のである。齊藤は、その理由として、「これらの基本権規定は、従来の私法秩序に修正・変更を加えようとする憲法制定者の意思の表明である」という阿部照哉説を引用するのである[141]。

　だが、この説明によれば、憲法24条は勿論、22条や29条まで、あらゆる人権規定は従来の私法秩序に修正・変更を加えている筈であり、およそ直接効力を有する筈である。また、齊藤は、「日産自動車事件より以前に」は「公序良俗違反という民法の一般規定だけでは、差別が容認されることになりかねない。つまり、私法の規定では不足だから、それを修正するために基本権規定を援用」[142]するのだと述べるが、これではおよそ無効力説とは呼べないであろう[143]。また、不法行為の場合に「基本権の審査」を、「例外的」にであれ、できる[144]、「判決の根拠となる法律の合憲性が審査される場合以外は、原告・被告双方に対して基本権は考慮されない」[145]と述べ、要は私人間への私法の適用に関して憲法判断があり得るとしていることは、無効力をベースとするこの説の論理破綻を端的に示すものである。更に、「基本権が私法を審査する基準に必ずしもなるわけではない」[146]とも語り、国会制定法の一部を司法審査、否、憲法の最高法規性の外に解放してしまった点も問題である。以上の点については高橋説に対する批判がそのまま妥当する。「一見すると合憲限定解釈をしているようにみえる」[147]のであれば、そう言えばよかっただけである。合憲解釈を行うというのであれば、その限りで現在の(新)間接効力説と同じということであり、条項の一部の直接効力認容を撤回することを望むのみとなる。

第13章　憲法の私人間効力論・再論

　巻美矢紀は、「近代フランスを典型とする大陸においては、国家と市民社会の二元論が展開され」ていたところ、「裁判所が憲法上の人権に依拠して、私人間の人権侵害を救済する」ために私人間効力論が「考案された」のであるが、三菱樹脂事件「判決が露呈したように、間接効力説は憲法の意味充填の程度を指示しない」という欠陥があると指摘する[149]。そして、民法上の自由・平等の問題に憲法は効力を及ぼさないとする星野英一説及びこれを「近代立憲主義の論理として」展開する高橋説[151]を支持する[152]。だが、奴隷制の復活を禁じる合衆国憲法修正13条が「私人間にも効力をもつと解されている[153]」ように、「私人間の問題であっても」「憲法のいわば基底的原理である市民的地位の平等と矛盾するものについては、まさに国家の基本法である」「憲法を直接及ぼして是正する必要がある[154]」として、一部に直接効力を突如として認める。その理由として、「私的領域は公的領域と連続しているのであって、それは奴隷制のような極端な事例に限られない。日常的な公私の連続性は、第二波フェミニズムの公私区分批判において強調される」と語るのである[155]。そこで、「道徳的観点から重要でない特徴にもとづく差別の問題、逆に言えば平等の問題で、差別が一種の政府言論とみなされる場合、または社会的権力による慣行となっている場合は、被差別者が属する集団の二級市民性が構造的に再生産されることから、それを阻止するために」「憲法を直接適用しなければならない[156]」と言う。具体的には、日本国憲法18条、19条、20条がこれに該当し、28条については立法の指針に留まるとして該当しないとする[157]。加えて、日産自動車事件では、「女性の二級市民性の構造的再生産を阻止すべく、憲法14条がまさに直接適用されるべき場面[158]」だとするのである。

　巻の基本的立場に対しては、高橋和之への批判がそのまま妥当しよう。また、何をもって「二級市民性の構造的再生産」と判定するかにより、どの条文も、あるいはどんな場面も憲法問題になり得、判断が困難という問題がある。そして、何故、「二級市民性の構造的再生産」だけが直接効力を呼び起こすのか、名誉毀損や言論活動への高度の侵害のようなものはそうではないのかなど、学説としての一貫性に疑問がある。根拠とするのが、突如、アメリカ憲法の南北戦争後の修正箇条と一部学説というのも説得的ではない[159]。

糠塚康江も、基本的には巻に同調する[160]。「公法学としての憲法学」が「『私』の扱いについてもともと抑制的であった」ことを掲げ、君塚説に疑問を示し[161]、謝罪広告事件、逸失利益の性差別、非嫡出子差別の何れでも「裁判実務」が適切に対応していないと述べ、「民法の内容が憲法に組み込まれる」ことを懸念する[162]。そして、フランス人権宣言はまさに権利を「宣言した」のであり、「法律の役割が人権宣言に掲げられた自由を定めることから、法律に書かれていることは、論理的に人権宣言と何ら抵触しない」として、「公私の領域は分離され」ないのだと指摘する[163]。フランスが、「社会から区別された法人格を有し、市民を抑圧し、その自由を制約したがる公共体（a public entity）としての国家と無縁」だとも言う[164]。このほか、「公権力に監視者（un gardien）を与えることを望んで、公権力を服従させる主人（un maître）を公権力に与えようとしている[165]」などという批判もあり、「裁判所が私人の権利を侵害する制定法の適用を拒否する権限を」「欠いている[166]」ことや、裁判系統の二元性[167]などをフランス法の特徴として挙げる。だが、憲法院の設立、2008年憲法改正による事後的違憲審査制の導入で変化の途上にある[168]当のフランスでも、憲法裁判官が間接的にコード・シヴィルの一部を「共和国の諸法律によって承認された基本的原理」に格上げ可能とする見解も否定的見解もあり[169]、何をフランス・モデルとするかは「各論者が設定する課題意識から、それぞれ『選びとられたもの』」だとする[170]。

　糠塚がフランス法の特殊事情を解説するのは、なるほど、裁判所が法令の憲法判断をする発想がおよそないことの説明として理解できる。しかし、そのことは、そのフランス法の事情が、近代立憲主義諸国の裁判所が当然に違憲審査権を有する中、特殊であり、日本法への示唆とはならないことを吐露するものである。そのモデルが論者により大きく異なるのであれば、ましてやである。糠塚は、「フランスでは平等が普遍主義憲法の支柱」だとするが[171]、日本国憲法解釈論として、具体的にどの条項が直接効力を有するのかについては明示的解答を示していない。また、日本国憲法上、どのような条項がそれに値するのか、それは何故なのかを十分立証していない。法文化ではなく、法理論として、私人間効力論の解決を模索するべきではなかろうか。また、糠塚の取り上げる３事案には著者は既に回答を示しており、憲法の最高法規性（及び二重の基[172]

準論）から解決できる。そして、非嫡出子差別事案は差別的立法の合憲性を問うものであって、そもそも私法の一般条項の出番もない。

　根本的には、これらの説に対しては、なぜ条文により、無効力と直接効力が混在するのかという疑問が生じよう。この問題は、憲法とは何か、憲法とは国家を拘束する社会契約であるのか、国民をも含む社会の一般規範であるのかという根本問題に関わる。少なくとも明示的な記述もないのに、条文により、その基本的な原理が交錯することはあり得まい。無効力説は、あくまでも国家の基本法であり、国民を拘束する局面は一切ない、と答える筈である。直接効力説は、社会の基本法であり、人権を侵害する者に対して憲法違反だと宣言できる筈だ、と回答しよう。両説はその立場を全く異にする。付言すれば、無効力説と間接効力説は、憲法を国家の基本法と捉える点では同じだが、それを公法の基本法とするか、私法を含む国法秩序全体の基本法とするかの違いがある。ところが、以上の説は、その全く異なる憲法観を、同じ憲法が抱え込むことを、無意識なのか、黙殺する。そして、何故、その条項だけが直接効力に転ずるのかについて、自説の中での重要性以上の説得力ある説明を見ないものである。憲法18条ですら、奴隷的拘束を許容しないよう、私法の一般条項を厳格に合憲限定解釈すればよいのであるから、直接効力説を一部ですら動員する必要もない。そして、具体的に挙げる条項も18条を除けば三者三様に見え、根拠にも根本原理を覆すだけの説得力はなさそうである。結局、新間接効力説への収束・純化こそが、やはり適切である。これらの混合説には、根本原理を覆すだけの根拠も具体的妥当性もないであろう。

　これらとやや異なる角度から、私人間効力論を論じるのが西村枝美である。西村は、日本国憲法上、私人の行為が憲法適合性審査の対象となるのかの問題提起をする。実際、民法900条四号但書の合憲性の問題や名誉毀損において謝罪広告を求めた事例などは私人間効力論の問題ではなく、表現による名誉毀損の問題に「裁判所という国家機関の関与を明示することは、刑事事件や行政事件とのバランスを欠く」と言う。また、労働基本権や奴隷拘束の禁止についても、「立法の不作為の問題として構成すべき」であり、社会的権力を国家と同一視するような直接効力説は否定されると言う。

次に、憲法と私法の「壁」が存在し、「私法領域だけでは解決しがたい難問が存在し」、憲法と私法の「壁を乗り越える必要性」があることが「憲法の私人間適用問題発生の条件」ではないか、と指摘する[177]。しかし、当初は「憲法の私人間適用問題の存在に無自覚であった」[178]最高裁がそれを自覚したものとされる、三菱樹脂事件判決を再検討しても、それは、「憲法上の権利が無制限でないことをただ説くだけでなく、統治行動に関わる場合と私人間の関係の場合、この２つの領域での、個人の自由や平等の制限のされ方の違いを、さらに詳しく説明することを付け加えた、という変化」なのであって、「憲法上の権利は対国家、という枠組みは依然としてない」[179]という。エホバの証人輸血拒否事件[180]でも、「私人間を規律している判断枠組みに擬した構成に織り込んでいくことが展開されている」[181]という。よって、日本の判例は、適切な解釈が間接効力説か無効力説かを問う前提を欠いており[182]、ドイツにおける基本権保護義務論が、「基本権が国家に向けられたものであるという枠組みが絶対」[183]であることから理解できるような状況は日本にはなく、また、「客観的価値秩序」に類する概念にも言及しなかった[184]。判例は、「対立する双方の利益を性質に応じて調整する、という視点」[185]があるだけなのだと指摘する。

しかも、日本の最高裁は、民法90条や709条などを用いれば、「私法領域において個人の基本的な自由や平等の保障を考える際、民法に補完が必要な穴はあいていないと解されているとい」[186]う。そして、「統治行動を起立している憲法がどうやって私人間の関係にかかわるのか、双方を接続する『適用方法』を論じる部分が欠落している」[187]。公法私法の二分論すら、前提とされていない可能性があるという[188]。結局、「領域により憲法の権利充填に幅があるのではな」く、「争点は、現存する法律との関係で対立する権利主体間の利益をどう調整するかについて議論する場に移される」[189]というのである。西村はこのような問題提起の後、日本の最高裁の立場は、高橋和之の言う「フランス的な無適用説」に近いが、「前国家的自然権がなお理念として私人間でも尊重を要請し続ける」ということの「言及すらなく」、「フランス的な無適用説ですらない可能性がある」と断じるのである[190]。

そして、民法判例とされているものの中でも、公害事件で無過失主義に転じ

たものなど、当事者の非対等性を背景に救済を図った例があることなどを考えると、「市民相互の関係については、憲法が直接規律するものではないので、民事法の判断枠組みにうまくのせつつ、その判断枠組みが自己の守るべき一点を守るに不十分ならそれを修正するための理論構成を考えることが常に要求される[191]」のだと言う。そして、「公法が民事行為の違法性を判断する要素として」「組み込まれている」中で「とくに適用方法を論じることはない」のであって、「最高裁も採用していたことのない」「無効力説、間接適用説、直接適用説」という「問題の立て方をやめ」るべきだと結論付けるのである[193]。

　西村の立場は、判例分析に重点が置かれているため不確かな面もあるが、基本的には高橋説に近いものでありながら、公法的価値判断が民事法の解釈でなされていることを是認するものであって、古典的な公法・私法二分論を前提とするような従来の無効力説とは一線を画したものと言えよう。この点、高橋説が、ときとして結果の妥当性を捨てて、ドライな公法・私法区分に拘っているのとも異なる。現在の判例も踏まえた、ある意味、巧い現状肯定的な説明であると言えるものではある。無論、典型的な直接効力説でもない。

　しかし、なぜ、憲法の価値判断が民法に滑り込むのかについて、西村説には理論的説明がない。「価値充填に柔軟性があることを含めることでこの事態に整合性を持たせていた」間接効力説に対する、「『価値充填』という意味が不確定である[194]」だという西村の批判は、そのまま西村説に向けられるように思える。「主体によって自動的に憲法が適用排除とはならないので、個別事例に応じて『関与』する[195]」というのでは、やはり理論的解決にならないのではなかろうか。一時、「私法領域での憲法問題は、」「合意、慣行を修正する強行法規が存在するのか、そしてそれはどこまで修正しているのか、という視点で見るべき[196]」だ、「憲法の私人間適用問題の焦点は、」「立法府が制定した法律に現れた調整点を裁判所が変更できるか、ということにある[197]」と、そこに上位規範としての憲法を見るならば自説に近い傾向を示しながら、その地点から後退した印象なのである。西村は多角的に私人間効力論の分析をしているのではあるが、ここまでの結論は新間接効力説準拠と言えば達せられよう。

　学説は、結果として最高裁が弱者の人権保障的な判断を行っているから放っ

ておけばよい、と言うのでは済まない。最高裁のそのような判断を是認するのであれば、民法の解釈で決着した事例は、要するに民法規定の解釈、私法の理論によって決着したのではなかったろうか。だが、私人間効力論が問題としてきた事例とは、憲法が介入せねばならない事例のことだった筈である。もし、西村説が、そうではない、つまりは実は間接効力説でもない、憲法の介入は不要だと主張するのであれば、これらの問題は私法の問題であり、憲法学が関心を寄せる問題ではない、無効力説が妥当であると言い切る方が明快な説明だったように思えてならない。[198] ここまでの複雑な議論は必要だったか、である。

　言い換えると、もし、最高裁が、人権保障的とは言えない判断を繰り返していたならば、西村説の結論は同じだったか、という疑問があるということである。更に別の言い方をすれば、裁判所は、私法の一般条項を、果たして自由に使えるのか、自由に使うことを憲法は許容しているのか、という疑問が残るということである。理論的問題ではなく状況判断なのか、という疑問である。そして、やはり、なぜ憲法的価値が私法の解釈に滑り込むかの理論的説明が必要であろう。そして、その点を詰めたとき、西村説が殆ど引用していない自説との差は僅かになるのではないか、という印象が残るものである。大きく迂回して、原理論的に達する筈の、新間接効力説的な立場が妥当だという結論に達して終わる気がするのは、著者の思い込みであろうか。

4　自説の確認及び国家保護義務論の問題点

　著者の立場[199]は、私人間効力論とは、私法の一般条項の合憲限定解釈等に収斂するというものである。憲法と私法の関係を法理論的に考えると、「民法733条は法令違憲である」というのは、訴訟当事者やその行為が違憲となる直接効力的意味ではなく、また、裁判所は私法について憲法判断を行えない（憲法の精神に配慮した法令解釈に留まる）という無効力的意味でもない。[200] 同様に、場面によるであろうが、より包括的条項である「労働基準法4条は本件に適用する限りで違憲（適用違憲）である」とすることも、理論的には勿論可能である。進んで、一般条項である民法90条が憲法の拘束を受け（合憲限定解釈）、例えば、一

般に、性質上、一定の思想的傾向を帯びた傾向企業でもない株式会社が性差別
を行った場合などは、当該行為を公序良俗違反ではないと宣言することができ
なくなると考えればよいと解するものである。憲法がどの程度拘束するかは、
司法審査基準に従う[201]。性差別の場合、拘束度が大きいのは、それに厳格審査が
妥当する[202]と考えられるからである。この結果、裁判所は、残された解釈の幅で
私法を解釈し、妥当な結論を導かなければならなくなるのである。

　まず、理論上、直接効力や無効力を認める必要はない。派生して、憲法条文
によって直接効力や無効力の場合があるという説明も不要である。私人による
奴隷的拘束を直接憲法18条違反と言わずとも、これを許すような民法90条解釈
を憲法18条が許していないなどと考えれば十分である。

　法律行為か事実行為か、あるいは民事訴訟法、国際私法、国際民事訴訟法の
問題かで、理論的に説明を違える必要もない。民法709条も、法の適用に関する
通則法42条（旧法例33条）も、違憲的解釈・適用は許されない[203]。団体内部自治の問
題や、第三セクターなど私法関係の主体に公的色彩があるときも同様であろう[204]。

　下位法令拘束の程度は、憲法学のより一般的な理論が素直に妥当すればよ
い。特に二重の基準論の有効性の再認識は肝要である[205]。精神的自由を蹂躙し、
「生まれ」で差別する私人の行為は、憲法に拘束される民法90条などの下で許
容される幅が特に狭まろう[206]。これらが、二重の基準論の下では厳格審査（規制
がやむにやまれぬ目的のための必要最小限の手段であることを、侵害側が立証しなけれ
ば違憲）の対象だからである。これに対し、合理性の基準の下で審査される、
経済的自由権が私法の一般条項を拘束する程度は弱い。実は最高裁は、性差別
の事例で公序良俗違反とすることが多い。女子若年定年制を無効とした日産自
動車事件、入会権での女性排除を無効とした杣山事件などは、民法90条の合憲
限定解釈として説明可能である。私人間効力論の判例とは見做されてこなかっ
た、交通事故死女児逸失利益算定に関する決定なども、この文脈で捉え直すべ
きである。

　以上のことを踏まえれば、両当事者が精神的自由やプライバシー、「生ま
れ」の差別排除などを互いに主張する事件では、私法の一般条項の収縮が激し
く、裁判所を苦しめよう。「石に泳ぐ魚」事件などは困難を極めたと推察され

るし、実際、憲法学界の評価も分かれた。逆に、両当事者が経済的権利を主に主張した宇奈月温泉事件が戦後に起きても、およそ憲法問題にならないことなども説明できよう。憲法に反しないように民法90条を発動すること、民法709条の中で私権を保障することなどは、私法解釈として勿論許される。

三菱樹脂事件最高裁判決の説明の難しさは、なお浮き彫りとなろう[208)]。ただ、それとても、精神的自由対経済的自由だから前者の必勝、ではないだけである。事案に即し、相手方に諸権利があるとしても、圧倒的力関係の中で自己の思想を推測させるかもしれない事実を語らなかったがゆえの解雇を、憲法19条から見て、国家機関である裁判所が公序良俗違反と言わないことはできないということ（民法90条の合憲限定解釈）を、主張立証せねばならなかったであろう。その幅の中の結論を憲法は求めているのである。

以上が、憲法の最高法規性を根拠にいわゆる私人間効力の問題を解決できるとする自説の骨子である。このため、新間接効力説の中でも、「憲法上の権利の対国家性と私人間の法関係への憲法の干渉を両立させる媒介項を保護義務に求め[209)]」る必要はないことになる。高橋和之は、「横関係は議論しないで縦関係で説明するのが、国家保護義務論の説明の仕方[210)]」だと評してきたが、これを採らずとも二重の基準論[211)]の下、何ら問題はなく解決できると思われる。

これに対し、基本権（国家）保護義務論を媒介にせねば私人間効力論は解決しないとするのが小山剛である。小山は、「ドイツでは、自由権的基本権規定から国家の作為義務である基本権保護義務が導出されている[212)]」とする。それは、「国家は被害者Xの基本権法益を、加害者Yの侵害から保護する義務を負うとの考え方であり、法的三極関係を構造上の特徴とする」ものであり、これは「日本の憲法学では十分に浸透していない考え方であるが、ヨーロッパ人権裁判所でも確立した判例法理[213)]」でもあると言う。「国家は、加害者Yの行為を規制することにより被害者Xを保護するという、二重の役割を担う」中で、「国家は。基本権の保護者としての作為が求められる[214)]」と述べるのである。日本でも、「少なくとも、生命や健康のような特定の権利については、保護義務を肯定する見解が有力になりつつある[215)]」とし、小田急高架橋訴訟最高裁判決[216)]の藤田宙靖裁判官補足意見が「リスクからの保護義務[217)]」に言及しているのを頼り

に、「行政庁に『リスクからの保護義務』があった」と読める例もあると、基本権保護義務を所与のものの如く強く主張するのである。

　小山は、これを起点に憲法の私人間効力論を展開する。ドイツでも、「私人間効力論は、すでにかなり以前から、その役割を終えていたとも言いうる[219]」し、そ「の独自性の否定が、異なる基本権理論の陣営から唱えられて」いるが、「独自性の否定によって論争が終わるわけではない[220]」と断ずる。学説の対立構図は再論しないが、小山は総じて間接効力説的な立場に立っていると言ってよい[221]。だが、「憲法価値の充填[222]」を旗印にしてきた同説の、「憲法価値の振幅という問題は、間接適用説自体の理論としての詰めの甘さに起因するものであり、『間接適用』とは何かを、もう一度問い直す必要がある[223]」として、旧来の妥協的な間接効力説と訣別する。そして、「それは、基本権という陽光に照らして私法規定を解釈せよという要請であり、その限りでは、行政法や刑法の合憲限定解釈と、本質的に異なるものではない」と言うのである[224]。ここまで異論はあまりない。それどころか、「およそ解釈の余地のあるすべての私法規定が、間接適用の対象となる（なお、解釈の余地のない私法規定が憲法に抵触するときは、その私法規定自体が違憲となる）[225]」との記述などは首肯できる。「私人間効力問題として構成できそうであるにもかかわらず、最高裁が私人間効力に言及していない領域に、名誉毀損等の不法行為法と、」「団体とその構成員の間で生じた紛争がある[226]」との記述や、百里基地訴訟最高裁判決を批判しつつ、「行政は」「原則として、基本権の直接適用を肯定すべきであ」り、「同じことは、第三セクターにも当てはまろう[227]」との指摘は、誠に同感である[228]。

　だが、小山が基本権保護義務でこれらを説明しようとするがため、理論的に無理が生じているのではないかとの疑念が晴れない。私人間効力論に関する、小山と著者との間の違いはほぼその点だけと言っても過言ではないところまで来ているのかもしれず[229]、また、具体的事案の解決には或いは大きな差がないのかもしれないが、法理論的な説明としては疑問がある。

　小山は、「保護義務論は、ここで防御権に加えて国（民事裁判官）の基本権保護義務を援用する」と述べ、「『ドイツ流の基本権保護義務論を承認することなしにも導き出せるし、また、なしとすべきである』とする[230]」著者の結論を、あ

り得ないと批判する。その論拠は以下の通りである。[231]

　まず、1951年の西ドイツ連邦憲法裁判所のリュート判決[232]が、「裁判官は、適用すべき実体的民事法規定が既述の方法」、即ち、一般条項を介した間接適用「で基本権の影響をうけるかどうかを審査すべきことを憲法上、命じられる」ことが「民事裁判官の基本権拘束（基本法1条3項）の趣旨」だと言っていることを論拠として挙げる[233]。しかし、ドイツ基本法1条3項「の規定から、私人の実体的法律関係に対して基本権が持つ作用を推論することはできない」のであり、「先行問題から、民事裁判官の実体的基本権に対する拘束の範囲と性格が定まる」のだと言うのである[234]。そして、小山は、「違憲審査制を持つ憲法のもとで無効力説は論理必然的に排除されるのか、という論点」に進み、「私法規定は憲法の拘束を受けないという主張は成り立たない」ということは言えるとする[235]。しかし、それでもなお、「無効力説と違憲審査制は、共存しうる」と言う[236]。非嫡出子の相続分について、法律が差別するときと「私人Aが遺言により」差別するときとでは、「立法者は基本権の名宛人であり、基本権によって直接拘束されるが、私人Aは、基本権の拘束を受けないため」、「質的に異なる」ので、「民事裁判官は基本権を顧慮しなくてよい、という結論が生じうる」ことがその理由だと言うのである[237]。このため、「民事裁判所が契約内容に介入し、あるいは、名誉毀損訴訟において表現者の自由に制約を加えるのは、単純な防御権の事例として、憲法問題となる余地があるためである」とするのである[238]。だから、「君塚説には、欠落している部分（あるいは、明示されていない前提）があ」り、その「論理は、事柄の半分しか説明していない」と手厳しい[239]。更に、「基本権がもっぱら対国家的防御権であるとすれば（無効力説）、民事裁判官の基本権への拘束は当然には生じない」と述べる[240]。そして、「基本権の内実が防御権に尽きるとすれば、民事裁判所は、」原告「の基本権には拘束されない」のだから、そこで「民事裁判所にも合憲限定（拡張）解釈を求めるのであれば、」原告「の基本権について、防御権を超えた内実を付与せざるを得ない」と述べるのである[241]。

　確かに、三菱樹脂事件最高裁判決の説示は、小山が述べるように、「間接適用説を前提としなければ成り立たない」わけではなく、「無効力説とも、『新』

第13章　憲法の私人間効力論・再論

間接適用説を含むあらゆる間接適用説とも、理屈としては接合する[242]」ものである。各説の論者がそのように理解することはよくなされるが、しかし、これが果たして、同判決が妥当であったか、また、私人間効力論についてどの立場が適切であるかを語るものではない。そして、憲法の名宛人が国家・公権力である以上、憲法に拘束されるのは国家・公権力であって、決して私人であることはない[243]。だから、無効力説は妥当ではない。逆に、公務員が公務上、憲法と法律に従うのは当然であって、民事裁判官も例外ではないだけである。私人に適用される法令（国家・公権力の産物）や、その事件における適用（国家・公権力による）が憲法に違反することがあり、その結果、当該法令が、憲法がない場合と比べて別の解釈をされて、当事者の一方をより救済することがあるだけである。これは、民法900条4号但書を法令違憲とするときでも、民法90条を合憲限定解釈するときでも同じである。私人間効力論が特殊な問題ではないと著者が述べてきた[244]のはこの意味である。

　また、小山は、民事の名誉毀損訴訟を例に、損害賠償命令は被告の「憲法上の権利としての表現の自由に対し制限を加えたことになる」が、逆に原告の請求を棄却したときは、被告の「表現の自由、契約自由を制限しなかった（尊重した）というだけであり、」原告の「防御権としての基本権を制限したことにはならない」と述べている[245]。しかし、これによると、棄却判断における、被告の憲法上の権利を尊重するという判断は憲法問題ではないことになろう。この事案でも、憲法判断があり、法令やその適用がこれに触れないという判断が黙示になされているのである。もし、小山の言うようであれば、およそ合憲判決（本件に適用する限りでは違憲とは言えないとする司法判断）は憲法判断（訴訟・事件）ではないことになろう。勿論、憲法は舞台に上らず、民法や刑法を解釈して結論が下される事案が圧倒的である。そしてその際、明示はされないのだが、適用した当該法令は、その適用の限りでは憲法違反ではない、この点につき当事者に争いがない、ということが隠れていることが重要でもあるのである。小山の挙げた批判点は、別段、不思議なことでも何でもないことに見える。

　小山が述べるように、国家保護義務が導き出されることは、三極関係の中で「国家の介入の下限を画する[246]」ことになるのだろうか。「刑法199条が削除され

531

たならば、おそらくは生命保護義務違反で違憲となろう[247]」との記述もあるが、本当であろうか。人権規定が人権規制のミニマムを保障するというパラドクスはにわかには信じ難い[248]。もしも刑罰以外の適切な方法が発明されればよいだけのことである。果たして、死刑制度は憲法31条には反しない、を超え、凶悪犯罪者の処罰は憲法31条もしくは13条の要請だとして、死刑制度廃止は寧ろ違憲になるのだろうか。また、立法者が「刑法230条自体を削除」しても、「憲法違反の問題は生じない」が、そのことは「刑法によって保護すべき憲法上の義務がある、という意味ではない」との説明[249]と矛盾するのではないか。そしてそれは、権利が義務に転化し、国家介入を過剰に招く危険をも感じる。この点は、芦部信喜[250]も佐藤幸治[251]も（特にこの語が学界外で独泳を始めることを）強く懸念してきたところである。ドイツ基本法が「保護する義務」と記しているのに対し、日本国憲法が「立法その他国政のうえで、最大の尊重を必要とする」と述べていることは、日本国憲法が個人の自由に対する国家介入を忌み嫌うものと読めるのではなかろうか[252]。反乱の恐れがあるので強力な軍隊は必要、国家緊急権、軍法会議、戒厳令は広汎に認められるとの結論も、大袈裟ではなく、導きかねない[253]。このようなことは、殊更に基本権保護義務という概念を出したがための勇み足となるのではないだろうか。過剰な国家による保護が自由主義を摩滅させ、最終的には国民が国家により保護されるだけの存在になるような（そして国会が焼け落ちるような）火遊びは避けたい。

　小山は、「刑法230条の削除も憲法問題となりうると考えるのであれば、ここでも防御権を超えた基本権の内実を想定せざるを得ない[254]」と述べているが、基本権保護義務を特段に認めなければ、このような想定は必要ない。また、まさに、刑罰以外の方法で名誉権の保護を立法者が考え得ることは、以上述べた通りである。にも拘わらず、小山が次に、「その内実とは、基本権保護義務に他ならない[255]」と述べている点には、批判の対象となっている著者も驚きを隠せない。自説を「基本権保護義務」で説明したことのない著者には、そのようなことを述べた覚えがないのである。小山にとって、あるべき刑法は憲法の問題であり、これを縮小することは、保護すべき人権を保障できないという意味で憲法違反と言いたいのではないか。そして、それが言えるのは憲法から基本権保

護義務が当然にあるからだ、と言いたいのではないか。しかし、これはトート
ロジー（tautology）である。そもそもそのような意味での基本権保護義務が日本
国憲法から発生しなければ、小山の主張は瓦解する。自由権及び平等権を基調
とし、近代立憲主義の系譜に載り、戦前の過剰な集団主義への反省から生まれ
た日本国憲法が、「国家からの自由」を捨てて「国家への自由」を選んでいるの
であろうか。疑問でならない。また、「現在の裁判所制度を前提にした議論
を」したとき、「全ての裁判所が憲法と民法の両方を解釈・適用できることを
前提に」すべきなのであり、民法は憲法に反しないように解釈される、という
ことで足りる筈である。

　小山は、「君塚は、『ある種の国家保護義務とでもいうもの』については否定
的でなく、『ドイツ流の基本権保護義務』に対してだけ否定的であるのかもし
れない」と述べている。しかし、著者は、この点では芦部や佐藤に同調し、人
権保障を国家保護義務から説明すること一般に疑問を呈する。その種の保護義
務は、人権一般が放射する効力ではなく、特定の人権が特定の場面と形式とし
て発することがあると言えばあるものに過ぎない。それは、単なる当該条文の
解釈論で事足り、人権総論や憲法総論の議論を要しない。また、小山が多分に
想定するような、「基本権を保護する必要がある場合、国家は介入すべきであ
り、また、介入できるはずである」ということには、日本国憲法の解釈として
は、なり立ち得まい。繰り返しになるが、特定の人権を擁護するために特定の
法律の制定を憲法が要求していることは稀であり、その稀なときが立法不作為
の合憲性判断に関する難問ということなのではあるまいか。これに対し、小山
は、「少なくとも、」ドイツ「連邦憲法裁判所は、基本権保護義務かどうかとい
う問題を、個々の基本権ごとに慎重に検討している」のであり、ドイツの「通
説も、」「基本権保護義務の意義は、それぞれの基本権の性質に応じて定ま
る」、「個別の基本権ごと、また、事案の特殊性を踏まえて考察されることにな
る」と述べている。だとすれば、小山の主張は著者の上記主張に吸収されよ
う。国家機関の一員たる公務員には、その限りにおいて憲法尊重擁護義務があ
り、憲法に反する法令（民法を含む）の創造も解釈も許されないだけである。結
果として、日本国は、日本国憲法の保障する人権を侵害できないことになり、

人権は守られるのである。つまり、一般的な基本権保護義務など、日本国憲法にはア・プリオリ（a priori）にはないのである。そして、わざわざ強調することは有害無益である。別段、自由権から請求権が発生することはあるのであるから、個別的説明は全く可能である。はじめに保護義務ありき、それもドイツでもそうだからだ、ではない筈である。

　小山説の帰結は、基本権保護義務を前提にしないと不可能であるとは思えない。小山による君塚説批判を素直に読むとすれば、国際私法（公序条項の活用）や国際民事訴訟法（外国判決の受容など）についての応答も難しかろう。仮に日本国憲法に「私法の違憲審査はできない」との条項があれば、民事裁判官は憲法のこの要請に従って私法に違憲審査を及ぼすべきでないが、日本国憲法にはそのような、或いはそう解釈できる条項はない。憲法に反する法令を適用できない、憲法に反するような法令の適用はできないという要請は、まさに日本国憲法から、国家機関を名宛人として生じるのであり、小山のこの指摘は当たらない。法廷に出た以上、私的な遺言の解釈を巡っても、憲法の許す私法の一般条項解釈から外れると言わざるを得ない結果を、裁判官が許容してはならないのである。「《思想・信条は重要である》《人格権は重要である》といった価値表明」の場面で、裁判所がこれらの主張を擁護することは、憲法により国家機関である裁判官が拘束された結果、合憲限定解釈等の義務から生じることなのであって、「裁判所による保護義務の履行」と考える必要は全くないのである。言うまでもなく、「ドイツの学説」や「判例の展開に依拠し」ていることは、自己の日本国憲法解釈の正当性を担保するものではない。

　小山は、「私人間効力が特殊な問題だと考えられてきたのは、その手法の正体が合憲限定（拡張）解釈だと気付かなかったため（だけ）ではなかろう。保護義務という、もう一つの部品を発見できなかったためである」と、結論付けている。しかも、保護義務論は不要である以上に、これを構えることによって、私法の一般条項に関する場面の問題が特殊化してしまう弊害も指摘できよう。それは理論的に厳しい。また、基本権保護義務論は、国際私法・国際民事訴訟法等の問題を統一的に解決できるのかも、疑問である。そして、基本権保護義務論は、現実の私人間の争いに憲法がどう影響を及ぼすのかについて、特に

語っていないのではないか[269)]。この点、著者は、二重の基準論はここでも妥当するのだという説明を行い、その際のルールを示してきた。小山説によれば、ここでも比例原則が妥当するのであろうか。ならば、実は憲法が登場してもなお、結論は何とでも言えるというだけなのではないかとの懸念が拭えないものである。やはり、近代立憲主義憲法の一般理論としては基本権保護義務論は成り立たず、日本国憲法下での説明も困難が生ずると思われる。

　なお、松本和彦[270)]は、小山[271)]と同様に基本権保護義務論に依拠していると言える。「人権と憲法上の権利は重なっている」が、後者は「対国家性」を有し[272)]、「法律学上は専ら後者をとり上げて考察の対象とするのがドイツである[273)]」こと、「憲法上の権利」という語を、「簡潔で、既に一般に定着した感のある」ことを根拠にドイツ的な「基本権」と言い換えて、「基本権の私人間効力[274)]」を論じるのである。この立場は、小山説にほぼ同調するものであり、基本権保護義務論の利点・欠点をそのまま抱えているものと思われる[275)]。松本が、日本国憲法が「近代的意味の憲法」に属することから、直接効力説的見解を採らないとした点などには賛同できる。だが、松本は、国家は「侵害保護義務（＝防禦権）だけでなく、保護義務も[276)]」あると述べているが、その説明だけで対立する権利関係を含む紛争に対して実効的な理論や法理を提示しているとは思えない[277)]。そもそも、その義務の中身はやはり不明確ではなかろうか[278)]。

　加えて、ドイツ公法学の気質を色濃く有する学説に対しては、衡量原則に依拠する[279)]より、一般的な二重の基準論などで説明すべきではなかったか、との問いかけを行いたい。また、民法709条についても民法90条と同様に取り扱うべきだとすることは同感である[280)]が、「司法はそのような土俵の上で自らの義務を履行する[281)]」ことになる理由を基本権保護義務に求める必要はないのである[282)]。実は、「憲法上の基本権法益からスタートすることにより、私法の立法や解釈、適用にも憲法のコントロールは及ぶと考える。しかし、少なくとも、立法は基本権の執行ではない[283)]」とする小山説は自説に近い。が、それだけに、ドイツ的色彩の濃い基本権保護義務論に拘ることは疑問なのである[284)]。

おわりに

　三菱樹脂事件を象徴的な存在とし、芦部説が「〈国家の影〉を感知し、理論として動揺」したことを原因だと評する者もある私人間効力の長き論争は、ほぼ終わった筈である。だが、随所で「延長戦」が燻る。この論点が憲法理論の十字路であったことを振り返れば、主張が憲法の様々な基本理念や方法論の転換を招いてしまう重大さを噛み締め、責任を自覚した総論的統一的理論の提示が必要である。それは、上位法は下位法を破るとの原則（憲法の最高法規性）に従えばよく、特殊な場面における特殊な法理としての私人間効力論は終わらせてよいというだけのことである。

　私人間効力論は興味深い論点であり、学界はこれまで華やかな論戦を行ってきた。議論は過剰であったかもしれないが、このことにより、憲法と私法（民法）の関係の理解は進んだ印象である。硬直的な公法・私法二元論ははっきりと時代遅れとなった。家族や個人のライフスタイルなど、もともと私法の問題であったような問題が憲法の論点になり始め、「憲法の民法化」（逆から見ると「民法の憲法化」）、「やわらかい憲法」学化が進行してきた。

　併せて、憲法学は、三菱樹脂事件で象徴されるような、運動論的傾向がかなり薄まり、「普通の法律学」化した。騒然とした時代は終わった感が強い。天下国家を論じる巨艦型憲法論でないと憲法論ではないということはなくなり、個人の細やかな権利を保護するための護身用ピストル的な議論も必要だと理解されてきた。棟居が「小さな憲法論」と表現した後者こそが、法科大学院で主に教授されていると思える。「大きな憲法論」が無用というわけではないが、それは激動期までは深層流となり、日常的な権利・義務の問題に関わる表層の海流を支える存在となるべきであろう。

　理論的整合性や具体的妥当性を論じる前に、特定の国の議論を鵜呑みにしたり、特定の哲学や思想に依拠したり、歴史や伝統を無用に振り回したりする「人文主義」的気質が憲法学界にはなおある。総合的結論を理論的にも上手に示す「芸」が欲しい。私人間効力論でも、憲法観・国家観の対立を背景とした

第13章　憲法の私人間効力論・再論

論戦が繰り広げられたが、具体的事件への自己の理論の適用による検証は不足していた。他方、特定の個別論点を生涯の研究テーマにする超各論化指向もあるが、果たしてそれを「憲法」学者と言うべきか。私人間効力論争は、憲法学に影響を与え、もしくは憲法学の変質がこの論争を規定したのであるが、なお憲法学に自省を求め続ける鏡としての役割を果たしていくであろう。

　憲法学の変動がもたらす実務への影響も大きいであろう。「やわらかい／小さな憲法論」が強まれば、憲法の学習は実務家になったら役に立たない、とも言えなくなろう。抽象的違憲審査権ではなく、「司法権」の下で付随的違憲審査権を行使する裁判所に対しては、当事者が憲法を持ち出さなければ憲法事件にならないが、その際の勇気と技量は、確かに実務に不足していた。持ち出す以上、最高法規ゆえの切り札でなければならない。そして、これに対抗する主張は、「憲法問題ではない」や「憲法論ではそうだろうが、○○法の視点からは別だ」などではなく、「憲法違反ではない」でなければならない。「普通の法律学」の攻防戦の中で、憲法上の主張をきちんと切り出せるか。憲法という「飛び道具の適切な使い方」を、法曹実務家や公務員は知らねばならないということでもある。憲法訴訟論の学習が、そしてその前提としての憲法解釈一般の学習が必要である。

　逆に、苦し紛れや、むやみな憲法違反の主張には、切り札の価値を下げるとの非難がなされよう。私人間の紛争において、何でも憲法の私人間効力を主張する無節操な姿勢は慎むべきであり、前述のように、場面を見極める必要がある。また、私人間効力がある、新間接効力説が妥当である、などとさえ言えば具体的事件が解決したかのように振舞うことも戒められよう。[290] なぜ、憲法が相手側でなく自らに味方するのかについて、具体的事件への理論の当てはめを施しつつ、立証せねばならない。そして、この究極の主張の前に、可能な立論（事実関係、法律論、憲法論）はなかったかを考えた上で、私人間効力論的な主張は最終兵器にするのがセオリーであろう。

　憲法の第三者効力論争が明らかにしたことは、憲法論が実は日常的なものだということである。それは、民事紛争においても、最高の切り札として使えるのである。しかし、切り札は、使い方を間違うと自らの信用を損ねる両刃の剣

537

である。憲法上の主張は最後の切り札だという重い覚悟が必要である。だから
こそ、これを楯として扱う者はその学習は継続せねばならない。そして、その
ことが憲法の実化につながろう。棟居の提唱した「やわらかい／小さな憲法
論」は軟弱で偏狭なものなどではないことを付言して、本章を終えたい。[291]

1） 最大判昭和48年12月12日民集27巻11号1536頁。本件評釈は本書第1章参照。
2） 棟居快行『人権論の新構成』（信山社、1992）所収の「私人間適用問題の複眼的考察（上）」神戸法
学雑誌38巻3号559頁（1988）。
3） 君塚正臣『憲法の私人間効力論』234-235頁（悠々社、2008）など参照。
4） 同上63頁以下参照。
5） 同上102頁以下参照。
6） 芦部信喜『憲法学Ⅱ』290-293頁（有斐閣、1994）。
7） 同上284-285頁参照。
8） 同上314頁以下。芦部信喜『宗教・人権・憲法学』224頁以下（有斐閣、1999）も参照。
9） 終身雇用制神話が根強い時代の、今では或いは「古色蒼然とした」事案（大内伸哉「会社の『採
用の自由』はどこまであるの？」法学教室331号116頁、121頁（2008））であるかもしれないことに
も注意したい。
10） 東京地決昭和39年4月27日労民集15巻2号383頁。本件評釈として、山口浩一郎「判批」判例評
論72号37頁（1964）、高島良一「判批」判例タイムズ161号214頁（1964）、川口実「判批」季刊労働
法53号188頁（1964）、宮島尚史「判批」季刊労働法54号73頁（1964）、同「判批」労働法学研究会報
598号1頁（1964）、正田彬「判批」慶大法学研究37巻9号84頁（1964）、平野毅「判批」労働経済旬
報588号12頁（1964）、近藤冨士男「判批」労働法令通信18巻1号20頁（1965）、松田保彦「判批」ジュ
リスト352号110頁（1966）などがある。詳細は、外尾健一「三菱樹脂事件和解」日本労働法学会誌
48号120頁、122頁（1976）参照。
11） 東京地判昭和42年7月17日労民集18巻4号766頁。本件評釈には、S・H・E「判批」時の法令642
号48頁（1968）、久保敬治「判批」季刊労働法68号229頁（1968）などがある。このほか、山田隆司
「『高度経済成長』と三菱樹脂事件」法学セミナー721号60頁（2015）などがある。
12） 東京高判昭和43年6月12日労民集19巻3号791頁。本件評釈には、桑原昌宏「判批」判例タイム
ズ226号57頁（1968）、S・H・E「判批」時の法令659号57頁（1968）、安田叡「判批」別冊労働法律旬
報683号2頁（1968）、浦田賢治「判批」ジュリスト臨時増刊433号9頁（1969）、清正寛「判批」季
刊労働法71号183頁（1969）、平川亮一「判批」三重法経24号29頁（1970）、浅井清信「判批」法律時
報44巻10号22頁（1972）などがある。
13） 最大判昭和48年12月12日民集27巻11号1536頁。本件評釈は本書第1章参照。興味深いことに、
芦部信喜編『憲法判例百選Ⅰ』35頁（1980）［深瀬忠一］は、人権総論の判決の並びではなく、「信
条による差別」の表題で紹介している。
14） この肝要な点を踏まえてか、棟居快行「最高裁は何処へ？」憲法問題19号59頁（2008）［以下、棟
居前掲註14）Ⅰ論文、と引用］は「小さな憲法論」を提唱する。同「私人間適用問題の複眼的考察
（上）」神戸法学雑誌38巻3号559頁（1988）により憲法の私人間効力論争に着火した棟居の主張と

して興味深い。毛利透「法曹実務にとっての立憲主義 (1) ―表現の自由①初回は大きな話から」
判例時報2275号 4 頁 (2016) の、結局は「大きな憲法論」だという指摘も参照。

15） 外尾前掲註10) 文献121頁参照。

16） 芦部信喜『現代人権論』 2 頁以下 (有斐閣、1974)、同前掲註 6) 書279頁以下、同前掲註 8) 書
224頁以下など参照。

17） 学説状況は、君塚正臣「私人間における権利の保障」大石眞＝石川健治編『憲法の争点』66頁
(2008)［以下、君塚前掲註17) I 文献、と引用］、同「憲法の私人間効力論争は何をもたらしたか」
月報司法書士447号 7 頁 (2009)［以下、君塚前掲註17) II 論文、と引用］、君塚前掲註 3) 書63頁以
下など参照。

18） 棟居前掲註 2) 書7-56頁。

19） 大内前掲註 9) 文献、同「会社は、どのような場合に試用期間後の本採用拒否ができるのか」法
学教室335号61頁 (2008) などは、労働法判例として本判決を取り上げる。同判決を強く批判する
萬井隆令「『判例』についての一試論」龍谷法学40巻 1 号72頁 (2007) も同様。

20） 高橋和之「私人間効力論再訪」ジュリスト1372号148頁、151頁 (2009)。なお、高橋説の分析に
ついては、榎透「私人間効力論における憲法と立憲主義」専修法学論集126号63頁 (2016) も参照。

21） 高橋同様、奥平康弘もそう主張したという指摘もある。山元一「憲法理論における自由の構造
転換の可能性 (1)」長谷部恭男＝中島徹編『憲法の理論を求めて』13頁、25頁 (日本評論社、2009)。
但し、奥平は同判決否定の目的でそう論評した点で、大きく異なる。

22） 山元一「憲法理論における自由の構造転換の可能性 (2・完)」慶應法学13号83頁、94頁 (2009)
は、自らも無効力説を採りつつ、無効力説支持者増を語るが、著者の認識は全く異なる。

23） 高橋前掲註20) 論文148頁。

24） 同上150頁。

25） 同上同頁もまた、無効力説だと言うには、「ここで22条や29条を持ち出すのは矛盾するのでは
ないか、という批判が」あることを認識している。

26） 最判昭和49年 7 月19日民集28巻 5 号790頁。本件評釈には、佐藤司「判批」ジュリスト573号63
頁 (1974)、有倉遼吉「判批」法学セミナー229号 2 頁 (1974)、兼子仁「判批」判例評論190号18頁
(1974)、S・H・E「判批」時の法令868号54頁 (1974)、石村善治「判批」季刊教育法14号86頁 (1974)、
森田明「判批」ジュリスト臨時増刊590号『昭和49年度重要判例解説』21頁 (1975)、東條武治「判批」
民商法雑誌72巻 6 号66頁 (1975)、同「判批」法曹時報28巻11号140頁 (1976)、同「判批」最高裁判
所調査官室編『最高裁判所判例解説民事篇昭和49年度』373頁 (法曹会、1977)、早稲田大学法学部
新井研究室「判批」法学セミナー245号142頁 (1975)、三井喜彦「判批」別冊判例タイムズ 2 号『行
政訴訟の課題と展望』245頁 (1976)、大石眞「判批」法学42巻 1 号118頁 (1978)、佐藤功「判批」雄
川一郎編『行政判例百選 I』56頁 (1979)、永井憲一「判批」兼子仁ほか編『教育判例百選』〔第 3 版〕
24頁 (1992)、田口精一「判批」芦部信喜＝高橋和之編『憲法判例百選 I』〔第 3 版〕24頁 (1994)、伊
丹俊彦「判批」研修574号55頁 (1996)、高田敏「判批」塩野宏ほか編『行政判例百選 I』〔第 4 版〕40
頁 (1999)、近藤敦「判批」杉原泰雄＝野中俊彦編『新判例マニュアル憲法 I』162頁 (三省堂、2000)、
緒方章宏「判批」永井憲一＝中村睦男編『大学と法―高等教育50判例の検討を通して』110頁 (大学
基準協会、2004)、高橋正俊「判批」高橋和之ほか編『憲法判例百選 I』〔第 5 版〕28頁 (2007)、小山
剛「判批」佐藤幸治＝土井真一編『判例講義憲法 I』17頁 (悠々社、2010)、木下智史「判批」長谷
部恭男ほか編『憲法判例百選 I』〔第 6 版〕26頁 (2013) などがある。

27） 最判昭和56年3月24日民集35巻2号300頁。本件評釈は本書第10章参照。

28） 最判平成6年2月8日民集48巻2号149頁。本件評釈には、堀部政男「判批」ジュリスト1053号857頁（1994）、山口成樹「判批」法学教室168号144頁（1994）、津田賛平「判批」研修555号15頁（1994）、斉藤博「判批」法律のひろば47巻11号69頁（1994）、中村哲也「判批」ジュリスト1064号104頁（1995）、松井茂記「判批」ジュリスト臨時増刊1068号『平成6年度重要判例解説』15頁（1995）、阪本昌成「判批」法学教室174号別冊附録『判例セレクト'94』8頁（1995）、加藤新太郎「判批」NBL566号59頁（1995）、玉樹智文「判批」名大情報文化研究2号117頁（1995）、前田陽一「判批」法学協会雑誌113巻2号342頁（1996）、滝澤孝臣「判批」法曹時報49巻2号177頁（1997）、同「判批」最高裁判所調査官室編『最高裁判所判例解説民事篇平成6年度』105頁（法曹会、1997）、増永謙一郎「判批」判例タイムズ臨時増刊978号『平成9年度主要民事判例解説』102頁（1998）、大石泰彦「判批」堀部政男＝長谷部恭男編『メディア判例百選』92頁（2005）、田島泰彦「判批」高橋和之ほか編『憲法判例百選Ⅰ』〔第5版〕138頁（2007）、大村敦志「判批」法学教室356号126頁（2010）、上田健介「判批」佐藤幸治＝土井真一編『判例講義憲法Ⅰ』32頁（悠々社、2010）、長谷部恭男「判批」同ほか編『憲法判例百選Ⅰ』〔第6版〕140頁（2013）などがある。

29） 最判昭和62年4月24日民集41巻3号490頁。本件評釈には、清水英夫「判批」ジュリスト891号104頁（1987）、長岡徹「判批」法学教室83号85頁（1987）、江橋崇「判批」法学セミナー392号94頁（1987）、林修三「判批」時の法令1306号87頁（1987）、同「判批」法令ニュース22巻6号34頁（1987）、浜田純一「判批」ジュリスト臨時増刊910号『昭和62年度重要判例解説』17頁（1988）、棟居快行「判批」法学教室89号別冊附録『判例セレクト'87』12頁（1988）、斉藤博「判批」同23頁、右崎正博「判批」法律時報60巻3号96頁（1988）、阪本昌成「判批」判例評論354号39頁（1988）、竹中勲「判批」樋口陽一ほか『考える憲法』197頁（弘文堂、1988）、石田喜夫「判批」判例タイムズ臨時増刊706号『昭和63年度主要民事判例解説』102頁（1989）、平田浩「判批」法曹時報42巻3号149頁（1990）、同「判批」最高裁判所調査官室編『最高裁判所判例解説民事篇昭和62年度』285頁（法曹会、1990）、根本博愛「判批」上田勝美編『ゼミナール憲法判例』〔増補版〕482頁（法律文化社、1994）、堀部政男「判批」樋口陽一＝野中俊彦編『憲法の基本判例』〔第2版〕99頁（有斐閣、1996）、山口和秀「判批」芦部信喜ほか編編『憲法判例百選Ⅰ』〔第4版〕166頁（2000）、鈴木秀美「判批」杉原泰雄＝野中俊彦編『新判例マニュアル憲法Ⅱ』94頁（三省堂、2000）、山本敬三「判批」堀部政男＝長谷部恭男編『メディア判例百選』146頁（2005）、浦部法穂「判批」高橋和之ほか編『憲法判例百選Ⅰ』〔第5版〕170頁（2007）、松本和彦「判批」佐藤幸治＝土井真一編『判例講義憲法Ⅰ』94頁（悠々社、2010）、中林暁生「判批」法学セミナー679号69頁（2011）、松田浩「判批」長谷部恭男ほか編『憲法判例百選Ⅰ』〔第6版〕174頁（2013）などがある。

30） 高橋前掲註20）論文151頁。

31） 最判平成18年3月17日民集60巻3号773頁。本件評釈には、中村肇「判批」法律のひろば59巻12号51頁（2006）、村重慶一「判批」戸籍時報606号88頁（2006）、窪幸治「判批」岩手県立大総合政策8巻1号79頁（2006）、佐々木雅寿「判批」ジュリスト臨時増刊1332号『平成18年度重要判例解説』12頁（2007）、大村敦志「判批」同64頁、吉田邦彦「判批」法学教室318号別冊附録『判例セレクト2006』17頁（2007）、同「判批」民商法雑誌135巻4＝5号150頁（2007）、関武志「判批」法律時報別冊『私法判例リマークス』35号6頁（2007）、古積健三郎「判批」速報判例解説1号101頁（2007）、吉田克己「判批」判例評論582号14頁（2007）、良永和隆「判批」月刊ハイ・ローヤー260号64頁（2007）、小川竹一「判批」島大法学51巻1号85頁（2007）、中村忠「判批」高崎経済大学論集50巻

第13章　憲法の私人間効力論・再論

1 = 2 号55頁（2007）、松並重雄「判批」ジュリスト1356号191頁（2008）、同「判批」法曹時報61巻3号183頁2009年3月、同「判批」最高裁判所調査官室編『最高裁判所判例解説民事篇平成18年度上』371頁（法曹会、2009）、同「判批」ジュリスト増刊『最高裁時の判例6　平成18-20年』91頁（2010）、山内由梨佳「判批」法学協会雑誌125巻8号1900頁（2008）、西山千絵「判批」東北法学31号205頁（2008）などがある。

32）　高橋和之＝「国家と憲法」研究会「討論」法律時報82巻5号65頁、70頁（2010）〔高橋発言〕。

33）　長谷部恭男ほか編『憲法判例百選Ⅰ』〔第6版〕（2013）もこの立場である。もし、高橋が三菱樹脂事件などを無適用説と読むべきで、そもそも憲法事件ではないと判断するのであれば、高橋が編者でもあった第5版に至るまでの暫くの『憲法判例百選Ⅰ』が本件等を取り上げてきたことはあまり説得的ではないことになろうか。

34）　最大決平成25年9月4日民集67巻6号1320頁、最大判平成27年12月16日民集69巻8号2427頁。何れの評釈も本書第1章参照。

35）　本書第26章、本書第28章など参照。

36）　最大判昭和31年7月4日民集10巻7号785頁。本件評釈には、土井王明「判批」法曹時報8巻9号71頁（1956）、同「判批」最高裁判所調査官室編『最高裁判所判例解説民事篇昭和31年度』107頁（法曹会、1957）、大西芳雄「判批」民商法雑誌35巻2号57頁（1957）、長谷川正安「判批」判例評論7号8頁（1957）、伊藤正己「判批」法学協会雑誌74巻4号135頁（1957）、深瀬忠一「判批」芦部信喜編『憲法判例百選』30頁（1963）、同「判批」伊藤正己＝堀部政男編『マスコミ判例百選』〔第2版〕140頁（1985）、田上穣治「判批」芦部信喜編『憲法判例百選』〔新版〕30頁（1968）、三島宗彦「判批」星野英一＝平井宜雄編『民法判例百選Ⅱ』196頁（1975）、佐藤功「判批」法律時報29巻1号23頁、宮田豊「判批」小林直樹編『憲法の判例』〔第3版〕34頁（有斐閣、1977）、小林孝輔「判批」同編『判例教室　憲法』〔新版〕118頁（法学書院、1989）、花村治郎「判批」竹下守夫＝伊藤眞編『民事執行法判例百選』200頁（1994）、清田雄治「判批」上田勝美編『ゼミナール憲法判例』〔増補版〕120頁（法律文化社、1994）、笹川紀勝「判批」樋口陽一＝野中俊彦編『憲法の基本判例』〔第2版〕61頁（有斐閣、1996）、若狭勝「判批」研修579号57頁（1996）、初宿正典「判批」芦部信喜ほか編編『憲法判例百選Ⅰ』〔第4版〕78頁（2000）、中富公一「判批」杉原泰雄＝野中俊彦編『新判例マニュアル憲法Ⅱ』24頁（三省堂、2000）、蟻川恒正「判批」堀部政男＝長谷部恭男編『メディア判例百選』142頁（2005）、野坂泰司「判批」法学教室305号87頁（2006）、小泉良幸「判批」佐藤幸治＝土井真一編『判例講義憲法Ⅰ』48頁（悠々社、2010）、清水晴生「判批」白鷗法学36号248頁（2010）、中林暁生「判批」法学セミナー679号69頁（2011）、越山和広「判批」上原敏夫ほか編『民事執行・保全判例百選』〔第2版〕150頁（2012）、芹沢斉「判批」長谷部恭男ほか編『憲法判例百選Ⅰ』〔第6版〕77頁（2013）などがある。

37）　北方ジャーナル事件＝最大判昭和61年6月11日民集40巻4号872頁、東京学館高校バイク禁止校則事件＝最判平成3年9月3日判時1401号56頁、日蓮正宗管長事件＝最判平成5年9月7日民集47巻7号4667頁、女児交通事故死逸失利益事件＝最決平成14年5月31日交民集35巻3号607頁なども実は同じ線上に乗る。北方ジャーナル事件の評釈には、加藤和夫「判批」ジュリスト867号50頁（1986）、奥平康弘「判批」法学セミナー380号12頁（1986）、同「判批」芦部信喜＝高橋和之編『憲法判例百選Ⅰ』〔第3版〕138頁（1994）、江橋崇「判批」法学セミナー383号96頁（1986）、須藤典明ほか「判批」法律のひろば39巻10号4頁（1986）、はやし・しうぞう「判批（上、中、下）」時の法令1290号86頁、1291号86頁、1293号87頁（1986）、阿部照哉「判批」ジュリスト臨時増刊887号『昭

541

和61年度重要判例解説』15頁（1987）、青柳幸一「判批」法学教室77号別冊附録『判例セレクト'86』15頁（1987）、小林秀之「判批」法学セミナー388号94頁（1987）、横田耕一「判批」判例評論338号34頁（1987）、加藤和夫「判批」法曹時報41巻9号199頁（1989）、同「判批」最高裁判所調査官室編『最高裁判所判例解説民事篇昭和61年度』278頁（法曹会、1989）、斉藤博「判批」星野英一＝平井宜雄編『民法判例百選I』〔第3版〕14頁（1989）、石村修「判批」小林孝輔編『判例教室　憲法』〔新版〕183頁（法学書院、1989）、法性祐正「判批」上田勝美編『ゼミナール憲法判例』〔増補版〕489頁（法律文化社、1994）、高橋和之「判批」樋口陽一＝野中俊彦編『憲法の基本判例』〔第2版〕103頁（有斐閣、1996）、市川正人「判批」法学教室206号34頁（1997）、鈴木秀美「判批」杉原泰雄＝野中俊彦編『新判例マニュアル憲法II』84頁（三省堂、2000）、宍戸常寿「判批」堀部政男＝長谷部恭男編『メディア判例百選』148頁（2005）、野坂泰司「判批」法学教室309号92頁（2006）、井上典之「判批」法学セミナー615号72頁（2006）、良永和隆「判批」みんけん〔民事研修〕586号27頁（2006）、池端忠司「判批」高橋和之ほか編『憲法判例百選I』〔第5版〕150頁（2007）、原義則「判批」関大法科大学院ジャーナル4号101頁（2009）、松本和彦「判批」佐藤幸治＝土井真一編『判例講義憲法I』97頁（悠々社、2010）、笠井正俊「判批」上原敏夫ほか編『民事執行・保全判例百選』〔第2版〕184頁（2012）、阪口正二郎「判批」長谷部恭男ほか編『憲法判例百選I』〔第6版〕152頁（2013）、山本敬三「判批」潮見佳男＝道垣内弘人編『民法判例百選I』〔第7版〕10頁（2015）などがある。このほか、阪本昌成ほか「特集・北方ジャーナル事件大法廷判決」ジュリスト867号12頁（1986）、堀部政男ほか「特集・『北方ジャーナル』事件最高裁大法廷判決」法律時報58巻11号6頁（1986）、平川宗信＝山田卓生＝奥平康弘「名誉・プライバシーと表現の自由」法学セミナー382号38頁（1986）、清水英夫＝江橋崇＝石川明「北方ジャーナル事件最高裁大法廷判決をめぐって」判例タイムズ607号5頁（1986）、山口いつ子「北方ジャーナル事件—ネット時代の名誉毀損・プライバシー侵害と『事前抑制』」長谷部恭男編『論究憲法』137頁（有斐閣、2017）などがある。第2の判例の評釈には、坂本秀夫「判批」兼子仁編『教育判例百選』〔第3版〕130頁（1992）、青柳幸一「判批」法学教室138号別冊附録『判例セレクト'91』7頁（1992）、小林武「判批」民商法雑誌106巻2号259頁（1992）、西村峯裕＝間宮庄平「判批」産大法学26巻3＝4号104頁（1993）、恒川隆生「判批」高橋和之ほか編『憲法判例百選I』〔第5版〕54頁（2007）、小山剛「判批」佐藤幸治＝土井真一編『判例講義憲法I』19頁（悠々社、2010）、横田守弘「判批」長谷部恭男ほか編『憲法判例百選I』〔第6版〕54頁（2013）などがある。日連正宗管長事件の評釈は本書第9章参照。第4の判例の評釈には、小賀野晶一「判批」法律のひろば55巻8号71頁（2002）などがある。

38）　大阪地判昭和44年12月26日労民集20巻6号1806頁。本件評釈には、萩澤清彦「判批」判例評論142号25頁（1970）、秋田成就「判批」判例タイムズ247号100頁（1970）、尾吹善人「判批」ジュリスト臨時増刊482号『昭和45年度重要判例解説』21頁（1971）、S・H・E「判批」時の法令739号47頁、740号55頁（1971）、瀬元美知男「判批」季刊労働法79号200頁（1971）、山口俊夫「判批」萩澤清彦編『労働判例百選』〔第3版〕34頁（1974）、木村俊夫「判批」芦部信喜ほか編『憲法判例百選I』〔第4版〕68頁（2000）、近藤敦「判批」杉原泰雄＝野中俊彦編『新判例マニュアル憲法I』164頁（三省堂、2000）、髙井裕之「判批」佐藤幸治＝土井真一編『判例講義憲法I』40頁（悠々社、2010）などがある。

39）　大阪地判平成12年7月31日判タ1080号126頁本件評釈には、宮地光子「判批」労働法律旬報1491号30頁（2000）、君塚正臣「判批」ジュリスト臨時増刊『平成12年度重要判例解説』209頁（2001）、中内哲「判批」法律時報73巻10号108頁（2001）、同「判批」法律時報「労働判例研究」編集委員会編

第13章　憲法の私人間効力論・再論

『労働判例解説集１巻』318頁（日本評論社、2009）、浅倉むつ子「判批」国際人権12号97頁（2001）、山川隆一「判批」判例タイムズ臨時増刊1125号『平成14年度主要民事判例解説』296頁（2003）などがある。

40）　京都地判平成22年５月27日判時2093号72頁。本件評釈には、新井誠「判批」法学セミナー55巻９号34頁（2010）、夏井高人「判批」判例地方自治331号109頁（2010）、川田知子「判批」労働法学研究会報61巻20号22頁（2010）、東島日出夫「判批」労働法律旬報1728号44頁（2010）、糸瀬美保「判批」同58頁（2010）、糠塚康江「判批」ジュリスト臨時増刊1420号『平成22年度重要判例解説』11頁（2011）、巻美矢紀「判批」法学教室365号別冊附録『判例セレクト2010-1』７頁（2011）、榎透「判批」法学セミナー675号118頁（2011）、倉田玲「判批」速報判例解説８号27頁（2011）、谷原誠「判批」法律のひろば64巻３号50頁（2011）、安西文雄「判批」判例評論630号２頁（2011）、中曽久雄「判批」阪大法学61巻１号269頁（2011）、天野智子「判批」行政判例研究会編『行政関係判例解説平成22年』126頁（ぎょうせい、2012）、中島宏「判批」山形大法政論叢53号40頁（2012）、笠木映里「判批」岩村正彦編『社会保障判例百選』〔第５版〕114頁（2016）などがある。

41）　静岡地浜松支判平成26年９月８日判時2243号67頁。本件評釈には、君塚正臣「判批」判例評論678号14頁（2015）、村重慶一「判批」戸籍時報724号62頁（2015）、則武立樹「判批」国際人権26号118頁（2015）、栗田佳泰「判批」法学教室425号別冊附録『判例セレクト2015-1』７頁（2016）、星野豊「判批」ジュリスト1502号119頁（2017）などがある。

42）　判例の分析につき、根森健「〔憲法の人権規定の〕私人間効力」法学教室357号36頁、39-40頁（2010）も参照。なお、私人間効力は人権規定だけの問題ではない。

43）　最判平成元年６月20日民集43巻６号385頁。本件評釈は本書第８章参照。

44）　高橋前掲註20）論文159頁。

45）　同上同頁。

46）　同上160頁。

47）　堀内健志「基本的人権の私人間効力論の再構成をめぐって」弘前大人文社会論叢社会科学篇17号61頁（2007）、亘理格「参入規制緩和と生命・健康そして生存権」法学教室335号38頁（2008）、駒村圭吾「基本権保護義務と私人間効力論・再訪」同336号48頁（2008）、石川健治「隠蔽と顕示」同337号40頁（2008）、小山剛「震災と基本権保護義務」同372号４頁（2011）、同『「憲法上の権利」の作法』〔第３版〕129頁以下（尚学社、2016）、松本和彦ほか「日本国憲法研究12・私人間効力」ジュリスト1424号56頁（2011）など参照。

48）　高橋前掲註20）論文156頁。

49）　同上157頁。

50）　同上同頁。高橋和之「私人間効力論とは何の問題で、何が問題か」法律時報82巻５号59頁、61頁（2010）は、「私人間には超憲法的な人権が及んでいる」とする。

51）　高橋前掲註20）論文157頁。

52）　この意味で、同上160頁注16が引用するような多くの批判はやむを得ない側面がある。

53）　同上157頁。

54）　高橋前掲註50）論文62頁。

55）　高橋ほか前掲註32）文献66頁〔高橋発言〕は、「お示しできるような結論はもっていません」と述べる。

56）　高橋前掲註20）論文150頁。

57）　君塚前掲註3）書262頁以下。初出は、同「第三者効力論の新世紀（2・完）」関大法学論集50巻
　　　6号105頁（2001）。

58）　小山剛「憲法上の権利か『自然権』か」法律時報82巻5号56頁、57頁（2010）は、「ドイツの学説」
　　　の文脈では、「高橋説は実は間接適用説の嫡出子である、という読み方も不可能ではない」とす
　　　る。同論文58頁は、高橋説と「基本権保護義務論との相違は、前憲法的な『人権』に連結点を見出
　　　すか、それとも憲法に取り込まれた『基本権』（の客観法的次元）にこれを見出すか（だけ）」だと
　　　するが、無効力説と間接効力説の理論的差は大きい。

59）　高橋前掲註50）論文59頁。

60）　海野敦史「憲法上の通信の秘密不可侵の権利性とその私人間効力」社会情報学研究14巻2号17
　　　頁、25頁（2010）は「私人間にも通信の秘密不可侵の効力が及ぶ」としており、旧間接効力説に属
　　　しよう。

61）　高橋前掲註50）論文60頁。

62）　高橋ほか前掲註32）文献65頁［高橋発言］。

63）　小山前掲註58）論文58頁も、高橋説はこの「説得力と命運をともにする」とする。

64）　渋谷秀樹『憲法』〔第3版〕138頁（有斐閣、2017）。

65）　新井敦志「人権保障規定の私人間効力について」立正法学論集44巻1号23頁、38頁（2010）は、
　　　この問題を（民法解釈における）「リーガル・マインド論」や「姿勢・心構え」の問題に転換する。

66）　高橋ほか前掲註32）文献67頁［山本龍彦発言］。

67）　西村枝美「憲法の私人間効力は近代法の構成要素か」法律時報82巻1号82頁、85頁（2010）の言
　　　う「私法の領域での『始原の権利』の欠落」の恐れである。他面、山元前掲註21）論文19頁は「国
　　　家による憲法の名の下における個人の法的拘束」を危惧するが、広義の人権擁護に寄与するのは
　　　何れだろうか。

68）　加えて、高橋和之「人権論のパラダイム」憲法問題17号36頁、38頁（2006）は「国際人権」に触
　　　れるが、国内法化された条約は日本では法令に上位し、憲法と矛盾しない限りで、法令の解釈を
　　　拘束する筈である。

69）　高橋前掲註20）論文157頁。

70）　同上158頁。

71）　同上160頁註16。

72）　宍戸常寿「私人間効力論の現在と未来」長谷部恭男編『人権論の再定位3―人権の射程』25頁、
　　　35頁（法律文化社、2010）も、高橋説を、「現実の紛争処理としては間接効力説に近い」と評する。

73）　高橋前掲註20）論文150頁。

74）　同上152頁。

75）　同上同頁。

76）　同上153頁。

77）　同上152頁。

78）　同上153頁。

79）　同上154頁でも再び、「棄却により本当に自己の人権が侵害されたというなら、国に対して国家
　　　賠償を求めるべきだという理屈になるのではないでしょうか」と述べるが、これも同様に批判さ
　　　れよう。

80）　同上153頁。「保証」の誤りであろう。

第13章　憲法の私人間効力論・再論

81）　同上同頁。

82）　君塚前掲註3）書262頁以下参照。初出2001年。

83）　君塚前掲註17）Ⅰ文献67頁は、市川正人「憲法論のあり方についての覚え書き」立命館法学271=272号上57頁以下（2001）、木下智史『人権総論の再検討』（日本評論社、2007）を、「なお憲法の決定力を信じる傾向にある」と評する。

84）　君塚前掲註3）書282-287頁参照。。

85）　大判昭和10年10月5日民集14巻22号1965頁。

86）　高橋前掲註20）論文158頁。

87）　この分析は、山元前掲註21）論文27頁以下参照。高橋和之「『憲法上の人権』の効力は私人間に及ばない」ジュリスト1245号137頁（2003）は、日本の憲法学では「フランスの状況はまったく視野の外」だが「現代人権論においても原則」だとする。

88）　齋藤笑美子「フランスにおける憲法規範の私人間適用をめぐる考察」一橋法学9巻3号19頁、20-21頁（2010）。

89）　同上21-22頁。

90）　同上22頁。

91）　同上22-26頁。

92）　同上26頁。

93）　同上26-27頁。

94）　同上28頁。

95）　同上29-30頁。憲法の同様の効力のある、2005年環境憲章1条は「健康を尊重する均衡のとれた環境において生活する権利」を謳うが、これが私人間に適用されるとする学説もあると言う。*See,* M. Prieur, *Les Nouveaux Drois*, AJDA, 2005, p1157.

96）　同上30頁。

97）　同上同頁。齋藤と同様の批判として、水林彪「憲法と民法の本源的関係」憲法問題21号7頁（2010）も参照。

98）　高橋和之『現代立憲主義の制度構想』23頁（有斐閣、2005）、同『立憲主義と日本国憲法』〔第4版〕136-137頁（有斐閣、2017）など。

99）　特に、本書第18章参照。

100　この点、高橋ほか前掲註32）文献68頁［高橋発言］は、「人権学というものを考え」、「国際人権も含めて「理論構成」するのは、「憲法学者はやってはいけないということではない」と述べるが、憲法から国際法・刑事法・私法秩序までに及ぶ理論構成をあまり見るものではない。補足すれば、この高橋発言の延長に2012年頃の新司法試験・憲法の出題や採点実態の迷走はないか。

101）　高橋前掲註50）論文63頁。憲法とは国家を創設する社会契約なのであろうから。

102）　辻村みよ子『憲法』〔第5版〕129頁（日本評論社、2016）。

103）　最大判昭和62年4月22日民集41巻3号408頁。本件評釈は本書第9章参照。

104）　私人間効力は特に間接効力だと言う必要もない。この意味で、宍戸前掲註72）論文36頁の「私人間効力という問題設定の否定」との評価もあり得る。

105）　著者の立場に賛同していると思われるものとして、青井未帆「人権保障と市民社会―私人間効力」法学セミナー641号24頁、26頁（2008）、原田いづみ「構造的差別解消という視点から憲法の私人間効力論を考える」明治学院大学法科大学院ローレビュー9号49頁、61頁（2008）、宮崎哲弥「書

545

評」産經新聞2008年12月29日、棟居快行「私人間の憲法訴訟」戸松秀典＝野坂泰司編『憲法訴訟の現状分析』25頁、28頁注2（有斐閣、2012）などがある。山元前掲註22）論文96頁注105の木下・君塚批判は、法理論の問題を法文化の問題に変換しており、適切とは思えない。この、文化論への転換は、西村枝美「憲法の私人間効力の射程（1-8）」関西大学法学論集62巻2号159頁、3号125頁（2012）、6号167頁、63巻1号98頁、2号50頁（2013）、6号73頁（2014）、65巻5号194頁、6号86頁（2016）にも色濃いように思われる。

106）　高橋前掲註50）論文60頁。高橋和之「人権の私人間効力論」高見勝利ほか編『日本国憲法解釈の再検討』1頁、16頁注14（有斐閣、2004）の君塚説批判以来そうなのであろうか。

107）　高橋前掲註50）論文60頁。

108）　同上61頁。

109）　同上62頁。

110）　同上同頁。

111）　「精神的自由対経済的自由だから前者の必勝、ではない」。君塚前掲註17）論文12頁。

112）　高橋前掲註50）論文62頁は、あくまでも新聞接効力説が結論を一点に収斂できないことは論理破綻であると繰り返し、高橋ほか前掲註32）文献68頁［山元一発言］も、間接効力説とは「民法を適用するという皮を使いながら、実は憲法判断をしている」と評するが、この説の論者の多くはそのような主張を行っていない。同文献65頁［小山剛発言］も、「未確定部分は、民法にゆだねられます。君塚」「もこの点は同じだ」とする。

113）　高橋前掲註50）論文63頁は、こう形容する。

114）　その究極的な憲法上の根拠は、私的自治の要請を鍵として、13条なのかもしれない。佐藤幸治『現代国家と人権』152頁（有斐閣、2008）、宍戸前掲註72）論文40頁参照。だが、精神的自由や生来の差別が主戦場となる私人間の紛争で、切り札は13条とは言えそうもない。なお、この組立てすら高橋説は拒絶する。高橋前掲註87）論文145頁。

115）　ステイト・アクション理論に傾斜する、山本克司「キリスト教学校における人権問題」聖カタリナ大学キリスト教研究所紀要11号33頁、39-41頁（2008）も、結局は、二重の基準論による調整を提唱する。

116）　大内前掲註9）論文119頁が指摘するように、労働法上、企業の採用の自由は実は意外と狭い。

117）　長谷部恭男「基本権条項の私人間効力」法学教室344号67頁、73頁（2009）。

118）　西村前掲註67）論文86頁が指摘するように、複数の解釈のうち、何故、憲法解釈ではなく法律解釈を優先すべきかを、高橋説は述べていない。

119）　松井茂記『日本国憲法』〔第3版〕331-332頁（有斐閣、2007）など。

120）　宮下紘「憲法の私人間効力論の根底にあるもの」一橋法学3巻2号363頁、384頁（2004）。

121）　宮下紘「民営化時代における憲法の射程」一橋法学3巻3号495頁、519-523頁（2004）。

122）　334 U.S. 1（1948）.

123）　宮下紘「ステイト・アクション法理における公私区分再考（2・完）」一橋法学6巻1号157頁、179頁（2007）。

124）　同上同頁。

125）　同上180頁。なお、宮下紘「ステイト・アクション法理における公私区分再考（1）」一橋法学5巻3号247頁（2006）も参照。

126）　君塚前掲註3）書213頁。

第13章　憲法の私人間効力論・再論

127）　同上210-213頁、君塚前掲註17）Ⅱ論文10頁参照。

128）　三並敏克『私人間における人権保障の理論』2頁（法律文化社、2005）。

129）　同上384頁。

130）　同上400頁。

131）　藤井樹也『「権利」の発想転換』261頁（成文堂、1998）。

132）　同上266頁。

133）　同上274-275頁。この立場は、日本公法学会報告での質疑応答でも繰り返された。渡辺康行ほか「第一部会討論要旨」公法研究71号138頁、147頁（2009）［藤井樹也発言］。

134）　新直接効力説批判については、君塚前掲註3）書186-190頁も参照。

135）　企業にも巨大企業から町工場まであり、線引きに苦しむ。私大や宗教団体はどうか。また、一従業員にとって企業は「社会的権力」であっても、管理職や株主にとって一律にそうなのかはわからない。「夫」「妻」「父」「母」ですら「社会的権力」でないかどうかは、児童虐待やDVも頻出する中、意外と難問ではないか。

136）　近年では、以下に挙げるもののほか、岩間昭道『憲法綱要』48頁以下（尚学社、2011）など。なお、フランス憲法研究者のこの種の主張は、高橋説以前にもある。中村睦男「フランス法における人権の保障」公法研究38号21頁（1976）、上村貞美「フランスにおける私人間の人権保障」香川大学一般教育研究16号25頁（1979）、樋口陽一「社会的権力と人権」岩波講座『基本法学6―権力』345頁（岩波書店、1983）、同「憲法・民法・『社会意識』」栗城壽夫古稀記念『日独憲法学の創造力上』137頁（信山社、2003）、同「民法と憲法」日仏法学24号34頁（2007）など。但し、「新・無効力説がより妥当」と述べる髙井裕之はアメリカ憲法研究者である（辻村みよ子編『ニューアングル憲法―憲法判例×事例研究』59頁（法律文化社、2012）［髙井裕之］）。ただ、保護義務論の否定と憲法13条の役割変化が主な論拠であり、論拠不十分に思える。君塚正臣「性差別と私人間効力」ジェンダー法学会編『講座ジェンダーと法　第4巻』34頁注24（日本加除出版、2012）も参照。

137）　齊藤芳浩「私人間効力論の考察」阿部照哉喜寿記念『現代社会における国家と法』271頁（成文堂、2007）。

138）　同上298-305頁。アリストテレスやマタイ福音書まで引用するものである。

139）　同上306-307頁。

140）　同上307頁。

141）　同上同頁。阿部照哉『憲法』〔改訂〕79頁（青林書院、1991）を引用。

142）　齊藤同上308頁。

143）　君塚前掲註3）書181頁も参照。齊藤同上には、本書等の批判的引用もない。

144）　齊藤芳浩「私人間効力論に関する幾つかの問題点の検討」大石眞還暦記念『憲法改革の理念と展開下巻』487頁、500頁（信山社、2012）。

145）　同上502頁。当然ながら、当該法令が違憲との主張もなく、また違憲でなければ、そのまま適用される。問題は、私法が違憲と言え、私法のある解釈が違憲と言えるかなのであるから、齊藤の問題設定は誤りである。

146）　同上503頁。

147）　同上517頁。加えて、同論文521頁は、憲法典なきイギリスでの言論保障について述べるが、日本には憲法21条が存在する以上、これが適用されるのは当然であり、イギリスは根拠にならない。

148）　巻美矢紀「私人間効力の理論的意味」安西文雄ほか『憲法学の現代的論点』〔第2版〕259頁、260

547

頁（有斐閣、2009）。

149）　同上262頁。

150）　星野英一＝樋口陽一「社会の基本法と国家の基本法」ジュリスト1192号2頁、7-9頁（2001）［星野発言］。

151）　巻前掲註148）論文264頁。

152）　詳細は同上265頁以下。間接効力説批判から、「個人の尊厳」を根拠とし、「名宛人は国家」だから無効力説が妥当するとするところまで、高橋説そのものである。但し、三菱樹脂事件最高裁判決を間接効力説だと認定しているところは異なるのかもしれない。

153）　同上271頁。

154）　同上272頁。

155）　同上同頁。

156）　同上277頁。

157）　同上同頁。

158）　同上278頁。

159）　そもそもアメリカでは本論点の解法としてはステイト・アクション論が用いられており、引用は場違いである。ほか、君塚前掲註3）書180-181頁も参照。巻同上には、君塚前掲註3）書等の批判的引用もない。

160）　辻村みよ子編『基本憲法』60頁（悠々社、2009）［糠塚康江］。

161）　糠塚康江「隠された〈私〉／顕れる〈私〉」法律時報80巻6号36頁（2008）。

162）　糠塚康江「『憲法と民法』関係におけるフランス・モデル」関東学院法学19巻1号1頁、1-4頁（2009）。

163）　同上16頁。

164）　同上16-17頁。

165）　糠塚康江「『憲法と民法』関係論」憲法問題21号30頁、34頁（2010）。

166）　糠塚前掲註162）論文18頁。

167）　同上19頁。

168）　憲法院はコード・シヴィルの憲法化に抑制的ながら、「責任原理と賠償請求権」や「契約の自由」というコード・シヴィルの重要原理を憲法化したという。糠塚前掲註165）論文38頁参照。

169）　同上38頁。

170）　糠塚前掲註162）論文35頁。

171）　糠塚前掲註161）論文37頁。

172）　順に、君塚前掲註3）書342頁以下及び371頁以下、同『性差別司法審査基準論』309頁以下（信山社、1996）参照。

173）　君塚前掲註3）書162頁の、従来の通説への批判がそのまま当てはまる。この問題に関しては、松井茂記「憲法と新しいリバータリアニズム」ジュリスト884号48頁（1987）参照。

174）　西村枝美「土壌なき憲法の私人間適用問題」公法研究66号265頁［以下、西村前掲註174）Ⅰ論文、と引用］、265-266頁（2004）。なお、同「墓地使用権と宗教的典礼施行の関係」東北学院大学論集法律学62号143頁（2004）［以下、西村前掲註174）Ⅱ論文、と引用］なども参照。同「憲法の私人間適用という枠組みのほころび」関大法学論集56巻5＝6号51頁、54頁（2007）［以下、西村前掲註174）Ⅲ論文、と引用］は、「憲法という上位規範と民事法という下位規範との整合性問題は対象外

第13章　憲法の私人間効力論・再論

であるし、」「立法の不作為の問題も対象外」だとしている。憲法の私人間効力の問題は、上位規範である憲法が下位規範である民事法を拘束する一場面であるという問題意識はないようである。

175）　西村前掲註174）Ⅰ論文267頁。

176）　西村前掲註174）Ⅲ論文58頁。

177）　西村前掲註174）Ⅰ論文268頁。

178）　同上同頁。

179）　同上269頁。

180）　最判平成12年2月29日民集54巻2号582頁。本件評釈には、樋口範雄「判批」法学教室239号41頁（2000）、野澤正充「判批」法学セミナー546号115頁（2000）、野口勇「判批」法学セミナー549号65頁（2000）、岩坪朗彦「判批」法律のひろば53巻7号64頁（2000）、星野一正「判批」時の法令1614号66頁（2000）、佐久間邦夫「判批」ジュリスト1195号108頁（2001）、佐久間邦夫「判批」法曹時報55巻1号187頁（2003）、佐久間邦夫「判批」ジュリスト増刊『最高裁時の判例2　私法編1』246頁（2003）、佐久間邦夫「判批」最高裁判所調査官室編『民事篇平成12年度上』115頁（法曹会、2003）、潮見佳男「判批」ジュリスト臨時増刊1202号『平成12年度重要判例解説』66頁（2001）、潮見佳男「判批」宇都木伸ほか編『医事法判例百選』96頁（2006）、岡田信弘「判批」法学教室246号別冊附録『判例セレクト'00』3頁（2001）、吉田克己「判批」同22頁、新美育文「判批」法学教室248号11頁（2001）、植木哲「判批」法律時報別冊『私法判例リマークス』23号58頁（2001）、同「判批」判例タイムズ臨時増刊1178号『説明義務・情報提供義務をめぐる判例と理論』214頁（2005）、大沼洋一「判批」判例タイムズ臨時増刊1065号『平成12年度主要民事判例解説』110頁（2001）、平野哲郎「判批」判例タイムズ1066号19頁（2001）、野口勇「判批」宗教法20号107頁（2001）、山田卓生「判批」年報医事法学16号291頁（2001）、高木健太郎「判批」愛知学院大学法学部同窓会創立40周年記念『法学論集第3巻』615頁（2001）、吉田邦彦「判批」判例評論521号11頁（2002）、飯塚和之「判批」NBL736号66頁（2002）、澤登文治「判批」南山法学25巻4号153頁（2002）、濱真一郎「判批」法律時報75巻8号6頁（2003）、石崎泰雄「判批」駿河台法学18巻1号45頁（2004）、飯塚和之「判批」唄孝一賀寿記念『人の法と医の倫理』263頁（信山社、2004）、良永和隆「判批」民事研修584号13頁（2005）、大村敦志「判批」法学教室361号103頁（2010）、清水晴生「判批」白鴎法学36号248頁（2010）、淺野博宣「判批」長谷部恭男ほか編『憲法判例百選Ⅰ』〔第6版〕56頁（2013）、岩志和一郎「判批」甲斐克則＝手嶋豊編『医事法判例百選』〔第2版〕80頁（2014）などがある。このほか、中田裕康ほか「承諾を得るための説明―輸血拒否と自己決定権」判例タイムズ1178号214頁（2005）などがある。

181）　西村前掲註174）Ⅲ論文65頁。

182）　西村前掲註174）Ⅰ論文268頁。

183）　同上同頁。

184）　西村前掲註174）Ⅲ論文60頁。

185）　西村前掲註174）Ⅰ論文270頁。

186）　同上同頁。

187）　西村前掲註174）Ⅲ論文60頁。

188）　同上61頁。

189）　西村前掲註174）Ⅰ論文271頁。但し、西村前掲註174）Ⅲ論文65-66頁は、憲法を引用することで、既存の判断枠組みが修正されることもあると述べている。

190）　西村前掲註174）Ⅲ論文60頁。

191）　同上66-67頁。

192）　同上76頁。

193）　同上77頁。

194）　同上75頁。

195）　同上76頁。

196）　西村前掲註174）Ⅱ論文152頁。なお、同論文が検討している私人間の宗教問題については、君塚前掲註3）書480頁以下のほか、井上知樹「憲法学における『社会的権力論』(3)」早大院法研論集106号29頁、34頁以下（2003）も検討を加えている。井上説については、同「現代組織社会における個人の諸相」工学院大学共通課程研究論叢41-1号43頁（2003）も参照。

197）　西村同上160頁は、奥平康弘『憲法Ⅲ』86頁（有斐閣、1993）を引用しつつ、そう述べる。

198）　西村同上同頁は、しかし、無効力説かという自問に「そうではない」と自答している。

199）　詳細は、君塚前掲註3）書258-278頁など参照。

200）　その意味では、著者の説も新間接効力説に分類できる。新間接効力説に対しては、高橋前掲註50）論文60頁が、「国家との関係は縦の関係である、私人間というのは横の関係であると表現し、縦の関係を横の関係に適用するためには、縦をどこかで横にしなければいけないけれども、」「間接効力説は、この点の説明に成功していない」と批判するが、憲法は法令にしか影響しない以上、縦を横にする操作は必要なく、近時の新間接効力説は一般にこのような説明を行っていないので、的外れである。また、齊藤前掲註144）論文525頁注50は、「基本権は個人の関係を規律するという前提をとりながら、特に限定もなく一般的に私法を合憲限定解釈できるという思考方法には、論理上欠陥がある」と述べているが、法律を合憲的解釈できないという帰結は、日本の法学者のものとしておよそ理解できない。同論文は続けて、「そもそもこのような論理的不整合を避けるために、間接効力説や基本権保護義務論は基本権の客観的価値秩序としての側面などという道具をもってきている」と述べるのであるが、このような「常識」を覆すべく君塚前掲註3）書は長い証明を要したのであり、批判になっていない。

201）　本書第18章参照。

202）　君塚前掲註172）書123頁以下参照。

203）　君塚前掲註3）書335-449頁参照。

204）　同上453頁以下。

205）　これについては、本書第18章参照。

206）　実例は君塚前掲註3）書281-334頁参照。

207）　最判平成14年9月24日判時1802号60頁。本件評釈は本書第2章参照。

208）　愛敬浩二「憲法への期待と憲法学への落胆？」法律時報81巻3号66頁（2009）は、やや別角度から同判決を俎上にのぼらす。

209）　小山前掲註58）論文58頁。高橋の「重要な指摘」が「私人間の法関係に対する防御権の効用を再度認識させたこと」(同論文同頁) かも疑わしい。

210）　高橋前掲註50）論文60頁。

211）　詳細は、本書第18章参照。前註47）引用文献などを踏まえても結論は変わらない。

212）　小山前掲註47）書116頁。

213）　同上129-130頁。

214）　同上130頁。石川健治「憲法の解釈―基本権保護義務論」法学教室337号40頁、41頁（2008）も、

550

第13章　憲法の私人間効力論・再論

「EU法全般に拡がる気配をみせている理論」だと評する。

215)　小山同上131頁。

216)　最大判平成17年12月7日民集59巻10号2645頁において、小田急高架橋訴訟最高裁判決の評釈には、森英明「判批」ジュリスト1310号41頁（2006）、同「判批」ジュリスト増刊『最高裁時の判例5平成15-17年』53頁（2007）、同「判批」法曹時報60巻2号318頁（2008）、同「判批」最高裁判所調査官室編『最高裁判所判例解説民事篇平成17年度下』898頁（法曹会、2008）、神橋一彦「判批」ジュリスト臨時増刊1313号『平成17年度重要判例解説』58頁（2006）、斎藤驍「判批」法律時報78巻3号75頁（2006）、岩渕正紀「判批」法律のひろば59巻5号22頁（2006）、宇賀克也「判批」判例評論574号2頁（2006）、高梨文彦「判批」法令解説資料総覧291号78頁（2006）、松永邦男「判批」自治実務セミナー45巻2号30頁（2006）、山村恒年「判批」判例地方自治274号増刊80頁（2006）、江原勲「判批」同278号4頁（2006）、神橋一彦「判批」立教法学71号1頁（2006）、西口元「判批」判例タイムズ臨時増刊1245号『平成18年度主要民事判例解説』277頁（2007）、大杉麻美「判批」環境法研究32号『重要環境判例の最近の動向』126頁（2007）、石崎誠也「判批」新潟大法政理論39巻4号687頁（2007）、海老沢俊郎「判批」名城ロースクール・レビュー6号1頁（2007）、藤代浩則「判批」専修ロージャーナル3号117頁（2008）、東亜由美「判批」行政判例研究会編『行政関係判例解説平成17年』126頁（ぎょうせい、2007）、山本隆司「判批」法学教室336号60頁、337号73頁（2008）、高橋滋ほか「判批」法と実務7号163頁（2008）、長谷川佳彦「判批」民商法雑誌142巻1号57頁（2010）、名愃太郎「判批」山梨学院ロー・ジャーナル6号1頁（2011）、阿部泰隆「判批」淡路剛久ほか編『環境法判例百選』〔第2版〕106頁（2011）、横山信二「判批」宇賀克也ほか編『行政判例百選Ⅱ』〔第6版〕366頁（2012）、石垣智子「判批」判例タイムズ1358号30頁（2012）などがある。このほか、村上裕章「原告適格拡大の意義と限界―小田急線高架化事件」論究ジュリスト3号102頁（2012）などがある。

217)　町田顯裁判官補足意見もこの部分に同調する。ドイツ公法学の影響がここでも見られるように思われる。

218)　小山前掲註47）書132頁。

219)　小山剛「『私人間効力』を論ずることの意義」慶大法学研究82巻1号197頁（2009）。

220)　同上198頁。

221)　小山剛『基本権保護の法理』214頁（成文堂、1998）。君塚前掲註3）書195頁参照。憲法と民法の関係については、小山もまた、「明快に憲法優位の立場を取っている」と考えられる。愛敬浩二「『憲法と民法』問題の憲法学的考察」名大法政論集230号169頁、171-172頁（2009）が、民法学者の山本敬三説についてそう指摘した点は、小山にも類推できる。

222)　小山前掲註47）書138頁。

223)　同上同頁。

224)　同上139頁。

225)　同上同頁。

226)　同上141頁。

227)　同上144頁。

228)　君塚前掲註3）書453頁以下参照。

229)　小山前掲註219）論文199-200頁も、君塚の主張は「基本権保護義務論（あるいは、およそ間接適用説一般）をとる場合と、実質的には異なる主張を含むものではない」と述べている。また、同

551

論文207頁も、「唯一の残る問題は、君塚説は、保護義務論を本当に必要としないのか、という点である」とする。君塚前掲註17）文献67頁も、「総じて新聞接効力説的立場が有力化しつつある」中、「これらの中でも、」「ドイツ的基本権保護義務論を起点とする主張が目立って」いるとした上で、「著者は、概ね以上の方向に賛成しつつ、憲法の最高法規性を重視する」と述べるのであるから、著者の認識も、小山の分析と大きく適わないものではない。また、駒村前掲註47）論文51頁が指摘するように、小山説も、著者と同様、「社会的権力」概念を用いずにこの問題を解こうとする立場である。駒村は、同論文56頁で、「対等な私人間関係には、実定憲法上の人権規定は適用されない」と述べているが、同論文57頁は、巻前掲註148）論文252頁を引用しつつ、「被差別者の二級市民性が構造的に再生産されるようなケースには、『市民的地位の平等を基底的原理とする、他ならぬ憲法を直接適用しなければならない』とする見解が、成立する余地がないとは言えない」と述べており、憲法の直接適用があるとする点で、小山説とも著者の立場とも異なろう。

230） 君塚前掲註3）書265頁。

231） 小山前掲註219）論文200頁。

232） BVerfGE 7, 198 (1958).

233） 小山前掲註219）論文200頁。

234） 同上201頁。

235） 同上同頁。

236） 同上202頁。

237） 同上同頁。

238） 同上同頁。

239） 同上203頁。

240） 小山前掲註47）書139頁。

241） 小山前掲註219）論文204頁。

242） 同上203頁。

243） 同上210頁注34は、駒村前掲註47）論文59頁の君塚前掲註3）書へのコメントである、「問題は、私人間に人権が及ぶものと憲法自体が想定しているかどうかである。憲法が私法を規律することから、人権の効力が私人間に及ぶことが自動的に出てくるわけではない」という部分を引用して批判するが、これへの回答は以上の通りである。なお、駒村は続けて、「ここから先の議論については、同書を手にとって検証して欲しい」と述べており、君塚説に必ずしも否定的でもない。

244） 例えば、君塚同上268頁など参照。

245） 小山前掲註219）論文203-204頁。

246） 小山前掲註47）書130頁。

247） 同上同頁。

248） 刑罰なき日本社会はにわかには信じ難い。だがそれが、平和主義を掲げる日本国憲法の究極の理想のように感じられる気分もある。また、ドイツ的比例原則の議論から言えば、刑罰という国家権力の発動はまさに最終手段（もしくは憲法訴訟論の言う「より制限的でない他に選択し得る手段」がないときの手段）である筈であり、ほかの方法で犯罪（他者の人権侵害）が抑止できるならば、刑罰は用いるべきでないという結論に達する筈ではなかろうか。

249） 小山前掲註219）論文204頁。

250） 芦部前掲註8）書230頁は、「防禦権としての人権論を原則ないし基本に置かないと、日本の伝

第13章　憲法の私人間効力論・再論

統と戦後の憲法状況の下では、人権に不当な国家権力の介入を招く恐れが大きくなるのではないか、国の保護義務にいう『国』の実体を具体的に問う姿勢を欠いてはならないのではないか」と危惧していた。

251）　佐藤前掲註114）書150頁は、「『保護義務構成』については、『お上』依存傾向と指摘される日本的体質の中で何を帰結するかいささかの危惧を覚えるところがある」と述べている。ほかに、元山健＝建石真公子編『現代日本の憲法』199-200頁（法律文化社、2009）［大河内美紀］、石川前掲註214）論文47頁なども参照。

252）　木下前掲註83）書38頁。

253）　この議論は、さすがに日本国憲法の解釈論を超えるものではなかろうか。君塚正臣＝藤井樹也＝毛利透『VIRTUAL憲法』120-121頁（悠々社、2005）［毛利］は、「攻められたらどうするか？」との批判に解答している。

254）　小山前掲註219）論文204頁。

255）　同上205頁。

256）　愛敬前掲註221）論文178頁。

257）　小山前掲註219）論文206頁。

258）　駒村前掲註47）論文50頁。

259）　小山前掲註219）論文207頁。

260）　例えば、榎原猛ほか編『新版基礎憲法』100頁（法律文化社、1999）［君塚正臣］は、「政府の持つ情報を開示することを請求する権利（知る権利）」は「情報収集権の積極的側面として21条によって保障されると考えるべきであろう」とする。

261）　小山前掲註219）論文198頁は、君塚前掲註３）書の主張を、「私法規定の憲法適合性と民事判決の憲法適合性との間に質的差異がない、私法規定の解釈・適用と行政法・刑事法規定の解釈適用との間には差異がない、とするものであり、これに従うと、憲法が上位法であることと、憲法尊重擁護義務だけで説明が済むことになる」と要約している。概ね妥当である。但し、日本国憲法99条の規定の故に公務員が公務において憲法を遵守せざるを得なくなるわけではないので、より根本的には、憲法の最高法規性が同書の主張の根拠である。

262）　君塚前掲註３）書415頁以下参照。

263）　小山前掲註47）書139頁。

264）　同上140頁。

265）　同上同頁。

266）　補足すれば、小山は、「貴族制度の禁止①憲法が特定の制度を望ましいと考え、その制度を憲法による保障の対象に取り込む場合と、②憲法が特定の制度を忌避し、そのような制度を禁止する場合とがある。制度保障の対象となりうるのは、前者①だけである」と述べている。同上148頁。これにより、「検閲の禁止」、「貴族制度の禁止」同様、「政教分離を、制度（的）保障と呼ぶことはできない」と言う。同書149頁。しかし、「保護」と「忌避」はコインの裏表であって、「婚姻制度」や「私有財産制度」は、「一夫多妻・一妻多夫の忌避」や「社会主義的財産制の否定」とほぼ読み替えることはできる。なおかつ、「基本権保護義務」が国家にあるのであれば、ある制度を忌避すると憲法が規定することは、そのような制度が実現することを回避する義務を国家が負うことに他ならず、これを取り立てて憲法上の制度でないと言う必要はない。この議論は、ドイツではこのような区別をする点を強調とし過ぎていまいか。同書147頁には「地方自治」をこれに含むことに

553

ついて、「ドイツの憲法において地方自治が『基本権』の編で規定されてきたことによる」との記述もある。日本では人権と無縁の「地方自治」を「制度的保障」と考える必要は全くない。もしそうならば、統治機構は全て「制度的保障」である。なお、同様に、はじめにドイツ・基本権保護義務ありきという弊害は、松本和彦「基本的人権の保障と憲法の役割」岩波講座『憲法２─人権論の新展開』23頁、36-37頁（岩波書店、2007）などにも見られる。

267）　小山前掲註219）論文207頁。

268）　私見については、君塚前掲註３）書415頁以下参照。

269）　駒村前掲註47）論文50頁も、「実体憲法上の権利規定を用いた衡量がいかなる場合にどのように行われるか」が大事だと述べている。

270）　松本和彦「基本権の私人間効力論と日本国憲法」阪大法学53巻３＝４号269頁（2003）。

271）　小山説については、既に君塚前掲註３）書194頁以下に纏められている。小山前掲註221）書などが検討の対象であった。その後、小山剛『基本権の内容形成』112頁以下（尚学社、2004）[以下、小山前掲註271）書、と引用]、同「基本権の私人間効力・再論」慶大法学研究78巻５号39頁（2005）などが公表されている。

272）　松本前掲註270）論文272頁。

273）　同上274頁。

274）　同上275頁。なお、憲法の下位法令への拘束力から説明する自説の立場では、「憲法上の権利」や「基本権」だけが「私人間」に「効力」を有するのではなく、理論的には憲法全体がそうであると考えられる。君塚前掲註３）書266頁。

275）　ドイツにおける批判については、小山前掲註271）書157-158頁参照。同書は、日本における批判にはあまり答えていない。高橋前掲註87）論文143頁は日本への導入を批判している。

276）　松本前掲註270）論文273-274頁。

277）　同上278頁。

278）　君塚前掲註３）書207頁。「リスクからの保護義務」に言及した、小田急高架橋訴訟最高裁判決の藤田宙靖裁判官補足意見もまた、行政庁がいかなる被害を事前に防ぐ義務を沿線住民の誰に対して負っているのか、ということが曖昧であり、内容の補充が今後求められるものであることは、「基本権保護義務」と同様であろう。

279）　松本前掲註270）論文286頁は、山本敬三『公序良俗論の再構成』211頁（有斐閣、2000）に依拠してこの立場を示唆する。

280）　私人間効力の問題を法律行為（民法90条）の問題に集中させ、事実行為（民法709条など）では別の法理を検討しようとする通説の姿勢は疑問である。大谷美咲「現代における憲法の私人間効力について前編」九州共立大学経済学部紀要102号１頁、12頁（2005）も、何れにも間接効力説が妥当すると述べている。同「内部統制による組織の権力濫用への抑止効果について」同106号１頁（2006）も参照。

281）　松本前掲註270）論文286頁。

282）　君塚前掲註３）書207頁。

283）　小山前掲註271）論文71頁。

284）　三並敏克「人権の私人間効力論と国家の基本権保護義務論」立命館大政策科学13巻３号181頁、191頁（2006）は、日本国憲法に社会権規定があることを根拠に、同様の批判をする。

285）　山元前掲註21）論文16頁。

第13章　憲法の私人間効力論・再論

286）　君塚前掲註３）書235頁参照。

287）　同上554頁参照。

288）　「やわらかい憲法」は、地球科学で、気象や海流などを扱う分野を俗に「やわらかい地球」ということにヒントを得た。この点、立花義裕三重大学教授に感謝したい。

289）　棟居快行「『小さな憲法論』の試み」月報司法書士423号13頁（2007）。棟居前掲註14）Ⅰ論文の「小さな司法」論も参照。

290）　宍戸常寿「憲法の私人間効力」法学セミナー648号70頁、74頁（2008）は、答案レベルでこのことを指摘している。

291）　本章及び君塚前掲註３）書では特に取り上げなかったが、中島徹「人権規定の私人間効力」法学セミナー570号26頁（2002）、永松正則「自己決定と基本権保護義務」名城法学論集30号23頁（2002）、櫻井智章「法治国家の『形式性』の論理（２・完）」法学論叢152巻４号136頁、146頁以下（2003）、「シンポジウム・憲法と民法」法律時報76巻２号50頁（2004）、浮田徹「私人間における人権」法学セミナー49巻５号16頁（2004）、野坂泰司「憲法基本判例を読み直す（5）―私人間における人権保障と人権規定の私人間適用」法学教室300号130頁（2005）、只野雅人『憲法の基本原理を考える』165頁以下（日本評論社、2006）、井上典之「私法関係と憲法の効力」法学セミナー628号82頁（2007）、堀内健志「基本的人権の私人間効力の再構成をめぐって」弘前大人文社会論叢社会科学編17号61頁（2007）なども参照。

〔付記〕　本章は、「復活の日なき無効力論――三菱樹脂事件判決」論究ジュリスト創刊号33-40頁（2012年５月10日）を加筆・修正した「三菱樹脂事件――復活の日なき無効力論・直接効力論」長谷部恭男編『論究憲法――憲法の過去から未来へ』79-96頁（有斐閣、2017年５月３日）をベースに、更に、「いわゆる憲法の第三者効力論・再論――諸学説を検討し、『新聞接効力説』もしくは『憲法の最高法規性重視説』への批判に答えて、憲法の私人間効力論を考え直す」（早稲田大学ＣＯＥ）季刊企業と法創造４巻１号75-94頁（2007年６月20日）の一部、「二重の基準論とは異質な憲法訴訟理論は成立するか――併せて私人間効力論を一部再論する」横浜国際経済法学18巻１号17-58頁（2009年９月25日）の後半、「憲法の私人間効力論争は何をもたらしたか」月報司法書士447号7-14頁（2009年５月10日）の一部、「性差別と私人間効力」ジェンダー法学会編『講座ジェンダーと法　第４巻』23-38頁（日本加除出版、2012年11月24日）の一部を加筆し、整理し、大きく修正したものである。

第14章

特別権力関係論

はじめに

「特別権力関係（besonderes Gewaltverhältnis）[1]」とは、「法律によることなく、特別権力に服する者の権利を制限し、義務を課すことの可能性を認め、司法審査にも一定の限界があるとする考え方である[2]」。より具体的には、「特別権力関係において公権力は当該関係に服する者に対して、①法律の根拠なしに包括的な支配権を行使することができる（法治主義の排斥）、②基本的人権を広範に制限することができる（人権保障の排斥）、③行為の適法性に関して、裁判所の審査に服さない（司法審査の排斥）、という３点が認められてきた[3]」のである。「この世の中には、普通の場合とちがった特別の権力関係という一つの別世界があり、この中では普通の社会の理屈は通用しない[4]」ということである。

元を辿れば、特別権力関係とは、一般権力関係（allgemeines Gewaltverhältnis）とは異なる関係で私人が国または公共団体の特別権力に服従する関係であり、中世欧州の都市・公の組合・ツンフト等の権力の公法的形貌と内容が発見できるものであって、特に教会法にそれはよく見られたという[6]。中世的支配が克服され[7]、絶対王政期に国家の一般公権力が確立しても、特別な行政使命の達成のためにはこれを欠くことができなかった[8]。その中で、官吏（Beamte）関係もまた、近代的統一国家権力の発展と、公法と私法の分離により、公法上の勤務関係になったとされる[10]。ゲンナーによる、「国家の諸勤務は、公の負担としても

556

生計地位としてもその特質において公法に属し、私法的諸規範の混合なしにそれ自体国家の本質に従って判断されねばなら」ないとする見解等でそれは確立された。オットー・マイヤーは「憲法は滅びるが行政法は存続する」と語ったが、この言は、行政国家化によっても行政の担当者の法秩序に基本的に何らの変化もなく、これらのことは国家行政の現実の上層担当者の魂の連続性を見事に表現していた[12]。イエリネックは、兵士、証人、囚人のような特別統治関係と、官吏や学生のような単純な権力関係と区別したとされる[13]。

ワイマール憲法期でも、法規範は必然的に特別権力関係の外で発せられる[14]としてこの理論は継続[15]し、遂に、ナチス期では特別権力関係は拡充され[16]、「ナチス運動における勤務[17]」となった。このように特別権力関係論は、ドイツという国と共に、専制や独裁と結び付くものとの印象を有する「特殊な歴史的性格をもつことばである[18]」。そして、ドイツ帝国憲法を模範とした大日本帝国憲法（明治憲法）下で、「行政権優位の憲法体制下の19世紀ドイツに生まれ、明治憲法体制にいかにも適合的なことからわが国に[19]」「そのまま導入された[20]」ものであり、「それ自体たいへん包括的、全説明的」な「みごと」な[21]説明なのであった。

よって、法治主義と人権尊重主義を掲げる日本国憲法の下では、特別権力関係論は「その本来的存在基盤を失った[22]」、「最早原理的に妥当しえなくなった[23]」、もしくは「破綻したといってよい[24]」。相対的区別説から転じた、そのマイルドな表現としての「特別の公法関係」などの語を用いるべきとの指摘もある[25]が、その語すら現在、あまり見かけなくなった[26]。だが、匿名の学説としても存続している。また、判例は、自主的な選択であれ、強制であれ、一般権力関係とは異なる国又は公共団体との関係があることを暗黙のうちに念頭に置いている。そうでなければ制約されない基本的人権が、国立大学生である、公務員である、受刑者であるという理由で、一般とは異なる制約可能性があるということは、この概念が継続しているということなのではないか[27]。果たしてそれは妥当なのであろうか。本章ではこれを検証し、あるべき法理を追究したいと思う。

この際、特に取り上げる事案は、比較的最近のものという理由で、いわゆる堀越事件とする[28]。本件は、特別権力関係の典型とされて来た「官公吏の勤務関係[29]」に属するものであり、コンパニオン・ケースである宇治橋事件とは異な[30]

り、公務員の政治活動に無罪判決が下った画期的な事案でもある。本事件最高
裁判決が齎した、猿払事件最高裁判決[31]との「事案の区別」の問題については別
の章[32]に譲り、本章では、この判決を出発点に、特別権力関係もしくは「特別の
公法関係」一般を論じることとする。

1　堀越事件再考

　堀越事件とは、一審判決[33]によれば、以下のような事実関係の事案である。
　被告人の厚生労働省社会保険庁社会保険事務局社会保険事務所の年金審査官
は、2003年11月9日施行の衆議院議員総選挙に際し、日本共産党を支持する目
的で、10月19日午後0時3分頃から東京都中央区など12カ所に「しんぶん赤旗」
10月号外及び同党を支持する政治的目的を有する無署名の文書である「東京民
報」10月号外を配布した。また、25日午前には、同区内集合住宅号室ほか55カ
所に同様のものを配布、11月3日午前にも、同区内集合住宅号室ほか56カ所に
「しんぶん赤旗」10月号外と11月号外を配布した、これにより、被告人は、「政
党のために、人事院規則で定める政治的行為をした」罪に問われ、一審では、
罰金10万円執行猶予2年を宣告された。
　2003年春の統一地方選挙において、公安係勤務の巡査らが選挙違反取締りの
ため、聞き込みをしていたところ、被告人が集合住宅玄関内にある集合郵便受
けにビラ様のものを多数投函している状況を現認し、行動確認を続けたとこ
ろ、中央区議候補者の事務所に出入りするところを発見、追跡を続け、同区内
在住の身元を確認、目黒区内の社会保険事務所勤務であることを突き止めた。
警視庁本部の選挙違反取締本部の警部は、当該ビラが公選法上の違法文書に該
当しない旨回答したが、被告人が国家公務員であるとすれば、国公法の政治的
行為の禁止に抵触する可能性がある旨を伝えた。だが、この時点では、この件
は、現認状況、ビラの回収を含めた採証状況等を勘案して、検察庁に事件送致
し立件することは見送られ、継続捜査となった。ところが、衆議院が急遽解散
されたため、同様のビラを配布することが予想されたことから、本件捜査が始
まった。警部らは、衆議院解散翌日の10月11日から総選挙施行の前日である11

558

第14章　特別権力関係論

月8日まで、被告人を尾行し、その行動を確認した。上述の3日において、被告人が判示の通りビラの配布行為を行っているところを現認し、ビデオカメラに撮影した。ビラは、その後配布先から任意提出を受けて確認された。以上により、被告人は2004年3月3日に通常逮捕され、自宅、社会保険事務所、選挙事務所などの関係各所が捜索の後、同月5日に起訴されたのであった。

　一審は、猿払事件最高裁判決は「先例的意味を失っているから、判例変更がなされるべきであ」って、国家公務員法（以下、国公法、と略す）110条1項19号などは違憲である主張する弁護人に対し、「国公法102条1項、規則6項7号による政党機関紙の配布の禁止及び国公法102条1項、規則6項13号（5項3号）による特定の政党を支持する政治的目的を有する文書の配布の禁止（以下、これらの政治的行為を「規則6項7号、13号による政治的文書の配布」、あるいは、「本件政治的行為」ともいう。）がいずれも憲法21条に違反しないこと、国公法110条1項19号の罰則が憲法21条、31条に違反しないこと、国公法102条1項における人事院規則への委任が憲法に違反する立法の委任ということができないこと、しかも、いずれの点においても、合憲的限定解釈をする必要がないことは」猿払事件最高裁判決「の判示ないしはその趣旨に徴して明らかである」、「当裁判所は」同「判決の判示内容に概ね賛同する」、「選択刑として罰金刑（10万円以下）も用意されて」おり「、罪刑の均衡等の観点からしておよそ不合理で許容し難いものとはいえない」などと述べ、弁護人の主張を一蹴した。

　特に、特別権力関係論に関連する部分では、「公務員の携わる公務は、国民の一部に対する奉仕としてではなく、その全体に対する奉仕として運営されるべきものであり（憲法15条2項参照）、とりわけ、行政の分野における公務にあっては、憲法の定める統治組織の構造に照らし、議会制民主主義に基づく政治過程を経て決定された政策の忠実な遂行を期し、もっぱら国民全体に対する奉仕を旨とし、政治的偏向を排して運営されることが強く求められる」などとした後、「国公法及び規則が定める公務員に対する政治的行為の禁止が、上記の限度にとどまるものであるか否かが問題となるが、これを判断するに当たっては、〔1〕禁止の目的が正当であること、〔2〕その目的と禁止される行為との間に合理的関連性があること、〔3〕禁止により得られる利益と失われる利

559

益との均衡を失するものでないことということ、いわゆる合理的関連性の基準に従って検討するのが相当である」とする合憲性判断テストを、寺西判事補事件最高裁決定と小法廷判決である戸別訪問禁止合憲判決を先例として引用して、提示するのである。結果、「行政機関の公務の運営に、党派的偏向を招くおそれ」、「行政の中立性に対する国民の信頼」などを根拠に目的を正当化し、「国公法及び規則」が「公務員の政治的中立性を損なうおそれがあると認められる政治的行為に限って禁止している」点で「上記目的と禁止される行為との間には、合理的な関連性がある」とするほか、重ねて、「利益の均衡の点についてみると、まず、禁止により得られる利益は、公務員の政治的中立性を維持し、行政の中立性とこれに対する国民の信頼を確保するといった国民全体の共同利益である。他方、禁止により失われる利益は、国民の一部に過ぎない公務員の自由な政治活動であ」り、かつ、規制「により意見表明の自由が制約されることとなったとしても、それは、単に行動の禁止に伴う限度での間接的、付随的な制約に過ぎない」と断じたのであった。判決では、「表現の自由は、個人の人格形成にとって不可欠であるとともに、民主政の基盤をもなす、かけがえのない重要な価値を有しており、基本的人権の中で優越的地位にあ」り、「厳格な審査基準を用いて、その合憲性が判断されるべき」ことは認めつつも、重ねて「公務の中でも行政の分野に携わる一般職の国家公務員のみを対象としている」ことが強調されていた。

　また、「被告人の本件各行為は、休日に、所属官庁から遠く離れ、かつ、職場の管轄外の場所である自宅近くで、職務や職場とは無関係の文書を配布したものであること、公務員としての職場の地位を利用するものでないばかりか、被告人が公務員であることさえ認知できない、一般の商業ビラの配布と異なるところのない態様」であったのだが、判決は、被告人「の行為は、具体的な選挙における特定政党のためにする直接かつ積極的な支援活動であり、現代の議会制民主主義、議院内閣制において政党が重要な役割を果たしていることを考慮しても、政治的偏向の強い典型的な行為といって差し支え」ず、「公務員の政治的中立性を損なうおそれの高い行為に及んだのであるから、それによって法益侵害の危険を抽象的にせよ発生させた」として有罪としたのである。「被

第14章　特別権力関係論

告人が、勤務時間外の休日に、職場と離れた自宅周辺の場所において、その職務や職場組織等と関係なく行った行為であ」ることなどは、執行猶予判決とする理由としたのである。

　この判決には、公益は重く、政治的少数者の表現の自由が軽いという、特別権力関係論もしくは「特別な公法関係の理論」や、戦後すぐの「公共の福祉」論が色濃い。また、表現規制も公務員関係となると「合理的関連性の基準」が採られるべきだとするのだが、この基準は中間審査基準に近いものと思える。間接規制、付随的規制、もしくは香城敏麿理論的な意味での消極規制となれば、憲法上許容限界が広がるとの立場でもある。つまりは、猿払事件最高裁判決の判例通り、つまりは、規制の目的、規制手段と目的の合理的関連性、規制によって失われる利益と得られる利益の衡量の３要素から行うべしという、いわゆる猿払基準に従った、先例に忠実な、言わば古臭い判断だったと言えよう。

　だが、二審は、原審判決を批判し、被告人を無罪とした。日本国憲「法21条１項の保障する表現の自由は、民主主義国家の政治的基盤を提供し、国民の基本的人権の中でも特に重要なものである」が、「本法及び本規則による公務員の政治活動の禁止」の「規制目的は正当であり、」「本件罰則規定それ自体が、直ちに、憲法21条１項及び31条に違反した無効なものと解するのは合理的でないと考える。また、その他の主張については、政治的行為の定めを本規則に委任する本法102条１項が直ちに憲法31条や73条６号に違反するものといえ」ないと判示した。

　「しかし、本件罰則規定は、その文言や本法の立法目的及び趣旨に照らし、国の行政の中立的運営及びそれに対する国民の信頼の確保を保護法益とする抽象的危険犯と解されるところ、これが憲法上の重要な権利である表現の自由を制約するものであることを考えると、これを単に形式犯として捉えることは相当ではなく、具体的危険まで求めるものではないが、ある程度の危険が想定されることが必要であると解釈すべきであるし、そのような解釈は刑事法の基本原則にも適合すると考えられる」とする。かつ、「本件配布行為は、裁量の余地のない職務を担当する、地方出先機関の管理職でもない被告人が、休日に、勤務先やその職務と関わりなく、勤務先の所在地や管轄区域から離れた自己の

居住地の周辺で、公務員であることを明らかにせず、無言で、他人の居宅や事務所等の郵便受けに政党の機関紙や政治的文書を配布したにとどまるものである。そのような本件配布行為について、本件罰則規定における上記のような法益を侵害すべき危険性は、抽象的なものを含めて、全く肯認できない。したがって、上記のような本件配布行為に対し、本件罰則規定を適用することは、国家公務員の政治活動の自由に対する必要やむを得ない限度を超えた制約を加え、これを処罰の対象とするものといわざるを得ず、憲法21条1項及び31条に違反するとの判断を免れない」ことがその理由である。

　ポイントとなったのは、被告人の身分と業務内容である。被告人は厚生労働事務官であり、2001「年7月1日に、目黒社会保険事務所年金審査官に配置換えとなり、国民年金業務課国民年金業務係長に併任されたが、」2003「年7月1日に同係長の併任を解除されて」いた。「目黒社会保険事務所は、」「地方社会保険事務局の出先機関であって、」「健康保険、厚生年金及び国民年金の適用、給付及び保険料の徴収等に関する業務を行っていた。」被告人は「の具体的な業務は、来庁した1日当たり20人ないし25人程度の利用者からの年金の受給の可否や年金の請求、年金の見込額等に関する相談を受け、これに対し、コンピューターに保管されている当該利用者の年金に関する記録を調査した上、その情報に基づいて回答し、必要な手続をとるよう促すというものであった。そして、社会保険事務所の業務については、すべての部局の業務遂行の要件や手続が法令により詳細に定められていた上、相談業務に対する回答はコンピューターからの情報に規定されるものであるため、被告人の担当業務は、全く裁量の余地のないものであった」のである。

　また、二審判決では、本件配布行為が公務員であることを示唆して行われたものでもない点が強調された。配布のなされた「10月19日は日曜日、同月25日は土曜日、同年11月3日は国民の祝日に当たる文化の日であって、いずれも国家公務員として勤務を要しない休日で」「、本件配布行為の際に、私服を着用し、記章等の物品を身に付けておらず、外見からは公務員であることが分かることはな」く「、自己の上記勤務先や職務とは全く無関係に、その関係者と協力することもなく、勤務先の所在地でありかつ管轄区域である目黒区から相当

な距離のある上記各地区を対象とし」ていた。そして、「本件のような配布行為が、いわゆる中央省庁の幹部に当たるような、地位が高く、大きな職務権限を有する一般職公務員によって行われた場合や、とりわけ、さきにも触れたように、個人的なものを超えて、一般職公務員により、集団的、組織的に行われた場合は、もとより別論であ」るとして、事案が区別されたのである。

では、猿払事件最高裁判決との関係をどうするのか。判決は、「同判例は、公務員の政治的行為禁止の根拠として、『公務のうちでも行政の分野におけるそれは、憲法の定める統治組織の構造に照らし、議会制民主主義に基づく政治過程を経て決定された政策の忠実な遂行を期し、もっぱら国民全体に対する奉仕を旨とし、政治的偏向を排して運営されなければならないものと解されるのであって、そのためには、個々の公務員が、政治的に、一党一派に偏することなく、厳に中立の立場を堅持して、その職務の遂行にあたることが必要となるのである。』とした上、『行政の中立的運営が確保され、これに対する国民の信頼が維持されることは、憲法の要請にかなうものであり、公務員の政治的中立性が維持されることは、国民全体の重要な利益にほかならないというべきである。したがって、公務員の政治的中立性を損なうおそれのある公務員の政治的行為を禁止することは、それが合理的で必要やむを得ない限度にとどまるものである限り、憲法の許容するところであるといわなければならない。』としているが、この点については、当裁判所も全く異論はない」としつつ、猿払事件最高裁判決の示した「『合理的関連性』の基準に準拠して判断することは、直ちに、猿払事件判決と全く同様の結論に至ることを意味するものではない」とし、「公務員の政治的活動の規制をどのように考えるか」についての「国民の法意識は、時代の進展や政治的、社会的状況の変動によって変容してくるものである。したがって、『合理的関連性』の存否は、そのような観点から、常に検証されるべきものである」とした。それは、「表現の自由がとりわけ重要な権利であることに対する認識を一層深めてきている」ことや「冷戦状態が終結し、」「国民の法意識」が「猿払事件判決当時とは異なり、大きく変わったというべきであって、このことは、公務員、公務に対する国民の見方についても当てはまるとみるべきであ」り、当時の冷戦状況と官公労組合の実態、「国民は

563

未だ戦前からの意識を引きずり、公務員すなわち『官』を『お上』視して、『官』を「『民』よりも上にとらえ、いわば公務員を、その職務内容やその地位と結び付けることなく、一体的に見て、その影響力を強く考える傾向」なども現在では変化したとした。

　結果、「一公務員が政治的活動に出た場合に、国民が直ちに行政の中立的運営に対する信頼を失うようなものとして受け止めるかどうかについて」、「自動車運転手や庁務員といったいわゆる行（二）の一般職が、個人的に政治的活動を行った場合に」「行政の中立性に不安を抱き、不信を覚えるということはな」いと断じ、「勤務時間外の政治的行為の禁止についても同様である」、「国家公務員について広範に制限を設けすぎているのではないかとの疑問につながる」とも述べ、「本件で問題とされている配布行為については、基本的に、表現行為としてとらえられるべき場合が多いことを考えると、直ちに前記示説をそのまま肯定することには躊躇を覚える」とし、結局、こ「のような事案については、具体的な法適用の場面で適正に対応することが可能であることを考えると、その過度の広範性や不明確性を大きくとらえ、本法及び本規則の政治的行為の規制をすべて違憲であるとすることは決して合理的な思考ではない」として、法令違憲とはせず、「被告人の本件各所為は、未だ本件罰則規定の構成要件、すなわち国家公務員として政党の機関紙や政治的文書を配布するという政治活動をしたものと認定することができないとともに、本件各所為に対し、本件罰則規定を適用して被告人に刑事責任を問うことは、保護法益と関わりのない行為について、表現の自由という基本的人権に対し必要やむを得ない限度を超えた制約を加え、これを処罰の対象とするものといわざるを得ないから、憲法21条1項及び31条に違反する」として、適用違憲の判断を行ったのである。

　最高裁も、検察側の上告を棄却した。結果として、猿払基準ではなく利益衡量論もしくは総合的衡量の手法を採用したと評されるに至っている。

　判決は、「本法102条1項は、」「行政の中立的運営を確保し、これに対する国民の信頼を維持することをその趣旨とするものと解され」、「行政の中立的運営が確保されるためには、公務員が、政治的に公正かつ中立的な立場に立って職務の遂行に当たることが必要となるものである」と、まず、大原則を述べる。

564

第14章　特別権力関係論

　だが、「他方、国民は、憲法上、表現の自由（21条1項）としての政治活動の自由を保障されており、この精神的自由は立憲民主政の政治過程にとって不可欠の基本的人権であ」ると直ちに切り返す。すると、本法102条1「項にいう『政治的行為』とは、公務員の職務の遂行の政治的中立性を損なうおそれが、観念的なものにとどまらず、現実的に起こり得るものとして実質的に認められるものを指し」「たものと解すべきである。上記のような本法の委任の趣旨及び本規則の性格に照らすと、本件罰則規定に係る本規則6項7号、13号（5項3号）については、それぞれが定める行為類型に文言上該当する行為であって、公務員の職務の遂行の政治的中立性を損なうおそれが実質的に認められるものを当該各号の禁止の対象となる政治的行為と規定したものと解するのが相当である。このような行為は、それが一公務員のものであっても、行政の組織的な運営の性質等に鑑みると、当該公務員の職務権限の行使ないし指揮命令や指導監督等を通じてその属する行政組織の職務の遂行や組織の運営に影響が及び、行政の中立的運営に影響を及ぼ」し「、こうした影響は、勤務外の行為であっても、事情によってはその政治的傾向が職務内容に現れる蓋然性が高まることなどによって生じ得る」とした。

　そして、「公務員の職務の遂行の政治的中立性を損なうおそれが実質的に認められるかどうかは、当該公務員の地位、その職務の内容や権限等、当該公務員がした行為の性質、態様、目的、内容等の諸般の事情を総合して判断するのが相当である。具体的には、当該公務員につき、指揮命令や指導監督等を通じて他の職員の職務の遂行に一定の影響を及ぼし得る地位（管理職的地位）の有無、職務の内容や権限における裁量の有無、当該行為につき、勤務時間の内外、国ないし職場の施設の利用の有無、公務員の地位の利用の有無、公務員により組織される団体の活動としての性格の有無、公務員による行為と直接認識され得る態様の有無、行政の中立的運営と直接相反する目的や内容の有無等が考慮の対象となるものと解される」ので、「本件罰則規定は憲法21条1項、31条に違反するものではない」というのである。

　しかし、「被告人は、社会保険事務所に年金審査官として勤務する事務官であり、管理職的地位にはなく、その職務の内容や権限も、来庁した利用者から

565

の年金の受給の可否や年金の請求、年金の見込額等に関する相談を受け、これに対し、コンピューターに保管されている当該利用者の年金に関する記録を調査した上、その情報に基づいて回答し、必要な手続をとるよう促すという、裁量の余地のないものであった。そして、本件配布行為は、勤務時間外である休日に、国ないし職場の施設を利用せずに、公務員としての地位を利用することなく行われたものである上、公務員により組織される団体の活動としての性格もなく、公務員であることを明らかにすることなく、無言で郵便受けに文書を配布したにとどまるものであって、公務員による行為と認識し得る態様でもなかったものである。これらの事情によれば、本件配布行為は、」「公務員の職務の遂行の政治的中立性を損なうおそれが実質的に認められるものとはいえない。そうすると、本件配布行為は本件罰則規定の構成要件に該当しないというべきである」としたのである。

　結局、最高裁は、被告人無罪の原判決を相当とし、「原判決は、本件罰則規定を被告人に適用することが憲法21条１項、31条に違反するとしているが、そもそも本件配布行為は本件罰則規定の解釈上その構成要件に該当しないためその適用がないと解すべきであって、上記憲法の各規定によってその適用が制限されるものではないと解されるから、原判決中その旨を説示する部分は相当ではないが、それが判決に影響を及ぼすものでない」と判示した。この判決が、二審判決の適用違憲の判断を取り消した点も注意が必要である。

　最高裁は、しかしながら、同日の宇治橋事件判決では、二審の罰金10万円有罪判決を維持した。

　事案は、東京都世田谷区の警視庁職員住宅の各集合郵便受け合計32カ所に「しんぶん赤旗」９月号外を投函して配布したものであり、この点は結論を分ける理由ではなかった。異なっていたのは、被告人が「当時、厚生労働省大臣官房統計情報部社会統計課長補佐であり、庶務係、企画指導係及び技術開発係担当として部下である各係職員を直接指揮するとともに、同課に存する８名の課長補佐の筆頭課長補佐（総括課長補佐）として他の課長補佐等からの業務の相談に対応するなど課内の総合調整等を行う立場にあった」点である。これは、「国家公務員法108条の２第３項ただし書所定の管理職員等」「であったもので

あって、指揮命令や指導監督等を通じて他の多数の職員の職務の遂行に影響を
及ぼすことのできる地位にあったといえる。このような地位及び職務の内容や
権限を担っていた被告人が政党機関紙の配布という特定の政党を積極的に支援
する行動を行うことについては、それが勤務外のものであったとしても、国民
全体の奉仕者として政治的に中立な姿勢を特に堅持すべき立場にある管理職的
地位の公務員が殊更にこのような一定の政治的傾向を顕著に示す行動に出てい
るのであるから、当該公務員による裁量権を伴う職務権限の行使の過程の様々
な場面でその政治的傾向が職務内容に現れる蓋然性が高まり、その指揮命令や
指導監督を通じてその部下等の職務の遂行や組織の運営にもその傾向に沿った
影響を及ぼすことになりかねない。したがって、これらによって、当該公務員
及びその属する行政組織の職務の遂行の政治的中立性が損なわれるおそれが実
質的に生ずるものということができる」のであり、「配布行為が、勤務時間外
である休日に」なされた「などの事情を考慮しても、本件配布行為には、公務
員の職務の遂行の政治的中立性を損なうおそれが実質的に認められ、本件配布
行為は本件罰則規定の構成要件に該当する」としたのである。

　この判決には、猿払事件最高裁判決との「整合性」を語る千葉勝美裁判官補
足意見がある。

　同意見は、「猿払事件大法廷判決の上記判示は、本件罰則規定自体の抽象的
な法令解釈について述べたものではなく、当該事案に対する具体的な当てはめ
を述べたものであり、本件とは事案が異なる事件についてのものであって、本
件罰則規定の法令解釈において本件多数意見と猿払事件大法廷判決の判示とが
矛盾・抵触するようなものではないというべきである」ほか、同判決の「合憲
性審査基準」も、「当該事案については、公務員組織が党派性を持つに至り、
それにより公務員の職務遂行の政治的中立性が損なわれるおそれがあり、これ
を対象とする本件罰則規定による禁止は、あえて厳格な審査基準を持ち出すま
でもなく、その政治的中立性の確保という目的との間に合理的関連性がある以
上、必要かつ合理的なものであり合憲であることは明らかであることから、当
該事案における当該行為の性質・態様等に即して必要な限度での合憲の理由を
説示したにとどめたものと解することができ」、「そうであれば、本件多数意見

の判断の枠組み・合憲性の審査基準と猿払事件大法廷判決のそれとは、やはり矛盾・抵触するものでない」と述べている。

これに対して、須藤正彦裁判官は、被告人無罪の反対意見を述べた。

本件における争点は、やはり、被告人が管理職であった点に尽きようが、「当該公務員の管理職的地位の有無、職務の内容や権限における裁量の有無、公務員により組織される団体の活動としての性格の有無、公務員による行為と直接認識され得る態様の有無、行政の中立的運営と直接相反する目的や内容の有無等にかかわらず──それらの事情は、公務員の職務の遂行の政治的中立性に対する国民の信頼を損なうなどの服務規律違反を理由とする懲戒処分の対象となるか否かの判断にとって重要な考慮要素であろうが──その政治的行為からうかがわれる政治的傾向がその職務の遂行に反映する機序あるいはその蓋然性について合理的に説明できる結び付きが認められず、公務員の政治的中立性が損なわれるおそれが実質的に生ずるとは認められない」とする。

また、「本法102条1項の政治的行為の上記の解釈は、憲法の趣旨の下での本件罰則規定の趣旨、目的に基づく厳格な構成要件解釈にほかなら」ず、「厳格かつ限定的である解釈の限りで、憲法21条、31条等に反しない」とも述べる。

はっきりしている点は、公務員の政治活動という、従来であれば特別権力関係論が主たる論点となる事案でありながら、現在の最高裁が、このような問題として理論構成を行うことをしていないということである。一審判決にその残滓をやや感じるが、結局、何れの事案でも、つまりは有罪という結論に至った事案でも、二審以降はこのような傾向は消えている。その意味で、この理論の是非は過去に遡って検証する必要があろう。ただ、小法廷判決でもあり、猿払判決が覆ったわけでもない。実際、公務員の政治活動を巡る事案として、2011年の君が代起立斉唱事件判決[41]があるが、この中でも猿払基準は生きているとの指摘があり[42]、堀越事件で判例変更がなかったことを裏打ちしている。

2 特別権力関係の学説・判例の展開

堀越事件に至る判例の立場、そして戦後長期にわたる通説の立場を確認して

おきたい。

　最高裁は、まず、1951年のいわゆる東京急行電鉄事件判決で、「自己の自由意思に基づく特別な公法関係上又は私法関係上の職務によつて制限を受けることのあるのは、已むを得ないところである[43]」と述べ、特別権力関係論に与するような判示を行ったとも受け取れることがあった。この事件は私企業における争議の事案であり、特別権力関係の先例としては適切ではない。そして、1958年になると、本筋の、一般職公務員の政治的行為制限事件で、「国家公務員法102条が一般職に属する公務員について、とくに一党一派に偏するおそれのある政治活動を制限することとした理由であつて、この点において、一般国民と差別して処遇されるからといつて、もとより合理的根拠にもとづくものであり、公共の福祉の要請に適合するものであつて、これをもつて所論のように憲法14条に違反するとすべきではない[44]」などと述べ、特別権力関係にあるから人権の制限が簡単にできるという立場を取らなかった[45]。

　その後も公務員関係に関しては、様々な事件が最高裁まで上ってきた。上述の通り、人事院規則「政治的行為」を巡る問題は大きな争いとなった。このほか、労働基本権を巡っては、当初、合憲限定解釈などの人権制約に慎重な判例が、全逓東京中郵事件最高裁判決[46]、都教組事件最高裁判決[47]などで継続された[48]。しかし、これが全農林警職法事件最高裁判決で覆り、現在でも先例であることは著名である[49]。このあたりまで、特別権力関係論は「古典的な」それとは「かなり異なっ」た形で「判例法上定着している[50]」との評価もあった。しかし、20世紀末の寺西判事補事件最高裁決定では、一人の裁判官の政治活動によって裁判所内部はびくともしないことから、特別権力関係論ではなく、裁判所の外部との関係から規制を合憲とした点には注意が必要であった[51]。

　在監者の人権を巡っても、特に無罪の推定が及ぶ未決拘禁者に関しては「できる限り尊重され厚く保護されなければならない[52]」ところ、立法による、閲読の自由や外部交通権などの制限については多くの批判があったところである。多くの批判が集中したのは、「よど号」新聞記事抹消事件最高裁判決である[53]。監獄法は2007年6月に廃止され、「刑事収容施設及び被収容者等の処遇に関する法律」となったが、このために生じた新たな運用は特に見当たらない。

このほか、いわゆる法廷メモ訴訟のような、法廷における紀律関係も元々は特別権力関係として認識されていたが、20世紀末の同事案では、そのような判断はやはりなかった。同様に、東京都青年の家事件を巡っても東京高裁は、営造物（Anstalt）利用関係だとして特別権力関係に言及することはなかった。そうなると、その残滓のような発想が見られるのは、公務員関係、在監関係などであり、強いて言えば、国公立学校在学関係に用いられる印象が残るばかりであって、その理論の本来の意味である、特別権力関係を一体のものとして包括して用いられることはなくなってきたのである。これらの場面では、学校や監獄に何からの自律性を認め、内部の規律に委ねようとするのが判例であり、その意味では、特別権力関係論の残像が継続したとも言えなくもない。他方、堀越事件などで2012年に最高裁は、「公務員もその一員であるところの国民の政治的行為の制約」という問題の立て方に移行し、また、法令の限定解釈を行った後、より厳格な審査基準による審査を行っている。有罪の判断を維持した宇治橋事件判決の方でも、管理職である被告人が指導監督によって多数の職員に影響を及ぼし得ることが強調され、刑罰の構成要件に限定解釈を施しており、最高裁は、特別権力関係論からの完全なる離陸を進めていると言えよう。

対して、学説による特別権力関係論からの脱却は、そう古い話ではない。

そもそも特別権力関係論は、「その出発点において、ドイツ的特質を内包して」おり、「国家権力行使の現実的担当者としての官吏、君主の現実的助力者たる官吏を一方的に国家権力の側に引き寄せ、近代法的装いの下に、プロイセン絶対主義的官僚制をその本質において保持せんとすることの法学的表現」なのであった。官吏関係が19世紀に絶対主義的公法関係として位置付けられ、時代の推移とともに他の行政領域にまで拡大されたものである。ナチス期まで、官吏が個人人格的忠誠を誓うという特殊な思想に支配されてきたのであり、「ドイツ的外見的立憲主義の行政法学的一表現ということができよう」。

日本は、ドイツ帝国憲法を範とする明治憲法の制定と共に、この理論も導入することとなった。形式的な法治行政原理すら、公法上の特別権力関係においては妥当しないとされた。明治憲法下では、その規定する臣民の権利自由は法律の留保に属するものであり、特別権力関係においては、当該関係の設定目的

第14章　特別権力関係論

達成に必要な限り、そのような法律の留保の原則という行政に対する一応の制限も妥当せず、当該関係の権利自由は、各個の場合の法律の根拠なしに当然のように制約されていた。[69]

しかしながら、戦前の特別権力関係論を支える前提は、近代立憲主義を標榜する日本国憲法の制定により崩れた筈である。だが、日本国「憲法がその性質上この関係を規律しえないものであるとは到底いいえないはずである」[70]として、公法学界では、どのような場合が人権規制として許容されるかは「わが現行法上、特別権力関係に法治行政の原理が適用されるか否かは、わが現行法」「に徴して、これを決しなければならない」[71]という状況が続き、行政法の規定とその解釈によって許容範囲が決まるだけであり、憲法の最高法規性を語る意味があまりなかったのである。[72]この辺りが、戦前からの延長で、「変わらない」慣性の強い行政法学のこの当時の大勢であったように思われる。

行政法の大家であり、最高裁判事としては人権派に属すと思われる田中二郎は、戦後になっても、「人は、」「しばしば、公法上の特別の目的のために認められる特別の権力に服する」[73]と述べ、特別権力関係論が有効であることを主張した。これは、一般権力関係「以外にも、特定の目的をもった多種多様な社会関係の構成メンバーとして、その社会関係の規律に服するのが当然であ」り、このうち「公的なものは、」「特別権力関係を構成するものとし、この関係においては、その公的な目的を達成するために必要な限度において、一方が包括的に他方を支配することができ、他方がこれに服する立場に立つものと考えられてきた」[74]との記述に端的に示されている。基本的人権の制約であるとしても、「特別権力関係設定の目的に鑑み、社会通念に照らし、合理的と認められる範囲において、一般人については許されない制限を課することも不可能ではない」[75]と述べる。そして、法治主義との関係においても、「人がつくる多種多様の社会関係のいちいちについて、常に法律によって規律しなければならないいわれはない」[76]と断じ、「特別な社会関係を構成している以上、その社会関係を成り立たしめるための特別の規制は、合理的な範囲においては、これを否定することができない」[77]と言い切った。また、「単純な特別権力関係内部の規律保持のためにする懲罰・懲戒については、司法審査権の介入を認めるべきでな

571

い[78]」と断じ、司法権に対しても、この領域における行政権による独立王国的性格を是認したのであった。

　同じく、雄川一郎も、やはり特別権力関係を当然の前提としている。この「概念はドイツ行政法学者の間にひろく用いられてきた」ものだが、「同様の問題即ち官吏関係のように人民が国政に対して一般市民としてではなく、特殊の関係に立つ場合は、他の国にもあるわけであるが、この関係を法律的にどう見るかについて」、「一般私人と異つた法律上の義務に服すべきことは各国法のひとしく認めるところである[79]」として、こういった関係が比較法的に見ても一般的であることを強調する[80]」。そして、英米仏では異なる法的構成は見られるものの、「ドイツ的理論の特色を捨象して見るときには、」「異つた法律関係には異つた法原理が妥当すべきであるという一般的な法的思惟の原則に還元することができる[81]」と言い切るのである。この、特別権力関係は存在して当然という姿勢は、「基本権は国家権力の人民に対する発動を規制するものとして、換言すれば元来は、国家と人民との一般権力関係を規制する目的をもつものに外ならない[82]」という言説で裏打ちされている。やはり、雄川にとっては、そこでは「法治主義の原則の妥当が排除される[83]」、「国家公務員法に基く、公務員に対する広範な権利制限については、特別権力関係が存在するのであつて、上司の命令件については法律の授権を要しない[84]」のであり、ただ、「憲法の掲げる理念に矛盾抵触するような特別権力関係の成立は認めえない[85]」などとして、戦前との違いを示すのみである。

　在学関係に関しては、これを前面に打ち出したような目立った判例やこれに特に言及する行政法学説は見当たらないものの、文部官僚などであった渋谷徳雄[86]、木田宏[87]、天城勲[88]、今村武俊[89]の著書などの影響からか、「明治憲法以来の伝統的特別権力関係が」「みごとに継承され、」「その健在ぶりを誇示しているばかりか、安易にその過剰と拡大すら行われ」たとの指摘もあり、伝統的な特別権力関係論が「その明快さゆえに学校現場には強い影響力を及ぼすことにな[91]」[90]っていたことは見逃せない[92]。これは、教育が本質的に対等ではない当事者間でなされ、命令や規律を包含すること、義務教育の場合は更に強制的行政処分としての修学指定事務が存在することが、在学関係に特別権力関係論を色濃

572

第14章　特別権力関係論

く残存させた理由であるとの分析もある。教育分野でのこのような、法律学の成果とは無関係に、旧来の理論を振り回した官僚支配や政治イデオロギーの横暴は、明治憲法下で、官吏任用の場面では天皇機関説が通用しながら、軍と小学校で天皇の神格化が進んだことを想起させ、日本人の精神構造に関わるような大きな影響を及ぼしたとの疑念も晴れない。無論、これらに対する批判的な主張も、教員養成系学部の研究者や教員などを軸に展開された。

　以上のストレートな（絶対的）特別権力関係論肯定論は主に行政法学者や官僚から唱えられたが、これが徐々に疑問を持たれた。だが、憲法学界も、憲法15条２項の「全体の奉仕者」を根拠に、一般国民とは異なる人権制約ができるとする、公務員＝「全体の奉仕者」論の隆盛を経て、「このような特殊な包括的支配服従関係」としてこの関係を捉えがちであった。宮沢俊義は、「人権宣言による人権の保障は、本来、一般的法律関係において妥当することを原則とする。特殊的法律関係は、もともと、一般的法律関係とは、多かれ少なかれちがった法的取扱いを目的とするものであるから（そういうちがった取扱いをしないなら、特殊的法律関係の存在理由がなくなる）、人権の保障についても、その特殊的法律関係の性質から、必然的に出てくるような特別扱いは、当然許され」、「その限りで、人権宣言への違反ということはない」と述べ、緩和しつつも特別権力関係論を肯定した。

　芦部信喜ほか、それに続く多くの憲法学説も、人権保障規定が原則として適用されること、人権の制限は、各特別権力関係の設定目的を達成するために必要で、かつ、社会通念に照らし合理的と認められる範囲に限定されるとする考えが支配的で、「それぞれの特別の法律関係に設定および存続に直接内在する権利・自由の制限にかぎり（何が内在的かの判断は具体的にはかなりの困難を伴うことはあるけれども）いちいち法律の根拠を要しない、と説く見解が妥当」などとした。いわゆる相対的区別説は、「特別の権力関係たる行政法関係の内容をなす行政主体の支配行為は」、「その内容において当該特殊的行政領域の行政目的の達成に必要とせられる限度内」において人権を制限するとする線に沿うものである。また、司法判断を排除するかという点についても、当該法律関係から排除する行為（除名・罷免など）のように、市民としての法的地位に直接関連す

る行為についてはそうではないとするのが通説とされていった[101]。いわゆる憲法秩序構成要素説である[102]。

　同説の説明方法は以下のようなものである。公務員関係について、憲法15条2項自体は国民主権原理の下での「広義の公務員一般の職務遂行の指導理念」であって、これを公務員の具体的な人権制限の法的根拠とする「全体の奉仕者」説には無理があった[103]。そこで、公務員の人権制限の根拠として、「全体の奉仕者」性とは関係ない「もっぱらその担任する職務の性質によってきまること」とする職務性質説に一旦は流れた[104]。これは、前述の全逓東京中郵事件最高裁判決に表れたとされる。これを更に踏み込めば、「公務員の人権の制限の根拠は、憲法が公務員関係という特別の法律関係の存在とその自律性を憲法的秩序の構成要素として認めていること（15条・73条4号参照）に、求め」られるとすることになり、憲法秩序構成要素によって説明できたと言うのである[105]。

　結果、憲法学説は総じて、「特別の公法上の原因（㋑法律の規定に基づく場合と、㋺私人の同意に基づく場合とがある）によって成立する国または地方公共団体と国民または住民との特別の公法関係（㋑の例として、監獄法による受刑者の在監関係、伝染病予防法により強制入院させられた患者の国公立病院在院関係、㋺の例として、公務員の勤務関係、国公立大学学生の在学関係）を特別権力関係という概念で捉えて、人が当然に国または地方公共団体の統治権に服する一般権力関係と区別し、」「①特別権力の主体は命令権・懲戒権などの包括的支配権を与えられ、個々の場合に法律の根拠なくして当該関係に属する者を包括的に支配することができること、②特別権力の主体はそれに服するものに対して、一般国民として保障される権利・自由を法律の根拠なくして制限することができること、③特別権力の主体がそれに服する者に対して行う行為は、支配権の発動であるから、原則として司法審査は排除される」などとする[106]という形で整理できるようになったのであった。無論、この説においても、公務員関係、在監関係、在学関係、患者の在院関係など、実質的に全く異なる法律関係を「権力服従性という形式的なカテゴリーによって同じ性質の公法上の権力関係に属するもの」として「包括的な概念で一般的・抽象的に捉えた[107]」のであり、そこでは、各個の法律の根拠を要するものではなく、法律の直接の規定又は個人の同意によって

一般的包括的に成立するとされたのである[108]。

　実際、人権がより制約され得る場面があるとする修正理論支持は少なくなく、「相手方の同意によりまたは法律の一般的な授権に基づいて、一般国民よりもより多く基本権の制限を受ける特別権力関係が存在することは否定できない[109]」とする説明であるとか、「たとえば刑務所や伝染病病院などに典型的にみられるように、一般の公法関係とは異なった性質と目的をもつ、特別な公法関係が存在することはたしかであ」り、否定説が「現実に存在する右のような側面を全く捨ててかえりみないのは問題だと思われる[110]」との主張もあった。

　このような修正論は未だに根強い。堀内健志は、特別権力関係を「一つの歴史的産物[111]」としながらも、「官吏」が「終身雇用制の保護を受ける特権階層でもあった」ことや、「人事院規則14-7は勤務時間中に限らず公務員の全日常生活を規制する点で、公務員が持ちうる様々の『法関係』をわきまえない行き過ぎがある[112]」ことなどから、同法理の残存を肯定し、後は「それぞれの必要最小限の合理的人権制約は残る[113]」と説明する。松本哲治は、最も論争的な場面である教育現場を頭に浮かべつつ、「およそ一般権力関係と同じ議論が全面的に妥当すると考えることにも無理があろう」とし、「支配的見解」の説明として、「特別権力関係の語を避けつつ、」公務員関係などの「特別な関係についても基本的人権の保障が妥当することを原則としつつ、特別な関係の設定の目的を達成するために必要かつ合理的な範囲で制限が認められると考えている[114]」と、肯定説を今なお肯定的に記述する。

　ただ、まず、人権の種類により、「特別権力関係に例外なく入り込む基本権[115]」があるとする説明もあり、これによれば、絶対的保障とされる内心の自由につき特別権力関係論は通用せず、特別権力関係論はその分縮減されるという説明になろう[116]。また、排除的懲戒のみではあるが、特別権力関係における行為についても司法審査（行政訴訟）に服すると理解するようになっていった[117]。そして、これに平仄を合わせるが如く、この分野の判例もまた、訴訟において特別権力関係であるとして門前払いすることなく、公務員の懲戒処分、学生の懲戒処分、地方議会議員の懲罰議決が裁量の濫用や踰越に至り違法となるときには司法審査の対象とする傾向を示しており、学説も概ねこれを支持した[118]。そうだ

とすると、多くの憲法学説における特別権力関係論は、存続しつつも、当初、行政法学の重鎮たちが述べていたような姿から相当の変容を受けたと解されるべきである[119]。しかも、その範囲を広く考える学説と狭く考える学説があったの[120]であるから、狭く考える学説では、その分この理論を縮減したことになる。

　なお、堀越事件に至るまで、判例が公務員の政治活動の際に、猿払基準など、その場合特有の合憲性判断テストを用いるべきであるとしていることは、いわゆる特別権力関係であれば司法審査基準や合憲性判断テストが変容することを暗黙のうちに述べているに等しく、それが表現の自由の制約の場面でもそうであることを黙認したものになっていることは黙殺できないところであった。この点、芦部通説は、「公務員の人権の制約の限界は、」「政治活動の自由についても、労働基本権についても、」「必要にして合理的な最小限度のものでなければならない」としており[121]、特別権力関係であるからといって、「人権の制限内容が正当かどうかの審査が緩和されることはない」し[122]、司法審査基準の変動を齎すということは認めていない[123]。補足すれば、芦部は、在監者の人権を巡っても、刑事施設内における文書図画の閲読についても、「相当の具体的蓋然性」の基準を用いるべきであるとしているが[124]、このことは、「明白かつ現在の危険」基準をそのまま適用することが無理だからとするものの、刑事施設という事情を加味して必要最低限の規制を模索したものと読め、司法審査基準を中間審査基準以下に転じるべきとの記述も見えない。これらは理論的にも当然であって、猿払事件最高裁判決以来の公務員の政治活動に関する判例の立場には疑問であることには注意せねばなるまい。但し、実際には包括的支配権のようなものを容認してきたため、従来、特別権力関係論が妥当してきた分野で、広汎な合憲判断を導いていたのではないかとの疑念は拭えなかった。

　判例は「特別権力関係」という文言は用いないが、潜在的にその思考を残しており、審査の枠組みにそれが表出していた。これに対し、通説は、これを修正する理論を提示しながら、結論が大幅に変わったわけではなかった。その意味で、両者は無意識の共犯関係にあったと言えなくもなかったのである。

第14章　特別権力関係論

3　特別権力関係への批判

　しかしながら、修正されたり結論において妥協的であったりするからといっ
て、特別権力関係論が現在でも妥当すると言ってよいものであろうか。日本国
憲法上、その内包する近代立憲主義からして、理論的に許されるものなのか
は、具体的処理とは別に考えてみるべきであろう。絶対主義的官僚制と訣別し
た戦後日本で採用できる理論ではなく、そもそも、法令の根拠なく特別権力関
係が成立するのであれば、およそ法治国家とは思えず、これを特例として認め
る憲法条項や憲法原則もないように思える。

　再度、特別権力関係論の母国であるドイツの歴史から遡る。ワイマール憲法
期にも、既に労働法学的官吏観が現れていた[125]。特別権力関係論は、この時期の
ドイツですら、早くも絶対的なものでなかったのである。

　そして、(西)ドイツ基本法時代[126]に入ると、「法律により明確に定められるか又
は法律の全内容よりして不可欠のものでなければならない」ほか、「任意な同
意、自由意思(Freiwilligkeit)に基づいて設定される[127]」と説く説もあり、法律が
なくとも当然に特別権力関係が存在するとの立場は、終戦直後から揺らいだ。
もし、法令の根拠なくして特別権力関係が存在しないのであれば、当該の公務
員関係や在監関係を定める法令の規制が合憲の範囲内かどうかを検討すればよ
いだけのこととなり、通常の法令審査にかなり近づくこととなろう。自由意思
によるものは公法上の契約と考えることができ[128]、そうであれば、契約としての
合理性を検討すれば足りることと思われるようになっていった。戦後(西)ド
イツ基本法は、違憲の政党を排除する中で、官吏に対する政治的の義務の強化は
図られたとも言えよう[129]。そして、基本法下の法治主義の徹底は、特別権力関係
を法から自由な行政領域とする理解に強い反省を齎し、基本権の妥当とその制
限、法律の留保の問題が必然的に再検討されるに至ったのである[130]。「法治主義
の原理を排除しようとする従前の見解は疑問であることが」「判例や学説で認
められるようになっ[131]」て、「この関係をはじめから基本権の妥当領域の外にお
く考え方は見られな[132]」くなり、1960年代ともなると、包括的な特別権力関係論

577

ではなく、「権利保護、基本権および法律の留保との関係について、それぞれ個別的具体的に考察されるべきであるという主張が、西ドイツにおいても一般的になされ」るようになった[134]。1970年代に、本質性理論（Wesentlichkeitstheorie）が連邦憲法裁判所や連邦行政裁判所の判例となることによって妥当し始めると、特別権力関係の否定が一般化し、現在では「およそ採用されていない[135]」ようになった。欧州人権裁判所の判例を基準に考えても、「制約措置の目的と手段が釣りあっているか、国家により立証される正当化手段が関連し十分であるか」が「厳格な審査」でなされる[137]ようである。

　日本近現代史は、このようなドイツ近現代史とある程度パラレルに語ることができよう。特別権力関係論は、「官僚が天皇に特別の忠誠を誓って特権的地位を与えられ」、「立憲主義的な権利保障も不十分であった明治憲法下においては妥当しえたが、[138]」日本国憲法41条の国会の唯一の立法機関性及び基本的人権尊重主義を貫徹すれば、特別権力関係論は否定される筈である[139]。人権の制約は「個別的に考慮され」、「制約可能性は、憲法の精神に従って、できるだけ狭く解釈することが必要である[140]」。ドイツの「特殊な歴史的現実の妥協の産物として生成したこの理論を、その歴史的性格を無視ないし軽視しつつ一般化する」ことは、日本国憲法下では、ない[141]であろう。それでもなお特別権力関係論はここで維持されるという主張には、「伝統的行政法理論に内在する権力性の過剰[142]」を指摘せねばならないであろう。

　宮沢俊義が特別権力関係論を肯定するのに具体的に示す事例は、「公務員に対し、その職務上の必要から行って合理的な理由がある場合に、その居住を特別の地域に置くことを義務づけたとしても、それをもって、彼の居住・移転の自由を制限した違憲の措置でない[143]」であるとか、「公務員の外国旅行について許可を要することは、許されるだろうが、国立大学がその学生に教会の礼拝に参加することを禁止することは、その限界を超える[144]」というものであるが、これらの規制は、別段、特別権力関係もしくはそれに代わる概念を定立せずとも、憲法22条の人権の合理的な制限や憲法20条の人権の制約の限界として一般的に説明できるものである。芦部信喜による「従来特別権力関係とよばれてきた個々の法関係をそれを規律するそれぞれの実定法規と関連されて個別・具体

的に考察し、それぞれの法関係で、いかなる人権が、いかなる根拠に基づいて、どの程度制約されるかを具体的に明らかにすることこそ重要」であるとする説明や、佐藤功による「特別の公法関係の個々の場合において、その存在理由、目的などからみて合理的と認められる限度にとどめなければならない」という解説についても、この法理論を要しないことでは同じである。

　これらは、言ってみれば、初めに、包括的に、「特別権力関係を公法上の（特殊）権力関係とみなし、そこでの特別権力を一種の公権力であると断定してかかる」ことありきの説であった。そして、特別「権力」関係論と言いながら、本来そうではない対等の契約関係であろう、公務員関係や大学の在学関係が含まれていた点も疑問であった。無原則な包括化、このような性質の異なるものを一律に論じてきたことを、この理論の問題点としてまず指摘できる。また、あるものが特別権力関係となるのには法律を根拠にせざるを得ず、特別権力関係論には限界もしくは自己撞着性が見られた。

　こうして考えてくると、理論的には、特別権力関係論を正面から否定する方がすっきりする。別段無用であり、憲法原則に悖る法理を抱える必要はない。だが、多くの学説は、それで様々な場面において具体的に妥当な結論を導くまでの説明が可能なのかというのが漠然たる不安を抱き続けたためか、直ちに純粋な否定論が隆盛になったのではない。そして、特別権力関係否定論に対しては、多分に結論の妥当性を見据え、特別権力関係の特殊性からの批判が続いてきた。「特に公務員関係と刑事施設被収容（在監）関係については、基本的人権の制約のあり方に関し特殊性の存することは否定でき」ない、特別権力関係論否定論が「現行実定法の解釈論として」「そのまま妥当するかどうか、いいかえると、現実の特別権力関係と考えられる法秩序をどこまで説明しきれるかは疑問である」との反論も多かった。雄川一郎が、「一般権力関係に妥当する法秩序の原則がそのままには当然には妥当せず、特殊の法律関係を構成するものとして、特別権力関係の性質に応じてモディファイされるものと考え」るとするように、公務員関係や在監関係においては、その関係の性質上、通常の国と国民との関係とは異なる規制が妥当する場面があることは是認できるところ、それを「特別権力関係」と呼ぶのか、個別の「公務員関係」などの概念で説明する

のか、裁量や自律としてより一般的な憲法の言葉で説明するのかの技術的な違いに過ぎなかろう、という反論はあり得るところであった。

　確かに、公務員関係が、職務命令権や懲戒権を含む、一種の支配服従関係を含んでいることは否定できない[154]。これらを法律の束と考えれば、包括的な特別権力関係論は肯定され、この当時、現実的であると理解されたこともわからないではない。この結果、肯定論は修正され、相対的な特別権力関係論、穏健な肯定論として存続してきたのである。「特別権力関係の理論は妥当性を欠くとしても、国と特別の法律関係にたつ者の人権が、一般国民より多くの制限をうけることは認めねばならない[155]」としていることからして、こういったことは「用語の適否とこの理論の内容の問題」とされ、旧理論と区別して「公法上の特別関係という語」などで言い換えられる[156]ことが多くなったのであった[157]。

　だが、逆に、戦後の多くの特別権力関係肯定論者ですら、「結局、具体的な特別権力関係設定の目的なり性質と、人権制限の程度、態様などを考え、社会通念に従って、合理的と判断されるところを標準として決する[158]」としているのであるから、以上のような主張に対して、裁量は広がるものの司法審査は及ぶ[159]とするのであれば、否定論と大差ない具体的結論に到るのではないかという再反論は十分可能である。

　そして、一般権力関係と異なる何かがあるとしても、それぞれ制約される権利の内容や制約の目的などの違いもあり、特別権力関係論として一括に論じても問題の解明にならないと思われた[160]。そもそも特別権力関係論には、「警察行政も、刑務所も教育行政も同一視する[161]」欠陥があった。少なくとも公務員関係と刑事施設被収容（在監）関係についての制約を、その性質から検討すれば足りるのではないか。かつ、相対化された特別権力関係論の下では、このような関係は私的労働契約関係にも存在するものであり、今日の公務員関係との異同が問われなければならないところ[162]、以上のような穏健な肯定論の多くが、特別権力関係一般を包括する理論の擁護を求めず、各論的な２つの公的関係にほぼ限定して議論を進めようとしていることは、そのような包括的理論は不要であることを自白した[163]ようなものである。そうだとすれば、修正論に歩みを進めたことは、否定論に対する肯定論の敗北の始まりのように思えた。

第14章　特別権力関係論

　また、雄川一郎などの特別権力関係肯定論者は、いかなる国にもこれに匹敵するものはあると主張してきたが、上記のようにドイツでも絶対でなく、イギリスにはそのようなものはなく[164]、フィンランドでもなく[165]、台湾及び韓国でも否定的で[166]、比較憲法学が日本国憲法の近代立憲主義的解釈のための実践としてなされるべきことを踏まえれば[167]、特別権力関係相当の法理は寧ろ一般的になさそうである。国際的標準を支えとする正当化の主張は、最早自滅したと言ってよい。こうなると、立憲主義国ではこのような理論を認めない方が自然である。

　美濃部達吉の1948年の著書や[168]、佐々木惣一の1954年の著書も[169]、実は特別権力関係等に特に触れていない。鈴木安蔵の1956年の著書も[170]同様である[171]。これらは、特別権力関係を消極的に否定したと言ってよいだろう。或いは、意図するかしないかに拘らず、特別権力関係論に依拠せずとも公務員関係や在監関係に関する憲法的説明が可能なことを自証したように思え、やはり特別権力関係は無用だと言えようか。

　権力関係は、特別のそれであっても、一般権力関係における公権力に還元できる筈である[172]。だからこそ、多くの学説はそこへ動いている[173]。憲法の「公共の福祉」による制約で議論は片付く[174]。そして、それで説明が可能なものに、立憲主義を超越する特別権力関係なる概念を持ち出すことは、現在でも、規制が拡大しがちになり、この「理論の放棄が自由の拡大につながっているとは言い難い[175]」のであり、ましてこの概念を残せばイデオロギー的にも疑問である。特別権力関係論者が、この概念構成の下、雑駁な議論を行い、過度の権力行使を容認する懸念があるのである[176]。特別権力関係論の蔓延が、教員の、宿直などの長時間労働を長く支えてきたとの指摘もある[177]。無原則な人権抑圧の片棒を担ぐものである。特別権力関係論の説明は本末転倒なのであり、「そのような特殊な関係にあるがゆえに、その関係者には全面的に基本的人権が制約されるというのではなく、そのような関係が設けられた目的を果すために、合理的で最小止むをえない限度における制限のみが許されると考えるべきである[178]」。相対的区別説にしても、法律が一般的包括的授権をなすことが現行憲法上許されるか、疑問である[179]。労働契約上存在する支配的命令権から説明し、但し、制限的に解すれば足りる[180]。本人の同意による権利放棄についても、本来市民法上のもので

あり、公法的権力関係には原則として認め難い[181]。こういったことは、「公務員の労働者性を基礎[182]」にせずとも、一般理論として言えそうである。「よど号」新聞記事抹消事件最高裁判決を巡って、「検閲」ではないとの判断に「具体的説明はない」と断じ[183]、或いは、その「人権制約は、法律上の根拠を有し特殊な法律関係の設定目的を達する上で必要かつ合理的な範囲にとどまるものでなけれななら[184]」ないとして、つまりは一般権力関係と同じ地平での判断をすべきと評するならば、なおさらである。

そうなると、当該事案の合憲性判断については、原則として通常の目的手段審査に従えばよく[185]、その中で、「個別・具体的に[186]」「対象となる権利の性質、制約の根拠となる目的の正当性、および目的と実現手段となる権利の制約との対応関係[187]」即ち、人権の種類に応じて該当する司法審査基準を適用し[188]、「行政の中立性[189]」や「業務の公共性」などが当該人権規制目的としてやむにやまれぬもしくは重要な目的かを考え、必要最小限もしくは実質的関連性ある手段かを審査すればよく、包括的な法理としての特別権力関係論は無用となる[190]。芦部説などに対しても、必要最小限度性を強調し、あるいは法律上の根拠を要求するのであれば、修正されたものとは言え、特別権力関係論を肯定する必要はないと言えよう[191]。一般的な司法審査基準論、「二重の基準」論に解消される[192]。ならば、特殊な法理論は無用であろう[193]。

公務員の人権規制に関し、その独立性から考え、「具体的な職種・職位・職権および行為の状況・態様に応じてその制限の範囲と程度を判定する職務性質説が妥当」だとする渋谷秀樹の見解がある[194]。いわゆる君が代・日の丸訴訟のうち、2011年の最高裁判決における宮川光治判事反対意見も[195]、公務員関係事案であるからといって司法審査基準を下げてはいないと指摘できる[196]。堀越事件最高裁判決でも、被告人の行為は職務の遂行とはおよそ関係ないと判断されており[197]、私人としての行為に、当該行為者が公務員や国立大学生などであるから、一般人とは異なる人権規制がア・プリオリにあるという考えは最早取られていないのである。この事案は、被告人が労組の協議会の決定に従い、労組の支持する公認候補者の選挙ポスターを貼り、貼ることを依頼したという公務員によって組織された団体の行動であり、それが一般人に容易に認識できる事案と

区別したのである。[198]

　公務員は、統治機関の一部としてできないことはできない。公の機関は憲法の授権なき活動が禁じられるからである。公務員の言動が、主権者国民の政治判断に対する圧力となるとすれば、統治機構が国民主権原理を制約するという主客転倒であることは、疑いもない。地位利用の禁止は寧ろ憲法上も当然のことと考えられる。他方、公務員の地位・権限の濫用を伴う政治活動は悪質であるが、それ以外の行為にまで安易に規制を広げることは、基本的人権を広範に保障する日本国憲法に触れないか、疑問であり[199]、その幅の上に合憲的な解決点があろう。その意味で、「公務員の政治活動」という論点の立て方自体が、公務員に市民的自由がないかのようにニュアンスで捉えられてきたのは誤導的であったように思われた[200]。そこで求められる公務員の中立性が政党内閣制からの中立ばかりが求められ、公務員の行動原理としての中立性が問題となっていないという問題点もある[201]。そこで、主として、公務員が私人として行う言論と、公人としてなしたと見做される言論とに分けて考えることが、この問題を解く第一歩のように思われる。かつ、その言論が、個人的な利益に基づくものなのか、国家のためになされたものなのかもメルクマールとなるであろうし、加えて、公務員個人が自身の言論を前提とする、科学者、法律家、教員などであるのかどうかも合憲・違憲の分かれ目となろう[202]。

　同様のことは公務員の労働基本権制限についても言えよう。単に公務員の特殊性を理由として制限できず、代替措置論は制限の理由にならず、「職務の公共性」や「勤務条件法定主義・財政民主主義」、「市場抑制論」が妥当する範囲では合憲となり得る可能性がある[203]。但し、現行法が民間企業に代替可能な事業についても争議権を制限していることや、通常の地方公共団体の業務に携わる職員についてもその一律全面禁止を定めていること、団体交渉権の制限が過剰であること[204]、警察・消防・刑務・防衛の職員についての団結権の否定などは、労働基本権の過剰な制限、必要最小限度の規制とは言えない可能性があろう[205]。

　公務員関係以外についても、伝統的に特別権力関係として理解され続けているが、このような包括的説明抜きの説明がなされるべきである。例えば、国公立学校の在学関係や国公立病院の在院関係については営造物利用関係と括られ

てきたが、修正を要する。社会国家化により、国や公共団体の私経済的活動や給付活動が活発化してきても、これを特別権力関係に入れることはない[206]。

在学関係について、「教育上必要最小限の合理的な範囲および程度における支配権（授業命令その他の命令権および当該学校教育遂行秩序違反に対する懲戒権）の存在も、」私立学校に同様の命令権と懲罰権がある以上、「学校利用関係を公法的権力関係とすることを当然に正当づけるものではない[207]」と考えられる。このことは、教育基本法が、国公立か私立かに拘らず、これらを把握していることからしても、補強できよう[208]。学校利用関係は、国公立であっても、契約関係と解すれば足りる[209]。学生らの基本権についても、教育上必要最小限度の制限は許されるものとして、小中学校、高校、大学などの差異に基づき、法令に違反しない限りにおいて、契約によって授権されていると解すれば足り、これを特別権力関係と呼ぶ必要はない[210]。多分に未熟な未成年者集団と向き合う特殊な「専門職と顧客関係[211]」として、合理的な人権規制や権限を考えればよく、現状は特別権力関係論とパターナリズムが「二重の理由に基づく制約[212]」となっていると言うべきであろう[213]。

病院にも国公立と私立があり、基本的には契約関係とし、法規に基づく行政処分によって成立する伝染病院などの利用関係については、その性質上、他よりも自由の拘束が強いと解すればよい[214]。在院関係でも、治療・公衆衛生という専門的・技術的判断からその社会団体秩序維持のための自律性により説明すれば足りる[215]。そして、しばしば、精神病患者の強制入院についても、ほぼ当然のように合憲と説明してしまうなど[216]、現行実定法に流されがちで、憲法が歯止めになっていなかった。規制の目的・手段を通常の司法審査の枠組みで検討し、併せて、適正でない手続については憲法違反とすることが求められる。

刑務所関係についても、懲戒における適正手続の保障はあり[217]、法治主義はやはり妥当するのであり、ある種の権力行為が司法的救済に服さないとしても、それは特別権力関係によるものではなく、いわば裁量行為の一部であるからに過ぎないのである[218]。ある種のものは、違憲と評価されざるを得ないであろう。

このように、より具体的に、特別権力関係として包括されてきた諸類型を分けて検討してみても、性質の異なる法律関係を形式的概念で一括して考える必

要はないことがわかる。[219]「包括的な４類型を、」「機能的に個別具体的に再検討することによって、それをばらばらに分解」すればよいだけなのではなかろう[220]か。法の支配や司法審査の可能性を肯定しながら、特別権力関係論もどきの概念を用い続けることは「結局言葉のいい換えにすぎない」[221]のであり、はっきりとやめるべきであろう。

4 裁判官の場合

以上の、特別権力関係論に関する総論的な展開を踏まえつつ、裁判官の職務外の表現活動が争われた分限裁判の抗告審である、いわゆる寺西判事補事件最高裁決定について検証してみたい。

事案は以下の通りである。1997年９月10日に、法制審議会は、組織的犯罪対策法要綱骨子を法務大臣に答申し、これを受けて、内閣は、右答申に基づいて組織的な犯罪の処罰及び犯罪収益の規制等に関する法律案、犯罪捜査のための通信傍受に関する法律案及び刑事訴訟法の一部を改正する法律案を作成し、1998年３月13日、これらを衆議院に提出していた。本件法案への対応については、政党間で意見が分かれており、その取扱いが政治的問題となっていた。

本件法案提出前から前記答申に係る組織的犯罪対策法の制定に反対するための諸活動を行っていた「組織的犯罪対策法に反対する全国弁護士ネットワーク」、「破防法、組織的犯罪対策法に反対する市民連絡会」及び「組織的犯罪対策法に反対する共同行動」の３団体は、仙台地裁判事補であり、裁判官による令状審査が人権擁護の砦になるとはとても思えない旨の投書を1998年10月２日付の朝日新聞に掲載していた寺西和史に、1998年４月18日の「盗聴法と令状主義」に関する集会への参加を依頼した。同判事補はこれを同年３月10日頃に一旦承諾したが、４月９日に仙台地裁所長の、この活動が裁判所法52条１号の禁止する「積極的に政治運動をすること」には当たるとの警告もあって、後にパネリストとして発言することは断った。

しかし、寺西は、本件集会の一般参加者席から、判事補身分を明らかにした上で、「当初、この集会において、盗聴法と令状主義というテーマのシンポジ

585

ウムにパネリストとして参加する予定であったが、事前に所長から集会に参加すれば懲戒処分もあり得るとの警告を受けたことから、パネリストとしての参加は取りやめた。自分としては、仮に法案に反対の立場で発言しても、裁判所法に定める積極的な政治運動に当たるとは考えないが、パネリストとしての発言は辞退する」趣旨の発言をしたため、仙台高裁に分限裁判が申し立てられた。一審は寺西判事補を戒告する決定をしたため、同判事補は抗告した。[222)]

　最高裁はまず、「司法は、法律上の紛争について、紛争当事者から独立した第三者である裁判所が、中立・公正な立場から法を適用し、具体的な法が何であるかを宣言して紛争を解決することによって、国民の自由と権利を守り、法秩序を維持することをその任務としている。このような司法権の担い手である裁判官は、中立・公正な立場に立つ者でなければならず、その良心に従い独立してその職権を行い、憲法と法律にのみ拘束されるものとされ（憲法76条3項）、」「司法に対する国民の信頼は、具体的な裁判の内容の公正、裁判運営の適正はもとより当然のこととして、外見的にも中立・公正な裁判官の態度によって支えられるから」「、とりわけ政治的な勢力との間には一線を画さなければならない」点を強調する。そして、「裁判所法52条1号が裁判官に対し『積極的に政治運動をすること』を禁止しているのは、裁判官の独立及び中立・公正を確保」するなどのためであり、そ「の要請は、一般職の国家公務員に対する政治的行為禁止の要請より強い」と述べる。そして、ここに言う「『積極的に政治運動をすること』とは、組織的、計画的又は継続的な政治上の活動を能動的に行う行為であって、裁判官の独立及び中立・公正を害するおそれがあるものが、これに該当」し、この「文言が文面上不明確であるともいえないこと」も「明らかである」とした。確かに、「表現の自由は基本的人権のうちでもとりわけ重要なものであり、その保障は裁判官にも及び、裁判官も一市民として右自由を有することは当然である。しかし、右自由も、もとより絶対的なものではな」いとし、「裁判官に対し『積極的に政治運動をすること』を禁止することは、必然的に裁判官の表現の自由を一定範囲で制約することにはなるが、」「右の禁止の目的が正当であって、その目的と禁止との間に合理的関連性があり、禁止により得られる利益と失われる利益との均衡を失するものでないなら、憲

法21条1項に違反しないというべきである」と断じ、裁判官が「党派的な運動の一環として開催された」「集会の趣旨に賛同するような言動をすることは」「単なる個人の意見の表明の域を超え」、同法「が禁止している『積極的に政治運動をすること』に該当するものといわざるを得ない」と結論付けたのである。

また、分限裁判については、「実質においては」「行政処分の性質を有する」「裁判官に懲戒を課する作用は、固有の意味における司法権の作用ではなく、」「純然たる訴訟事件についての裁判には当たら」ず、「非公開の手続で行うこと」も「憲法82条1項に違反しない」とし、「特別の立法的手当がされ」た分限裁判「に更に公開審理が保障された訴訟の形式による不服申立ての機会が与えられ」なくても違憲ではないとも判示したのであった。

なお、決定には、園部逸夫、尾崎行信、河合伸一、遠藤光男、元原利文各裁判官個別の反対意見が付された。

この決定の裁判官・検察官出身者などから成る多数意見は、「特別な公法関係」等の語を用いていないものの、猿払事件最高裁判決を引きながら、裁判官には一般職国家公務員以上の政治的表現規制が許されるとしている。ここには、特別権力関係論の残滓が見られ、或いは裁判官の中立性について、およそ個々の裁判官が何らの発言を控えることをもって組織的に透明な中立性を維持すべきだとする方向性が感じられる。司法権を一体と考え、外圧を排除した中立的で客観的な法「宣言」機関、「法秩序を維持する」機関と自ら捉え、裁判とは裁判官の独立を基に多様な解釈が多元的にされるものとは考えてはいないようである。果たしてこれが憲法の予定した司法観か、疑念がある。何をもって中立と考えるべきかは、無言では解らず、結果、下級審裁判官が、最高裁の方針に粛々と従うことを使命としてしまう弊害を招かないか、懸念される。そして、裁判官の十分な身分保障等との利益衡量をするこの判断は、身分保障があるからとの理由付けも行うものであるが、法律と良心にのみ縛られる裁判官の身分保障の説明として疑問である。これに対し、弁護士出身の裁判官を中心とする反対意見は、裁判における判断は兎も角、個々の裁判官が個人的な見解を述べることは特に問題としておらず、このような「官」の「常識」に異を唱える

構図となっている。何れにせよ、多数意見が公務員一般の原則を探し、これを基準により高度の中立性を求めているのは疑問である。裁判官が、日頃、個人的な意見を述べることがどこまで許容されるかは、裁判官という職種から考えればよい。これが、議員は勿論、高級官僚とも国立大学教員とも異なる規制理由があることは否定できず、規制範囲も合理的に異なることもやむを得ないとする。しかし、ここで主に考慮されている憲法76条3項の示唆する裁判官の中立性、及びそれに対する国民の信頼と称するものが、究極的には法廷における法的判断の中立性なのであるとすれば、日頃の言動を抑制し、法廷での偏向的な判断を野放しにすることは本末転倒であるから、規制方法としても疑問である。

　本件言動を素直に一般権力関係として見ると、裁判所法52条は「積極的な政治活動」だけを規制する表現内容規制であり、通常厳格審査が必要な法規である。[223]この規制がやむにやまれぬ目的と必要最小限度の手段を具備しているかを判断すればよいようにも思える。上述の通り、目的・手段共にクリアに疑問符が付く。かつ、法文は、法解釈をなりわいとする裁判官にとっても、まさに少数意見が付いたように、曖昧漠然としている。[224]多数意見は、「一人の法律実務家ないし学識経験者としての個人的意見」などは許されるとするが、何がそれに当たるか、また、何故この線引きができるのか、共に不明瞭である。本決定が、多数意見の意識か無意識か、実務に携わる者の告発や批判を封じた意味は大きいであろう。また、決定は、「反対運動を拡大、発展させ」「積極的に支援しこれを推進する」活動が禁じられるとしており、逆の発言は禁じられないのだとすれば、憲法19条の保障する思想内容の規制にまで発展している危険もある。この種の規定は文面違憲が原則であり、仮にそれが無理であったとしても、合憲限定解釈の可能性程度はあるように思われる。[225]

　日本の裁判所はつい忘れがちであるが、仮に法令が合憲だとしても、寺西判事補の言動への法適用が合憲かは別途検討が必要である（適用違憲の可能性）。[226]会場からの本件事実のような発言が「積極的な政治活動」となるか、疑問もあろう。特に、2015年の安保法案成立時に、元最高裁判事までもが、これが立憲主義を揺るがすものだとして反対の主張を繰り返したことを見ると、法律家として、危険な法令について指摘することを抑止することは、かえって危険であ

るとの評価に傾き、本件少数意見5裁判官のような、多元主義の下で様々な主張を寛容することが本筋に思えてくる。特に遠藤光男裁判官反対意見は、政党加入すら禁じられておらず、「裁判官が社会通念的にみて相当と認められる範囲内の通常の政治運動をすることを認めている」と指摘しており、多数意見は法令の体系的解釈に悖る印象である。特に寺西判事補本人「の本意は壇上からパネリストとして本件法案に反対の立場で発言することにあると理解した」多数意見は予断を含み過ぎで、あえて壇上に上らない消極的活動と解すべきだとの批判もできる。5裁判官反対意見の通り、裁判官の独立のため、萎縮的効果のなきよう、懲戒は謙抑的にすべきとする主張の方が説得的であろう。

　なお、特別権力関係論という本章のテーマとは外れるが、分限裁判は非公開となっている（当時、非訟事件手続法13条準用）。多数意見は、これは憲法82条にいう「裁判」ではないとするが、法律の定め方次第で憲法の公開要請が否定されるという判例の論理には疑問もある。また固有の司法作用に属せずとも、裁判所が行なう作用には、例外とする相当の根拠がない限りは司法的手続が保障されるべきであろう。[227] 分限は権利義務関係の確定を伴うので、原則に戻るべきとも思える。分限は公務員懲戒と比べ慎重な手続であるが、仮に「裁判」ではないならその判断について、対審構造を伴った、公開の、そして上訴の権利からして、複数回の司法判断を仰ぐ途があるべきであろう。

おわりに

　以上のように、現在では特別権力関係否定論が主流であり、それが正当のように思える。結論はそれに尽きよう。だが、依然として、憲法教科書の記述では、「特別権力関係」や「特別な公法関係」などが残っている。学説・判例状況とは異なり、憲法の教科書となると、人権総論の中で、注釈などではなく、詳細な説明が繰り返されている[228]現状は最早疑問である。[229]過去の学説として紹介すれば足りる。[230]各規制に関する論点は人権各論に委ねる対応が、教科書的にもそろそろ求められる段階にあろう。[231]また、寺西判事補事件最高裁決定などを見ると、先祖返りは生じ易いとの印象が拭えない。なお、この種の法理はやめるべ

きことを、明確に述べる必要性を感じるところである。

なお、念のため。判例法理として、富山大学単位不認定等違法確認請求事件最高裁判決[232]で確立したとされる[233]部分社会の法理がある[234]。特別権力関係論に、あくまでも一時期の判例法理としてではあるが、「取ってかわっ」たものである[235]。階層組織の内部的規律の存在は否定できず[236]、同じ事業を公営企業と民間企業が並行して行うことや、民営化、民間委託も頻繁となり、公私二分論的に特別権力関係論を支えることも今や難しくなった[237]。では、特別権力関係論が妥当でないならば部分社会の法理があるさという向きも一部にはあるのか、これは、特別権力関係論を政党や宗教団体、私立大学などの私的結社にまで拡張したものと言える[238]。部分社会の法理は、概ね多元的法秩序論に由来したと思われ、法治主義を全体として排除したものとは言えず[239]、内部自治を重視したものであり[240]、この点、特別権力関係論が権力関係に焦点を合わせているのとは異なるという主張[241]もあるが、その内部に属する者（特に少数派）にとっては、屈服され、人権が抑圧され、反対の声も上げられない点ではほぼ同じである。まさに、「特別権力関係は国家の全法体系に包摂せられる部分法体系である[242]」ことや「部分的法秩序または内部的自律的法関係、換言すれば、一瞬の包括的支配権の発動が認められる内部規律的法関係[243]」の別の説明である。「『特殊法社会』または『特殊な部分社会』の内部規律を司法審査の対象から完全に除外するのは、特別権力関係内部規律権を司法統制の外におくのと同じ[244]」であり、認め難い[245]。

しかも、私的結社については「主として憲法21条の保障する『結社の自由』との関連で理解されるべき」であり、「いかなる司法審査が求められるかは、結社その他の存在の目的、性格、機能、紛争の性格ないし深度等々」によって異なるのであるのであれば[246]、政党や宗教団体、私立大学の内部自治の問題は偏に結社（宗教的結社、学問的結社）の自由の問題に還元できる[247]。このことは既に[248]、憲法の私人間効力論の発展的検討として論じた通りである[249]。全てのルールは法ではなく、部分社会のルールの一部が法と評価できるだけである点でも疑問である[250]。国立大学や地方議会などの公的機関内部の問題は[251]、大学の自治や議院等の自律という憲法原則の問題に過ぎない。部分社会論は、特別権力関係論がそうであったように、これらを「十把一絡げの扱い」しており、「特別権力関係論

第14章　特別権力関係論

は克服されていない」[252]ため、このような超憲法総論的理論を起こす必要はない。その概念の外延・内包の曖昧さ、例外的に司法審査を行う場合があるとするときの根拠・基準・範囲の曖昧さなどもやはり疑問であろう[253]。

特別権力関係論は、憲法の私人間効力論同様に「一方が優越的な意思によって[254]包括的に他方を支配しうる[255]」理論であり、「歴史的イデオロギー的所産であ[256]」って、「記時錯誤（アナクロニズム）のきらいがある[257]」。そして、特殊ドイツ的でもある。初めに特別権力関係論ありきの「かつて[258]」の論法は、部分社会論と共に最早歴史の彼方に消え去るべきであろう。

1）　本論点については、君塚正臣「演習」法学教室413号134頁（2015）も参照。
2）　川上勝己「特別権力関係と判例」ジュリスト500号79頁（1972）。また、蟻川恒正「日本国憲法における公と私の境界」法律時報80巻6号27頁（2008）が述べるように、個人の自由を私人（企業など）が制限すれば憲法の私人間効力の問題となるのであり、更には、樋口陽一『憲法』〔第3版〕190頁（創文社、2007）が、「国家との関係で諸個人が持つ権利について、特別の法律関係にはそれが及ばないとされる問題場面と、私人間の関係にもそれが及ぶとされる問題場面がある」と記し、戸松秀典『憲法』77頁（弘文堂、2015）が、「特別な法関係に置かれている者の人権保障問題に焦点を当てた議論」があるものの、「私法上の特別な法関係の問題といっても」「私人間の問題にかかわるから、別個に取り上げる必要はない」ように、「公法上の特別な法関係」についても「ここで特に論じる必要はない」などと述べるように、特別権力関係論はこの法理と背中合わせの関係にあり、双方を整合的に説明する必要があろう。つまり、もしも私人間効力論という概念構成を卒業すべきである（君塚正臣『憲法の私人間効力論』536頁（悠々社、2008）及び本書第13章参照）ときには、特別権力関係論という概念構成も卒業するのが法理論として自然である。
3）　松本和彦「特別権力関係と人権」大石眞＝石川健治編『憲法の争点』72頁（2008）。芦部信喜編『憲法Ⅱ』107-108頁（有斐閣、1978）〔阿部照哉〕、川岸令和『憲法』〔第4版〕65頁（青林書院、2016）〔藤井樹也〕なども参照。
4）　山本博「特別権力関係ということ」法学セミナー298号101頁、103頁（1979）。
5）　園部敏『公法上の特別権力関係の理論』〔増補版〕1頁（有斐閣、1950）。
6）　同上6頁。
7）　簡潔な説明は、松島諄吉「特別権力関係における基本的人権の保障」阪大法学40＝41号167頁、172-174頁注6（1962）など参照。
8）　園部前掲註5）書6頁。
9）　詳細は、中西又三「特別権力関係論の一検討（1、2）」中大法学新報78巻12号37頁、79巻1号1頁（1971）、須貝脩一「ウェニンガー『特別権力関係理論』」名城法学34巻2号173頁（1985）など参照。
10）　室井力『特別権力関係論』3頁（勁草書房、1968）参照。
11）　同上10頁参照。
12）　同上74-75頁参照。

13） 園部前掲註5）書13頁参照。

14） Ch.グズィ（原田武夫訳）『ヴァイマール憲法──全体像と現実』91頁（風行社、2002）参照。

15） 教育法領域では、基本権さえも確認されていなかった。結城忠「西ドイツにおける学校管理と特別権力関係」教育学研究39巻1号63頁、65頁（1972）。

16） 教育現場における例として、林量俶「ナチス・ドイツにおける教員統制─教育行政における特別権力関係をめぐって」日本教育行政学会年報1号124頁、126頁以下（1975）参照。

17） 室井前掲註10）書162頁。

18） 佐藤功『日本国憲法概説』〔全訂第5版〕162頁（学陽書房、1996）。

19） 佐藤幸治『日本国憲法論』157頁（成文堂、2011）。

20） 高橋和之『現代立憲主義の制度と構想』131頁（有斐閣、2006）。

21） 奥平康弘『憲法Ⅲ』113頁（有斐閣、1993）。

22） 川上前掲註2）論文79頁。

23） 佐藤幸治編『憲法Ⅱ』62頁（成文堂、1988）〔中山勲〕。

24） 田中舘照橘「大学と学生との法的関係(4)」大学と学生194号49頁、53頁（1982）。

25） 佐藤前掲註18）書162頁。

26） 園部前掲註5）書7頁は、特別権力関係の存在は「何れの時代、何れの国家にも認められる」としながら、「社会的法治国」では「契約的要素がこの関係に強められ」、「これが不当に推し進められ」、「この関係の存在が不明確になる」ということを理由に挙げている。

27） 辻村みよ子『憲法』〔第5版〕121頁（日本評論社、2016）同旨。

28） 最判平成24年12月7日刑集66巻12号1337頁。本件評釈は本書第9章参照。

29） 園部前掲註5）書2頁。

30） 最判平成24年12月7日刑集66巻12号1722頁。本件評釈は本書第9章参照。

31） 最大判昭和49年11月6日刑集28巻9号393頁。本件評釈は本書第9章参照。

32） 本書第9章。

33） 東京地判平成18年6月29日刑集66巻12号1627頁。本件評釈として、多田一路「判批」法学セミナー622号115頁（2006）などがある。このほか、船尾徹「公務員の政治活動禁止を合憲とするふたつの判決─憲法と刑法が交錯する論点を中心とした批判レポート(1-4・完)」労働法律旬報1706号20頁、1707号21頁、1708号48頁、1709号34頁（2009）などもある。

34） 最大決平成10年12月1日民集52巻9号1761頁。本件評釈は本書第1章参照。

35） 最判昭和56年6月15日刑集35巻4号205頁。本件評釈として、はやし・しうぞう「判批」時の法令1115号53頁（1981）、柚正夫「判批」ジュリスト748号59頁（1981）、佐藤文哉「判批」同82頁、同「判批」法曹時報37巻2号519頁（1985）、同「判批」最高裁判所調査官室編『最高裁判所判例解説刑事篇昭和56年度』139頁（法曹会、1985）、田中舘照橘「判批」法令解説資料総覧24号277頁（1981）、松井茂記「判批」法学セミナー324号122頁（1982）、野中俊彦「判批」判例評論276号60頁（1982）、野中健一「判批」西南学院大法学論集16巻1号135頁（1983）、中川義朗「判批」小林孝輔『判例教室　憲法』〔新版〕221頁（法学書院、1989）、内藤謙「判批」警察研究61巻6号58頁（1990）、吉田善明「判批」芦部信喜＝高橋和之編『憲法判例百選Ⅱ』〔第3版〕340頁（1994）、清野幾久子「判批」杉原泰雄＝野中俊彦編『新判例マニュアル憲法Ⅰ』228頁（三省堂、2000）、毛利透「判批」佐藤幸治＝土井真一編『判例講義憲法Ⅱ』227頁（悠々社、2010）などがある。

36） これについては、芦部信喜＝佐藤幸治＝高橋和之＝香城敏麿「研究会・憲法裁判の客観性と創

造性」ジュリスト835号 6 頁（1985）が特に参考になる。

37）　平地秀哉「『公務員の政治活動の自由』の現在」憲法問題25号20頁、21頁（2014）など参照。

38）　東京高判平成22年 3 月29日判タ1340号105頁。本件評釈として、大久保史郎「判批」法律時報82巻
8 号 1 頁（2010）、中島徹「判批」法学セミナー668号46頁（2010）、三宅裕一郎「判批」同670号134
頁（2010）、須藤正樹「判批」法と民主主義447号50頁（2010）、石井逸郎「判批」同453号40頁（2010）、
奥平康弘「判批」世界805号48頁（2010）、曽根威彦「判批」早稲田法学85巻 4 号231頁（2010）、永田
秀樹「判批」ジュリスト臨時増刊1420号『平成22年度重要判例解説』21頁（2011）、平地秀哉「判批」
法学教室365号別冊付録『判例セレクト2010- 1 』10頁（2011）、市川正人「判批」速報判例解説 8 号
23頁（2011）、田中孝男「判批」同49頁、中山和久「判批」労働法律旬報1735=1736号64頁（2011）、
泉澤章「判批」国際人権22号96頁（2011）、宍戸常寿「判批」同101頁、石埼学「判批」同161頁、長
岡徹「判批」関学大法と政治61巻 4 号37頁（2011）、上田健介「判批」近畿大学法科大学院論集 7 号
135頁（2011）などがある。このほか、内田雅敏ほか「特集・政治活動の自由と民主主義の現在」法
と民主主義453号 2 頁（2010）、嘉門優「抽象的危険犯の検討─公務員の政治的行為をめぐる近時
の判決を契機として」法律時報83巻 5 号112頁（2011）、駒村圭吾「憲法の論証の型　猿払基準─利
益衡量審査（狭義の比例性審査）の居場所」法学セミナー679号62頁（2011）、山本龍彦「『適用か、
法令か』という悩み（後篇）─違憲審査の対象・範囲と憲法判断の方法」同682号86頁（2011）、加藤
健次「事件報告・言論弾圧事件で問われる最高裁の役割」法と民主主義458号52頁（2011）、長岡徹
ほか「ミニ・シンポジウム国家公務員の政治活動の自由」法の科学42号142頁（2011）、中川登志男
「公務員の政治的行為の禁止・制限に関する考察─堀越事件控訴審判決を手がかりに」専修法研論
集48号55頁（2011）、宇賀克也「国家公務員の政治的行為の制限（ 1 、 2 ）」自治実務セミナー53巻 7
号38頁、 8 号42頁（2014）などもある。

39）　平地前掲註37）論文23頁など参照。

40）　東京高判平成22年 5 月13日判タ1351号123頁。本件評釈等は、堀越事件二審に関するもの参照。

41）　最判平成23年 5 月30日民集65巻 4 号1780頁。本件評釈として、駒村圭吾「判批」法学セミナー680
号84頁（2011）、山田隆司「判批」同681号52頁（2011）、榎透「判批」同128頁、西原博史「判批」季
刊教育法170号14頁（2011）、同「判批」国際人権24号 3 頁（2013）、高津芳則「判批」教育790号117頁
（2011）、戸波江二「判批」ジュリスト臨時増刊1440号『平成23年度重要判例解説』18頁（2012）、花
見忠「判批」ジュリスト1444号124頁（2012）、金井光生「判批」法学教室377号49頁（2012）、同「判
批」福島大行政社会論集24巻 4 号 9 頁（2012）、土本武司「判批」判例評論636号12頁（2012）、岩井伸
晃＝菊池章「判批」ジュリスト1461号93頁（2013）、同＝同「判批」法曹時報66巻 9 号227頁（2014）、
同＝同「判批」ジュリスト増刊『最高裁時の判例 7 　平成21-23年』 2 頁（2014）、同＝同「判批」最高
裁判所調査官室編『最高裁判所判例解説民事篇平成23年度下』465頁（法曹会、2014）、島根里織「判
批」行政判例研究会編『行政関係判例解説平成23年』30頁（ぎょうせい、2013）、御幸聖樹「判批」
法学論叢175巻 2 号119頁（2014）、水口洋介「判批」国際人権23号95頁（2012）、内野正幸「判批」
同99頁、竹内俊子「判批」同127頁、江藤祥平「判批」法学協会雑誌130巻 6 号195頁（2013）、奥野
恒久「判批」龍谷法学44巻 4 号127頁（2012）、巻美矢紀「判批」千葉大学法学論集28巻 1 = 2 号574
頁（2013）、竹中勲「判批」同志社法学65巻 3 号 1 頁（2013）、蟻川恒正「判批」長谷部恭男ほか編『憲
法判例百選 I 』85頁（2013）、同「判批」法学教室403号114頁（2014）、堀口悟郎「判批」慶應法学30
号37頁（2014）などがある。このほか、「特集・『日の丸・君が代』訴訟上告審判決」判例地方自治
347号15頁（2011）、勝野正章「『日の丸・君が代』最高裁判決で問われる学校観」世界820号20頁

(2011)、西原博史「『君が代』不起立訴訟最高裁判決をどう見るか―良心の自由の『間接的制約』と『必要性・合理性』をめぐって」同821号112頁 (2011)、渡辺康行「『日の丸・君が代訴訟』を振り返る―最高裁諸判決の意義と課題」論究ジュリスト1号108頁 (2012)、土屋英雄「思想・良心等に基づく拒否事件の類型別の判断枠組 (上、下)―『国旗・国歌』強制事件の判断枠組の類型的特性」筑波法政51号1頁 (2011)、52号5頁 (2012) などもある。

42) 横大道聡編『憲法判例の射程』22頁 (弘文堂、2017)[山田哲史]。

43) 最大判昭和26年4月4日民集5巻5号214頁。

44) 最判昭和33年4月16日刑集12巻6号942頁。本件評釈として、岩田誠「判批」最高裁判所調査官室編『最高裁判所判例解説刑事篇昭和33年度』324頁 (法曹会、1959)、佐藤功「判批」田中二郎編『行政判例百選』36頁 (1962)、永田一郎「判批」芦部信喜編『憲法判例百選』14頁 (1963)、新井隆一「判批」法学セミナー207号113頁 (1973)、室井力「判批」小林直樹編『憲法の判例』[第2版] 10頁 (有斐閣、1977)、外間寛「判批」芦部信喜編『憲法判例百選Ⅰ』22頁 (1980)、松岡浩「判批」経営法曹会議編『最高裁労働判例4―問題点とその解説』103頁 (日本経営者団体連盟広報部、1983)、小林孝輔「判批」同編『判例教室　憲法』[新版] 230頁 (法学書院、1989) などがある。

45) 川上前掲註2) 論文80頁。

46) 最大判昭和41年10月26日刑集20巻8号901頁。本件評釈は本書第9章参照。

47) 最大判昭和44年4月2日刑集23巻5号305頁。本件評釈は本書第9章参照。

48) 田中舘照橘「わが国の行政裁判制度 (20)―特別権力関係」判例時報1065号28頁、33頁 (1983) は、公務員法制に関する裁判所の立場を「きわめて流動的」と評していた。

49) 最大判昭和48年4月25日刑集27巻4号547頁。本件評釈は本書第9章参照。

50) 川上前掲註2) 論文83頁。

51) 宍戸常寿「特別の公法上の関係」法学セミナー647号78頁、81頁 (2008)(同『憲法―解釈論の応用と展開』[第2版] 83頁 (日本評論社、2014) 所収)。

52) 芦部信喜『憲法学Ⅱ』266頁 (有斐閣、1994)。

53) 最大判昭和58年6月22日民集37巻5号793頁。本件評釈として、阿部照哉「判批」ジュリスト799号13頁 (1983)、同「判批」民商法雑誌90巻3号425頁 (1984)、同「判批」伊藤正己=堀部政男編『マスコミ判例百選』[第2版] 28頁 (1985)、澤登俊雄「判批」ジュリスト799号18頁 (1983)、太田豊「判批」同68頁、同「判批」季刊実務民事法5号204頁 (1984)、同「判批」法曹時報37巻11号297頁 (1985)、同「判批」最高裁判所調査官室編『最高裁判所判例解説民事篇昭和58年度』255頁 (法曹会、1988)、橋本公亘「判批」法学教室37号106頁 (1983)、江橋崇「判批」法学セミナー344号20頁 (1983)、宮崎礼壹「判批」法律のひろば36巻9号35頁 (1983)、はやし・しうぞう「判批」時の法令1192号59頁 (1983)、都築弘「判批」民事研修320号14頁 (1983)、河邊有二「判批」警察公論38巻10号64頁 (1983)、戸波江二「判批」ジュリスト臨時増刊815号『昭和58年度重要判例解説』8頁 (1984)、野村敬造「判批」法学セミナー351号40頁 (1984)、奥平康弘「判批 (上、下)」判例評論302号2頁、303号2頁 (1984)、戸向井久了「判批」受験新報34巻2号161頁 (1984)、荒川雅行「判批」甲南法学24巻3=4号289頁 (1984)、中川剛「判批」樋口陽一編『憲法の基本判例』19頁 (有斐閣、1985)、五十嵐雅之「判批」立教大学大学院法学研究7号65頁 (1986)、近藤勝「判批」自由と正義38巻5号65頁 (1987)、篠田省二「判批」西村宏一ほか編『国家補償法大系3―国家賠償法の判例』164頁 (日本評論社、1988)、金子勝「判批」上田勝美編『ゼミナール憲法判例』[増補版] 60頁 (法律文化社、1994)、市川正人「判批」樋口陽一=野中俊彦編『憲法の基本判例』[第2版] 19頁 (有斐閣、1996)、若狭勝「判

批」研修575号63頁（1996）、竹中勲「判批」芦部信喜ほか編『憲法判例百選 I 』〔第 4 版〕38頁（2000）、小山剛「判批」杉原泰雄＝野中俊彦編『新判例マニュアル憲法 I 』172頁（三省堂、2000）、同「判批」佐藤幸治＝土井真一編『判例講義憲法 I 』13頁（悠々社、2010）、土井真一「判批」堀部政男＝長谷部恭男編『メディア判例百選』170頁（2005）、岩間昭道「判批」高橋和之ほか編『憲法判例百選 I 』〔第 5 版〕38頁（2007）、稲葉実香「判批」長谷部恭男ほか編『憲法判例百選 I 』〔第 6 版〕36頁（2013）などがある。

54）　最判平成元年 3 月 8 日民集43巻 2 号89頁。本件評釈として、門口正人「判批」ジュリスト931号96頁（1989）、同「判批」法曹時報41巻 4 号1212頁（1989）、同「判批」最高裁判所調査官室編『最高裁判所判例解説民事篇平成元年度』43頁（法曹会、1991）、同「判批」ジュリスト増刊『最高裁時の判例 1 　公法編』26頁（有斐閣、2003）、森英樹「判批」法学セミナー414号100頁（1989）、田中信義「判批」法律のひろば42巻 6 号 4 頁（1989）、小林節「判批」同12頁、同「判批」判例タイムズ698号58頁（1989）、船田三雄「判批」判例時報1319号 3 頁、1320号 3 頁（1989）、阿部照哉「判批」判例評論369号34頁（1989）、河上和雄「判批」判例タイムズ699号47頁（1989）、千葉和郎「判批」同709号 4 頁（1989）、竹中章「判批」訟務月報35巻12号136頁（1989）、はやし・しうぞう「判批」時の法令1356号68頁（1989）、田中舘照橘「判批」法令解説資料総覧88号104頁（1989）、遠山廣直「判批」警察学論集42巻 5 号 1 頁（1989）、小林武「判批」南山法学13巻 2 ＝ 3 号237頁（1989）、内藤光博「判批」専修法学論集50号201頁（1989）、清水睦「判批」ジュリスト臨時増刊957号『平成元年度重要判例解説』28頁（1990）、日比野勤「判批」法学教室113号別冊附録『判例セレクト'89』11頁（1990）、松井茂記「判批」民商法雑誌101巻 4 号587頁（1990）、浦部法穂「判批」受験新報40巻 4 号42頁（1990）、毛利透「判批」法学協会雑誌108巻 3 号462頁（1991）、松本一郎「判批」中大法学新報97巻 5 号203頁（1991）、安達賢二「判批」立教大学大学院法学研究11号27頁（1991）、野間禮二「判批」松尾浩也＝井上正仁編『刑事訴訟法判例百選』〔第 6 版〕112頁（1992）、小田中聰樹「判批」芦部信喜＝高橋和之編『憲法判例百選 II 』〔第 3 版〕420頁（1994）、渥美東洋「判批」松尾浩也＝井上正仁編『刑事訴訟法判例百選』〔第 7 版〕124頁（1998）、佐々木善三「判批」研修605号49頁（1998）、渋谷秀樹「判批」杉原泰雄＝野中俊彦編『新判例マニュアル憲法 I 』116頁（三省堂、2000）、川上拓一「判批」田口守一＝寺崎嘉博編『判例演習刑事訴訟法』149頁（成文堂、2004）、市川正人「判批」堀部政男＝長谷部恭男編『メディア判例百選』10頁（2005）、井上典之「判批」法学セミナー616号64頁（2006）、浜田純一「判批」高橋和之ほか編『憲法判例百選 I 』〔第 5 版〕160頁（2007）、佐々木雅寿「判批」佐藤幸治＝土井真一編『判例講義憲法 II 』279頁（悠々社、2010）、大沢秀介「判批」長谷部恭男ほか編『憲法判例百選 I 』〔第 6 版〕164頁（2013）などがある。このほか、「特集・法廷メモ訴訟最高裁判決」ジュリスト936号17頁（1989）、家永三郎「法廷メモ事件最高裁判決の問題点」法律時報61巻 8 号78頁（1989）などもある。

55）　園部前掲註 5 ）書 2 頁。

56）　東京高判平成 9 年 9 月16日判タ986号206頁。本件評釈として、清野幾久子「判批」法学教室210号別冊附録『判例セレクト'97』 4 頁（1998）、松山恒昭＝島崎邦彦「判批」判例タイムズ1005号『平成10年度主要民事判例解説』118頁（1999）、須藤陽子「判批」自治総研253号 1 頁（1999）、中川重徳「判批」法と民主主義458号20頁（2011）、君塚正臣「判批」長谷部恭男ほか編『憲法判例百選 I 』〔第 6 版〕66頁（2013）などがある。

57）　君塚同上67頁。

58）　このような判例の傾向を、小嶋和司『憲法概説』163頁（良書普及会、1987）は好意的に記述する。

59） 戸波江二ほか『憲法 (2)』51頁（有斐閣、1992）〔安念潤司〕同旨か。

60） 棟居快行「人権制約法理としての公共の福祉論の現在―最高裁判決における近時の展開を踏ま
えて」レファレンス760号5頁、18頁（2014）。

61） 同上20頁。

62） 同上21頁。実質的判断方法は比較衡量論そのものではないかと、同論文25頁は述べる。

63） 室井前掲註10) 書42頁。

64） 同上372頁。

65） 同上207頁。

66） 同上275頁。

67） それは、明治20年代後半から強まり、学校関係においても教師を「準官吏」と規定していくよう
になった。伊津野朋弘「明治教育行政官僚制の成立過程」北海道教育大学紀要（第一部C）20巻2
号31頁（1970）参照。

68） 室井前掲註10) 書336頁。

69） 同上340頁。

70） 松島前掲註7）論文176頁。

71） 同上195頁。

72） 但し、同上論文は、206頁で「基本的人権を放棄するということは憲法上許されない」、207頁で
「合意に法律に替るべき効力が認められない」と述べており、公務員となる労働契約などにより自
動的に特別権力関係に入るという理解はしていない。また、松島諄吉「特別権力関係における出
訴可能性」阪大法学52号1頁、21頁（1964）は、自律性を根拠に出訴可能性を全面否定することは
できないと論ずる。

73） 田中二郎『新版行政法上』〔全訂第2版〕89頁（弘文堂、1974）。

74） 同上90頁。

75） 同上94-95頁注3。

76） 同上91頁。

77） 同上91頁。

78） 同上93頁。

79） 雄川一郎「特別権力関係と基本的人権」公法研究9号46頁、47頁（1953）。

80） 松島前掲註7）論文169頁同旨。

81） 雄川前掲註79) 論文48頁。

82） 同上49頁。

83） 同上50頁。

84） 高橋貞三ほか「討論報告・自然権と基本的人権」公法研究9号67頁、70頁（1953）〔雄川一郎発言〕。

85） 雄川前掲註79) 論文52頁。

86） 渋谷徳雄『実務のための教育行政学』（学陽書房、1954）。

87） 木田宏『教育行政法』（良書普及会、1957）。

88） 有倉遼吉＝天城勲『教育関係法』（日本評論社、1958）。

89） 今村武俊『教育行政の基礎知識と法律問題―校長・教頭・市町村教育長・管理主事のために』〔改
訂版〕（第一法規、1969）。

90） 和田英夫「特別権力関係論への疑問 (1)―憲法原理と行政法理論との谷間」法学セミナー131号

第14章　特別権力関係論

49頁（1967）。

91）　平井貴美代「改正教育基本法下における教育の実践的創造性確保の課題」教育学研究74巻4号2頁、5頁（2007）。

92）　原龍之助「特別権力関係について」教育委員会月報13巻10号42頁（1962）、上田一郎「特別権力関係の理論（1、2）─何をするにも法的根拠が必要か？」同12号11頁、14巻1号11頁（1962）、糟谷正彦「特別権力関係論」同22巻3号48頁（1970）など。以上、全てが教育委員会月報であることが特徴的である。

93）　雪丸武彦「在学関係論の理論課題」九大教育経営学研究紀要9号43頁、48頁（2006）。

94）　後藤米夫「公法上の特別権力関係について」東京学芸大学研究報告〔法学・経済学・社会学〕11集7頁（1960）、宗像誠也『教育行政学序説』〔増補版〕277頁（有斐閣、1969）、伊藤和衛「教育における特別権力関係論の克服」東京教育大学教育学部紀要16号1頁（1970）など。

95）　芦部信喜『憲法叢説2─人権と統治』79頁以下（信山社、1995）など参照。

96）　室井前掲註10）書343頁。

97）　宮沢俊義『憲法Ⅱ』〔新版〕254頁（有斐閣、1971）。

98）　芦部前掲註52）書247-248頁。田中二郎『要説行政法』〔新版〕38頁以下（弘文堂、1972）、芦部編前掲註3）書108頁以下［阿部照哉］も参照。

99）　芦部前掲註52）書248頁。

100）　渡辺宗太郎『改訂日本行政法上』16-18頁（弘文堂、1940）。

101）　芦部前掲註52）書248頁。

102）　なお、野中俊彦ほか『憲法Ⅰ』〔第5版〕237頁（有斐閣、2012）は、芦部説を「有力」な「特別権力関係そのものに否定的な学説」の「代表的学説」として紹介する。

103）　芦部前掲註52）書253頁。

104）　宮沢俊義『法律学体系コンメンタール篇1─日本国憲法』221頁（日本評論社、1955）。

105）　芦部前掲註52）書259頁。

106）　同上247頁。なお、室井前掲註10）書419頁以下によれば、古くは、公企業の特許企業者に対する国家の積極的監督関係、行政事務受任者に対する監督関係、公共組合に対する監督関係、公法上の社団関係としての公共組合と組合員との関係、地方議会と議員との関係なども特別権力関係に分類した例があるという。

107）　芦部前掲註52）書249頁参照。

108）　室井前掲註10）書354頁参照。

109）　阿部照哉『憲法』〔改訂〕84頁（青林書院、1991）。

110）　大須賀明ほか『憲法講義2─基本的人権』42頁（有斐閣、1979）［大須賀］。

111）　堀内健志『憲法』〔改訂新版〕99頁（信山社、2000）。

112）　同上100頁。

113）　同上101頁。

114）　毛利透ほか『Legal Quest憲法Ⅱ』〔第2版〕34頁（有斐閣、2017）［松本哲治］。だが、個別検討の限りでは、「特別な公法関係」論ですら、最早支配的見解ではない。

115）　園部前掲註5）書195頁以下。これによれば、通常の人権は「原則として特別権力関係に入り込むのであるが、特別の例外が認められるか又は特定の特別権力関係に入り込まぬことのある」ものであり、経済的自由は「特別権力関係に入り込まぬ基本権」だとされる。

116) この薗部説に対し、室井前掲註10) 書351頁は、通常の人権についても「公共の福祉に反しない限り」の相対的保障に過ぎないのであれば、「具体的な結果としては、」経済的自由と通常の人権との区別は不可能ではないか、と批判する。

117) 同上362頁参照。

118) 同上366頁。

119) この点、初宿正典『憲法2』〔第3版〕117頁（成文堂、2010) は、特別権力関係論を肯定するか否かという論点に関して最大限に慎重であり、「もし、」「特殊な権力的関係に立つ場合があることを肯定しうるとすれば（この関係を《特別権力関係》と呼ぶかどうかは別として）、」「その限りでのみ、原則的には具体的な法律の根拠に基づいて基本権の制限が認められる」と解説している。

120) 山本前掲註4) 論文103頁参照。

121) 芦部前掲註52) 書261頁。

122) 高橋和之『立憲主義と日本国憲法』〔第4版〕130頁（有斐閣、2017)。

123) 但し、芦部前掲註52) 書261頁は続けて、「この原則を各個のケースに具体化するに当たっては『より制限的でない他に選びうる手段』(LRA) の基準の趣旨にしたが」うべきだと述べている点は、LRAの基準を、表現に対する刑罰その他のサンクションを不必要に重くすべきでないとする基準として用いるべきことに鑑みて疑問である。本書第29章参照。

124) 芦部前掲註52) 書275頁。

125) 室井前掲註10) 書123頁以下参照。

126) この下での理論状況については、相原一介「西ドイツにおける特別権力関係」山梨学院大社会科学研究2号1頁 (1986) など参照。

127) 室井前掲註10) 書165頁。

128) 薗部前掲註5) 書166頁参照。

129) 室井前掲註10) 書187-188頁。

130) 同上329頁参照。

131) 橋本公亘『日本国憲法』148頁（有斐閣、1980)。

132) 芦部編前掲註3) 書111頁 [阿部照哉]。

133) 結城前掲註15) 論文69頁によると、教育法関係でも、特定学校への入学請求、就学保留、学級閉鎖、学年の飛び越え、高校卒業資格試験の許可、他学年への変更、学位の剥奪、学校区の変更などが、学説上、取り消し得べき行政行為とされていたという。

134) 室井前掲註10) 書346頁。

135) 高田敏『法治国家観の展開』516-517頁（有斐閣、2013)。

136) 君塚正臣編『比較憲法』195頁（ミネルヴァ書房、2012)[松原光宏]。松本前掲註3) 文献72頁同旨。

137) 西片聡哉「判批」国際人権24号134頁、136頁 (2013)。

138) 高橋前掲註122) 書130頁。

139) 薗部前掲註5) 書172頁。

140) 橋本前掲註131) 書149頁。

141) 室井前掲註10) 書372-373頁。

142) 和田英夫「特別権力関係論への疑問 (2)―憲法原理と行政法理論との谷間」法学セミナー132号73頁、76頁 (1967)。

143) 宮沢前掲註97) 書254頁。

第14章　特別権力関係論

144）　同上255頁。

145）　芦部前掲註95）書79頁。

146）　佐藤前掲註18）書162頁。

147）　室井前掲註10）書372頁。

148）　松井茂記『日本国憲法』〔第3版〕353-354頁（有斐閣、2007）。

149）　青井未帆＝山本龍彦『憲法Ⅰ』225頁（有斐閣、2016）［青井］。

150）　園部前掲註5）書99頁。

151）　佐藤前掲註19）書157頁。

152）　原龍之助「特別権力関係の理論について」清宮四郎退職記念『憲法の諸問題』187頁、193頁（有斐閣、1963）。

153）　雄川前掲註79）論文51頁。

154）　室井前掲註10）書381頁。

155）　伊藤正己『憲法』〔第3版〕203頁（弘文堂、1995）。畑博行『憲法Ⅱ』32頁（有信堂、1998）同旨。

156）　橋本前掲註131）書148頁。

157）　榎原猛『憲法―体系と争点』111頁（法律文化社、1986）は、これを「特別権力関係理論」修正説と呼び、多数説にして「妥当」と評する。

158）　原前掲註152）論文204頁。

159）　同上211頁。

160）　長谷部恭男『憲法』〔第6版〕134頁（新世社、2014）。

161）　伊ヶ崎暁生「『特別権力関係論』と『学校重層構造』を打破するために」教育評論250号20頁、22頁（1970）参照。

162）　室井前掲註10）書381頁。

163）　戸波江二『憲法』〔新版〕165頁（ぎょうせい、1998）。

164）　君塚編前掲註136）書193頁［上田健介］。

165）　同上196頁［遠藤美奈］。

166）　同上197頁［松井直之、國分典子］。

167）　同上3頁以下［君塚正臣］。

168）　美濃部達吉『日本国憲法原論』（有斐閣、1948）。

169）　佐々木惣一『改訂日本国憲法論』（有斐閣、1954）。

170）　鈴木安蔵『憲法学原論』（勁草書房、1956）。

171）　このほか、最近では岩間昭道『憲法綱要』（尚学社、2011）も同様の構成である。

172）　室井前掲註10）書344頁。

173）　新井誠ほか『憲法Ⅱ』32頁（日本評論社、2016）［新井］。

174）　和田前掲註142）論文77頁。

175）　君塚正臣編『ベーシックテキスト憲法』〔第3版〕64頁（法律文化社、2017）［早瀬勝明］。

176）　松本前掲註3）文献72頁。

177）　松岡三郎「教師の8時間労働論」労働法律旬報436号4頁（1961）参照。

178）　覚道豊治『憲法』〔改訂版〕204頁（ミネルヴァ書房、1973）。伊藤公一『憲法概要』〔改訂版〕54頁（法律文化社、1983）、榎原前掲註157）書110頁同旨か。

179）　室井前掲註10）書374頁。

599

180) 逆に、地方公務員の政治活動の取り締まりは不完全であり、罰則を加える抜本的な法改正が必要だとする主張もある。櫻井敬子「橋下市長も手を焼く地方公務員の政治活動―抜本的な法改正を」WEDGE 24巻9号10頁（2012）。但し、このことは、特別権力関係論の維持・強化を招かずとも、政策決定権限を有する公務員の政治活動の合理的規制を考えれば足りる。櫻井敬子「行政法講座64」自治実務セミナー52巻9号12頁（2013）も、猿払事件最高裁判決においては、反対意見に賛成している。

181) 室井前掲註10）書374頁。

182) 室井力「公務員法における特別権力関係論の破綻」法律時報43巻12号14頁、18頁（1971）。

183) 佐藤前掲註19）書159頁。

184) 大沢秀介『憲法入門』〔第3版〕84頁（成文堂、2003）。

185) 松本前掲註3）文献73頁。

186) 市川正人『基本講義憲法』82頁（新世社、2014）。吉田善明『日本国憲法論』〔第3版〕298頁（三省堂、2003）、浦部法穂『憲法学教室』〔第3版〕79頁（日本評論社、2016）同旨。

187) 長谷部前掲註160）書134頁。

188) 君塚正臣＝藤井樹也＝毛利透『VIRTUAL憲法』100頁（悠々社、2005）〔藤井〕。

189) 渋谷秀樹『憲法』〔第3版〕150-151頁（有斐閣、2017）が、「公正と中立性が、抽象的レベルでの鍵となる概念である」としつつ、「中立性を導く中間概念としては自律性という概念よりは、独立性の概念の方がふさわしい」と述べている点などにも留意したい。

190) 中谷実編『ハイブリッド憲法』117頁（勁草書房、1995）〔君塚正臣〕同旨。

191) 松本和彦「特別な法律関係における人権保障」小山剛＝駒村圭吾編『論点研究憲法』〔第2版〕79頁、87頁（弘文堂、2013）。

192) 君塚正臣「国家公務員法違反事件鑑定意見書」横浜国際経済法学19巻1号89頁、100頁（2010）。

193) この点、「統治行為」という概念を必要以上にも用いるべきではなく、実際裁判では用い得る場面がないに等しいということと類似する。本書第8章参照。併せて、愛敬浩二「『統治行為』諸論の批判的考察」論究ジュリスト21号28頁（2017）も参照。

194) 渋谷秀樹「公務員の政治活動の制約に対する違憲審査」戸松秀典＝野坂泰司編『憲法訴訟の現状分析』274頁、279頁（有斐閣、2012）。

195) 最判平成23年6月6日民集65巻4号1855頁。本件評釈として、駒村圭吾「判批」法学セミナー680号84頁（2011）、西原博史「判批」季刊教育法170号14頁（2011）、大島佳代子「判批」同21頁（2011）、新村響子「判批」季刊労働者の権利290号77頁（2011）、高津芳則「判批」教育790号117頁（2011）、澤藤統一郎「判批」法と民主主義465号18頁（2012）、水口洋介「判批」国際人権23号95頁（2012）、内野正幸「判批」同99頁、金光光生「判批」福島大行政社会論集24巻4号9頁（2012）、奥野恒久「判批」龍谷法学44巻4号127頁（2012）、岩井伸晃＝菊池章「判批」ジュリスト1461号93頁（2013）、同＝同「判批」法曹時報66巻9号255頁（2014）、同＝同「判批」ジュリスト増刊『最高裁時の判例7 平成21-23年』2頁（2014）、同＝同「判批」最高裁判所調査官室編『最高裁判所判例解説民事篇平成23年度下』493頁（法曹会、2014）、江藤祥平「判批」法学協会雑誌130巻6号195頁（2013）、巻美矢紀「判批」千葉大学法学論集28巻1＝2号574頁（2013）、竹中勲「判批」同志社法学65巻3号1頁（2013）、御幸聖樹「判批」法学論叢175巻2号119頁（2014）などがある。このほか、「特集・『日の丸・君が代』訴訟上告審判決」判例地方自治347号15頁（2011）、勝野正章「『日の丸・君が代』最高裁判決で問われる学校観」世界820号20頁（2011）、西原博史「『君が代』不起立訴訟最高裁判決を

第14章　特別権力関係論

どう見るか─良心の自由の『間接的制約』と『必要性・合理性』をめぐって」同821号112頁（2011）、
土屋英雄「思想・良心等に基づく拒否事件の類型別の判断枠組（上、下）─『国旗・国歌』強制事件
の判断枠組の類型的特性」筑波法政51号１頁（2011）、52号５頁（2012）などもある。

196）　渋谷前掲註194）論文300頁。

197）　加藤健次「判批」法と民主主義474号68頁、69頁（2012）。他面、宍戸常寿「判批」ジュリスト臨
　　　時増刊1466号『平成25年度重要判例解説』23頁、24頁（2014）は、「憲法・法律の解釈の一体化に
　　　よる法状態の凝結化のおそれ」も指摘する。

198）　晴山一穂「公務員の政治的行為の制限─国公法違反事件最高裁２判決の考察」自治総研416号１
　　　頁（2013）、62頁同旨。

199）　木村草太「公務員の政治的行為の規制について─大阪市条例と平成24年最高裁２判決」法律時
　　　報85巻２号74頁、82頁（2013）同旨。

200）　平地前掲註37）論文28頁。

201）　渋谷前掲註194）論文278頁。

202）　平地前掲註37）論文26頁。橋本前掲註131）書152頁同旨。

203）　安西文雄ほか『憲法学の現代的論点』〔第２版〕322頁（有斐閣、2009）〔岩切紀史〕は、現行法合憲
　　　論を打ち出している。

204）　特に、渡辺賢「公務員の労働基本権─団交権に関する一考察」高見勝利ほか編『日本国憲法解釈
　　　の再検討』229頁（有斐閣、2004）など参照。

205）　仮に、労働基本権規制の場面の司法審査基準が合理性の基準だという立場を採り、このような
　　　規制は著しく不合理であるとまでは言えないとして、これらが憲法違反ではないのだとしても、
　　　ILO条約などの日本が批准した国際条約に違反しており、その意味で当該法条が無効とされる可
　　　能性もあることは注意したい。

206）　室井前掲註10）書400-401頁。

207）　同上401頁。

208）　同上同頁同旨か。

209）　同上403頁。

210）　同上404頁同旨。

211）　南本長穂「専門職としての教職に関する組織論的研究」愛媛大学教育学部紀要第１部教育科学
　　　23号29頁、34頁以下（1977）参照。

212）　現在でも、学校現場には特別権力関係論が色濃く、「高校生が立憲主義を理解できない所以で
　　　ある」との嘆きがある。宮下与兵衛「『生徒参加の学校づくり』と特別権力関係論」教育814号58頁、
　　　62頁（2013）。

213）　阪本昌成『憲法理論Ⅱ』214-215頁（成文堂、1993）。

214）　室井前掲註10）書408-409頁同旨。

215）　和田前掲註142）論文77頁。

216）　松本前掲註３）文献72頁。

217）　芦部編前掲註３）書126-127頁〔阿部照哉〕。

218）　室井前掲註10）書414頁同旨。

219）　新正幸『憲法訴訟論』〔第２版〕52頁（信山社、2010）。

220）　和田前掲註142）論文76頁。

601

221） 松井前掲註148）書354頁。

222） 仙台高決平成10年7月24日裁時1232号13頁。

223） 本書第18章参照。

224） 本書第32章参照。

225） 本書第26章参照。

226） 本書第27章参照。

227） 本書第2章参照。

228） 但し、松井前掲註148）書353頁は、「基本的人権の制約と司法審査」のサブカテゴリーとして「公務員、受刑者、国立大学の学生などの基本的人権の制約」という小単元を立て、既に「特別権力関係論」などの表題を立てていない。阿部照哉ほか編『憲法(2)』〔第3版〕106頁（有斐閣、1995）〔市川正人〕も、「基本的人権の保障」の中の小単元でしか語らず、同書69頁以下が「私人間における人権規定の効力」という節を立てているのとは扱いを異にしている。君塚正臣編『高校から大学への憲法』〔第2版〕166頁（法律文化社、2016）もコラムで取り上げるに留める。

229） この中で、赤坂正浩『憲法講義（人権）』335頁（信山社、2011）が、この問題を「憲法上の権利の主体」の議論の一つとして取り上げていることは興味深い。

230） このようなことは意外に多い。例えば、憲法21条2項の「検閲」の定義を巡って一元論はほぼ有力な学説からは消えた。君塚正臣「書評」関西大学法学論集50巻1号214頁、251頁（2000）。しかし、教科書には有力説として一元論が記載され続けていることが多い。

231） その意味で渡辺康之ほか『憲法Ⅰ』43頁（日本評論社、2016）〔宍戸常寿〕が、「特別権力関係論とその克服」という表題を掲げた点には、同書が三段階審査を前面に打ち出している点は兎も角、共感ができる。

232） 最判昭和52年3月15日民集31巻2号234頁。本件評釈として、石井健吾「判批」ジュリスト643号90頁（1977）、室井力「判批」判例評論222号19頁（1977）、藤谷正博「判批」法令解説資料総覧1号315頁（1977）、同「判批」ジュリスト臨時増刊666号『昭和52年度重要判例解説』36頁（1978）、田村悦一＝上杉信敬「判批」立命館法学132号200頁（1977）、田村悦一「判批」民商法雑誌77巻5号693頁（1978）、はやし・しうぞう「判批」時の法令991号53頁、992号58頁（1978）、高木光「判批」法学協会雑誌95巻10号1724頁（1978）、川上宏二郎「判批」雄川一郎編『行政判例百選Ⅱ』332頁（1979）、園部逸夫「判批」法書時報33巻2号541頁（1981）、同「判批」最高裁判所調査官室編『最高裁判所判例解説民事篇昭和52年度』95頁（法曹会、1981）、佐藤司「判批」兼子仁編『教育判例百選』〔第3版〕90頁（1992）、高橋宏志「判批」新堂幸司ほか編『民事訴訟法判例百選Ⅰ』〔新法対応補正版〕6頁（1998）、兼子仁「判批」塩野宏ほか編『行政判例百選Ⅱ』〔第4版〕392頁（1999）、笹田栄司「判批」杉原泰雄＝野中俊彦編『新判例マニュアル憲法Ⅰ』80頁（三省堂、2000）、納谷廣美「判批」永井憲一＝中村睦男編『大学と法―高等教育50判例の検討を通して』121頁（大学基準協会、2004）、井上典之「判批」高橋和之ほか編『憲法判例百選Ⅱ』〔第5版〕416頁（2007）、渡辺康行「判批」法学教室357号17頁（2010）、佐々木雅寿「判批」佐藤幸治＝土井真一編『判例講義憲法Ⅱ』268頁（悠々社、2010）、野口貴公美「判批」宇賀克也ほか編『行政判例百選Ⅱ』〔第6版〕318頁（2012）、見平典「判批」長谷部恭男ほか編『憲法判例百選Ⅱ』〔第6版〕402頁（2013）などがある。

233） これについては、佐藤幸治「『部分社会』論について」判例タイムズ455号2頁（1982）、同『現代国家と司法権』147頁以下（有斐閣、1988）〔以下、佐藤前掲註233）書、と引用〕、甲斐素直「いわゆる『部分社会の法理』について」法学紀要36号319頁（1994）、山本龍彦「NPOにおける結社の自由と

第14章 特別権力関係論

内部自治―政党との比較を通して」尚美学園大学総合政策研究紀要8号83頁（2004）、佐伯唯貴「宗教団体内部紛争と司法審査権―部分社会論を中心に」龍谷大学大学院法学研究6号147頁（2004）、雪丸武彦「部分社会の法理の在学関係への適用に関する一考察」九大教育経営学研究紀要10号55頁（2007）、大野拓哉「『権利擁護』と『部分社会』の法理―『権利擁護』から『権利』の『擁護』への試論的一考察」弘前学院大学社会福祉学部研究紀要8号1頁（2008）、渡邊亙「いわゆる『部分社会の法理』の再構成」法政治研究創刊号229頁（2015）、佐々木雅寿「判批」法学教室432号161頁（2016）など参照。

234）　楠元茂「特別権力関係と裁量権の問題」鹿児島県立短期大学商経論叢20号47頁、51頁（1971）は、公私区別なき概念として「特殊機能的法律関係」という概念が再構成されていると紹介する。同論文は、民間団体・私立学校に関する判決も区別なく取り上げている。

235）　奥平前掲註21）書113頁。

236）　阪本昌成『憲法2―基本法クラシック』〔第4版〕53頁（有信堂、2011）。

237）　君塚前掲註192）文献100頁。君塚正臣「BOTの憲法学」横浜国際社会科学研究14巻4号112頁（2009）、君塚前掲註2）書453頁以下なども参照。

238）　佐藤前掲註233）書173頁同旨。

239）　小山剛『『憲法上の権利』の作法』〔第3版〕226頁（尚学社、2016）。

240）　そうであって、司法権の内在的制約を説くものではない。長谷部前掲註160）書404頁。

241）　松本前掲註3）文献73頁。

242）　園部前掲註5）書172頁。

243）　室井前掲註10）書424頁。

244）　芦部編前掲註3）書112頁［阿部照哉］。

245）　この点で、宗教団体内部紛争について、一般に司法審査を回避すべきとするのは、それが教義の解釈を前提問題にするため、法解釈を本義とする司法権の役割を超え、「司法権」が取り扱うべき紛争ではなくなるからであること、誤解してはなるまい。曽我部真裕ほか編『憲法論点教室』186頁（日本評論社、2012）［田近肇］が、「宗教問題の判断が事件の解決に必要不可欠な核心的」でない「場合は、法律上の争訟ではあるが、信教の自由・政教分離原則ゆえ司法審査が限定される」としているのは、別の問題を短く纏めたものであり、誤解される懸念がある。

246）　佐藤前掲註19）書595頁。

247）　関連して、特別権力関係論否定論が、国立大学と私立大学の大学という共通性を説くなどして、両場面を同じく人権各論の問題に委ねることを主張する場合がある。市川前掲註186）書82頁など。これを逆手にとって、両者は同じと言い出すと部分社会論を肯定することになりかねない。だが、部分社会論は、憲法上の公的機関と私的結社の峻別を無視している点で、少なくとも日本国憲法解釈論としては妥当ではなかろう。

248）　結城忠「学校特別権力関係論と学校部分社会論」教職研修25巻8号134頁、137頁（1997）同旨。これに対し、坪井秀雄「私立学校における学校と生徒の間の特別権力関係理論について（その1、2）」日本私学教育研究所紀要1教育・経営篇15巻1号29頁（1980）、16巻1号29頁（1981）は、営造物利用関係についてのみ肯定し、私学にも適用しようとする。

249）　君塚前掲註2）書476頁以下。そして、こうした取り上げられ方から考えても、前註2）で述べたように、憲法の私人間効力論と特別権力関係論には共通の問題があるのであって、一方を捨て去るときは他方も捨て去るべきという関係にあることを示唆するものである。

603

250) 阪本前掲註213) 書211頁。

251) これについては、立山紘毅「大学の自治─国立大学の独立行政法人化」法学セミナー540号69頁（1999）、近藤真「大学と学問の自由─地方国立大学の立場から」日本の科学者42巻10号522頁（2007）、中村睦男「国立大学の法人化と大学の自治」北海学園大学法学研究43巻3＝4号1頁（2008）、中富公一「国立大学法人化と大学の自治」人権21 209号11頁（2010）、栗野宏「『アベノミクス成長戦略』のもとで大学に起きていること─地方国立大学からの報告」日本の科学者49巻7号384頁（2014）、松田浩「新法解説 大学の『自治』と『決定』─学校教育法及び国立大学法人法の一部を改正する法律」法学教室413号49頁（2015）、中西又三「学校教育法・国立大学法人法一部改正法（平成26年法律88号）の問題点」中大法学新報121巻9＝10号381頁（2015）、中澤達哉「歴史の眼・新自由主義時代における地方国立大学の『ガバナンス改革』─本当に『大学の自治』は死んだのか？」歴史評論786号75頁（2015）、松井直之「国立大学改革と『大学の自治』─『国立大学法人等の組織及び業務全般の見直しについて』をめぐって」横浜法学25巻3号75頁（2017）、本書第35章など参照。

252) 松本前掲註191) 論文82頁同旨。

253) 渋谷秀樹『憲法訴訟要件論』240頁（信山社、1995）。

254) なお、阪本前掲註213) 書206頁は、「〈内部紛争の解決は司法審査によらず内部的救済に待つべし〉との理屈は、私的な結社に妥当するのであって、基本権主体となりえない国家機関については通用しない」と述べ、憲法の私人間効力論と連動しない解決を試みる。

255) 吉田力雄「特別権力関係と基本的人権」静岡大学文理学部研究報告社会科学4号15頁、18頁（1955）。

256) 和田英夫「特別権力関係の再検討」杉村章三郎古稀記念『公法学研究下』629頁、667頁（有斐閣、1974）。

257) 宍戸前掲註51) 論文79頁。君塚前掲註1）文献135頁の内容を若干繰り返す。「民営化で強い官公労組合は消滅し、今や労働組合組織率も2割を切ったという時代の変化も見落とせない。かつて、郵便局員が安定した公職として憧れだったであろう猿払村では、ほたて貝の養殖が成功し、漁民こそが富を築いた。ただ、国鉄天北線の細い線路はもうない。」

258) 小山前掲註239) 書49頁。

〔付記〕　本章は、「特別権力関係論・終論──堀越事件判決の再考を経て」横浜国際社会科学研究22巻1＝2号21-52頁（2017年8月20日）及び「裁判官の政治的表現と分限裁判──寺西判事補事件」法学教室234号別冊附録『判例セレクト'99』11頁（2000年3月1日）を加えた上、加筆し、修正したものである。なお、本章校正中の2017年10月15日に日本公法学会第82回総会第2部会にて、榎透専修大学教授の報告「民間組織の活動と憲法──公私関係の変容を踏まえて」に触れた。

第15章

司法権論終論

　本書上巻を締めるに当たり、司法権論一般を纏めたい。

　序盤で説明した如く、日本国憲法の「司法権」の定義は定まり、通常司法「裁判所」がその権限を独占する。これと共に、立法府の判断により、法律の制定によって、その裁判所に相応しい権限を付与することまでは可能である。憲法は司法行政その他の権能を裁判所に付与しており、また、国会が「立法権」そのもの以外の権能を付与されており、そういった権能の行使も含めて権力分立が成り立っていることからして、この結論は問題ない。拡張範囲の鍵となるのは、「司法権」の定義に関わる、具体的事件性、法的判断、紛争の終局的解決、司法権が行使するに相応しい手続であるか[1]、にある。こういった内容はあくまでも憲法解釈によって定まるものであり、各種訴訟法等が「訴訟」と名付けるかの問題ではない。このため、主観「訴訟」などと命名されていても司法権の範囲外と判断すべきものも観念的にはあるかもしれないし、「訴訟」とは認識されていないが憲法上は「司法権」の一部であって、廃止すればかえって違憲となるものもあることには注意したいと考える。無論、通常司法「裁判所」がそうでない機能を主役割とすることは、憲法の定める「特別裁判所」なのであり、最終的な最高裁への上訴可能性以外の要素として、合憲性判断の基準となるべきものと考えられる。この限りにおいて、陪審制も参審制（つまりは裁判員制度）も可能であるということになろう。こういった問題は、司法権の独立、或いは裁判官の独立という憲法上の要請の具体的な局面ともなる[2]。

　以上が定まれば、残る問題は、これを基準に考えるべきということに尽きる

のではないか、というのが本書の基本スタンスである。刑事手続の適正が日本国憲法において強調されるのも、第一義的には司法、及びその準備段階の作用だからであり、無論、生命や自由を剥奪するという刑罰という重大な結果の決定であり、戦前にはその保障が十分ではなかったためでる。だからこそ日本国憲法は、より慎重に人権規定として31条以下に数多くの条項を提示したのである。そうであるとすれば、民事裁判についての憲法上の保障は76条が過不足なくしている筈であり、特に32条の保障するところと言う必要性が薄いのではないか。よって、憲法32条の「裁判を受ける権利」は、刑事被告人が裁判なくして刑罰を受けないという自由権的人権の意味に専念すればよく、これにより、31条から40条までを一貫して読めると考える。併せて、およそ刑事手続と無関係な行政手続の適正を保障するのは、31条、及びその準用ではない。そうなれば、人権一般について、その侵害に当たっては適正手続が必要である[3]ということであるから、根拠条文は13条に求めねばならないことになろう[4]。以上が、司法権と人権条項との関係整理である。

　裁判所が「司法」の作用[5]として、その権限を行使するには、まず、事件が発生していることである。この点はあまりに当然であるため、章を立てて論ずるまでもない。警察予備隊違憲訴訟[6]での最高裁は、憲法判断をしなかっただけではなく、法的判断をしなかったのである。ただ、強いて言うならば、裁判所による政府に対する勧告的意見が禁じられているように、裁判所が架空の問題について回答することは司法権の権限ではない一般の質問に対しても、個別の例を踏まえた回答例を権威的に示すことは疑わしい。この意味では、朝日訴訟最高裁判決の傍論として知られる[7]「なお、念のため」という判示なども疑問がある。「馴れ合い訴訟」に裁判所が応える必要はない。

　同様に、権利を侵害された当事者が訴えていることが肝要である。そこにいう当事者とは、勝訴により何らかの法的に評価される利益を得る者であればよい。古くは、大学湯事件判決[8]が「老舗」に法益を認めたように、堅く「権利」を有する者に限られるとの理解は示されていない。最高裁は、もんじゅ訴訟[9]において原子力発電所から一定範囲の地域に住む住民、小田急高架橋訴訟[10]において周辺住民に原告適格が認められたこともあり、具体的な経済的損失を被った者

第15章　司法権論終論

以外にもこれを拡張していると思われ、この方向性は、概ね好感を持って迎えられている。他方、クラス・アクション訴訟に最高裁は否定的である。

このほか、法の適用ができる問題であることも当然であって、政策の当否が争われた郵便貯金目減り訴訟[11]であるとか、試験の合否が争われた富山大学事件[12]、教義の解釈が争われた板まんだら事件[13]などで、その部分の判断ができないことは帰結であり、そのことによって司法判断が不可能な事例は裁判所がおよそ判断してはならないことになろう。そして、判断を行っても、事件の解決に無意味な場合は司法判断を行うべきでもないことになる。

最後に、具体的な救済が可能であることが、司法権行使の要件であると考えられている。司法権行使に伴う法的判断であり、同様の事件に同様の判断が下されることが憲法の要請であり、先例拘束性が存在する。

以上のことは、原則として、訴訟提起の段階から判決まで維持される必要があろう。このため、まだ、以上の要件を備えない段階で訴訟を迎えることは成熟性の欠如として忌避され、逆に、既に判決によって救済する可能性がない事案も、ムートネスの法理によって判決に至るべきではないことになる。また、日本の裁判所が判決を出したからといって、その執行が法的もしくは事実上無理な問題もある。憲法学は、これを一方では「自律」や「国際法上の問題」などとして「司法権の限界」で扱い、特殊なものとして「統治行為」を挙げてきた感がある。しかし、統治行為論として例示されたものの多くは、「自律」や「国際法上の問題」などであり、或いは、安全保障のため平時に備えている制度の問題である。このような超憲法的概念を濫用すべきではなく、この概念は特殊な緊急事態などに限定すべきである。結果として、それに対する司法判断が可能な場面があるのか否か、疑念も生じている。

以上のような、判決に至る司法権行使は、司法権が具体的事件の解決を本旨とする以上、まず、違法に不利益を受けている当事者の救済を優先すべきである。法令違憲の判断を伴う事例でも、どの法条の変更を具体的に求めるかに迷っても、その最も軽度の是正によっても可能な救済が宣告されなければ、これに悖る結果である。かつ、その判決によって直接救済されるのは事件当事者だけということは確認されるべきである。遡及的効力は、個別の司法判断その

607

ものの力から生じるものではない。同様の訴訟が大量に生じると法的安定性に
害が生じ、混乱も大きいと思われる際に、最高裁は当該判決の遡及的時限を定
める判示を行なってはいるが、法理論的には、これをもって絶対的に原告適格
を剥奪することはできまい。

　逆に、当事者の救済が直接的にできなくとも、法的な評価を宣言すべき事案
もある。違憲状態であるが、救済に難がある場合である。事情判決の法理に基
づく処断とは、違憲だが有効にしたとも読めるが、救済しないのに法的判断を
行ったとも読める。これが許されるのは、議員定数不均衡などの違憲性が強い
事案だからである。憲法訴訟論の内容に踏み込むが、表現の自由の場合の文面
審査も、同じ原理であろう。このバリエーションについての考察は憲法訴訟論
に譲るが、重要なことは、本来の司法権の行使ではなく、これが許されるのは
日本国憲法の他の条項や原理の要請であるということである。何もなければ、
裁判所が自由に法的判断だけを言い放つことはできないことは確認したい。ま
た、違憲性が強いが、現時点での救済が困難である際に将来効判決という提案
がなされて久しいが、司法権の作用としてはより例外的なものに思える。原点
である、仮定の事象に対する回答に見えるものである。このため、この種の手
法を許容する場合は、相当の例外的理由が積み重ねられなければなるまい。も
し、他の手法により解決が可能であれば、避けるべきである、というのが現時
点での結論である。

　その後、本書は、いわゆる人権総論[14]で長年扱われてきた問題に進んだ。だ
が、憲法の私人間効力論といい、特別権力関係論といい、司法権から見れば、
その行使の範囲や、その事案への法的判断をする際の携わり方の問題である。
結論としては、これらの問題を特殊法理として取り扱う理由はなく、通常の法
解釈問題として扱えばよいだけであるというのが端的な結論だと言えようか。
このスタンスは、以下の憲法訴訟論でも継続できそうである。つまり、日本国
憲法下の裁判所の憲法判断とは、ドイツ型の憲法裁判所のような権限の付与と
いうものではなく、「司法権」の一部として違憲審査権が抽出されるものであ
る以上、上記の「司法権」の行使としてそれはなされねばならず、これを超え
る行使を正当化するには、憲法上、別の条項や原則による強い説明がなければ

第15章　司法権論終論

ならない、ということである。理論的一貫性、具体的妥当性の両面から、それが成功できれば、司法権論の冒頭に戻って、その適切さが証明されたことになるだろうと思うものである。

　基本的には、司法権論においても、目の前の問題を「よりよく」解決することに逸って、理論的整合性を失うことは望ましいことではない。特例を次々と創設して解決したことにすることは手控えるべきである、というのが著者の感想である。解釈者が妥当な解決を追いかけ過ぎれば、結局裁判所が「法原理機関」などとは大きく乖離した行動原理に支配されてしまう危惧があるのである。司法権論の名宛て人は、第一義的には法律学や法曹実務に携わる者である。また、上位法である憲法の議論に抵触しないような訴訟法論になっているかなどは、他の法分野の研究者の検討を待ちたいところである。

1 ）　芦部信喜『憲法』〔新版補訂版〕301頁（岩波書店、2000）も、「司法権の概念を構成する重要な要素」として、「正しい法の適用を保障する作用であること」を挙げるこの記述は、第 6 版（高橋和之補訂）337頁（岩波書店、2015）でも同じである。

2 ）　司法権の独立、裁判官の独立を巡る議論は、どうしても、その歴史的事実の研究に始まり、具体的な「干渉」に関して内閣や最高裁の「心得」の問題としての批判に終始する場合も多く、いかなる制度や行為が違憲であるのかに進み難いという面があろう。憲法の文言だけを見れば、その79条によると内閣が最高裁判所の裁判官を任命できるとあるが、任命が自由にできるという理解はない。憲法草案段階では、政権交代が頻繁に起これば、それによって裁判官の構成もバランスが取れたものになることが暗黙の了解だったのかもしれないが、現実には一党優位体制が長く継続してきた。このため、法曹三者枠は、それぞれ順送りになる傾向が強い。問題は、あるとき、内閣が、この慣例を覆した抜擢を行ったとき、それを憲法違反と評価できるのか、その基準は何なのか、である。裁判官の選任について、国会による承認抜きで内閣の任命・指名に委ねた憲法制定議会は、司法権の重みの理解が未熟で、迂闊だったのかもしれない。また、先輩法律家のアドバイスを超え、裁判官の独立を侵害する行為とは何なのか、も同様の問題があろう。

3 ）　但し、個別の人権条項には、その条項が保障している、告知・聴聞を基本とする単なる「適正」を超える手続はあるように思える。憲法21条 2 項が「検閲」を禁じているほか、 1 項の解釈から、事前抑制の原則禁止が導き出せることなどはその典型である。本書第31章参照。このほか、表現の自由の規制が必要最小限でなければならないとの要請は非常に強いものであることから、ある種の表現活動を抑止するにはより慎重な、或いはより専門的な手続が求められる。こういった手続的要請は憲法21条に発するものであろう。

4 ）　そうなると、憲法13条の保障内容は、少なくとも14条以下の人権条項を網羅する範囲でなければ、説明が困難になろう。14条以下と切り離し、独自の「人格的自律権」を、狭い範囲に絞って打ち出すことが説明として成り立つのか、微妙である。「人格」という用語は一人歩きする危険も

609

あり、日本国憲法を、国民を道徳的に教育する社会的根本法であるかのように読まれることも危惧される。逆に、「一般的自由権」説は、これらを包括的に網羅はしているが、多くの批判がある通り、伝統的な犯罪行為、様々な迷惑行為、危険行為、自堕落な行為を含んでしまうという難点もある。また、憲法全体の解釈からすると重要な人権と考えられても、その権利部分の司法審査基準も合理性の基準に張り付かざるを得ないという、隠れた難点もあるように思える。こういった点も検討し、13条論を詰めていきたいと思う。取敢ず、君塚正臣編『大学生のための憲法』（法律文化社、2018予定）〔君塚〕の「包括的基本権及び生命・身体的自由」参照。

5） 以下の説明として、川岸令和ほか『憲法』〔第4版〕341頁以下（青林書院、2016）〔君塚正臣〕など参照。

6） 最大判昭和27年10月8日民集6巻9号783頁。本件評釈は本書第2章参照。

7） 最大判昭和42年5月24日民集21巻5号1043頁。本件評釈は本書第1章参照。

8） 大判大正14年11月28日民集4巻670頁。本件評釈には、末弘嚴太郎「判批」法学協会雑誌44巻12号2281頁（1926）、中川善之助「判批」法学セミナー8号38頁（1956）、有泉亨「判批」我妻栄編『判例百選』62頁（1965）、前田達明「判批」星野英一＝平井宜雄編『民法判例百選Ⅱ（債権）』168頁（1975）、澤井裕「判批」加藤一郎＝平井宜雄編『民法の判例』〔第3版〕177頁（有斐閣、1979）、新美育文「判批」法学セミナー増刊『不法行為法』100頁（1985）、良永和隆「判批」みんけん〔民事研修〕583号19頁（2005）などがある。このほか、木村和成「大審院の迷走―昭和初期の民事系判決にみるそのいくつかの軌跡」立命館法学327=328号上249頁（2010）などがある。

9） 最判平成4年9月22日民集46巻6号571頁。本件評釈には、大西有二「判批」ジュリスト1013号81頁（1992）、同「判批」宇賀克也ほか編『行政判例百選Ⅱ』〔第6版〕354頁（2012）、田中舘照橘「判批」法令解説資料総覧129号84頁、130号78頁、131号62頁（1992）、高橋利文「判批」ジュリスト1016号94頁（1993）、高橋利文「判批」法曹時報45巻3号233頁（1993）、同「判批」最高裁判所調査官室編『最高裁判所判例解説民事篇平成4年度』337頁（法曹会、1995）、同「判批」ジュリスト増刊『最高裁時の判例1　公法編』235頁（2003）、藤原静雄「判批」ジュリスト臨時増刊1024号『平成4年度重要判例解説』40頁（1993）、高橋滋「判批」民商法雑誌109巻2号96頁（1993）、首藤重幸「判批」法学セミナー458号26頁（1993）、新山一雄「判批」同463号66頁（1993）、小宮山秀史「判批」訟務月報39巻6号107頁（1993）、福士明「判批」札幌法学4巻1＝2号219頁（1993）、太田幸夫「判批」判例タイムズ臨時増刊852号『平成5年度主要民事判例解説』306頁（1994）、桑原勇進「判批」法学協会雑誌111巻12号1887頁（1994）、藤原静雄「判批」淡路剛久ほか編『環境法判例百選』〔第2版〕208頁（2011）などがある。

10） 最大判平成17年12月7日民集59巻10号2645頁。本件評釈は本書第13章参照。

11） 最判昭和57年7月15日判時1053号93頁。本件評釈には、藤原淳一郎「判批」法学教室25号114頁（1982）、林修三「判批」時の法令1156号54頁（1982）、岡光民雄「判批」法律のひろば36巻7号74頁（1983）、村上義弘「判批」ジュリスト臨時増刊792号『昭和57年度重要判例解説』46頁（1983）、野坂泰司「判批」法学セミナー増刊『憲法訴訟』137頁（1983）、矢崎秀一「判批」西村宏一ほか編『国家補償法大系3―国家賠償法の判例』284頁（日本評論社、1988）などがある。

12） 最判昭和52年3月15日民集31巻2号234頁。本件評釈は本書第14章参照。

13） 最判昭和56年4月7日民集35巻3号443頁。本件評釈は本書第9章参照。

14） 人権総論で取り上げられるもう一つの大きな問題が、人権享有主体性の問題である。日本国憲法は社会契約論を基盤とし、憲法制定権力に該当する人々に権利を保障した筈である。このため、

第15章　司法権論終論

人権享有主体として考えられるのは「国民」に尽きよう。ただ、日本国憲法の場合、「八月十五日革命」が進行中にポツダム勅令において、現在の日本国内に在住の旧大日本帝国臣民であった朝鮮、台湾、大連、南洋諸島の人々が日本国籍を剥奪されているが、彼らも上記「日本国」の憲法制定権力の一翼ではなかったのか。このため、彼らも憲法上の人権享有主体と考え（松井茂記『日本国憲法』〔第3版〕320頁（有斐閣、2007）ほぼ同旨）た上で、国籍法にいう「国籍」により、例えば、国籍国で参政権を行使する以上は日本国で参政権を行使できないのは合理的制約である、など、区別して考えてはどうか。この結果、そうでない外国人は日本国憲法の人権享有主体ではなく、憲法の国際協調主義や個人主義の観点から、あるいは条約による相互主義により、しかるべき人権保障相当の効果が及ぶと解すればどうであろうか。天皇は主権者ではなく、この意味では一般の外国人に類推的に考えられ、他方、「象徴」に相応しい扱いを考えればよく、皇族は主権者ではあるが、皇族であるが故の合理的な制約であれば許容されるとすればよいのではないか。君塚正臣『性差別司法審査基準論』268頁以下（信山社、1996）参照。なお、「法人」は、日本国憲法上は結社に相違なく、これに人権享有主体性を認める必要はない。多くは、私法上の権利主体性の議論と混同してきただけであると思える。

15)　佐藤幸治『日本国憲法論』575頁（成文堂、2011）。

16)　これに関連して、西野喜一「判例の変更（9・完）」判例時報1507号11頁（1994）は、自らの後輩である「裁判官の官僚化」などを批判し、「苦労して考えて自分なりの結論を出すという手数を嫌い、安易に『正解』を求めて、これに拠りかかりたがる」傾向があると警告しているが、司法制度改革後の法曹全般或いは法科大学院生、もしかすると法学研究者にまでその雰囲気がないか、反省すべき時期かもしれない。私学文系の3教科穴埋め入試、大学・文科省挙げての教養教育の軽視、法学部教育における基本七法のドリルの上に法科大学院が存在し、これもまた文科省等に採算や「数字」を求められ、巨大ロースクールへの学生の集中もあって、幅広い思考の時間、或いはそれが必要だとの思いすら欠いている。法学分野のポストは、法科大学院開始で一旦大幅に増えながら、研究業績数が減ったとの声をよく聞く。こういった部分を補正して整備せねば、法曹養成は崩壊し、法学研究も停滞しよう。それはそのまま「ルール無用の悪党」のせせら嗤いが聞こえるような、「法の支配」や適正手続の崩壊だと心得るべきではないか。そして、法科大学院制度をどう考えるかは、文科省・法務省や広義の法曹界もそうだが、勿論、法学部関係者以外でも、大学人全体の課題である。

〔付記〕　本章は基本的に書き下ろしである。

■著者紹介

君塚正臣（きみづか　まさおみ）

　1965年　生まれ
　1988年　大阪大学法学部卒業
　1996年　大阪大学大学院法学研究科公法学専攻博士後期課程修了
　　　　　博士（法学、大阪大学）
　現　在　横浜国立大学大学院国際社会科学研究院法律系教授

Horitsu Bunka Sha

司法権・憲法訴訟論 上巻

2018年1月31日　初版第1刷発行

著　者　君　塚　正　臣
発行者　田　靡　純　子
発行所　株式会社 法律文化社

　　　　〒603-8053
　　　　京都市北区上賀茂岩ヶ垣内町71
　　　　電話 075(791)7131　FAX 075(721)8400
　　　　http://www.hou-bun.com/

＊乱丁など不良本がありましたら、ご連絡ください。
　送料小社負担にてお取り替えいたします。

印刷：中村印刷㈱／製本：新日本製本㈱
装幀：奥野　章

ISBN 978-4-589-03900-2

Ⓒ2018 Masaomi Kimizuka Printed in Japan

JCOPY　〈(社)出版者著作権管理機構 委託出版物〉

本書の無断複写は著作権法上での例外を除き禁じられています。複写される
場合は、そのつど事前に、(社)出版者著作権管理機構（電話 03-3513-6969、
FAX 03-3513-6979、e-mail: info@jcopy.or.jp）の許諾を得てください。

君塚正臣著

司法権・憲法訴訟論 下巻

A 5 判・772頁・11000円

戦後日本の憲法訴訟論における法理・法解釈の主要論点のすべてを考察。憲法裁判所を有さず、付随的違憲審査制を採る下での「憲法裁判」「憲法判断」の全体像を解明し、憲法訴訟の在り方への理論的・実務的な要請に応える。

君塚正臣編

高校から大学への憲法〔第 2 版〕
高校から大学への法学〔第 2 版〕

各A 5 判・222頁・2100円

高校で学ぶ地理・歴史・公民等の基礎知識や基本用語と連関させたユニークな法学・憲法の入門書。高校で学んだ用語を明示するとともに、大学での基本用語も強調するなど、学習を助ける工夫を施す。高校の新課程を踏まえ全面改訂。

原田一明・君塚正臣編

ロースクール憲法総合演習
—〈基礎〉から〈合格〉までステップ・アップ—

B 5 判・302頁・4200円

新司法試験の全問題と旧司法試験最後期の問題に対する解答・解説を付し、重要判例のポイントも過不足なく収録。過去問・事例から合格答案を導き出すためのプロセスと解析スキルをこの一冊で修得できる稀有な演習書。

犬伏由子・井上匡子・君塚正臣編
〔α ブックス〕

レクチャージェンダー法

A 5 判・278頁・2500円

ジェンダー法を学ぶための標準テキスト。基本法分野を概説したあと、身近な問題から議論を展開する。問題状況と法の接点を抽出し、法的思考を修得できるよう包括的に概説。他のマイノリティ差別問題へも敷衍し言及。

君塚正臣編

ベーシックテキスト憲法〔第 3 版〕

A 5 判・352頁・2600円

各章の冒頭にて学習ポイントと論点を整理し、本文では重要個所を強調。暗記型ではなく考えながら基本をしっかり学べる憲法学の基本書。第 2 版刊行の2011年以降の違憲判決や関連動向を踏まえ、全面的に補訂。

————法律文化社————

表示価格は本体(税別)価格です